Informatik-Fachberichte 186

Herausgegeben von W. Brauer
im Auftrag der Gesellschaft für Informatik (GI)

Erhard Rahm

Synchronisation in Mehrrechner-Datenbanksystemen

Konzepte, Realisierungsformen und quantitative Bewertung

Springer-Verlag
Berlin Heidelberg New York
London Paris Tokyo

Autor

Erhard Rahm
Fachbereich Informatik der Universität Kaiserslautern
Erwin-Schrödinger-Straße, 6750 Kaiserslautern

derzeitige Anschrift:
IBM T. J. Watson Research Center
P. O. Box 704, Yorktown Heights, 10598 NY, USA

CR Subject Classifications (1987): H.2.4, C.2.4, C.4, D.4

ISBN-13:978-3-540-50348-4   e-ISBN-13:978-3-642-74123-4
DOI: 10.1007/978-3-642-74123-4

CIP-Titelaufnahme der Deutschen Bibliothek.
Rahm, Erhard:
Synchronisation in Mehrrechner-Datenbank-Systemen: Konzepte, Realisierungsformen u.
quantitative Bewertung / Erhard Rahm. – Berlin; Heidelberg; New York; London; Paris; Tokyo.
Springer, 1988
    (Informatik-Fachberichte; 186)
    ISBN-13:978-3-540-50348-4

NE: GT

2145/3140 – 543210 – Gedruckt auf säurefreiem Papier

Vorwort

Die vorliegende Untersuchung entstand während meiner Tätigkeit als wissenschaftlicher Mitarbeiter am Fachbereich Informatik der Universität Kaiserslautern. Dabei beschäftigte ich mich im Rahmen des von der Siemens AG finanzierten Projektes 'Mehrrechner-Datenbanksysteme' vor allem mit dem Entwurf und der quantitativen Bewertung von Synchronisationsverfahren, die zur Realisierung von Hochleistungs-Datenbanksystemen geeignet sind.

Mein besonderer Dank gilt dem Leiter des Projekts, Herrn Prof. Dr. Theo Härder, für die Anregung, mich mit dem Thema 'Synchronisation in Mehrrechner-Datenbanksystemen' zu befassen, für viele wichtige Hinweise und Anmerkungen sowie für seine ständige Diskussionsbereitschaft. Herrn Prof. Dr. Jürgen Nehmer danke ich für die Durchsicht der Arbeit sowie für hilfreiche Verbesserungsvorschläge. Wesentliche Aspekte und Anregungen ergaben sich auch in Diskussionen mit meinen Kollegen an der Universität Kaiserslautern sowie mit Herrn Dr. Horst Biller und Herrn Dr. Meinhard Köstler von der Siemens AG. Die quantitativen Bewertungen basieren weitgehend auf den Diplomarbeiten von Frau Marianna Luczak, Herrn Gerald Petry sowie Herrn Peter Scheug, in denen weit mehr als sonst üblich geleistet wurde.

Für die mühevolle Arbeit des Korrekturlesens danke ich vor allem Frau Priska Schoch sowie meinen Kollegen Herrn Volker Bohn und Herrn Thomas Wagner. Darüber hinaus gilt mein Dank Frau Andrea Krahl, die viele der Abbildungen angefertigt hat, sowie dem Regionalen Hochschulrechenzentrum Kaiserslautern, auf dessen Ressourcen ich zur Durchführung der Simulationsläufe angewiesen war.

Kaiserslautern, im Juli 1988   Erhard Rahm

Zusammenfassung

Diese Arbeit beschäftigt sich mit dem Entwurf sowie der quantitativen Analyse von Synchronisationstechniken für Mehrrechner-Datenbanksysteme mit Hinblick auf die Realisierung von Transaktionssystemen hoher Leistungsfähigkeit. Dazu werden zunächst die Anforderungen an solche Systeme
näher diskutiert sowie eine Klassifikation von Mehrrechner-Datenbanksystemen vorgestellt. Zur
Realisierung von Hochleistungs-Datenbanksystemen kommen dabei primär zwei allgemeine Mehrrechner-Architekturen, DB-Sharing und DB-Distribution genannt, in Betracht, wobei viele Vorteile für
den DB-Sharing-Ansatz sprechen. Daher konzentrieren wir uns auch auf die Synchronisation in DB-
Sharing-Systemen, welche dort eine leistungsbestimmende Funktion ausübt.

Dennoch wird in einem eigenen Teil relativ ausführlich auf das umfangreiche Feld der Synchronisation in zentralisierten und verteilten Datenbanksystemen eingegangen. Zur Synchronisation bei DB-
Sharing wird dann - unter Berücksichtigung bereits vorgeschlagener oder implementierter Verfahren -
ein breites Lösungsspektrum untersucht. Betrachtet werden vor allem Sperrverfahren und optimistische Protokolle, die jeweils unter zentraler oder verteilter Kontrolle realisiert werden können.
Als Entwurfsalternativen bzw. Optimierungsmöglichkeiten werden u.a. Mehrversionen-Konzepte,
Hardware-Lösungen, Spezialprotokolle für High-Traffic-Objekte und eine Beschränkung auf Konsistenzebene 2 in die Überlegungen einbezogen. Der Entwurf neuer Synchronisationstechniken erfolgt
stets unter Beachtung der engen Verflechtungen zu den anderen Systemfunktionen (Systempufferverwaltung, Lastkontrolle, Logging und Recovery), wobei aus Leistungsgründen insbesondere für das
durch die DB-Sharing-Architektur eingeführte Veralterungsproblem integrierte Lösungen entwickelt
werden. Dies gilt in besonderem Maße für das vielversprechende Primary-Copy-Sperrverfahren,
dessen Realisierung und Zusammenwirken mit anderen Systemfunktionen ausführlich dargestellt werden.

Bei der quantitativen Bewertung der Synchronisationsprotokolle wird zunächst ein Überblick über
bisherige Leistungsanalysen in zentralisierten DBS als auch in Mehrrechner-DBS gegeben. Der
Schwerpunkt liegt dann auf der Beschreibung eines eigens entwickelten, detaillierten Simulationssystems sowie den damit erzielten Resultaten. In diesem System wurden neben sechs Synchronisationsverfahren für DB-Sharing auch weitere Systemkomponenten wie die Systempufferverwaltung
und die Logging-Komponente vollständig implementiert; ein hoher Realitätsbezug wird zudem durch
den gewählten Ansatz der Trace-getriebenen Simulation gewährleistet. Dazu standen sechs empirische
Lasten aus realen DB/DC-Anwendungen zur Verfügung, welche zur Verarbeitung unter Einsatz einer
Routing-Strategie auf die Rechner des simulierten DB-Sharing-Systems aufgeteilt werden. Ausführlich
analysiert werden vor allem die aufschlußreichen Simulationsresultate für das Primary-Copy-
Sperrverfahren sowie für optimistische Protokolle, die auf einer Token-Ring-Topologie basieren.

Inhaltsverzeichnis

I Einführung

1. Einleitung

Der Einsatz von Datenbanksystemen (DBS) zur Verwaltung gemeinsamer Datenbestände in administrativ-betriebswirtschaftlichen Rechneranwendungen nimmt ständig zu. Innerhalb von **Transaktionssystemen** /HäMe86a,HäMe86b,Mey86/ werden sie vor allem dort eingesetzt, wo eine große Anzahl von Buchungs-, Auskunfts- oder Datenerfassungsvorgängen anfallen, also etwa bei Banken, Fluggesellschaften und Reisebüros oder zur 'aktenlosen' Sachbearbeitung bei Behörden und Versicherungen. Eine weitergehende Verbreitung von Transaktionssystemen ergibt sich auch mit Zunahme von 'Point-of-sale'- und BTX-Anschlüssen.

Den Kern eines Transaktionssystems bildet ein DB/DC-System. Während die DB-Komponente für alle Aufgaben der Datenhaltung und -sicherung zuständig ist, übernimmt das DC-System (Datenkommunikationssystem) die Verwaltung der Ein- und Ausgabenachrichten mit dem Terminal und der Transaktionsprogramme sowie Aufgaben der Speicherverwaltung /Mey86/. Im einfachsten Fall schickt der Benutzer eine Eingabenachricht (Bildschirmformular mit Transaktionscode und Daten) an das DC-System und erhält nach Bearbeitung des Auftrages durch das zugehörige Transaktionsprogramm, von dem aus die DB-Operationen aufgerufen werden, eine Ausgabenachricht am Terminal zurück. Im Gegensatz zu solchen *Einschritt-Transaktionen* umfassen *Mehrschritt-Transaktionen* mehrere Interaktionen (Dialogschritte) zwischen Benutzer und DB/DC-System. Die Verarbeitung der Benutzeraufträge durch das Transaktionssystem muß dabei unter bestimmten Bedingungen und Betriebscharakteristika erfolgen, die schon bei der Entwicklung des DB/DC-Systems zu berücksichtigen sind /HäMe86a/:

- Anschluß und Dialogbedienung sehr vieler Terminals (bis zu mehreren tausend)
- optimale Unterstützung von betrieblichen Abläufen durch vordefinierte Transaktionsprogramme (canned transactions)
- konkurrierende Ausführung sehr vieler kurzer Transaktionen (TA)
- Zugriff auf gemeinsame Datenbestände mit größtmöglicher Aktualität
- stochastisches Verkehrsaufkommen
- kurze Antwortzeiten als Optimierungsziel vor Auslastung.

Durch die ständig zunehmende Verbreitung und Benutzung von TA-Systemen ergaben sich vor allem für große Anwender - insbesondere Banken und Fluggesellschaften - in letzter Zeit weitergehende Anforderungen bezüglich der Leistungsfähigkeit, die von herkömmlichen DB/DC-Systemen auf zentralisierten Rechnersystemen nicht mehr erbracht werden können. Die Erfüllung dieser Anforderungen verlangt den Einsatz sogenannter **Mehrrechner-Datenbanksysteme,** bei denen die TA-Last auf mehreren gekoppelten Rechnern bearbeitet wird (eine präzisere Charakterisierung von Mehrrechner-DBS sowie eine Klassifikation folgen in Kap. 2). Es handelt sich dabei im wesentlichen um folgende vier **Anforderungen** /HäRa86/:

1. Abwicklung hoher TA-Raten
Eine Forderung aus /Gra85/ lautet hier bis 1990 pro Sekunde 1000 TA vom Typ Kontenbuchung (Debit-Credit /Anon85/) abzuwickeln, wobei für 95 % der TA eine Antwortzeit unter 1 Sekunde

einzuhalten ist; in großen Anwendungen werden schon bald noch höhere Durchsatzleistungen benötigt. Für die sehr einfachen TA bei der Telefonvermittlung sollen in absehbarer Zeit sogar Zehntausende von TA pro Sekunde DB-gestützt abgewickelt werden /HeGo87/. Da selbst bei kurzen TA wie der Kontenbuchung und 1000 TA/s eine Rechnerkapazität von über 100 MIPS erforderlich ist, wird somit bereits der Einsatz von Mehrrechner-DBS erzwungen. Allerdings dürfen die TA-Antwortzeiten in Mehrrechner-DBS, trotz den zur Bearbeitung einer TA nun i.a. notwendig werden-den Kommunikationsvorgänge, nicht nennenswert über denen heutiger Ein-Rechner-Systeme liegen, soll die Akzeptanz des Systems für Dialoganwendungen erhalten bleiben. Denn längere Antwortzeiten führen zu verringerter Produktivität und können eine Frustration des Benutzers oder Verärgerung war-tender Kunden verursachen. Eine verminderte Produktivität hat jedoch auch zur Folge, daß zur Ge-währleistung eines bestimmten Durchsatzes mehr Personal benötigt wird, was aus Kostengründen häufig nicht toleriert wird /ReSh84/.

Die Notwendigkeit des Einsatzes von Mehrrechner-DBS wird noch dadurch verschärft, da in vielen Anwendungen der Leistungsbedarf stärker zunimmt als die Steigerung der CPU-Leistung von Mono-prozessoren oder eng gekoppelten Systemen. Dies ergibt sich nicht nur aus den steigenden TA-Raten, sondern auch durch hinzukommende TA-Typen, die zunehmende Verwendung von höheren Program-miersprachen und komfortableren Benutzerschnittstellen sowie die Bearbeitung komplexerer Vorgänge mit umfangreichen Integritätsbedingungen. Zusätzliche Probleme bereiten TA-Lasten, bei denen konkurrierend zu den kurzen TA auch Mehrschritt-TA, die vielen Arbeitsabläufen in natürlicherer Weise entsprechen, oder gar Stapelprogramme abgewickelt werden sollen /Inm86/.

Im Gegensatz zu den geforderten TA-Raten können heutige kommerziell verfügbare DBS meist nur weitaus bescheidenere Durchsatzanforderungen erfüllen, oft weniger als 100 TA/s. Das zentralisierte DBS IMS Fast Path, das speziell für die Abwicklung einfacher TA ausgelegt ist, erreicht mit heutiger Hardware (auf einem eng gekoppelten Multiprozessor) etwa bis 400 TA/s vom Typ Kontenbuchung. Für einfachere TA konnten in einem aktuellen Benchmark (August 1987) unter Nutzung des derzeit schnellsten IBM-Quadro-Prozessors (etwa 50 MIPS) sogar rund 1000 TA/s abgewickelt werden /Vig87/. Höhere TA-Raten werden von zentralisierten Systemen derzeit nur von Anwendungssyste-men /Bur85,GiSp84/ erbracht, die auf dem Spezial-Betriebssystem TPF (Transaction Processing Faci-lity) - vormals ACP (Airline Control Program /Siw77/) genannt - von IBM aufsetzen. Da TPF jedoch kein Datenbanksystem ist und nur eine sehr niedrige Programmierschnittstelle unterstützt, ist die Erstellung und Wartung der Anwendungssysteme äußerst aufwendig und kostenintensiv. Tandem glaubt schon heute /BGH86/ mit seinem Mehrrechner-DBS Encompass /Bor81/ und 100 seiner neuen VLX-Rechner /Ele86/ 1000 TA/s vom Debit-Credit-Typ schaffen zu können. Dies konnte jedoch noch nicht nachgewiesen werden; vielmehr beruht diese Aussage auf der Annahme eines mit der Rechneranzahl linear wachsenden Durchsatzes. Ein solch lineares Durchsatzwachstum konnte nämlich bei Messungen mit kleineren Konfigurationen beobachtet werden /HoCh85/. Mit dem neuen DBS NonStop SQL von Tandem wurden in einem Benchmark mit 32 VLX-Rechnern 'nur' 208 Debit-Credit-TA/s gemessen /Tan87/, so daß für 1 KTPS selbst bei linearer Durchsatzsteigerung bereits mehr als 150 VLX-Rechner vorzusehen wären.

2. Hohe Verfügbarkeit

Der Ausfall des TA-Systems bedeutet in den meisten Einsatzgebieten unmittelbare Umsatz- und Gewinneinbußen, weil während der Ausfallzeit z.B. keine Buchungen mehr vorgenommen werden können oder Sachbearbeiter tätigkeitslos herumsitzen. Hohe Verfügbarkeit ist daher eine zentrale

Forderung für alle TA-Systeme. Eine typische Anforderung für große Anwender erlaubt lediglich eine Ausfallzeit von fünf Minuten pro Jahr, bei der Telefonvermittlung liegen die Verfügbarkeitserfordernisse sogar noch höher /Gra85/. Die Erreichung einer solch 'permanenten' Verfügbarkeit (continuous operation) ist nur durch Fehlertoleranz (Redundanz) bei allen wichtigen Systemkomponenten (Prozessoren, Platten, Kommunikationswege, Kanäle, Kontroller, etc.) zu erreichen /Kim84/, damit der Ausfall einzelner Systemteile für den Benutzer transparent gehalten werden kann. Insbesondere können nur durch Mehrrechner-Architekturen CPU-Ausfälle verkraftet werden.

Zur Erlangung einer hohen Verfügbarkeit zählt auch, daß die Software- und Hardware-Konfiguration im laufenden Betrieb erweiterbar und änderbar ist (Einspielen neuer Betriebssystem- oder DBS-Versionen, Hinzufügen von Plattenlaufwerken u.ä.), daß Fehler automatisch erkannt und behoben werden und ausgefallene Systemkomponenten unterbrechungsfrei reintegriert werden können. Weiterhin ist eine einfache Handhabbarkeit und eine einfache Verwaltung (s.u.) besonders wichtig, weil jüngsten Untersuchungen /Gra86a/ zufolge - zumindest in fehlertoleranten Systemen - Fehler in der Administration eine hauptsächliche Ausfallursache darstellen.

Pionier und Marktführer auf dem Gebiet fehlertoleranter TA-Systeme ist Tandem /Bar78, Bar81/, das schon seit 1975 ausfallsichere Rechensysteme anbietet. Seit Beginn der 80er Jahre haben sich viele Konkurrenten auf dem Markt zu etablieren versucht /Kim84, Ser84/, jedoch konnte sich bisher im wesentlichen nur Stratus durchsetzen /Ser85/. Das Auragen-System /BBG83/ wird mittlerweile in überarbeiteter Form von Nixdorf unter der Bezeichnung Targon 32 vertrieben.

3. Modulare Erweiterungsfähigkeit

Die Forderung nach modularer Erweiterbarkeit verlangt ein mit den Anwendungen schritthaltendes Wachstum des TA-Systems. Vor allem sollte der Durchsatz mit der Rechneranzahl etwa linear anwachsen können, ohne daß nennenswerte Antwortzeitverschlechterungen in Kauf zu nehmen sind. Diese Forderung schließt monolithische Systeme von vorneherein aus; auch bei eng gekoppelten Mehrprozessor-Systemen ergibt sich oft eine frühzeitige Sättigung (z.B. bei 3-4 Prozessoren) durch überlastete Speicher oder Kommunikationsstrukturen.

4. Handhabbarkeit und einfache Verwaltung

Neben einer hohen Benutzer- und Programmierschnittstelle gilt es vor allem in Mehrrechner-DBS wegen der erhöhten Systemkomplexität, eine möglichst einfache Bedienung, Administration, Konfigurierbarkeit und Wartung zu ermöglichen. So sollte idealerweise nicht nur für den Benutzer und Anwendungsprogrammierer, sondern auch für Systemprogrammierer und Operateure ein 'single system image', das die Existenz mehrerer Rechner verbirgt, angestrebt werden. Die Verwaltung des gesamten Systems könnte dann über eine zentrale Master-Konsole erfolgen.

Neben den genannten Hauptanforderungen wird von Mehrrechner-DBS auch vielfach die Fähigkeit zur **Ortsverteilung** verlangt, um etwa in großen Unternehmen eine Anpassung des TA-Systems an die Organisationsstruktur zu ermöglichen (verteilte Datenbanksysteme) oder aber um etwa nach einer Explosion oder einem Erdbeben eine Katastrophen-Recovery durchführen zu können (siehe Kap. 2). Andererseits ist in ortsverteilten Systemen wegen der langsamen Kommunikationsverbindungen die Abwicklung hoher TA-Raten nur möglich, wenn der weitaus größte Teil (> 95 %) der TA lokal abgewickelt werden können, was jedoch nicht immer realisierbar sein dürfte /DYB87/. Selbstverständliche Forderungen sind dagegen die Einhaltung des TA-Paradigmas /HäRe83b/

(Synchronisation, Recovery) sowie ein akzeptables Preis/Leistungsverhältnis.

Mehrrechner-DBS, welche die obigen Forderungen nach hohen TA-Raten, hoher Verfügbarkeit und modularer Erweiterungsfähigkeit erfüllen, werden auch als **Hochleistungs-Datenbanksysteme** bezeichnet /HäRa87/; sie sollen in dieser Arbeit weiter betrachtet werden. Daneben kommen Mehrrechner-DBS aber auch z.B. zur Realisierung sogenannter **Non-Standard-DBS** /HäRe85/ in Betracht, mit denen die Vorteile von Datenbanksystemen in neuen Anwendungsgebieten wie etwa VLSI, CAD/CAM oder Expertensystemen genutzt werden sollen. In einigen Prototyp-Implementierungen /HMMS87, Reu87, BLDN87/ wird dabei versucht, Parallelität innerhalb einer komplexen TA (Operation) auszunutzen und durch parallele Bearbeitung reihenfolgeunabhängiger Teiloperationen auf einem Mehrrechner-System möglichst kurze Antwortzeiten zu erreichen. Obwohl die allgemeinen Mehrrechner-Architekturen, die im nächsten Kapitel genauer vorgestellt werden, auch für Non-Standard-DBS anwendbar sind, ergeben sich bei der Realisierung signifikante Abweichungen und Erweiterungen, auf die in dieser Arbeit nicht näher eingegangen werden kann. So muß in Entwurfsumgebungen z.B. ein vollkommen neues TA-Konzept entwickelt werden, das die adäquate Verarbeitung sehr langer Entwurfs-TA sowie die Kooperation zwischen mehreren Designern unterstützt /KLMP84, BKK85, HHMM87/.

Ein zentrales Entwurfsproblem bei Mehrrechner-DBS ist, daß allen Anwendungen das Bild einer zentralen Datenbank zu zeigen ist - unabhängig davon, ob alle Rechner auf die ganze Datenbank oder nur auf eine Partition von ihr zugreifen können, ob Teile der Daten repliziert verwaltet werden oder nicht, oder wo die TA ausgeführt wird (Ortstransparenz). Desweiteren ist einem Benutzer - wie schon bei zentralisierten DBS - durch geeignete Synchronisationsmaßnahmen die konkurrierende Verarbeitung anderer TA zu verbergen (logischer Einbenutzerbetrieb) und die Konsistenz der Daten darf trotz Mehrbenutzerbetrieb nicht gefährdet werden. Die geforderte Fehlertransparenz schließlich verlangt die Bereitstellung von geeigneten Recovery-Strategien, mit denen z.B. die Ausfallbehandlung für einen Rechner durch die überlebenden Prozessoren vorgenommen werden kann.

Die **Realisierung der Synchronisationskomponente**, die in einem Mehrrechner-DBS entscheidenden Einfluß auf die Leistungsfähigkeit hat, steht im Mittelpunkt dieser Arbeit. Dabei werden eine Reihe neuer Synchronisationsprotokolle für Hochleistungs-DBS entwickelt, die mit einem möglichst geringen Ausmaß an Interprozessor-Kommunikationen auskommen, da nur so die geforderten hohen TA-Raten und kurzen Antwortzeiten erreichbar sind. Neben einem qualitativen Verfahrensvergleich wurden die vielversprechendsten Konzepte durch detaillierte und realitätsnahe Simulationen quantitativ bewertet und ihr Verhalten analysiert.

Bevor auf die Realisierung der Synchronisationskomponente in Hochleistungs-DBS genauer eingegangen werden kann, ist es zunächst erforderlich, die betrachteten Typen von Mehrrechner-DBS genauer festzulegen, kennzeichnende Eigenschaften herauszuarbeiten und eine Beurteilung mit Hinblick auf die Realisierung von Hochleistungs-DBS vorzunehmen. Diesen Aufgaben widmet sich das nächste Kapitel, in dem zur besseren Orientierung als erstes eine Klassifikation von Mehrrechner-DBS vorgestellt wird. Wie sich zeigt, eignen sich primär zwei allgemeine Mehrrechner-Architekturen - DB-Sharing /Reu85a, Rah86c/ und DB-Distribution genannt - zur Realisierung von Hochleistungs-DBS. Die kennzeichnende Eigenschaft von DB-Sharing ist, daß jeder Rechner direkt auf die gesamte Datenbank (alle Platten) zugreifen kann, während bei DB-Distribution eine Partitionierung der Externspeicher vorliegt. Ein Vergleich der beiden Architekturklassen läßt erkennen, daß zur Realisierung von Hochleistungs-DBS wichtige Vorteile für DB-Sharing sprechen, obwohl sich bisherige Forschungsaktivitäten und Systementwicklungen vorwiegend auf DB-Distribution-Systeme, zu denen auch die verteilten DBS zählen, konzentrierten. DB-Sharing-Systeme erlangten dagegen erst in jüngster Zeit zunehmendes Interesse; die Konzeption und quantitative Bewertung der Synchronisationsverfahren in dieser Arbeit wird daher auch schwerpunktmäßig für diese noch relativ wenig erforschte Systemklasse vorgenommen.

Den Abschluß von Kapitel 2 bildet eine Zusammenstellung von Schlüsselkonzepten, die zur Erreichung hoher TA-Raten und hoher Verfügbarkeit von großer Bedeutung sind.

Im zweiten Teil der Arbeit werden zunächst die für die Synchronisation grundlegenden Annahmen und Definitionen vorgestellt, so der zentrale Begriff der Serialisierbarkeit als weithin akzeptiertes Korrektheitskriterium sowie die Unterscheidung verschiedener Konsistenzebenen. Danach werden in knapper Form die wichtigsten Synchronisationstechniken, die für zentralisierte und verteilte DBS bekannt sind, beschrieben und systematisiert. Eigene Vorschläge in Teil II betreffen vor allem sogenannte optimistische Synchronisationsverfahren.

Der dritte Teil dieser Arbeit widmet sich der Konzeption und qualitativen Beurteilung neuer Synchronisationstechniken für DB-Sharing-Systeme. Hierzu wird zunächst das Systemmodell der betrachteten Architektur präzisiert, und es werden die vielfältigen Beziehungen zwischen den DB-Sharing-Systemkomponenten herausgearbeitet. Eine Klassifizierung der vorgestellten Synchronisationskonzepte unterteilt diese in Sperrverfahren und optimistische Protokolle, die entweder unter zentraler oder verteilter Kontrolle ablaufen können. Bei dem Entwurf der einzelnen Verfahren wird stets das Zusammenspiel zwischen Synchronisation und den anderen Systemkomponenten, vor allem der Systempufferverwaltung, der Recovery-Komponente und der Lastkontrolle, in die Überlegungen einbezogen, um so eine abgestimmte Gesamtkonzeption zu ermöglichen. Dies gilt in besonderem Maße für das vielversprechende Primary-Copy-Sperrverfahren, dessen Realisierung und Zusammenwirken mit anderen Systemfunktionen ausführlich dargestellt werden. Neben den grundlegenden Techniken werden für alle Protokolle auch vielfältige Optimierungsmöglichkeiten und Entwurfsalternativen berücksichtigt. Den Abschluß von Teil III bildet ein qualitativer Leistungsvergleich der vorgestellten Konzepte und Verfahren.

Im vierten Teil, der sich der quantitativen Bewertung der Synchronisationsverfahren widmet, werden zunächst existierende Leistungsanalysen für zentralisierte und verteilte DBS sowie für DB-Sharing-Systeme zusammengestellt und analysiert. Es folgt dann die Darstellung eines umfangreichen und detaillierten Simulationssystems, das die wichtigsten funktionellen Komponenten eines DB-Sharing-Systems nachbildet und die quantitative Bewertung der neu entworfenen Synchronisationsverfahren zuläßt. Die Beschreibung und Analyse der Simulationsergebnisse konzentriert sich dabei v.a. auf das Primary-Copy-Sperrverfahren sowie auf optimistische Protokolle, die auf einer Token-Ring-Topologie basieren.

Am Ende werden die wesentlichen Erkenntnisse und Beobachtungen der vorliegenden Untersuchung zusammengefaßt und eine Reihe von Schlußfolgerungen und Empfehlungen gegeben.

2. Mehrrechner-Datenbanksysteme

Nachdem die wichtigsten Anforderungen an Mehrrechner-DBS in der Einleitung spezifiziert wurden, soll hier zunächst eine Klassifikation grundlegender Mehrrechner-Architekturen vorgenommen werden. In Abschnitt 2.2 folgt dann ein qualitativer Vergleich zwischen dem DB-Sharing- und dem DB-Distribution-Ansatz mit Hinblick auf die Realisierung von Hochleistungs-DBS. Danach werden in 2.3 noch eine Reihe von Schlüsselkonzepten zur Realisierung von TA-Systemen hoher Leistungsfähigkeit angegeben.

2.1 Klassifikation von Mehrrechner-DBS

Zentrale Merkmale unseres in Abb. 2.1 gezeigten Klassifikationsschemas /HäRa86/ sind die Kriterien 'Zugriffsarten auf Externspeicher' sowie 'Rechnerkopplung', die zu einer Separierung von drei allgemeinen Architekturklassen für Mehrrechner-DBS /Sto86, Reu86b/ führen:

1. Eng gekoppelte Mehrrechner-DBS (shared memory)
2. DB-Sharing (shared disk)
3. DB-Distribution (shared nothing).

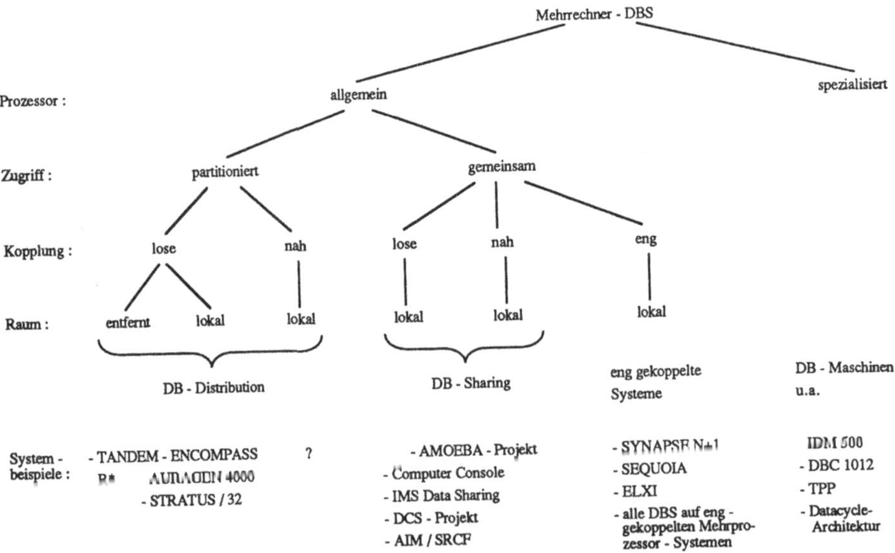

Abb. 2.1: Klassifikationsschema für Mehrrechner-Datenbanksysteme

Diese Klassenbildung wird nun durch die Beschreibung der einzelnen Kriterien näher charakterisiert, um so die wesentlichen Unterschiede sowie eine verfeinerte Aufteilung innerhalb der Klassen herauszuarbeiten. Bei der **Wahl der Prozessoren** konzentrieren wir uns dabei auf allgemeine Verarbeitungsrechner im Gegensatz zu Spezialprozessoren, wie sie typischerweise in **Datenbankmaschinen** /Amb85, BoRe85, Hsi83, Mal84/ eingesetzt werden. Denn mit Spezialrechnern, die eine funktionsorientierte Verteilung der Last verlangen, wird generell die Last-Balancierung, die Verfügbarkeit im Fehlerfall sowie modulares Wachstum wesentlich schwieriger als in homogen aufgebauten Architekturen. Außerdem sind DB-Maschinen meist auf die parallele Bearbeitung mächtiger

Operationen (Suchfrage, Verbund) ausgelegt, während in TA-Systemen typischerweise sehr kurze DB-Operationen mit einfachem Satzzugriff dominieren. Neuere Vorschläge zur Realisierung von Hochleistungs-TA-Systemen unter Nutzung von Spezialprozessoren verkörpern der 'Transaction Pipeline Processor' (TPP /Reu85b/) sowie der sogenannte Datacycle-Ansatz /HeGo87/.

Bei der **Externspeicheranbindung** unterscheiden wir zwischen partitioniertem und gemeinsamem Zugriff:

Partitionierter Zugriff

Beim partitionierten Zugriff, der die Klasse der DB-Distribution-Systeme kennzeichnet, ist jedes Plattenlaufwerk genau einem Rechner zugeordnet; es findet also eine Partitionierung der Plattenperipherie und der darauf gespeicherten Daten statt. Da ein Rechner nur zu seiner Partition direkten Zugriff hat, ist die TA-Verarbeitung in der Regel verteilt (Austauschen externer Daten, Verschicken von DB-Operationen). Die Plattenzuordnung ist prinzipiell statisch; sie kann zwar geändert werden - z.B. beim Rechnerausfall oder bei Konfigurationsänderung -, jedoch ist damit ein erheblicher Aufwand verbunden (Multi-Ports, Verlegen von Kabeln u.ä.).

Die Partitioniering der Plattenlaufwerke impliziert nicht notwendigerweise die strikte Partitionierung der Datenbank; vielmehr können die Daten teilweise oder vollkommen repliziert an mehreren bzw. allen Knoten gespeichert werden. Eine solche Replikation ist jedoch allenfalls in verteilten DBS /BEKK84/ - also ortsverteilten DB-Distribution-Systemen - von Bedeutung (höhere Verfügbarkeit, insbesondere bei 'Katastrophen'; schnellerer Lesezugriff), wenngleich sie sich bei einer hohen Änderungsintensität leistungsmindernd auswirken kann (Aufwand zur Aktualisierung der Replikate). Im rein lokalen Fall dagegen machen schnelle Kommunikationsverbindungen die Führung von Replikaten für effiziente Abfrageoperationen i.a. überflüssig; Fehlertoleranz gegenüber Externspeicherausfällen läßt sich einfacher durch Spiegelplatten erzielen. In lokal angeordneten DB-Distribution-Systemen gehen wir daher von einer strikten DB-Partitionierung (Datenverteilung) aus.

Gemeinsamer Zugriff

Hierbei hat jeder Prozessor direkten Zugriff auf alle Platten (Daten); die erforderliche Kanalkopplung impliziert eine lokale Aufstellung aller Rechner. Wegen der Erreichbarkeit aller Daten kann eine TA beim gemeinsamen Zugriff (DB-Sharing bzw. enge Kopplung) prinzipiell vollständig in einem Rechner bearbeitet werden. Während die Koordinierung der Plattenzugriffe bei der engen Kopplung über die gemeinsam benutzte Betriebssystemkopie erfolgen kann, sollte bei DB-Sharing die Synchronisierung und Optimierung der Zugriffsbewegungen in den (intelligenten) Plattenkontrollern erfolgen. In den heutigen Computer-Systemen können jedoch meist nur bis zu acht Rechner (über Multi-Ports) an eine Platte angeschlossen werden, neben den hohen Kosten des Mehrfachanschlusses v.a. durch die meist relativ langsamen Kanalkopplungen (3-5 MB/s) verursacht. Durch Verwendung sehr schneller Lichtwellenleiter lassen sich jedoch solche Beschränkungen weitgehend aufheben, wobei natürlich zur Vermeidung von Engpässen die Daten auf eine ausreichende Menge von Plattenlaufwerken zu verteilen sind. Eine flexible Plattenanbindung für mehr als acht Rechner wird bereits bei den DEC VAX-Clustern /KLS86/ angeboten, wobei anstelle der üblichen Kanalbefehle eine nachrichtenorientierte E/A-Schnittstelle verfolgt wird. Dabei werden alle Plattenzugriffe über spezielle Platten-Server abgewickelt, von denen allerdings zur Umgehung von Engpässen eine ausreichende Anzahl vorliegen muß. Über die damit erreichbaren Zugriffszeiten, die natürlich in etwa denen bei direkter Plattenanbindung entsprechen müssen, werden jedoch keine Angaben gemacht.

Die **Rechnerkopplung** hat weitreichende Auswirkungen auf die Kooperation und Kommunikation zwischen Rechnern und Prozessen. Dabei unterscheiden wir zwischen enger (tightly coupled), loser (loosely coupled) und naher (closely coupled) Kopplung (*):

Enge Kopplung

Bei der engen Kopplung teilen sich alle Rechner einen gemeinsamen Hauptspeicher, und es existiert nur eine Kopie von Betriebssystem (BS) und Datenbankverwaltungssystem (DBVS). Der gemeinsame Hauptspeicher erlaubt eine sehr effiziente Kooperation/Kommunikation zwischen den Prozessoren, und ein 'single system image' ist von vorneherein gegeben (nur eine BS-Kopie).

Allerdings verursachen gemeinsamer Hauptspeicher und Kommunikationspfade oft schon bei wenigen Rechnern Engpässe, so daß meist nur 2 bis 4 Rechner eng gekoppelt werden. Zwar werden zur Reduzierung der Hauptspeicherzugriffe üblicherweise schnelle Cache-Speicher in jedem Prozessor vorgesehen, doch wird damit das Problem der Cache-Invalidierungen eingeführt: Änderungen in einem Cache hinterlassen veraltete Objektkopien in den anderen Caches bzw. im Hauptspeicher. Die Lösung dieses Cache-Invalidierungsproblems, zu dem eine Vielzahl von Vorschlägen existieren /ArBa86, BiDe86, YYF85/, erfordert aber meist zusätzliche Kommunikationen und verkompliziert die Behandlung von Prozessorausfällen. Ein großer Nachteil der engen Kopplung liegt auch in der Gefahr der Fehlerfortpflanzung (gemeinsamer Hauptspeicher, nur eine Kopie von BS und DBVS), welche die Erfüllung der skizzierten Verfügbarkeitsanforderungen i.a. unmöglich macht.

In letzter Zeit sind eine Reihe von eng gekoppelen Systemen entwickelt worden, mit denen die Fehlertoleranz sowie Erweiterbarkeit socher Systeme verbessert werden soll (z.B. Synapse /Jon83, Ong84, NeIn85/, Seqouia /Ber86/ oder Elxi /OKS83, Ols85, San86/). Jedoch verfügen auch diese Systeme im besten Fall über etwa 50 MIPS Gesamtkapazität, so daß sie die hohen Durchsatzanforderungen nicht erfüllen können. Aus den genannten Gründen kommen die eng gekoppelten Systeme zur Realisierung von Hochleistungssystemen nicht wirklich in Betracht. Sie können jedoch als Knoten innerhalb von DB-Sharing- oder DB-Distribution-Systemen verwendet werden.

Lose Kopplung

Hierbei besitzt jeder Rechner einen eigenen Hauptspeicher und eine separate Kopie von BS und DBVS (autonome Rechner). Die Kommunikation zwischen den Rechnern geschieht ausschließlich über Nachrichten, die über Leitungen ausgetauscht werden. Die Platten können von den Rechnern privat (DB-Distribution) oder gemeinsam (DB-Sharing) benutzt werden

Da kein gemeinsamer Hauptspeicher mehr als Engpaß vorhanden ist, verspricht die lose Kopplung den Vorteil einer besseren Erweiterbarkeit (größere Anzahl von Rechnern). Die höhere Entkopplung durch die eigenen BS-Kopien bzw. lokalen Hauptspeicher läßt auch eine erhöhte Verfügbarkeit gegenüber der engen Kopplung zu. Fehler in der BS-Software haben nur noch lokale Auswirkungen.

Hauptnachteil der losen Kopplung ist die teuere Kommunikation zwischen den Rechnern, die es selbst bei hohen Bandbreiten nicht erlaubt, synchron (d.h. ohne die CPU freizugeben) auf eine

---

* Eng gekoppelte Systeme werden auch häufig als Mehr- oder Multi*prozessor*-Systeme bezeichnet, zur Abgrenzung von Mehr*rechner*-Systemen (bzw. Multicomputer-Systemen), welche aus einer Menge autonomer Rechnerknoten bestehen /Sch83/. Bei den Mehrrechner-Systemen wird in /Neh87/ weiter unterschieden zwischen nachrichtengekoppelten, speichergekoppelten und hybrid gekoppelten Systemen. Während lose gekoppelte Systeme den nachrichtengekoppelten Mehrrechner-Systemen entsprechen, sind hybrid gekoppelte Systeme in unserer Terminologie der 'nahen Kopplung' zuzurechnen.

Antwort zu warten (-> Prozeßwechsel). Zur Eingrenzung des Kommunikationsaufwandes sollten daher neben einem schnellen Kommunikationssystem auch effiziente Kommunikationsprimitive und billige Prozeßwechsel zur Verfügung stehen. Zusätzlich ist die Nachrichtenanzahl durch den Entwurf geeigneter Algorithmen zu reduzieren.

Nahe Kopplung

Ziel einer nahen Rechnerkopplung ist es, die Vorteile der engen und der losen Kopplung zu vereinen, ohne die jeweiligen Nachteile in Kauf zu nehmen. So soll unter Beibehaltung einer ausreichenden Verfügbarkeit und Erweiterbarkeit - zumindest für Teilaufgaben - eine ähnlich effiziente Interprozessor-Kommunikation wie bei der engen Kopplung erreicht werden. Dazu verfügt, wie bei der losen Kopplung, jeder Rechner über einen eigenen Hauptspeicher sowie eine eigene BS- und DBVS-Kopie. Eine effiziente Kommunikation kann z.B. über gemeinsam benutzte (möglicherweise nichtflüchtige) Halbleiter-Speicherbereiche oder spezielle Hardware-Einheiten (z.B. zur Synchronisation) geschehen. Dabei sollte eine Antwort auf eine Anfrage in wenigen Mikrosekunden möglich sein, um ein synchrones Warten ohne Prozeßwechsel zu erlauben.

Die nahe Kopplung setzt voraus, daß alle Rechner in räumlicher Nachbarschaft angeordnet sind. Für DB-Distribution erscheint eine solche Kopplung weniger erstrebenswert, weil damit die 'shared nothing'-Eigenschaft, die Voraussetzung für eine mögliche Ortsverteilung ist, verletzt würde. Bei DB-Sharing dagegen eröffnen sich durch die nahe Kopplung eine Reihe vielversprechender Optimierungsmöglichkeiten (z.B. Erweiterung der Speicherhierarchie um einen globalen Systempuffer oder für Synchronisationszwecke /Rah86b, HäRa87/). In Kapitel 10.4 wird die nahe Kopplung bei DB-Sharing noch genauer diskutiert werden. Zumeist gehen wir jedoch in dieser Arbeit von einer losen Rechnerkopplung aus, die prinzipiell die beste Verfügbarkeit und Erweiterbarkeit gestattet.

Unser letzter Klassifikationspunkt, der schon mehrfach angesprochen wurde, betrifft die **räumliche Aufstellung der Rechner**. So ist eine ortsverteilte Anordnung der Rechner, die nur relativ geringe Bandbreiten (z.B. 1-100 KB/s) zuläßt, nur bei DB-Distribution möglich (verteilte DBS). Die Realisierung von Hochleistungs-DBS verlangt jedoch ein sehr schnelles Kommunikationssystem, so daß hierzu praktisch nur lokale Mehrrechner-DBS (z.B. mit 1-100 MB/s) in Frage kommen.

Nachdem wir die eng gekoppelten Systeme schon weiter oben ausgeklammert haben, stellt sich nun vor allem die Frage nach der Tauglichkeit des DB-Sharing- bzw. des DB-Distribution-Ansatzes. Dieser Frage soll im nächsten Abschnitt nachgegangen werden.

Abschließend sei noch darauf hingewiesen, daß mit der vorgestellten Klassifikation von Mehrrechner-DBS keineswegs alle Realisierungsformen verteilter TA-Systeme erfaßt sind, weil diese auch durch eine Verteilung innerhalb des DC-Systems realisierbar sind /Häu85, Mey87/. Besonderheiten bei heterogenen Mehrrechner-DBS /GlLu84,GlPo86/, bei denen auf den einzelnen Rechnern DBVS und BS unterschiedlichen Typs laufen können, werden in dieser Arbeit ebenfalls nicht betrachtet.

2.2 DB-Sharing vs. DB-Distribution

Die Grobstruktur von DB-Sharing- und DB-Distribution-Systemen ist in Abb. 2.2 dargestellt. Wir gehen hierbei, wenn nichts anderes gesagt wird, von einer lokalen Anordnung sowie einer losen Kopplung der Rechner aus. Die räumliche Nachbarschaft der Rechner erlaubt nicht nur schnelle Kommunikationsverbindungen, sondern auch eine Terminal-Anbindung über mehrere Front-Ends, die gewisse Aufgaben des DC-Systems wie etwa Verteilung der TA und der Lastkontrolle übernehmen. Für die Bearbeitung einer TA kann dabei prinzipiell jeder Rechner ausgewählt werden; die Auswahl des Rechners kann so (im Gegensatz zu ortsverteilten Systemen) z.B. auch unter Berücksichtigung der aktuellen Rechnerauslastung erfolgen.

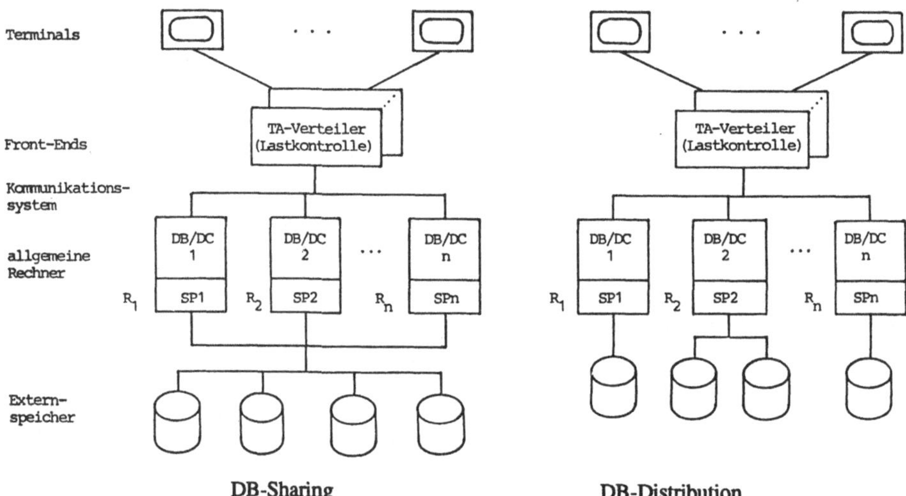

Abb. 2.2: Grobarchitektur von DB-Sharing- und DB-Distribution-Systemen

Wie angedeutet verfügt jeder Rechner über einen eigenen Systempuffer (SP) sowie eine eigene DC-Komponente. Der entscheidende Unterschied zwischen beiden Architekturklassen liegt in der Zuordnung der Externspeicher zu den Rechnern:

- Bei **DB-Sharing** können alle Rechner (DBVS) direkt auf alle Externspeicher und damit auf alle Daten der DB zugreifen.

- Bei **DB-Distribution** verwaltet jeder Rechner bzw. jedes DBVS eine Partition der DB und kann jeweils nur auf seine Partition direkt zugreifen. Daten aus anderen Partitionen müssen explizit angefordert und ausgetauscht werden.

Aus der Art der Externspeicheranbindung ergeben sich weitreichende Konsequenzen bezüglich der Tauglichkeit, die in der Einleitung genannten Anforderungen an Hochleistungs-DBS erfüllen zu können als auch für die Realisierung einzelner Systemkomponenten. Bisherige Vergleiche der beiden Architekturklassen /Tra83,Sho86,Sto86,Reu86b,CDY86/ führten teilweise zu gegensätzlichen Einschätzungen, vor allem dadurch bedingt, daß oft wichtige Aspekte unberücksichtigt blieben. Die folgende Gegenüberstellung beider Systemarchitekturen stützt sich auf der Untersuchung /HäRa87/ (die wiederum auf /Här86, HäRa86/ basiert) ab, in der eine ausführliche Bewertung hinsichtlich einer Vielzahl von Kriterien vorgenommen wurde.

Für den DB-Distribution-Ansatz sprechen im wesentlichen zwei Gesichtspunkte: die Rechner können sowohl lokal als geographisch verteilt angeordnet sein, und es kann bei der Realisierung auf vielzählige Erkenntnisse und Lösungsvorschläge aus dem Gebiet der verteilten DBS zurückgegriffen werden.

Die **Ortsverteilung** der Rechner erlaubt es, in großen Unternehmen eine Anpassung an lokale Bedürfnisse vorzunehmen (Systemleistung vor Ort), und sie ist Voraussetzung für eine schnelle *Katastrophen-Recovery*. Hierzu kann man nämlich alle Daten vollständig repliziert in zwei (oder mehr) geographisch verteilten Rechenzentren führen, so daß im Katastrophenfall die Verarbeitung am überlebenden Zentrum fortgesetzt werden kann. Im Normalbetrieb wird die TA-Last unter beiden Zentren aufgeteilt, und die Änderungen werden untereinander ausgetauscht /GrAn85/.

Die **Anzahl verfügbarer Lösungsvorschläge und Implementierungen** spricht auch klar für DB-Distribution, da das Gebiet der verteilten DBS seit über 10 Jahren intensiv bearbeitet wird. Zumindest einfache verteilte DBS werden bereits von vielen DBS-Hersteller angeboten, so daß die Erstellung leistungsfähigerer Systeme ggf. auf vorhandener Software aufbauen kann. Als Paradebeispiel steht hier Tandem, das sein Encompass-System /Bor84, Hel85a/ zunehmend in Richtung 'Hochleistungseigenschaft' entwickelt /Hel85b/.

DB-Sharing dagegen ist ein relativ neuer Ansatz. Eine erste Realisierung stellt das auf zwei Rechner beschränkte IMS Data Sharing /IMS81, Kee82, SUW82/ dar, das aber keine Hochleistungsfähigkeiten aufweist. Neuere System- und Prototyp-Entwicklungen streben jedoch verbesserte Fehlertoleranz- und Leistungsmerkmale an; zu nennen sind hier Computer Console's Power System 5/55 /WIH83/, das AIM/SRCF-System (Shared Resource Control Facility /AIM86/), DCS (Data Sharing Control System /Sek84/) sowie das Amoeba-Projekt /Tra83, Sho85/. Die DEC VAX-Cluster /KLS86/, von denen 1985 bereits rund 2000 Installationen existierten, ähneln zwar auch der DB-Sharing-Architektur, jedoch handelt es sich dabei um kein Datenbanksystem.

Wie sieht es aber mit der Eignung hinsichtlich der Erfüllung der zentralen Anforderungen an Hochleistungs-DBS - also hohe TA-Raten, hohe Verfügbarkeit, Erweiterbarkeit und Handhabbarkeit - aus? Wie die Diskussion zeigen wird, ergeben sich hier zumindest für die drei zuletzt genannten Punkte deutliche Nachteile für DB-Distribution, die alle auf die Notwendigkeit der Datenpartitionierung zurückzuführen sind. Denn da diese nur selten und mit hohem Aufwand geändert werden kann, wird die Flexibilität des Systems, auf Änderungen zu reagieren, stark eingeschränkt.

Verfügbarkeit: Bei DB-Sharing können nach Ausfall eines Rechners die überlebenden Prozessoren weiterhin alle Daten erreichen, so daß auf ihnen nach bestimmten Recovery-Maßnahmen die gescheiterten TA wiederholt und die laufende TA-Last gleichmäßig aufgeteilt werden können. DB-Distribution dagegen erfordert nach erfolgreicher Recovery die Übernahme der ausgefallenen Partition durch die überlebenden Rechner, um die Erreichbarkeit der Daten zu gewährleisten (Anbindung jeder Platte an mindestens zwei Rechner). Da i.a. ein Rechner die gesamte Partition des ausgefallenen Rechners übernehmen muß, wird dieser während der Ausfallzeit leicht überlastet. Eine ungünstige Lastverteilung führt zwangsläufig zu Leistungseinbußen.

Erweiterbarkeit: Bei DB-Distribution erzwingt die Hinzunahme eines Rechners die Neuaufteilung der Datenbank (N -> N+1), was nur sehr umständlich (Änderung der Externspeicherzuordnung) und oft nicht im laufenden Betrieb möglich ist. Eine ausreichende Flexibilität zur Änderung der Datenverteilung bieten zudem nur relationale DBS (horizontale oder vertikale Partitionierung von Relationen), da in hierarchischen und netzwerkartigen Datenmodellen i.a. nur sehr grobe Verteileinheiten möglich sind (z.B. Segmente, Areas, Satztypen). Hier können Umverteilungen sogar Programmänderungen zur Folge haben (*).

---

* Ein weiterer Punkt, der gegen die Verwendung nicht-relationaler DBS bei DB-Distribution spricht, ist der zu erwartende hohe Kommunikationsaufwand. Denn mit den satzorientierten DML-Befehlen, die möglicherweise noch von mehreren Rechnern zu bearbeiten sind, ist der Kommunikations-Overhead für eine entfernte Bearbeitung oft höher als die Verarbeitungskosten der Operation selbst /Sto80/.

Bei DB-Sharing dagegen wird ein neuer Rechner mit allen Platten verbunden; es ist keine Datenverteilung vorzunehmen. Insbesondere ist der Übergang von einem zentralisierten System zu DB-Sharing ohne Änderung existierender Datenbanken oder Anwendungsprogramme möglich, unabhängig davon, welches Datenmodell eingesetzt wird. Allerdings erschwert die gemeinsame Plattenanbindung bei DB-Sharing den Einsatz sehr vieler Rechner, was jedoch bei Verwendung leistungsfähiger Knoten (z.B. 20-50 MIPS) keine Einschränkung für die nächste Zukunft bedeutet. Außerdem ist auch bei DB-Distribution wegen der vorzunehmenden Datenverteilung meist nur eine begrenzte Rechneranzahl sinnvoll einsetzbar. In einer analytischen Untersuchung /DIY86/ wurde ermittelt, daß es unter Leistungsgesichtspunkten ohnehin ratsamer ist, eine kleinere Anzahl (<= 10) leistungsfähiger Rechner zu koppeln als eine größere Anzahl kleinerer Rechner. Denn bei langsameren Rechnern verlängert sich die Antwortzeit der TA und damit werden mehr Synchronisationskonflikte verursacht (Sperren werden länger gehalten u.ä.), was wiederum zu Durchsatzeinbußen und weiteren Antwortzeitverschlechterungen führt. Unsere Überlegungen für DB-Sharing in Teil III und IV der Arbeit orientieren sich daher an Systemen mit relativ wenigen, aber leistungsstarken Rechnern.

Das Hinzufügen neuer Platten/Daten ist bei DB-Sharing auch wesentlich einfacher als bei DB-Distribution. Vor allem braucht keine Entscheidung darüber getroffen zu werden, welchem Rechner die neuen Platten/Daten zuzuordnen sind.

Handhabbarkeit: Hier ergeben sich ebenfalls Nachteile für DB-Distribution, da die Erstellung und Änderung der Datenpartitionierung (physischer DB-Entwurf) sehr schwierig und nur teilweise automatisierbar ist. Daher läßt sich auch die Verteilung der Daten gegenüber Systemverwalter oder Datenbankadministrator i.a. nicht verbergen (kein 'single system image'). Die ortsverteilte Anordnung der Rechner kann zwar organisatorische Vorteile mit sich bringen, andererseits verkompliziert sich damit die Verwaltung des Gesamtsystems, und in der Regel ist in jedem Knoten qualifiziertes Bedienpersonal vorzusehen.

Eine Beurteilung hinsichtlich der Erreichbarkeit hoher TA-Raten und kurzer Antwortzeiten ist auf der gewählten Betrachtungsebene natürlich nur schwer möglich, da hier die Realisierung der einzelnen Systemfunktionen sowie die Charakteristika der jeweiligen TA-Last entscheidenden Einfluß haben. Die Realisierung des Systems ist dabei auch entscheidend von der Art der **TA-Bearbeitung** abhängig:

Bei *DB-Distribution* können nur Daten der lokalen Partition direkt referenziert werden, externe Daten werden durch Daten- oder Funktionsaustausch besorgt (I/O-request shipping vs. function-request/ DB-call shipping /YCDT86/). Die übliche Vorgehensweise ist hierbei das Verschicken von DB-Operationen, die dann durch eigens erzeugte Sub-TA abgearbeitet werden. Bei TA-Ende sind alle Sub-TA in ein rechnerübergreifendes Mehr-Phasen-Commit-Protokoll (z.B. 2PC) einzubeziehen, um die Atomizität der Gesamt-TA zu gewährleisten. Verteilt ist auch das Zurücksetzen einer TA, die auf externe Daten zugegriffen hat.

Im Gegensatz dazu kann bei *DB-Sharing* jede DB-Operation einer TA vollständig lokal bearbeitet werden, da alle Daten direkt erreichbar sind. Kommunikation wird hier im wesentlichen nur zur Synchronisation benötigt sowie zum Holen von Daten aus fremden Systempuffern. Die rechnerübergreifende Synchronisation der Zugriffe auf die gemeinsame Datenbank ist bei DB-Sharing offensichtlich notwendig, um die Konsistenz der Daten und die Ablaufintegrität zu bewahren. Das Holen von Seiten aus fremden Puffern ist eine Folge des bei DB-Sharing zu lösenden **Veralterungs-**

problems (buffer invalidation), ein analoges Problem zur Cache-Invalidierung bei eng gekoppelten Multiprozessoren oder der Aktualisierungsproblematik bei replizierten Datenbanken /Rah86a/. Denn die Änderung einer Seite in einem Systempuffer invalidiert die Kopien dieser Seite in anderen Puffern und auf der physischen Datenbank. Da der Zugriff auf veraltete Seiten natürlich zu verhindern ist, müssen ggf. Änderungen aus fremden Puffern angefordert werden.

Die unterschiedliche TA-Bearbeitung ist bei der Realisierung der auf den Front-Ends angesiedelten **Lastkontrolle** zu berücksichtigen. Die zentralen Aufgaben der (globalen) Lastkontrolle /Reu86a, Rah86d, YBL86, CaLu86, WaMo85/ sind Verteilung und Balancierung der Last, Verhinderung von Überlastsituationen sowie größtmögliche Ausnutzung und Bewahrung von Lokalität. Eine neue TA ist demjenigen Rechner zuzuordnen, bei dem sie einen Großteil der benötigten Daten, Sperren u.ä. vorfindet und daher mit möglichst wenigen Interprozessor-Kommunikationen bearbeitbar ist. Für DB-Sharing bedeutet das, den Rechner zu bestimmen, an dem v. a. eine weitgehend lokale Synchronisation möglich ist. Für DB-Distribution ist der Rechner zu suchen, an dem die meisten der benötigten Daten direkt zugreifbar sind.

Die Zuordnung einer TA zu einem Rechner (TA-Routing), die i.a. anhand des TA-Typs und ggf. der aktuellen Parameter erfolgt, ist für *DB-Distribution* vergleichsweise einfach, da hier die aktuelle Datenverteilung stets bekannt ist. Die statische Verteilung der Daten bedingt allerdings auch eine geringe Flexibilität für die Lastkontrolle, so daß größere Schwankungen im Lastprofil - wie sie oft mehrmals täglich vorkommen - oder ein Rechnerausfall weit weniger gut verkraftet werden als bei DB-Sharing. Desweiteren ist die Rechnerauslastung bereits durch die Datenverteilung weitgehend bestimmt, weil ein Rechner alle Operationen (lokaler und externer) TA auf die ihm zugeordnete Datenpartition durchführen muß. Aufgrund der Lastschwankungen sind somit ungleichmäßige Rechnerauslastungen und die damit verbundenen Leistungseinbußen vorprogrammiert. Auch das Ausmaß der Interprozessor-Kommunikationen ist durch die Datenverteilung schon weitgehend festgelegt, da mit der sogenannte Query-Optimierung /BEKK84,YuCh84/ nur für mengenorientierte Operationen Einsparmöglichkeiten erreichbar sind, in kommerziellen TA-Systemen jedoch Einzelsatzzugriffe dominieren. Außerdem kann die Query-Optimierung die aktuelle Rechnerauslastung i.a. ohnehin nicht berücksichtigen, da sie aus Effizienzgründen meist schon zur Übersetzungszeit der TA-Programme vorgenommen wird (*).

Bei *DB-Sharing* dagegen bestehen wesentlich mehr Freiheitsgrade bezüglich der Lastverteilung und damit hinsichtlich der Minimierung von Interprozessor-Kommunikationen und der Last-Balancierung. Denn jede DB-Operation und somit jede TA kann von jedem der Rechner ausgeführt werden (es wird unterstellt, daß die TA-Programme in jedem Rechner verfügbar sind); ein Objekt kann parallel in verschiedenen Rechnern gelesen werden (Replikation im Puffer). Die DB-Sharing-Architektur erlaubt es sogar bei Unterlast ganze Rechner für andere Aufgaben 'abzustellen'. Dies scheint besonders wichtig, da das System für die Spitzenanforderungen ausgelegt sein muß, die meiste Zeit jedoch weitaus geringere TA-Raten zu bewältigen sind.

Um die Flexibilität und Optimierungsmöglichkeiten der DB-Sharing-Architektur aber nutzen zu

---

* Noch weniger Möglichkeiten einer globalen Lastkontrolle bestehen in verteilten DBS (ortsverteilten DB-Distribution-Systeme), da dort Terminals typischerweise einem Rechner fest zugeordnet sind (kein dynamisches TA-Routing). Verteilentscheidungen unter Berücksichtigung der aktuellen Rechnerauslastung sind in solchen Systemen schon wegen den großen Entfernungen kaum möglich.

können, ist nicht nur eine geeignete Realisierung für die Lastkontrolle, sondern auch für Logging/ Recovery und vor allem für die Synchronisationskomponente erforderlich. Denn das verwendete Synchronisationsprotokoll bestimmt bei DB-Sharing entscheidend den zur TA-Bearbeitung erforderlichen Kommunikationsaufwand. Wie sich zeigen wird, sollte zur Minimierung des Nachrichtenbedarfs auch das Veralterungsproblem zusammen mit der Synchronisation behandelt werden und eine effektive Zusammenarbeit mit der Lastkontrolle möglich sein. Mit dem Entwurf und der quantitativen Bewertung von Synchronisationsprotokollen für DB-Sharing, die diese und weitere Anforderungen (siehe Kap. 3.2) erfüllen, beschäftigen wir uns ausführlich in Teil III und IV dieser Arbeit.

Auch bei der Realisierung von DB-Distribution-Systemen sind einige besondere Schwierigkeiten zu bewältigen. Die Hauptprobleme liegen hier im physischen DB-Entwurf (Datenpartitionierung /SaWi85/), in der im Vergleich zu zentralisierten Systemen und auch DB-Sharing komplexeren Anfragebearbeitung /Moh84/, welche die Datenverteilung berücksichtigen muß, und - damit verbunden - in der Verwaltung verteilter Kataloge bzw. Dictionaries /Gra86b/. In verteilten DBS ist auch die Fehlerbehandlung i.a. weit schwieriger als in lokalen Systemen, in denen vor allem das Kommunikationssystem zuverlässiger ausgelegt werden kann. So ist in verteilten DBS z.B. mit Netzwerk-Partitionierungen zu rechnen, wobei Teile des Systems nicht mehr miteinander kommunizieren können; andere Probleme werden in /Str85/ diskutiert.

Die Ausführungen in diesem Kapitel haben gezeigt, daß zur Realisierung von Hochleistungs-DBS viele Punkte für DB-Sharing sprechen. Der DB-Sharing-Ansatz kann als natürliche Weiterentwicklung von zentralisierten DBS auf Mehrrechner-DBS angesehen werden, da beim Übergang auf ein DB-Sharing-System keine Änderung bestehender Anwendungsprogramme und Datenbanken notwendig ist. Mit DB-Sharing wird nicht nur eine einfachere Adaption an eine verminderte oder erhöhte Anzahl von Rechnern als bei DB-Distribution möglich, sondern auch eine flexiblere Anpassung an Lastschwankungen. Die größeren Möglichkeiten zur Last-Balancierung und zur Reduzierung des Kommunikationsaufwandes bieten ein höheres Optimierungspotential zur Erreichung eines hohen Durchsatzes und kurzer Antwortzeiten, während die Leistungsfähigkeit eines DB-Distribution-Systems bereits mit der statischen Datenpartitionierung weitgehend festgelegt ist. Zusätzliche Leistungsvorteile dürften sich bei DB-Sharing durch den Einsatz einer nahen Rechnerkopplung ergeben. Schließlich ist die Realisierung eines Hochleistungs-DBS mit DB-Sharing nicht nur auf relationale Systeme beschränkt, sondern auch mit netzwerkartigen und hierarchischen Datenmodellen möglich.

2.3 Schlüsselkonzepte zur Realisierung von Hochleistungs-DBS

Zur Abrundung der allgemeinen Diskussion über Mehrrechner-DBS soll in diesem Abschnitt noch eine Zusammenstellung wesentlicher Konzepte und Techniken zur Erreichung hoher Leistungsfähigkeit und hoher Verfügbarkeit vorgenommen werden.

2.3.1 Techniken zur Erlangung hoher TA-Raten und kurzer Antwortzeiten

Hierzu wurden für Mehrrechner-DBS bereits einige zentrale Punkte angesprochen, nämlich die **Begrenzung des Kommunikations-Overheads**, die Bedeutung der **Lastkontrolle** (Lastverteilung und -Balancierung) sowie mögliche Optimierungen über eine **nahe Rechnerkopplung**. Wie wir gesehen haben, bietet vor allem die DB-Sharing-Architektur bezüglich dieser Punkte ein großes Optimierungspotential, sofern sich geeignete Algorithmen etwa bei der Synchronisation oder der Lastkontrolle finden lassen. Bei der Entwicklung solcher Algorithmen ist insbesondere auf die Minimierung von 'synchronen' Nachrichten zu achten, für die eine TA bis zum Eintreffen einer Antwortnachricht unterbrochen werden muß (Antwortzeitverschlechterung). Generell sind zur Begrenzung des Kommunikationsaufwandes ein schnelles Kommunikationssystem wichtig sowie effiziente Kommunikationsprimitive und geringe Prozeßwechselkosten. Einsparungen sind auch möglich durch Bündelung und gemeinsame Übertragung von Nachrichten (group request), jedoch i.a. zu Lasten der Antwortzeiten (Bündelungswartezeiten).

Eine weitere leistungsbestimmende Funktion ist die **Synchronisationskomponente**, nicht nur wegen ihres Einflußes auf den Kommunikationsbedarf. Bei ihrer Realisierung ist auch darauf zu achten, daß eine möglichst hohe Parallelität erhalten bleibt, d.h., das Ausmaß an TA-Blockierungen und -Rücksetzungen sollte so gering wie möglich gehalten werden. Die hierfür in Frage kommenden Synchronisationstechniken werden in den folgenden Kapiteln ausführlich besprochen.

Wie schon in zentralisierten DBS, so ist auch in Mehrrechner-DBS die **Reduzierung des E/A-Aufwandes** von zentraler Bedeutung für die Leistungsfähigkeit des Systems. Eine geringe E/A-Häufigkeit setzt eine auf die Anwendung zugeschnittene Wahl von Speicherungsstrukturen und Zugriffspfaden voraus. So erlauben Hash-Verfahren und B*-Bäume schnellen Schlüsselzugriff auf Datensätze; Clusterbildung gestattet die effiziente Verarbeitung zusammengehöriger Daten. Desweiteren bestimmen vor allem die Realisierung der Systempufferverwaltung und der Log-Komponente den zur TA-Verarbeitung anfallenden E/A-Bedarf:

Bei der **Systempufferverwaltung** kann die Ersetzungsstrategie zur Begrenzung physischer E/A-Vorgänge Lokalität im Referenzverhalten nutzen /EfHä84, HäRe83a/, wobei immer größer werdende Systempuffer (z.B. > 50 MB) die Trefferraten positiv beeinflußen. Einen wichtigen Einfluß auf das E/A-Verhalten übt auch die Vorgehensweise beim Ausschreiben geänderter Datenbankseiten aus. Die sogenannte **NOFORCE-Strategie** /HäRe83b/, bei der Änderungen bei EOT nur gesichert, die geänderten Seiten jedoch nicht in die physische Datenbank ausgeschrieben werden müssen, hilft i.a. E/A einzusparen. Denn damit kann eine Seite mehrfach geändert werden, ohne daß ein Ausschreiben notwendig wird; diese Akkumulierung von Änderungen zahlt sich vor allem bei großen Puffern aus. Desweiteren werden die Antwortzeiten von Änderungs-TA nicht unnötig durch Ausschreibvorgänge erhöht.

Weitere E/A-Einsparungen verspricht man sich von einer erweiterten Speicherhierarchie, insbesondere durch seitenadressierbare Halbleiterspeicher ('expanded storage'), die derzeit Zugriffszeiten um 1 ms erlauben. Solche Halbleiterspeicher werden auch in einigen Plattenkontrollern geführt ('disk cache'), um etwa sequentielle Lesevorgänge durch das Laden einer ganzen Spur von der Platte in den Halbleiterspeicher (prefetching) zu beschleunigen.

Das **Logging** sollte vor allem mittels sequentieller E/A (bzw. chained I/O) anstelle von wahlfreier E/A erfolgen, weil jede wahlfreie E/A die Antwortzeit einer TA um etwa 25-60 ms verlängert. Zur Erreichung hoher TA-Raten (und zur Begrenzung des Log-Umfangs) sollte v.a. ein **eintragsweises Logging** /Reu83/ anstelle von Seiten-Logging durchgeführt werden, weil somit ein effektives **Gruppen-Commit** /Gaw85a,DeW84/ ermöglicht wird. Dabei wird das EOT einer Gruppe von TA so lange verzögert, bis die zugehörigen Log-Daten zusammen ausgeschrieben sind. Diese Technik erlaubt es bei Eintrags-Logging, den Log-Aufwand auf etwa 0.1 - 0.2 Log-E/A pro TA zu begrenzen /Gra85/.

Nichtflüchtige Halbleiterspeicher (solid state disks) lassen sich auch beim Logging gewinnbringend einsetzen /CKS86/, da hiermit das Auschreiben der Log-Daten etwa 10-mal so schnell wie mit sequentieller E/A auf herkömmlichen Platten geschehen kann. Allerdings sind solche 'elektronischen Platten' erheblich teuerer als konventionelle Platten, so daß ihr Einsatz auf besonders zeitkritische Funktionen beschränkt sein dürfte.

Die für Hochleistungssysteme obligatorische NOFORCE-Strategie erzwingt zur Begrenzung des REDO-Aufwandes nach einem Rechnerausfall ein Sicherungspunktverfahren als unterstützende Maßnahme. Da das Ausschreiben aller Änderungen im Systempuffer zur Erstellung des Sicherungspunktes bei den unterstellten großen Puffern zu untolerierbar langen Totzeiten führen würde, sind hierzu sogenannte 'fuzzy checkpoints' /HäRe83b/ die gegebene Alternative.

Hauptspeicher-Datenbanken (main memory databases), die in jüngster Zeit im Mittelpunkt zahlreicher Untersuchungen und Prototyp-Entwicklungen stehen (z.B. /Amm85, DeW84, EiJa86, GLV84, LeRo85, LeCa86/), versprechen die größtmöglichen E/A-Einsparungen. Dabei können nach dem zu Beginn erforderlichen Laden der Datenbank von einer Archivkopie sämtliche DB-Zugriffe im Hauptspeicher befriedigt werden. E/A-Vorgänge sind damit nur noch für Logging-Aktivitäten erforderlich, um nach einem Rechner- oder Hauptspeicher-Ausfall den aktuellen DB-Zustand wiederherstellen zu können. Für Hauptspeicher-Datenbanken sind jedoch eine Reihe von Problemen neu zu lösen, so bei der Recovery /Hag86, Eic87, LeCa87/, der Query-Bearbeitung oder dem Entwurf von geeigneten Speicherungsstrukturen /LeCa86/.

Für unsere weiteren Überlegungen spielen Hauptspeicher-Datenbanken vor allem aus zwei Gründen keine Rolle. Zum einen sind sie primär auf Monoprozessoren oder eng gekoppelte Multiprozessoren begrenzt, mit deren CPU-Kapazität sehr hohe TA-Raten (z.B. > 1000 TA/s) nicht zu erreichen sind. Zum anderen umfassen die Datenbanken großer Anwender oft Hunderte von Giga-Bytes und können daher in absehbarer Zukunft nicht vollkommen im Hauptspeicher gehalten werden. Zudem wachsen der CPU-Bedarf und das Datenvolumen in den hier betrachteten Großanwendungen permanent und oft schneller als der technologische Zuwachs bei der Kapazität einzelner CPUs oder bei der Hauptspeicher-Größe.

2.3.2 Fehlertoleranz-Konzepte

Das TA-Konzept /HäRe83b,Gra80/ als fundamentales Konzept in DB/DC-Systemen enthält bereits wesentliche Zusicherungen hinsichtlich der Maskierung und Behandlung von Fehlern. Die vier kennzeichnenden Eigenschaften (ACID) definieren eine TA als atomare Einheit der Konsistenz, der Isolation und der Recovery. Die 'Alles-oder-Nichts'-Eigenschaft (Atomizität) bietet dem TA-Programm eine Maskierung gegenüber allen vom System erwarteten Fehlern, die Dauerhaftigkeits-Eigenschaft garantiert, daß Änderungen erfolgreicher TA alle erwarteten Fehler überleben. So wird nach Ausfall eines Rechners der jüngste TA-konsistente Datenbankzustand wiederhergestellt, in dem die Änderungen aller erfolgreich beendeten TA reflektiert sind, jedoch keinerlei Auswirkungen von TA, die zum Ausfallzeitpunkt noch in Bearbeitung waren.

Die TA-Eigenschaften spiegeln den TA-Programmen zwar eine fehlerfreie Systemumgebung vor, garantieren jedoch keineswegs eine hohe Verfügbarkeit für den Benutzer /Här87b/, da sie weder das Auftreten von Fehlern verhindern, noch eine unterbrechungsfreie Recovery zusichern. Hohe Verfügbarkeit kann auch bei Ausfall einzelner Komponenten erreicht werden, falls - unter Verwendung redundanter Komponenten - die Ausfallbehandlung so schnell erfolgen kann, daß keine nicht tolerierbaren Unterbrechungen entstehen. Jedoch ist der Totalausfall des Terminalnetzes unter allen Umständen zu verhindern, da dessen Reaktivierung bei mehreren tausend Terminals erfahrungsgemäß eine Stunde oder länger dauern kann /Gra86a/.

Voraussetzung zur Erlangung einer hohen Fehlertoleranz ist eine ausreichende Redundanz bei allen wichtigen Hardware- und Software-Komponenten /Kim84/. Dabei ist zur Tolerierung von Einfach-Fehlern mindestens eine zweifache Auslegung bei all diesen Komponenten vorzusehen. Neben den bereits in der Einleitung angesprochenen Punkten wie einfache Handhabbarkeit oder dynamische Konfigurierbarkeit, sind für eine hohe Verfügbarkeit auch geeignete Konzepte zur fehlertoleranten Ausführung, zur fehlertoleranten Speicherung und fehlertoleranten Kommunikation anzubieten. Die wichtigsten Aspekte dazu sollen im folgenden kurz aufgeführt werden; eine ausführlichere Diskussion findet sich in /Här87b/ und /Gra86a/. In /Här87b/ werden auch Meßergebnisse an einem fehlertoleranten TA-System (Tandem) vorgestellt, mit denen die durch die Fehlertoleranz-Mechanismen eingeführten Zusatzkosten zum Teil quantifiziert werden konnten.

Fehlertolerante Ausführung

Bei der fehlertoleranten Ausführung von Software unterscheidet man i.a. zwischen drei Konzepten:

- redundante Ausführung
- Prozeß-Paare und
- Schattenprozesse.

Bei der *redundanten Ausführung*, die z.B. von Stratus /Hen83,Kas83/ angewendet wird, wird jede Instruktion parallel in wenigstens zwei CPUs ausgeführt und durch Ergebnisvergleich ein ständiger Selbsttest vorgenommen. Diese Hardware-Maßnahmen zur Fehlertoleranz sind für die gesamte Software transparent, bieten aber auch keine Hilfe gegenüber Software-Fehlern und zunächst auch nicht gegenüber transienten Fehlern (da alle beteiligten Prozessoren dieselbe Systemumgebung sehen). Ein weiterer Nachteil ist, daß die parallel mitlaufenden Prozessoren keine eigene Arbeit verrichten.

Beim Konzept der *Prozeß-Paare*, das bei Tandem und Auragen /Kim84,Ser84/ sowie in verallgemeinerter Form im HAS-Projekt /Agh83,Agh86/ Anwendung findet, soll nach Ausfall des sogenannten Primary-Prozesses ein bis dahin passiver Backup-Prozeß dessen Aufgaben übernehmen (Forward Recovery). Voraussetzung dazu ist, daß der Backup-Prozeß in gewissen Abständen mit ausreichenden Statusinformationen über den Verarbeitungszustand im Primary-Prozeß informiert wird (Checkpointing), was jedoch u.U. sehr teuer werden kann. In Tandem werden Prozeß-Paare daher mittlerweile nur noch für Systemprozesse (etwa im BS-Kern) benutzt /Gra86a/.

Der hohe Checkpointing-Aufwand wird mit *Schattenprozessen* /Här87b/ vermieden, bei denen im Fehlerfall eine gescheiterte TA vollständig zurückgesetzt (Backward Recovery) und danach im Schattenprozeß erneut gestartet wird (*). Bei Protokollierung der Eingabe-Nachrichten durch das DC-System können so zumindest zurückgesetzte Einschritt-TA für den Benutzer transparent wiederholt werden. Bei Mehrschritt-TA ist dies nur möglich, solange die bei der Wiederausführung neu abgeleiteten Nachrichten den ursprünglichen entsprechen /HäMe86b/. Schattenprozesse stellen für die fehlertolerante TA-Verarbeitung das gegebene Konzept, da bei den typischerweise kurzen TA der

---

* Schattenprozesse können im Prinzip als spezielle Form von Prozeß-Paaren aufgefaßt werden, deren kennzeichnende Eigenschaft - die rückwärtsorientierte Recovery-Strategie - einen geringen Checkpointing-Aufwand ermöglicht.

Aufwand einer redundanten Ausführung oder einer Forward Recovery mit Prozeß-Paaren nicht gerechtfertigt erscheint. Das Konzept der Schattenprozesse wird u.a. bei Tandem sowie dem angekündigten XRF (Extended Restart Facility) für IMS verwendet. Bei XRF residieren alle Schatten-prozesse in einem passiven Backup-Rechner ('Hot Stand-By'), der nach Ausfall des primären Verar-beitungsrechners dessen Funktion übernimmt /Gaw85b/.

Nach einem Rechnerausfall können die gescheiterten TA erst dann in einem anderen Rechner neu gestartet werden, nachdem die überlebenden Rechner die Crash-Recovery für den ausgefallenen Pro-zessor durchgeführt haben. Die sofortige Recovery ist notwendig, um die vom gescheiterten Rechner gehaltenen Betriebsmittel (z.B. Sperren) schnellstmöglich wieder verfügbar zu machen und um für die gescheiterten TA noch akzeptable Antwortzeiten zu erzielen. Die Recovery wird dabei mit der (loka-len) Log-Datei des ausgefallenen Rechners vorgenommen.

Fehlertolerante Speicherung

Schlüsseleigenschaft zur fehlertoleranten Speicherung ist die Replikation der Daten auf Geräten mit unabhängigen Fehlermodi /Gra85/. So sollten die für TA- und Systemfehler benutzten temporären Log-Dateien, die i.a. sowohl UNDO- als auch REDO-Log-Daten halten, zweifach geführt werden (duplex logging). Zur Behandlung von Plattenfehlern werden üblicherweise eine oder mehrere Archiv-Versionen der DB auf Band gehalten. Im Fehlerfall läßt sich mit ihnen der aktuelle DB-Zustand durch die Nachführung der auf Archiv-Protokolldateien gesicherten Änderungen herstellen /Reu81,Reu83/.

Eine andere Form der Datenreplikation zur Behandlung von Plattenfehlern bieten **Spiegelplatten**. Weil bei ihnen alle Daten doppelt auf unabhängige Platten geschrieben werden, führt ein einfacher Plattenfehler zu keiner Unterbrechung und wird automatisch maskiert. Der Nachteil des doppelten Schreibaufwandes, der bei einer NOFORCE-Ausschreibstrategie (s.o.) nicht zu Lasten der Antwortzeit zu gehen braucht, dürfte i.a. durch das größere Optimierungspotential bei Lesevorgängen kompensiert werden. Zum Lesen eines Blocks kann nämlich immer diejenige Platte mit dem geringeren Positio-nierungsaufwand gewählt werden. Spiegelplatten bieten zwar eine äußerst hohe Ausfallsicherheit pro Plattenpaar (> 1000 Jahre MTBF nach /Gra86a/), sicherheitshalber werden jedoch oft weiterhin Archiv-Kopien und -Protokolldateien geführt. Denn bei 500 Plattenpaaren ist bereits etwa alle zwei Jahre wieder mit einem Ausfall zu rechnen.

Eine weitere Form der fehlertoleranten Speicherung stellt die Replizierung der Daten in verteilten DBS dar. Mit ihr werden zwar hohe Änderungskosten eingeführt, jedoch bietet die räumliche Sepa-rierung zusätzliche Verfügbarkeitsvorteile verglichen etwa mit Spiegelplatten (andere Umgebung, anderes Bedienpersonal). Die ortsverteilte Datenreplikation ist auch Voraussetzung für eine schnelle Katastrophen-Recovery (s.o.).

Fehlertolerante Kommunikation

Gemeinsame (Haupt-) Speicher erlauben eine sehr schnelle Kommunikation, Kooperation und Syn-chronisation zwischen Prozessen bzw. Prozessoren. Andererseits bergen gemeinsame Speicher die Ge-fahr der Fehlerfortpflanzung und begrenzen Erweiterbarkeit und räumliche Verteilbarkeit des Systems.

Gesichtspunkte der Verfügbarkeit, des modularen Wachstums und der verteilten Ausführung sprechen für eine nachrichtenbasierte Schnittstelle zwischen den Software-Komponenten (Prozessen) /Gra85/. Prozesse und nachrichtenorientierte Kommunikation erlauben eine hierarchische Zerlegung des Systems in modulare Einheiten sowie die Eingrenzung von Fehlern. Die höheren Kosten zur Kommunikation und Synchronisation können jedoch nur mit nachrichtenorientierten BS mit optimierten Kommunikationsprimitiven und sehr schnellen Prozeßwechseln (< 500 Instr.) in Grenzen gehalten werden.

Fehlertolerante Kommunikation erfordert auf der Hardware-Seite mehrfach ausgelegte Kommunikationspfade mit unabhängigen Fehlermodi. Verbindungsorientierte Protokolle (sessions) erlauben die Behandlung und Maskierung von Kommunikationsfehlern gegenüber den Anwendungen. So können z.B. verlorengegangene oder doppelte Nachrichten über Timeout-Verfahren oder Sequenznummern erkannt werden. Bei den oben erwähnten Prozeß-Paaren erlaubt es das Session-Konzept auch bei Ausfall eines Primary-Prozesses, auf den Backup-Prozeß umzuschalten und ihn mit den benötigten Nachrichten zu versorgen /Gra86a/.

II Allgemeine Synchronisationskonzepte in zentralisierten und verteilten Datenbanksystemen

Teil II gliedert sich in drei Kapitel. In Kap. 3 werden zunächst eine Einführung in die Synchronisationsproblematik und grundlegende Begriffsklärungen vorgenommen sowie die Anforderungen an die Synchronisationskomponente genauer spezifiziert. Es folgen eine Übersicht über Synchronisationsverfahren in zentralisierten DBS und eine Beschreibung der wichtigsten Konzepte. In Kap. 5 schließlich werden Synchronisationstechniken für verteilte DBS (bzw. DB-Distribution-Systeme) besprochen.

3. Grundlagen

Eine Schlüsseleigenschaft von DBS und DB-gestützten TA-Systemen ist, daß viele Benutzer gleichzeitig lesend und ändernd auf die gemeinsamen Datenbestände zugreifen können, ohne daß die Konsistenz der Daten verletzt wird. Die Bewahrung der DB-Konsistenz trotz paralleler Zugriffe ist Aufgabe der Synchronisationskomponente, ebenso wie das Verbergen des Mehrbenutzerbetriebs gegenüber den Benutzern (Transparenz der konkurrierenden Verarbeitung, logischer Einbenutzerbetrieb). Werden alle TA seriell ausgeführt, dann ist der geforderte logische Einbenutzerbetrieb ohne jegliche Synchronisation erreicht, und die DB-Konsistenz ist am Ende jeder TA gewährleistet. Denn gemäß dem TA-Paradigma /HäRe83b/ überführt eine TA als Einheit der Konsistenz die DB von einem konsistenten in einen wiederum konsistenten Zustand. Die atomare Ausführung der TA sowie die Dauerhaftigkeitsgarantie gewährleisten, daß die DB-Konsistenz auch nicht durch TA-, System- oder Gerätefehler verletzt wird.

Die Notwendigkeit einer Synchronisation wird also erst durch den Mehrbenutzerbetrieb eingeführt. Eine strikt serielle Ausführung der TA zur Umgehung der Synchronisationsproblematik verbietet sich jedoch v.a. aus Leistungsgründen, da hierbei selbst ein einziger Prozessor aufgrund langer TA-Unterbrechungen wegen physischer E/A-Vorgänge oder Denkzeiten (bei Mehrschritt-TA) nicht vernünftig genutzt werden kann. Mehrrechner-DBS führen automatisch zu einem Mehrbenutzerbetrieb, da sinnvollerweise jeder Rechner eigene TA starten kann; zudem verursachen Interprozessor-Kommunikationen weitere TA-Unterbrechungen.
Beim völlig unkontrollierten Zugriff auf Datenobjekte im Mehrbenutzerbetrieb können eine Reihe von unerwünschten Phänomenen auftreten, die bei einer seriellen Ausführung der TA vermieden würden. Die wichtigsten dieser u.a. in /Här78,Reu81/ ausführlich diskutierten **Anomalien** sind:

Verlorengegangene Änderungen (lost updates)
Diese Anomalie tritt z.B. auf, wenn zwei TA ausgehend vom selben alten Wert ein Objekt parallel ändern. Dabei überschreibt die TA, die ihre Änderung zuletzt in die DB einbringt, die bereits geschriebene Änderung der ersten TA, so daß deren Modifikation verlorengeht.

Abhängigkeiten von nicht freigegebenen Änderungen (dirty read / dirty overwrite)
Diese Anomalien entstehen durch Zugriff auf 'schmutzige' Daten, d.h. Änderungen von noch nicht beendeten TA, die später wegen eines Fehlers zurückgesetzt werden.

Inkonsistente Analyse (unrepeatable read)
Diese Anomalie liegt vor, wenn eine TA - bedingt durch Änderungen paralleler TA - während ihrer Ausführung unterschiedliche Werte eines Objektes sehen kann. Dies kann z.B. bei statistischen Aus-

wertungen zu falschen Ergebnissen führen, wenn Änderungen paralleler TA zum Teil gesehen werden, zum Teil aber verborgen bleiben. Eine besondere Form der inkonsistenten Analyse stellt das sogenannte Phantom-Problem dar, welches durch paralleles Einfügen und Löschen von Datensätzen verursacht wird.

Die Vermeidung solcher Anomalien und die Wahrung der DB-Konsistenz im Mehrbenutzerbetrieb sind Aufgaben der Synchronisation. Bevor auf mögliche Realisierungsformen dazu (ab Kap. 4) eingegangen wird, sollen zunächst die Anforderungen an die Synchronisationskomponente genauer gefaßt werden. Vor allem ist eine präzisere Festlegung des Korrektheitskriteriums erforderlich, mit dem entschieden werden kann, ob eine bestimmte Verarbeitungsreihenfolge korrekt ist bzw. ob ein Synchronisationsalgorithmus korrekt arbeitet.

3.1 Korrektheitskriterium der Synchronisation

Serialisierbarkeit

Das allgemein akzeptierte Korrektheitskriterium für die Synchronisation - zumindest in konventionellen DB-Anwendungen - ist die **Serialisierbarkeit** /EGLT76, BeGo81, Pap86, BHG87/ der TA-Verarbeitung. Dabei wird gefordert, daß das Ergebnis einer parallelen Ausführung von n TA äquivalent ist zu mindestens einer der n! möglichen seriellen Ausführungsreihenfolgen der n TA. Äquivalent bedeutet in diesem Zusammenhang, daß für jede der beteiligten TA dieselbe Ausgabe wie in der seriellen Abarbeitungsreihenfolge abgeleitet wird und daß der gleiche DB-Endzustand erzeugt wird. Dies erfordert, daß eine TA alle Änderungen der TA sieht, die vor ihr in der äquivalenten seriellen Ausführungsreihenfolge stehen, jedoch keine der in dieser Reihenfolge nach ihr kommenden TA. Diese zur parallelen TA-Bearbeitung äquivalente serielle Ausführungsreihenfolge der TA wird auch als **Serialisierungsreihenfolge** bezeichnet.

Die Festlegung der Serialisierbarkeit als Korrektheitskriterium beruht auf der Tatsache, daß wegen der TA als Einheit der Konsistenz serielle und damit auch serialisierbare TA-Ausführungen konsistenzerhaltend sind und die oben angesprochenen Anomalien vermeiden. Demnach gilt es Synchronisationsverfahren zu entwickeln, die nur serialisierbare TA-Abläufe zulassen.

Der mathematische Nachweis, daß ein bestimmtes Synchronisationsverfahren korrekt arbeitet, kann im Rahmen der sogenannten Serialisierbarkeitstheorie unter Zuhilfenahme formaler Modelle erbracht werden. Da in dieser Arbeit mehr die Konzepte und Realisierungsformen für Synchronisationsverfahren im Vordergrund stehen, wird hier auf eine genaue Darstellung der theoretischen Aspekte verzichtet; ausführliche Abhandlungen zur Serialisierbarkeitstheorie findet der interessierte Leser z.B. in /Pap86, BHG87/. Im folgenden sollen daher nur die für das weitere Verständnis erforderlichen Grundlagen und Begriffsbildungen angesprochen werden.

Um eine möglichst einfache Formalisierung zu erlauben, wird in der Serialisierbarkeitstheorie meist ein sehr primitives Verarbeitungs- und Objektmodell zugrundegelegt. Eine TA stellt dabei eine vom Benutzer festgelegte, sequentielle Folge von Lese- oder Schreiboperationen auf der Datenbank dar, die durch ein BOT (Begin-of-Transaction) und ein EOT (End-of-Transaction) umklammert ist. Unter Schreiben wird dabei stets das Ändern eines vorhandenen Objektes verstanden, nicht jedoch das Einfügen oder Löschen von Elementen. Demnach ergibt sich eine feste Anzahl von DB-Objekten, die alle als gleichartig und eindeutig identifizierbar angenommen werden; eine weitergehende Strukturierung der Objektmenge wird nicht vorgenommen.

Unter einem **Schedule** versteht man eine Ablauffolge von TA mit ihren zugehörigen Operationen. In einem seriellen Schedule werden alle TA vollständig nacheinander ausgeführt, wodurch eine vollständige Ordnung der TA hinsichtlich ihrer Ausführungsreihenfolge definiert ist. Eine zeitlich überlappende Ausführung von TA ist serialisierbar und damit korrekt, wenn zu ihr ein äquivalenter serieller Schedule existiert.

Um die Existenz eines solchen äquivalenten seriellen Schedule nachweisen zu können, müssen die zeitlichen Abhängigkeiten zwischen den TA berücksichtigt werden. Eine zeitliche Abhängigkeit entsteht dabei durch zwei Operationen verschiedener TA, die in **Konflikt** zueinander stehen, d.h., deren Ausführung nicht reihenfolgeunabhängig ist. Werden - wie üblich - nur Lese- und Schreiboperationen unterschieden, dann liegt ein Konflikt zwischen zwei Operationen vor, wenn das gleiche Objekt angesprochen wird und mindestens eine der Operationen eine Schreiboperation darstellt. Denn offensichtlich bringt das Lesen eines Objektes vor einer Änderung ein anderes Ergebnis als nach der Änderung; ebenso ist der Wert eines Objektes i.a. auch von der Reihenfolge der Änderungen abhängig.

Bei den durch die Konfliktoperationen eingeführten zeitlichen Abhängigkeiten zwischen TA wird je nach Art des Konfliktes unterschieden zwischen Lese-Schreib- (RW-), Schreib-Schreib- (WW-) und Schreib-Lese- (WR-) Abhängigkeit. Eine Lese-Schreib-Abhängigkeit zwischen TA Ti und Tj liegt z.B. dann vor, wenn Ti ein Objekt x vor seiner Änderung durch Tj gelesen hat. Diese Abhängigkeiten zwischen TA können in einem sogenannten **Serialisierbarkeits- oder Abhängigkeitsgraphen** dargestellt werden, in dem als Knoten die beteiligten TA stehen und die (gerichteten) Kanten die Abhängigkeiten zwischen TA repräsentieren. Es kann gezeigt werden, daß ein Schedule genau dann serialisierbar ist, wenn der zugehörige Abhängigkeitsgraph azyklisch ist. Denn nur in diesem Fall reflektiert der Graph eine partielle Ordnung zwischen den TA, die zu einer vollständigen Ordnung, die zugleich den äquivalenten seriellen Schedule bestimmt, erweitert werden kann.

Obwohl weithin als Korrektheitskriterium akzeptiert, ist der Serialisierbarkeitsbegriff - wie in /Pei86/ näher ausgeführt - recht weit gefaßt, da die Serialisierungsreihenfolge der TA der zeitlichen Ablauffolge in der Realität entgegengesetzt sein kann. Sinnvolle **Einschränkungen** als Korrektheitskriterium sind daher der sogenannte reihenfolgeerhaltende sowie der chronologieerhaltende logische Einbenutzerbetrieb /Pei86/. Bei der reihenfolgeerhaltenden Serialisierbarkeit wird gefordert, daß eine TA wenigstens alle Änderungen von TA sieht, die zu ihrem Startzeitpunkt bereits beendet waren. Beim chronologieerhaltenden logischen Einbenutzerbetrieb ist einer TA sogar stets der aktuellste Zustand eines Objektes bereitzustellen. Die genannten Einschränkungen sind zwar sicher vielfach wünschenswert, führen jedoch auch zwangsweise zu einer größeren Reglementierung bei der Synchronisation und damit zu einer herabgesetzten Parallelität. Dennoch sollte das Synchronisationsverfahren zumindest die Einhaltung der reihenfolgeerhaltenden Serialisierbarkeit anstreben.

Konsistenzebenen

Auf der anderen Seite wird aber auch untersucht, ob nicht zur Verbesserung der Leistungsfähigkeit eines Synchronisationsalgorithmus ein weniger restriktives Korrektheitskriterium als die Serialisierbarkeit ausreichend ist. Einen allgemeinen Ansatz dazu bietet die Unterscheidung von insgesamt vier Konsistenzebenen, wie sie bereits in /GLPT76/ vorgenommen wurde. Die vom Synchronisationsverfahren unabhängige Definition der Konsistenzebenen sieht dabei aus wie folgt:

- Bei *Konsistenzebene 0* ändert keine TA Objekte, die von einer anderen TA geändert und nicht frei-gegeben sind.

- Bei *Konsistenzebene 1* gilt zusätzlich, daß keine Änderungen vor TA-Ende freigegeben werden.

- Bei *Konsistenzebene 2* darf zusätzlich keine TA schmutzige Daten (d.h. nicht freigegebene Ände-rungen) anderer TA lesen.

- Bei *Konsistenzebene 3* gilt zusätzlich, daß keine TA ein Objekt ändert, das von noch laufenden TA gelesen wurde.

Bei den bisher in der Praxis zumeist eingesetzten (RX-) Sperrverfahren (s. Kap. 4) wird durch das Setzen langer Sperren, die erst bei TA-Ende freigegeben werden, Konsistenzebene 3 erreicht. Wie in /GLPT76/ gezeigt wird, ist Konsistenzebene 3 gleichbedeutend mit Serialisierbarkeit; es werden also die Anomalien 'lost update', 'dirty read', 'dirty overwrite' und 'unrepeatable read' vermieden. Insbe-sondere wird auch - wie in /BHG87/ ausgeführt - das Phantom-Problem ausgeschlossen, da das Ein-fügen und Löschen von Objekten immer mit dem Ändern von Kontrollinformationen verbunden ist, auf die auch beim einfachen Lesen zuzugreifen ist. Durch Synchronisationskonflikte auf diesen Kon-trollinformationen wird daher das unbemerkte Einfügen oder Löschen gelesener Objekte verhindert.

Die meisten kommerziell verfügbaren DBS bieten aus Leistungsgründen lediglich Konsistenzebene 2. Dieser Konsistenzgrad wird mit Sperrverfahren durch das Setzen kurzer Lesesperren, die vor EOT freigegeben werden, und langer Schreibsperren erreicht /GLPT76/, wodurch entsprechend weniger Behinderungen als mit Konsistenzebene 3 entstehen. Die inkonsistente Analyse ('unrepeatable read') wird bei Konsistenzebene 2 bewußt in Kauf genommen, ausgehend von der Annahme, daß viele TA ein Objekt ohnehin nur einmal referenzieren. Allerdings muß Konsistenzebene 2 auch als Mindest-forderung für DBS angesehen werden, da ein Lesen schmutziger Daten, wie bei Konsistenzebene 1 möglich, einen Domino-Effekt (cascading aborts) verursachen kann. Dabei zieht das Scheitern einer TA ein fortgesetztes Zurücksetzen abhängiger TA, die auf nicht freigegebene Änderungen zugegriffen haben, nach sich.

Kennzeichnend für Konsistenzebene 2 ist - unabhängig vom verwendeten Synchronisationsprotokoll (Sperren, optimistische Verfahren, ...) -, daß keine Abhängigkeiten von schmutzigen Änderungen vor-kommen und daß keine Änderungen verlorengehen. Bei Sperrverfahren mit kurzen Lesesperren, deren Sperrdauer i.a. der Dauer der aktuellen DB-Operation entspricht, können jedoch, wie in /Rah87b, S. 37/ gezeigt, noch Änderungen verlorengehen. Hier werden 'lost updates' nur mit 'Programmierdisziplin' bzw. mit expliziten Sperranweisungen im TA-Programm umgangen, womit jedoch der Anwendungsprogrammierer für die Konsistenz der Datenbank mitverantwortlich gemacht wird! Andererseits kann mit kurzen Lesesperren für die Dauer der Sperre eine Wiederholbarkeit von Lesevorgängen garantiert werden, was für einige Anwendungen von Bedeutung ist ('cursor stability' /CLSW84/). Die Forderung einer solch begrenzten Wiederholbarkeit von Lesezugriffen ist jedoch in der ursprünglichen Definition von Konsistenzebene 2 nicht enthalten.

Modellerweiterungen

Das weiter oben angesprochene primitive TA-, Objekt- und Operationsmodell eignet sich nur für die formale Beschreibung einfacher Synchronisationsverfahren in zentralisierten DBS. Für den Kor-rektheitsnachweis von komplexeren Verfahren und Synchronisationsalgorithmen in verteilten DBS sind daher Erweiterungen dieser Modelle erforderlich. So bedingt die verteilte TA-Verarbeitung in DB-Distribution-Systemen eine Erweiterung des TA-Modells unter Berücksichtigung von Sub-TA;

eine Verallgemeinerung eines solchen Ansatzes führt zum Konzept der geschachtelten TA /Mos82, Mos85, Wal84, HäRo87a, HäRo87b/. Für 'offene' geschachtelte TA /Tra83/, für die sogenannte Multilevel-Synchronisationsverfahren verwendet werden können, ergibt sich wiederum ein spezielles TA-Modell sowie ein erweiterter, mehr Parallelität zulassender Korrektheitsbegriff (Multilevel-Serialisierbarkeit) /Wei86a, BBG86, MGG86, WeSc84/.

Ebenso ist in verteilten DBS eine Erweiterung des Objektmodells vonnöten, um die Verteilung der Daten beschreiben zu können. In replizierten DBS und bei Mehrversionen-Synchronisationsverfahren /BeGo83, PaKa84, MKM84/ (s. Kap. 4) müssen desweiteren mehrere Kopien desselben Objektes unterschieden werden. Eine Anpassung des Objektmodells wird auch durch die Berücksichtigung mehrerer Granulate oder bestimmter Objektstrukturen (z.B. Bäume) erforderlich.

Bei den Operationen schließlich können durch spezielle Operatoren und vermehrtes Ausnutzen semantischen Wissens mehr Freiheitsgrade für die Synchronisation gewonnen werden. Ein Beispiel stellen die sogenannten 'blinden Schreibvorgänge' dar, bei denen ein Objekt ohne vorheriges Lesen überschrieben wird, was zu einer Verringerung der Schreib-Schreib-Konflikte genutzt werden kann /BHG87/. Wie in /Pei86/ jedoch dargestellt wird, sind diese blinden Schreibvorgänge wenig realistisch, so daß sie in dieser Arbeit auch nicht weiter berücksichtigt werden. Ein besseres Beispiel stellt die Hinzunahme von neuen Operationen dar, deren Ausführung reihenfolgeunabhängig und damit konfliktfrei ist. Diese Operationen sowie ihre Verträglichkeit müssen der Synchronisationskomponente natürlich bekannt gemacht werden, da sie i.a. anwendungsabhängiges (semantisches) Wissen repräsentieren /BGL83, Kor83, ScSp84/. Eine weitergehende Nutzung semantischen Wissens zur Erhöhung der Parallelität läßt sogar nichtserialisierbare Schedules zu, sofern sie für den Benutzer akzeptabel sind und die Konsistenz in einem ausreichenden Maß gewahrt bleibt /Gar83, Lyn83, CoGa85, Wei87/. Der Nachteil solcher Strategien ist, daß sie wegen des Anwendungsbezugs nicht generell einsetzbar sind und oft Erweiterungen in der Programmierschnittstelle verlangen. Diese Ansätze werden daher in der vorliegenden Arbeit auch nur noch im Zusammenhang einer Synchronisation auf sogenannten High-Traffic-Objekten betrachtet (siehe 4.1.3).

3.2 Anforderungen an die Synchronisationskomponente

Die grundlegende Anforderung an diese Komponente, die **Korrektheit** des Synchronisationsalgorithmus, wurde bisher schon ausführlich diskutiert. Für allgemein einsetzbare Synchronisationsverfahren ist dabei die Serialisierbarkeit das zentrale Korrektheitskriterium, wobei aber möglichst ein reihenfolgeerhaltender logischer Einbenutzerbetrieb sicherzustellen ist. Für viele Anwendungen dürfte, wie die Praxis zeigt, auch Konsistenzebene 2 ausreichend sein. Sinnvollerweise sollte dann jedoch seitens des Anwendungsprogramms gewählt werden können, ob vom DBS nur Konsistenzebene 2 gewährleistet werden soll oder ob Konsistenzebene 3 benötigt wird. Eine solche Option bietet z.B. das relationale DBS DB2 von IBM /CLSW84/. Dort wird empfohlen, 'repeatable read' (Konsistenzebene 3) nur für Programme zu verlangen, die Objekte wahrscheinlich mehrfach referenzieren, anderenfalls aber zur Verringerung der Synchronisationskonflikte mit 'cursor stability' (Konsistenzebene 2) vorliebzunehmen. Eine ähnliche Wahlmöglichkeit bietet auch Tandem NonStop SQL /Tan87/.

Neben der Korrektheit sind beim Entwurf 'guter' Synchronisationsalgorithmen noch weitere Anforderungen hinsichtlich Leistungsfähigkeit und Scheduling-Fairneß zu beachten, in Mehrrechner-DBS zusätzlich bezüglich Funktionalität und Robustheit.

Leistungsfähigkeit

Zur Wahrung von DB-Konsistenz und Ablaufintegrität im Mehrbenutzerbetrieb stehen der Synchronisation zwei grundlegende Mechanismen zur Verfügung, nämlich das Blockieren und das Zurücksetzen von TA. Beide Maßnahmen zur Behandlung von Synchronisationskonflikten haben einen negativen Einfluß auf Durchsatz und Antwortzeiten, so daß ihr Ausmaß (bzw. die Anzahl von Synchronisationskonflikten) zur Erreichung einer hohen Leistungsfähigkeit weitestgehend zu begrenzen ist. Dieses Ziel ist gleichbedeutend damit, die durch den Mehrbenutzer-Betrieb eingeführte Parallelität möglichst wenig zu beeinträchtigen, also eine **hohe Parallelität** zu erzielen.

Hohe Leistungsfähigkeit verlangt auch eine größtmögliche **Eingrenzung des** durch die Synchronisation eingeführten **Verwaltungsaufwandes**, etwa zur Erkennung von Synchronisationskonflikten, zur Wartung geeigneter Datenstrukturen oder zur Blockierung und Rücksetzung von TA. In Mehrrechner-DBS gilt es v.a. die Anzahl der zur Synchronisation benötigten **Interprozessor-Kommunikationen zu minimieren**, weil sich der dadurch entstehende Kommunikations-Overhead durchsatzmindernd auswirkt. Zudem verursachen Nachrichten, für die eine TA synchron auf eine Antwort warten muß, unmittelbare Antwortzeitverschlechterungen.

Im allgemeinen ist es nicht möglich, die beiden Teilziele 'Erhaltung einer hohen Parallelität' und 'Reduzierung des Synchronisations-Overheads' im gleichen Maße zu verfolgen. Zum Beispiel ist zur Begrenzung von Synchronisationskonflikten und damit für eine hohe Parallelität ein möglichst kleines Synchronisationsgranulat wünschenswert, andererseits ist aber der Verwaltungsaufwand umso geringer, je gröber das Granulat gewählt wird. Ebenso weisen viele auf eine hohe Parallelität hin optimierte Verfahren eine größere algorithmische Komplexität (höhere Pfadlängen) auf als die einfachen Verfahren, bzw. sie verwenden erweiterte/zusätzliche Datenstrukturen, deren Wartung den Verwaltungs-Overhead auch zunehmen läßt.

Scheduling-Fairneß

Mit Entgegennahme eines TA-Auftrages verpflichtet sich das System dazu, daß die TA irgendwann vollständig abgearbeitet wird, wobei im Dialogbetrieb i.a. noch bestimmte Antwortzeitgrenzen einzuhalten sind. Für die Synchronisation ergibt sich daraus die Forderung, daß keine TA endlos blockiert wird (starvation) oder durch ständiges Zurücksetzen (zyklischer Restart) vom erfolgreichen Ende abgehalten wird.

Funktionalität

In verteilten DBS mit Replikation ist die Aktualisierung der Replikate (Update-Problem), die deren wechselseitige Konsistenz gewährleistet, eng mit der Synchronisation verbunden, da i.a. sicherzustellen ist, daß eine TA möglichst auf die aktuelle Kopie eines Objektes zugreifen kann. Außerdem muß z.B. verhindert werden, daß unterschiedliche Replikate eines Objektes parallel geändert werden. Eine ähnliche Abhängigkeit ergibt sich bei DB-Sharing wegen der Datenreplikation in den Systempuffern (Veralterungsproblem) zwischen Systempufferverwaltung und Synchronisation. Aufgrund dieser Abhängigkeiten sollte die Lösung des Update-Problems bei replizierten Datenbanken bzw. des Veralterungsproblems bei DB-Sharing zusammen mit der Synchronisation erfolgen. Mit solch integrierten Lösungen lassen sich dann auch Nachrichten im Vergleich zu unabhängigen Strategien einsparen.

Robustheit

Voraussetzung für eine hohe Verfügbarkeit ist auch, daß in einem Mehrrechner-DBS die Synchronisation nach einem Rechnerausfall oder bei Fehlern im Kommunikationssystem korrekt fortgeführt werden kann. Dies erfordert eine abgestimmte. Zusammenarbeit zwischen Synchronisations- und Recovery-Komponente, so daß im Fehlerfall die überlebenden Rechner die TA-Last möglichst unbeeinträchtigt weiterverarbeiten können. Während in lokalen Umgebungen (wie DB-Sharing) das Synchronisationsprotokoll im wesentlichen gegenüber Rechnerausfällen gerüstet sein muß, spielen in verteilten DBS auch Kommunikationsfehler eine große Rolle. Bei replizierten Datenbanken bereiten vor allem Netzwerk-Partitionierungen Probleme, um die wechselseitige Konsistenz der Replikate aufrechtzuerhalten /DGS85/.

4. Synchronisationstechniken für zentralisierte DBS

Die historische Entwicklung von Synchronisationsverfahren in DBS, die (in Anlehnung an /Pei86/, S.12) in Abb. 4.1 skizziert ist, erlaubt einen ersten Überblick über die enorme Vielzahl der vorgeschlagenen Synchronisationsalgorithmen. Das älteste und zugleich einfachste Verfahren, das aus Synchronisationstechniken in Betriebssystemen (z.B. Semaphore, Monitore u. ä.) hervorgegangen ist, kennt nur exklusive Objektsperren. Vor der Referenzierung eines Objektes ist dabei eine exklusive Sperre zu erwerben, die alle anderen TA vom Zugriff auf das gesperrte Objekt ausschließt. Da mit diesem primitiven Verfahren die angestrebte hohe Parallelität offenbar nicht erreichbar ist, wurde in der nächsten Stufe der Entwicklung, dem sogenannten RX-Sperrverfahren, zwischen lesendem und schreibendem Objektzugriff unterschieden. Mit diesem, in heutigen DBS weitverbreiteten Sperrverfahren können mehrere TA parallel auf dasselbe Objekt lesend zugreifen. Eine Erweiterung des RX-Sperrprotokolls stellt die 1975/76 vorgeschlagene Verwendung von hierarchischen Objektsperren /GLPT76/ dar, bei der zwischen mehreren (hierarchisch geordneten) Sperrgranulaten und zusätzlichen Sperrmodi unterschieden wird. Solche hierarchischen Sperrverfahren werden in den meisten kommerziell verfügbaren DBS zumindest in einfacher Form (z.B. mit 2 Sperrgranulaten wie Segment/Seite oder Satztyp/Satzausprägung) vorgesehen, da sie eine Eingrenzung des Synchronisationsaufwandes gestatten.

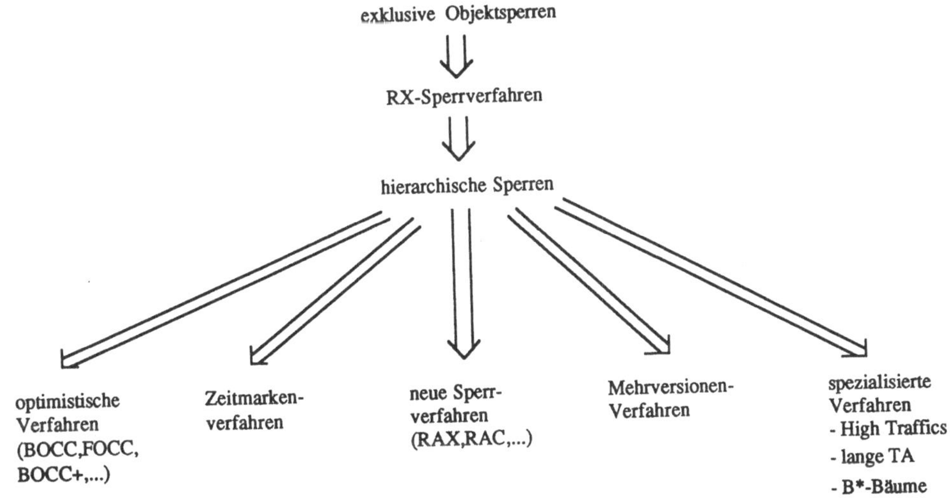

Abb. 4.1: Historische Entwicklung von Synchronisationsverfahren

Ausgehend von den genannten Verfahren wurde in den letzten 10 bis 12 Jahren eine wahre Flut neuer oder abgewandelter Synchronisationsalgorithmen vorgestellt, die sich zumeist einer der im unteren Teil von Abb. 4.1 angegebenen Gruppen zuordnen lassen. Neben den Sperrprotokollen, zu denen eine Vielzahl von Erweiterungen (z.B. das RAX- oder RAC-Verfahren) publiziert wurden, stellen die neu vorgeschlagenen Zeitmarken-Verfahren und die optimistischen Algorithmen zwei weitere Klassen allgemeiner Synchronisationstechniken dar. Ein zu diesen Verfahren orthogonales Konzept ergibt sich durch die Unterscheidung mehrerer Objektversionen zum Zwecke der Synchronisation (multiversion concurrency control). Viele der veröffentlichten Synchronisationsverfahren entstanden auch durch Kombination der grundlegenden Techniken sowie kleinere Variationen oder Übertragung auf verteilte Umgebungen.

Neben den allgemeinen Synchronisationsalgorithmen, die i.a. nur zwischen Lese- und Schreib-operationen unterscheiden und keine Struktur der Objekte voraussetzen, wurden für besondere Leistungsprobleme verursachende Teilbereiche auch eine Reihe spezieller Synchronisationsverfahren entwickelt. Dies betrifft vor allem die Synchronisation auf Indexstrukturen /DaPö87/ und sogenannten High-Traffic-Objekten (s. 4.1.3) oder die Behandlung von langen (Batch-) TA /Bay86,SGA87/.

Im weiteren Verlauf dieses Kapitels folgt eine knappe Beschreibung und Charakterisierung der wichtigsten Synchronisationstechniken für zentralisierte DBS. Dabei wird der Schwerpunkt auf die Verfahren gelegt, deren Verständnis für die Algorithmen in Mehrrechner-DBS von Bedeutung ist. Die Diskussion der Sperrverfahren in 4.1 berücksichtigt neben den RX-, RAX- und RAC-Verfahren auch hierarchische Protokolle sowie die Behandlung von Deadlocks und High-Traffic-Objekten. Bei der danach folgenden Darstellung optimistischer Synchronisationsverfahren werden bereits einige Verbesserungen dieser Protokolle angegeben, die auch in Mehrrechner-DBS von Bedeutung sein werden. In 4.3 und 4.4 wird dann noch auf Zeitmarken- und Mehrversionen-Verfahren eingegangen, bevor zum Abschluß eine zusammenfassende Beurteilung der vorgestellten Konzepte vorgenommen wird.

Ausführlichere Darstellungen der angesprochenen (und weiterer) Verfahren finden sich neben den jeweils genannten Referenzen u.a. in /BHG87,Pei86, BeGo81,Kel85,Rah87b/.

4.1 Sperrverfahren

4.1.1 RX-, RAX-, RAC-Sperrverfahren

Sperrverfahren sind dadurch gekennzeichnet, daß mit ihnen eine TA vor dem Zugriff auf ein Objekt eine Sperre erwerben muß, deren Modus dem Zugriffswunsch entspricht. Dabei ist gemäß dem sogenannten Fundamentalsatz des Sperrens /EGLT76/ Serialisierbarkeit gesichert, wenn

- zu referenzierende Objekte zuvor mit einer Sperre belegt werden,

- die Sperren anderer TA beachtet werden,

- keine TA eine Sperre anfordert, die sie bereits besitzt,

- Sperren zweiphasig angefordert und freigegeben werden

- und eine TA spätestens bei EOT alle Sperren zurückgibt.

Zweiphasigkeit bedeutet, daß eine TA zunächst in einer Wachstumsphase alle Sperren anfordern muß, bevor in der Schrumpfungsphase die Freigabe der Sperren erfolgt. Üblicherweise wird jedoch - zur Vermeidung von Abhängigkeiten von schmutzigen Daten - eine Verschärfung dieses sogenannten Zwei-Phasen-Sperrprotokolls dahingehend verlangt, daß die Schrumpfungsphase erst bei EOT erfolgt. Bei einem solchen strikt zweiphasigen Sperrprotokoll werden die Sperren also bis zum TA-Ende gehalten. Die EOT-Behandlung einer TA wiederum ist auch zweiphasig (2-phase-commit), wobei zunächst in Phase 1 die Wiederholbarkeit der TA sichergestellt wird, bevor in Phase 2 die Sperren (und damit auch die Änderungen) freigegeben werden /Gra78/.

Das einfache **RX-Sperrverfahren** kennt nur zwei Sperrmodi, deren Verträglichkeit die Kompatibilitätsmatrix in Abb. 4.2a zeigt. Lese- oder R-Sperren (read locks, shared locks) sind miteinander verträglich, während Schreib- oder X-Sperren (exclusive locks) weder mit sich selbst noch mit Lesesperren kompatibel sind. So können bei gesetzter R-Sperre auf ein Objekt weitere Leseanforderungen gewährt werden, jedoch keine X-Sperren; bei gesetzter X-Sperre sind alle weiteren Sperranforderungen abzulehnen. Ein Sperrkonflikt führt zur Blockierung der TA, deren Sperranforderung den Konflikt verursacht hat; die Aktivierung der wartenden TA ist möglich, sobald die unverträglichen Sperren freigegeben sind. Da das RX-Sperrverfahren ein paralleles Lesen und Ändern eines Objektes verbietet, kann einer TA stets die aktuellste Version eines Objektes zur Verfügung gestellt werden, wodurch eine chronologieerhaltende Serialisierbarkeit erreicht wird. Werden Lesesperren nur kurz gehalten, so läßt sich - wie erwähnt - höchstens Konsistenzebene 2 einhalten.

	R	X
R	+	−
X	−	−

a) RX-Verfahren

	R	A	X
R	+	+	−
A	+	−	−
X	−	−	−

b) RAX-Verfahren

	R	A	C
R	+	+	+
A	+	−	−
C	+	−	−

c) RAC-Verfahren

Abb. 4.2: Kompatibilitätsmatrizen

Beim RAX- und RAC-Sperrverfahren wird eine im Vergleich zum RX-Verfahren höhere Parallelität (verringerte Häufigkeit von Sperrkonflikten) angestrebt, indem Änderungen in einer temporären Objektkopie vorgenommen werden, die nur für die ändernde TA zugreifbar ist. Damit ist es möglich, ein Objekt parallel zu seiner Änderung zu lesen, weil Lesern stets die ungeänderte (alte) Version des Objekts angeboten werden kann. Zum Durchführen einer Änderung wird bei den neuen Verfahren ein neuer Modus, die A-Sperre, eingeführt. Wie die Kompatibilitätsmatrizen in Abb. 4.2 zeigen, sind A- und R-Sperren miteinander verträglich, so daß ein Lesen möglich wird, obwohl eine Änderung in Vorbereitung ist. A-Sperren sind mit sich selbst jedoch unverträglich; das bedeutet, daß Änderungen nach wie vor sequentiell erfolgen.

Beim **RAX-Sperrverfahren** /Bay76/ müssen zur Wahrung der Serialisierbarkeit Änderungs-TA bei ihrem EOT alle A-Sperren in X-Sperren konvertieren. Eine solche Sperrkonversion ist dabei nur möglich, wenn alle Leser der ungeänderten Version beendet sind, d.h. keine Lesesperre für das A-gesperrte Objekt mehr gewährt ist. Damit wird erreicht, daß die Leser der alten Version keine der Änderungen eines parallelen Änderers sehen können und in der Serialisierungsreihenfolge somit vor diesem stehen. Hat eine TA alle A- in X-Sperren konvertiert, so kann sie die alten Objektversionen durch die von ihr erzeugten, neuen Versionen ersetzen.

Der Nachteil des RAX-Verfahrens ist, daß - vor allem bei langen Lese-TA - Änderungs-TA erheblichen Wartezeiten bei ihrer EOT-Bearbeitung unterworfen sein können. Dieser Nachteil soll im **RAC-Sperrverfahren** /BHR80,Bay83/ durch (zeitweises) Führen zweier gültiger Objektversionen umgangen werden. Dazu erfolgt nun beim EOT einer Änderungs-TA eine Konversion der A- in C-Sperren, wobei wegen der Verträglichkeit von R- und C-Sperren (Abb. 4.2c) nicht auf Leser der alten Version gewartet werden muß. Die Existenz einer C-Sperre zeigt an, daß neben der alten Objektversion nun auch die geänderte (neue) Version zugreifbar ist. Die C-Sperre bleibt dabei auch nach Beendigung der Änderungs-TA gesetzt, solange noch Leser auf der alten Objektversion Sperren halten und diese Version daher nicht aufgegeben werden kann.

Ein wesentlicher Vorteil des RAC-Verfahrens ist, daß Leseanforderungen immer gewährt werden und daß andere Sperranforderungen durch schon vorhandene Leser nicht blockiert werden. Dafür ist jedoch zu entscheiden - etwa mit Hilfe eines Abhängigkeitsgraphen - welche Version ein Leser erhalten soll, um die Serialisierbarkeit aufrechtzuerhalten. Die Bereitstellung älterer Versionen kann jedoch dazu führen, daß nicht einmal ein reihenfolgeerhaltender logischer Einbenutzerbetrieb erreicht wird /Pei86/. Ein weiterer Nachteil entsteht durch die Beschränkung auf zwei Versionen: Änderungs-TA, die auf eine C-Sperre laufen, müssen dadurch warten, bis alle Leser der alten Version beendet sind. Solche Verzögerungen werden mit einem allgemeinen Mehrversionen-Konzept mit beliebiger Versionenanzahl vermieden (siehe 4.4).

Die Unterscheidung mehrerer Sperrgranulate ('**multigranularity locking**' /BHG87/) erlaubt einen flexiblen Kompromiß zwischen Ermöglichung einer hohen Parallelität und Begrenzung des Synchronisationsaufwandes. So ist zwar ein möglichst feines Granulat (z.B. Satzausprägung) zur Minimierung von Synchronisationskonflikten sinnvoll, verursacht jedoch auch v.a. bei langen TA einen hohen Overhead, da dann viele Sperranforderungen zu bearbeiten sind und die Kontrollinformationen stark aufgebläht werden. So wäre es z.B. für einen Relationen-Scan wesentlich effektiver eine einzige Lesesperre für die gesamte Relation zu erwerben, als jedes Tupel einzeln zu sperren.

Zur flexiblen Wahl des Synchronisationsgranulats wurde in /GLPT76/ für das RX-Sperrverfahren und hierarchische Objektmengen ein allgemeines Konzept vorgestellt (**hierarchisches Sperrverfahren**). Eine Lese- oder Schreibsperre auf ein Objekt hat dabei zur Folge, daß alle Nachfolgeknoten in der Objekthierarchie implizit mitgesperrt werden und somit für diese keine eigenen Sperranforderungen mehr zu stellen sind. Eine Verkomplizierung des Verfahrens tritt nun dadurch ein, daß alle Vorgängerknoten durch sogenannte Anwartschaftssperren (intention locks) zu sperren sind, um unverträgliche Sperrgewährungen auf einer übergeordneten Ebene zu verhindern. Bei den Anwartschaftssperren, welche die Existenz einer expliziten (Lese- oder Schreib-) Sperre auf einer tieferen Ebene anzeigen, können dabei zur Erhaltung einer möglichst hohen Parallelität wiederum verschiedene Typen unterschieden werden. Darauf soll hier jedoch nicht näher eingegangen werden.

Wie schon in /GLPT76/ gezeigt, ist ein solches Verfahren nicht nur für Objekthierarchien anwendbar, sondern es ist auch eine Erweiterung auf halbgeordnete Objektmengen möglich. Ebenso läßt sich die Berücksichtigung mehrerer Synchronisationsgranulate in analoger Weise auch beim RAX- und RAC-Sperrverfahren vornehmen /Pei86/ sowie für optimistische Protokolle und Zeitmarkenverfahren /Car83/.

4.1.2 Deadlock-Behandlung

Eine mit Sperrverfahren einhergehende Interferenz ist die Gefahr von Verklemmungen oder Deadlocks, deren charakterisierende Eigenschaft eine zyklische Wartebeziehung zwischen zwei oder mehr TA ist. Für eine ausführliche Diskussion der Deadlock-Problematik sei auf /IsMa80, Här78, Elm86/ sowie die Bibliographien /New79, Zöb83/ verwiesen; hier sollen nur die für DBS wichtigsten Maßnahmen zur Deadlock-Behandlung kurz angeführt werden:

Deadlock-Verhütung (prevention)
Sie ist dadurch gekennzeichnet, daß die Entstehung von Deadlocks verhindert wird, ohne daß dazu irgendwelche Maßnahmen während der Abarbeitung der TA erforderlich sind. In diese Kategorie fallen v.a. die sogenannten Preclaiming-Sperrverfahren, bei denen eine TA alle benötigten Sperren bereits bei BOT anfordern muß; Verklemmungen können dabei umgangen werden, indem jede TA ihre Sperren in einem kritischen Abschnitt oder in einer festgelegten Reihenfolge anfordert. Allerdings spielen solche Verfahren in der Praxis keine große Rolle, da bei Beginn einer TA allenfalls Obermengen der zu referenzierenden Objekte bekannt sind, so daß unnötig viel gesperrt werden muß

(geringe Parallelität). Dies wird dadurch verschlimmert, daß alle Sperren während der gesamten TA-Laufzeit zu halten sind. Wegen dieser Schwächen wird ein solcher Preclaiming-Ansatz nicht weiter betrachtet; vielmehr gehen wir bei allen Sperrverfahren implizit davon aus, daß die Sperren während der TA-Verarbeitung (unmittelbar vor einem Objektzugriff) angefordert werden.

Deadlock-Vermeidung (avoidance)

Hierbei werden potentielle Deadlocks im voraus erkannt und durch entsprechende Maßnahmen vermieden; im Gegensatz zur Verhütung ist also eine Laufzeitunterstützung zur Deadlock-Behandlung erforderlich. Die Vermeidung der Deadlocks erfolgt generell durch Zurücksetzen von möglicherweise betroffenen TA. Der Hauptvorteil der Deadlock-Vermeidung liegt darin, daß die v.a. in Mehrrechner-DBS aufwendige, genaue Erkennung von Deadlocks umgangen wird; dafür ergeben sich jedoch i.d.R. unnötige TA-Rücksetzungen.

Zu den wichtigsten Strategien, die meist für verteilte DBS vorgeschlagen wurden, aber auch in zentralisierten DBS einsetzbar sind, zählen:

a) *Verwendung statischer TA-Zeitmarken*

Hierbei wird jeder TA bei BOT eine eindeutige Zeitmarke zugewiesen. Zyklische Wartebeziehungen können vermieden werden, indem bei einem Sperrkonflikt nur die ältere (jüngere) der beteiligten TA warten darf. Beispiele für solche Techniken sind das Wait-Die- und das Wound-Wait-Verfahren /RSL78/.

b) *Verwendung dynamischer TA-Zeitmarken /BEHR80/*

Bei dieser leicht verbesserten Variante wird einer TA erst bei ihrem ersten Sperrkonflikt eine Zeitmarke zugewiesen. Damit überlebt eine TA zumindest den ersten Sperrkonflikt.

c) *Dynamische Zeitintervalle /BEHR82/*

Anstelle einer Zeitmarke wird hier jeder TA ein Zeitintervall zugeordnet, das die mögliche Position der TA in der Serialisierungsreihenfolge eingrenzt. Das zunächst unendliche Zeitintervall wird bei jedem Sperrkonflikt dynamisch verkleinert. Ein leeres Zeitintervall, das eine Rücksetzung erzwingt, ergibt sich für eine TA erst bei einem Sperrkonflikt mit einer TA mit disjunktem Zeitintervall, welches in falscher zeitlicher Relation zum eigenen Intervall steht /BEHR82/. Durch geschickte Wahl der Zeitintervalle sollte jedoch das Ausmaß unnötiger Rücksetzungen geringer als mit den Alternativen a) und b) gehalten werden können.

Timeout-Verfahren

Bei diesem sehr einfachen und billigen Verfahren wird eine TA zurückgesetzt, sobald ihre Wartezeit auf eine Sperre eine festgelegte Zeitschranke (Timeout) überschreitet. Das Hauptproblem mit diesem Ansatz ist die geeignete Wahl des Timeout-Wertes. Denn wird er zu klein angesetzt, werden viele TA unnötigerweise abgebrochen. Bei zu großem Wert dagegen werden Deadlocks erst nach längerer Zeit aufgelöst.

Deadlock-Erkennung (detection)

Bei der Deadlock-Erkennung werden sämtliche Wartebeziehungen aktiver TA explizit in einem Wartegraphen protokolliert und Verklemmungen durch Zyklensuche in diesem Graphen erkannt. Die Auflösung des Deadlocks erfolgt durch Zurücksetzen einer oder mehrerer am Zyklus beteiligter TA (z.B. Verursacher des Deadlocks oder 'billigste' TA). Die Deadlock-Erkennung ist zwar im Vergleich zu Vermeidungs- oder Timeout-Strategien am aufwendigsten, dafür kommt sie aber mit den wenigsten

TA-Rücksetzungen aus. Die explizite Erkennung von Deadlocks ist v.a. für zentralisierte DBS zu empfehlen, da hier das Führen des Wartegraphen und die Zyklensuche vergleichsweise einfach ist.

4.1.3 Synchronisation auf High-Traffic-Objekten

Als High-Traffic-Objekte bezeichnen wir nach /Reu82/ eine spezielle Klasse von Hot-Spot-Elementen (also häufig referenzierter/modifizierter Objekte), die typischerweise Sätze mit aggregierten Informationen umfaßt (z.B. Summe aller Kontostände, aktuelle Anzahl freier Plätze in einem Flugzeug u.ä.). Da der sehr häufige, ändernde Zugriff auf diesen Feldern bei den allgemeinen Sperrverfahren (z.B. RX-, RAX- und RAC-Verfahren) starke Behinderungen verursacht, versuchte man durch Entwicklung von Spezialprotokollen /Reu82, GaKi85, Gaw85a, ONe86/ das Ausmaß an Synchronisationskonflikten für solche Objekte zu reduzieren. Diese Verfahren machen sich dabei die folgenden Zugriffscharakteristika auf High-Traffic-Elemente zunutze:

- Beim Zugriff auf die i.d.R. numerischen High-Traffic-Felder wird meist der absolute Wert des Feldes nicht benötigt; vielmehr wird überprüft, ob der Wert in einem gewissen Bereich liegt (z.B. ob die Anzahl freier Plätze > 0 ist).

- Die Änderungsoperationen, die nach dem erfolgreichen Bereichstest (der ein sehr einfaches Prädikat darstellt) durchgeführt werden, sind inkrementeller Art (+X, -Y) und daher kommutativ (reihenfolgeunabhängig).

Das erste Verfahren dieser Art /Gaw85a,GaKi85/ wurde in IMS Fast Path bereits vor über 10 Jahren implementiert, wobei es sich de facto um eine Kombination aus Sperrverfahren und optimistischem Protokoll handelt /Rah87b/. Dabei werden zwei neue Operationen zum Durchführen des Bereichstests bzw. für die Änderung eines High-Traffic-Elementes angeboten, wobei die Änderungen zunächst lediglich in einer TA-spezifischen 'work-to-do list' vermerkt werden. Die zu ändernden Objekte werden dann nur für die Dauer der EOT-Bearbeitung gesperrt, in der zunächst die Gültigkeit der während der TA-Ausführung schon gültigen Bereichstests noch einmal sichergestellt wird und danach die Änderungen vorgenommen werden. Da die Schreibsperren so nur sehr kurz zu halten sind, kann die Anzahl der Sperrkonflikte entsprechend vermindert werden.

Die Weiterentwicklungen dieses Ansatzes in /Reu82/ und im **Escrow-Verfahren** von /ONe86/ benutzen ebenfalls spezielle Operationen zum Durchführen der Bereichstests und zur inkrementellen Änderung (nach erfolgreichem Test) der High-Traffic-Felder. Die Änderungen werden nun aber direkt durchgeführt (also nicht erst verzögert bei EOT), wobei ein Feld parallel von mehreren TA modifiziert werden kann. Der tatsächliche Wert eines High-Traffic-Feldes ist so zwar bei noch laufenden Änderern nicht bekannt, jedoch kann ein sogenanntes Unsicherheitsintervall geführt werden, das den Wert des Feldes bei allen möglichen TA-Ausgängen enthält. Dieses Unsicherheitsintervall wird bei jeder Änderung vergrößert und beim TA-Commit entsprechend verkleinert. Ein TA-Abbruch führt ebenfalls zu einer Reduzierung des Intervalls sowie zu einer Rücknahme der Änderung durch Ausführen der Umkehroperation. Die Bereichstests müssen nun bezüglich des Unsicherheitsintervalls durchgeführt werden; weiterhin ist darauf zu achten, daß eine Änderung keinen der erfolgreich durchgeführten Tests laufender TA nachträglich invalidiert /Reu82/.

Ein wesentlicher Vorteil dieser Vorgehensweise ist, daß (im Gegensatz zu IMS Fast Path) eine Änderung nach einem erfolgreichen Test nicht mehr später in der EOT-Verarbeitung abgewiesen werden kann. Die Durchführbarkeit der Änderung sowie die Gültigkeit eines erfolgreichen Bereichstests wird im Escrow-Ansatz explizit garantiert, wobei durch Führen von sogenannten Escrow-Journals (Log-Informationen) der korrekte Wert eines High-Traffic-Feldes auch nach einem Rechnerausfall rekonstruiert werden kann /ONe86/. Die Übernahme einer solchen Garantie ist offenbar v.a. für längere TA (z.B. Mehrschritt-TA) wesentlich, da für sie die Gefahr eines nachträglichen Invalidierens ihrer Bereichstests besonders hoch ist.

Die erwähnten Spezialprotokolle erlauben zwar eine Entschärfung der Synchronisationsprobleme auf High-Traffic-Feldern, führen jedoch zu einer deutlichen Komplexitätssteigerung der Synchronisationskomponente. Denn da sie nur für einen bestimmten Objekttyp einsetzbar sind, sind sie neben einem allgemeinen Synchronisationsverfahren zusätzlich zu implementieren. Weiterhin verlangen sie die Benutzung spezieller Operationen durch den Anwendungsprogrammierer, so daß sich die Programmierung ebenfalls verkompliziert. Die Nutzung der neuen Techniken verlangt insbesondere auch die Anpassung existierender Anwendungsprogramme.

4.2 Optimistische Synchronisationsverfahren

Optimistische Synchronisationsverfahren gehen von der grundlegenden Annahme aus, daß Konflikte zwischen TA seltene Ereignisse darstellen und somit das präventive Sperren der Objekte unnötigen Aufwand verursacht. Daher greifen optimistische Verfahren zunächst nicht in den Ablauf einer TA ein, sondern erlauben ein nahezu beliebig paralleles Arbeiten auf der Datenbank. Erst bei TA-Ende wird überprüft, ob Konflikte mit anderen TA aufgetreten sind. Gemäß dieser Vorgehensweise unterteilt man die Ausführung einer TA in drei Phasen:

In der **Lesephase** wird die eigentliche TA-Verarbeitung vorgenommen, d.h., es werden Objekte der Datenbank gelesen und modifiziert. Jede TA führt dabei ihre Änderungen auf Kopien in einem ihr zugeordneten TA-Puffer aus, der für keine andere TA zugänglich ist.

Bei EOT wird eine **Validierungsphase** gestartet, in der geprüft wird, ob die beendigungswillige TA mit einer parallel zu ihr laufenden TA in Konflikt geraten ist. Im Gegensatz zu Sperrverfahren, bei denen Blockierungen das primäre Mittel zur Behandlung von Synchronisationskonflikten sind, werden hier Konflikte stets durch Zurücksetzen einer oder mehrerer beteiligter TA aufgelöst. Es ist so zwar mit mehr Rücksetzungen als bei Sperrverfahren zu rechnen, dafür können aber bei optimistischen Verfahren keine Deadlocks entstehen.

Die **Schreibphase** wird nur von Änderungs-TA ausgeführt, die die Validierungsphase erfolgreich beenden konnten. In dieser Phase wird zuerst die Wiederholbarkeit der TA sichergestellt (i.d.R. durch Logging), bevor alle Änderungen durch Einbringen in die Datenbank für andere TA sichtbar gemacht werden. In zentralisierten DBS sind dazu i.a. lediglich die Änderungen vom TA-Puffer in den Systempuffer zu bringen (NOFORCE).

Nach /Här84/ lassen sich optimistische Synchronisationsverfahren gemäß ihrer Validierungsstrategie grob in zwei Klassen unterteilen. Bei den rückwärtsorientierten Verfahren (Backward Oriented Optimistic Concurrency Control, **BOCC**), die als erstes vorgeschlagen wurden /KuRo81/, erfolgt die Validierung ausschließlich gegenüber bereits beendeten TA. Bei den vorwärtsorientierten Verfahren (Forward Oriented Optimistic Concurrency Control, **FOCC**) wird dagegen gegen noch laufende TA validiert. Die Grundformen dieser beiden Verfahrensklassen sollen zunächst näher beschrieben werden, bevor in 4.2.2 die Darstellung einer verbesserten BOCC-Variante (BOCC+ genannt) folgt. Zwei weitere Abschnitte befassen sich mit einer Kombination mit Sperrverfahren sowie der Beschränkung auf Konsistenzebene 2 bei optimistischer Synchronisation.

4.2.1 BOCC und FOCC

Um die Validierungen durchführen zu können, werden für jede TA Ti während ihrer Lesephase die Namen von ihr gelesener bzw. geänderter Objekte in einem **Read-Set** RS(Ti) bzw. **Write-Set** WS(Ti) geführt. Wegen des Ausschlusses blinder Schreibvorgänge ist dabei der Write-Set einer TA stets eine Teilmenge des Read-Sets. Da alle hier betrachteten optimistischen Verfahren einen chronologieerhaltenden logischen Einbenutzerbetrieb anstreben, ist durch die Validierung sicherzustellen, daß die validierende TA alle Änderungen von zuvor erfolgreich validierten TA gesehen hat. Die Serialisierungsreihenfolge ist dann zugleich durch die Validierungsreihenfolge gegeben (*).

Im **ursprünglichen BOCC-Verfahren** nach /KuRo81/ wird bei der Validierung überprüft, ob die validierende TA ein Objekt gelesen hat, daß während ihrer Lesephase geändert wurde. Dazu wird in der Validierungsphase der Read-Set der validierenden TA Tj mit den Write-Sets aller TA Ti verglichen, die während der Lesephase von Tj validiert haben. Ergibt sich eine Überschneidung mit einem dieser Write-Sets, wird die validierende TA zurückgesetzt, da sie möglicherweise auf veraltete Daten zugegriffen hat (die am Konflikt beteiligten TA können nicht mehr zurückgesetzt werden, da sie bereits beendet sind). Die Validierungen werden dabei in einem kritischen Abschnitt durchgeführt, der sicherstellt, daß zu einem Zeitpunkt höchstens eine Validierung vorgenommen wird.

Wie z.B. in /Rah87b/ näher ausgeführt, besitzt die skizzierte BOCC-Validierung eine Reihe schwerwiegender Nachteile, die in quantitativen Leistungsuntersuchungen /Pei86, ACL85, CaSt84, ASP84, AgDe85b, MeNa82, MoWo85/ zu deutlichen Leistungseinbußen verglichen mit Sperrverfahren führten. Lediglich in nahezu konfliktfreien Anwendungen konnte das BOCC-Verfahren in etwa gleichwertige Ergebnisse erreichen, während ansonsten eine sehr hohe Anzahl von Rücksetzungen sehr schlechte Durchsatz- und Antwortzeitresultate verursachte.

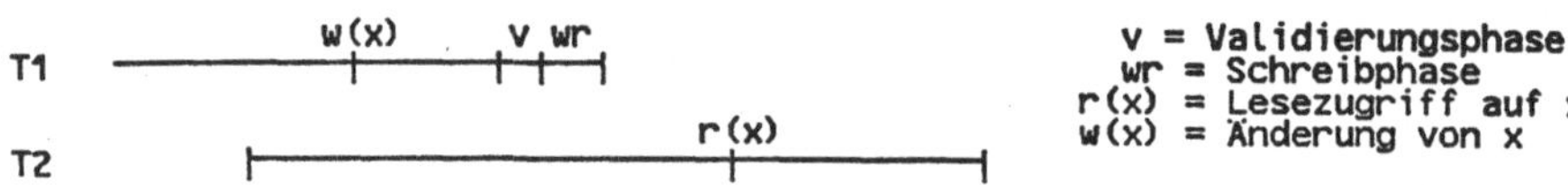

Abb. 4.3: Rücksetzung von T2 wegen 'unechtem' Konflikt

Die Hauptschwächen des BOCC-Ansatzes sind:

- TA werden oft unnötigerweise (wegen eines 'unechten' Konfliktes) zurückgesetzt, obwohl die aktuellen Objektversionen gesehen wurden. Dies ist dann der Fall, wenn auf das von einer parallelen TA geänderte Objekt erst nach dem Einbringen in die Datenbank zugegriffen wurde. So wird im Beispiel von Abb. 4.3 T2 unnötigerweise zurückgesetzt, weil die Änderung von T1 gesehen wurde. Diese unnötigen Rücksetzungen betreffen v.a. lange TA, die bereits durch kurze Änderungs-TA zum Scheitern gezwungen werden können.

- Da immer die validierende TA zurückgesetzt wird, besteht die Gefahr eines zyklischen Restarts. Das späte Zurücksetzen führt außerdem zu einem hohen Ausmaß unnötig verrichteter Arbeit.

---

* In /PSU86,BCFP87/ werden einige Verbesserungen optimistischer Protokolle vorgeschlagen, bei denen durch eine Abkehr vom chronologieerhaltenden logischen Einbenutzerbetrieb Rücksetzungen eingespart werden können (siehe auch /Rah87b/). Darauf kann aber hier nicht näher eingegangen werden.

- Für lange TA besteht ein hohes Rücksetzrisiko, da sie i.a. einen großen Read-Set haben und sich gegenüber vielen TA validieren müssen. Auch Hot-Spot-Objekte verursachen das Scheitern vieler TA.

Mit den **FOCC-Verfahren**, die in /Sch81,UPS83/ unter der Bezeichnung Schnappschuß-Validation eingeführt wurden, können einige der BOCC-Nachteile umgangen werden. Bei ihnen wird nicht gegen bereits beendete TA validiert, sondern gegen sämtliche aktiven TA. In der Validierungsphase, die nur von Änderungs-TA durchzuführen ist, wird untersucht, ob irgendeine der in der Lesephase befindlichen TA ein Objekt gelesen hat, das die validierende TA im Begriff ist zu ändern. In diesem Fall muß der Konflikt durch Zurücksetzen einer (oder mehrerer) beteiligter TA aufgelöst werden.

Die EOT-Bearbeitung für eine Änderungs-TA Tj läßt sich demnach folgendermaßen darstellen (<< >> begrenzt den kritischen Abschnitt, s.u.):

```
VALID := true;
<< for (alle laufenden TA Ti, die noch nicht validiert) do;
    if WS(Tj) ∩ RS(Ti) ≠ ∅  then VALID := false;
  end;
  if VALID then Schreibphase für Tj;  >>
  else (löse Konflikt auf);
```

Der FOCC-Ansatz bietet eine Reihe von Vorteilen gegenüber dem ursprünglichen BOCC-Verfahren:

- Nur noch echte Synchronisationskonflikte führen zu Rücksetzungen.

- Write-Sets beendeter TA müssen nicht mehr aufgehoben werden.

- Die Validierung erfordert weniger Vergleiche, da gegen noch laufende TA validiert wird, deren Read-Set im Mittel erst zur Hälfte feststeht /Pei86/.

- Konflikte werden frühzeitig erkannt, wodurch unnötige Arbeit eingespart werden kann.

- Konflikte können flexibler aufgelöst werden, da noch keine der beteiligten TA beendet ist.

Von den in /Här84/ genannten Alternativen zur Auflösung eines Konfliktes, sind vor allem die folgenden von Interesse:

- Kill: Hierbei werden alle laufenden TA, deren Read-Sets sich mit dem Write-Set der validierenden TA überschneiden, zurückgesetzt.

- Abort: Die validierende TA wird zurückgesetzt.

- Hybride Strategie aus Kill- und Abort-Ansatz.

Wie man leicht einsieht, erscheint am ehesten eine hybride Strategie sinnvoll, da die beiden erstgenannten Alternativen für sich allein zu einseitig sind und einen zyklischen Restart nicht ausschließen können. So ist die Kill-Strategie v.a. gegenüber langen (Lese-) TA unfair, für die - ähnlich wie bei BOCC - eine hohe Rücksetzwahrscheinlichkeit besteht. Die Abort-Strategie garantiert Lesern ihr Durchkommen, benachteiligt jedoch Änderungs-TA (vor allem wenn sie lang sind bzw. einen 'Hot Spot' ändern wollen). Mit einer hybriden Strategie lassen sich dagegen zyklische Restarts vermeiden, indem man TA unterschiedliche Prioritäten zuordnet, z.B. abhängig von Laufzeit oder Anzahl der Rücksetzungen. Somit kann immer mindestens einer TA (der mit der höchsten Priorität) ein gesichertes Durchkommen ermöglicht werden.

Ein Problem bei FOCC stellt allerdings der **kritische Abschnitt** dar, der nicht nur die Validierungs-, sondern auch die Schreibphase umfaßt, weil die Änderungen atomar in die Datenbank einzubringen sind. Da jedoch in der Schreibphase für Logging (oder äquivalente Maßnahme) mindestens ein physischer Schreibvorgang anfällt, dauert dieser kritische Abschnitt vergleichsweise lang. Dies ist umso gravierender, weil sich bei FOCC der kritische Abschnitt nicht nur auf andere validierungsbereite TA bezieht, sondern alle DB-Zugriffe aktiver TA unterbindet. Dies wird deshalb vorgesehen, um zu verhindern, daß sich die Read-Sets der laufenden TA ändern und so mögliche Konflikte unentdeckt bleiben könnten. Da die Praktikabilität des FOCC-Ansatzes mit einem solchen kritischen Abschnitt sicher nicht gegeben ist, wird im folgenden eine einfache, jedoch effektive Lösung für dieses Problem angegeben.

Die grundlegende Beobachtung ist, daß der kritische Abschnitt praktisch einer Sperre für die gesamte Datenbank gleichkommt. Mehr Parallelität läßt sich nun dadurch erzielen, daß man nicht die gesamte Datenbank blockiert, sondern nur noch die Objekte, die eine Änderungs-TA schreiben möchte (dies entspricht einem kurzzeitigen Setzen von X-Sperren auf die betroffenen Objekte). Durch das 'Sperren' der zu schreibenden Objekte kann die Schreibphase nun ohne kritischen Abschnitt durchgeführt werden; bei disjunkten Write-Sets werden so auch automatisch parallele Schreibphasen möglich. Zur Realisierung dieser Vorgehensweise können die Blockierungsvermerke für die betroffenen Objekte z.B. in einer speziellen Objekttabelle vermerkt werden, die vor jedem Zugriff auf die Datenbank (nicht jedoch für Zugriffe im TA-Puffer) zu inspizieren ist. Wird dabei ein Blockierungsvermerk entdeckt, reiht sich die TA in eine objektspezifische Warteliste ein. Eine Aktivierung der TA erfolgt dann, sobald die Änderung in die Datenbank eingebracht ist. Der genaue Aufbau von Validierungs- und Schreibphase für eine Änderungs-TA Tj sieht nun folgendermaßen aus:

```
<< WS(Tj) blockieren;
   for (alle laufenden Ti, die noch nicht validiert) do;
      if WS(Tj) ∩ RS(Ti) ≠ ∅ then (löse Konflikt auf);
   end; >>
   if (Tj erfolgreich) then do;
      Schreibphase für Tj;
      Blockierung von WS(Tj) aufheben; (* ggf. wartende TA aktivieren *)
   end;
   else do;
      Blockierung für WS(Tj) aufheben;
      setze Tj zurück;
   end;
```

Wie zu sehen ist, wird die Blockierung des Write-Sets bereits vor der Validierung durchgeführt, um schon während der Validierungsphase ein Weiterarbeiten auf den nicht blockierten Objekten zu ermöglichen. Der angegebene kritische Abschnitt bezieht sich daher nicht mehr auf die in der Lesephase befindlichen TA, sondern lediglich auf andere validierungsbereite TA. Dadurch, daß immer nur eine Validierung zu einem Zeitpunkt stattfindet, ist gewährleistet, daß die validierende TA alle noch nicht validierten TA berücksichtigen kann.

4.2.2 Das BOCC+-Verfahren

BOCC+ steht für eine andere Verbesserung des ursprünglichen BOCC-Verfahrens, die v.a. wegen seiner Übertragbarkeit auf Mehrrechner-DBS von Bedeutung ist. Wie der Name schon andeutet, wird dabei eine rückwärtsorientierte Validierung gegenüber schon beendeten TA vorgenommen, wobei jedoch (ähnlich wie z.B. in /PSU82,ThRy85/ vorgeschlagen) *Zeitstempel zur Konflikterkennung* benutzt werden. Zur Vergabe der Zeitstempel wird jeder TA nach ihrer Validierung eine eindeutige TA-Nummer zugewiesen, die größer ist als die aller vor ihr validierten TA (die TA-Nummer bestimmt damit die Position innerhalb der Serialisierungsreihenfolge). Die TA-Nummer kann dazu von einem Zähler TNC (transaction number counter) abgeleitet werden, der nach jeder erfolgreichen Validierung inkrementiert wird.

Bei BOCC+ wird nun bei jedem Objekt x die TA-Nummer des letzten erfolgreichen Änderers als Zeitstempel oder Versionszähler TS(x) abgelegt. Weiterhin vermerkt sich jede TA beim Zugriff auf ein Objekt den Zeitstempel der gelesenen Objektversion in ihrem Read-Set. Bei der Validierung einer TA braucht dann nur durch Vergleich der Zeitstempel überprüft zu werden, ob die TA stets die aktuellste Version aller referenzierten Objekte gesehen hat oder nicht. Damit ist zugleich sichergestellt, daß - im Gegensatz zum ursprünglichen BOCC-Verfahren - nur echte Konflikte zur Rücksetzung einer TA führen.

Für die Validierung einer TA Tj ergibt sich so folgendes Bild (ts(x,Tj) bezeichne den Zeitstempel von x beim Zugriff durch TA Tj):

```
    VALID := true;
 <<  for all r in RS(Tj) do;
        if ts(r,Tj)  <  TS(r) then VALID := false;
     end;
     if VALID then do;
        TNC := TNC + 1;    (* TNC entspricht nun der TA-Nummer für Tj *)
        for all w in WS(Tj) do;
           TS(w) := TNC;
        end; >>
        Schreibphase für Tj;
     end;
     else (setze Tj zurück);
```

Der Algorithmus vermeidet nicht nur Rücksetzungen aufgrund unechter Konflikte, sondern erlaubt auch eine erhebliche Beschleunigung der Validierungsphase. Denn für jede TA braucht pro Element ihres Read-Sets nur noch ein Vergleich vorgenommen zu werden, unabhängig von der Anzahl parallel ablaufender Änderungs-TA (eine quantitative Abschätzung des reduzierten Validierungsumfangs für ein ähnliches Validierungsschema mit Zeitmarken findet sich in /Car87/). Wie leicht einzusehen ist, ergeben sich auch so weitaus weniger Vergleiche als bei FOCC. Die Verwendung der Zeitstempel erlaubt es auch, die Schreibphasen außerhalb des kritischen Abschnittes durchzuführen. Denn falls eine TA in der Lesephase auf die alte Version eines zu schreibenden Objektes zugreift, wird dies durch Zeitstempelvergleich in der Validierungsphase festgestellt. Parallele Schreibphasen sind somit auch nur zwischen TA möglich, die unterschiedliche Objektmengen schreiben.

Der angegebene Algorithmus ist jedoch nur dann einsetzbar, wenn für jedes bei der Validierung zu berücksichtigende Objekt x der Zeitstempel TS(x) im Hauptspeicher zugreifbar ist. Da der System-puffer nur begrenzte Kapazität besitzt, kann vor allem bei langen TA in der Regel nicht davon aus-gegangen werden, daß alle während ihrer Laufzeit geänderten Objekte noch im Systempuffer vorlie-gen (ein Einlesen der Objekte zur Validierung verbietet sich von selbst). Daher werden in einer **Objekttabelle**, die z.B. als Hash-Struktur organisiert sein kann, für zuletzt geänderte Objekte die Zeitstempel vermerkt. Ein Objekteintrag einer solchen Tabelle kann dabei gelöscht werden, sobald sichergestellt ist, daß keine TA mehr zu validieren ist, die zum letzten Änderungszeitpunkt des Objek-tes aktiv war. Demnach ist für Objekte, für die bei der Validierung kein Eintrag in der Objekttabelle gefunden wird, kein Konflikt möglich.

Das BOCC+-Verfahren läßt sich durch die zwei folgenden Maßnahmen noch weiter verbessern:

a) Ähnlich wie bei einem FOCC-Verfahren mit Kill-Strategie kann eine erfolgreich validierte Änderungs-TA Tj sofort alle laufenden TA zurücksetzen, die auf ein Objekt aus WS(Tj) zugegriffen haben. Denn da diese TA zum Scheitern verurteilt sind, kann durch ihr frühzeitiges Zurücksetzen unnötige Arbeit eingespart werden.

b) Auch hier ist es (wie bei FOCC) sinnvoll, während einer Schreibphase zu ändernde Objekte für TA in der Lesephase zu blockieren. Denn dann werden Zugriffe auf die noch ungeänderten Objektversionen und somit vermeidbare Rücksetzungen verhindert.

Insgesamt besitzt der BOCC+-Ansatz verglichen mit dem ursprünglichen BOCC-Verfahren vor allem folgende Pluspunkte:

- keine Rücksetzungen aufgrund unechter Konflikte

- sehr schnelle Validierung (wenig Vergleiche)

- parallele Schreibphasen

- frühzeitige Zurücksetzung zum Scheitern verurteilter TA.

Verglichen mit FOCC schlägt die besonders schnelle Validierung positiv zu Buche sowie - wie sich noch zeigen wird - eine weitergehende Übertragbarkeit auf Mehrrechner-DBS. Von Nachteil ist die fehlende Wahlmöglichkeit bei der Auflösung von Konflikten, so daß die Gefahr zyklischer Restarts gegeben ist. Dieses Problem läßt sich durch eine Kombination mit Sperrverfahren, die im nächsten Abschnitt diskutiert wird, lösen. Eine Kombination zwischen optimistischen und pessimistischen Verfahren (Sperrverfahren) ist dabei auch für FOCC von Interesse, wird eine Verwendung über konfliktärmere Anwendungen hinaus angestrebt. Weitere Optimierungen der optimistischen Verfahren bringen eine Beschränkung auf Konsistenzebene 2 (4.2.4) bzw. der Einsatz eines Mehrversionen-Konzeptes (4.4).

4.2.3 Kombination mit Sperrverfahren

Eine Kombination von optimistischen Verfahren mit Sperrverfahren ist in erster Linie zur Vermeidung zyklischer Restarts sowie zur Reduzierung der Rücksetzrate wichtig. Diese Probleme sind vor allem relevant bei langen TA sowie häufig geänderten Hot-Spot-Daten (hohe Konflikthäufigkeit). Während FOCC-Verfahren immer mindestens einer TA ihr Durchkommen garantieren können und somit ein zyklischer Restart vermeidbar ist, ist bei BOCC bzw. BOCC+ dieses Problem noch ungelöst, weil stets die validierende TA zurückgesetzt wird. Da das Auftreten zyklischer Restarts offenbar nicht in Einklang mit der optimistischen Grundannahme konfliktarmer Verarbeitungsfolgen steht, sind zur Lösung dieses Problems pessimistischere Strategien angebracht; d.h., es sind auch Blockierungen von TA vorzunehmen statt ausschließlich Rücksetzungen. Ein erster Vorschlag in diese Richtung war bereits das Blockieren von Objekten während der Schreibphase, wodurch sich vermeidbare Rücksetzungen umgehen lassen.

Es ist klar, daß die Unterstützung von optimistischer und pessimistischer Synchronisation einen entsprechend hohen Realisierungsaufwand impliziert (z.B. ist eine Deadlock-Behandlung vorzusehen); andererseits können aber auch im Prinzip die Vorteile beider Strategien je nach Lastprofil genutzt werden. So ist bei einer höheren Konfliktgefahr (z.B. wenn Hot Spots erkennbar werden) eine pessimistische Synchronisation zur Reduzierung von TA-Rücksetzungen angebracht, während man sich den damit verbundenen Overhead in konfliktarmen Situationen durch eine optimistischere Synchronisation ersparen kann. Die kombinierten Verfahren erlangen somit potentiell die gleiche Universalität wie Sperrverfahren mit einer möglicherweise besseren Leistungsfähigkeit für bestimmte Anwendungen oder Lastprofile. Dies wird durch erste Simulationsergebnisse in /GSH85/ bestätigt, bei denen ein kombiniertes Verfahren, wobei Lese-TA optimistisch und Änderungs-TA pessimistisch synchronisiert werden, stets besser abschnitt als das RX-Sperrverfahren.

Bei den bisher bekanntgewordenen Vorschlägen zur Integration von Sperrverfahren und optimistischen Methoden /Lau82,BoGo84,ViRa85/ erfolgt die Wahl des Synchronisationsverfahrens entweder auf der Ebene von Transaktionen bzw. auf Ebene der Objekte. Erstere Methode ist z.B. sinnvoll, um (mit einer pessimistischen Synchronisation) einer langen oder bereits gescheiterten TA ein Durchkommen zu sichern, während der zweite Ansatz v.a. bei Hot Spots angebracht ist. Eine weitergehende Unterscheidung /BoGo84,ViRa85/, auf die hier jedoch nicht eingegeangen werden kann, berücksichtigt zusätzlich noch die Art der Konflikte (Lese-Schreib- oder Schreib-Schreib-Konflikt). Interessanterweise kann dann auch das RAX-Verfahren als eine spezielle Kombination zwischen FOCC und pessimistischer Synchronisation aufgefaßt werden, bei der die Konvertierung der A- in die X-Sperren der Validierung entspricht und die Konfliktauflösung durch Verzögerung der Änderungs-TA geschieht /Rah87b/.

An dieser Stelle soll nur die einfachste Kombination mit Sperrverfahren - auf der Ebene von TA - kurz beschrieben werden. Wie beim RX-Sperrverfahren unterscheiden wir dabei zwischen Lese- und Schreibsperren, die jeweils bis zum TA-Ende zu halten sind. Die Änderungen pessimistischer TA werden ebenfalls in privaten TA-Puffern vorgenommen, weil ansonsten nicht freigegebene Änderungen im Systempuffer für optimistische TA sichtbar würden. Da für pessimistische TA das Durchkommen immer garantiert werden soll (außer bei Deadlock), müssen in der Validierung von ihnen gesetzte Sperren berücksichtigt werden. Außerdem sich nun auch für pessimistisch synchronisierte TA 'Validierungen' sowie Schreibphasen vorzunehmen.

In der 'Validierungsphase' einer pessimistisch synchronisierten Änderungs-TA wird zunächst (wie bei FOCC, s.o.) deren Write-Set auch für weitere Zugriffe optimistischer TA blockiert. Damit wird bei Kombination mit FOCC verhindert, daß sich der relevante Read-Set-Anteil aktiver TA ändert und bei Kombination mit BOCC bzw. BOCC+ können dadurch vermeidbare Rücksetzungen eingespart werden. Danach werden alle aktiven optimistischen TA zurückgesetzt, die auf ein zu änderndes Objekt zugegriffen haben. Bei Kombination mit BOCC+ erwirbt die pessimistische TA zusätzlich noch ihre TA-Nummer und vermerkt diese als Zeitstempel in den geänderten Objekten sowie in der Objekttabelle. In der Schreibphase werden für pessimistische TA nach dem Logging und dem Einbringen der Änderungen noch die Sperren freigegeben bzw. die Blockierungen für optimistische TA aufgehoben sowie ggf. wartende TA aktiviert.

Daneben ist auch der Validierungstest für eine optimistische TA Tj zu erweitern, weil Tj keine Objekte ändern darf, die eine aktive pessimistische TA bereits gelesen hat. Daher ist bei der Validierung zusätzlich zu überprüfen, ob eine laufende pessimistische TA eine Sperre aus WS(Tj) hält; wenn ja, muß Tj zurückgesetzt werden. Auch hierbei muß vor der Validierung WS(Tj) blockiert werden, um zu verhindern, daß sich die relevante Sperrmenge aktiver TA während der Validierung ändert. Die Validierungen werden zwar seriell ausgeführt, die Schreibphasen können jedoch parallel erfolgen. Eine genauere Beschreibung der Algorithmen findet sich in /Rah87b/.

Durch die Bevorzugung pessimistischer TA ist natürlich das Rücksetzrisiko für optimistische TA größer geworden, so daß im allgemeinen nur noch für kurze TA bzw. in konfliktarmen Anwendungen eine optimistische Synchronisation anzuraten ist. Ein zyklischer Restart kann jedoch leicht vermieden werden, indem sich eine gescheiterte TA bei der zweiten Ausführung pessimistisch synchronisiert.

4.2.4 Konsistenzebene 2 bei optimistischer Synchronisation

Wie schon in 3.1 ausgeführt, unterstützen die meisten kommerziellen DBS aus Leistungsgründen lediglich Konsistenzebene 2, indem bei dem üblicherweise eingesetzten RX-Sperrverfahren Lesesperren nur kurz gehalten werden. Eine Anomalie, die durch einen solchen Verzicht auf Serialisierbarkeit in Kauf genommen wird, ist 'unrepeatable read'; d.h., eine TA kann von demselben Datenobjekt unterschiedliche, jedoch gültige Versionen sehen.

Eine Beschränkung auf Konsistenzebene 2 läßt sich auch bei optimistischer Synchronisation zu einer erheblichen Reduzierung der Konflikthäufigkeit nutzen; außerdem ergibt sich eine deutliche Verringerung des Validierungsaufwandes. Um Konsistenzebene 2 zu gewährleisten, gilt es nämlich nur die Anomalien 'dirty read', 'dirty overwrite' und 'lost update' (siehe Kap. 3) zu vermeiden. Dabei sind jedoch die ersten beiden Anomalien schon dadurch umgangen, weil alle Änderungen in einem privaten TA-Puffer vorbereitet werden und das Einbringen der Änderungen, durch Blockieren der zu schreibenden Objekte für die Dauer der Schreibphase, aus Sicht der anderen TA atomar gehalten werden kann. Zur Behebung von 'lost update' brauchen aber - sowohl bei FOCC als auch bei BOCC bzw. BOCC+ - nur noch Änderungs-TA gegenüber anderen Änderungs-TA zu validieren /Rah87b/. Lese-TA jedoch sind weder selbst zu validieren, noch brauchen sie bei der Validierung berücksichtigt zu werden. Dadurch dürfte sich eine erhebliche Einsparung von Rücksetzungen sowie des Validierungsaufwandes ergeben.

Gegenüber RX-Sperrverfahren mit kurzen Lesesperren bietet die skizzierte Vorgehensweise zwei wesentliche Vorteile. Zum einen werden mit der Validierung von Änderungs-TA gegenüber anderen Änderern 'lost updates' definitiv vermieden, während bei Sperrverfahren mit kurzen Lesesperren Änderungen noch verlorengehen können, wenn die Lesesperren zu kurz gehalten werden /Rah87b/. Der zweite Vorteil besteht darin, daß Lese-TA bei optimistischer Synchronisation weitaus weniger behindert werden als bei dem Sperrverfahren, weil die einzigen synchronisationsbedingten Verzögerungen für Leser das kurzzeitige Warten auf das Ende einer Schreibphase sind; Änderungs-TA warten zudem nie auf Lese-TA. Beim RX-Sperrverfahren dagegen können für Leser durch die langen Schreibsperren erhebliche Wartezeiten entstehen. Die höhere Parallelität bei optimistischer Synchronisation wird ermöglicht, da Änderungen in einer privaten Kopie vorbereitet werden, so daß Lesern (außer während dem Einbringen einer Änderung in der Schreibphase) stets eine konsistente Objektversion angeboten werden kann (*).

Auf der anderen Seite ermöglichen kurze Lesesperren, wie schon erwähnt, für die Dauer der Sperre eine begrenzte Wiederholbarkeit von Lesevorgängen ('cursor stability'). Dies läßt sich nun auch mit optimistischer Synchronisation in analoger Weise erreichen (wenn dies notwendig erscheint), indem

---

* Dieser Vorteil läßt sich demnach auch mit Sperrverfahren erreichen, bei denen die Änderungen auf privaten Kopien vorgenommen werden. Bei einem RAX-Verfahren mit kurzen Lesesperren würden sich z.B. für Leser auch höchstens kurze Verzögerungen während der EOT-Bearbeitung paralleler Änderer (X-Sperren) ergeben, und die kurzen Lesesperren würden kaum Wartezeiten für Änderungs-TA verursachen.

Lese-TA ebenfalls für die jeweilige Zeitdauer 'Sperren' setzen. Diese Sperren müssen dann von validierenden Änderungs-TA beachtet werden, wodurch die Änderung gesperrter Objekte verhindert wird und für die Sperrdauer Wiederholbarkeit von Lesevorgängen gesichert ist. Ein solches kurzzeitiges Sperren gelesener Objekte führt für die Lese-TA weder zu zusätzlichen Verzögerungen noch zu Deadlocks; lediglich für Änderungs-TA besteht eine etwas erhöhte Rücksetzgefahr.

4.3 Zeitmarkenverfahren

Bei den bisher besprochenen Synchronisationskonzepten wurden die Verwendung von Zeitmarken schon zweifach vorgesehen, nämlich zur Deadlock-Vermeidung bei Sperrverfahren (4.1.2) sowie zur Konflikterkennung im BOCC+-Verfahren (4.2.2). Eine weitergehende Verwendung solcher Zeitstempel wird in den eigentlichen Zeitmarkenverfahren, die primär für verteilte DBS vorgeschlagen wurden /BeGo81/, vorgesehen. Im Gegensatz zur Deadlock-Vermeidung und ähnlich wie bei BOCC+ wird bei den reinen Zeitmarkenverfahren die Serialisierbarkeit durch Zeitstempel an den Datenobjekten überprüft. Der Hauptunterschied im Vergleich zu BOCC+ ist, daß die Überprüfung der Serialisierbarkeit bereits während der TA-Verarbeitung stattfindet und nicht erst bei TA-Ende. Ein weiterer Unterschied liegt darin, daß die Serialisierungsreihenfolge bei den Zeitmarkenverfahren i.a. der BOT-Reihenfolge entspricht, während sie bei BOCC+ (und den anderen optimistischen Verfahren) durch die Validierungsreihenfolge gegeben ist.

Beim einfachsten Zeitmarkenverfahren (basic timestamp ordering /BeGo81/), auf das hier nur eingegangen werden kann, bekommt jede TA bei ihrem BOT eine eindeutige Zeitmarke fest zugeordnet. Diese Zeitmarke bestimmt zugleich die Position der TA in der Serialisierungsreihenfolge, so daß die TA alle Änderungen von 'älteren' TA (d.h. TA mit kleinerem Zeitstempel) sehen muß, jedoch keine Änderungen von 'jüngeren' TA sehen darf. Die Überprüfung dieser sehr restriktiven Forderung geschieht mittels Zeitmarken an den Datenobjekten, wobei für jedes Objekt ein Schreib- und ein Lesezeitstempel geführt wird. Der Schreibzeitstempel (Lesezeitstempel) entspricht dabei der TA-Zeitmarke der TA, die das Objekt zuletzt geändert (gelesen) hat.

Ein Lesezugriff einer TA T auf ein Objekt x ist nur dann zulässig, wenn der Schreibzeitstempel von x kleiner ist als die BOT-Zeitmarke von T. Ebenso wird ein Schreibzugriff nur gestattet, wenn die BOT-Zeitmarke sowohl größer ist als der Schreib- als auch der Lesezeitstempel des Objektes. Sind diese Bedingungen nicht erfüllt, so wird die zugreifende TA sofort zurückgesetzt. Es ist klar, daß durch diese einfache Vorgehensweise v.a. für lange TA mit einer sehr hohen Rücksetzrate zu rechnen ist; ebenso können zyklische Restarts nicht ausgeschlossen werden.

Ein weiterer Nachteil ergibt sich daraus, daß 'schmutzige' Änderungen einer TA gegenüber anderen TA zu verbergen sind. Dies führt dazu, daß nach einer Änderung wie beim RX-Sperrverfahren alle weiteren Zugriffe (die nicht schon wegen des Zeitstempelvergleichs abgewiesen wurden) bis zum TA-Ende des Änderers verzögert werden. Durch diese Blockierungen kann (im Gegensatz zu optimistischen Verfahren) kaum ein Parallelitätsgewinn gegenüber dem RX-Sperrverfahren erreicht werden, wobei jedoch i.a. weit mehr Rücksetzungen in Kauf zu nehmen sind. Aus diesen Gründen werden reine Zeitmarkenverfahren i.a. als wenig konkurrenzfähig mit den anderen Verfahren angesehen /Pei86,LoSc87/. Allenfalls in verteilten DBS sind sie u.U. von Interesse, da sie deadlockfrei sind und der einfache Zeitstempelvergleich eine lokale Synchronisierung (ohne Kommunikation) erlaubt. Für unsere Überlegungen in Teil III werden sie jedoch keine Rolle spielen.

4.4 Mehrversionen-Konzept

Voraussetzung für den Einsatz eines allgemeinen Mehrversionen-Konzeptes (im Gegensatz zu Verfahren, z.B. dem RAC-Sperrverfahren, mit einer festen Anzahl von Versionen) ist die Bereitstellung des (semantischen) Wissens bei BOT, ob eine TA Änderungen vornehmen darf oder nicht. Einer reinen Lese-TA T wird dabei während ihrer gesamten Laufzeit eine Sicht auf die Datenbank gewährt, wie sie bei ihrem BOT gültig war; d.h., Änderungen, die während ihrer Bearbeitung vorgenommen werden, bleiben für T unsichtbar. Um dies zu realisieren, erzeugt jede erfolgreiche Änderung eine neue Version des modifizierten Objekts; die Versionen werden in einem sogenannten **Versionen-Pool** verwaltet. Da unter Zuhilfenahme der Versionen jeder Lese-TA der bei BOT gültige (und konsistente) DB-Zustand zur Verfügung gestellt wird, braucht für Lese-TA keinerlei Synchronisation durchgeführt zu werden, auch brauchen sich andere TA nicht mehr gegen Lese-TA zu synchronisieren. Man erhält also den gleichen Vorteil wie bei optimistischer Synchronisation und Konsistenzebene 2, jedoch unter Beibehaltung der Serialisierbarkeit.

Im Gegensatz zu Lese-TA greifen Update-TA stets auf die aktuellste Version eines Objektes zu; für ihre Synchronisation kann praktisch jedes der allgemeinen Synchronisationsverfahren verwendet werden /BeGo83, CaMu86/. Das Mehrversionen-Konzept läßt sich also sowohl bei Sperrverfahren /Cha82/, optimistischen Algorithmen /UPS83, Car87/, Zeitmarkenverfahren /Ree78, Her87b/ sowie Kombinationen dieser Protokolle einsetzen. Da Lese-TA bei der Synchronisation nicht mehr zu berücksichtigen sind, reduziert sich für jedes dieser Verfahren sowohl die Konfliktwahrscheinlichkeit (und damit die Anzahl von Blockierungen und Rücksetzungen) sowie der Synchronisierungsaufwand (geringere Sperrhäufigkeit, weniger Validierungen u.ä.).

Für die Vorteile, die ein Mehrversionen-Konzept bietet, muß zum einen in Kauf genommen werden, daß Lese-TA (vor allem lange Leser) nicht immer die aktuellsten Daten sehen (es wird nur ein reihenfolgeerhaltender logischer Einbenutzerbetrieb gewährleistet). Zum anderen ist ein erhöhter Speicherplatzbedarf zur Haltung der Versionen sowie ein zusätzlicher Verwaltungsaufwand für den Versionen-Pool erforderlich. Techniken zur Versionen-Pool-Verwaltung (Auffinden von Versionen, Freigabe nicht mehr benötigter Versionen, etc.) wurden bereits in /Cha82/ beschrieben, allerdings wird dabei der Versionen-Pool auf Platte gehalten und die Versionenhaltung geschieht auf Seitenebene. Zur Reduzierung des E/A-Aufwandes sollte der Versionen-Pool jedoch weitgehend im Hauptspeicher gehalten werden; zur Begrenzung der Synchronisationskonflikte für Änderer sowie zur Reduzierung des Speicherplatzbedarfs für den Versionen-Pool wäre zudem ein kleineres Synchronisationsgranulat als die Seite (Satz, Eintrag) wünschenswert. Erste Überlegungen hierzu finden sich in /CDH85/.

4.5 Bewertung der vorgestellten Synchronisationskonzepte

Bevor wir ab dem nächsten Kapitel näher auf Synchronisationsverfahren in Mehrrechner-DBS eingehen, sollen zunächst noch wesentliche Erkenntnisse, die für die Synchronisationstechniken in zentralisierten DBS gewonnen wurden, zusammengestellt werden.

Wahl des Synchronisationsgranulats

Obwohl ein sehr feines Synchronisationsgranulat (Satz, Feld) eine größtmögliche Parallelität zuläßt, erhöht sich damit die Pfadlänge von TA u.U. beträchtlich (Durchsatzeinbußen), und die zur Synchronisation erforderlichen Datenstrukturen (Sperrtabelle, Objekttabelle, u.ä.) können möglicherweise nicht mehr im Hauptspeicher gehalten werden. Gröbere Granulate vermindern zwar den Aufwand, führen jedoch zu vermehrten (fiktiven) Konflikten und damit zu zusätzlichen Blockierungen und Rücksetzungen, die sowohl Durchsatz als auch Antwortzeiten beeinträchtigen. Diese Überlegungen zeigen die Notwendigkeit, mehrere Synchronisationsgranulate zu unterstützen, deren Anwendung sowohl auf Objekt- als auch TA-Ebene erfolgen kann. So ist auf Objektebene v.a. für Datenelemente hoher Zugriffsfrequenz - neben anwendungsabhängigen Hot-Spot-Feldern also v.a. bei Adreßtabellen, Indexstrukturen (B*-Bäume), Katalogdaten u.ä. - eine Synchronisation auf Eintrags- oder Satzebene zwingend vorzusehen, während für 'normale' Datenobjekte eine Synchronisation auf Seitenebene meist ausreichend sein dürfte /Här87c/. Auf TA-Ebene empfiehlt sich ein feines Synchronisations-granulat v.a. für kurze TA, während bei langen TA (v.a. bei Dominanz sequentieller Zugriffsfolgen) gröbere Granulate zur Begrenzung des Verwaltungsaufwandes angebracht sind. Dies wird im wesentlichen auch von den Simulationsstudien /RiSt77,RiSt79/ bestätigt, die bei Lasten mit TA unterschiedlicher Größe ebenfalls hierarchische Synchronisationsverfahren empfehlen.

Pessimistische vs. optimistische Synchronisation

Bei pessimistischer Synchronisation führen die Blockierungen von TA bei Sperrkonflikten zu verlängerten Antwortzeiten der blockierten TA sowie zu Durchsatzeinbußen. Werden zur Verbesserung des Durchsatzes mehr TA gleichzeitig zugelassen (Erhöhung der Sollparallelität), ergeben sich wegen der größeren Konkurrenz um die zentralen Betriebsmittel (CPU, Platten, etc.) höhere Antwortzeiten aber auch höhere Konfliktraten und damit mehr Blockierungen. Wie durch Simulationen und analytische Modelle (z.B. /TGS85,Tay87/) gezeigt wurde, führt daher die Übersteigung einer gewissen Sollparallelität zu Durchsatzeinbußen (Thrashing-Effekt).

Bei optimistischen Verfahren dagegen entfallen solche durch Blockierungen verursachte negativen Leistungseinflüsse weitgehend, wodurch der geforderte Durchsatz u.U. mit geringerer Sollparallelität als bei Sperrverfahren zu erreichen ist (geringere Konfliktwahrscheinlichkeit). Das Problem hierbei ist jedoch, daß möglicherweise zu viele TA-Rücksetzungen oder gar zyklische Restarts verursacht werden, wodurch natürlich sowohl Durchsatz als auch Antwortzeiten in Mitleidenschaft gezogen werden. Quantitative Leistungsvergleiche zwischen pessimistischen und optimistischen Verfahren, die mittels analytischer Modelle sowie Simulationen mit synthetischen und empirischen Lasten (siehe 12.1) vorgenommen wurden, kommen aufgrund starker Unterschiede in den Modellannahmen, Leistungsmaßen, Detaillierungsgrad und betrachteten Verfahrensvarianten zu teilweise gegensätzlichen Ergebnissen (für eine ausführliche Diskussion dieser Arbeiten siehe /Rah87b/). Bei der sehr detaillierten empirischen Vergleichsstudie /Pei86/ zeigte sich, daß der FOCC-Ansatz dem ursprünglichen BOCC-Verfahren zwar überlegen, den Sperrverfahren aber immer noch deutlich unterlegen ist. Dies bedeutet aber nicht, daß optimistische Verfahren zur Synchronisation gänzlich unbrauchbar sind:

- In den quantitativen Leistungsanalysen wurden bisher meist nur die einfachsten Varianten optimistischer Synchronisation (oft nur das urprüngliche BOCC-Verfahren) berücksichtigt.

- Obwohl optimistischen Verfahren eine weitaus geringere algorithmische Komplexität als Sperrverfahren zugestanden wird /Pei86/ (meist sehr einfache Validierung vs. Sperrprotokollen mit Deadlock-Erkennung, -Auflösung und Sperrkonversionen), wird der zur Synchronisation notwendige Verwaltungsaufwand in nahezu allen Studien vernachlässigt.

- Eine Kombination von optimistischer und pessimistischer Synchronisation, die sehr differenziert und flexibel möglich ist, besitzt das Potential, die Leistungsfähigkeit reiner Sperrverfahren zu übertreffen /GSH85/.

- In Mehrrechner-DBS (v.a. bei DB-Sharing) kommen optimistische Protokolle u.U. mit weniger Synchronisationsnachrichten aus als Sperrverfahren.

Lastkontrolle

Ein wichtige Erkenntnis der Simulationsstudien /ACL85,Pei86/ ist die Notwendigkeit einer dynamischen Lastkontrolle, die v.a. das Entstehen von Thrashing-Situationen wegen zu hoher Konflikthäufigkeit zu verhindern hat. Hierzu ist in erster Linie eine sorgfältige Kontrolle und Anpassung der Sollparallelität von Bedeutung, um beispielsweise bei ständigen Rücksetzungen oder Blockierungen die Anzahl gleichzeitig zugelassener TA gezielt abzusenken. In /Pei86/ konnte z.B. nur so für optimistische Protokolle erreicht werden, daß jede TA erfolgreich bearbeitet wurde. Auf dem Gebiet der Lastkontrolle und -balancierung gilt es allerdings noch viel Forschungsarbeit zu leisten, um flexible und leistungsfähige Algorithmen entwickeln zu können.

Änderung auf privaten Objektkopien

Ein Vorteil dieser Vorgehensweise, die außer bei den optimistischen Protokollen auch bei den RAX- und RAC-Sperrverfahren verfolgt wird, ist, daß Rücksetzungen sehr einfach sind. Denn unterstellt man, daß alle Kopien zu ändernder Objekte im Hauptspeicher gehalten werden können (was zumindest für kurze TA realistisch ist), so brauchen dazu lediglich die Kopien der gescheiterten TA weggeworfen zu werden (keine E/A). Ein weiterer Vorteil ist, daß ein Lesen des ungeänderten Objektes parallel zu einer Änderung möglich ist, wodurch also eine höhere Parallelität unterstützt wird. Andererseits verursachen die Kopien einen höheren Hauptspeicherbedarf sowie eine komplexere Systempufferverwaltung /Pei86/.

Die für die RA-Sperrverfahren zu erwartende Erhöhung der Parallelität verglichen mit dem RX-Sperrverfahren wurde in den Simulationen in /KiLa83, KiPf85/ bestätigt, nicht jedoch in der genaueren Untersuchung /Pei86/, bei der das RX-Verfahren in etwa gleichwertig abschnitt. Der Grund für diese unterschiedlichen Ergebnisse liegt nach /Pei86/ zum einen darin, daß in den Arbeiten von Kießling et al. nur interne Leistungskenngrößen (nicht also Durchsatz oder Antwortzeiten) zur Bewertung herangezogen wurden. Weiterhin ergaben sich in /Pei86/ für die RA-Sperrverfahren eine Vielzahl von Deadlocks aufgrund von Sperrkonversionen, die in /KiLa83,KiPf85/ unberücksichtigt blieben.

Konsistenzebene 2

In /Pei86/ wurde neben den schon erwähnten Vorfahren auch ein RX-Sperrprotokoll mit kurzen Lesesperren (Konsistenzebene 2) simuliert, das bei allen Versuchsreihen besser abschnitt als die anderen Sperrverfahren oder optimistischen Protokolle. Eine weitere starke Verbesserung mit Konsistenzebene 2 ist zu erwarten, wenn zusätzlich die Änderungen auf privaten Kopien vorgenommen werden. Denn dann kommen Lese-TA immer durch; für sie ergeben sich höchstens kurzzeitige Blockierungen während des Einbringens der Änderungen anderer TA. Auch Änderungs-TA werden durch Lese-TA kaum behindert (höchstens durch kurze Lesesperren, die zwecks 'cursor stability' sinnvoll sind), so daß im wesentlichen Änderungs-TA nur untereinander in Konflikt geraten können. Ein solcher Ansatz ist v.a. bei optimistischer Synchronisation zur Reduzierung der Rücksetzrate zu empfehlen, aber auch bei Sperrverfahren möglich (z.B. RAX-Verfahren mit kurzen Lesesperren).

Mehrversionen-Konzept

Eine ähnliche Konfliktreduzierung - jedoch unter Bewahrung der (reihenfolgeerhaltenden) Serialisierbarkeit - ergibt sich durch Einsatz eines Mehrversionen-Konzeptes, das mit nahezu allen allgemeinen

Synchronisationsverfahren kombiniert werden kann. Der Preis dafür, daß Lese-TA bei der Synchronisation nicht mehr zu berücksichtigen sind, ist zum einen der erhöhte Aufwand für die Verwaltung der Versionen und zum anderen, daß Leser u.U. auf veraltete Daten zugreifen. Die zum Teil drastischen Leistungssteigerungen, die durch ein Mehrversionen-Konzept erzielt werden können /CaMu86, HäPe87/, lassen diesen Preis aber nicht als zu hoch erscheinen. Die Ergebnisse für die Mehrversionen-Verfahren zeigen auch, welche Leistungsgewinne mit Konsistenzebene 2 und Änderungen auf privaten Kopien (bei weit geringerem Aufwand) zu erwarten sind.

Hot Spots und lange TA

Hot-Spot-Objekte mit hoher Änderungsfrequenz und lange (Änderungs-) TA verursachen eine hohe Anzahl von Synchronisationskonflikten und führen daher bei allen allgemeinen Synchronisationsprotokollen zu empfindlichen Leistungseinbußen. Daher sollten diese Probleme, wenn irgend möglich, durch geeigneten DB-Entwurf (Vermeidung von Summenfeldern u.ä.) und organisatorische Maßnahmen (Zerlegung von Batch-TA in eine Reihe von 'mini batches', Starten langer TA nur in Schwachlastzeiten) umgangen werden /Gra85/. Erst wenn die Vermeidungsstrategie nicht mehr möglich ist, müssen zumindest Hochleistungs-DBS auf Spezialprotokolle, wie für die High-Traffic-Synchronisation in 4.1.3 diskutiert, zurückgreifen.

5. Synchronisation in verteilten Datenbanksystemen

Nach unserer Begriffsbildung in 2.1 sind verteilte DBS (VDBS) DB-Distribution-Systeme, bei denen die Knoten geographisch verteilt (ortsverteilt) angeordnet sind. Die für VDBS entwickelten Synchronisationsmechanismen sind somit auch in lokalen DB-Distribution-Systemen einsetzbar, wobei wegen der schnelleren Rechnerkopplung noch eine effizientere Synchronisation zu erwarten ist. Im Vergleich zu zentralisierten DBS ergeben sich neben den vielfältigeren Fehlerfällen (Rechnerausfälle, Kommunikationsfehler, Netzwerkpartitionierungen) für VDBS weitere neue Aspekte, die für die Synchronisation von Bedeutung sind:

- Das Synchronisationsverfahren hat die globale Serialisierbarkeit aller im System ausgeführten TA sicherzustellen; dazu reicht es wegen der rechnerübergreifenden Verarbeitungsfolgen z.B. nicht aus, nur die (lokale) Serialisierbarkeit in jedem Rechner zu gewährleisten.

- Da kurze Antwortzeiten und hoher Durchsatz nur bei geringer Kommunikationshäufigkeit zu erreichen sind, muß insbesondere auch die Synchronisation mit einem Mindestmaß an Interprozessor-Kommunikationen auskommen.

- Im Gegensatz zu lokalen Systemen spielt in VDBS die Replikation der Daten eine große Rolle /Gar86/; das dabei zu lösende Update-Problem sollte, wie schon in 3.2 ausgeführt, möglichst zusammen mit der Synchronisation behandelt werden.

- Die verteilte Ausführung einer TA verlangt bei TA-Ende die Durchführung eines rechnerübergreifenden Commit-Protokolls, um die Atomizität der Gesamt-TA sicherzustellen und ein atomares Sichtbarmachen der vorgenommenen Änderungen zu ermöglichen.

Bei den noch vorzustellenden Synchronisationsverfahren gehen wir davon aus, daß eine TA zum Zugriff auf Daten eines anderen Rechners in diesem eine Sub-TA startet. Eine TA, die nur Objekte des Rechners, an dem sie gestartet wurde, referenziert, wird als *lokale TA* bezeichnet, anderenfalls als *globale TA*. Jede globale TA besteht aus einer *Primär-TA*, die am Ursprungsknoten der TA ausgeführt wird, sowie einer Menge von *Sub-TA*, die von der Primär-TA initiiert werden. Die Sub-TA können dabei parallel zueinander bearbeitet werden. Am Ende einer globalen TA wird dann zwischen Primär- und Sub-TA ein verteiltes Commit-Protokoll ausgeführt. Das bekannteste Protokoll dieser Art ist das in Abb. 5.1 skizzierte (verteilte) **Zwei-Phasen-Commit-Protokoll** (2PC) /Gra78,MLO86/. Im einzelnen laufen dabei folgende Schritte ab:

1) Bei TA-Ende sendet die Primär-TA als Koordinator eine PREPARE-Nachricht gleichzeitig an alle Sub-TA, um deren Beendigungsbereitschaft in Erfahrung zu bringen.

2) Nach Empfang der PREPARE-Nachricht sichert eine erfolgreich zu Ende gekommene Sub-TA ihre Wiederholbarkeit durch das Ausschreiben von möglicherweise noch ungesicherten Log-Daten sowie eines Prepared-Datensatzes auf die lokale Log-Datei (prewrite). Anschließend sendet sie eine O.K.-Nachricht an den Koordinator zurück, womit sie gleichzeitig das Recht aufgibt, sich selbst zurückzusetzen. Danach wartet die Sub-TA bis ihr der Koordinator den Gesamt-Ausgang der TA (Commit oder Abort) mitteilt.

   Eine gescheiterte Sub-TA schreibt einen Abort-Satz auf die lokale Log-Datei, schickt eine FAILED-Nachricht zum Koordinator und setzt sich anschließend zurück ('Wegwerfen' der Änderungen). Da das Scheitern der globalen TA damit feststeht, beendet sich die Sub-TA daraufhin (bei Sperrverfahren: Freigabe der Sperren).

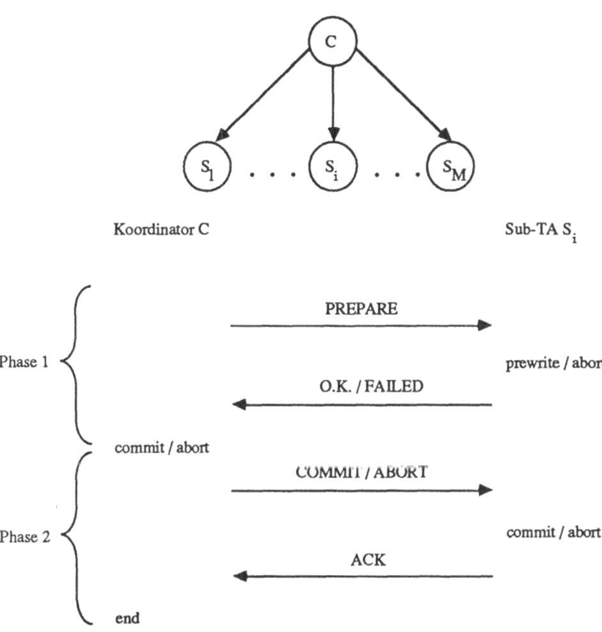

Abb. 5.1: Basisvariante des verteilten Zwei-Phasen-Commit-Protokolls /MLO86/

3) Nach Eintreffen aller Antwortnachrichten der Sub-TA beim Koordinator ist Phase 1 beendet. Haben alle Sub-TA mit 'O.K.' geantwortet, schreibt der Koordinator einen Commit-Record auf die lokale Log-Datei, woraufhin die globale TA als erfolgreich beendet gilt. Danach wird eine COMMIT-Nachricht gleichzeitig an alle Sub-TA gesendet.

Stimmte mindestens eine Sub-TA mit 'FAILED', so ist damit auch die Gesamt-TA zum Scheitern verurteilt. Der Koordinator schreibt daher einen Abort-Record auf seinen Log und sendet eine ABORT-Nachricht an alle Sub-TA, die mit 'O.K.' gestimmt hatten.

4) Nach Eintreffen einer COMMIT-Nachricht schreibt auch die Sub-TA einen Commit-Satz auf die Log-Datei und macht anschließend ihre Änderungen sichtbar (bei Sperrverfahren: Freigabe der Sperren). Bei einer ABORT-Nachricht schreibt die Sub-TA einen Abort-Record auf die Log-Datei und setzt sich zurück.

Die Sub-TA sendet danach zur Bestätigung noch eine ACK-Nachricht an den Koordinator und beendet sich. Der Koordinator beendet sich nach Eintreffen aller ACK-Nachrichten.

Für die skizzierte Basisvariante des 2PC-Protokolls wurden zahlreiche Optimierungen und Erweiterungen vorgeschlagen, v.a. um Leistung (weniger Nachrichten und/oder Schreibvorgänge auf Log-Dateien) oder Verfügbarkeit zu verbessern. Sub-TA, die keine Änderungen vorgenommen haben (read only), brauchen z.B. nur an Phase 1 teilzunehmen (in der von ihnen gehaltene Lesesperren freigegeben werden) und keine Log-Daten zu schreiben /MLO86/. Eine verbesserte Verfügbarkeit (v.a. gegenüber Ausfällen des Koordinators) wird beispielsweise mit einem Drei-Phasen-Commit-Protokoll /BGH83,BHG87/ möglich, allerdings auf Kosten zusätzlichen Overheads im Normalbetrieb. Andere Alternativen schließlich sehen eine Erweiterung des Protokolls auf eine hierarchische Aufrufstruktur zwischen Sub-TA vor, wie sie bei beliebiger TA-Schachtelung notwendig wird. Beispiele solcher

Ansätze sind das Presumed-Commit- und das Presumed-Abort-Protokoll /MLO86/. Für die weiteren Ausführungen in dieser Arbeit werden wir uns jedoch auf das oben dargestellte und weithin akzeptierte 2PC-Protokoll (mit der angesprochenen Optimierung für Lese-Sub-TA) beziehen.

Angesichts der kaum zu überschauenden Vielfalt vorgeschlagener Synchronisationsverfahren für VDBS können hier nur die grundlegenden Techniken überblicksartig dargestellt werden. Dazu betrachten wir zunächst in 5.1 Synchronisationsverfahren für VDBS ohne Replikation der Daten (strikte Datenpartitionierung). In 5.2 folgt dann die Diskussion von Lösungen zur Update-Problematik replizierter Datenbanken. Für eine ausführlichere Behandlung der Synchronisation in VDBS sei auf die Übersichtsarbeiten /BeGo81, Koh81, Dad81, BeGo82, BHG87, Rah87b/ sowie die dort genannten Literaturstellen verwiesen. Auf bisherige Leistungsuntersuchungen für Synchronisationsprotokolle in VDBS wird noch in 12.2 eingegangen.

5.1 Synchronisationsverfahren bei fehlender Datenreplikation

Eine einfache Klassifikation von Synchronisationsverfahren für VDBS ohne Replikation der Daten zeigt Abb. 5.2. Neben den schon für zentralisierte DBS unterschiedenen drei allgemeinen Verfahrensklassen - Sperrverfahren, optimistische Protokolle und Zeitmarkenverfahren - kann in VDBS weiterhin unterschieden werden zwischen Ansätzen, bei denen die Synchronisation an zentraler Stelle auf einem ausgezeichneten Knoten durchgeführt wird, und Verfahren unter verteilter Kontrolle. Bei zentraler Kontrolle können reine Zeitmarkenverfahren von vorneherein ausgeklammert bleiben, da sie hier den gleichen (hohen) Kommunikationsaufwand wie Sperrverfahren verursachen würden, jedoch weitaus mehr Rücksetzungen. Ein in VDBS für die Leistungsfähigkeit wichtiger Punkt ist weiterhin die für Sperrverfahren vorzusehende Deadlock-Behandlung. Dazu bietet sich bei zentralen Sperrverfahren eine Deadlock-Erkennung an, da sie die wenigsten Rücksetzungen verursacht und ohne zusätzlichen Kommunikationsaufwand durchführbar ist. Bei verteilten Sperrverfahren ist eine Präferenz nicht so leicht zu treffen; hier kommen praktisch alle der in 4.1.2 genannten Arten der Deadlock-Behandlung (außer Preclaiming) sowie Kombinationen davon in Betracht.

Wie schon in zentralisierten DBS können die einzelnen Verfahrensklassen auch in VDBS vielfältig miteinander kombiniert werden (z.B. optimistische mit pessimistischen Protokollen). Ebenso kann zur Optimierung ein Mehrversionen-Konzept vorgesehen werden /Ree78, StRo81, LaWi84, ChGr85, ABGS87, Weih87, Her87b/ oder eine Beschränkung auf Konsistenzebene 2 erfolgen.

Die sich nach Abb. 5.2 ergebenden Alternativen zur Synchronisation sollen im folgenden genauer beschrieben werden. Dazu diskutieren wir in 5.1.1 zunächst zentrale und verteilte Sperrverfahren sowie die Behandlung von Deadlocks in VDBS. Danach folgen Realisierungsmöglichkeiten optimistischer Protokolle (5.1.2) sowie noch einige kurze Anmerkungen zu Zeitmarkenverfahren.

5.1.1 Sperrverfahren in VDBS

Zentraler Lock-Manager

Bei diesem Ansatz verwaltet ein zentraler Lock-Manager auf einem der Rechner eine globale Sperrtabelle, mit der alle Sperranforderungen und -freigaben im System durchgeführt werden. Vorteil dieses Ansatzes ist, daß die Synchronisation im zentralen Knoten quasi wie in einem zentralisierten DBS abgewickelt werden kann, da dort stets der aktuelle Synchronisationszustand bekannt ist.

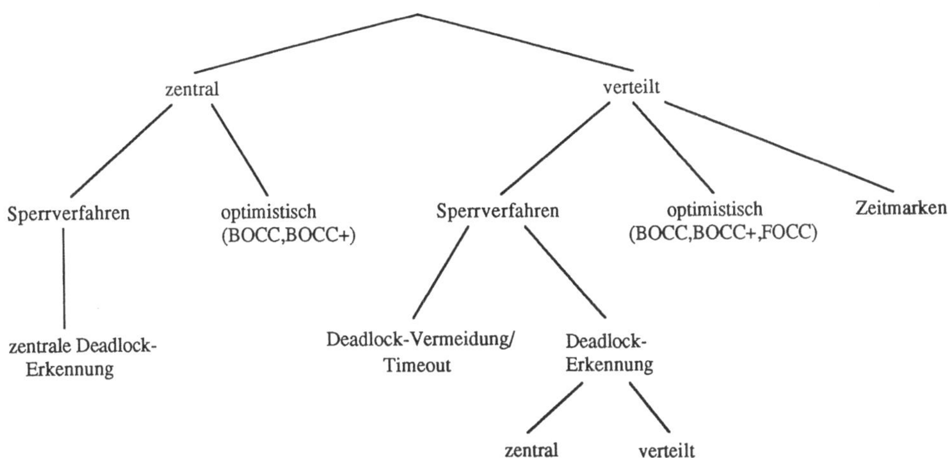

Abb. 5.2: Synchronisationsverfahren in VDBS

Insbesondere kann auch eine Deadlock-Erkennung wie im Ein-Rechner-Fall vorgenommen werden.

Allerdings sprechen eine Reihe schwerwiegender Nachteile gegen einen solchen Ansatz, so daß er in VDBS als wenig geeignet anzusehen ist:

- Jede Sperranforderung einer TA, die nicht auf dem zentralen Knoten läuft, verursacht eine Nachricht, auf die synchron gewartet werden muß. Ein solche Nachrichtenhäufigkeit ist für Durchsatz und Antwortzeit gleichermaßen inakzeptabel.

- Der zentrale Knoten stellt einen 'single point of failure' dar, dessen Ausfall einen Systemstillstand zur Folge hat. Um dies zu vermeiden, ist durch geeignete Vorkehrungen im Normalbetrieb (z.B. Führen einer Kopie der globalen Sperrtabelle in einem anderen Rechner), die jedoch sehr teuer sein können, eine geeignete Ausfallbehandlung zu ermöglichen.

- Der zentrale Knoten kann v.a. bei Erweiterung des Systems wegen der dann wachsenden TA-Raten zu einem Engpaß werden.

- Da alle Rechner von der Funktionsfähigkeit des zentralen Knotens abhängig sind, ist die in ortsverteilten Systemen sehr wichtige Rechnerunabhängigkeit (site autonomy /CePe84/) nicht gegeben.

Verteilte Sperrverfahren

Wie bei allen verteilten Synchronisationsverfahren in VDBS ohne Replikation, synchronisiert hierbei jeder Rechner alle Zugriffe auf die Daten der ihm zugeordneten Datenpartition. Da zum Zugriff auf externe Daten bereits Sub-TA in den jeweiligen Rechnern gestartet werden, wird zum Anfordern der Sperren keine zusätzliche Kommunikation notwendig - ein Hauptvorteil dieses Ansatzes. Das Freigeben der Sperren erfolgt im Rahmen des Commit-Protokolls (s.o.). Das größte Problem verteilter Sperrverfahren ist die Behandlung globaler Deadlocks, die die Leistungsfähigkeit entscheidend beeinflußen kann.

Deadlock-Behandlung bei verteilten Sperrverfahren

Die einfachste Behandlung von Deadlocks, die keine zusätzliche Kommunikation verursacht, ist die Verwendung eines Timeout-Verfahrens oder einer Deadlock-Vermeidungsstrategie. In beiden Fällen werden jedoch, wie schon in 4.1.2 angesprochen, TA unnötigerweise zurückgesetzt, wobei über die Häufigkeit solcher unnötigen Rücksetzungen noch keine empirischen Vergleichsuntersuchungen bekannt sind. Der Timeout-Ansatz wird z.B. im Encompass- und im NonStop-SQL-System von Tandem verfolgt /Bor81,Tan87/, wobei dort wegen der üblicherweise kurz gehaltenen Lesesperren die Deadlock-Wahrscheinlichkeit ohnehin geringer ist als bei langen Lesesperren.

Die Deadlock-Erkennung ist bei verteilten Sperrverfahren weitaus aufwendiger als in zentralisierten DBS oder bei zentralen Sperrverfahren in VDBS, da zur Erkennung globaler Deadlocks im Wartegraph rechnerübergreifende Wartebeziehungen zu führen sind, deren Mitteilung mit Kommunikationsvorgängen verbunden ist. Die Erkennung globaler Deadlocks kann entweder zentral oder verteilt erfolgen. Bei der **zentralen Deadlock-Erkennung**, die z.B. in Distributed Ingres vorgenommen wird (s. /Sto79/), wird in einem zentralen Knoten ein globaler Wartegraph geführt und auf Zyklen durchsucht. Jeder Rechner schickt die bei ihm entstehenden Wartebeziehungen periodisch (Bündelung von Nachrichten, um den Kommunikations-Overhead einzugrenzen) an den zentralen Knoten, der damit seinen Wartegraph vervollständigt und die Zyklensuche startet. Da der globale Wartegraph wegen der Nachrichtenverzögerungen i.a. nicht auf dem aktuellsten Stand ist, werden Deadlocks nicht nur verspätet entdeckt, es können auch sogenannte Phantom-Deadlocks /BHG87/ erkannt und damit unnötige Rücksetzungen verursacht werden. Die Sonderrolle des für die Deadlock-Erkennung zuständigen Knotens bewirkt zudem ähnliche Probleme bezüglich Verfügbarkeit und Rechnerautonomie wie bei einem zentralen Sperrverfahren.

Eine **verteilte Deadlock-Erkennung**, bei der i.a. jeder Rechner eine gleichberechtigte Funktion ausübt, ist dagegen wesentlich schwieriger zu realisieren als die zentrale Erkennung von Verklemmungen. So wurde von einigen vorgeschlagenen Protokollen nachträglich gezeigt, daß z.B. nicht alle globale Deadlocks erkannt werden, daß Phantom-Deadlocks entdeckt werden oder daß ein Deadlock von mehreren Knoten erkannt wird, wobei u.U. unterschiedliche (unnötige) Rücksetzungen zur Deadlock-Auflösung veranlaßt werden /Moh80,Elm86/. Der in R* eingesetzte Algorithmus zur Deadlock-Erkennung /Obe82/ wurde daraufhin optimiert, globale Deadlocks zwischen zwei Knoten besonders schnell zu erkennen (1 Nachricht), da nach /GHOK81/ typischerweise die meisten Deadlocks (> 90 %) nur Zykluslänge 2 aufweisen. Solche Deadlocks werden daher in R* auch schneller entdeckt als bei einer zentralen Deadlock-Erkennung, bei der erst beide betroffenen Rechner ihre Wartesituation an den zentralen Knoten schicken müssen. Ein Überblick über weitere Verfahren zur verteilten Deadlock-Erkennung findet sich in /Elm86/.

In vielen Fällen dürfte anstelle einer komplexen und u.U. aufwendigen Erkennung globaler Verklemmungen auch eine **hybride Strategie** zur Deadlock-Behandlung ausreichend sein. Dabei werden lokale Deadlocks, die nur TA eines Rechners betreffen, explizit erkannt; globale Deadlocks dagegen werden entweder über einen Timeout-Ansatz aufgelöst oder z.B. über TA-Zeitmarken (Wait-Die, Wound-Wait) oder Zeitintervalle vermieden. Eine solche Vorgehensweise besitzt einige Vorteile:

- Einfachheit

- keine Nachrichten zur Deadlock-Behandlung erforderlich

- Rechnerausfälle verlangen keine besonderen Vorkehrungen (Fehlertoleranz).

Außerdem ist davon auszugehen, daß die meisten Deadlocks nur TA eines Rechners berühren (und somit explizit erkannt werden), da ein Deadlock wie erwähnt meist nur zwei TA betrifft und aus Leistungsgründen eine hohe Lokalität im Referenzverhalten angestrebt werden muß. Letzteres bedeutet, daß die Daten eines Rechners möglichst von lokalen TA referenziert werden sollen, so daß auch die meisten Sperrkonflikte auf diesen Daten zwischen lokalen TA entstehen. Daher ist z.B. eine hybride Strategie mit Timeouts zur Auflösung globaler Deadlocks umso angebrachter, je höher die erzielbare Lokalität ist. Die Erkennung globaler Deadlocks ist dagegen allgemeiner einsetzbar; insbesondere ist sie bei höherer Konfliktwahrscheinlichkeit zwischen den Rechnern zu empfehlen, um nicht zu viele TA unnötig zurückzusetzen.

5.1.2 Optimistische Protokolle in VDBS

Die optimistischen Synchronisationsverfahren in verteilten DBS lassen sich unterteilen in Protokolle, bei denen die Validierungen auf einem zentralen Knoten ausgeführt werden, sowie Verfahren mit verteilter Validierung.

Zentrale Validierung

Zur Durchführung der Validierungen sendet eine TA (bei globalen TA die Primär-TA) bei TA-Ende den vollständigen Read- und Write-Set zum zentralen Validierungsknoten (ZVK). Dieser meldet dann nach der Validierung das Ergebnis zur (Primär-) TA zurück, woraufhin entweder das Zurücksetzen der TA oder die Schreibphase veranlaßt wird. Bei globalen TA bietet sich folgendes Zusammenspiel zwischen der Validierung auf dem ZVK und dem Zwei-Phasen-Commit-Protokoll an /Rah88/:

- Die explizite Ausführung von Phase 1 des 2PC kann (zur Einsparung von Kommunikationsvorgängen) umgangen werden, wenn eine Sub-TA ihre Änderungen bereits während der Lesephase vor Absenden der ohnehin notwendigen Fertigmeldung an die Primär-TA (mit der auch Ergebnisse zurückgeliefert werden) sichert und damit in den Prepared-Zustand übergeht. Mit der Fertigmeldung teilt die Sub-TA auch ihren Read- und Write-Set der Primär-TA mit, so daß diese bei EOT den gesamten Read- und Write-Set zur Validierung zum ZVK schicken kann.

- Nach Eintreffen des Validierungsergebnisses startet die Primär-TA Phase 2 des Commit-Protokolls (s.o.), wobei sie u.a. alle Sub-TA, die Änderungen vorgenommen haben, vom Validierungsresultat informiert. Bei erfolgreicher Validierung werden dabei die Schreibphasen von der Primär-TA und den Sub-TA durchgeführt, nachdem die Primär-TA den Commit-Record auf die lokale Log-Datei geschrieben hat.

Die zentrale Validierung hat den Vorteil, daß zur eigentlichen Synchronisation nur eine Nachricht (die zur Validierung) erforderlich ist, auf die synchron gewartet werden muß. Damit liegt der Kommunikations-Overhead weit unter dem eines zentralen Sperrverfahrens, bei dem jede Sperranforderung eine synchrone Nachricht an den zentralen Lock-Manager verlangt. Allerdings kann zur Validierung im ZVK **nur** eine **BOCC-artige Synchronisation** verwendet werden; die FOCC-Alternative scheitert daran, daß es unmöglich ist, im ZVK die aktuellen Read-Sets der in den verschiedenen Knoten laufenden TA zu kennen. Daher kommt zur Synchronisation in erster Linie der BOCC+-Ansatz in Frage, der nahezu unverändert übernommen werden kann. Im ZVK wird dazu der globale TA-Zähler TNC, der bei jeder erfolgreichen Validierung inkrementiert wird, geführt sowie (zur Validierung) die Objekttabelle mit den Zeitstempel für geänderte Objekte. Auch ein frühzeitiges Zurücksetzen zum Scheitern verurteilter TA ist hier noch möglich. Dazu werden nach der erfolgreichen Validierungsnachricht vom ZVK, auf den Rechnern, auf denen die validierte TA Änderungen einbringen will, laufende TA zurückgesetzt, die auf eines der zu schreibenden Objekte zugegriffen haben.

Damit bleiben alle Vorteile des BOCC+-Verfahrens (s. 4.2.2) auch hier erhalten. Von besonderer Bedeutung ist dabei die mit der Objekttabelle ermöglichte, schnelle Validierung, da für jedes Read-Set-Element nur ein Vergleich vorzunehmen ist. Damit läßt sich durch einen ausreichend leistungsstarken ZVK (z.B. 20-30 MIPS) auch bei hohen TA-Raten, etwa 1000 kurzen TA/s, trotz der notwendigen Wartung der Datenstrukturen und des Kommunikations-Overheads ein Engpaß vermeiden /Rah86e/.

Eine Kombination mit einem Mehrversionen-Konzept oder Beschränkung auf Konsistenzebene 2 /Rah87b/ bringen auch hier eine erhebliche Reduzierung von Rücksetzungen sowie des Kommunikations- und Validierungsaufwandes (nur noch Änderungs-TA müssen validieren). Dennoch besteht selbst dann für Update-TA wie im zentralen Fall u.U. ein noch zu hohes Rücksetzrisiko und die Gefahr zyklischer Restarts. Eine Kombination mit einem zentralen Sperrverfahren, wie für einen Einsatz in konfliktträchtigeren Anwendungen erforderlich, ist zwar analog zu den Ausführungen in 4.2.3 relativ einfach realisierbar (Erweitern der Objekttabelle im ZVK um entsprechende Sperrinformationen). Allerdings wird dann für pessimistisch synchronisierte TA wieder ein hoher Kommunikationsaufwand eingeführt, da jede Sperranforderung an den zentralen Knoten zu richten ist.

Verteilte Validierung

Obwohl die Validierung auf einem zentralen Knoten eine relativ einfache Lösung erlaubt und in der hier vorgestellten Form (mit BOCC+) möglicherweise eine vielfach akzeptable Leistungsfähigkeit erreichen kann, sehen die bisherigen Vorschläge für optimistische Synchronisationsverfahren in VDBS /ABGS87, Bha82, Sch81, Bad79, BaMc84, Tho79, CeOw82, GhMa85, LaWi84, SNM85, Her87a/ fast durchweg eine verteilte Validierung vor. Gründe dafür sind zum einen die durch den zentralen Knoten eingeführten Verfügbarkeitsprobleme und eine Beeinträchtigung der Rechnerautonomie. Desweiteren ist von Nachteil, daß selbst lokale TA auf dem ZVK validieren müssen und damit Kommunikation verursachen; außerdem ermöglicht die verteilte Validierung eine bessere Kombination mit (verteilten) Sperrverfahren, bei der keine zusätzliche Kommunikation notwendig wird. Ein weiterer Pluspunkt bei verteilter Validierung ist, daß neben einer BOCC-artigen Synchronisation auch eine FOCC-Strategie anwendbar ist.

Beim verteilten Validierungsschema wird jede (Sub-) TA an ihrem ausführenden Rechner validiert. Damit wird für rein lokale TA, die idealerweise den größten TA-Anteil ausmachen, keine Interprozessor-Kommunikation erforderlich. Auch für globale TA verursacht (wie schon bei verteilten Opsnverfahren) die Synchronisation keine zusätzlichen Nachrichten, da sich Validierungen und Schreibphasen im Rahmen des Zwei-Phasen-Commit-Protokolls durchführen lassen:

- Die PREPARE-Nachricht, welche die Primär-TA an alle Sub-TA schickt, dient jetzt gleichzeitig als Validierungsaufforderung. Nach einer erfolgreichen lokalen Validierung sichert jede Sub-TA ihre Änderungen (Prepared-Zustand) und schickt eine O.K.-Nachricht zur Primär-TA. Bei gescheiterter lokaler Validierung dagegen wird eine FAILED-Nachricht zurückgesendet, und die Sub-TA setzt sich zurück.

- Waren alle lokalen Validierungen erfolgreich, so verschickt die Primär-TA (nach Schreiben des Commit-Records) eine COMMIT-Nachricht an alle Sub-TA, die Änderungen vorgenommen haben. Diese führen daraufhin ihre Schreibphasen durch. Verliefen eine oder mehrere der lokalen Validierungen erfolglos, leitet die Primär-TA durch Verschicken von ABORT-Nachrichten das Zurücksetzen der TA ein.

Diese Vorgehensweise reicht jedoch allein nicht aus, um eine korrekte Synchronisation zu gewährleisten. Denn durch die lokalen Validierungen wird zwar die lokale Serialisierbarkeit in jedem Knoten sichergestellt, nicht aber notwendigerweise die globale Serialisierbarkeit, da die lokale Serialisierungsreihenfolge von Sub-TA zweier globaler TA auf verschiedenen Rechnern entgegengesetzt sein kann /Sch82/. Zur Behandlung dieses Problems wurden mehrere Alternativen vorgeschlagen /Rah88/, wobei die wohl einfachste Lösung möglich wird, wenn die Validierungen globaler TA auf allen Knoten in der gleichen Reihenfolge ausgeführt werden. In diesem Fall entspricht die auf allen Rechnern gleiche Validierungsreihenfolge nicht nur der lokalen, sondern zugleich der globalen Serialisierungsreihenfolge.

Das **Erzwingen der gleichen Validierungsreihenfolge auf allen Knoten** kann wiederum durch verschiedene Alternativen realisiert werden:

- Die einfachste Realisierung ist möglich bei lokaler Anordnung der Rechner und einem (zuverlässigen) Broadcast-Medium zur Rechnerkopplung (z.B. Bus). Hier stößt die Primär-TA alle lokalen Validierungen mittels einer Broadcast-Nachricht an; die Validierungen brauchen dann nur in der Empfangsreihenfolge vorgenommen zu werden.

- Eine allgemeiner einsetzbare Strategie sieht vor, jeder TA bei EOT an ihrem Ursprungsknoten eine eindeutige TA-Nummer (z.B. aus Rechner-ID und lokaler Uhrzeit /Lam78/) zuzuweisen, die ihre Position in der globalen Serialisierungsreihenfolge festlegt. Diese Nummer wird bei den Validierungsaufforderungen mitgeschickt, so daß in jedem Knoten die gleiche Validierungsreihenfolge eingehalten werden kann. Zu spät eintreffende TA (d.h. TA, deren Nummer kleiner ist als die von zuletzt lokal validierten TA) werden zurückgesetzt. Das Ausmaß solcher Rücksetzungen ist umso geringer, je schneller und gleichmäßiger die Übertragungszeiten zwischen den Rechnern sind (je langsamer die Verbindungen, desto mehr werden globale TA gegenüber lokalen benachteiligt) und je enger die lokalen Uhren der Rechner synchronisiert sind. Daher ist v.a. in ortsverteilten Systemen mit solchen Rücksetzungen zu rechnen.

- Die lokalen Validierungen werden über ein Token-Ring-Konzept koordiniert, bei dem an einem Rechner die Validierungen nur bei Token-Besitz und in einer festgelegten Reihenfolge vorgenommen werden. Dieser Ansatz wird für DB-Sharing-Systeme in 9.2.1 noch ausführlicher diskutiert.

Ein weiteres Problem bei verteilter Validierung entsteht durch die zeitliche Trennung zwischen lokaler Validierung und Schreibphase. Denn im Gegensatz zu zentralisierten DBS ist nun auf einem Knoten nach erfolgreicher lokaler Validierung das Schicksal der globalen TA ungewiß. Die von lokal erfolgreich validierten Sub-TA, die auch als **semi-committed TA** bezeichnet werden, beabsichtigten Änderungen sind demnach 'unsicher', da sie je nach Validierungsausgang der globalen TA weggeworfen oder in die Datenbank eingebracht werden. Für die **Behandlung** dieser **unsicheren Änderungen** in der Lesephase und bei der Validierung lokaler TA kommen im wesentlichen folgende Alternativen in Betracht:

a) Bei der ersten Möglichkeit wird beim Zugriff auf ein Objekt, für das eine semi-committed TA eine Änderung beabsichtigt, stets die aktuell gültige, ungeänderte Version zur Verfügung gestellt. Dies ist allerdings wenig sinnvoll, wenn (wie bisher vorausgesetzt) sich die laufenden TA in der Serialisierungsreihenfolge nach allen bereits (lokal) validierten TA einreihen müssen. Denn in diesem Fall wird die auf eine alte Objektversion zugreifende TA zurückgesetzt, wenn die globale TA erfolgreich abschließt, wovon optimistischerweise auszugehen ist. Der Zugriff auf die ungeänderte

Objektversion kommt daher allenfalls in Frage, wenn sich die betreffende TA in der Serialisierungsreihenfolge vor der die Änderung beabsichtigende globalen TA einreihen läßt. Die Entscheidung darüber ist - wie in /Rah87b/ näher ausgeführt - im verteilten Fall i.a. relativ komplex und soll hier nicht weiter untersucht werden. Eine elegante Lösung unter Verwendung von Zeitintervallen ist in /BCFP87/ beschrieben; allerdings müssen dabei auch alle Schreibphasen in der Serialisierungsreihenfolge ausgeführt werden, wodurch vor allem für lokale Änderungs-TA erhebliche Verzögerungen entstehen können.

b) In einer optimistischeren Alternative wird sofort auf die unsichere Änderung einer semi-committed TA zugegriffen, weil davon ausgegangen wird, daß die globale TA erfolgreich zu Ende kommt. Damit wird zwar (zunächst) eine hohe Parallelität ermöglicht, jedoch machen auf unsichere Änderungen zugreifende TA ihr Schicksal von dem der globalen TA abhängig. Sinnvollerweise warten dann diese abhängigen TA vor ihrer lokalen Validierung ab, ob ihr Optimismus berechtigt war, d.h., ob die globalen TA, deren Änderungen gesehen wurden, erfolgreich waren oder nicht. Würden nämlich diese abhängigen TA ebenfalls wieder unsichere Änderungen zugänglich machen, könnte eine Rücksetzung einen Domino-Effekt nach sich ziehen. Der Zugriff auf unsichere Änderungen wird u.a. in /GhMa85,LaWi84/ vorgesehen, soll hier jedoch nicht weiter verfolgt werden.

c) Die dritte Alternative schließlich, die auch bei den optimistischen Protokollen bei DB-Sharing Verwendung finden wird, blockiert den Zugriff auf unsichere Änderungen bis der Ausgang der globalen TA feststeht. Damit werden unnötige Rücksetzungen - wie bei Alternative a) möglich - umgangen, allerdings wird durch das 'Sperren' der Objekte auch die Parallelität reduziert. Deadlocks können dabei nicht entstehen, da die TA, auf die gewartet wird, ihre Lesephase bereits beendet hat und somit nicht mehr auf solche Sperren laufen kann. Dieses Sperren der Write-Sets von semi-committed TA entspricht dem Blockieren der Write-Sets während der Schreibphase im zentralen Fall (4.2.1, 4.2.2). Aufgrund der Kommunikation sind jetzt allerdings die Verzögerungen entsprechend größer; außerdem waren sie umsonst, falls die globale TA zurückgesetzt werden muß.

Ein großer Vorteil des 'Sperrens' unsicherer Änderungen ist, daß bei BOCC-artiger Synchronisation Validierungen und Schreibphasen quasi wie im zentralen Fall erfolgen können, wobei insbesondere parallele Schreibphasen möglich sind (da die Validierung sicherstellt, daß nur disjunkte Objektmengen geschrieben werden). Bei einer FOCC-artigen Synchronisation jedoch, bei der im zentralen Fall nur Änderungs-TA zu validieren brauchten, ist jetzt auch eine Validierung globaler Lese-TA erforderlich, um zu gewährleisten, daß auf allen Knoten derselbe konsistente DB-Zustand gesehen wurde, der dem am TA-Ende gültigen Zustand entspricht. Dies ist z.B. dann nicht mehr der Fall, wenn nach Ende einer Sub-TA - jedoch vor Ende der Gesamt-TA - eine (Sub-) TA erfolgreich validiert, deren Write-Set ein bereits gelesenes Objekt enthält.

Dieses Problem wird nach /Rah87b/ am besten dadurch behoben, daß die lokale Validierung einer Änderungs- (Sub-)TA nicht nur gegen in der Lesephase befindliche TA vorgenommen wird, sondern auch gegenüber Sub-TA, die auf den Beginn der Validierung warten. Ein Vorteil dieser Methode ist, daß sie (im Gegensatz zu BOCC und BOCC+) bei einem Konflikt die freie Wahl des Opfers zuläßt, so daß damit auch einer (z.B. schon mehrfach gescheiterten) globalen TA ein Durchkommen garantiert werden kann. Bei dieser Vorgehensweise ist also bei der Validierung einer Sub-TA zunächst sicherzustellen, daß sie nicht schon während der Wartezeit auf die Validierungsaufforderung zum

Scheitern verurteilt wurde. Für reine Lese-Sub-TA ist damit die Validierung bereits beendet, während Änderer noch den üblichen FOCC-Test vornehmen, bei dem ihr Write-Set gegen den Read-Set noch nicht validierter TA (inklusive auf die Validierung wartender Sub-TA) verglichen wird.

Die Diskussion in diesem Abschnitt zeigt, daß für die eingangs angeführten Vorteile einer verteilten Validierung durch die neu zu lösenden Probleme auch eine merkliche Komplexitätssteigerung der Protokolle einhergeht. Die einfachsten Lösungen sehen dabei vor, daß die Validierungen von globalen TA an jedem Rechner in der gleichen Reihenfolge vorgenommen werden. Zur Vermeidung unnötiger Rücksetzungen ist es in diesem Fall sinnvoll, Objekte aus dem Write-Set von semi-committed TA zu sperren, bis das Schicksal der globalen TA feststeht und (im Erfolgsfall) deren Schreibphase beendet ist. Dies wiederum gestattet ähnlich einfache Validierungsregeln wie im zentralen Fall sowie parallele Schreibphasen, die nicht in Serialisierungsreihenfolge vorgenommen werden müssen. Die Blockierungen von Objekten während den Validierungs- und Schreibphasen globaler TA können zwar Parallelitätseinbußen bzw. Antwortzeitverschlechterungen verursachen, jedoch ist die Dauer der Blockierungen i.a. weit kürzer als bei einem Sperrverfahren.

Die skizzierte Vorgehensweise erlaubt auch analog zum zentralen Fall (4.2.3) eine Kombination mit (verteilten) Sperrverfahren vorzunehmen, bei der sich TA entweder optimistisch oder pessimistisch synchronisieren können. Dabei steigt zwar (v.a. bei einer Erkennung globaler Deadlocks) die Komplexität des Synchronisationsverfahrens noch weiter an, es läßt sich dafür das Ausmaß an Rücksetzungen i.a. auch bei höherer Konfliktwahrscheinlichkeit in akzeptablen Grenzen halten.

5.1.3 Zeitmarkenverfahren in VDBS

Die in 4.3 vorgestellte Synchronisation mit reinen Zeitmarkenverfahren kann ohne Schwierigkeiten auf VDBS übertragen werden, ohne daß dafür zusätzliche Kommunikationsvorgänge notwendig werden. Dabei verwaltet jeder Rechner die Zeitstempel für die bei ihm gespeicherten Objekte und führt die zur Konflikterkennung vorzunehmenden Zeitmarkenvergleiche für die bei ihm laufenden (Sub-) TA durch. Es muß hierzu lediglich gewährleistet sein, daß jede TA eine systemweit eindeutige TA-Nummer erhält.

Die Vorteile reiner Zeitmarkenverfahren - Deadlock-Freiheit und Synchronisation ohne zusätzliche Nachrichten - werden auch von optimistischen Protokollen mit verteilter Validierung erreicht (kein eigener Kommunikationsaufwand zur Synchronisation entsteht auch mit verteilten Sperrverfahren und Vermeidung globaler Deadlocks bzw. einer Timeout-Strategie zur Deadlock-Behandlung). Die Serialisierung der TA in BOT-Reihenfolge ist jedoch zu inflexibel und führt bei den Zeitmarkenverfahren v.a. bei längeren TA zu zahlreichen Rücksetzungen; so können auch zyklische Restarts (im Gegensatz zu FOCC) nicht vermieden werden. Ein weiterer Nachteil verglichen mit optimistischen Protokollen ist die geringere Parallelität, da nach Änderung eines Objekts weitere Zugriffe bis zum Ende der Änderungs-TA blockiert werden.

Eine zentrale Synchronisation wäre prinzipiell auch mit den Zeitmarkenverfahren realisierbar. Dazu müßte aber vor jedem Objektzugriff eine Nachricht an den zentralen Knoten geschickt werden, damit dieser den Zeitstempelvergleich durchführen kann. Es ist offensichtlich, daß der enorme Kommunikationsaufwand (der dem eines zentralen Sperrverfahrens entspricht) sowie die anderen Nachteile eines zentralen Synchronisationsverfahrens und der reinen Zeitmarkenverfahren eine vollkommen ungeeignete Lösung ergeben.

Obwohl noch weitere Zeitmarkenverfahren vorgeschlagen wurden /BeGo81, BHG87/, versprechen auch sie wegen mangelnder Flexibilität keine Verbesserungen im Vergleich zu Sperrverfahren oder optimistischen Protokollen. Wir werden deshalb die Verwendung von Zeitmarken auch nur noch in Kombination mit diesen Verfahren betrachtet.

5.2 Update-Problematik bei replizierten Datenbanken

Hauptzweck replizierter Datenbanken ist die Verbesserung der Verfügbarkeit der Daten und die Beschleunigung von Lesezugriffen. So können repliziert an mehreren Knoten gespeicherte Daten auch nach Ausfall eines der Rechner referenziert werden, und zum Lesen eines Objektes kann zur Minimierung der Kommunikationskosten auf das nächstgelegenste Replikat zugegriffen werden (Unterstützung von Lokalität). Unter diesen Gesichtspunkten bieten natürlich voll-redundate Datenbanken, bei denen jeder Knoten eine Kopie der gesamten Datenbank führt, die größten Vorteile; insbesondere können prinzipiell alle Lesezugriffe lokal abgewickelt werden.

Allerdings verursacht das Führen replizierter Daten nicht nur einen erhöhten Speicherplatzbedarf, sondern v.a. hohe Änderungskosten, um alle Replikate bei einer Modifikation zu aktualisieren. Dieser Aktualisierungsaufwand ist in ortsverteilten Systemen, für die sich eine Replikation eigentlich nur lohnt (s. 2.1). wegen der langsamen Kommunikationsverbindungen besonders hoch, so daß in der Regel ein Datum nur an einer Teilmenge der Knoten gespeichert wird (partielle Redundanz). Das Führen von Replikaten sollte jedoch für den Benutzer möglichst transparent gehalten werden (replication transparency /TGGL82/), d.h., ihm ist eine Sicht auf die Daten zu gewähren, als gäbe es keine Replikate. Das DBS hat somit nicht nur das Aktualisieren der Replikate zu übernehmen, es sollte auch stets die aktuellste und konsistente Version der Daten zur Verfügung stellen. Diese hier als Update-Problem bezeichneten Aufgabenstellungen sind offenbar in Zusammenhang mit der Synchronisation zu behandeln, um zu verhindern, daß Leser unterschiedliche Änderungszustände zu sehen bekommen und daß Replikate eines Objektes gleichzeitig von mehreren TA geändert werden.

Die Erfüllung dieser Forderungen verlangt i.a., daß eine Update-TA erst beendet werden kann, wenn alle Replikate geänderter Objekte aktualisiert sind. Da dies jedoch eine starke Benachteiligung für Änderungs-TA (Antwortzeitverschlechterung) darstellt, wird in einigen Vorschlägen zur Update-Problematik auf das sofortige Aktualisieren der Replikate verzichtet (deferred update) und Lesern u.U. veraltete Daten angeboten (s.u.). Einen Sonderfall stellen auch sogenannte **Schnappschüsse** /AbLi80/ dar, die ein Benutzer jedoch explizit anfordern muß. Ein Schnappschuß ist dabei die Kopie eines Objektes (z.B. Relation) zu einem bestimmten Zeitpunkt, die entweder periodisch oder auf Anfrage aktualisiert wird (refresh). Damit kann nicht nur der Änderungsaufwand stark begrenzt werden, sondern es werden auch Synchronisationskonflikte auf den extrahierten Daten vermieden und eine höhere Lokalität für Leser unterstützt. Insbesondere ist es auch möglich, die Ergebnisse einer komplexen Query (verteilte Joins etc.) zu materialisieren, wenn sie häufiger benötigt werden. Da es sich bei den Schnappschüssen aber nicht um Replikate im eigentlichen Sinn handelt, sollen sie hier nicht weiter betrachtet werden.

Vielmehr werden nun drei der wichtigsten Lösungsansätze zur Behandlung des Update-Problems genauer diskutiert: die Write-All-Read-Any-, Primary-Copy- und Voting-Verfahren /Sel80, BeGo82, BHG87, Son87/. Obwohl diese Verfahren prinzipiell auch bei optimistischer Synchronisation einsetzbar sind (s.u.), betrachten wir sie hier im Zusammenhang mit Sperrverfahren.

Write-All-Read-Any-Ansatz

In Verbindung mit einem Sperrverfahren muß dabei für eine Änderung eine Schreibsperre für jedes Replikat angefordert werden, und die Replikate werden alle vor Freigabe der Schreibsperren aktualisiert (z.B. im Rahmen des Zwei-Phasen-Commit-Protokolls). Dadurch ist gesichert, daß jedes (nicht gesperrte) Replikat auf dem aktuellsten Stand ist, so daß zum Lesen jedes beliebige ausgewählt werden kann (vorzugsweise natürlich das lokal gespeicherte bzw. nächstgelegenste Replikat) und nur dieses zu sperren ist. Diese sehr 'billigen' Lesezugriffe sind neben der Einfachheit des Verfahrens Hauptvorteile dieses Ansatzes, dafür sind Änderungen sehr teuer und benachteiligen Änderungs-TA stark. Außerdem ist die Verfügbarkeit für Änderer schlechter als bei fehlender Replikation, da eine Änderung nicht mehr möglich ist, sobald einer der Rechner ausfällt, an dem ein Replikat des zu ändernden Objekts gespeichert ist!

Zur Behebung des letztgenannten Punktes wurde die 'Write-All-Available'-Variante vorgeschlagen /BHG87/, bei der nur die Replikate der verfügbaren Rechner gesperrt und aktualisiert werden müssen. Für einen ausgefallenen Rechner werden die nicht vorgenommenen Modifikationen eigens protokolliert und nach Wiedereinbringen des Rechners nachgefahren. Dieses Verfahren eignet sich allerdings nicht bei Netzwerkpartitionierungen, da hierbei ein Auseinanderlaufen der in verschiedenen Teilnetzen vorgenommenen Änderungen droht.

Primary-Copy-Verfahren

Dieser Ansatz zielt auf eine effizientere Bearbeitung von Änderungen ab, indem eine Änderungs-TA bei einer Modifikation nur eines der Replikate, die sogenannte Primärkopie, zu ändern braucht. Die Aktualisierung der anderen Replikate wird dann (i.a. erst nach Ende der Update-TA) vom Primary-Copy-Rechner aus durchgeführt. Die Primärkopien unterschiedlicher Objekte können dabei an verschiedenen Knoten gespeichert sein. Ausgehend von dieser Grundidee lassen sich nun verschiedene Varianten realisieren:

Eine Möglichkeit ist, wie bei obigem Verfahren, vor einer Änderung eine Schreibsperre auf allen Replikaten anzufordern, die Änderungs-TA jedoch bereits nach Aktualisierung der Primärkopien zu beenden. Die Schreibsperren gehen dann quasi in den Besitz der Primary-Copy-Rechner über, die diese bis nach der Aktualisierung der Replikate halten. Der Vorteil dabei ist, daß Leser nach wie vor nur das nächstgelegene Replikat zu sperren brauchen, nicht also notwendigerweise die Primärkopie. Die Antwortzeit von Änderungs-TA wird nicht mehr durch die Aktualisierung aller Replikate verlängert, wenngleich aber noch Schreibsperren auf allen Replikaten zu erwerben sind, wobei natürlich zugreifende Lese-TA zu Blockierungen führen können.

Um den Aufwand zum Anfordern der Schreibsperren einzugrenzen, wird in einigen Ansätzen (z.B. in /Sto79/) vorgesehen, nur noch auf der Primärkopie Schreibsperren anzufordern. Da aber wegen der verzögert durchgeführten Aktualisierung der Replikate diese i.a. veraltet sind, müssen Lese-TA, die den aktuellen und konsistenten DB-Zustand sehen wollen, die Primärkopien referenzieren und sperren. In diesem Fall lohnt sich das Führen der Replikate praktisch nur noch bei einem größeren Anteil von Lese-TA, die nicht unbedingt immer die aktuellsten Objektversionen sehen wollen, sondern auch mit leicht veralteten Daten vorlieb nehmen. Dabei wird im einfachsten Fall nur zugesichert, daß die Replikate nach einer Änderung 'möglichst bald' (as soon as possible, ASAP /Gra86b/) aktualisiert werden. So sind die Daten im Normalfall höchstens einige Sekunden veraltet; allerdings sehen Leser i.d.R. unterschiedliche Änderungszustände (inkonsistente Sicht auf die Datenbank). Wie in /Wal83, GaWi82/ gezeigt, läßt sich durch spezielle Zusatzmaßnahmen erreichen, daß Leser zwar u.U. einen leicht veralteten, aber dennoch konsistenten DB-Zustand zu sehen bekommen.

Um eine ausreichende Verfügbarkeit mit dem Primary-Copy-Ansatz zu erzielen, muß dafür Sorge getragen werden, daß nach Ausfall eines Rechners, dessen Primärkopien einem anderen Rechner zugeordnet werden können /AlDa76/. Bei einer Netzwerkpartitionierung können Objekte weiterhin gelesen und geändert werden, falls der zugehörige Primary-Copy-Rechner noch erreichbar ist.

Voting-Verfahren (Quorum Consensus) /Tho79,Gif79/

In der einfachsten Form kann eine TA dabei ein Objekt modifizieren, indem sie eine Mehrheit der Replikate mit einer Schreibsperre belegt und diese Replikate ändert. Da zu einem Zeitpunkt nur eine TA die Mehrheit der Replikate so sperren kann, ist sichergestellt, daß ein Objekt nicht gleichzeitig von mehreren TA geändert wird. Zum Lesen wird ebenfalls eine Mehrheit der Replikate gesperrt und das aktuellste der gesperrten Replikate referenziert (kann durch Änderungszeitstempel entschieden werden). Wie leicht einzusehen, ist durch das Sperren einer Mehrheit immer gewährleistet, daß mindestens eines der Replikate auf dem aktuellsten Stand ist. Der Vorteil des Verfahrens ist, daß ein Objekt auch nach einem Rechnerausfall oder einer Netzwerkpartitionierung noch referenzierbar ist, solange eine Mehrheit der Replikate erreichbar ist. Von Nachteil ist der relativ hohe Aufwand zum Lesen eines Objektes, da hierzu erst eine Mehrheit der Replikate zu sperren ist. Der Schreibaufwand liegt zwischen dem des Primary-Copy-Ansatzes und dem der Write-All-Read-Any-Verfahren.

Eine Verallgemeinerung dieser Grundidee, mit der ein flexibler Kompromiß zwischen Effizienz und Verfügbarkeit für Lese- und Schreibzugriffe ermöglicht wird, wurde in /Gif79/ vorgeschlagen. Dabei wird jedem Replikat eines Objektes ein bestimmtes Gewicht (Stimmenanzahl) zugeordnet. Zum Lesen eines Objektes muß nun eine TA erst eine bestimmte Anzahl von Stimmen sammeln (read quorum), ebenso zum Schreiben (write quorum). Wenn v die Gesamtanzahl der für ein Objekt vergebenen Stimmen (votes) ist, und r (w) das read quorum (write quorum), dann müssen folgende beiden Bedingungen erfüllt sein:

a) $w > v/2$

b) $r + w > v$

Die erste Bedingung garantiert, daß ein Objekt nicht gleichzeitig von mehr als einer TA geändert wird (bzw. daß bei einer Netzwerkpartitionierung höchstens in einer der Partitionen noch Änderungen vorgenommen werden). Die zweite Bedingung verhindert, daß ein Objekt zur gleichen Zeit gelesen und geändert wird; insbesondere enthält jedes read quorum mindestens ein Replikat, das zum write quorum des letzten Änderungszugriffs gehörte und damit auf dem aktuellsten Stand ist.

Die anfangs skizzierte Grundvariante erhält man offenbar, wenn man jedem Replikat das gleiche Gewicht zuordnet und r und w eine einfache Mehrheit darstellen. Durch unterschiedliche Gewichtung der Replikate und Festlegung von r und w kann man aber nun sowohl die Verfügbarkeit im Fehlerfall als auch die Kosten eines Lese- bzw. Schreibzugriffs bestimmen. So kann man z.B. an einem Rechner einen besonders schnellen Zugriff auf ein Objekt ermöglichen, indem man dem dort gespeicherten Replikat eine hohe Anzahl von Stimmen zuordnet. Je kleiner r (w) gewählt wird, desto schneller sind Lesezugriffe (Schreibzugriffe) auszuführen, da dann weniger Stimmen gesammelt werden müssen; entsprechend erhöht sich dadurch auch die Verfügbarkeit der Leseoperation (Schreiboperation), da dann die notwendigen Stimmen oft noch eingeholt werden können, selbst wenn ein(ige) Rechner nicht erreichbar ist (sind). Allerdings geht wegen obiger Bedingung b) die Bevorzugung von Leseoperationen immer auf Kosten der Schreibzugriffe und umgekehrt.

Die Flexibilität des Voting-Ansatzes wird daran deutlich, daß sich durch spezielle Wahl der Parameter sowohl der Write-All-Read-Any-Ansatz als auch eines der Primary-Copy-Protokolle als Spezialfälle ergeben:

- Ein Write-All-Read-Any-Verfahren erhält man, indem man jedem Replikat eine Stimme zuordnet und $r=1$ und $w=v$ (= Anzahl der Replikate) wählt. Man bekommt so die Variante mit der inakzeptablen Verfügbarkeit für Schreibvorgänge.

- Ein Primary-Copy-Verfahren ergibt sich, wenn man der Primärkopie eine Stimme zuweist und allen anderen Replikaten keine Stimme und $r=w=1$ wählt. Dieses Verfahren ist allerdings weniger interessant (wie oben diskutiert), da dabei jeder Lesevorgang zur Primärkopie gerichtet werden muß.

Obwohl die hier besprochenen Strategien zur Behandlung des Update-Problems ursprünglich alle für Sperrverfahren vorgeschlagen wurden, können sie auch bei optimistischen Verfahren angewendet werden. Beim Write-All-Read-Any-Ansatz zum Beispiel erfolgt die Validierung für ein gelesenes Objekt an dem Knoten, an dem das Objekt referenziert wurde, für eine Änderung dagegen an allen Rechnern, die ein Replikat für das zu ändernde Objekt führen. Dabei wird die Änderung selbst im Rahmen des Commit-Protokolls an all diese Rechner geschickt, so daß sie nach erfolgreicher Validierung die Replikate in Phase 2 des 2PC-Protokolls (Schreibphase) aktualisieren können. Weitere Verfahren zur Behandlung von Replikaten bei optimistischer Synchronisation, - u.a. auch Voting-Strategien - sind in /WiLa84, ShLi86, Her87a/ beschrieben. In /DGS85/ wird vor allem das Problem der Netzwerk-Partitionierung bei replizierten Datenbanken mit möglichen Lösungsformen untersucht.

III Synchronisationsverfahren für DB-Sharing-Systeme

Während die Synchronisationsproblematik für zentralisierte und verteilte DBS gut verstanden und intensiv erforscht ist, gibt es trotz des in Kap. 2 skizzierten Leistungpotentials einer DB-Sharing-Architektur noch kaum Veröffentlichungen, die sich gründlich mit Synchronisationskonzepten für DB-Sharing und deren quantitativen Bewertung befassen. Die vorliegende Arbeit soll zur Schließung dieser Lücke beitragen. Hierzu werden in diesem Teil eine Vielzahl neuer Synchronisationstechniken für DB-Sharing entwickelt, die zum Teil aus bekannten Verfahren in zentralisierten und verteilten DBS abgeleitet werden. Die quantitative Analyse wesentlicher Konzepte ist dann Gegenstand von Teil IV.

Bevor auf die einzelnen Synchronisationsverfahren für DB-Sharing detailliert eingegangen wird, soll zunächst in Kap. 6 das zugrundeliegende Systemmodell genauer vorgestellt werden. Der Schwerpunkt liegt dabei auf der Diskussion derjenigen funktionellen Systemkomponenten, für die in DB-Sharing-Systemen neue Konzepte zu entwickeln sind, sowie deren wechselseitigen Abhängigkeiten. Das konkrete Zusammenspiel der einzelnen Komponenten (Synchronisation, Systempufferverwaltung, Lastkontrolle und Logging/Recovery) im Rahmen eines Gesamtkonzepts wird dann in Kap. 7 für ein vielversprechendes Synchronisationsprotokoll, dem Primary-Copy-Sperrverfahren, ausführlich dargestellt. In den zwei folgenden Kapiteln werden dann - unter Berücksichtigung von Synchronisationsmethoden, die in existierenden DB-Sharing-Systemen bereits Anwendung finden, - weitere Sperrverfahren sowie optimistische Protokolle für DB-Sharing beschrieben. Auch hierbei werden jeweils die aus dem Synchronisationsprotokoll sich ergebenden Konsequenzen für die anderen Systemkomponenten in die Überlegungen einbezogen. Kap. 10 befaßt sich dann noch mit einer Reihe von Optimierungsmöglichkeiten und Entwurfsalternativen zu den vorgestellten Synchronisationstechniken, bevor in Kap. 11 zusammenfassend ein qualitativer Vergleich für die wichtigsten der behandelten Konzepte und Protokolle vorgenommen wird.

6. Systemmodell und funktionelle Komponenten

Der grundlegende Unterschied von DB-Sharing verglichen mit DB-Distribution bzw. VDBS ist, daß jeder Rechner direkten Zugriff auf die gesamte Datenbank besitzt. Wie die Diskussion in Kap. 2 bereits zeigte, ergeben sich durch die fehlende Notwendigkeit einer (statischen) Datenverteilung große Vorteile bezüglich Verfügbarkeit, Erweiterbarkeit und Handhabbarkeit des Systems. Für die Leistungsfähigkeit wesentlich sind desweiteren das weitaus größere Optimierungspotential zur dynamischen Lastkontrolle sowie vielfältigere Einsatzmöglichkeiten einer nahen Rechnerkopplung. Die DB-Sharing-Vorteile können zudem auch für nicht-relationale DBS voll genutzt werden, während mit DB-Distribution hier wegen der problematischen Partitionierung der Datenbestände die in Kap. 1 genannten Anforderungen an Hochleistungs-DBS i.a. nicht zu erfüllen sind.

Allerdings kann das Leistungspotential einer DB-Sharing-Architektur nur dann genutzt werden, wenn es gelingt, für die neu zu lösenden Probleme geeignete und abgestimmte Lösungen zu entwickeln. Dies betrifft in erster Linie die Realisierung der Synchronisationskomponente und der Lastkontrolle sowie die Systempufferverwaltung (Veralterungsproblem) und Logging/Recovery. Folgende systemspezifischen Randbedingungen, die auch die wesentlichsten **Unterschiede zu DB-Distribution** bzw. VDBS charakterisieren, sind bei der Entwicklung der neuen Konzepte zu berücksichtigen:

- Während bei DB-Distribution die vorzunehmende Verteilung der Daten die Realisierung der Systemkomponenten sowie die Verarbeitung der TA bestimmt, steht bei DB-Sharing die Lastverteilung im Mittelpunkt /ReSh84/. Die Einheiten der Lastverteilung sind dabei ganze TA (TA-Routing). Bei DB-Distribution sind zwar auch die TA den Verarbeitungsrechnern zuzuordnen, jedoch ergeben sich durch die Datenverteilung bzw. (in ortsverteilten Systemen) die Terminalanbindung kaum Freiheitsgrade (geringere Flexibilität der Lastkontrolle). Die Datenverteilung bestimmt bei DB-Distribution auch auf einer tieferen Ebene die Aufteilung der Last (Verschicken von DML-Befehlen bzw. Teilen davon).

- Da bei DB-Sharing jeder Prozessor jedes Datenobjekt direkt erreichen kann, können alle DB-Operationen einer TA in einem Rechner ausgeführt werden. Eine verteilte TA-Ausführung wie in DB-Distribution-Systemen mit einem Starten von Sub-TA ist daher bei DB-Sharing nicht erforderlich. Somit braucht bei TA-Ende auch kein verteiltes Commit-Protokoll abzulaufen, um die Atomizität der TA sicherzustellen (*). Weiterhin kann das Zurücksetzen einer TA bei DB-Sharing ebenfalls lokal erfolgen, während bei DB-Distribution das UNDO einer globalen TA die Kooperation mehrerer Rechner verlangt.

- Zur Synchronisation der DB-Zugriffe ist bei einem DB-Sharing-System mit loser Rechnerkopplung Nachrichtenaustausch unter den Rechnern notwendig. Bei DB-Distribution (VDBS) kann dagegen die Synchronisation bei verteilten Protokollen ohne zusätzliche Kommunikation erledigt werden (s. Kap. 5).

- Die Replikation von DB-Seiten in den Systempuffern erlaubt es bei DB-Sharing, eine Seite parallel in mehreren Rechnern zu lesen; bei DB-Distribution (ohne Datenreplikation) kann dagegen auf ein Objekt nur in einem Rechner zugegriffen werden. Andererseits ist bei DB-Sharing natürlich das durch die Replikation eingeführte Veralterungsproblem zu lösen.

- Die lokale Anordnung der Rechner erlaubt im Gegensatz zu VDBS ein sehr schnelles Kommunikationsmedium (z.B. 10 - 100 MB/s). Damit können auch ganze Seiten sehr schnell zwischen den Rechnern ausgetauscht werden.

- Die REDO-Recovery nach Ausfall eines Rechners oder einer Platte ist bei DB-Sharing schwieriger als bei DB-Distribution oder zentralisierten DBS. Denn da jedes Objekt in jedem Rechner geändert werden kann, ist es aufwendiger, den neuesten Zustand eines geänderten Objektes zu rekonstruieren.

- Wie im weiteren Verlauf dieses Kapitels noch deutlich werden wird, beeinflußen sich die einzelnen Systemkomponenten wesentlich stärker als im Ein-Rechner-Fall oder bei DB-Distribution. Daher muß die Entwicklung der Systemkomponenten geeignet aufeinander abgestimmt werden, damit die Hauptziele 'hohe Leistungsfähigkeit', 'hohe Verfügbarkeit', 'modulares Wachstum' und 'Handhabbarkeit' erreicht werden können. Nach /ReSh84/ wird die wissenschaftliche Bedeutung des DB-Sharing-Ansatzes gerade durch die wegen dieser wechselseitigen Abhängigkeiten neu zu lösenden Aufgabenstellungen manifestiert.

---

* Dennoch können auch bei DB-Sharing Kommunikationsvorgänge während der EOT-Behandlung (wie auch beim Abbruch) einer TA notwendig werden, etwa zur Freigabe von Sperren. Da die Änderungen einer TA bei DB-Sharing jedoch vollständig am ausführenden Rechner protokolliert werden, ist keine Kommunikation zur Sicherstellung der Wiederholbarkeit (Atomizität) einer TA oder zum UNDO der Änderungen erforderlich.

Die für die Ausführungen dieses Teils zugrundeliegende Systemstruktur ist in Abb. 6.1 dargestellt. Das System besteht dabei aus einer in der Regel geographisch verteilten Menge von Terminals, die über ein Kommunikationsnetz mit dem zentralen Verarbeitungskomplex verbunden ist. Das DB-Sharing-System selbst besteht aus einem Front-End-System, aus den Verarbeitungsrechnern sowie den Externspeichern. Dabei seien typischerweise bis zu 20 Verarbeitungsrechner unterstellt, die selbst wiederum Multiprozessoren mit einer entsprechend hohen Leistungsfähigkeit sein können.

In unserem Systemmodell ist das **Front-End (FE)-System** für die globale Lastkontrolle und damit vor allem für die Lastverteilung (TA-Routing) verantwortlich. Eine Verlagerung dieser Funktion auf die Verarbeitungsrechner (VAR) wäre prinzipiell zwar auch denkbar /Nik87/, jedoch würden dadurch die Flexibilität der Lastverteilung beeinträchtigt (Terminalanbindung) und durch TA-Umverteilungen zusätzliche CPU-Belastungen verursacht /Rah86b/. Bei einer Auslagerung der globalen Lastkontrolle auf ein FE-System ist vor allem zu klären, ob ein einziger FE-Rechner (mit einem Hot-Stand-By für den Fehlerfall) ausreicht oder mehrere 'aktive' FE-Rechner vorzuziehen sind, und wie die Zusammenarbeit zwischen den DC-Komponenten auf den VAR und dem FE-System geschehen soll.

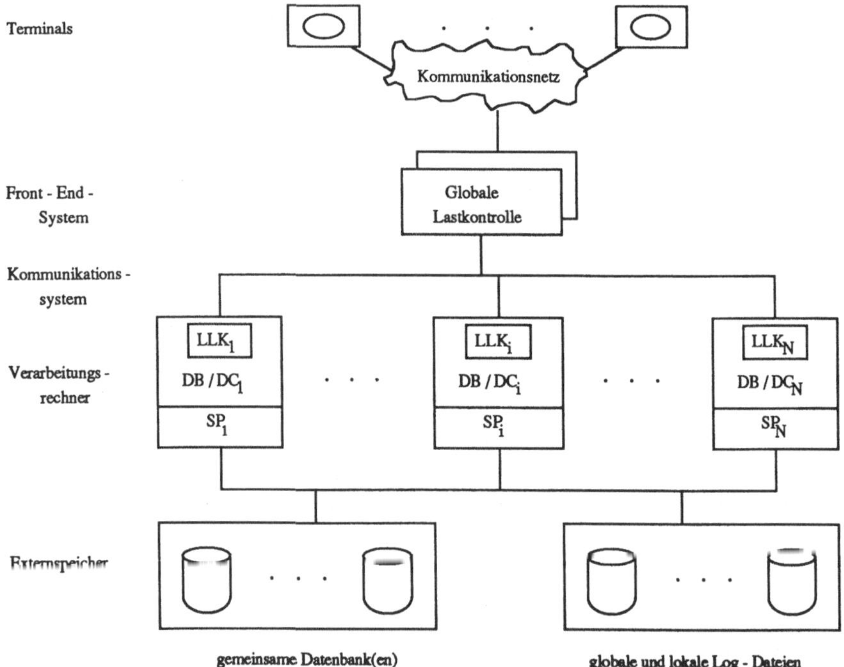

Abb. 6.1: Struktureller Aufbau der betrachteten DB-Sharing-Architektur

Vor allem aus Gründen der Einfachheit wollen wir in dieser Arbeit von einer globalen Lastkontrolle auf einem (zentralen) FE-Rechner ausgehen, dessen Funktion im Fehlerfall durch einen Backup-Rechner fortgeführt werden kann. Diese Annahme ist jedoch nicht entscheidend für die noch vorzustellenden Konzepte, da auch bei mehreren FE-Rechnern einem eine Sonderrolle zur Durchführung koordinierender Aufgaben zukommt.

Wie in Abb. 6.1 angedeutet, wird neben der globalen Lastkontrolle im FE-System in jedem der VAR noch eine **lokale Lastkontrolle** (LLK) vorgesehen, die mit der globalen in Kontakt steht /Rah85b/.

Die lokale Lastkontrolle soll v.a die zentralen Betriebsparameter im VAR überwachen und steuern sowie Informationen zur Lastsituation (Auslastung, Konflikt-, Kommunikations- und E/A-Häufigkeiten) sammeln und ggf. der globalen Lastkontrolle mitteilen. Damit ergibt sich ein hierarchisches (2-stufiges) Kontrollsystem zur Steuerung, Balancierung und Überwachung der TA-Last, dessen Funktion in 6.1 noch näher diskutiert wird.

Wie bereits in Kap. 2 ausgeführt, besitzt jeder VAR eine eigene Kopie des DB/DC-Systems sowie einen eigenen Systempuffer zur Minimierung physischer E/A-Vorgänge. Weiterhin sollen die VAR lose miteinander gekoppelt sein; auf Optimierungsmöglichkeiten über eine nahe Rechnerkopplung wird in 10.4 noch eingegangen. Die Kommunikation zwischen VAR und FE-System kann entweder auch über Nachrichten geschehen oder über gemeinsame Halbleiterspeicher (nahe Kopplung).

Abb. 6.1 zeigt, daß alle Rechner Zugriff auf alle Externspeicher besitzen. Dies betrifft nicht nur die materialisierte (physische) Datenbank /HäRe83b/, wie durch die DB-Sharing-Architektur vorgeschrieben, sondern auch die Log-Dateien. Denn obwohl jeder Rechner die bei ihm vorgenommenen Änderungen in eine separate Log-Datei protokolliert, benötigen auch die anderen Rechner zur Durchführung der Crash-Recovery Zugriff zu diesen lokalen Log-Dateien. Desweiteren ist u.U. zur Behandlung von Plattenfehlern die Erstellung einer globalen Log-Datei vorzusehen, die durch Mischen der lokalen Log-Dateien erzeugt werden kann /Sho85/.

Wie schon erwähnt, wird das Leistungsvermögen eines DB-Sharing-Systems v.a. durch die Realisierung folgender funktioneller Komponenten bestimmt: Lastkontrolle, Logging/Recovery, Systempufferverwaltung und Synchronisation. Obwohl in dieser Arbeit die Synchronisation im Mittelpunkt steht, ist wegen der starken wechselseitigen Abhängigkeiten auch das Zusammenspiel mit den anderen Funktionen bei der Entwicklung von tauglichen Synchronisationsverfahren zu berücksichtigen. Deshalb werden in den nachfolgenden Abschnitten Aufgaben und Funktion dieser Komponenten ebenfalls betrachtet und in 6.5 die festgestellten Abhängigkeiten noch einmal zusammengefaßt.

6.1 Lastkontrolle bei DB-Sharing

Gemäß obiger Diskussion findet die Lastkontrolle in unserem Systemmodell auf zwei Ebenen statt: neben der globalen Lastkontrolle auf einem zentralen FE-Rechner soll in jedem VAR eine lokale Lastkontrolle angesiedelt sein. Zunächst wollen wir die Funktion der **globalen Lastkontrolle** näher untersuchen. Zu ihren zentralen Aufgaben zählen:

1. *Lastverteilung (TA-Routing)*

   Die Zuordnung der von den Terminals kommenden TA zu den VAR soll dynamisch geschehen, d.h. unter Berücksichtigung der aktuellen Lastsituation. Die Routing-Entscheidungen sollten insbesondere unter Beachtung der momentanen Verfügbarkeit und Auslastung der VAR sowie der Zusammensetzung der aktuellen TA-Last (Lastprofil) erfolgen, und sie sollten eine möglichst effiziente TA-Verarbeitung ermöglichen. Letzteres bedeutet, daß eine TA bei ihrer Bearbeitung möglichst wenigen Unterbrechungen wegen Interprozessor-Kommunikationen, Synchronisationskonflikten oder E/A-Vorgängen unterworfen sein sollte.

2. *Last-Balancierung*

   Die Verteilung der TA-Last darf in keinem Fall zur Überlastung einzelner VAR führen; vielmehr sollte eine in etwa gleichmäßige Rechnerauslastung angestrebt werden. Dazu ist es u.U. sinnvoll, bei Unterlast einige Rechner nicht in die TA-Verarbeitung einzubeziehen, bei Hochlast dagegen auf vorzusehende Reserve-Rechner zurückzugreifen.

3. *Systemüberwachung*

Vor allem ist zu überprüfen, ob die zu erfüllenden Leistungsanforderungen (z.B. Antwortzeit-Restriktionen) eingehalten werden oder nicht. Weitere Überwachungsfunktionen sind notwendig, um für die Routing-Entscheidungen wichtige Änderungen erkennen zu können. Dazu gehören:

- Überwachung der TA-Ankunftsraten, um Änderungen im Lastprofil zu registrieren /Reu86a/

- Hinzukommen eines Rechners (erfordert i.d.R. Interaktion des Operateurs)

- Ausfall eines Rechners

- Besondere Lastsituationen innerhalb einzelner VAR (Über-/Unterlast, hohes Ausmaß an Nachrichten, Synchronisationskonflikten u.ä.).

Die beiden letztgenannten Punkte können dabei in Kooperation mit der lokalen Lastkontrolle in Erfahrung gebracht werden (s.u.).

4. *Ergreifen korrektiver Maßnahmen*

Erkennt die globale Lastkontrolle eine signifikante Verfehlung vorgegebener Antwortzeitschranken oder anderer Sollgrößen, so sind - ebenso wie beim Auftreten sonstiger Ausnahmebedingungen (siehe 3.) - geeignete Korrekturmaßnahmen zu treffen. Eine Anpassung der Routing-Strategie ist so bei stark geändertem Lastprofil oder veränderter Rechneranzahl (Ausfall, neuer Rechner) vorzusehen, aber auch um die Überlastung einzelner Rechner zu verhindern oder das Ausmaß an Synchronisationskonflikten zu beeinflußen. Dazu kann es u.U. sinnvoll sein, bestimmte TA niedrigerer Priorität (z.B. Batch-TA), die etwa verstärkt Konflikte oder eine hohe CPU-Belastung verursachen, zu verzögern, bis sich die Lage entspannt hat (dies kann sowohl von der globalen als von der lokalen Lastkontrolle veranlaßt werden). Nach Erkennung eines Rechnerausfalls kann die globale Lastkontrolle auch zur Einleitung und Koordinierung der Crash-Recovery vorgesehen werden /Rah87d/. Weitere Korrekturmaßnahmen stellen das schon erwähnte 'Abstellen' oder Hinzunehmen von Rechnern bei Unter- bzw. Hochlast dar.

5. *Interaktion mit der Außenwelt*

Als systemüberwachende Komponente ist die globale Lastkontrolle gut geeignet zur Entgegennahme manueller Eingriffe seitens des Systemverwalters/Operateurs oder auch zur Ausgabe von Informationen über den aktuellen Systemzustand /Rah85b/. Durch Anschluß einer (Master-) Konsole kann dann über die globale Lastkontrolle die Verarbeitung im TA-System von außen gezielt beeinflußt werden; man braucht also nicht notwendigerweise jeden Rechner über eine eigene Konsole anzusprechen. Eine solcherart erreichbare Vereinfachung der Systembedienung stellt einen ersten Schritt zur Realisierung eines 'single system image' für Operateur und Systemverwalter dar.

Um ein möglichst effektives TA-Routing sowie eine Last-Balancierung zu erreichen, braucht die globale Lastkontrolle offenbar eine

- Vorhersage des wahrscheinlichen Referenzverhaltens einer TA sowie eine

- Kenntnis der aktuellen Betriebsmittel-Situation und Rechnerauslastung.

Zur Vorhersage des Referenzverhaltens einer TA kann die globale Lastkontrolle Informationen benutzen, die bei Ankunft der TA bekannt sind. Dazu gehören: TA-Typ, Subschema, Terminal-Identifikation und möglicherweise Eingabedaten /Reu86b/. Hiermit kann dann für die typischerweise sehr einfachen TA-Typen i.a. abgeschätzt werden, welche DB-Bereiche, Satztypen usw. mit welchem maximalen Zugriffsmodus wahrscheinlich referenziert werden.

Die Auslastung der Rechner ist der globalen Lastkontrolle zumindest grob bekannt, da sie weiß, welche TA sie auf welchen Rechner geleitet hat. Weil die Ausgabenachrichten über das FE-System zu den Terminals zu leiten sind, ist die globale Lastkontrolle auch stets über die noch offenen TA unterrichtet. Weitere Informationen zur Unterstützung eines effektiveren TA-Routings bzw. Last-Balancierung erfordern dann Kommunikation mit der lokalen Lastkontrolle.

Zu den **Aufgaben der lokalen Lastkontrolle** zählen:

- *Lokale Systemüberwachung und -steuerung*
  Zur Optimierung der lokalen TA-Verarbeitung können kritische Kenngrößen wie die Konflikthäufigkeit oder die Fehlseitenrate im Puffer überwacht werden. Dann kann man z.B. durch zeitweises Absenken der Sollparallelität Thrashing-Situationen entgegenwirken. Eine andere Eingriffsmöglichkeit ist die dynamische Anpassung der Anzahl der DC- und DBVS-Prozesse, damit möglichst wenige Prozeßwechsel pro DML-Operation anfallen /HäPe84/.

- *Informationsaustausch mit der globalen Lastkontrolle*
  Hierzu gehören v.a. Angaben zur Rechnerauslastung, aber auch möglicherweise Mitteilung sehr hoher Kommunikations-, E/A- oder Konflikthäufigkeiten. Die Erkennung eines Rechnerausfalls kann dadurch geschehen, daß die lokale Lastkontrolle periodisch 'I-Am-Alive'-Nachrichten /Kim84/ zur globalen Lastkontrolle schickt, so daß diese bei Ausbleiben dieser Nachrichten den Ausfall bemerkt.

- *Sammeln von Informationen*
  Die zur globalen Lastkontrolle weiterzuleitenden Daten müssen natürlich zunächst im VAR gesammelt werden, ebenso wie die für lokale Kontrollentscheidungen benötigten Informationen. So können zur Unterstützung des TA-Routings auch Statistiken zum Referenzverhalten bestimmter TA-Typen geführt werden, wenn dies nur unzulänglich bekannt ist.

Wie weiter oben erwähnt, soll das TA-Routing eine Verteilung der Last so ermöglichen, daß TA mit einem Minimum an Unterbrechungen bearbeitet werden können. Dies ist gleichbedeutend damit, daß in jedem der Rechner eine möglichst hohe **Lokalität der Verarbeitung** erzielt werden muß. Eine hohe Lokalität im Referenzverhalten eines Rechners kann von der Systempufferverwaltung unmittelbar zur Reduzierung physischer E/A-Vorgänge genutzt werden. Da bei hoher Lokalität eine DB-Seite meist nur bei wenigen Rechnern im Systempuffer steht, reduziert sich damit auch das Ausmaß an Pufferinvalidierungen.

Hohe Lokalität bedeutet jedoch nicht automatisch eine geringe Anzahl von Synchronisationsnachrichten, deren Minimierung ja für die Leistungsfähigkeit eines DB-Sharing-Systems von ausschlaggebender Bedeutung ist. Allerdings kann eine möglichst hohe Lokalität von geeigneten Synchronisationsprotokollen zur Minimierung des Nachrichtenbedarfs genutzt werden, indem sie eine möglichst lokale Synchronisation einer TA unterstützen. Die Fähigkeit, **Lokalität** im Referenzverhalten **zur Begrenzung des Kommunikationsbedarfs** ausnutzen zu können, ist daher auch eine **zentrale Anforderung an Synchronisationsverfahren** für DB-Sharing. Eine weitere Konsequenz hoher Lokalität ist, daß Synchronisationskonflikte zumeist zwischen lokalen TA auftreten. Dies erlaubt wiederum (bei geeignetem Synchronisationsprotokoll) eine schnelle Erkennung und Behandlung der Konflikte ohne Kommunikation (lokale Blockierung/Rücksetzung von TA, lokale Deadlock-Erkennung, Warten auf

Sperrfreigabe einer lokalen TA u.ä.). Konflikte zwischen TA verschiedener Rechner verursachen dagegen nicht nur Kommunikationsvorgänge, sie werden auch später entdeckt und aufgelöst, so daß sich die TA-Antwortzeiten in mehrfacher Hinsicht erhöhen.

Geht man davon aus, daß Lokalität im Referenzverhalten der einzelnen TA-Typen vorliegt, dann besteht eine allgemeine Strategie zur Erzielung von Lokalität in den VAR darin, 'ähnliche' TA-Typen, die weitgehend auf denselben DB-Bereichen operieren, demselben Rechner zuzuordnen. Im Idealfall läßt sich dann durch eine derartige Aufteilung der TA-Typen jeder der Rechner vernünftig auslasten, wobei TA verschiedener Rechner möglichst disjunkte Datenbereiche referenzieren. Wie empirische Untersuchungen gezeigt haben /Rah85b/, lassen die Charakteristika realer Lasten eine solch 'ideale' Verteilung jedoch meist nicht zu. Denn oftmals wird die Last von einigen wenigen TA-Typen dominiert, so daß die Zuordnung ganzer TA-Typen zu Rechnern zu Überlastungen einzelner VAR führen kann und die maximale Rechneranzahl begrenzt. Ein Aufteilen eines TA-Typs auf mehrere Rechner führt jedoch zwangsweise zu Lokalitätseinbußen, wenn sich nicht - etwa über die Berücksichtigung der Eingabeparameter - Sub-TA-Typen finden lassen, die möglichst unterschiedliche DB-Teile berühren. Das Problem wird noch durch vielfach anzutreffende, dominierende Datenbereiche (Satztypen, Areas, u.ä.) verschärft, auf die nahezu alle wichtigen TA-Typen zugreifen.

Es ist klar, daß für solche Lasten nur begrenzt eine rechnerspezifische Lokalität erreicht werden kann. Glücklicherweise muß dies für DB-Sharing nicht generell zu entsprechenden Leistungsproblemen führen, solange auf die DB-Bereiche von rechnerübergreifendem Interesse vorwiegend lesend zugegriffen wird. Denn die Replikation in den Systempuffern erlaubt ein paralleles Lesen derselben Seiten in mehreren Rechnern, wobei bei geringer Änderungshäufigkeit auch das Ausmaß an Pufferinvalidierungen begrenzt wird. Allerdings muß nun auch das Synchronisationsverfahren derart ausgelegt sein, daß ein paralleles Lesen derselben Objekte in verschiedenen VAR mit möglichst geringem Kommunikationsaufwand zur Synchronisation ermöglicht wird.

Da in einem System von 1000 oder mehr TA/s die globale Lastkontrolle sehr häufig eine TA einem Rechner zuzuordnen hat, kann dazu nicht jedesmal ein komplexer Entscheidungsprozeß ausgeführt werden. Denn dann wäre ein Engpaß im FE-Rechner die unweigerliche Folge; außerdem geht die für das Routing benötigte Zeit unmittelbar in die TA-Antwortzeit ein. In /Reu86b/ wird daher ein tabellengesteuertes TA-Routing mittels einer sogenannten **Routing-Tabelle** vorgeschlagen. In einer solchen Tabelle werden zu jedem TA-Typ ein oder mehrere Rechner genannt, in denen TA dieses Typs ausgeführt werden sollen. Welcher Rechner dann ausgewählt wird, hängt von der aktuellen Lastsituation auf den VAR bei Eintreffen der TA ab.

Bei Erstellung einer solchen Routing-Tabelle wird eine feste Anzahl von Rechnern sowie ein bestimmtes Lastprofil vorausgesetzt. Wenn die einzelnen TA-Typen als homogen angesehen werden, ist das Lastprofil im wesentlichen durch die Ankunftsraten für die TA-Typen festgelegt. Solange sich dieses Lastverhalten oder die Rechnerkonfiguration nicht ändert, kann die berechnete Routing-Tabelle zum TA-Routing verwendet werden. Erst wenn ein neuer Rechner hinzukommt oder der Ausfall eines Rechners oder eine signifikante Änderung im Lastprofil festgestellt wird, ist eine neue Routing-Tabelle zu bestimmen. Da aber erfahrungsgemäß das Referenzverhalten in TA-Systemen über längere Zeiträume (Stunden) homogen ist /Reu86b/, braucht die Routing-Tabelle i.a. nur relativ selten angepaßt zu werden. Auf die Erstellung einer Routing-Tabelle sowie auf Probleme bei der tabellengesteuerten Lastverteilung wird noch in 7.4 eingegangen.

6.2 Logging und Recovery

Jeder VAR protokolliert die Ein- und Ausgabenachrichten sowie die DB-Änderungen der bei ihm ausgeführten TA in eine lokale Log-Datei. Mit der lokalen Log-Datei können dann sowohl TA-Rücksetzungen als die Recovery nach Ausfall eines Rechners vorgenommen werden. Das Führen der lokalen Log-Datei kann mit den aus zentralisierten DBS bekannten Techniken erfolgen /Gra78, Reu81, HäRe83b/.

Zur Protokollierung aller im System vorgenommenen Änderungen kann zusätzlich durch Mischen der lokalen Log-Dateien ein **globaler Log** erstellt werden. Die globale Log-Datei läßt sich z.B. als Alternative (bzw. Ergänzung) zu Spiegelplatten für die Plattenfehler-Recovery benutzen. Das Mischen der lokalen Log-Daten kann dabei typischerweise asynchron zur normalen TA-Verarbeitung erfolgen, etwa durch einen eigenen Prozeß (Prozessor), für dessen Ausfall z.B. ein Schattenprozeß vorzusehen ist. Um für hohe Raten von Änderungs-TA einen bewältigbaren Umfang an Log-Daten zu garantieren, sind von vorneherein entsprechende Vorkehrungen zu treffen. Dazu zählen Eintrags-Logging, Gruppen-Commit sowie die Aufteilung des Logs auf mehrere Plattenlaufwerke.

Die Recovery nach Ausfall eines Rechners muß, um eine möglichst störungsfreie Fortsetzung der TA-Verarbeitung zu erlauben (Freigabe gehaltener Sperren u.ä.), von einem oder mehreren der überlebenden Rechner mit der lokalen Log-Datei des ausgefallenen VAR durchgeführt werden. Dabei sind (bei NOFORCE /HäRe83b/) alle in dem ausgefallenen Rechner vorgenommenen und noch nicht eingebrachten Änderungen beendeter TA in die aktuelle Datenbank einzubringen. Diese REDO-Aktionen sind bei DB-Sharing komplizierter als im zentralen Fall oder bei DB-Distribution. Denn hierzu kann nicht einfach eine in der lokalen Log-Datei protokollierte Änderung (z.B. ein After-Image) in die Datenbank eingebracht werden, ohne vorher sicherzustellen, daß auf keinem der anderen Rechner eine aktuellere Änderung des betreffenden Objektes vorgenommen wurde. Denn sonst würde möglicherweise der aktuelle Objektwert in der Datenbank durch einen veralteten Wert aus der Log-Datei überschrieben.

Neben der REDO-Recovery müssen alle TA, die durch den Rechnerausfall unterbrochen wurden, zurückgesetzt werden (UNDO), wobei ggf. gehaltene Sperren freizugeben sind. Nach erfolgreicher Recovery können diese TA unter Zuhilfenahme der protokollierten Eingabenachrichten auf einem der verbleibenden Rechner wiederholt werden. Zumindest für Einschritt-TA kann damit der Rechnerausfall für den Benutzer transparent gehalten werden.

Während der Crash-Recovery müssen außerdem ggf. verlorengegangene Datenstrukturen rekonstruiert werden, um eine korrekte Fortsetzung der Synchronisation oder der Behandlung des Veralterungsproblems zu gewährleisten.

Natürlich muß auch die globale Lastkontrolle die Routing-Strategie anpassen, da dem ausgefallenen Rechner keine TA mehr zugeordnet werden können.

6.3 Das Veralterungsproblem

Das Veralterungsproblem (buffer invalidation problem) ist eine Interferenz der DB-Sharing-Architektur, bei der jeder VAR einen eigenen Systempuffer zur Minimierung physischer E/A-Vorgänge führt. Da jeder Rechner sämtliche DB-Teile referenzieren kann, können auch Kopien derselben DB-Seite zur gleichen Zeit in mehreren Puffern vorliegen (Replikation im Puffer). Die Änderung der Seite in einem der Systempuffer bewirkt daher, daß die Kopien der Seite in den anderen Puffern sowie ihr Abbild auf dem Externspeicher veraltet (invalidiert) sind.

Die Strategie zum Einbringen geänderter Seiten (FORCE oder NOFORCE /HäRe83b/) hat entscheidenden Einfluß auf die Behandlung dieses Veralterungsproblems /Rah84/. FORCE verlangt, daß alle Änderungen einer TA vor TA-Ende (genauer vor Ende von Phase 1 des Zwei-Phasen-Commits) in die physische Datenbank ausgeschrieben sein müssen (*). Damit kann dann auch die aktuellste Version eines Objektes durch Einlesen von Platte besorgt werden. Bei NOFORCE dagegen wird zur Leistungsoptimierung auf ein solches Hinauszwingen der Änderungen verzichtet, so daß die physische Datenbank i.a. veraltet ist. Die aktuelle Version eines Objektes befindet sich bei NOFORCE daher auch i.d.R. nur im Systempuffer des Rechners, der die letzte Änderung durchgeführt hat (und in dessen Log-Datei).

Die Lösung des Veralterungsproblems erfordert im wesentlichen die Behandlung der folgenden drei Teilaufgaben:

a) *Erkennen veralteter Objekte in den Systempuffern*
   Die Lösung dieses Teilproblems ist generell vorzunehmen (sowohl bei FORCE als auch NOFORCE), damit der Zugriff auf invalidierte Objekte verhindert werden kann.

b) *Bereitstellen der aktuellen Objektversion*
   Wurde eine invalidierte Objektkopie in einem der Systempuffer erkannt, so muß für nachfolgende Objektreferenzen die aktuelle Version zur Verfügung gestellt werden. Dieses Problem ist bei FORCE implizit gelöst, da der aktuelle Wert eines Objektes stets durch Einlesen von der physischen Datenbank besorgt werden kann.
   Bei NOFORCE aber muß i.a. zunächst bestimmt werden, wo sich die aktuelle Objektversion befindet (auf Platte oder in einem der Systempuffer). Befindet sich die aktuelle Version eines zu referenzierenden Objekts im Systempuffer eines anderen Rechners, so ist das Objekt i.a. bei diesem explizit anzufordern. Der Austausch der Änderung geschieht dann am schnellsten durch direkte Übertragung über die Rechnerkopplung (die reine Übertragung einer 2-KB-Seite dauert bei 10 MB/s lediglich 0.2 ms). Eine wesentlich langsamere Alternative, die daher auch nur bei Engpässen im Kommunikationssystem ergriffen werden sollte, sieht den Austausch der Änderungen über Platte vor. Hierbei muß nach Anforderung eines geänderten Objekts die betreffende Seite zuerst ausgeschrieben werden, danach erfolgt eine Benachrichtigung des anfordernden Rechners, woraufhin dieser die Seite in seinen Systempuffer einliest. Ein solcher Vorgang dauert dann leicht 50 - 80 ms, also unverhältnismäßig länger als eine direkte Übertragung.

c) *Koordinieren der Ausschreibvorgänge*
   Dieses Problem ist nur bei NOFORCE relevant. Hierbei ist es nämlich möglich, daß eine Seite in

---

* Bezüglich des Ausschreibens gehen wir hier generell von einer update-in-place-Strategie aus, so daß die sogenannte materialisierte Datenbank mit der physischen Datenbank identisch ist /HäRe83b/.

mehreren Rechnern geändert wird, ohne zwischenzeitlich in die physische Datenbank ausgeschrieben zu werden. Es ist daher sicherzustellen, daß nur der Rechner eine Seite ausschreiben darf, der die aktuell gültige Version der Seite besitzt (z.B. der Rechner, der die letzte Änderung der Seite vorgenommen hat). Denn anderenfalls könnte es vorkommen, daß die aktuelle Version der Seite durch eine mittlerweile veraltete Kopie überschrieben wird (es handelt sich hier also um ein ähnliches Problem wie bei der REDO-Recovery (s.o.)).

Das Problem ist (bei einer Synchronisation auf Seitenebene) offenbar gelöst, wenn der Austausch der Änderungen auch bei NOFORCE stets über Platte erfolgt; die damit verbundenen Verzögerungen können jedoch aus Leistungsgründen i.a. nicht akzeptiert werden. Bei direktem Austausch von Änderungen ist v.a. darauf zu achten, daß die Ausschreibkoordinierung mit möglichst wenig zusätzlichen Kommunikationsvorgängen verbunden ist. So ist es z.B. viel zu aufwendig, vor jedem Ausschreibvorgang durch Befragung anderer Rechner sicherzustellen, daß auch die aktuelle Version der Seite ausgeschrieben wird. Besondere Probleme ergeben sich zudem, wenn nicht auf Seiten-, sondern auf Satz- oder Eintragsebene synchronisiert wird (s. 10.5).

Obwohl die Behandlung des Veralterungsproblems bei FORCE offensichtlich wesentlich einfacher als bei NOFORCE ist, scheidet die FORCE-Variante (zumindest bei loser Rechnerkopplung) wegen des zu hohen E/A-Aufwandes und der Beeinträchtigungen für Änderungs-TA (s. 2.3) aus. So sind also für alle drei genannten Teilprobleme möglichst effektive Lösungen zu finden, die v.a. mit wenig zusätzlichen Kommunikationsvorgängen auskommen.

Die durch die DB-Sharing-Architektur bedingte Replikation in den Systempuffern bringt den Vorteil mit sich, daß dieselben Seiten gleichzeitig in mehreren Rechnern gelesen werden können (Beschleunigung von Lesezugriffen, Unterstützung einer hohen Parallelität). Das durch Änderungen verursachte Veralterungsproblem kann sich andererseits leistungsmindernd auswirken:

- Da veraltete Seiten im Systempuffer nicht benutzt werden können, kommt es durch die Invalidierungen zu einer Reduzierung der Trefferraten verglichen mit zentralisierten DBS (*). Die Invalidierungen führen daher zu zusätzlichen E/A-Vorgängen bzw. zu zusätzlichen Anforderungen von Änderungen in anderen Rechnern.

- Die Erkennung veralteter Seiten bzw. die Ausschreibkoordinierung ist ggf. mit zusätzlichen Nachrichten verbunden.

Allerdings verursacht in zentralisierten DBS eine im Systempuffer nicht vorliegende Seite stets einen physischen Lesevorgang; bei DB-Sharing dagegen kann die Seite möglicherweise wesentlich schneller von einem anderen Rechner angefordert werden. Mit dem Seitenaustausch zwischen den Rechnern (bei NOFORCE) läßt sich auch eine Reduzierung der Zugriffshäufigkeit auf die gemeinsamen Platten erzielen, ein für DB-Sharing wesentlicher Gesichtspunkt. Insbesondere können Änderungen einer Seite nun systemweit akkumuliert werden, bevor ein Ausschreiben in die physische Datenbank erfolgt.

Ein ähnlicher Trade-off zwischen Beschleunigung von Lesezugriffen und durch Änderungen verursachten Zusatzaufwand wurde auch bei den replizierten Datenbanken in VDBS festgestellt (5.2). Jedoch sind die beiden Arten der Replikation in VDBS und bei DB-Sharing sehr unterschiedlich, so daß die für das Update-Problem in VDBS entwickelten Lösungen meist nicht zur Lösung des

---

* Nach /Yu85a/ wächst dieser Effekt etwa linear mit der Rechneranzahl, da bei N Rechnern die Seiten in einem Systempuffer von N-1 anderen Rechnern invalidiert werden können.

Veralterungsproblems übertragen werden können:

- Die Replikation in VDBS ist geplant, während sie bei DB-Sharing eine Interferenz der System-Architektur ist. So ist in VDBS im Gegensatz zu DB-Sharing auch stets genau bekannt, an welchem Rechner sich Replikate eines Objekts befinden (statische vs. dynamische Replikation).

- Replizierte Datenbanken zielen auf eine Beschleunigung von Lesezugriffen sowie eine erhöhte Verfügbarkeit in ortsverteilten Systemen ab; die Replikation findet auf Ebene der Externspeicher statt. Die Replikation im Systempuffer erlaubt bei DB-Sharing dagegen keine Verfügbarkeitsvorteile; wegen der lokalen Rechneranordnung wird aber ein wesentlich schnellerer Austausch der Änderungen möglich.

- Die Änderungskosten bei replizierten Datenbanken sind auch deshalb wesentlich höher, da nach einer Änderung alle Replikate aktualisiert werden. Bei DB-Sharing werden die invalidierten Kopien in den anderen Systempuffern (zunächst) nicht durch die aktuelle Version ersetzt. Ein Änderungsaustausch erfolgt vielmehr nur, wenn das geänderte Objekt tatsächlich benötigt wird.

Wie das Update-Problem bei replizierten Datenbanken ist allerdings auch das Veralterungsproblem eng mit der Synchronisation verknüpft, da z.B. das parallele Ändern desselben Objektes zu verhindern, der Zugriff auf veraltete Objekte zu erkennen bzw. Lesern die aktuelle Objektversion bereitzustellen ist. Daher sollte auch die Behandlung des Veralterungsproblem möglichst zusammen mit der Synchronisation erfolgen, da dann, wie sich noch zeigen wird, das Ausmaß zusätzlicher Kommunikationsvorgänge weitgehend reduziert werden kann. Dennoch existieren zwei allgemeine Strategien, die (weitgehend) unabhängig vom Synchronisationsverfahren eine Lösung des Veralterungsproblems erlauben, wenn auch unter nicht akzeptablen Randbedingungen:

a) **Gemeinsamer Systempuffer**

   Das Veralterungsproblem läßt sich offensichtlich vollständig umgehen, wenn statt eines Systempuffers in jedem VAR, nur noch ein gemeinsamer Systempuffer für alle Rechner verwendet wird ('shared buffer' /Rah86a/). Man erhält damit ein nah gekoppeltes DB-Sharing-System, bei dem der gemeinsame Systempuffer für alle Rechner instruktionsadressierbar in einem gemeinsamen Halbleiterspeicher zu führen ist. Allerdings ergeben sich dann ähnliche Probleme bezüglich Verfügbarkeit und Erweiterbarkeit wie bei einer engen Rechnerkopplung (s. 2.1), und der gemeinsame Systempuffer stellt einen potentiellen Engpaß dar, weil sämtliche DB-Zugriffe über ihn abzuwickeln sind. Aus diesen Gründen ist dieser Ansatz auch ohne praktische Bedeutung.

b) **Broadcast-Lösung /ReSh84,Yu85a/**

   Dieser Ansatz geht von einer FORCE-Strategie bzgl. des Einbringens der Änderungen in die physische Datenbank aus, so daß nur obiges Teilproblem a) zu lösen ist (Erkennung veralteter Objekte). Dazu schickt jede Update-TA bei TA-Ende eine Broadcast-Nachricht an alle anderen Rechner, mit der sie mitteilt, welche Seiten von ihr geändert wurden (die Broadcast-Lösung funktioniert nur bei einer Synchronisation auf Seitenebene (s. 6.4)). Daraufhin kann jeder Rechner überprüfen, ob in seinem Puffer Kopien der geänderten Seiten vorliegen, und diese ggf. wegwerfen, da sie nun veraltet sind. Die aktuelle Version geänderter Seiten kann wegen FORCE bei Bedarf von Platte eingelesen werden.

   Die Broadcast-Lösung verlangt, daß Änderungs-TA erst dann ihre Änderungen in Phase 2 des Zwei-Phasen-Commits sichtbar machen dürfen (etwa durch Freigabe der Schreibsperren), bis alle Rechner das Eintreffen und die Bearbeitung der Broadcast-Nachricht quittiert haben (der Ansatz soll daher auch als **synchrone Broadcast-Lösung** bezeichnet werden). Denn sonst könnte es vorkommen, daß in einem Rechner unbemerkt auf eine veraltete Seitenkopie im Systempuffer zugegriffen wird. Um die Antwortzeit durch dieses Warten nicht zu stark zu erhöhen, könnte man die Broadcast-Nachricht bereits zu Beginn von Phase 1 (Sicherstellen der Wiederholbarkeit) losschicken; allerdings ist dann das erfolgreiche Ende der TA noch ungewiß.

Der Broadcast-Ansatz ist zwar relativ einfach und allgemein einsetzbar, hat aber neben der FORCE-Strategie noch den Nachteil eines hohen Nachrichtenbedarfs (Senden und Empfangen der Broadcast-Nachricht sowie der Quittierungen), der quadratisch mit der Rechneranzahl wächst. Außerdem führen die Nachrichten i.a. zur einer Antwortzeitverlängerung für Update-TA. Deshalb wird in dieser Arbeit versucht, durch eine integrierte Behandlung des Veralterungsproblems mit der Synchronisation zu besseren Lösungen zu kommen.

6.4 Synchronisationsproblematik bei DB-Sharing

Die Synchronisation der Rechner beim Zugriff auf die gemeinsame Datenbank ist bei DB-Sharing eine offenkundige Notwendigkeit, um die globale Serialisierbarkeit der bearbeiteten TA sicherstellen zu können. Da wegen der losen Rechnerkopplung die Synchronisation nur durch Nachrichtenaustausch zwischen den Rechnern möglich ist, ergibt sich ein weitaus höherer Synchronisationsaufwand als in zentralisierten Systemen, wo alle benötigten Datenstrukturen im Hauptspeicher erreichbar sind. Auch bei DB-Distribution konnte die Synchronisation bei verteilten Protokollen ohne zusätzliche Kommunikation (neben dem Starten der Sub-TA und dem Commit-Protokoll) erfolgen, da für jede Sub-TA eine lokale Synchronisierung möglich war; höchstens zur Erkennung globaler Deadlocks entstanden bei verteilten Sperrverfahren eigene Nachrichten.

Selbst bei einem sehr schnellen Kommunikationssystem ist z.B. das Anfordern einer Sperre bei einem anderen Rechner um Größenordnungen langsamer als eine lokale Sperrbearbeitung (typischerweise 200 bis 700 Instruktionen). Denn allein das Senden und Empfangen der dazu notwendigen Nachrichten verursacht eine weitaus höhere CPU-Belastung, da diese Operationen v.a. in Betriebssystemen kommerzieller Mainframe-Rechner (MVS, BS2000) meist sehr teuer sind (bei 5000 Instruktionen pro Send- bzw. Receive-Operation, ein eher optimistischer Wert, ergeben sich für das Senden und Beantworten einer Synchronisationsnachricht bereits 20000 Instruktionen). Dazu kommen i.a. noch Prozeß- oder Task-Wechselkosten, da die Verzögerungen für die TA zu lang sind, um während der Wartezeit auf eine Antwort im Besitz des Prozessors zu bleiben. Bei nachrichtenorientierten Betriebssystemen (z.B. GUARDIAN von Tandem) sind die Kommunikationskosten zwar typischerweise um eine Größenordnung billiger, jedoch immer noch keineswegs vernachlässigbar. Eine Möglichkeit den Kommunikations-Overhead zu reduzieren, ist die Verzögerung und gemeinsame Übertragung von Nachrichten (Bündelung); allerdings erhöhen sich damit die Wartezeiten und damit die Antwortzeiten noch weiter.

Für die Leistungsfähigkeit besonders kritisch sind **synchrone Nachrichten**, für die eine TA bis zum Eintreffen einer Antwortnachricht unterbrochen werden muß. Denn diese verursachen nicht nur Durchsatzeinbußen (Kommunikations-Overhead, TA-Unterbrechungen), sondern führen v.a. zu einer direkten Erhöhung der Antwortzeiten. Wird zur Beibehaltung des Durchsatzes die Sollparallelität erhöht, kommt es aber zu einer entsprechenden Steigerung der Konfliktwahrscheinlichkeit und damit wiederum zu Antwortzeitverschlechterungen. Dieser Kreislauf, der ab einer gewissen Sollparallelität keine Durchsatzsteigerung mehr zuläßt (CPU-Sättigung, Thrashing aufgrund zu hoher Konfliktwahrscheinlichkeiten), verschärft sich noch bei zunehmender Rechneranzahl. Denn die TA in den hinzugekommenen Rechnern führen zu einer wachsenden Gesamtparallelität (und damit i.a. zu einer größeren Konfliktwahrscheinlichkeit) sowie zusätzlichen Pufferinvalidierungen.

Die Ausführungen zeigen, daß nicht nur der Kommunikations-Overhead weitgehend einzugrenzen ist, sondern daß das Synchronisationsprotokoll für DB-Sharing vor allem das Ausmaß synchroner Nachrichten minimal zu halten hat, um die hohen Leistungsanforderungen erfüllen zu können. Dies wiederum bedeutet, daß die Synchronisation einer TA möglichst in dem Rechner durchführbar sein muß, in dem die TA bearbeitet wird. Um dies zu ermöglichen, muß das Synchronisationsverfahren in der Lage sein, **rechnerspezifische Lokalität** im Referenzverhalten **zum Einsparen von Nachrichten** ausnutzen zu können. Es ist klar, daß dann das Ausmaß der Synchronisationsnachrichten umso geringer gehalten werden kann, je höher die rechnerspezifische Lokalität ist. Damit wird die Effizienz der Synchronisation entscheidend von der Güte der globalen Lastkontrolle bzw. der **Partitionierbarkeit der TA-Last** (d.h. inwieweit sich die Last so auf die Rechner aufteilen läßt, daß möglichst disjunkte DB-Bereiche referenziert werden) abhängig. Da mit zunehmender Rechneranzahl ein hohes Ausmaß rechnerspezifischer Lokalität zunehmend schwerer erreichbar ist, zumindest wenn dabei nur die TA-Raten, nicht aber die Anzahl der TA-Typen bzw. die DB-Größe zunehmen, muß dann auch mit vermehrten Synchronisationsnachrichten (und -konflikten) gerechnet werden. Lineares Wachstum ist daher auch oft nur bis zu einer begrenzten Rechneranzahl möglich.

Um diese Abhängigkeiten zur Lastkontrolle bzw. zur Partitionierbarkeit der TA-Last zu verringern, soll das Synchronisationsverfahren, wie schon in 6.1 angedeutet, ein paralleles Lesen eines Objektes in verschiedenen Rechnern mit möglichst wenig Synchronisationsaufwand ermöglichen. Dies wiederum erfordert, daß das Synchronisationsprotokoll **Lokalität von Lesezugriffen** ausnutzen kann, wobei es sich in diesem Fall nicht um eine rechnerspezifische Lokalität zu handeln braucht.

Die wichtigsten **Anforderungen** an ein Synchronisationsverfahren für DB-Sharing, die hier sowie in den vorangegangenen Abschnitten (bzw. in 3.2) angesprochen wurden, sollen jetzt noch einmal zusammengestellt werden:

- Sicherstellung der globalen Serialisierbarkeit

- Minimierung des Kommunikationsbedarfs zur Synchronisation, insbesondere der Anzahl synchroner Nachrichten. Hierzu sind v.a. zwei Aspekte wesentlich:

  1) Ausnutzung rechnerspezifischer Lokalität zur lokalen Synchronisation

  2) Optimierte Synchronisierung von Lesezugriffen durch Nutzung von Lokalität lesender Zugriffe (auch rechnerübergreifend) und damit Unterstützung paralleler Lesezugriffe in verschiedenen Rechnern

- Möglichst geringe Anzahl von TA-Rücksetzungen oder -Blockierungen

- Integrierte Lösung des Veralterungsproblems

- Robustheit gegenüber Rechnerausfällen.

Die bei DB-Sharing zu behandelnde Veralterungsproblematik verlangt i.a., daß zumindest **Änderungszugriffe auf Seiten (Block)-Ebene synchronisiert** werden /CDY86/. Denn werden Änderungszugriffe auf Satzebene synchronisiert, so können verschiedene Sätze derselben Seite in zwei Rechnern gleichzeitig geändert werden. Dies führt jedoch dazu, daß keiner der Rechner nach seiner Änderung die aktuelle Version der Seite besitzt und daß die Gefahr besteht, daß die Änderungszustände von Kopien einer Seite immer weiter auseinanderlaufen. Ein Ausschreiben birgt dann die Gefahr, daß Änderungen anderer Rechner überschrieben werden und verlorengehen. Dieses Problem läßt sich zwar u.U. durch 'Mischen' von Änderungen beheben, jedoch ist dies nicht in allen Fällen möglich. Die Problematik einer Synchronisation auf Satzebene bei DB-Sharing wird in 10.5 weiterdiskutiert; hier und in den folgenden Kapiteln wird jedoch eine Synchronisierung auf Blockebene vorausgesetzt, auch für Lesezugriffe.

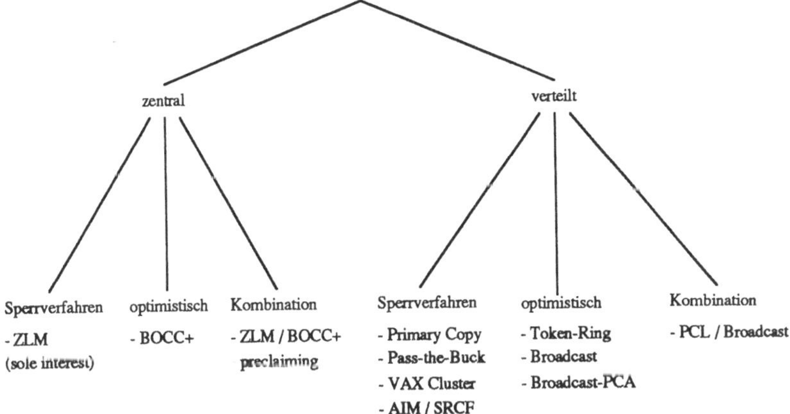

Abb. 6.2: Synchronisationsverfahren für DB-Sharing

Einen Überblick über die bereits bekannten bzw. noch vorzustellenden Synchronisationsverfahren für DB-Sharing gibt Abb. 6.2. Wie bei VDBS können die Verfahren entweder unter zentraler oder verteilter Kontrolle ablaufen; desweiteren unterscheiden wir zwischen Sperrverfahren, optimistischen Protokollen und Kombinationen dieser beiden Strategien. Die Deadlock-Behandlung soll hier nicht weiter diskutiert werden, da sich für DB-Sharing die gleichen Methoden wie in VDBS anwenden lassen; daher gelten die Ausführungen in 5.1.1 in analoger Weise. Auch für viele aus VDBS bekannten Synchronisationsverfahren, die in Abb. 6.2 nicht genannt sind, wäre eine Übertragung/Anpassung für DB-Sharing möglich gewesen. Dies hätte jedoch meist nur relativ uninteressante Protokolle (z.B. für reine Zeitmarkenverfahren) ergeben, mit einer sehr hohen Anzahl von Nachrichten und/oder Rücksetzungen. Neben bereits implementierten bzw. vorgeschlagenen Protokollen für DB-Sharing, beschränken wir uns daher auf die Darstellung solcher Ansätze, welche hinsichtlich der genannten Anforderungen als aussichtsreich gelten können. Die dabei vorgeschlagenen Konzepte können aber oft auch in anderen Verfahren bei der Übertragung auf DB-Sharing-Systeme verwendet werden.

Von den in Abb. 6.2 bereits eingeordneten Protokollen beschäftigen wir uns in Kap. 7 ausführlich mit dem Primary-Copy-Sperrverfahren (PCL) und in Kap. 8 mit zentralen Sperrverfahren sowie weiteren verteilten Sperrverfahren. Zentrale und verteilte optimistische Synchronisationsverfahren sowie ihre Kombination mit Sperrverfahren werden dann in Kap. 9 besprochen. Danach folgt in Kap. 10 eine Erörterung verschiedener Optimierungen, Erweiterungen sowie Alternativen zu den vorgestellten Verfahren, wobei auch auf Hardware-Lösungen zur Synchronisation (nahe Rechnerkopplung) eingegangen wird. Ein qualitativer Vergleich der wichtigsten Konzepte in Kap. 11 beschließt dann Teil III.

Von den bisher existierenden DB-Sharing-Systemen benutzen drei den einfachsten Ansatz zur Synchronisation, ein zentrales Sperrverfahren, zum Teil mit Hardware-Unterstützung (Computer Console

/WIH83/, DCS /Sek84/, Amoeba /Sho85/). Das auf zwei Rechner beschränkte IMS Data Sharing verwendet ein verteiltes Sperrverfahren (Pass-the-Buck /Kee82/), ebenso wie das AIM/SRCF-System /AIM86/ und die DB-Sharing-ähnlichen VAX-Cluster /KLS86/.

6.5 Abhängigkeiten funktioneller Komponenten in DB-Sharing-Systemen

Die im bisherigen Verlauf des Kapitels angesprochenen Abhängigkeiten zwischen den funktionellen Komponenten sind in Abb. 6.3 noch einmal graphisch dargestellt. Wie die nun folgende Diskussion dieser Wechselbeziehungen zeigt, sind neben konzeptionellen Verknüpfungen auch Abhängigkeiten unter Leistungsaspekten zu berücksichtigen (z.B. Nr. 2 und 5). Einige der Abhängigkeiten bestehen zudem bereits in zentralisierten DBS und werden zum Teil in /HäRe80/ ausführlicher diskutiert.

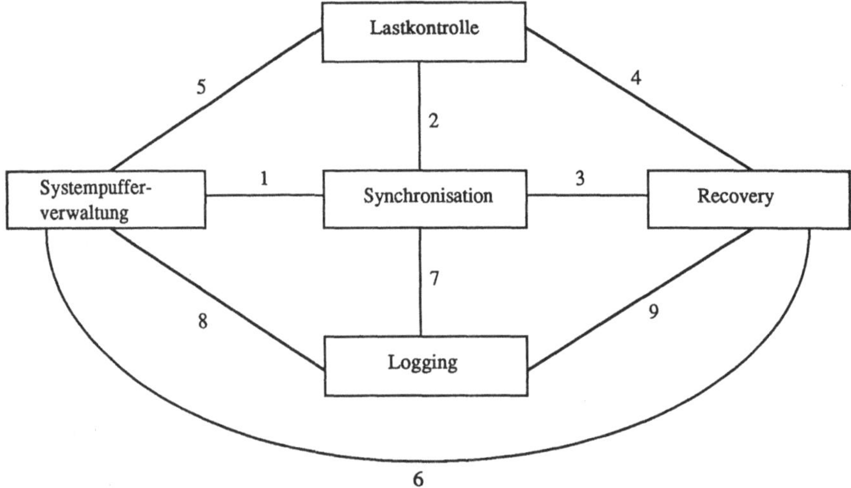

Abb. 6.3: Abhängigkeiten zwischen Systemkomponenten bei DB-Sharing

1) *Synchronisation - Systempufferverwaltung*
Die Abhängigkeit zwischen diesen beiden Komponenten besteht v.a. in dem durch die DB-Sharing-Architektur eingeführten Veralterungsproblem. Selbst die allgemeine Broadcast-Lösung (6.3) erfordert eine Synchronisation auf Seitenebene sowie eine Verzögerung für die Freigabe der Änderungen (Sperren), bis alle anderen Rechner über die Änderungen einer TA informiert sind. Weitergehende Abhängigkeiten ergeben sich, wenn die Behandlung des Veralterungsproblems zur Leistungsoptimierung vollständig in das Synchronisationsprotokoll integriert wird bzw. wenn eine Synchronisation auf Satz-/Eintragsebene vorgenommen werden soll (s. 10.5).

2) *Synchronisation - Lastkontrolle*
Die Synchronisation ist von der Lastkontrolle zwar konzeptionell unabhängig, jedoch ist bei DB-Sharing eine gegenseitige Koordinierung zur Begrenzung der Synchronisationsnachrichten dringend geboten. Daher sollte eine TA zur Bearbeitung möglichst dem Rechner zugeordnet werden, an dem eine weitestgehend lokale Synchronisation zu erwarten ist. Voraussetzung dazu ist ein Synchronisationsverfahren, das Lokalität im Referenzverhalten zur Minimierung des Kommunikationsbedarfs zu nutzen vermag.
Aus Leistungsgründen empfiehlt sich auch eine Abstimmung zwischen lokaler Lastkontrolle und

Synchronisationskomponente, um etwa durch Anpassung der Sollparallelität die Konfliktwahrscheinlichkeit innerhalb eines Rechners beeinflussen zu können oder um einer bereits mehrfach gescheiterten TA ein Durchkommen zu ermöglichen. Diese Art der Koordinierung ist natürlich auch in zentralisierten DBS sinnvoll.

3) *Synchronisation - Recovery*

Da nach Ausfall eines Rechners die TA-Verarbeitung möglichst unbeeinträchtigt fortgesetzt werden soll, ist insbesondere eine korrekte Fortführung der Synchronisation zu gewährleisten. Bei einem zentralen Synchronisationsverfahren muß hierzu v.a. dem Ausfall des zentralen Koordinators vorgebeugt werden, etwa durch doppeltes Führen der benötigten Datenstrukturen in unabhängigen Speicherbereichen oder verschiedenen Rechnern (Hot-Stand-By, Schattenprozesse oder ähnliche Techniken). Aber auch bei einem verteilten Synchronisationsprotokoll müssen u.U. synchronisationsspezifische Aufgaben des ausgefallenen Rechners von den überlebenden Rechnern übernommen werden, wozu die Rekonstruktion verlorengegangener Datenstrukturen u.ä. notwendig werden kann. Eine weitere Abhängigkeit zwischen Recovery und Synchronisation entsteht dadurch, daß während der REDO-Recovery verhindert werden muß, daß TA in den überlebenden Rechnern auf Objekte zugreifen, für die noch Änderungen nachzufahren sind.
Bei einem TA-Fehler kann wie in zentralisierten DBS das Zurücksetzen eine Interaktion mit der Synchronisationskomponente hervorrufen, etwa zum Freigeben von Sperren.

4) *Lastkontrolle - Recovery*

Nach Ausfall eines Rechners ist eine Umstellung der Routing-Strategie erforderlich, da dem ausgefallenen Rechner keine TA mehr zugewiesen werden können. Wie in 6.1 erwähnt, kann die globale Lastkontrolle auch die Erkennung von Rechnerausfällen sowie die Koordinierung der Recovery-Aktionen übernehmen. Weiterhin kann sie nach beendeter Recovery die auf dem ausgefallenen VAR gescheiterten TA zur Wiederausführung neu unter den verbleibenden Rechnern aufteilen.

5) *Lastkontrolle - Systempufferverwaltung*

Auch hier besteht keine konzeptionelle Abhängigkeit, sondern nur eine Wechselbeziehung bezüglich der Leistungsfähigkeit. Denn wenn es der Lastkontrolle gelingt, eine TA dem Rechner zuzuordnen, in dessen Systempuffer bereits möglichst viele der benötigten Datenseiten vorliegen, dann ergeben sich sowohl höhere Trefferraten (weniger physische E/A-Vorgänge) als auch weniger Pufferinvalidierungen (weniger häufiges Anfordern von Seiten bei anderen Rechnern). Das E/A-Aufkommen sowie die Austauschfrequenz geänderter Seiten, die beide das Leistungsverhalten entscheidend beeinflußen können, sind also v.a. davon abhängig, inwieweit es der globalen Lastkontrolle gelingt, die TA derart aufzuteilen, daß in jedem der Rechner eine möglichst hohe Lokalität erreicht wird.
Auch zwischen lokaler Lastkontrolle und Systempufferverwaltung sind Wechselwirkungen denkbar, etwa um Systempufferengpässen oder zu geringen Trefferraten durch gezieltes Absenken der Sollparallelität entgegenzuwirken.

6) *Systempufferverwaltung - Recovery*

Nach einem Rechnerausfall müssen geänderte Seiten, die nur im Systempuffer des ausgefallenen Rechners vorlagen (NOFORCE), im Rahmen der REDO-Recovery allen Rechnern wieder zugänglich gemacht werden. Zur Behandlung des Veralterungsproblems müssen u.U. verlorengegangene Datenstrukturen rekonstruiert werden, und es kann notwendig werden, daß die überlebenden Rechner Seiten, über deren Aktualität keine Aussage mehr möglich ist, aus ihren Systempuffern entfernen müssen.

Das Zurücksetzen einer TA wird besonders einfach, wenn alle Änderungen auf privaten Kopien, die von der Systempufferverwaltung zu führen sind, durchgeführt werden. Ein Abort besteht dann lediglich aus dem Wegwerfen der Kopien, wenn das Verdrängen der Kopien vermieden werden kann (NOSTEAL /HäRe83b/). Ein Rücksetzen einer TA ohne Führen von Before-Images wird auch dann noch möglich, wenn Kopien (also schmutzige Änderungen) nicht in die Datenbank selbst verdrängt werden, sondern in einen separaten Überlaufbereich /Rah87b/. In den Überlaufbereich verdrängte Seiten werden dann beim Abbruch einer TA einfach als frei gekennzeichnet.

7) *Logging - Synchronisation*

Die Abhängigkeiten betreffen hierbei - wie in zentralisierten DBS - v.a. die Größe des Synchronisations- und des Log-Granulats. Bei direkter Änderung in den Originalseiten muß das Synchronisationsgranulat mindestens so groß sein wie das Log-Granulat /HäRe80, Reu81, HäRe83b/. Denn würden z.B. Log-Daten auf Seitenebene geführt, dann können bei einer Synchronisation auf Satzebene durch das Anwenden von Before-Images Änderungen erfolgreicher TA verlorengehen. Bei Änderungen in privaten Objektkopien (und NOSTEAL bzw. Verdrängen in einen Überlaufbereich) besteht dieses Problem nicht, so daß das Log-Granulat in diesem Fall prinzipiell größer sein kann als das Synchronisationsgranulat (s. auch /MLC87/). Dabei ist v.a. darauf zu achten, daß die Änderungen bei TA-Ende atomar von den Kopien in die Originalseiten eingebracht werden können (z.B. durch zeitweises Blockieren dieser Seiten während der 'Schreibphase', analog zu den Vorschlägen in 4.2). Eine Synchronisation auf Satzebene mit Logging auf Seitenebene ist bei DB-Sharing allerdings wenig interessant. Denn neben den schon angesprochenen Problemen bei einer Synchronisation auf Satzebene, müßte auch vor jedem Schreiben eines After-Images die Seite vollständig aktualisiert werden, wozu ggf. Änderungen anderer Rechner in der betreffenden Seite anzufordern sind. Denn bei nur teilweise aktuellen After-Images könnte die REDO-Recovery zum Verlust erfolgreicher Änderungen führen. Ein generelles Problem von SeitenLogging ist der v.a. für Hochleistungs-Anforderungen zu hohe Schreibaufwand und Platzbedarf. Eine weitere Abhängigkeit zwischen Logging und Synchronisation zeigt sich im Zwei-Phasen-Commit: die Freigabe der Änderungen (Sperren) einer TA darf erst nach Sicherstellen ihrer Wiederholbarkeit erfolgen, wozu bei NOFORCE die After-Images der Änderungen sowie der Commit-Record zu schreiben sind.

8) *Logging - Systempufferverwaltung*

Wie in zentralisierten DBS besteht hierbei auch für DB-Sharing die wichtigste Verknüpfung zwischen beiden Komponenten im sogenannten Write-Ahead-Log-(WAL-) Prinzip /Gra78/. Dieses Prinzip besagt, daß bevor eine schmutzige Änderung in die physische (materialisierte) Datenbank geschrieben wird, die zugehörigen UNDO-Log-Daten (z.B. Before-Images) gesichert sein müssen, um die Änderungen bei Scheitern der TA zurücknehmen zu können. Dieses Prinzip kommt demnach nur bei einer STEAL-Strategie der Systempufferverwaltung zur Anwendung, bei der das Verdrängen schmutziger Änderungen nicht in einen Überlaufbereich, sondern in die physische Datenbank erfolgt.

9) *Logging - Recovery*

Die enge Beziehung zwischen Logging- und Recovery-Komponente ist offensichtlich, da zum Durchführen der Recovery ausreichende Log-Daten im Normalbetrieb zu sammeln sind.

7. Das Primary-Copy-Sperrverfahren

Die Grundidee des Verfahrens ist zwar, wie der Name andeutet, an die Primary-Copy-Algorithmen zur Behandlung des Update-Problems bei replizierten Datenbanken angelehnt; durch die DB-Sharing-spezifischen Randbedingungen ergeben sich jedoch im Vergleich dazu deutliche Abweichungen. Insbesondere zur Behandlung des Veralterungsproblems werden neuartige Lösungsansätze erforderlich.

Die Übertragung einer Primary-Copy-artigen Synchronisation auf DB-Sharing wurde erstmals in /ReSh84/ vorgeschlagen, wenngleich dort nur ein Basisverfahren skizziert wurde. Dieses Basisverfahren soll zunächst in 7.1 genauer ausgearbeitet werden, wobei u.a. geeignete Datenstrukturen festzulegen und die Sperrbearbeitung zu präzisieren sind. In 7.2 wird dann eine wesentliche Erweiterung des Basisverfahrens vorgeschlagen, die eine optimierte Synchronisierung von Lesezugriffen ermöglicht. In den folgenden drei Abschnitten steht dann zur Entwicklung eines Gesamtkonzeptes das Zusammenspiel mit den anderen Komponenten (Systempufferverwaltung, Lastkontrolle, Recovery) im Mittelpunkt. Dazu werden zuerst in 7.3 mehrere Alternativen einer integrierten Lösung des Veraltcrungs problems herausgearbeitet, wobei gezeigt wird, daß sich dieses Problem ohne zusätzliche Nachrichten behandeln läßt. In 7.4 wird dann auf die Kooperation mit der globalen Lastkontrolle eingegangen, insbesondere auf Methoden zur Bestimmung der Routing-Tabelle. In 7.5 schließlich werden die nach einem Rechnerausfall durchzuführenden Recovery-Aktionen untersucht, wobei auch eine effiziente Methode zur korrekten Fortführung der Synchronisation angegeben wird. Einige der nun vorzustellenden Konzepte wurden bereits vorab in /Rah86f, Rah87c, Rah86d, Rah87d/ veröffentlicht.

7.1 Basisverfahren

Die Grundidee beim Primary-Copy-Sperrverfahren (**Primary Copy Locking, PCL**) ist, die Synchronisationsverantwortlichkeit so unter den Verarbeitungsrechnern aufzuteilen, daß jeder für einen Teil der gemeinsamen Datenbank zuständig ist. Dazu wird eine logische Partitionierung der Datenbank in N disjunkte Partitionen vorgenommen, so daß jeder der N Rechner genau für eine der Partitionen die globale Synchronisationsverantwortlichkeit bekommen kann; man sagt auch, daß ein Rechner die **'Primary Copy Authority' (PCA)** bezüglich der ihm zugeordneten Partition besitzt /ReSh84/.

Bei DB-Sharing mit PCL werden in der Basisvariante alle Sperranforderungen und -freigaben für ein Objekt O von dem Rechner bearbeitet, der die PCA für die Partition besitzt, zu der O gehört. Damit können insbesondere alle Zugriffe zu Objekten, für die der eigene Rechner verantwortlich ist, lokal synchronisiert werden. Eine Minimierung des Kommunikationsbedarfs zur Synchronisation wird daher möglich, wenn es gelingt die Verteilung der PCAs einerseits und die Zuordnung der TA zu den Rechnern andererseits so aufeinander abzustimmen, daß die meisten Sperranforderungen die lokale Partition betreffen. Dies erfordert offensichtlich eine enge Abstimmung zwischen der globalen Lastkontrolle und der Wahl der PCA-Verteilung.

Bei vorgegebener PCA-Verteilung kann das TA-Routing ähnlich einfach durchgeführt werden wie bei DB-Distribution, bei dem die Datenverteilung der Lastkontrolle bekannt ist. Eine TA sollte dabei nämlich möglichst dem Rechner zugeordnet werden, der die PCA für die meisten der (voraussichtlich) benötigten Objekte besitzt. Ist dies möglich (unter gleichzeitiger systemweiter Last-Balancierung), so ergibt sich automatisch eine rechnerspezifische Lokalität im Referenzverhalten der TA, da die einem Rechner zugeordnete Partition dann vorwiegend von lokalen TA referenziert wird. Dies erlaubt aber, wie schon ausgeführt, nicht nur Einsparungen von Synchronisationsnachrichten, sondern auch eine Verbesserung der Trefferraten im Systempuffer sowie eine Begrenzung von Pufferinvalidierungen.

Obwohl das Primary-Copy-Sperrverfahren ein ähnlich einfaches TA-Routing (gute Vorhersagbarkeit des zu erwartenden Kommunikationsaufwandes) wie bei DB-Distribution erlaubt, bleibt die weitaus größere Flexibilität des DB-Sharing-Ansatzes im Vergleich mit DB-Distribution erhalten. Denn bei der PCA-Verteilung handelt es sich lediglich um eine logische Partitionierung der Datenbank, die nur zur Synchronisation vorgenommen wird; für die eigentliche TA-Verarbeitung kann natürlich jeder Rechner nach wie vor auf die gesamte Datenbank zugreifen. Bei der Erstellung der PCA-Verteilung können daher die Verteileinheiten auch nahezu beliebig fein gewählt werden, und die PCA-Verteilung ist flexibel änderbar (etwa bei geänderter Rechneranzahl). Bei DB-Distribution dagegen liegt eine physische Datenverteilung vor (Externspeicheraufteilung), die nur äußerst schwierig zu ändern ist. Außerdem müssen die Einheiten der Datenverteilung zumindest in nicht-relationalen DBS meist sehr grob gewählt werden (Dateien, Satztypen). Weitere Vergleichsaspekte werden in 7.4 erörtert.

Datenstrukturen

Wie in Abb. 7.1 angedeutet, führt jeder Rechner zur Synchronisation eine globale Sperrtabelle (global lock table, GLT) und eine lokale Sperrtabelle (LLT). Mit der globalen Sperrtabelle verwaltet ein Rechner die Sperranforderungen für alle Objekte der ihm zugeordneten Partition, sowohl für lokale als auch für externe TA. In der LLT dagegen werden nur Sperrinformationen für lokale TA geführt, und zwar bezüglich der gesamten Datenbank. Wegen der vorausgesetzten Synchronisation auf Blockebene, werden sowohl in den GLTs als in den LLTs die Sperrinformationen in sogenannten Blockeinträgen (Sperrkontrollblöcken) gehalten; diese Einträge werden dabei zur Begrenzung des Speicherplatzbedarfs nur für referenzierte Seiten angelegt. Die Sperrtabellen selbst werden typischerweise als Hash-Strukturen organisiert /Gra78, Pei86/, um ein schnelles Auffinden der Einträge zu erreichen.

Neben LLT und GLT führt natürlich jeder Rechner noch eine Tabelle mit der aktuellen PCA-Verteilung ('PCA-Tabelle'), damit festgestellt werden kann, welcher Rechner zu einem bestimmten Block die PCA besitzt.

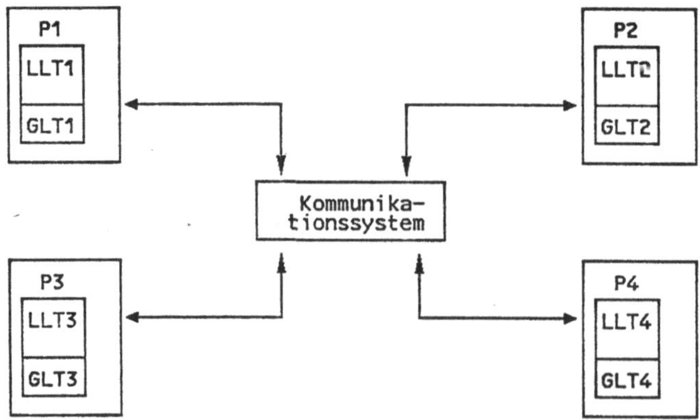

Abb. 7.1: Primary-Copy-Sperrverfahren (N = 4)

Der genaue Aufbau der Blockeinträge in GLT und LLT für die Basisvariante ist in Abb. 7.2 dargestellt; weitere Felder werden durch die Erweiterung des Verfahrens zur Optimierung für Lesesperren (s. 7.2) bzw. zur Behandlung des Veralterungsproblems (7.3) hinzukommen. Zu beachten ist, daß auch für Blöcke, für die der eigene Rechner die PCA hält, Einträge in der LLT stehen können (zusätzlich zu dem Blockeintrag in der GLT). Dies bringt folgende Vorteile:

- Wie sich zeigen wird, werden die Algorithmen zur Sperrbehandlung (Anfordern und Freigabe von Sperren, Abarbeitung der Synchronisationsnachrichten) dadurch wesentlich vereinfacht, da dabei die Unterscheidung, ob der eigene Rechner die PCA besitzt oder nicht, aus konzeptioneller Sicht nicht mehr notwendig ist.

- Es wird eine Umverteilung der PCAs möglich, ohne daß die lokalen Sperrtabellen anzupassen sind.

- Wie in 7.5 gezeigt wird, ergibt sich dadurch bereits eine ausreichende Redundanz, um nach einem Rechnerausfall verlorengegangene Sperrinformationen rekonstruieren zu können, so daß eine Fortsetzung der Synchronisation möglich wird.

```
Aufbau eines Blockeintrages in der LLT:
      BLOCK-ID: ...
      GRANTED-LOCKS-LIST:  list of TA-ENTRY;
      LOCAL-WAIT-LIST:        list of TA-ENTRY;

         ...
Aufbau eines Blockeintrages in der GLT:
      BLOCK-ID: ...
      INTERESTED:   array [1:N] of bit;  (* N Rechner *)
      MODE:            array [1:N] of [0, R, X];
      GLOBAL-WAIT-LIST: list of TA-ENTRY;

         ...
Aufbau von TA-ENTRY:
      PNR: ... (* Identifikation des Rechners, an dem die TA ausge-
               führt wird; nur für GLOBAL-WAIT-LIST erforderlich *)
      TA-ID: ...  (* TA-Identifikation innerhalb von Rechner PNR *)
      LOCK-MODE:  [ R, X ] ; (* angeforderter Sperrmodus *)
```

Abb. 7.2: Aufbau der Blockeinträge beim PCL-Basisverfahren

Wie aus Abb. 7.2 schon hervorgeht, unterscheiden wir nur zwischen Lese- und Schreibsperren, mit den vom RX-Sperrverfahren (4.1.1) her bekannten Sperrverträglichkeiten. In den Blockeinträgen der LLT werden im wesentlichen nur die gewährten und die wartenden Sperranforderungen lokaler TA geführt (GRANTED-LOCKS-LIST bzw. LOCAL-WAIT-LIST). In der GLT werden in der GLOBAL-WAIT-LIST noch nicht gewährte Sperranforderungen von TA aller Rechner vermerkt. Der Vektor INTERESTED zeigt an, welche Rechner 'Interesse' an einem Block besitzen; ein Rechner wird dabei als interessiert geführt, wenn eine seiner TA eine Sperre für die Seite angefordert hat (unabhängig davon, ob die Sperre bereits gewährt wurde oder nicht). Der Vektor MODE schließlich zeigt an, für welchen Rechner R- bzw. X-Sperren gewährt wurden. Welche TA in den Rechnern Sperren erhalten haben, wird nur in der LLT (GRANTED-LOCKS-LIST), nicht aber in der GLT gespeichert. Denn ein Führen dieser Information in der GLT würde verlangen, daß jede Sperrfreigabe dem PCA-Rechner mitzuteilen ist. Bei der vorgesehenen Lösung braucht dagegen für Lesesperren nur die Freigabe der letzten Lesesperre gemeldet zu werden, wodurch Kommunikationsvorgänge eingespart werden können.

Abb. 7.3 zeigt ein Beispiel für die Verwendung der eingeführten Datenstrukturen. Dabei besitzt
Rechner P1 die PCA für Block B1, für den beide Rechner Interesse angemeldet haben (INTE-
RESTED = 11). MODE = X0 bedeutet, daß einer TA in Rechner P1 für B1 eine X-Sperre zugeteilt
wurde, in Rechner P2 dagegen keine Sperren gewährt sind. In der GLOBAL-WAIT-LIST werden
noch nicht gewährbare Sperranforderungen von beiden Rechnern in der Reihenfolge ihres Eintreffens
geführt; diese Anforderungen werden zusätzlich auch in den LLTs gespeichert (LOCAL-WAIT-
LIST). Der Blockeintrag in LLT1 verrät schließlich, daß die TA T1 in P1 in Besitz der X-Sperre für
B1 ist.

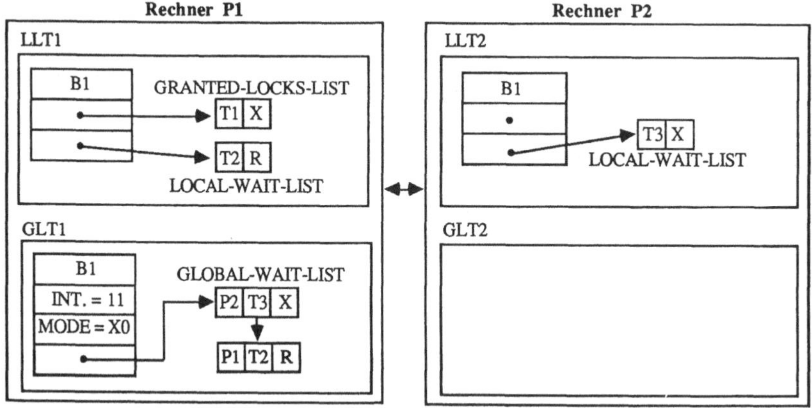

Abb. 7.3: Sperrszenarium für zwei Rechner mit der PCL-Basisvariante

Bearbeitung von Sperranforderungen und -freigaben
Zunächst wird nun dargestellt, wie in der PCL-Basisvariante Sperranforderungen unter Verwendung
der eingeführten Datenstrukturen bearbeitet werden. Dabei empfiehlt es sich auch aus Gründen der
Übersichtlichkeit die Bearbeitung einer Sperranforderung (Lock-Request) in zwei Teile zu zerlegen:

- Eine Sperranforderung einer TA wird mit einem LOCK-Aufruf dem lokalen Sperrverwalter mitgeteilt, der diesen zunächst nur mit der LLT bearbeitet.

- Kann die Sperranforderung nicht mit der LLT entschieden werden, was bei der PCL-Basisvariante
  immer der Fall ist, so wird durch den Aufruf LOCK-REQUEST eine Bearbeitung unter Zuhilfenahme der GLT veranlaßt. Besitzt der eigene Rechner die PCA für den zu sperrenden Block, dann
  kann die Prozedur LOCK-REQUEST unmittelbar aufgerufen werden; anderenfalls ist zuerst eine
  Lock-Request-Nachricht an den zuständigen Rechner zu schicken, bevor dort dann die Prozedur
  LOCK-REQUEST ausgeführt wird.

Die Separierung der Bearbeitung mit der LLT und der GLT hat offenbar den Vorteil, daß bei der
Beschreibung der Algorithmen nicht mehr zu unterscheiden ist, ob die Sperranforderung lokal entscheidbar ist oder nicht (denn dies ist zwar unter Leistungsgesichtspunkten sehr wesentlich, konzeptionell jedoch unerheblich). Insbesondere muß die Bearbeitung der Nachrichtentypen nicht mehr durch
eigene Algorithmen spezifiziert werden. Dieses Prinzip läßt sich auch bei der Freigabe von Sperren
(s.u.) und der Beantwortung einer Sperranforderung durch den PCA-Rechner anwenden.

Bei der Bearbeitung einer Sperranforderung mit der GLT (Aufruf von LOCK-REQUEST) soll nur dann eine Antwort zurückgegeben werden, wenn die Sperre gewährt wird. Anderenfalls wird die Sperranforderung - zur Einsparung von Nachrichten - lediglich in der GLOBAL-WAIT-LIST vermerkt bis die Sperre nach Freigabe unverträglicher Sperren gewährt werden kann. Die Prozedur LOCK-RESPONSE enthält die bei Gewährung einer Sperre durchzuführenden Aktionen. Sie kann sofort aufgerufen werden, wenn der PCA-Lock-Manager und die TA, der die Sperre gewährt werden soll, an demselben Rechner angesiedelt sind. Ansonsten muß der PCA-Rechner zunächst eine Lock-Response-Nachricht an den Rechner schicken, an dem die TA auf die Sperre wartet, bevor die Prozedur ausgeführt wird.

Nach diesen Vorbemerkungen können nun die Prozeduren LOCK, LOCK-REQUEST und LOCK-RESPONSE für das Basisverfahren angegeben werden. Dabei bezeichne B stets den Block, für den eine Sperre angefordert wird, M den gewünschten Sperrmodus (R oder X), T die anfordernde TA und P den Rechner, auf dem T abläuft.

LOCK (T, B, M):

begin
if (kein Blockeintrag für B in LLT von P) then do;
    erzeuge Blockeintrag für B;
    GRANTED-LOCKS-LIST, LOCAL-WAIT-LIST := leere Liste;
end;
füge (T,M) an LOCAL-WAIT-LIST an;
LOCK-REQUEST (P, T, B, M);
end (LOCK *);*

LOCK-REQUEST (P, T, B, M):

begin
if (kein Blockeintrag für B in GLT) then do;
  erzeuge Blockeintrag für B;
  INTERESTED := 0; MODE := 0;
  GLOBAL-WAIT-LIST := leere Liste;
end;
INTERESTED (P) := 1;
if (GLOBAL-WAIT-LIST nicht leer) oder (M unverträglich mit gewährten Sperren in MODE)
then füge (P,T,M) an GLOBAL-WAIT-LIST an;
else do; MODE (P) := M;
    LOCK-RESPONSE (T, M);
end;
end (LOCK-REQUEST *);*

LOCK-RESPONSE (T, M):

begin
bringe (T,M) von LOCAL-WAIT-LIST in GRANTED-LOCKS-LIST;   (aktiviere wartende TA *)*
end   (LOCK-RESPONSE *);*

Die LOCK-Prozedur zeigt, daß jede Sperranforderung zunächst vorsorglich in der LOCAL-WAIT-LIST abgelegt wird, auch wenn eine lokale Bearbeitung mit der GLT möglich ist. Damit können die Algorithmen kompakter gehalten werden, da nicht mehr zu unterscheiden ist, ob die Sperre lokal bearbeitbar ist oder nicht; außerdem umgeht man ein nachträgliches Einfügen in die LOCAL-WAIT-LIST im Falle eines Sperrkonflikts.

Bei der Bearbeitung einer Sperranforderung mit der GLT (Prozedur LOCK-REQUEST) überprüft der PCA-Lock-Manager zunächst, ob ein Blockeintrag für den betreffenden Block vorhanden ist. Wenn nicht, wird dieser angelegt und initialisiert und die Sperre gewährt (LOCK-RESPONSE). Die

Sperranforderung wird abgelehnt, wenn bereits wartende Anforderungen vorliegen oder wenn unverträgliche Sperren gewährt sind, was mittels Vektor MODE entschieden werden kann. In diesem Fall wird die Sperranforderung in die GLOBAL-WAIT-LIST eingefügt. Wenn die Sperre gewährt werden kann, wird in der LLT die Anforderung von der LOCAL-WAIT-LIST in die GRANTED-LOCKS-LIST gebracht (Prozedur LOCK-RESPONSE).

Die **Freigabe einer Sperre** wird ebenfalls zunächst nur mit der LLT (Prozedur UNLOCK) bearbeitet, eventuell notwendig werdende Auswirkungen bezüglich der GLT werden dann durch Aufruf von RELEASE veranlaßt. Bei der UNLOCK-Bearbeitung wird als erstes in dem LLT-Blockeintrag der entsprechende Sperreintrag aus der GRANTED-LOCKS-LIST entfernt. Ergibt sich daraufhin eine leere GRANTED-LOCKS-LIST (dies ist der Fall bei einem X-UNLOCK bzw. bei Freigabe der letzten lokal gewährten R-Sperre), so wird die Sperrfreigabe dem PCA-Lock-Manager gemeldet; besteht kein Interesse mehr an dem Block, dann wird der Blockeintrag in der LLT aufgegeben. Der PCA-Lock-Manager paßt daraufhin (mit der Prozedur RELEASE) seine Informationen (Vektor MODE und ggf. INTERESTED) an und veranlaßt ggf. Aktivierungen wartender TA (LOCK-RESPONSE). Besitzt kein Rechner mehr Interesse an einem Block, so wird auch der Blockeintrag in der GLT aufgegeben. Damit ergeben sich folgende Algorithmen für UNLOCK und RELEASE (der Aufruf von RELEASE besitzt neben Rechner- und Blocknummer als dritten Parameter die Angabe, ob weiterhin Interesse an dem Block besteht ('1') oder nicht ('0')).

UNLOCK (T, B, M):

```
begin
  entferne (T, B, M) aus GRANTED-LOCKS-LIST von B in  LLT;
  if (GRANTED-LOCKS-LIST leer) then
    if (LOCAL-WAIT-LIST leer) then do;
            gebe Blockeintrag für B in LLT auf;
            RELEASE (P, B, '0');
    end;
    else RELEASE (P, B, '1');
end (* UNLOCK *);
```

RELEASE (P, B, I):

```
begin
  führe folgende Anweisungen mit Blockeintrag für B in GLT durch:
    MODE (P) := 0;
    if I='0' then INTERESTED (P) := 0;
    if (GLOBAL-WAIT-LIST nicht leer) und (Sperren gewährbar) then do;
      LOCK-RESPONSE für gewährbare Sperranforderungen;
      Anpassen von MODE;
    end;
    if INTERESTED = 0 then (gib Blockeintrag für B in GLT auf);
end (* RELEASE *)
```

Das Zusammenwirken der nunmehr eingeführten Prozeduren soll nochmals mittels Abb. 7.4 veranschaulicht werden. Dabei werden die von einer TA kommenden LOCK- und UNLOCK-Aufrufe vom lokalen Sperrverwalter zunächst nur über die LLT abgewickelt. Die Weiterverarbeitung der Sperranforderungen bzw. -freigaben mit der zuständigen GLT erfolgt dann durch die Aufrufe LOCK-REQUEST bzw. RELEASE. Da die GLT auf einem anderen Rechner vorliegen kann (durch die gestrichelte Linie angedeutet), sind zur Bearbeitung dieser Aufrufe ggf. Kommunikationen erforderlich. Das gleiche gilt zur Bearbeitung der Prozedur LOCK-RESPONSE, die bei Gewährung einer Sperre auszuführen ist (sofortige Gewährung im Rahmen der LOCK-REQUEST-Bearbeitung oder verzögert über RELEASE-Bearbeitung).

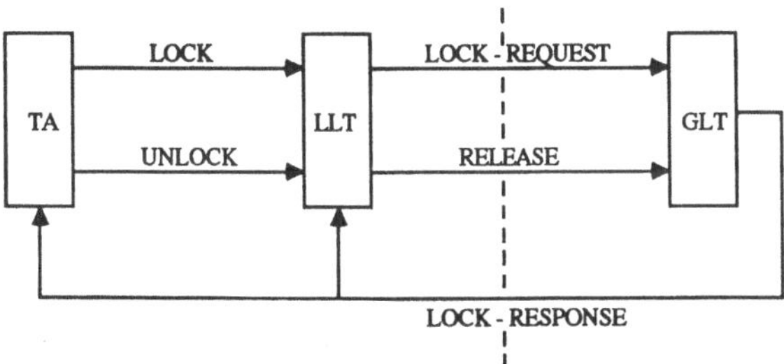

Abb. 7.4: Verwendete Prozeduraufrufe beim PCL-Basisverfahren

Zur Illustrierung des einfachen Basisverfahrens kann nochmals auf Abb. 7.3 zurückgegriffen werden, wofür eine mögliche Abarbeitungsreihenfolge skizziert wird, die zu der gezeigten Situation führte. Dabei soll zu dem Zeitpunkt, zu dem TA T1 die X-Sperre für B1 angefordert hat, noch kein Interesse an B1 bestanden haben. Daher wurden Blockeinträge für B1 sowohl in LLT1 als auch in GLT1 angelegt, wobei INTERESTED = 10 und MODE = X0 gesetzt und die Sperranforderung in der GRANTED-LOCKS-LIST vermerkt wurde. Bei der danach folgenden X-Sperranforderung von TA T3 in Rechner 2 wurde dort zunächst ein Blockeintrag für B1 in LLT2 angelegt, der Lock-Request in der LOCAL-WAIT-LIST vermerkt und die Sperranforderung an Rechner 1 weitergeleitet. Nach Eintreffen der Lock-Request-Nachricht wurde dort INTERESTED = 11 gesetzt und die Sperranforderung wegen der gewährten X-Sperre in die GLOBAL-WAIT-LIST gebracht. Ebenso nicht gewährt werden konnte die danach gestellte (lokale) R-Sperranforderung von TA T2, die daher ebenfalls in die Wartelisten eingefügt wurde (Abb. 7.3). Die Sperranforderung von T3 kann gewährt werden, sobald die Schreibsperre von T1 freigegeben wird.

7.2 Optimierte Synchronisierung von Lesezugriffen

Das vorgestellte Basisverfahren erlaubt eine effektive Kooperation mit der globalen Lastkontrolle, da die PCA-Verteilung es erlaubt, eine TA dem Rechner zuzuordnen, bei dem eine möglichst lokale Synchronisation vorgenommen werden kann. Bei einer solchen Abstimmung zwischen TA-Routing und PCA-Verteilung führt die erreichbare rechnerspezifische Lokalität unmittelbar zur Einsparung von (synchronen) Spermachrichten, womit also eine der zentralen Anforderungen an geeignete Synchronisationsverfahren (6.4) erfüllt ist. Allerdings ist damit der zu erwartende Kommunikationsbedarf auch stark von der Partitionierbarkeit der TA-Last sowie der Güte der globalen Lastkontrolle abhängig. Denn kann z.B. ein TA-Typ nicht vollständig auf einem Rechner bearbeitet werden, ergibt sich zwangsläufig ein höheres Nachrichtenvolumen, da die PCA-Verteilung die weitgehend lokale Bearbeitung eines TA-Typs nur in einem Rechner unterstützen kann. Die Abhängigkeit des Primary-Copy-Sperrverfahrens zur Lastkontrolle bzw. zu den Charakteristika der TA-Last zeigt sich auch bei zunehmender Rechneranzahl. Denn wenn die PCAs unter einer größeren Anzahl von Rechnern aufgeteilt werden müssen, steigt damit die Wahrscheinlichkeit, daß eine TA auf Daten zugreift, die nicht vom eigenen Rechner kontrolliert werden. Es kommt daher i.a. zu einer Zunahme von Synchronisationsnachrichten bei wachsender Rechneranzahl.

Um die Abhängigkeiten zur Lastkontrolle und der Partitionierbarkeit der TA-Last zu verringern, wurde in 6.4 gefordert, daß das Synchronisationsprotokoll ein möglichst effizientes, paralleles Lesen eines Objektes in verschiedenen Rechnern unterstützen soll. Für das Primary-Copy-Sperrverfahren bedeutet dies, daß ein Lesezugriff auf eine Seite möglichst auch ohne Kommunikation mit dem PCA-Rechner durchführbar sein soll. Eine solche Optimierung für Lesesperranforderungen, bei dem (eine rechnerübergreifende und von der PCA-Verteilung unabhängige) Lokalität von Lesezugriffen ausgenutzt wird, soll in diesem Abschnitt vorgestellt werden. Eine schnelle Behandlung von lesenden Objektreferenzen ist als überaus wichtig anzusehen, da Lesezugriffe (auch in Änderungs-TA) meist wesentlich häufiger vorkommen als Schreibzugriffe. Für kurze Lesesperren (Konsistenzebene 2) ist eine solche Optimierung noch dringlicher, da ein mit Kommunikation verbundenes Anfordern der R-Sperre dann oft länger als die eigentliche Sperrdauer andauern könnte. Dies wiederum führt dann zu einer erheblichen Antwortzeitverschlechterung verglichen mit zentralisierten Sperrverfahren und Konsistenzebene 2.

Optimierte Behandlung von R-Sperranforderungen

Um die Anzahl von Synchronisationsnachrichten für R-Sperren zu begrenzen, unterscheiden wir für einen Block B folgende drei Synchronisationszustände:

- *NI ('no interest')*:
  Keiner der Rechner ist an B interessiert; weder in der GLT noch in den LLTs ist daher ein Blockeintrag für B vorhanden (Anfangszustand für jeden Block).

- *XI ('X-interest')*:
  Mindestens eine TA im System hat eine X-Sperre für B angefordert; die X-Sperre kann dabei gewährt sein oder nicht.

- *RIO ('read interest only')*: Es liegt nur lesendes Interesse für B vor.

Die Leseoptimierung zielt darauf ab, für einen Block, von dem bekannt ist, daß er sich im Synchronisationszustand RIO befinden, die R-Sperren lokal zu gewähren und freizugeben, auch wenn ein anderer Rechner die PCA für die Seite hält. Wenn der Synchronisationszustand unbekannt ist oder wenn Zustand NI oder XI vorliegt, dann muß, wie im Basisverfahren, jede Sperranforderung vom PCA-Rechner bearbeitet werden. Dies ist natürlich wieder mit synchronen Nachrichten verbunden, falls nicht der eigene Rechner in Besitz der Synchronisationszuständigkeit ist. Damit ein Rechner weiß, ob sich ein Block im Zustand RIO befindet oder nicht, wird jeder Blockeintrag der LLT um folgendes Feld erweitert:

X-POSSIBLE: Boolean; (* Default-Wert: 'true' *)

Wenn X-POSSIBLE den Wert 'false' besitzt, dann liegt Synchronisationszustand RIO vor; in diesem Zustand können alle Leseanforderungen für den Block sofort gewährt werden, ohne den PCA-Sperrverwalter zu informieren. X-POSSIBLE = 'true' gilt dagegen im Synchronisationszustand XI bzw. wenn der Zustand des Blockes noch unbekannt ist (bei Erzeugung des LLT-Blockeintrages). In diesem Fall müssen wie im Basisverfahren alle Sperranforderungen über die GLT abgewickelt werden (Interaktion mit dem PCA-Lock-Manager). Der PCA-Sperrverwalter kann dann in der Antwort auf die Sperranforderung (LOCK-RESPONSE) mitteilen, ob X-POSSIBLE auf 'false' gesetzt werden kann. Da eine X-Anforderung Synchronisationszustand XI impliziert, kann hierbei in der LLT X-POSSIBLE sofort auf 'true' gesetzt werden. Insbesondere müssen alle X-Sperren vom PCA-Lock-Manager gewährt werden.

Diese Überlegungen führen dazu, daß die für das Basisverfahren eingeführte Prozedur LOCK, die die Bearbeitung einer Sperranforderung mit der LLT beschreibt, nun folgendes Aussehen erhält:

LOCK (T, B, M):
begin
if (kein Blockeintrag für B in LLT) then do;
    erzeuge Blockeintrag für B;
    GRANTED-LOCKS-LIST, LOCAL-WAIT-LIST := leere Liste;
    X-POSSIBLE := true;
    füge (T, M) an LOCAL-WAIT-LIST an;
    LOCK-REQUEST (P, T, B, M);
end;
else do; (Blockeintrag vorhanden *)*
  if (M = R) & not X-POSSIBLE then
    füge (T, M) in GRANTED-LOCKS-LIST ein;   (R-Sperre sofort gewährt *)*
  else do;
    if M = X then X-POSSIBLE := true;
    füge (T, M) an LOCAL-WAIT-LIST an;
    LOCK-REQUEST (P, T, B, M);
  end;
end;
end (LOCK *);*

Der Algorithmus zeigt, daß R-Sperren nur dann ohne Involvierung des PCA-Lock-Managers gewährt werden können, wenn bereits ein Blockeintrag in der LLT vorliegt, wobei zusätzlich X-POSSIBLE = 'false' gelten muß. Um die Wahrscheinlichkeit dieses Falles zu erhöhen, werden nun nicht mehr (wie im Basisverfahren) die LLT-Blockeinträge nach Freigabe der letzten Lesesperre aufgegeben, sofern Synchronisationszustand RIO gegeben ist. Damit erhält man nach Freigabe der letzten Lesesperre einer lokalen TA einen Blockeintrag mit leerer GRANTED-LOCKS-LIST und leerer LOCAL-WAIT-LIST sowie X-POSSIBLE = 'false'. Da bei Antreffen solch 'leerer' Blockeinträge nachfolgende R-Anforderungen sofort gewährbar sind, werden dadurch umso mehr Kommunikationsvorgänge eingespart, je höher die Lokalität von Lesezugriffen ist. Besonders wirksam wird die Optimierung für kurze Lesesperren, da hierbei (v.a. bei längeren TA) eine TA u.U. mehrere R-Sperren für dieselbe Seite anfordert. Dabei braucht aber dann höchstens für die erste dieser R-Anforderungen eine Interaktion (nicht notwendigerweise eine Kommunikation) mit dem PCA-Sperrverwalter zu erfolgen, wenn nicht zwischenzeitlich eine Änderung auf der Seite angemeldet wird. Kann eine (kurze) R-Sperre wegen X-POSSIBLE = 'false' sofort gewährt werden, dann wird damit auch gleichzeitig angezeigt, daß die Seite seit dem letzten Zugriff nicht verändert wurde (Wiederholbarkeit von Lesevorgängen).

Das Beibehalten eines leeren Blockeintrages in der LLT erlaubt als weitere Optimierung, daß bei X-POSSIBLE = 'false' die Freigabe der letzten Lesesperre dem PCA-Lock-Manager nicht zu melden ist, da der Synchronisationszustand (RIO) unverändert bleibt. Damit erlaubt das verbesserte Primary-Copy-Sperrverfahren Kommunikationseinsparungen sowohl für das Anfordern als auch bezüglich des Freigebens von R-Sperren. Im Zustand RIO ergibt sich nun eine gewisse Unschärfe bzgl. der Sperrinformation in der GLT. Denn da das Freigeben der Lesesperren in diesem Zustand nicht mehr gemeldet wird, bedeutet MODE (P) = R lediglich, daß in Rechner P Leseinteresse an dem Block besteht und daher ein Eintrag in P's LLT vorliegt. Es wird jedoch nicht mehr angezeigt, daß in P tatsächlich R-Sperren gewährt sind, sondern nur, daß dies möglich ist.

Dies wird auch mit dem in Abb. 7.5 dargestellten Beispiel verdeutlicht, bei dem Rechner 2 die PCA für Block B besitzen soll. Dabei werden im Blockeintrag für B in GLT2 die Rechner 1 und 3 beide als 'leseinteressiert' geführt (INT. = 1, MODE = R), obwohl nur in Rechner 3 zu dem Betrachtungs-

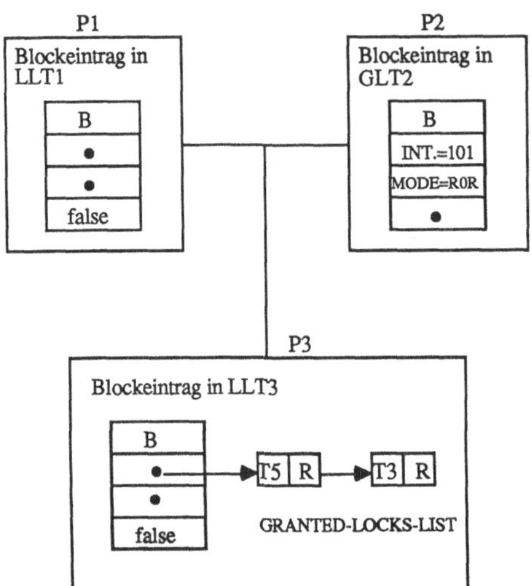

Abb. 7.5: Beispielszenarium beim PCL-Protokoll mit Leseoptimierung

zeitpunkt Lesesperren gewährt sind. Der Synchronisationszustand RIO, der in den Blockeinträgen in LLT1 und LLT3 durch X-POSSIBLE = 'false' angezeigt wird, erlaubt es sowohl in Rechner 1 als auch in Rechner 3 Lesesperren für B sofort zu gewähren, ohne den PCA-Rechner P2 zu informieren; ebenso braucht die Freigabe gewährter Lesesperren nicht mitgeteilt zu werden.

Im Gegensatz zur LLT brauchen die Sperrinformationen der GLT nicht erweitert zu werden, um die drei Synchronisationszustände für einen Block B zu unterscheiden:

- Zustand NI liegt vor, wenn kein Blockeintrag für B in der GLT vorhanden ist.

- Zustand RIO ist durch eine leere GLOBAL-WAIT-LIST und durch mindestens einen Rechner, für den MODE = R gilt, gekennzeichnet.

- Die restlichen Konstellationen zeigen Zustand XI an; dies ist also der Fall bei nicht leerer GLOBAL-WAIT-LIST bzw. bei gewährter X-Sperre (MODE = X für einen der Rechner).

Bearbeitung von X-Sperranforderungen

X-Sperranforderungen müssen, wie erwähnt, immer vom PCA-Lock-Manager bearbeitet werden. Wird dabei durch den X-Request ein Wechsel des Synchronisationszustandes von RIO nach XI ausgelöst, dann teilt dies der PCA-Lock-Manager allen 'leseinteressierten' Rechnern mit. Die Änderung des Synchronisationszustandes in der LLT wird dabei mit einer neuen Prozedur STATE-CHANGED durchgeführt; diese Prozedur kann dabei wieder lokal ausgeführt werden, wenn der eigene Rechner die PCA für den betreffenden Block besitzt, anderenfalls wird ihre Ausführung durch eine eigene Nachricht angestoßen. Im Rahmen dieser Prozedur werden dann 'leere' Blockeinträge (wie für P1 in Abb. 7.5) aufgegeben; bei gewährten Lesesperren (wie für P3 in Abb. 7.5) wird X-POSSIBLE nach 'true' abgeändert, womit angezeigt wird, daß die Freigabe der letzten Lesesperre wieder an den PCA-Sperrverwalter zu melden ist. Die X-Sperre kann dann gewährt werden, sobald dem PCA-Lock-Manager gemeldet wurde, daß alle gewährten Lesesperren freigegeben bzw. daß die Blockeinträge aufgegeben wurden.

Die skizzierte Vorgehensweise soll nun durch die Angabe der noch fehlenden Prozeduren präzisiert werden.

LOCK-REQUEST (P, B, T, M):
```
begin
if (kein Blockeintrag für B in GLT) then do;            (* Zustand NI *)
   erzeuge Blockeintrag für B;
   INTERESTED := 0; INTERESTED (P) := 1;
   MODE := 0; MODE (P) := M;
   GLOBAL-WAIT-LIST := leere Liste;
   if M=R then LOCK-RESPONSE (T, M, 'RIO')
        else LOCK-RESPONSE (T, M, 'XI');
end;
else do;  (* Blockeintrag vorhanden *)
   INTERESTED (P) := 1;
   if (GLOBAL-WAIT-LIST nicht leer) oder (X-Sperre gewährt)
      then füge (P,T,M) an GLOBAL-WAIT-LIST an;       (* Zustand XI *)
   else do;                                           (* Zustand RIO *)
     if M = R then do;  (* Lesesperranforderung *)
          MODE (P) := R;
          LOCK-RESPONSE (T, M, 'RIO');
     end;
     else do;     (* X-Request *)
          füge (P,T,X) in GLOBAL-WAIT-LIST ein;
          für alle Rechner mit MODE = R führe STATE-CHANGED (B) aus;
     end;
   end;  (* RIO *)
end;  (* Blockeintrag vorhanden *)
end (* LOCK-REQUEST *);
```

LOCK-RESPONSE (T, M, Z):
```
begin
if Z = 'RIO' then X-POSSIBLE := false;
         else X-POSSIBLE := true;
bringe (T,M) von LOCAL-WAIT-LIST in GRANTED-LOCKS-LIST;  (* aktiviere wartende TA *)
end (* LOCK-RESPONSE *)
```

STATE-CHANGED (B):
```
begin
X-POSSIBLE := true;
if (GRANTED-LOCKS-LIST leer) then do;    (* leerer Blockeintrag *)
   entferne Blockeintrag für B aus LLT;
   RELEASE (P, B, '0');
end;
end; (* STATE-CHANGED *)
```

Der Algorithmus für LOCK-REQUEST zeigt, daß eine Sperranforderung im Synchronisationszustand NI immer gewährt, im Zustand XI dagegen nie sofort gewährt wird. Im Zustand RIO werden Leseanforderungen natürlich sogleich zugelassen, während für X-Anforderungen, die einen Zustandswechsel nach XI verursachen, eine Verzögerung eintritt. Sie werden verzögert, bis alle Rechner, für die die STATE-CHANGED-Aufrufe durchzuführen sind, die Freigabe der letzten Lesesperre bzw. die Aufgabe des LLT-Blockeintrages (mit RELEASE) zurückgemeldet haben.

Für die Prozedur LOCK-RESPONSE wurde nun im Vergleich zum Basisverfahren ein weiterer Parameter aufgenommen, mit dem der aktuelle Synchronisationszustand für einen Block mitgeteilt und der damit zur Anpassung von X-POSSIBLE verwendet werden kann. STATE-CHANGED bewirkt im wesentlichen lediglich die Umschaltung von X-POSSIBLE auf 'true' sowie ggf. die Freigabe eines leeren Blockeintrages mit Rückmeldung an den PCA-Sperrverwalter (RELEASE). Die Mitteilung über die Freigabe der letzten Lesesperre wird über die Prozedur UNLOCK veranlaßt.

UNLOCK (T, B, M):
```
begin
    entferne (T, B, M) aus GRANTED-LOCKS-LIST von B in  LLT;
    if (GRANTED-LOCKS-LIST leer) & X-POSSIBLE  then do;
    if (LOCAL-WAIT-LIST leer) then do;
            gebe Blockeintrag für B in LLT auf;
            RELEASE (P, B, '0');
    end;
    else RELEASE (P, B, '1');
end (* UNLOCK *)
```

Die UNLOCK-Bearbeitung hat sich nur darin geändert, daß bei X-POSSIBLE = 'false' die Freigabe von Lesesperren nicht mehr an den PCA-Sperrverwalter mitzuteilen ist.

Die RELEASE-Prozedur, mit der die Freigabe von Sperren bzw. die Aufgabe von Blockeinträgen an den PCA-Lock-Manager gemeldet wird, sieht praktisch so aus wie im Basisverfahren (s. 7.1). Dabei erfolgt die Aktivierung wartender X-Requests, die einen Zustandswechsel von RIO nach XI verursacht hatten, ohne daß dazu die Prozedur zu ändern ist (sobald MODE=0 für alle Rechner gilt; in diesem Fall haben alle Rechner, die vormals mit MODE=R vermerkt waren, ihren Blockeintrag aufgegeben bzw. die Lesesperren freigegeben). Bei der Prozedur ist daher jetzt lediglich noch darauf zu achten, daß bei der Gewährung von Sperren (LOCK-RESPONSE) der aktuelle Synchronisationzustand mitgeteilt wird. So kann sich z.B. nach Freigabe einer X-Sperre Zustand RIO ergeben, der den wartenden Rechnern zur Optimierung weiterer Lesezugriffe bekanntzumachen ist.

Obwohl das verfeinerte Protokoll nur wenig komplexer ist als das Basisverfahren (lediglich 4 Nachrichten-Typen: Lock-Request, Lock-Response, Release- sowie die neuen State-Changed-Nachrichten; nur die LLT-Blockeinträge werden um eine Boolesche Variable erweitert), dürften damit erhebliche Einsparungen an Synchronisationsnachrichten möglich sein, gerade bei einer ungünstigen Partionierbarkeit der TA-Last (wenn die TA gut aufgeteilt werden können, dann kommt die Leseoptimierung kaum zum Tragen, da dann der PCA-Lock-Manager meist am eigenen Rechner angesiedelt ist und die Lesesperren daher auch ohne die Leseoptimierung lokal synchronisiert werden können). Der entscheidende Mechanismus dabei ist, daß ein Blockeintrag auch nach Freigabe der letzten Lesesperre in der LLT gehalten wird, wenn bekannt ist, daß keine Änderung in einem anderen Rechner beabsichtigt ist. Damit lassen sich umso mehr Nachrichten einsparen, je stärker die Lokalität von Lesezugriffen ausgeprägt ist (da dann die Wahrscheinlichkeit steigt, daß bereits ein Blockeintrag in der LLT vorliegt) und je geringer die Häufigkeit von Änderungen ist, da diese zum Wechsel des Synchronisationszustandes und zur Beseitigung 'leerer' Blockeinträge in der LLT führen können. Zur Speicherplatzbegrenzung sollten leere Blockeinträge allerdings auch freiwillig aufgegeben werden, falls für die betreffende Seite längere Zeit kein Lesezugriff mehr vorgenommen wurde.

Anbererseits führt die vorgestellte Leseoptimierung zu zusätzlichen Nachrichten (State-Changed) sowie zu einer Benachteiligung für Schreibsperren. Denn zur Gewährung einer X-Sperre kann es jetzt zuerst notwendig werden, leere Blockeinträge aus den lokalen Sperrtabellen mehrerer Rechner zu entfernen. Eine Vermeidung dieser Verzögerungen, die beim Basisverfahren nicht vorkommen, wird z.B. möglich, wenn Konsistenzebene 2 ausreichend ist. Wie in /Rah86f/ näher ausgeführt, kann in diesem Fall die Änderung des Synchronisationszustandes (mit STATE-CHANGED) auch noch nach

Gewährung der X-Sperre mitgeteilt werden (der Rechner, an dem die Änderung vorgenommen werden soll, ist natürlich vom neuen Synchronisationszustand XI informiert; hier muß die Änderung in jedem Fall bis zur Freigabe lokal gehaltener R-Sperren verzögert werden). Die STATE-CHANGED-Bearbeitung erfolgt daher asynchron zur Gewährung der X-Sperre, womit es vorkommen kann, daß trotz gewährter Schreibsperre in den anderen Rechnern noch für kurze Zeit auf die ungeänderte, jedoch gültige Version der betreffenden Seite zugegriffen wird. Wegen der kurzen Lesesperren ist es zudem nach wie vor möglich, daß eine TA unterschiedliche Versionen einer Seite zu sehen bekommt ('unrepeatable read'). Dafür können aber auch X-Anforderungen schnell gewährt werden.

Gewährung wartender Sperranforderungen

In den bisher vorgestellten Protokollen wurden nicht gewährbare Sperranforderungen stets in die GLOBAL-WAIT-LIST eingereiht, wobei eine Gewährung durch den PCA-Lock-Manager veranlaßt wurde, sobald die unverträglichen Sperren freigegeben waren. Die Abarbeitung der GLOBAL-WAIT-LIST braucht dabei nicht notwendigerweise in FIFO-Reihenfolge vorgenommen zu werden, vielmehr können flexiblere Strategien zur Einsparung von Kommunikationsvorgängen (jedoch ohne ein 'Verhungern' wartender TA zu verursachen) zur Anwendung gebracht werden. So könnten beispielsweise bei mehreren X-Anforderungen eines Rechners diese mit einer Lock-Response-Nachricht zusammen gewährt werden, so daß nur die Freigabe der letzten X-Sperre an den PCA-Lock-Manager zurückgemeldet werden muß. Auch könnte man sich die Mitteilung weiterer R-Anforderungen (im Synchronisationszustand XI) an den PCA-Lock-Manager sparen, wenn bei ihm bereits eine R-Anforderung aus dem Rechner in der GLOBAL-WAIT-LIST vorliegt. Die anderen Lesesperranforderungen, die nur in der LOCAL-WAIT-LIST vermerkt werden, können dann zusammen mit der Gewährung der beim PCA-Rechner bekannten R-Sperranforderung zugelassen werden. Eine Alternative dazu wäre, vor Zuteilung einer X-Sperre zunächst alle Lesesperren zu gewähren, die sich in der LOCAL-WAIT-LIST angesammelt haben (zwecks Kommunikationseinsparung aber nicht an den PCA-Sperrverwalter weitergemeldet wurden).

7.3 Integrierte Lösung des Veralterungsproblems

Bei den bisher vorgestellten Algorithmen wurde die Behandlung des Veralterungsproblems bewußt außer acht gelassen, um ein einfacheres Verständnis zu ermöglichen. Da die allgemeine Broadcast-Lösung (s. 6.3), die eine FORCE-Strategie bezüglich des Ausschreibens geänderter Seiten unterstellt, zu ineffizient ist, sollen nun für die in 6.3 genannten Teilprobleme Lösungen in Kombination mit dem Primary-Copy-Sperrverfahren angegeben werden. Die integrierten Lösungen verwenden zusätzliche Informationen in den globalen Sperrtabellen (GLTs) und erlauben eine weitgehende Reduzierung von Nachrichten für die Behandlung des Veralterungsproblems. Neben der Synchronisation auf Seitenebene, die eine integrierte Lösung des Pufferinvalierungsproblems erheblich vereinfacht, setzen wir dabei aus Leistungsgründen sowohl eine NOFORCE-Strategie als einen Austausch geänderter Seiten über das Kommunikationssystem voraus. Die Konzepte können jedoch auch problemlos auf den wesentlich einfacheren FORCE-Fall bzw. auf einen Seitenaustausch über Platte (bzw. sonstige gemeinsame Speicher) übertragen werden.

Nach Abschnitt 6.3 sind zur Lösung des Veralterungsproblems bei NOFORCE folgende drei Teilprobleme zu lösen: Erkennung veralteter Seiten im Systempuffer, Bereitstellung der aktuellen Seite vor einem Zugriff sowie die Ausschreibkoordinierung. Dabei wollen wir uns zunächst auf die beiden erstgenannten Teilprobleme konzentrieren, für die wir jeweils zwei unterschiedliche Lösungsstrategien angeben werden. Da die einzelnen Lösungen beliebig kombinierbar sind, ergeben sich dadurch für das Primary-Copy-Sperrverfahren insgesamt vier verschiedene Lösungen zur integrierten Behandlung des Veralterungsproblems. Die einzelnen Ansätze sollen dabei für das PCL-Basisverfahren angegeben werden, bei dem jede Sperranforderung vom PCA-Sperrverwalter bearbeitet wird. Auf Besonderheiten, die sich durch die Leseoptimierung ergeben, wird dann später eingegangen.

A) Erkennung veralteter Seiten
Zum Erkennen invalidierter Seiten in den Systempuffern kommen im wesentlichen zwei Methoden in Betracht, die beide zusätzliche Felder in den Blockeinträgen der GLT verwenden:

A1) *Verwendung von Zeitstempel*

Hierbei wird in jeder Seite ein Zeitstempel gespeichert (z.B. im Seitenkopf), der bei jeder Änderung der Seite erhöht wird und damit einer Versionsnummer entspricht. Als Zeitstempel kann dazu pro Seite ein einfacher Zähler benutzt werden, der nach jeder Änderung inkrementiert wird. Bei Freigabe der für eine Änderung erforderlichen X-Sperre (RELEASE) wird dem PCA-Sperrverwalter der Wert des Zeitstempels für die neu erzeugte Version der Seite mitgeteilt und in einem zusätzlichen Feld TS (timestamp) in der GLT abgelegt. Bei Anforderung einer Sperre beim PCA-Lock-Manager (LOCK-REQUEST) ist diesem nun mitzuteilen, ob im Systempuffer des Rechners, an dem die anfordernde TA bearbeitet wird, bereits eine Kopie der Seite vorliegt und wenn ja, wie der Zeitstempel dieser Seite lautet. Durch Vergleich dieses Zeitstempels mit dem Wert von TS in der GLT wird dann festgestellt, falls eine veraltete Seite vorliegt, und der Zugriff auf sie kann verhindert werden.

A2) *Verwendung von Invalidierungsvektoren*

Bei diesem Ansatz wird zur Erkennung veralteter Seiten in den Blockeinträgen der GLT ein sogenannter Invalidierungsvektor I geführt, der für jeden der N Rechner ein Bit enthält:

    I : array [1..N] of Bit;

Dabei gilt I(P) = 1, wenn für den betreffenden Block im Systempuffer von Rechner P eine invalidierte Seite vorliegen kann; ist dies nicht möglich, dann gilt I(P) = 0. Diese Information kann deshalb geführt werden, weil nach einer Änderung nur im ändernden Rechner die aktuelle Seitenversion vorliegt, für alle anderen Rechner jedoch möglicherweise eine veraltete Kopie. Daher setzt der PCA-Sperrverwalter bei der Freigabe einer X-Sperre (RELEASE) den Invalidierungsvektor für den ändernden Rechner auf 0 und für alle anderen Rechner auf 1. Bei einer Sperranforderung (LOCK-REQUEST) wird dann dem PCA-Lock-Manager mitgeteilt, ob bereits eine Kopie der Seite im Systempuffer des Rechners vorliegt, an dem die TA abgearbeitet wird, die die Sperre anfordert. Ist dies der Fall, dann kann mit dem Invalidierungsvektor entschieden werden, ob die Seite aktuell ist oder nicht und ggf. weggeworfen werden (*).

Beide Ansätze haben den Vorteil, daß invalidierte Seiten vollkommen ohne zusätzliche Nachrichten

---

* Eine ähnliche Lösung zur Erkennung von Pufferinvalidierungen wurde mittlerweile auch in /DIRY87/ vorgeschlagen, die zur Abgrenzung von der Broadcast-Lösung (6.3) als 'check on access' bezeichnet wird (da erst beim Zugriff auf eine Seite über deren Aktualität entschieden wird). Anstelle eines Invalidierungsvektors wird dabei aber für einen Block eine Liste der Rechner geführt, die den Block gültig in ihrem Puffer vorliegen haben (nach einer Änderung ist dies nur der Änderungsrechner). Der Nachteil dabei ist, daß jede Verdrängung aus dem Puffer gemeldet werden muß, während dies bei den Invalidierungsvektoren nicht notwendig ist.

erkannt werden. Dies ist ein großer Fortschritt gegenüber der Broadcast-Lösung, bei der jede Seitenänderung allen Rechnern eigens mitgeteilt wurde. Die in das Primary-Copy-Verfahren integrierte Lösung wird möglich, da für jeden Seitenzugriff zunächst eine entsprechende Sperre beim PCA-Lock-Manager anzufordern ist. Folgende Elemente des Primary-Copy-Protokolls tragen zur Erkennung veralteter Seiten bei:

- Der RELEASE-Aufruf für eine X-Sperre zeigt die erfolgreiche Änderung einer Seite in einem der Rechner an.

- Diese Information wird in zusätzlichen Feldern (Timestamp bzw. Invalidierungsvektor) in der GLT vermerkt.

- Bei Anfordern einer Sperre (LOCK-REQUEST) kann mit diesen Informationen entschieden werden, ob eine eventuell bereits vorliegende Seite veraltet ist oder nicht.

Die Methoden A1 und A2 sind prinzipiell gleichwertig, da sie beide die Erkennung invalidierter Seiten ohne zusätzliche Kommunikation erlauben. Ein Vorteil der Lösung mit Invalidierungsvektoren ist, daß zur Erkennung veralteter Seiten keine zusätzliche Informationen (Zeitstempel) in den Seiten zu führen sind. Andererseits können diese Zeitstempel auch sinnvoll für die Crash-Recovery eingesetzt werden (s. 7.5), so daß sie dann bezüglich des Veralterungsproblems keinen Zusatzaufwand darstellen. Die Zeitstempelmethode ist darüber hinaus konzeptionell etwas einfacher.

B) Bereitstellen der aktuellen Seite

Bei einer FORCE-Strategie ist das Veralterungsproblem mit einer der beiden vorgestellten Methoden zur Erkennung invalidierter Seiten (A1 oder A2) bereits gelöst (ohne zusätzliche Kommunikation), da dort die aktuelle Seite stets von Platte eingelesen werden kann. Bei NOFORCE dagegen gestaltet sich die Bereitstellung der gültigen Version einer Seite schwieriger. So kann zwar mit einer der beiden obigen Ansätze festgestellt werden, ob eine im Systempuffer vorliegende Seite veraltet ist, jedoch ist für den Fall, daß die Seite entweder veraltet oder nicht vorhanden ist, zu bestimmen, von wo die aktuelle Seite erhältlich ist. Zur Lösung dieses Problems kommen bei dem Primary-Copy-Sperrverfahren folgende beiden Alternativen in Frage:

B1) *Propagate-on-Demand-Ansatz*

Bei dieser Möglichkeit vermerkt der PCA-Rechner für eine geänderte Seite im Blockeintrag zusätzlich noch den Rechner, an dem die letzte Änderung durchgeführt wurde (MODIFYING-PROCESSOR). Bei diesem Rechner kann dann die aktuelle Seite explizit angefordert werden, wenn die Seite im eigenen Systempuffer nicht oder veraltet vorliegt. Da die Weiterleitung einer geänderten Seite dabei nur auf Anfrage (bei Bedarf) erfolgt, nennen wir diese Vorgehensweise 'propagate on demand' /Rah86a/.

Ein naheliegender Ansatz sieht vor, daß der PCA-Lock-Manager bei Gewährung einer Sperre (LOCK-RESPONSE) der anfordernden TA mitteilt, welcher Rechner die betreffende Seite geändert hat; die TA kann dann die Seite von diesem Rechner anfordern. Im schlechtesten Fall fallen dabei jedoch 4 Nachrichten an, bis eine TA auf eine Seite zugreifen kann: 2 Nachrichten zum Anfordern und Gewähren der Sperre und 2 Nachrichten zum Anfordern und Übermitteln der Seite. Dieser Fall liegt vor, wenn der Rechner P1, von dem die Sperranforderung ausgeht, der Rechner P2, der in Besitz der PCA ist, und der Rechner P3, der die letzte Änderung der Seite vorgenommen hat, alle voneinander verschieden sind (Abb. 7.6a). Für diesen Worst-Case ist jedoch eine Reduzierung auf 3 Nachrichten möglich, wenn der PCA-Rechner anstatt zuerst die Lock-Response-Nachricht zurückzuschicken, sofort die Seite für P1 bei Rechner P3 anfordert. Dieser kann dann die geänderte Seite zusammen mit der Sperrgewährung an P1 senden (Abb. 7.6b). Im Idealfall sind natürlich P1, P2 und P3 identisch, so daß weder zum Erwerb der Sperre noch zur Bereitstellung der aktuellen Seite Kommunikation notwendig wird. Falls lediglich P1=P2 gilt, wird nur zum Austausch der geänderten Seite Kommunikation erforderlich, bei P2=P3 nur zum Anfordern und Gewähren der Sperre (je 2 Nachrichten), wobei in letzterem Fall die geänderte Seite zusammen mit der Sperrgewährung übertragen wird. Diese Überlegungen zeigen, daß bei dem Propagate-on-Demand-Ansatz eine hohe Lokalität nicht nur für eine geringe Nachrichtenhäufigkeit zur Synchronisation wesentlich ist, sondern auch bezüglich des Nachrichtenbedarfs zum Austausch geänderter Seiten.

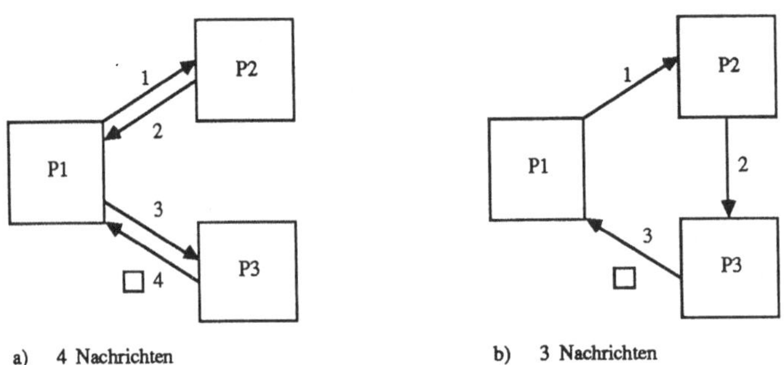

Abb. 7.6: Worst-Case bei Propagate-on-Demand

B2) *Führen geänderter Seiten durch den PCA-Rechner*

Bei dieser Alternative werden alle geänderten Seiten, für die ein anderer Rechner die PCA besitzt, an diesen geschickt, und zwar zusammen mit der Freigabe der für die Änderung benötigten X-Sperre (Release-Nachricht). Dies entspricht exakt der Vorgehensweise bei den Primary-Copy-Verfahren in replizierten DBS (5.2), bei denen auch alle Änderungen an den Primary-Copy-Rechner geleitet wurden; allerdings sind in VDBS die Kommunikationsverbindungen wesentlich langsamer als bei DB-Sharing (dafür brauchen aber i.a. auch nicht ganze Seiten verschickt zu werden). Für DB-Sharing ergibt sich nun der Vorteil, daß eine geänderte Seite stets direkt vom PCA-Rechner angefordert werden kann, bzw. sie ist von Platte einzulesen, wenn der PCA-Rechner die Seite bereits ausgeschrieben hat. Das Anfordern der Seite erfolgt dabei immer zusammen mit der Sperranforderung (Lock-Request), die Übertragung der Seite selbst wird zusammen mit der Sperrgewährung (Lock-Response) durchgeführt.

Diese Vorgehensweise erlaubt es, daß nicht nur die Erkennung veralteter Seiten ohne jegliche zusätzliche Nachrichten geschieht, sondern auch die Bereitstellung der aktuellen Seiten (Seitenaustausch). Denn die Übertragung der Seiten zum und vom PCA-Rechner geschieht ausschließlich zusammen mit Synchronisationsnachrichten, die ohnehin zu schicken sind (Release-Nachricht für X-Sperre bzw. Lock-Response-Nachricht). Wird bei diesen Nachrichten eine Seite mitgeschickt, dann erhöhen sich natürlich die Übertragungszeiten entsprechend, die Seiten brauchen dafür aber auch nicht eigens angefordert zu werden wie beim Propagate-on-Demand-Ansatz. Denn dies führt nicht nur zu einem höheren Kommunikations-Overhead in den Rechnern (zusätzliche Send-/Receive-Operationen und Prozeßwechsel), sondern v.a. zu längeren Unterbrechungen für die TA (Antwortzeitverschlechterungen). Die Übertragung der geänderten Seite mit der X-Sperrfreigabe scheint auch deshalb sinnvoll, weil die Zugriffswahrscheinlichkeit auf die Seite (bei einem geeigneten TA-Routing) im PCA-Rechner am höchsten sein sollte.

Nachteilig im Vergleich zur Propagate-on-Demand-Methode ist die höhere Gesamtanzahl von Seitenübertragungen, so daß bei dem Ansatz größere Bandbreiten erforderlich werden. Denn bei Propagate-on-Demand findet ein Seitenaustausch nur dann statt, wenn die geänderte Seite tatsächlich in einem anderen Rechner gebraucht wird. Hier werden jedoch die geänderten Seiten immer zum PCA-Rechner übertragen (bei Änderung in einem anderen Rechner), auch wenn danach die geänderte Seite (vor dem Ausschreiben) nicht mehr benötigt werden sollte. Das zu erwartende Übertragungsvolumen (nicht aber die Anzahl der Nachrichten) hängt zudem noch stärker von dem Ausmaß erreichbarer Lokalität ab, da umso mehr Seiten ausgetauscht werden, je häufiger eine Änderung nicht im PCA-Rechner erfolgt. So ergeben sich für 1000 TA/s, 50 % Anteil von Änderungs-TA und 4 Seitenänderungen pro Update-TA 2000 Seitenänderungen pro Sekunde. Bei 2 KB Seitengröße werden allein für die Übertragung zum PCA-Rechner (Release-Nachrichten) 0.8 MB/s erforderlich, wenn 80 % der Änderungen im PCA-Rechner vorgenommen werden, aber bereits 3.2 MB/s, wenn dieser Anteil nur 20 % beträgt. Trotzdem liegt der gesamte Kommunikationsbedarf auch für höhere TA-Raten noch durchaus im realisierbaren Bereich, wenn auch bei ungleicher Verteilung der Änderungshäufigkeiten zeitweise Engpässe im Kommunikationssystem nicht auszuschließen sind.

Kombination der Methoden

Die je zwei Alternativen zur Erkennung veralteter Seiten (A1 und A2) sowie zur Bereitstellung der aktuellen Seiten (B1 und B2) können zu insgesamt vier verschiedenen Strategien zur Behandlung des Veralterungsproblems beim Primary-Copy-Sperrverfahren und mit NOFORCE verknüpft werden. Das Zusammenspiel der einzelnen Teillösungen sowie die Unterschiede zwischen den vier Kombinationen sollen jetzt an einem einheitlichen Beispiel verdeutlicht werden. Die in Abb. 7.7 gezeigte Ausgangssituation sieht vor, daß der betrachtete Block B, für den Rechner P2 die PCA hält, in der aktuellen Version in den Systempuffern von P1 und P3 residiert. Block B soll nun von einer TA in P3 geändert werden. Dazu wird bei allen vier Verfahren mit einer Lock-Request-Nachricht die erforderliche X-Sperre in P2 angefordert, die sogleich mit einer Lock-Response-Nachricht gewährt werden soll. Die nun folgenden Schritte werden für die einzelnen Verfahren getrennt betrachtet:

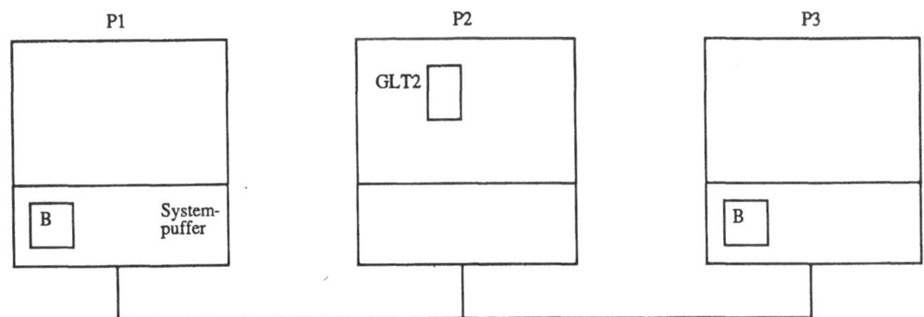

Abb. 7.7: Beispielsituation zum Veralterungsproblem

a) Die Freigabe der X-Sperre durch die ändernde TA mit einer Release-Nachricht (die Seite im Puffer von Rechner P1 ist jetzt invalidiert). Von Interesse ist dabei
- welche zusätzliche Daten mit der Release-Nachricht von P3 nach P2 geschickt werden

- welche Informationen im Blockeintrag für B in GLT2 abgelegt werden
- ob die geänderte Seite B in den Puffer von P2 übernommen wird oder nicht.

b) Die Anforderung einer Sperre auf Block B durch eine TA in P1 mit einer Lock-Request-Nachricht an P2. Hierbei ist von Interesse
- welche zusätzlichen Informationen mit der Lock-Request-Nachricht zu übertragen sind
- wie erkannt wird, daß die Kopie von B in P1 veraltet ist
- wie die aktuelle Version von B bereitgestellt wird
- ob und welche Auswirkungen sich für die GLT-Informationen ergeben.

	A1/B1	A2/B1	A1/B2	A2/B2
zusätzliche Info in Release-Nachricht	t2	–	Seite B	Seite B
zusätzliche Info in GLT2	TS := t2 MP := P3	I := 110 MP := P3	TS := t2	I : 100
B in Puffer von P2	nein		ja	
zusätzl. Info in Lock-Request-Nachr.	t1	Angabe, ob Kopie von B in P1	t1	Angabe, ob Kopie von B in P1
Erkennung des Veralterungskonflikt	t1 < t2	I(1) = 1	t1 < t2	I(1) = 1
Bereitstellung der aktuellen Seite	P2 fordert P3 auf, Seite an P1 zu schicken		direkt, zusammen mit der Lock-Response-Nachricht	
Änderung in GLT2	–	I := 010	–	I := 000

Diese Angaben sind für die vier Strategien zur Behandlung des Veralterungsproblems in obiger Tabelle zusammengestellt. Für die Erkennung über Zeitstempel wird dabei vorausgesetzt, daß die ursprüngliche Version von B Zeitstempel t1 trägt, die Änderung in P3 dann die Versionsnummer t2 generiert.

Die Angaben aus der Tabelle sollen im folgenden kurz interpretiert werden.

A1/B1 (Zeitstempel zur Erkennung veralteter Seiten, Propagate-on-Demand)
Bei Sperrfreigabe teilt die TA in P3 dem PCA-Lock-Manager in der Release-Nachricht den Zeitstempel (t2) der neu erzeugten Seitenversion mit. Dieser vermerkt diesen Zeitstempel im Blockeintrag für B in seiner GLT ebenso wie P3 als MODIFYING-PROCESSOR (MP). Beim Lock-Request einer TA aus P1 gibt diese gleichzeitig die Versionsnummer (t1) der in P1 vorliegenden Kopie von B bekannt. Durch Zeitstempelvergleich erkennt der PCA-Lock-Manager, daß die Seite veraltet ist. Anstatt direkt eine Lock-Response-Nachricht an P1 zurückzusenden, fordert der PCA-Sperrverwalter den Rechner P3, der als MODIFYING-PROCESSOR in GLT2 geführt ist, auf, die geänderte Seite an P1 zu schicken. Mit dieser Seite wird P1 zugleich mitgeteilt, daß die Sperre gewährt ist und daß die eigene Kopie von B veraltet ist.

A2/B1 (Invalidierungsvektor, Propagate-on-Demand)
Hierbei wird bei Freigabe der X-Sperre in P2 der Invalidierungsvektor I auf den Wert 110 gesetzt, da nur in Rechner P3 die aktuelle Version vorliegen kann, in P1 und P2 dagegen noch veraltete Seitenkopien herumstehen können. P3 wird außerdem als MODIFYING-PROCESSOR vermerkt. Bei einem Lock-Request von Rechner P1 wird lediglich mitgeteilt, ob im Puffer von P1 bereits eine Kopie von B vorliegt. Da mittels des Invalidierungsvektors erkannt wird, daß die Seite veraltet ist, wird P3 wie oben aufgefordert, P1 die aktuelle Seite zur Verfügung zu stellen. Da P1 damit die aktuelle Version

von B erhält, kann der Invalidierungsvektor in GLT2 auf I = 010 abgeändert werden.

A1/B2 (Zeitstempel, alle Änderungen an PCA-Rechner schicken)
Bei dieser Strategie wird mit Freigabe der X-Sperre die geänderte Seite zum PCA-Rechner P2 geschickt (Release-Nachricht), wo die Seite in den Systempuffer gebracht wird. Da der PCA-Rechner in Besitz der aktuellen Version ist, braucht die Angabe MODIFYING-PROCESSOR nicht mehr geführt zu werden. Zur Erkennung veralteter Seiten wird daher lediglich der Zeitstempel t2 der aktuellen Version in der GLT vermerkt. Damit kann dann anschließend entdeckt werden, daß die in P1 vorliegende Seitenversion veraltet ist. Die aktuelle Version kann P1 direkt mit der Lock-Response-Nachricht übermittelt werden, womit die schnellstmögliche Bedienung der TA möglich wird. Sollte bei einer Sperranforderung die aktuelle Version der Seite bereits aus dem Puffer des PCA-Rechners verdrängt worden sein und der anfordernde Rechner eine veraltete Seite oder keine Kopie der Seite in seinem Systempuffer besitzen, dann wird ihm in der Lock-Response mitgeteilt, daß die aktuelle Version von Platte einzulesen ist.

A2/B2 (Invalidierungsvektor, alle Änderungen an PCA-Rechner schicken)
Da der PCA-Rechner mit Freigabe der X-Sperre ebenfalls in Besitz der aktuellen Seitenversion gelangt, wird in P2 der Invalidierungsvektor I auf 100 gesetzt. Dies bedeutet, daß nur noch in P1 eine veraltete Kopie vorliegen kann. Bei der Sperranforderung aus P1 wird dann auch erkannt, daß wegen I(1) = 1 die dort vorliegende Seite veraltet ist. Die aktuelle Version wird daher zusammen mit der Lock-Response-Nachricht an P1 geschickt und der Invalidierungsvektor auf I = 000 abgeändert.

Ausschreibkoordinierung
Zur Behandlung des Veralterungsproblems bei NOFORCE ist es nach 6.3 auch notwendig, das Ausschreiben geänderter Seiten geeignet zu koordinieren, um ein Überschreiben der aktuellen Seitenversion auf Platte durch eine veraltete Kopie zu verhindern. Diese Koordinierung ist bei Methode B2, bei der alle Änderungen dem PCA-Rechner zugestellt werden, bereits gelöst, indem man das Ausschreiben geänderter Seiten nur durch den PCA-Rechner vornehmen läßt. Damit ist zugleich klar, daß die aktuelle Version einer Seite entweder im Systempuffer des PCA-Rechners vorliegt oder auf Platte, womit die Bereitstellung der geänderten Seiten erheblich vereinfacht wird. Mit der Lock-Response-Nachricht wird einem Rechner, der die zu referenzierende Seite nicht oder nur in einer veralteten Version in seinem Puffer hält, die aktuelle Seite entweder direkt übertragen, oder es wird mitgeteilt, daß die Seite von Platte einzulesen ist.

Wesentlich problematischer ist dagegen die Ausschreibkoordinierung beim Propagate-on-Demand-Ansatz. Um das Ausschreiben veralteter Seiten zu verhindern, sollte dabei nur der Rechner eine Seite ausschreiben, der diese zuletzt geändert hat und daher auch als MODIFYING-PROCESSOR in der GLT des PCA-Rechners geführt wird. Nach Änderung einer Seite außerhalb des PCA-Rechners ist im ändernden Rechner jedoch nicht immer bekannt, ob nicht zwischenzeitlich ein anderer Rechner die Seite geändert hat. Zur Verdeutlichung des Problems soll nochmals auf das Beispiel in Abb. 7.7 zurückgegriffen werden, in dem P2 die PCA für Block B hat und in P3 eine Änderung von B vorgenommen wurde. Nach dieser Änderung wird P3 als MODIFYING-PROCESSOR geführt. Wenn danach eine TA in P1 die geänderte Version von B lesen will, bekommt sie gemäß dem geschilderten Protokoll die aktuelle Version von B geschickt; P3 bleibt aber als MODIFYING-PROCESSOR in GLT2 vermerkt, da nur ein lesender Zugriff verlangt wurde. Wenn später dann eine TA in P1 die vorliegende (aktuelle) Version von B ändert, besitzt P3 eine veraltete Version. Um zu verhindern, daß

P3 die veraltete Version dennoch ausschreibt, sind zusätzliche Nachrichten erforderlich, z.B. indem P1 oder der PCA-Rechner P2 nach der erfolgreichen Änderung P3 auffordern, die veraltete Seite wegzuwerfen.

Selbst wenn P3 die geänderte Seite mit dem Wissen an P1 schickt, daß dort eine weitere Änderung vorgenommen werden soll, kann die in P3 vorliegende Version der Seite nicht sofort weggeworfen werden. Denn wenn die TA in P1, die die Änderung vornehmen will, scheitert, dann ist P3 nach wie vor als MODIFYING-PROCESSOR für die Seite zuständig. P3 müßte also entweder wiederum eigens informiert werden, ob die Änderung in P1 erfolgreich war oder nicht, oder aber die (Auschreib-) Verantwortlichkeit geht in jedem Fall an P1, auch wenn die Änderungs-TA scheitert. In letzterem Fall müßte in P1 die ungeänderte Version aufbewahrt werden, um diese nach einem Scheitern weiterhin als gültige Version anbieten zu können. Außerdem müßte der PCA-Rechner P2 P1 auch bei Scheitern der Update-TA als MODIFYING-PROCESSOR vermerken.

Beim Propagate-on-Demand-Ansatz können Seitenanforderungen nicht befriedigt werden, wenn der als MODIFYING-PROCESSOR geführte Rechner die geänderte Seite mittlerweile ausgeschrieben hat (und nicht mehr im Systempuffer hält). In diesem Fall wird dem anfordernden Rechner mitgeteilt, daß die betreffende Seite von Platte einzulesen ist. Um das Ausmaß solch erfolgloser Seitenanforderungen zu reduzieren, sollte das Ausschreiben geänderter Blöcke dem PCA-Rechner mitgeteilt werden (gebündelt bzw. zusammen mit anderen Nachrichten). Dieser kann daraufhin für die betroffenen Seiten MODIFYING-PROCESSOR auf 0 setzen, womit angezeigt wird, daß die aktuelle Seitenversion in der physischen Datenbank vorliegt. Dies kann dann bei Gewährung einer Sperre der betreffenden TA unmittelbar mitgeteilt werden, wodurch ein erfolgloses Anfordern der Seite bei einem anderen Rechner umgangen wird.

Die Ausführungen zeigen, daß die Ausschreibkoordinierung beim Propagate-on-Demand-Schema ein nicht zu unterschätzendes Problem darstellt, das i.a. nur mit zusätzlichen Kommunikationen gelöst werden kann. Dies macht die Alternativ-Lösung, bei der alle Änderungen zum PCA-Rechner geschickt werden, noch attraktiver.

Besonderheiten aufgrund der Leseoptimierung

Die bisherige Diskussion bezog sich immer auf die PCL-Basisvariante, bei der jede Sperranforderung vom PCA-Lock-Manager behandelt wird, womit eine Erkennung veralteter Seiten bzw. Bereitstellung der aktuellen Version ermöglicht wird. Bei der in 7.2 vorgestellten Leseoptimierung können jedoch u.U. Lesesperren gewährt werden, ohne den PCA-Sperrverwalter zu informieren. Dies ist auch jetzt noch möglich, sofern die betreffende Seite im Systempuffer des Rechners vorliegt, in dem die Lesesperre gewährt werden soll. Denn wenn die Lesesperre auch ohne PCA gewährt werden kann (wegen X-POSSIBLE = 'false'), dann bedeutet dies, daß die Seite seit der letzten Interaktion mit dem PCA-Lock-Manager nicht geändert wurde; daher kann auch bedenkenlos auf die lokal vorliegende Kopie der Seite zugegriffen werden. Liegt die Seite dagegen nicht mehr im Systempuffer vor, dann ist der PCA-Sperrverwalter zu befragen, um die aktuelle Version der Seite zu erhalten (die Kopie der Seite auf Platte dürfte i.a. veraltet sein). 'Leere' Blockeinträge in der LLT, die eine lokale Gewährbarkeit von Lesesperren anzeigen, können daher auch entfernt werden, sobald die betreffende Seite aus dem Systempuffer verdrängt wird. Damit wird der Vorteil der Leseoptimierung nicht geschmälert, da auf verdrängte Seiten i.a. ohnehin schon längere Zeit nicht mehr zugegriffen wurde. Vielmehr ergibt sich eine einfache Methode, die Anzahl von Blockeinträgen in der LLT relativ klein zu halten.

Die durch die Verdrängung einer Seite verursachte Beendigung der lokalen Synchronisierbarkeit von Lesesperren (bei nicht vorhandener PCA), macht den Zusammenhang zwischen der Nutzung von Lokalität zur E/A-Reduzierung durch die Systempufferverwaltung und zur Nachrichtenminimierung durch die Synchronisationskomponente offenkundig. Die Lokalität kann dabei in beiden Fällen rechnerübergreifend genutzt werden, wenn es sich vorwiegend um Lesezugriffe handelt.

Freigabe von Blockeinträgen in der GLT

Während durch die eben geschilderte Vorgehensweise die Anzahl von Blockeinträgen in den LLTs hinreichend klein gehalten werden kann, besteht für die GLT die Gefahr, daß die Anzahl der Blockeinträge ins Unendliche wächst. Denn wegen den in der GLT geführten Veralterungsinformationen kann ein Blockeintrag nicht mehr einfach aufgegeben werden, wenn zu einem Zeitpunkt keiner der Rechner mehr an dem Block 'interessiert' ist. Denn dann könnte u.U. bei einer späteren Sperranforderung möglicherweise unbemerkt auf eine im Systempuffer noch vorkommende, invalidierte Seite zugegriffen werden.

Zum Entfernen aus der GLT bieten sich vor allem solche Blockeinträge an, für die keiner der Rechner mehr Interesse angemeldet hat (INTERESTED = 0) und für die die zugehörigen Seiten bereits ausgeschrieben wurden. Bei der Verwendung von Invalidierungsvektoren kann das Aufgeben eines Blockeintrages dann sogleich erfolgen, wenn I(P) = 0 für jeden Rechner P gilt, da dann in keinem Systempuffer eine veraltete Kopie der Seite vorliegen kann. Gilt I(P) = 1 für einige Rechner, so sind diese vor Aufgeben eines Blockeintrages aufzufordern, eine eventuell vorliegende Kopie der betreffenden Seite aus ihrem Puffer zu entfernen (diese Aufforderung kann z.B. mit ohnehin an die Rechner zu schickende Nachrichten mitgeteilt werden). Bei Zeitstempelverfahren kann das Wegwerfen veralteter Seiten vor dem Aufgeben der Blockeinträge durch eine Broadcast-Nachricht veranlaßt werden. Diese Broadcast-Nachrichten werden dabei generell gebündelt und können in Zeiten geringerer Auslastung verschickt werden, so daß der entstehende Kommunikationsaufwand kaum ins Gewicht fällt.

Abschließende Empfehlung

In diesem Abschnitt wurden vier verschiedene, in das Primary-Copy-Sperrverfahren integrierbare Lösungen für das Veralterungsproblem für NOFORCE vorgestellt. Die Diskussion hat gezeigt, daß das Veralterungsproblem vollkommen ohne zusätzliche Nachrichten lösbar ist, wenn alle Änderungen zum PCA-Rechner geschickt werden. Dieser Ansatz zur Bereitstellung geänderter Seiten hat gegenüber der Propagate-on-Demand-Methode vor allem noch den Vorteil einer einfacheren Ausschreibkoordinierung; wie sich zeigen wird, erlaubt er auch eine einfachere Behandlung von Rechnerausfällen. Für diese gewichtigen Vorteile ist eine möglicherweise hohe Übertragungsfrequenz (bei ungünstiger Lokalität, wenn die meisten Änderungen nicht vom PCA-Rechner vorgenommen werden) in Kauf zu nehmen, die jedoch die technischen Grenzen heutiger Hochleistungs-Kommunikationssysteme bei den hier betrachteten TA-Raten nicht erreicht. Zur Erkennung veralteter Seiten wurden zwei in etwa gleichwertige Ansätze vorgeschlagen, nämlich die Verwendung von Zeitstempeln oder von Invalidierungsvektoren. Wenn Zeitstempel ohnehin für Recovery-Zwecke in den Seiten zu führen sind, dann ergibt die Zeitstempel-Methode die etwas einfachere Lösung. Anderenfalls sind Invalidierungsvektoren interessanter, da sie keine Informationen in den Seiten selbst voraussetzen.

7.4 Kooperation mit der Lastkontrolle

Nach 6.1 sollte das TA-Routing mittels einer Routing-Tabelle durchgeführt werden, um eine möglichst schnelle Weiterleitung der TA zu erreichen. Dabei wird von der Annahme ausgegangen, daß die TA-Last typischerweise über Stunden hinweg ein ähnliches Referenzverhalten (Homogenität) aufweist, so daß ein tabellengesteuertes TA-Routing anwendbar ist. Die Routing-Tabelle hat daher zu gewährleisten, daß

a) eine weitgehend lokale TA-Verarbeitung erreicht wird; dazu sollte beim Primary-Copy-Sperrverfahren ein TA-Typ möglichst dem Rechner zugeordnet werden, der die PCA für die meisten der zu referenzierenden DB-Bereiche hält

b) die Rechner in etwa gleich ausgelastet sind und kein Rechner überlastet ist.

Um eine gute Last-Balancierung zu erreichen (Forderung b), kann eine TA u.U. nicht immer dem Rechner zugeordnet werden, der eine weitgehend lokale Synchronisation zuläßt. Denn wenn dieser Rechner bereits stark ausgelastet ist, kann die TA auf einem wenig ausgelasteten Rechner ggf. schneller bearbeitet werden, auch wenn dabei mehr Kommunikationsvorgänge verursacht werden.

TA-Typ	Area (DB-Partition)									Summe
---	3	4	5	7	10	11	12	13	14	
ABSTART	17960	15	5	118	1324	18	5975	918	211	26544
LS20	2707	130	1	1616	619	102	7	167	76	5425
LSDISPO	1567	8		2	1765		32	299	137	3811
ADHOCST	1444	207		521	727			263	45	3207
ACBATCH	34				51			1132		1217
UEBERFUE								363		363
LSSTART	16	49		14	1			21	5	106
IQS									52	52
GDDIALOG					18					18
ZAROOTB	1	7								8
Summe	23729	417	6	2271	4505	120	6014	3163	526	40751

Abb. 7.8: Referenzmatrix einer realen TA-Last (Referenz String DOD)

Die Erstellung der Routing-Tabelle geschieht für eine bestimmte Rechneranzahl N sowie ein angenommenes Referenzverhalten der TA-Last. Eine dafür geeignete Beschreibung der TA-Last stellt die sogenannte **Referenzmatrix** /Reu86a/ dar. In einer solchen Matrix wird für jeden TA-Typ angegeben, wieviele Objektreferenzen (bzw. Sperranforderungen) für jede der in Betracht kommenden DB-Partitionen während eines charakteristischen Zeitraumes aufgetreten sind. Abb. 7.8 zeigt ein Beispiel einer derartigen Referenzmatrix für eine reale TA-Last (aus /Rah85b/). In dem zugrundeliegenden Zeitraum gingen z.B. 1616 der insgesamt 5425 Objektreferenzen (Sperranforderungen) von TA des TA-Typs LS20 auf die DB-Area 7.

Um eine in etwa gleichmäßige Rechnerauslastung erreichen zu können, werden zur Erstellung der Routing-Tabelle neben dem Referenzverhalten noch weitere Informationen benötigt. Dies sind v.a. die erwarteten Ankunftsraten der TA-Typen, die CPU-Kapazität der Verarbeitungsrechner sowie für jeden TA-Typ der durchschnittliche Instruktionsbedarf pro TA-Ausführung /Reu86a/.

Zur Bestimmung einer geeigneten PCA-Zuordnung sind zuerst die Einheiten der Partitionierung, die wir hier **Fragmente** nennen, festzulegen. Die Partition eines Rechners besteht dann aus allen Fragmenten, für die der Rechner die PCA besitzt. Sind die Fragmente zu grob gewählt, etwa ganze Satztypen oder Areas/Segmente, dann läßt sich meist nur schwer eine günstige PCA-Verteilung finden. Würde man z.B. für die TA-Last aus Abb. 7.8 die PCAs auf Area-Ebene vergeben, dann könnte nur für den Rechner, dem die dominierende Area 3 zugeordnet wird, eine weitgehend lokale Synchronisation erreicht werden. Da aber bei PCL nur eine logische Partitionierung vorzunehmen ist, können die Fragmente wesentlich feiner gewählt werden, indem man z.B. (wegen der Synchronisation auf Blockebene) die Areas in eine hinreichend große Menge von Seitenbereichen unterteilt. Die Festlegung der Fragmente braucht dann i.a. nur noch bei neu hinzukommenden Datenbereichen angepaßt zu werden.

DB-Sharing mit PCL vs. DB-Distribution

Interessanterweise können zur Erstellung der Routing-Tabelle für DB-Sharing mit Primary-Copy-Locking und für DB-Distribution die gleichen Algorithmen benutzt werden /Rah86d/. Denn in beiden Fällen ist dabei eine Zuordnung von Daten zu Rechnern zu berücksichtigen, um eine möglichst lokale TA-Verarbeitung zu erreichen (PCA-Verteilung bei PCL, physische Datenverteilung bei DB-Distribution). Die Erstellung der Routing-Tabelle ist dabei am einfachsten, wenn die PCA- bzw. die Datenverteilung fest vorgegeben ist; in diesem Fall sind die Möglichkeiten des TA-Routings jedoch auch stark eingeschränkt. Bei DB-Distribution ist dies jedoch der Regelfall, da die Datenverteilung z.B. nicht mehrmals täglich geändert werden kann. Bei DB-Sharing dagegen läßt sich die PCA-Verteilung vergleichsweise einfach abändern (s. 7.5), so daß hier eine gemeinsame Anpassung von Routing-Tabelle und PCA-Verteilung möglich ist, womit ein weitaus größeres Optimierungspotential wie mit vorgegebener Partitionierung entsteht.

Ein weiterer Aspekt, der die Möglichkeiten der Lastverteilung beeinflußt, zeigt sich darin, inwieweit die Verteilung der Daten bzw. PCAs die Rechnerauslastung beeinflußt. Bei DB-Distribution muß ein Rechner alle DML-Befehle (bzw. Teile davon) lokaler und externer TA bearbeiten, die die ihm zugeordneten Daten betreffen. Die Auslastung der Rechner ist damit primär von der Datenverteilung, weniger dagegen vom TA-Routing abhängig (nach der Terminologie von /YBL86/ ist die Lastverteilung somit weitgehend 'partition dependent' und nur wenig 'routing dependent'). Das TA-Routing hat damit kaum Möglichkeiten eine Last-Balancierung vorzunehmen; denn ordnet man eine TA einem weniger ausgelasteten Rechner zu, der jedoch die meisten der benötigten Daten nicht besitzt, bedeutet dies keine Entlastung für die anderen Rechner. Für diese Rechner ergibt sich vielmehr eine zusätzliche Belastung durch den zur Bearbeitung der DML-Befehle notwendig werdenden Kommunikations-Overhead. Weil zudem bei DB-Distribution die Datenverteilung nur selten geändert werden kann, führen ungleichmäßige Zugriffshäufigkeiten auf einzelne DB-Partitionen bzw. Lastschwankungen unmittelbar zu einer ungleichmäßigen Rechnerauslastung und entsprechenden Leistungseinbußen.

Bei DB-Sharing dagegen können die DML-Befehle von jedem Rechner bearbeitet werden, die PCA-Verteilung bestimmt lediglich die CPU-Beanspruchung zur Bearbeitung der Synchronisationsnachrichten. Da eine TA so weitgehend auf dem Rechner ausgeführt werden kann, dem sie zugeordnet wurde, ergeben sich weitaus bessere Möglichkeiten der Last-Balancierung.

Andererseits könnte man annehmen, daß pro TA mehr Sperranforderungen als DML-Befehle vorkommen, so daß bei DB-Sharing mit potentiell mehr Nachrichten (höherer Kommunikationsaufwand) zu rechnen sei als für DB-Distribution. Empirische Untersuchungen zeigen aber, daß zumindest für nicht-relationale (satzorientierte) DBS das Gegenteil der Fall zu sein scheint. So wurde aus Traces realer Anwendungen mit dem hierarchischen DBS IMS ermittelt, daß pro TA 2.5- bis 3.5-mal mehr DML-Operationen vorkommen als unterschiedliche Seiten referenziert wurden /YCDT86/. Ein Grund dafür liegt in sequentiellen Zugriffsfolgen, bei denen zum Lesen der Sätze einer Seite mehrere DML-Befehle (Get Next) anfallen. Auch in anderen Verarbeitungsmustern greift eine TA oft in verschiedenen DML-Befehlen auf die gleiche Seite zu (Lokalität innerhalb der TA), wobei bei langen Sperren natürlich nur für den ersten Seitenzugriff eine Sperre zu erwerben ist. Ähnliche Beobachtungen wurden für das netzwerkartige DBS UDS getroffen /Rah85b/. Bei relationalen DBS dürfte zwar die Anzahl von DML-Befehlen i.a. geringer als die Anzahl referenzierter Seiten sein, dafür muß aber ein DML-Befehl mit höherer Wahrscheinlichkeit von mehreren Rechnern bearbeitet werden (mengenorientierte Operationen).

Zwei weitere Vorteile für DB-Sharing mit PCL im Vergleich zu DB-Distribution wurden schon weiter oben angeführt:

- Während bei DB-Distribution oft nur grobe Verteileinheiten möglich sind, können die PCAs praktisch für beliebige Seitenmengen vergeben werden.

- Bei PCL kann durch die Leseoptimierung die TA-Verarbeitung auch bei ungünstiger Partitionierbarkeit der TA-Last weitgehend lokal erfolgen, solange auf den DB-Teilen von rechnerübergreifendem Interesse Lesezugriffe dominieren.

Ansätze zur Bestimmung der Routing-Tabelle und der PCA-/Datenverteilung

Wie erwähnt, sollte die Bestimmung der Routing-Tabelle und der PCA-/Datenverteilung möglichst zusammen erfolgen, wobei als Ziel die Minimierung externer Aufrufe anzustreben ist. Wird dabei vorausgesetzt, daß ein TA-Typ immer vollständig einem Rechner zuzuordnen ist, dann erhält man ein nichtlineares (quadratisches) 0-1-Ganzzahl-Minimierungsproblem /Reu86a,CDY86/, für das die wichtigste Nebenbedingung darin besteht, daß die Auslastung jedes Rechners in einem festzulegenden Bereich (z.B. 50 - 80 %) liegen muß. Dabei läßt sich das Ausmaß einer lokalen Verarbeitung umso mehr steigern, je mehr die Auslastungen der einzelnen Rechner voneinander abweichen dürfen /CDY86/.

Nach /CDY86/ läßt sich das Problem durch geeignete Transformationen in ein lineares Minimierungsproblem überführen, für dessen Lösung (aufwendige) numerische Verfahren anwendbar sind. Eine entscheidende Einschränkung ist dabei jedoch weiterhin, daß ein TA-Typ stets komplett von einem Rechner bearbeitet werden muß, so daß der größte TA-Typ bereits die maximale Rechneranzahl bestimmt. Für die TA-Last in Abb. 7.8 vereinigt z.B. der TA-Typ ABSTART bereits 65 % aller Referenzen auf sich, so daß für diese Last selbst für zwei Rechner keine gleichmäßige Rechnerauslastung erreichbar wird. In /Rah86d/ wurden daher (neben einer einfachen Methode zur Erstellung der Routing-Tabelle bei vorgegebener PCA-/Datenverteilung) zwei Heuristiken vorgestellt, bei denen ein TA-Typ auch mehreren Rechnern zugeordnet werden kann.

Bei der ersten Heuristik, die an einen Vorschlag aus /Reu86a/ angelehnt ist, wird dabei zunächst die Routing-Strategie erstellt, so daß die Rechner in etwa gleichmäßig ausgelastet sind. In einem zweiten Schritt wird dann für die bestimmte Routing-Tabelle unter Berücksichtigung der Referenzmatrix die PCA-/Datenverteilung ermittelt. Da diese getrennte Vorgehensweise in vielen Fällen zu einer unbefriedigenden TA-Verteilung in Schritt 1 führen kann, wurde in einer zweiten Heuristik eine schrittweise koordinierte Berechnung von Routing-Tabelle und PCA-/Datenverteilung vorgeschlagen. Wie durch empirische Untersuchungen gezeigt werden konnte, läßt sich mit dieser Methode ein meist deutlich höherer Anteil einer lokalen Verarbeitung erzielen /Rah85b/.

Zwei ähnliche Ansätze zur Bestimmung der Routing-Tabelle und der PCA-Verteilung werden in /Lie86/ vorgestellt und durch Anwendung auf eine Referenzmatrix einer realen (IMS-) Last miteinander verglichen. Dabei schnitt eine iterativ arbeitende Suchheuristik etwas besser ab als eine approximative Extremwertsuchmethode (Verfahren des steilsten Abstiegs). Bei der Heuristik werden in den einzelnen Schritten für die betrachteten Fragmente zunächst die PCA-Rechner bestimmt, danach wird - unter Berücksichtigung der neu vergebenen PCA - eine möglichst 'optimale' Weiterentwicklung der bis dahin vorliegenden Routing-Tabelle ermittelt. In der Suchheuristik von /Rah86d/ wird dagegen der umgekehrte Weg eingeschlagen: dort werden die TA-Typen (bzw. Teile davon) nacheinander den Rechnern zugeordnet, und in jedem Schritt wird eine möglichst gute Weiterentwicklung der PCA-/ Datenverteilung bestimmt.

In /YCDT86/ wurde ebenfalls versucht, die Flexibilität der Last-Balancierung zu erhöhen, indem ein TA-Typ ggf. auf mehrere Rechner aufgeteilt wird (diese Vorgehensweise wird dort als '**probabilistic routing**' bezeichnet, da ein TA-Typ einem Rechner nur noch mit einer gewissen Wahrscheinlichkeit zugeordnet wird). Dabei wird in einem ersten Schritt - wie in /CDY86/ - eine PCA-/Datenverteilung sowie eine Ausgangslösung für die Routing-Tabelle bestimmt, bei der noch TA-Typen vollständig den Rechnern zugeordnet werden. In einem zweiten Schritt wird dann unter Beibehaltung der ermittelten PCA-/Datenverteilung eine Weiterentwicklung der Routing-Tabelle vorgenommen, die zu einer möglichst guten probabilistischen Routing-Strategie führen soll. Dazu wird ein analytisches Modell zur Vorhersage der mittleren TA-Antwortzeit benutzt, wobei naturgemäß zum Teil fragwürdige Vereinfachungen notwendig waren (z.B. bezüglich der Konfliktwahrscheinlichkeit). Die Bestimmung der verfeinerten Routing-Tabelle, bei der die Minimierung der durchschnittlichen Antwortzeit als neue Zielfunktion (anstatt Minimierung der externen Aufrufe und gleichmäßige Rechnerauslastung) diente, geschah dann mit iterativen Suchprozeduren (Simplex-Methode). Bessere Antwortzeiten ergaben sich mit der probabilistischen Routing-Strategie erwartungsgemäß v.a. für höhere TA-Raten, da erst dann die besseren Möglichkeiten der Last-Balancierung ins Gewicht fallen.

Ein probabilistisches TA-Routing ist v.a. für DB-Sharing Voraussetzung für eine vernünftige Last-Balancierung, weil in den meisten realen Lasten dominierende TA-Typen vorkommen, die leicht zur Überlastung eines einzelnen Rechners führen; bei DB-Distribution hat die Lastverteilung nur wenig Einfluß auf die Rechnerauslastung (s.o.), so daß hier auch ein probabilistisches TA-Routing wenig bewirken kann. Andererseits führt natürlich das 'Splitten' eines TA-Typs auf mehrere Rechner zwangsläufig zu vermehrten Synchronisationsnachrichten, da mit der PCA-Verteilung für einen TA-Typ nur in einem Rechner Lokalität genutzt werden kann. Selbst dies ist aber nur bedingt möglich, wenn ein TA-Typ praktisch alle wesentlichen DB-Bereiche referenziert (wie ABSTART in Abb. 7.8), also nur wenig Lokalität innerhalb eines TA-Typs gegeben ist. Mit dem Primary-Copy-Sperrverfahren läßt sich dieses Problem durch die Leseoptimierung zumindest teilweise entschärfen. Ansonsten muß versucht werden, einen solch dominierenden TA-Typ etwa durch Berücksichtigung von Eingabeparametern in Sub-TA-Typen zu zerlegen (bei der KONTENBUCHUNG z.B. über die Konto-Nummer). Eine andere Möglichkeit besteht in einem angepaßten Entwurf der TA-Typen, bei dem beispielsweise ein allgemeiner TA-Typ durch mehrere zugeschnittene TA-Typen ersetzt wird.

Dynamische Lastkontrolle

Obwohl die Änderung der Routing-Tabelle (und der PCA-Verteilung) zwar bei geänderter Rechneranzahl oder stark wechselndem Referenzverhalten vorgesehen ist, stellt sie eine weitgehend statische Strategie der Lastverteilung dar. Vor allem eine gleichmäßige (bzw. akzeptable) Auslastung der Rechner scheint mit der Routing-Tabelle nur schwer realisierbar zu sein. Denn der durchschnittliche Instruktionsbedarf pro TA, der bei Erstellung der Routing-Tabelle zur Berechnung der Rechnerauslastung zugrundegelegt wird, ist keine Konstante, sondern selbst eine Funktion der Routing-Strategie und der PCA-Verteilung, da sie die E/A- und Kommunikationshäufigkeiten bestimmen. Die Rechnerauslastung ist zudem nicht nur vom Instruktionsbedarf der zugeteilten TA abhängig, sondern v.a. auch durch die Häufigkeit und Dauer der TA-Unterbrechungen aufgrund von E/A- und Kommunikationsereignissen sowie wegen Sperrkonflikten, ebenso vom Ausmaß an TA-Rücksetzungen. Der Einfluß dieser Ereignisse kann aber auch mit einer **notwendigen Verfeinerung der Kostenfunktion zur TA-Verarbeitung** nur näherungsweise berücksichtigt werden; daher läßt sich durch die Routing-Tabelle allein i.a. noch keine gleichmäßige Rechnerauslastung garantieren. Hierzu müssen dann in der Regel aktuelle Informationen zur Lastsituation auf den Verarbeitungsrechnern hinzugezogen werden (dynamische Lastkontrolle), v.a. wenn für einen TA-Typ ohnehin eine Zuordnung auf mehrere Rechner vorgesehen ist. Die Routing-Tabelle legt daher nur eine Primärzuordnung fest, die möglichst nur in Ausnahmesituationen zu korrigieren ist.

In /YBL86/ wurden fünf Verfahren einer dynamischen Lastverteilung (ohne Routing-Tabelle) bei vorgegebener Datenverteilung (PCA-Verteilung) untersucht, die unterschiedliche Informationen zur aktuellen Lastsituation verwenden. Dabei schnitten die Strategien am besten ab, die im wesentlichen nur die aktuelle Häufigkeitsverteilung der TA-Typen zu den Verarbeitungsrechnern benutzen, eine Information also, die bei einem zentralen Front-End-Rechner ohnehin bekannt ist. Damit wurden auch deutlich bessere Ergebnisse als mit einer statischen Routing-Tabelle erzielt. Es ist jedoch klar, daß solch dynamische Ansätze zur Lastverteilung nur dann sinnvoll einsetzbar sind, wenn nicht nur die benötigten Informationen einfach (billig) zu beschaffen sind, sondern wenn auch der Berechnungsaufwand zur Weiterleitung einer TA (Auswahl des 'günstigsten' Rechners) sehr klein gehalten werden kann. Dies war jedoch bei den in /YBL86/ vorgestellten Strategien nicht der Fall, da für jede ankommende TA für jeden der für die Zuteilung in Frage kommenden Rechner die erwartete Antwortzeit (näherungsweise) berechnet wurde; die Zuordnung geschah dann zu dem Rechner für den die beste Antwortzeit ermittelt wurde. In weiterer Forschungsarbeit gilt es daher Verfahren für eine (möglichst) dynamische Lastkontrolle zu entwickeln, die mit vertretbarem Aufwand durchführbar sind und die hohen Anforderungen (s. 6.1) dennoch erfüllen können.

7.5 Behandlung von Rechnerausfällen

Eine der wesentlichen Anforderungen an ein Sychronisationsverfahren für DB-Sharing ist die Robustheit gegenüber Rechnerausfällen, die Voraussetzung zum Erlangen einer hohen Verfügbarkeit ist. In diesem Abschnitt soll daher untersucht werden, wie der Ausfall eines Verarbeitungsrechners mit dem Primary-Copy-Sperrverfahren behandelt werden kann, so daß eine ordnungsgemäße Fortsetzung der Synchronisation gewährleistet ist. Wir gehen dabei davon aus, daß die globale Lastkontrolle, die auf einem zentralen Front-End-Rechner angesiedelt ist, den Ausfall eines Rechners erkennt sowie die notwendigen Recovery-Aktionen koordiniert (dies bietet sich durch die zentrale Stellung der globalen

Lastkontrolle an; prinzipiell könnten diese Aufgaben aber auch durch einen anderen ausgezeichneten Rechner erledigt werden). Wir setzen weiterhin ein zuverlässiges Kommunikationssystem voraus, sowie daß während der Crash-Recovery kein weiterer Fehler im System auftritt.

Die Recovery nach einem Rechnerausfall umfaßt beim Primary-Copy-Sperrverfahren im wesentlichen folgende Aktionen, die zum Teil parallel ausgeführt werden können (s.u.). Dabei sei P der ausgefallene Rechner und D die Partition, für die P in Besitz der PCA war.

1) *Mitteilung des Rechnerausfalls*

   Nach Erkennen des Rechnerausfalls teilt die globale Lastkontrolle allen Verarbeitungsrechnern mit einer Broadcast-Nachricht den Ausfall von P mit und beauftragt die Rechner mit den von ihnen vorzunehmenden Recovery-Schritten. Während der Recovery für P bleibt die gesamte Partition D für die TA-Verarbeitung gesperrt; auf den restlichen DB-Bereichen kann die Verarbeitung jedoch fortgesetzt werden. Die überlebenden Rechner puffern daher auch alle Nachrichten bezüglich Partition D; eintreffende Nachrichten, die von P vor dem Ausfall noch verschickt wurden, können ignoriert werden.

2) *Neubestimmung der Routing-Strategie und PCA-Verteilung*

   Da der ausgefallene Rechner möglicherweise längerfristig ausfällt, berechnet die globale Lastkontrolle eine neue Routing-Strategie sowie eine neue PCA-Verteilung, die eine Weiterverarbeitung der TA-Last mit reduzierter Rechneranzahl ermöglicht.

3) *UNDO-Recovery für unvollendete TA im ausgefallenen Rechner*

   Da wegen der Kürze der TA eine Forward-Recovery i.a. zu teuer ist, werden alle durch den Rechnerausfall unterbrochenen TA zurückgesetzt. Nur wenn schmutzige Änderungen in die physische Datenbank gelangen können (STEAL-Strategie /HäRe83b/), wird ein explizites Zurücknehmen dieser Änderungen mit der lokalen Log-Datei erforderlich. Nach den eventuell erforderlichen UNDO-Operationen sind in jedem Fall die gehaltenen Sperren der gescheiterten TA freizugeben, um wartenden TA den Zugriff zu ermöglichen. Hierzu gibt jeder der überlebenden Rechner die in seiner GLT gehaltenen Sperren (bezüglich seiner Partition) von TA aus Rechner P frei; ebenso werden TA aus P aus den Wartelisten entfernt. Für Partition D geschieht dies implizit in Schritt 5.

4) *REDO-Recovery für Rechner P sowie Partition D*

   Wegen der unterstellten NOFORCE-Strategie müssen alle Änderungen erfolgreicher TA aus P, die zum Ausfallzeitpunkt noch nicht in die physische Datenbank eingebracht waren, für die anderen Rechner sichtbar gemacht werden. Diese REDO-Recovery erfordert den Zugriff zur lokalen Log-Datei des ausgefallenen Rechners. Da keinerlei Information mehr vorliegt, wo sich zu Seiten der Partition D die aktuellen Versionen befinden, ist zusätzlich für die gesamte Partition eine REDO-Recovery notwendig.

5) *(Teilweise) Rekonstruktion der GLT für Partition D*

   Die Rekonstruktion der verlorengegangenen GLT wird vorgenommen, damit laufende TA der überlebenden Rechner, die auf Seiten von D Sperren besitzen oder angefordert haben, weiterbearbeitet werden können; anderenfalls müßten diese TA auch zurückgesetzt werden.

6) *Etablierung der neuen PCA-Verteilung*

7) *Recovery-Ende mitteilen*

   Nach Ende der Recovery teilt die globale Lastkontrolle allen Rechnern mit, daß die Verarbeitung auf Partition D fortgesetzt werden kann. Die auf P gescheiterten TA werden nun neu verteilt, wobei zur Wiederausführung die gesicherten Eingabenachrichten benutzt werden können.

Im folgenden sollen die Schritte 4 bis 6, die den Kern der Recovery-Prozedur ausmachen, genauer untersucht werden. Die beschriebene Vorgehensweise zur Etablierung einer neuen PCA-Verteilung ist dabei nicht nur für die Crash-Recovery relevant, sondern auch anwendbar bei Änderung der PCA-Verteilung wegen eines zusätzlichen Rechners (neu oder Reintegration eines ausgefallenen Rechners) oder aufgrund eines stark wechselnden Referenzverhaltens.

REDO-Recovery für den ausgefallenen Rechner P sowie Partition D

Aufgrund der integrierten Lösung des Veralterungsproblems (s. 7.3) sind mit dem Verlust der GLT von Rechner P nicht nur die Sperrinformationen bezüglich Partition D, sondern auch die Angaben zur Behandlung der Pufferinvalidierungen (Invalidierungsvektor bzw. Timestamp und ggf. MODI-FYING-PROCESSOR) verlorengegangen. Da diese Angaben in Schritt 5 nicht rekonstruiert werden können (die hierzu erforderliche Redundanz hätte die Verarbeitung im Normalbetrieb zu stark belastet), sind neben der REDO-Recovery für die gescheiterten TA vor allem folgende Vorkehrungen erforderlich:

- Für alle Seiten der Partition D ist der letzte TA-konsistente Zustand bereitzustellen, unabhängig davon, ob die Änderungen in P oder in anderen Rechnern vorgenommen wurden. Dies entspricht einer Platten-Recovery für Partition D, wenn man unterstellt, daß dazu die Änderungen in der physischen Datenbank 'nachgefahren' werden. Eine Alternative besteht darin, ähnlich wie beim DB-Cache-Verfahren /ElBa84/, die geänderten Seiten von D nur im Systempuffer der überlebenden Rechner anzubieten, die physische Datenbank jedoch veraltet zu lassen. Diese Möglichkeit soll hier aber nicht weiter diskutiert werden.

  Da alle Zugriffe auf Partition D blockiert wurden (Schritt 1), können durch die REDO-Recovery dieser Partition keine Interferenzen mit laufenden TA auftreten.

- Seiten der Partition D, die noch im Systempuffer der überlebenden Rechner herumstehen, müssen weggeworfen werden, da i.a. über ihren Aktualitätsstand keine Aussage mehr möglich ist. Dies betrifft jedoch nicht solche Seiten, die für Recovery-Zwecke eventuell noch gebraucht werden (s.u.); auch Seiten, für die eine lokale TA eine Sperre hält, können im Puffer verbleiben, da ihre Aktualität durch das PCL-Verfahren gesichert ist.

Zur Durchführung der REDO-Recovery (für die gescheiterten TA sowohl als für die gesamte Partition D) besteht ein wesentliches Problem darin zu verhindern, daß der aktuelle Wert eines Objektes nicht durch Überschreiben mit einem veralteten After-Image verlorengeht. Dies wird dadurch erschwert, daß ein Objekt auf jedem Rechner geändert werden kann, so daß auch die After-Images eines Objektes i.a. in mehreren (lokalen) Log-Dateien protokolliert sind. Damit ergibt sich auch für die After-Images eine Art von Veralterungsproblem auf den Log-Dateien, wobei die Anwendung eines veralteten After-Images zu vermeiden ist. Die Lösung dieses Problems wird sicherlich vereinfacht, wenn die Log-Informationen auf Seitenebene geführt werden, da dann durch Führen eines Zeitstempels in jeder Seite (und damit in den After-Images) die Anwendung eines veralteten After-Images verhindert werden kann; die Zeitstempel können auch zur Erkennung veralteter Seiten in den Systempuffern benutzt werden (s. 7.3). Ein eintragsweises Logging, das wegen des Ausschreib-volumens (Log-Umfang) sowie der besseren Eignung für ein Gruppen-Commit (s. 2.3) sicher wünschenswert ist, führt zu einer ähnlichen Verkomplizierung der Algorithmen wie eine eintragsweise Synchronisation; hierauf kann in dieser Arbeit jedoch nicht näher eingegangen werden.

Die Durchführung der 'Platten-Recovery' für D kann natürlich bei Vorhandensein einer globalen Log-Datei, die durch Mischen der lokalen Log-Daten erzeugt wird, mit dieser vorgenommen werden. Der Aufwand zur Erstellung einer solchen globalen Log-Datei läßt sich jedoch mit dem Primary-Copy-Sperrverfahren weitgehend vermeiden, wenn jeder Rechner nicht nur die Änderungen lokaler TA protokolliert, sondern alle Änderungen bezüglich der ihm zugeordneten Partition, auch die von TA anderer Rechner durchgeführten /Rah86a/. Dies bedeutet einen vergleichsweise geringen Zusatzaufwand bei der Behandlungsstrategie des Veralterungsproblems, bei der ohnehin alle geänderten Seiten bei TA-Ende (mit Freigabe der X-Sperren) zum PCA-Rechner geschickt werden. In diesem Fall braucht der PCA-Rechner nämlich diese Seiten nur noch auf seine Log-Datei auszuschreiben (möglicherweise gepuffert und mit chained I/O). Wesentlich dabei ist, daß sich dadurch für Änderungs-TA keine Antwortzeitverlängerungen ergeben. Denn diese gelten nach wie vor als erfolgreich beendet, sobald ihre Änderungen sowie der Commit-Record auf der lokalen Log-Datei des ausführenden Rechners gesichert sind. Erst danach werden die geänderten Seiten, für die ein anderer Rechner die PCA hält, zu diesem übertragen, wo sie ein zweites Mal gesichert werden. Bei einer günstigen PCA-Verteilung und Routing-Strategie sollten jedoch die meisten Änderungen ohnehin im PCA-Rechner erfolgen, so daß nur für die wenigsten Änderungen eine Übertragung sowie ein zusätzliches Logging notwendig werden.

Abb. 7.9 zeigt eine schematische Darstellung der angesprochenen Schritte. Dabei sollen bei Ende einer Änderungs-TA in P1 zunächst die Änderungen in die Log-Datei von P1 gesichert werden (1). Danach werden die geänderten Seiten, für die P2 die PCA hält, mit Freigabe der X-Sperren an P2 übertragen (2). Dort werden die Sperren dann freigegeben und die Änderungen (möglicherweise verzögert) nochmals gesichert (3). Im Anschluß daran quittiert P2 das Sichern in seine Log-Datei an P1 (4, s.u.); diese Quittierungen werden typischerweise zusammen mit anderen Meldungen übertragen.

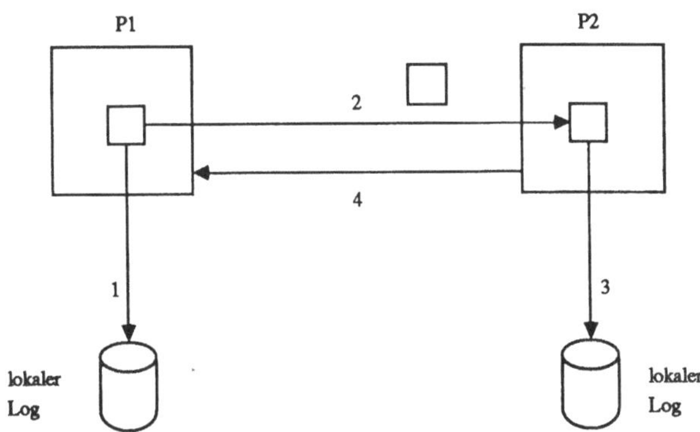

Abb. 7.9: Erweiterte EOT-Behandlung mit Logging auf zwei Rechnern

Mit dieser Strategie kann dann die Recovery für die Partition D weitgehend mit der Log-Datei des ausgefallenen Rechners P vorgenommen werden. Lediglich die Änderungen, die zum Ausfallzeitpunkt wegen der Übertragungsverzögerungen bzw. Pufferung in P noch nicht gesichert waren, müssen noch von den überlebenden Rechnern angefordert werden. Dazu wird angenommen, daß jeder Rechner die bei ihm geänderten Seiten, für die ein anderer Rechner die PCA besitzt, im Systempuffer hält, bis der PCA-Rechner das Ausschreiben auf seine Log-Datei quittiert. Nach einem Rechnerausfall sind dann die geänderten Seiten der Partition D, für die P das Ausschreiben in seine Log-Datei noch nicht bestätigt hat, bei der REDO-Recovery noch zu berücksichtigen. Ein Einbringen einer solch geänderten Seite B aus dem Systempuffer eines der überlebenden Rechner erfolgt jedoch nur, wenn durch Zeitstempelvergleich sichergestellt ist, daß

a) nicht schon ein aktuelleres After-Image in der Log-Datei von P steht (B konnte in P vor dem Crash noch erfolgreich geändert werden) und

b) nicht in einem anderen Systempuffer eine noch aktuellere Seitenversion vorliegt (B wurde noch in einem anderen Rechner geändert).

Diese Fälle können auftreten, da der PCA-Rechner die Schreibsperren für extern durchgeführte Änderungen freigibt, bevor die Änderung auch bei ihm gesichert ist und die Quittung dazu zurückgeschickt wird. Dies wurde vorgesehen, um die X-Sperren möglichst früh freigeben zu können (weniger Behinderungen für andere TA) sowie ein optimiertes Schreiben der Log-Daten durch Pufferung und eine gebündelte Übertragung der Ausschreib-Quittierungen zu ermöglichen. Denn da ein Rechnerausfall ein seltenes Ereignis darstellen sollte, gilt es die Verarbeitung im Normalbetrieb zu optimieren, auch wenn sich dadurch eine etwas längere (komplexere) Recovery ergibt.

Die skizzierte Methode zeigt, daß das Verschicken geänderter Seiten zum PCA-Rechner nicht nur zur Behandlung des Veralterungsproblems empfehlenswert ist, sondern auch die Crash- und die Platten-Recovery erheblich vereinfacht. Denn eine explizite Erstellung einer globalen Log-Datei, bei der jede Änderung zusätzlich zu protokollieren ist, wird vermieden; nur Änderungen, für die ein anderer Rechner die PCA hält, müssen zweimal gesichert werden (daneben sind auch Änderungen der PCA-Verteilung in allen lokalen Log-Dateien zu protokollieren, damit bei der Platten-Recovery entschieden werden kann, in welche Log-Datei die Änderungen der betroffenen DB-Bereiche gesichert wurden). Ein weiterer Vorteil betrifft die REDO-Recovery für die in P erfolgreich beendeten TA, die ja neben Seiten der Partition D auch Seiten anderer Partitionen geändert haben können. Für diese Seiten hält jedoch einer der überlebenden Rechner die PCA, so daß die meisten der Änderungen bereits mit Freigabe der Schreibsperren übertragen wurden und daher in der aktuellen Version verfügbar sind. Lediglich einige wenige Änderungen, die nach dem Sichern auf P's Log-Datei wegen des Rechnerausfalls nicht mehr übertragen werden konnten, sind von dort noch zu übernehmen.

Wesentlich aufwendiger wird dagegen die Crash- und Platten-Recovery, wenn der Propagate on Demand-Ansatz bei der Behandlung des Veralterungsproblems benutzt wird. Denn hier ist zur REDO-Recovery für die Partition D (Platten-Recovery) eigens eine globale Log-Datei zu erstellen. Die REDO-Recovery für die erfolgreichen TA in P bezüglich der nicht zur Partition D gehörenden Seiten erfordert, daß für ein After-Image in P's Log-Datei entschieden wird, ob es in die physische Datenbank eingebracht werden muß oder nicht. Dazu teilt jeder der überlebenden Rechner anhand seiner GLT mit, für welche Seiten Rechner P als MODIFYING-PROCESSOR geführt wird. Nur für diese Seiten brauchen dann die After-Images aus P's Log-Datei angewendet zu werden.

Rekonstruktion der verlorengegangenen GLT für Partition D
Für die Rekonstruierung der durch den Ausfall von Rechner P verlorengegangenen GLT für Partition D nehmen wir hier an, daß die globale Lastkontrolle bereits in Schritt 1 einen Rechner P' damit beauftragt hat. Ebenso sollen alle anderen überlebenden Rechner darüber informiert worden sein, daß P' die GLT für D wiederherstellt.

Die Rekonstruktion der GLT kann dabei durch Mischen aller Blockeinträge geschehen, die für Seiten der Partition D in den LLTs der überlebenden Rechner stehen. Daher senden alle Rechner Kopien dieser Blockeinträge gebündelt an Rechner P', damit dieser das Mischen der Informationen vornehmen kann. Es brauchen dabei jedoch nur die Blockeinträge berücksichtigt zu werden, für die mindestens eine lokale TA eine Sperre besitzt bzw. angefordert hat. 'Leere' Blockeinträge, die aufgrund der Leseoptimierung in der LLT vorhanden sind, sollen dagegen aus der LLT entfernt werden, da auch die dazugehörigen Seiten aus dem Systempuffer eliminiert werden (s.o.). Damit kann dann auch das Übertragungsvolumen für die Blockeinträge begrenzt werden.

Für jede Seite, für die in mindestens einer der LLTs der überlebenden Rechner ein nicht-leerer Blockeintrag vorliegt, erzeugt P' einen Blockeintrag in der neuen GLT für Partition D. Für eine solche Seite B sind gemäß den eingeführten Datenstrukturen die Felder INTERESTED, MODE und die GLOBAL-WAIT-LIST zu bestimmen, ebenso die wegen des Veralterungsproblems geführten Angaben:

- INTERESTED(K) wird dabei auf '1' gesetzt, wenn Rechner K einen Blockeintrag für B in seiner LLT hält, anderenfalls auf '0'.

- Vektor MODE läßt sich aus den GRANTED-LOCKS-LISTs erzeugen. Dazu wird MODE(K) auf X gesetzt, wenn einer TA in Rechner K eine Schreibsperre gewährt wurde, und auf R bei gewährten Lesesperren. Diese laufenden TA brauchen im übrigen nicht abgebrochen zu werden, da sie i.a. über die aktuellen Seiten verfügen.

- Die GLOBAL-WAIT-LIST ergibt sich einfach durch Vereinigung aller LOCAL-WAIT-LISTs, wobei die Reihenfolge der wartenden Anforderungen frei bestimmt werden kann. Dabei werden automatisch alle wartenden Sperranforderungen berücksichtigt, da nach den in 7.1 und 7.2 angegebenen Algorithmen eine TA stets zuerst in die LOCAL-WAIT-LIST eingefügt wird, bevor die Sperranforderung an den PCA-Lock-Manager weitergeleitet wird.

- Die Recovery für Partition D stellt sicher, daß für alle Seiten der Partition die aktuelle Version in der physischen Datenbank vorliegt. Ebenso werden alle Seiten der Partition, deren Aktualität nicht bekannt ist, aus den Systempuffern entfernt, so daß ein Zugriff auf veraltete Seiten nach Ende der Recovery ausgeschloßen ist. Aus diesem Grund können auch die GLT-Informationen zur Behandlung des Veralterungsproblems entsprechend initialisiert werden: bei Verwendung von Zeitstempeln zur Erkennung veralteter Seiten setzt man TS = 0, bei Invalidierungsvektoren I(K) = 0 für alle Rechner K (keine Invalidierung möglich). Bei einem Propagate-on-Demand-Ansatz wird noch MODIFYING-PROCESSOR = 0 gesetzt, da die aktuelle Seitenversion von Platte eingelesen werden kann.

Da die Sperrinformationen bezüglich Partition D für Rechner P nicht verfügbar sind, ergibt die angegebene Ermittlung der neuen GLT-Einträge automatisch Blockeinträge ohne wartende Sperranforderungen für TA aus P. Außerdem ergibt sich stets MODE (P) = 0, auch wenn eine TA aus P zum Ausfallzeitpunkt in Besitz von Sperren war, so daß keine explizite Sperrfreigabe mehr notwendig ist. Der neue Vektor MODE reflektiert ebenso bereits alle Sperrfreigaben von TA der überlebenden Rechner, selbst wenn deren Release-Nachrichten vom ausgefallenen Rechner P wegen des Ausfalls nicht mehr bearbeitet wurden. Denn die UNLOCK-Bearbeitung (7.1, 7.2) sieht vor, daß zuerst der Sperreintrag aus der GRANTED-LOCKS-LIST (in der LLT) entfernt wird, bevor eine Release-Nachricht verschickt wird. Da die Bestimmung von MODE aber auf den aktuellen GRANTED-

LOCKS-LISTs der LLTs beruht, werden alle Sperrfreigaben automatisch nachvollzogen (daher braucht auch die Freigabe der Sperren durch den PCA-Rechner nicht eigens quittiert zu werden). Vektor MODE zeigt nun auch an, wenn durch diese impliziten Sperrfreigaben wartende Sperranforderungen (nach Ende der Recovery) gewährbar werden: dies ist genau dann der Fall, wenn für alle Rechner MODE = 0 gilt (keine gewährten Sperren mehr). In diesem Fall liegt mindestens eine Anforderung in der GLOBAL-WAIT-LIST vor, da sonst der Blockeintrag nicht erzeugt worden wäre. Die Abarbeitung der GLOBAL-WAIT-LIST kann dann nach Ende der Recovery wie im Normalbetrieb vorgenommen werden.

Etablierung einer neuen PCA-Verteilung

Die Etablierung einer neuen PCA-Verteilung verlangt eine Umverteilung der GLTs gemäß den neuen Synchronisationsverantwortlichkeiten. Dazu müssen für alle Fragmente, die in der neuen PCA-Verteilung zur Partition eines anderen Rechners gehören, die Blockeinträge der GLT vom bisherigen zum neuen 'Besitzer' verschickt werden (nach einem Rechnerausfall kann hierzu der Rechner P', der die GLT des ausgefallenen Rechners neu bestimmt hat, als temporärer Eigentümer der zugehörigen PCAs angesehen werden). Diese Blockeinträge werden dabei in der GLT des bisher zuständigen Rechners gelöscht und im neuen PCA-Rechner abgespeichert. Ein solcher Austausch der Blockeinträge läßt sich durch gebündelte Übertragung sehr effizient abwickeln. Für die Lösung des Veralterungsproblems, bei der die geänderten Seiten stets dem PCA-Rechner übergeben werden, müssen bei einem Besitzrechtwechsel die geänderten Seiten entweder ausgeschrieben oder auch zum neuen PCA-Rechner geschickt werden.

Das Starten der PCA-Umverteilung geschieht durch die globale Lastkontrolle, indem sie allen Rechnern die von ihr neu berechnete PCA-Verteilung mitteilt. Gleichzeitig werden damit alle Zugriffe auf die Fragmente blockiert, für die ein neuer PCA-Rechner vorgesehen ist. Nach Abschluß der Umverteilungen erfolgt ebenfalls eine Mitteilung der globalen Lastkontrolle, mit der die Blockierungen wieder aufgehoben werden können.

Die skizzierte Vorgehensweise zur PCA-Umverteilung ist nicht nur bei einem Rechnerausfall, sondern bei jeder Änderung der PCA-Zuordnung anwendbar. Dies kann z.B. bei einem beabsichtigten 'Abstellen' eines Rechners notwendig werden, ebenso wie bei erhöhter Rechneranzahl oder bei Anpassung der Routing-Tabelle wegen einem gewandelten Referenzverhalten. Bei einem Rechnerausfall sind jedoch einige Besonderheiten erwähnenswert:

- Die Erstellung einer neuen PCA-Verteilung ist am einfachsten, wenn nur für die Fragmente, die dem ausgefallenen Rechner P zugeordnet waren, ein neuer PCA-Rechner bestimmt wird, jedoch keine Umverteilung für die Fragmente der überlebenden Rechner vorgenommen wird (dies ist sinnvoll, wenn von einem kurzzeitigen Ausfall ausgegangen werden kann). Denn da die Partition D bereits vollständig blockiert wurde (Schritt 1), sind in diesem Fall keine weiteren Fragmente zu sperren. Außerdem brauchen keine geänderten Seiten wegen der PCA-Umverteilung zu den neuen PCA-Rechnern geschickt zu werden, da die Recovery für Partition D die aktuellen Seitenversionen auf Platte bringt.

 - In diesem Fall brauchen die GLTs der überlebenden Rechner auch nicht umverteilt zu werden, sondern nur die neu erzeugten Blockeinträge für Partition D den zuständigen Rechnern zugeschickt zu werden.

- Die beschriebene Rekonstruktion der GLT-Blockeinträge wurde von einem Rechner (P') vorgenommen, da dies parallel zu Schritt 2 (Neubestimmung der Routing-Strategie und PCA-Verteilung)
möglich ist. Wenn sich die PCA-Verteilung aber (verglichen etwa mit Schritt 4) schnell bestimmen
läßt, dann empfiehlt sich, die Neubestimmung der GLT-Einträge und die Etablierung der neuen
PCA-Verteilung zusammen vorzunehmen. Dazu schickt jeder Rechner, nach Empfangen der
geänderten PCA-Verteilung die Blockeinträge seiner LLT, die Partition D betreffen, unmittelbar
zum neuen PCA-Rechner (anstatt immer an P'). Jeder Rechner kann dann die GLT-Einträge für die
Seiten aus D, die nun zu seiner Partition gehören, selbst erstellen (wie oben dargestellt). Damit
brauchen die Blockeinträge nach ihrer Erstellung nicht noch einmal verschickt zu werden.

- Bei Wiedereinbringen des ausgefallenen Rechners P kann dann auf die ursprüngliche Routing-
Strategie und PCA-Verteilung zurückgegriffen werden. Dazu wird Partition D wieder blockiert, bis
alle Blockeinträge P zugespielt sind (und ggf. die mittlerweile geänderten Seiten von D entweder
ausgeschrieben oder auch an Rechner P übertragen wurden).

Abschließende Bemerkungen

Um die Blockierung der für die Dauer der Recovery gesperrten Partition D zu verkürzen, sollten die
angesprochenen Recovery-Aktionen möglichst parallel (von mehreren Rechnern) durchgeführt werden. Parallel zu den UNDO- und REDO-Operationen in Schritt 3 und 4 können in jedem Fall Schritt
2 (Neubestimmung von Routing-Strategie und PCA-Verteilung) und 5 (GLT-Rekonstruktion für Partition D) ausgeführt werden. Werden nur die PCAs für die Fragmente der Partition D, für die der ausgefallene Rechner P verantwortlich war, neuverteilt, dann empfiehlt sich die Zusammenlegung von
Schritt 5 und 6 (s.o.). In diesem Fall muß Schritt 5/6 allerdings nach Schritt 2 vorgenommen werden,
kann dafür aber parallel zu Schritt 3 und 4 erfolgen. Demnach ist die Dauer der Crash-Recovery im
wesentlichen durch Schritt 4 bestimmt (REDO), für dessen möglichst schnelle Bearbeitung im Normalbetrieb geeignete Checkpoint-Verfahren anzuwenden sind.

Die relativ komplexe Recovery nach einem Rechnerausfall erklärt sich daraus, daß für das hier in
Kap. 7 dargestellte Gesamtkonzept mit dem Primary-Copy-Sperrverfahren der Optimierung des Normalbetriebs Vorrang vor einer einfachen und schnellen Crash-Recovery eingeräumt wurde. Dies gilt
vor allem wegen der stets vorausgesetzten NOFORCE-Strategie und den daraus sich ergebenden,
weitreichenden Konsequenzen für die Behandlung des Veralterungsproblems. Denn eine FORCE-
Strategie hätte nicht nur die Behandlung von Pufferinvalidierungen erheblich vereinfacht, sondern
auch die Crash-Recovery (kein REDO).

Es wurde deutlich, daß die zur Fortsetzung der Synchronisation erforderliche Rekonstruktion der GLT
für Partition D ohne nennenswerte Kosten im Normalbetrieb ermöglicht wird, da die verwendeten
Informationen aus der LLT sehr billig (ohne Kommunikation) gewartet werden. Allerdings wurde auf
die Wiederherstellbarkeit der zur Behandlung des Veralterungsproblems geführten Datenelemente der
GLT verzichtet, weil damit ein hoher Aufwand im Normalbetrieb eingeführt worden wäre (doppeltes
Führen der GLTs in unabhängigen Rechnern bzw. Speicherbereichen). Dafür muß nach einem
Rechnerausfall eine möglicherweise zeitintensive REDO-Recovery für die gesamte Partition des ausgefallenen Rechners in Kauf genommen werden. Dies kann mit der vorgeschlagenen Methode, bei
der beim PCA-Rechner auch die von anderen Rechnern durchgeführten Änderungen seiner Partition
protokolliert werden, vergleichsweise einfach und schnell erfolgen. Die dazu erforderlichen Log-
Schreibvorgänge sind dabei nicht als ein für die Crash-Recovery notwendiger Zusatzaufwand anzusehen; vielmehr erspart man sich das explizite Erstellen einer globalen Log-Datei zur Platten-Recovery.

8. Weitere Sperrverfahren für DB-Sharing

Nach der ausführlichen Darstellung des Primary-Copy-Sperrverfahrens sollen in diesem Kapitel weitere, in Abb. 6.2 bereits erwähnte Sperrverfahren untersucht werden. In 8.1 beschäftigen wir uns zunächst mit zentralen Sperrverfahren, bei denen u.a. das sogenannte Sole-Interest-Konzept zur Einsparung von Synchronisationsnachrichten genutzt werden kann. Danach sollen drei verteilte Sperrverfahren vorgestellt werden, die in kommerziell verfügbaren Systemen eingesetzt werden, nämlich das Protokoll bei den DEC VAX-Clustern und der AIM/SRCF-Ansatz (8.2) sowie das Pass-the-Buck-Protokoll von IMS Data Sharing (8.3). In 8.3 werden noch eine Reihe wesentlicher Verbesserungen des Pass-the-Buck-Verfahrens vorgestellt, die zu einem erweiterten Protokoll führen.

8.1 Zentrale Sperrverfahren

Im einfachsten Fall kann hier analog zu VDBS (5.1.1) jede Sperranforderung an einen zentralen Lock-Manager (ZLM) geschickt werden, der zur Synchronisation eine globale Sperrtabelle für die gesamte Datenbank führt. Da diese elementare Vorgehensweise eine vollkommen inakzeptable Häufigkeit synchroner Nachrichten verursacht, werden Optimierungen notwendig, bei denen neben dem ZLM in jedem der Verarbeitungsrechner noch ein lokaler Lock-Manager vorzusehen ist, um ggf. Sperren lokal gewähren zu können.

Prinzipiell läßt sich ein zentrales Sperrverfahren als ein Spezialfall des Primary-Copy-Ansatzes auffassen, bei dem einem Rechner alle PCAs zugeordnet sind. Nutzt man die in 7.2 vorgeschlagene Leseoptimierung, können Lesesperren u.U. lokal (vom lokalen Lock-Manager) gewährt werden. Ebenso können die vorgeschlagenen Lösungen zur Behandlung des Veralterungsproblems benutzt werden, wobei zur Bereitstellung der aktuellen Seiten jedoch der Propagate-on-Demand-Ansatz obligatorisch ist. Denn im anderen Fall müßten sämtliche Änderungen zum ZLM-Rechner geschickt werden, womit dieser sicher überfordert wäre. Da der ZLM für die gesamte DB zuständig ist, hätte ein ZLM-Ausfall die Unterbrechung sämtlicher TA zur Folge. Außerdem müßte für die gesamte Datenbank eine vollständige REDO-Recovery vorgenommen werden, was i.a. zu nicht tolerierbaren Ausfallzeiten führen dürfte. Ein weiterer Vorteil des PCL-Verfahrens, die gute Abstimmungsmöglichkeit mit der Lastkontrolle, geht natürlich auch verloren, da dem ZLM-Rechner sinnvollerweise keine TA zugewiesen werden, um eine hohe Auslastung dieses Rechners zu verhindern, was für eine schnelle Bearbeitung der Sperranforderungen wesentlich ist. Somit ist auch mit wesentlich mehr Synchronisationsnachrichten als mit einem 'echten' Primary-Copy-Sperrverfahren zu rechnen.

Die geschilderte Vorgehensweise ergibt offenbar ein Verfahren, das dem PCL-Ansatz in allen Belangen weit unterlegen ist. Im folgenden soll daher untersucht werden, mit welchen Methoden der ZLM-Ansatz möglicherweise zu verbessern ist. Die Diskussion konzentriert sich dabei v.a. auf die Verwendung des in /ReSh84/ vorgeschlagenen Sole-Interest-Konzeptes. Am Ende wird dann noch kurz auf einen gemeinsamen Einsatz von Sole-Interest-Ansatz und Leseoptimierung eingegangen.

Sole-Interest auf Blockebene

Die Grundidee beim Sole-Interest-Konzept ist, einem Rechner P auf einem Datenbankbereich eine lokale Synchronisation zu gewähren, wenn bekannt ist, daß sonst kein Rechner auf Objekte dieses Datenbankbereiches zugreifen möchte ('sole interest' für Rechner P). Wendet man dieses Prinzip auf Blockebene an, so kann der ZLM bei Gewährung einer Sperre für Block B dem anfordernden

Rechner P mitteilen, wenn er allein an B interessiert ist. Der lokale Lock-Manager in P vermerkt dies in seiner lokalen Sperrtabelle (LLT) durch Setzen eines SI-Bits im Blockeintrag für B. Da bei vorliegendem SI (sole interest) alle weiteren Sperranforderungen auf B in Rechner P lokal behandelbar sind, werden Blockeinträge mit gesetztem SI-Bit auch nach Freigabe der letzten Sperre in der lokalen Sperrtabelle gehalten. Damit kann dann, ähnlich wie bei der Leseoptimierung für PCL, Lokalität im Referenzverhalten zur Einsparung von Synchronisationsnachrichten genutzt werden. Im Gegensatz zur Leseoptimierung können aber bei vorliegendem Sole-Interest sowohl Lese- als auch Schreibsperren lokal gewährt und freigegeben werden, da sichergestellt ist, daß kein anderer Rechner auf den Block zugreifen möchte.

Für einen Block B, zu dem Rechner P das Besitzrecht erworben hat, wird im ZLM nur vermerkt, daß P das Sole-Interest zugesprochen wurde; die aktuelle Sperrsituation (gewährte oder wartende Sperranforderungen) ist dagegen unbekannt. Möchte ein anderer Rechner auf B zugreifen, dann fordert der ZLM P auf, das Sole-Interest aufzugeben. Da der ZLM nun wieder die Synchronisationskontrolle für B übernimmt, sind ihm alle lokal geführten Sperrinformationen mit Aufgabe des Sole-Interests zu übermitteln. Insgesamt sind so bei der Behandlung von Sperranforderungen folgende drei Fälle zu unterscheiden:

1. Die Sperranforderung kann wegen vorliegendem Sole-Interest lokal behandelt werden. Dies ist nur möglich, wenn eine andere TA im gleichen Rechner bereits eine Sperre zu dem Block beim ZLM angefordert hat und mit der Sperre auch Sole-Interest gewährt wurde. Die Wahrscheinlichkeit dieses Falles steigt also mit dem Ausmaß rechnerspezifischer Lokalität.

2. Die Sperranforderung muß zum ZLM geschickt werden, der über die Gewährung mit seinen Informationen sofort entscheiden kann. Dies ist möglich, wenn noch kein Interesse an dem Block angemeldet wurde (kein Blockeintrag in der GLT und in den LLTs) oder wenn in mehreren Rechnern auf den Block zugegriffen werden soll (globales Interesse). In letzterem Fall liegt in der lokalen Sperrtabelle entweder kein Blockeintrag vor oder ein Eintrag ohne SI-Vermerk.

3. Ein anderer Rechner hält Sole-Interest für den zu sperrenden Block. In diesem Fall muß die Sperranforderung nicht nur zum ZLM geschickt werden, es ergeben sich weitere Verzögerungen durch den vom ZLM zu veranlassenden Sole-Interest-Entzug. Erst wenn der bisherige Sole-Interest-Rechner die bei ihm vorliegende Sperrsituation bezüglich des Blockes mitgeteilt hat, kann der ZLM über die Sperre entscheiden.

Es ist klar, daß das Sole-Interest-Konzept nur dann nennenswerte Kommunikationseinsparungen erlaubt, wenn der Fall 1 weitaus häufiger als Fall 3 vorkommt.

Es sei noch darauf hingewiesen, daß die Unterstützung eines Sole-Interest-Konzepts die globale Deadlock-Erkennung erschwert. Denn da der ZLM für Sole-Interest-Objekte die aktuelle Wartebeziehungen nicht kennt, werden zur Deadlock-Erkennung zusätzliche Kommunikationsvorgänge erforderlich.

Sole-Interest bei hierarchischen Sperren

Die Anwendung des Sole-Interest-Konzeptes auf Blockebene hat den Nachteil, daß ein Rechner für den ersten Zugriff auf eine Seite in jedem Fall den ZLM zu befragen hat. Daher empfiehlt sich der Sole-Interest-Ansatz v.a. in Zusammenhang mit hierarchischen Sperren /ReSh84/, bei denen vor Zugriff auf ein Objekt für alle übergeordneten DB-Teile Anwartschaftssperren zu erwerben sind. Denn hierbei besteht die Möglichkeit einem Rechner auch für größere DB-Bereiche (z.B. Satztypen oder Areas) das Besitzrecht zuzuerkennen. Dann können alle Seiten eines solchen Sole-Interest-

Bereichs sofort lokal synchronisiert werden, insbesondere auch der erste Zugriff.

Um die Vorgehensweise zu verdeutlichen, betrachten wir nun einen einfachen Spezialfall mit den 2 Hierarchiestufen Area und Block; die Überlegungen lassen sich jedoch auf allgemeinere Sperrhierarchien übertragen. Um unnötige Sperrkonflikte zu vermeiden, sollen dabei weiterhin alle R- und X-Sperranforderungen auf Blockebene vorgenommen werden, nicht also auf Area-Ebene. Das Granulat Area dient lediglich zu einer erweiterten Nutzung des Sole-Interest-Konzeptes zur Einsparung von Synchronisationsnachrichten; denn bei Sole-Interest auf einer Area können für sämtliche Blöcke der Area die Zugriffe lokal synchronisiert werden.

Eine wichtige Design-Entscheidung bei hierarchischen Sperrverfahren ist nun, ob Sole-Interest auch auf der Blattebene (hier Blockebene) oder nur auf übergeordneten Stufen (hier Area-Ebene) genutzt werden soll. Eine Sole-Interest-Nutzung auf Area- und Blockebene führt zu einem relativ hohen Verwaltungsaufwand, da sich auf Blockebene möglicherweise viele Sole-Interest-Vermerke für Blöcke ansammeln können, die kaum mehr referenziert werden. Ein Sole-Interest-Konzept nur auf Area-Ebene hat jedoch einen i.a. größeren Nachteil. Denn für eine Area ist die Wahrscheinlichkeit für Sole-Interest wesentlich geringer als für einen Block, so daß mit häufigem SI-Entzug zu rechnen ist (nur kurze SI-Phasen). Dies erlaubt dann aber auch nur geringe Kommunikationseinsparungen, da nach einem SI-Entzug wieder für sämtliche Blockzugriffe der Area der ZLM zu befragen ist. Bei Sole-Interest-Unterstützung auf Area- und Blockebene dagegen, können nach einem SI-Entzug für eine Area die Blöcke mit Sole-Interest-Vermerk weiterhin lokal synchronisiert werden. Kommunikation wird nur erforderlich bei fehlendem Blockeintrag bzw. fehlendem SI-Vermerk.

Die zu unterscheidenden Fälle sind in den beiden folgenden Tabellen zusammengestellt. Dabei sind für eine Area bzw. Block je drei Zustände zu unterscheiden: NI (no interest), SI (sole interest) und GI (global interest). NI bedeutet bzgl. der GLT, daß systemweit kein Interesse vorliegt, bei der LLT bezieht sich die Angabe nur auf den betreffenden Rechner; der Zustand ist durch einen fehlenden Eintrag in der GLT bzw. LLT gekennzeichnet.

```
LLT-Zustand       |                           GLT-Zustand       | ZLM-Reaktion
Area   Block      | Sperrbehandlung           Area   Block      | auf Sperranf.
------------------+-------------------        ------------------+----------------
 NI     NI        | ZLM (SI-Entzug für         NI     NI        | SI-Gewährung
                  |       Area möglich)                         |   für Area
 SI     NI        | lokal                      SI      -        | SI-Entzug Area
 SI     SI        | lokal                      GI     NI        | SI-Gewährung
 GI     NI        | ZLM (SI-Entzug für                          |   für Block
                  |       Block möglich)       GI     SI        | SI-Entzug Block
 GI     SI        | lokal                      GI     GI        | Sperre gewähren
 GI     GI        | ZLM                                         | oder ablehnen
```

Bei Sole-Interest für eine Area ist dem ZLM für keinen der zugehörigen Blöcke die Sperrsituation bekannt. Eine Sperranforderung auf einen Block B der Area durch einen anderen Rechner verursacht daher einen SI-Entzug für die Area, bei dem mitgeteilt wird, daß wegen des Zugriffs auf B ein SI-Entzug notwendig wird. Der SI-Rechner teilt daraufhin mit Aufgabe des Sole-Interest für die Area dem ZLM mit, für welche Blöcke (außer B) er weiterhin einen SI-Vermerk hält; auf Blockebene geht so höchstens für Block B das Sole-Interest verloren. Daraufhin kann dann der ZLM über die Sperranforderung für B entscheiden, wobei eventuell eine SI-Vergabe möglich wird (wenn der bisherige Area-Besitzer kein Interesse an B hat).

Probleme bezüglich der Anzahl von Synchronisationsnachrichten

Nach dem Einsatz einer PCA-Verteilung sowie der Leseoptimierung beim Primary-Copy-Verfahren stellt der Sole-Interest-Ansatz ein weiteres Konzept dar, um Lokalität im Referenzverhalten zum Einsparen von Synchronisationsnachrichten zu nutzen. Im Gegensatz zur fest bestimmten PCA-Verteilung ist das Entstehen von Sole-Interest jedoch völlig dynamisch und schwer vorhersehbar. Sole-Interest läßt sich daher zum TA-Routing auch nur schwer nutzen, v.a. wenn es nur auf Blockebene und nicht für größere Einheiten vorliegt. Ein damit eng zusammenhängendes Problem ist die Instabilität von Sole-Interest, da durch eine einzige Sperranforderung von einem anderen Rechner z.B. das Sole-Interest für eine ganze Area zerstört werden kann. Danach müssen alle Sperranforderungen auf tieferer Ebene, für die noch kein Sole-Interest vorliegt, wieder über den ZLM abgewickelt werden. Da die Entstehung von Sole-Interest umso unwahrscheinlicher ist (bzw. die Dauer der SI-Phasen umso kürzer sind), je größer das jeweilige Granulat und je höher die Zugriffshäufigkeit, sind mit Sole-Interest primär für kaum referenzierte Objekt(bereich)e Kommunikationseinsparungen zu erwarten, die aber die Gesamtanzahl der Nachrichten nur wenig verringern können. Vielmehr ist zu befürchten, daß gerade für die häufig referenzierten Objekte durch ein ständiges Wechseln von Sole-Interest zwischen den Rechnern sich die Zugriffsverzögerungen noch vergrößern (SI-Entzug) als ohne Sole-Interest-Konzept.

Diese Probleme kommen daher, daß (im Gegensatz zur Leseoptimierung etwa) mit Sole-Interest nur Lokalität innerhalb eines Rechners zu Kommunikationseinsparungen führen und dies nur so lange, wie in keinem der anderen Rechner ein Zugriff auf einen SI-Bereich vorkommt (bei PCL dagegen bleibt eine Partition einem Rechner fest zugeordnet, auch wenn externe TA darauf zugreifen). Damit können nur bei strikter Partitionierbarkeit der TA-Last ('ideale' Last) signifikante Kommunikationseinsparungen erwartet werden, was bei realen TA-Lasten i.a. aber nicht möglich ist. So sind für einen TA-Typ, der von mehreren Rechnern zu bearbeiten ist, kaum Kommunikationseinsparungen wegen Sole-Interest zu erwarten; bei PCL läßt sich wenigstens in einem der Rechner eine lokale Synchronisierung unterstützen. Die Probleme verschärfen sich mit zunehmender Rechneranzahl, da dann das Entstehen von Sole-Interest noch unwahrscheinlicher wird.

Behandlung des Veralterungsproblems

Bei NOFORCE kommt zur Bereitstellung aktueller Seiten praktisch nur der Propagate-on-Demand-Ansatz in Frage, wobei der ZLM für geänderte Seiten vermerkt, wo die letzte Änderung stattfand (MODIFYING-PROCESSOR). Die Erkennung veralteter Seiten kann wie beim Primary-Copy-Sperrverfahren erfolgen, also mit Zeitstempeln oder mit Invalidierungsvektoren.

Mit dem Sole-Interest-Konzept in Zusammenhang mit hierarchischen Sperren tritt nun eine Verkomplizierung für die Behandlung des Veralterungsproblems ein. Denn bevor einem Rechner SI für einen DB-Bereich gewährt werden kann, ist ihm die gesamte Veralterungsinformation zu den Seiten des Bereiches mitzuteilen, damit er ohne weitere Interaktion mit dem ZLM veraltete Seiten in seinem Systempuffer entdecken bzw. sich die aktuellen Seiten besorgen kann. Während der SI-Phase muß der Rechner weiterhin Buch darüber führen, welche Seiten er in dieser Zeit unter lokaler Synchronisationskontrolle geändert hat, damit er dies dem ZLM beim Entzug des Sole-Interest mitteilen kann. Dabei kann dann auch gemeldet werden, ob eine geänderte Seite noch im Systempuffer vorliegt oder bereits ausgeschrieben wurde.

Bei dieser Vorgehensweise können die Nachteile des Propagate-on-Demand-Ansatzes etwas abgeschwächt werden. Denn ein Ausschreiben einer geänderten Seite ist immer sofort durchführbar, solange SI für den Block vorliegt; damit wird das Problem der Ausschreibkoordinierung auf Blöcke von rechnerübergreifendem Interesse beschränkt. Für diese Blöcke wird entweder die Ausschreibverantwortung bei Zugriffen in anderen Rechnern weitergegeben (wobei die in 7.3 erwähnten Probleme zu behandeln sind) oder der ZLM wird vor jedem Ausschreiben befragt, ob auch die aktuelle Seite noch vorliegt. Eine andere, ebenfalls teuere Strategie ist eine geänderte Seite spätestens bei SI-Entzug bzw. (bei fehlendem SI) bei Aufgabe der Schreibsperre auszuschreiben (Austausch geänderter Seiten über Platte).

Wegen des Propagate-on-Demand-Ansatzes erfordert das Anfordern geänderter Seiten, für die kein Sole-Interest besteht, stets zusätzliche Kommunikation neben dem Anfordern der Sperren beim ZLM. Denn da der ZLM-Rechner selbst keine geänderten Seiten führt, muß die Änderung nach Gewährung der Sperre immer explizit angefordert werden. Bei PCL dagegen konnte dieser Worst-Case vermieden werden, wenn die Änderung im PCA-Rechner erfolgte; denn dann konnte der PCA-Rechner die geänderte Seite direkt mit der Lock-Response-Nachricht zustellen. Daneben entfielen bei PCL zusätzliche Nachrichten zum Anfordern geänderter Seiten vollkommen mit der alternativen Strategie, bei der die Änderungen dem PCA-Rechner bereits mit Freigabe der X-Sperren geschickt werden (7.3).

Recovery-Aspekte

Für die Verfügbarkeit am problematischsten ist bei einem zentralen Sperrververfahren natürlich der Ausfall des ZLM. Hierbei muß die gesamte Verarbeitung unterbrochen werden - außer für Objekte, für die der eigene Rechner Sole-Interest hält - bis zum Abschluß der Recovery, bei der auch die globale Sperrtabelle aus den LLTs zu rekonstruieren ist. Wegen NOFORCE und dem Verlust der Veralterungsinformationen in der GLT ist außerdem ein vollständiges REDO für die Objekte ohne SI erforderlich, was i.a. zu einer intolerierbar langen Unterbrechung führen dürfte. Die Vermeidung dieses Problems ist nur mit Maßnahmen möglich, die sich im Normalbetrieb erheblich auf die Leistungsfähigkeit auswirken können:

- FORCE oder

- Doppeltes Führen der Veralterungsinformationen in separatem Rechner oder unabhängigem Speicherbereich (stets aktuelle Kopie oder zumindest ausreichende Informationen, um den REDO-Aufwand entscheidend begrenzen zu können) oder

- Austausch geänderter Seiten immer über Platte (in diesem Fall ist die Seitenversion auf Platte stets aktuell, außer für Seiten, die in einem der Puffer als geändert vermerkt sind).

Der Ausfall eines Verarbeitungsrechners ist dagegen relativ unproblematisch. Hier führt die REDO-Recovery lediglich für die Objekte zu Verzögerungen, für die der ausgefallene Rechner im ZLM als MODIFYING-PROCESSOR geführt wird bzw. für die zum Ausfallzeitpunkt Sole-Interest vorlag.

ZLM-Ansatz in existierenden DB-Sharing-Systemen

Trotz der in diesem Abschnitt angeführten Probleme eines zentralen Sperrverfahrens bei DB-Sharing, wird dieser Ansatz bei Amoeba /Sho85/, Computer Console /WIH83/ und DCS /Sek84/ verfolgt, wenngleich in den vorliegenden Publikationen nur wenig Einzelheiten verraten werden. In Amoeba wird offenbar ein Sole-Interest-Konzept mit hierarchischen Sperren eingesetzt, wobei bei Ausfall des ZLM ein Stand-By auf einem anderen Rechner dessen Funktion übernehmen soll. Zur Lösung des Veralterungsproblems wird der einfache Broadcast-Ansatz in Kombination mit FORCE verwendet (6.3); mit einen gemeinsamen, nichtflüchtigen Halbleiter-Speicherbereich (storage server /Sho85/), der zu einer nahen Rechnerkopplung (s. 10.4) führt, sollen dabei Ausschreibvorgänge beschleunigt werden. Im PERPOS-System von Computer Console wird ebenfalls die einfache FORCE-Strategie unterstellt sowie eine ZLM-Ausfallbehandlung mit einem (passiven) Stand-By-Rechner; Synchronisationsnachrichten sollen mit einem Sole-Interest-Konzept auf Dateiebene eingespart werden /WIH83/. In DCS schließlich /Sek84/ erfolgt eine Synchronisation auf Datei- und Blockebene, mit Nutzung von Sole-Interest für Dateien. Der ZLM-Knoten besteht hierbei intern aus bis zu acht Spezial-Prozessoren ('lock engine'), welche die Sperranforderungen über eine Hash-Abbildung unter sich aufteilen. Jeder dieser Rechner hält seine Sperrtabelle in zwei unabhängigen Speicherbereichen, so daß im Fehlerfall stets eine konsistente Kopie für die überlebenden Prozessoren der Lock-Engine verbleibt.

Sole-Interest-Konzept mit Leseoptimierung

Da, wie eingangs erwähnt, die für das Primary-Copy-Verfahren spezifizierte Leseoptimierung beim ZLM-Ansatz ebenfalls nutzbar ist, liegt es nahe, diese Verbesserungsmöglichkeit mit dem Sole-Interest-Konzept zu kombinieren. Auf Blockebene können dabei Lesesperren auch ohne Sole-Interest lokal behandelt werden, wenn bekannt ist, daß systemweit nur lesendes Interesse auf dem Block vorliegt (Synchronisationszustand RIO, read interest only). Diese Information ist natürlich (mit der Gewährung von Sperren) seitens des ZLM mitzuteilen und kann wieder in den Blockeinträgen vermerkt werden. Nach Freigabe lokaler Sperren wird ein Blockeintrag nun nicht nur bei Sole-Interest, sondern auch im Synchronisationszustand RIO gehalten, um Lokalität in den Sperranforderungen zu Kommunikationseinsparungen zu nutzen. In /Chr87/, wo diese Idee auch aufgegriffen wurde, wird die zugeteilte Erlaubnis, Lesesperren lokal gewähren und freigeben zu können, als **Leseautorisierung** bezeichnet; Sole-Interest entspricht dagegen einer Schreibautorisierung, welche die lokale Behandlung sowohl von Lese- als von Schreibsperren erlaubt. Eine Leseautorisierung für eine Seite kann im Gegensatz zu Sole-Interest natürlich für mehrere Rechner gleichzeitig gewährt sein.

Der Einsatz der Leseoptimierung bringt jedoch nicht nur Vorteile. Denn ebenso wie Sole-Interest für ein Objekt die Zugriffe im eigenen Rechner beschleunigt und die in anderen Rechnern (wegen des notwendig werdenden SI-Entzugs) verlangsamt, verursacht die Leseoptimierung eine Bevorzugung von Lesezugriffen auf Kosten von Schreibsperranforderungen. Eine X-Sperranforderung im Zustand RIO kann nämlich erst dann gewährt werden (zumindest bei Konsistenzebene 3), wenn alle bestehenden Leseautorisierungen entzogen wurden, wodurch zusätzliche Verzögerungen entstehen.

Die Leseoptimierung läßt sich weiterhin beim Sole-Interest-Ansatz nicht so einfach in das Protokoll integrieren wie beim Primary-Copy-Sperrverfahren, da der neue Synchronisationszustand RIO einen Zwischenzustand zwischen den bisher unterschiedenen Zuständen SI (sole interest) und GI (global interest) darstellt, der eine Reihe von Sonderfällen nach sich zieht. So war bei PCL dem PCA-Rechner der globale Synchronisationszustand jederzeit bekannt; hier ist dies für den ZLM bei Sole-Interest nicht der Fall. Wenn z.B. das Sole-Interest eines Rechners durch eine R-Sperranforderung zerstört wird, ist im ZLM unbekannt, ob sich Zustand RIO ergibt (wenn im SI-Rechner keine X-Sperranforderungen vorliegen) oder nicht; dadurch kann die Lesesperre nur mit Verzögerung gewährt werden. Diese durch das Sole-Interest-Konzept eingeführten Verzögerungen bedeuten eine Abschwächung der Leseoptimierung. So ist auch schwierig zu entscheiden, ob bei einer R-Sperranforderung Sole-Interest gewährt werden soll (wenn möglich) oder nur eine Leseautorisierung. Die Sole-Interest-Zuweisung ermöglicht nämlich auch für eventuell folgende Schreibzugriffe eine lokale Synchronisierung, dafür können aber danach eintreffende Leseanforderungen aus anderen Rechnern (was v.a. für häufiger referenzierte Objekte wahrscheinlich sein kann) nur verzögert gewährt werden, da zunächst das zugeteilte Sole-Interest in eine Leseautorisierung zurückgestuft werden muß. Die umgekehrte Argumentation läßt sich anwenden, wenn eine Leseautorisierung anstelle von Sole-Interest zugeteilt wird. Die Komplexität des Protokolls steigt noch erheblich, wenn die Leseoptimierung nicht nur auf Blockebene, sondern - wie möglich - auch auf mehreren Hierarchieebenen angewendet werden soll (z.B. könnten mit einer Leseautorisierung auf Area-Ebene alle lesenden Blockzugriffe der Area lokal synchronisiert werden).

Insgesamt gesehen dürfte der ZLM-Ansatz v.a. wegen der Nachteile des Sole-Interest-Konzepts das für das Primary-Copy-Sperrverfahren festgestellte Einsparpotential für Synchronisationsnachrichten bei weitem nicht erreichen. Weitere Schwachpunkte des Protokolls sind die Verfügbarkeitsprobleme nach Ausfall des ZLM und die unbefriedigende Behandelbarkeit des Veralterungsproblems. Außerdem ist bei hohen TA-Raten ein Engpaß im ZLM nicht auszuschließen. Bei 1000 TA/s und 8 globalen Sperranforderungen pro TA ergeben sich 8000 Sperranforderungen und -freigaben pro Sekunde, die zu empfangen und verarbeiten sind, weiterhin 8000 zu sendende Lock-Response-Nachrichten. Geht man davon aus, daß alle Sperrfreigaben einer TA bei EOT gebündelt übertragen werden, dann fallen (ohne weitere Bündelung) 17000 Sende- und Empfangsoperationen pro Sekunde an, die z.B. bei je 5000 Instruktionen bereits 85 MIPS CPU-Kapazität verlangen. Auch bei billigeren Kommunikationsprimitiven oder zusätzlicher Bündelung ergibt sich noch ein hoher Leistungsbedarf, da die Auslastung im ZLM-Rechner möglichst gering zu halten ist /ReSh84/.

8.2 Synchronisation bei den DEC VAX-Clustern und bei AIM/SRCF

Wie schon erwähnt, stellen die **VAX-Cluster** kein DB-Sharing-System im eigentlichen Sinne dar, weil keine DBS-Dienste sowie keine TA-Verarbeitung angeboten werden. Die Externspeicheranbindung ist jedoch wie bei DB-Sharing, so daß jeder der lose gekoppelten Rechner direkt auf die gemeinsamen Daten zugreifen kann. Zu der dabei notwendigen Synchronisation wird eine verteilte Sperrkomponente eingesetzt, mit der für benutzerdefinierte Objekte, die für mehrere Anwendungen zugreifbar sein sollen, LOCK- und UNLOCK-Aufrufe des Anwendungsprogramms bearbeitet werden können.

Das Synchronisationsprotokoll ist dadurch gekennzeichnet, daß für ein Objekt einer der Rechner (der sogenannte Master-Knoten) die Synchronisationsverantwortung besitzt. Im Gegensatz zu PCL wird diese Verantwortlichkeit nicht vorab bestimmt, sondern dynamisch festgelegt (ähnlich wie bei Sole-Interest). Dabei besitzt ein Objekt zu Beginn keinen Master-Knoten; vielmehr wird der Rechner, der zuerst eine Sperre auf das Objekt anfordert, automatisch Master und synchronisiert damit alle weiteren Objektzugriffe. Um zu einem Objekt feststellen zu können, ob bereits ein Masterknoten existiert bzw. wer dies ist, wird ein Directory geführt, das auf mehrere Rechner verteilt ist. Daher muß bei einer Sperranforderung für ein Objekt O zunächst der Knoten, der den für O zuständigen Directory-Teil führt, bezüglich des Master-Knotens befragt werden. Liegt noch kein Master-Knoten vor, dann übernimmt der anfordende Rechner diese Funktion; anderenfalls wird die Sperranforderung an den zuständigen Master-Rechner weitergeleitet (der mit dem Directory-Rechner identisch sein kann). Ist der Master-Rechner bereits bekannt, können natürlich weitere Sperrnachrichten direkt zu ihm geschickt werden. Mit dieser Vorgehensweise können nach /KLS86/ bis zu 4 Nachrichten zum Erwerb einer Sperre notwendig werden, im besten Fall 'nur' 2. Es wird dabei als Vorteil herausgestellt, daß die (hohe) Nachrichtenanzahl unabhängig von der Anzahl der Rechner ist. Im Vergleich zu den bisherigen Konzepten, bei denen stets versucht wurde, eine Sperranforderung durch Nutzung von Lokalität lokal bearbeiten zu können, ist der Kommunikationsbedarf bei dem VAX-Cluster-Ansatz sehr hoch.

Zur Erkennung veralteter Objekte werden Versionsnummern (Zeitstempel) verwendet, der Austausch von Änderungen geschieht stets über Platte. Dabei wird ein geändertes Objekt entweder bereits vor Freigabe der Schreibsperre ausgeschrieben (entspricht FORCE) oder verzögert ('deferred writeback'). In letzterem Fall wird das Ausschreiben über einen Software-Interrupt angestoßen, wenn eine weitere Sperranforderung für ein geändertes Objekt eintrifft.

Als ungeeignet für Hochleistungs-TA-Systeme muß auch das beim **AIM/SRCF**-System verwendete Sperrverfahren /AIM86/ bezeichnet werden, das einen Majority-Voting-Ansatz (/Tho79/, s. 5.2) verkörpert. Dabei muß jede Sperranforderung von der Mehrheit der Rechner gewährt werden, wozu eine Sperranforderung nacheinander an eine zur Mehrheitsbildung ausreichende Anzahl von Rechnern weitergereicht wird. Der Lock-Request wird dabei jeweils an den Knoten weitergeleitet, für den aufgrund der aktuellen Auslastung des Kommunikationssystems die schnellste Übertragung möglich ist. Zur Sperrfreigabe wird am TA-Ende eine Broadcast-Nachricht an alle Rechner gesendet.

Offensichtlich verursacht das Protokoll einen enormen Kommunikations-Overhead, da keine einzige Sperranforderung lokal entschieden werden kann. Wenn mehr als zwei Rechner ihre Zustimmung für einen Lock-Request abgeben müssen, ergibt sich zudem durch die Sequentialisierung der Sperrbearbeitungen eine entsprechend verlängerte Sperrwartezeit für die betroffene TA. Das Majority-Consensus-Verfahren ist ein typisches Beispiel dafür, daß für replizierte Datenbanken vorgeschlagene Protokolle sich im DB-Sharing-Kontext oft als weitgehend ungeeignet herausstellen.

8.3 Pass-the-Buck-Protokolle

Das Pass-the-Buck (PTB)-Protokoll wird im IMS Data-Sharing-System eingesetzt, das auf zwei Rechner beschränkt ist. Nach einer Beschreibung dieses Verfahrens in 8.3.1 wird danach das in /Rah84/ entwickelte EPTB-Protokoll (Extended PTB) vorgestellt, in dem wesentliche Verbesserungen eingearbeitet wurden.

8.3.1 Synchronisation bei IMS Data Sharing

Data Sharing in IMS /Kee82,SUW82/ findet auf DB-Ebene und auf Blockebene statt. Das DB-Level-Sharing soll hier nicht weiter betrachtet werden, da hierbei immer nur ein IMS-System die Datenbank ändern kann. Beim Block-Level-Sharing, das auf maximal zwei Rechner beschränkt ist, werden tatsächlich nur die Änderungszugriffe auf Blockebene synchronisiert, Lesezugriffe dagegen auf Satzebene /Yu85b/.

In jedem der zwei Rechner, auf denen mehrere IMS-Systeme am DB-Sharing beteiligt werden können, wird zur globalen Synchronisation ein sogenannter IRLM (IMS/VS Resource Lock Manager) eingesetzt. Die Kommunikation und Synchronisation zwischen den IRLMs geschieht gemäß dem Pass-the-Buck-Protokoll. Es handelt sich dabei praktisch um ein Token-Ring-Konzept, bei dem die beiden Rechner abwechselnd 'Master' des Systems sind. Jeder Rechner darf nur als Master globale Sperrinformationen, die von beiden Knoten geführt werden, modifizieren. Am Ende der Master-Phase, deren Dauer durch einen Systemparameter eingestellt werden kann (Default-Wert: 20 ms), wird dann ein 'Buck' an den anderen Rechner geschickt. Ein Buck hat dabei quasi die Funktion eines Tokens, bei dem zusätzlich dem anderen Rechner die zwischenzeitlich angefallenen Synchronisationsnachrichten sowie Änderungen der globalen Sperrinformationen mitgeteilt werden. Das Eintreffen des Bucks signalisiert somit dem empfangenden Rechner den Beginn seiner Master-Phase, zu deren Beginn zunächst die übermittelten Änderungen der globalen Sperrinformationen nachvollzogen werden. Durch die Übertragung aller Nachrichten im Buck wird bereits durch das Protokoll eine Bündelung vorgeschrieben, wobei die Dauer der Master-Phase die Bündelungswartezeit und damit die Kommunikationshäufigkeit bestimmt.

Jeder der beiden Rechner führt zur Verwaltung der Sperrkontrollblöcke eine als Hash-Struktur organisierte Sperrtabelle, wobei insgesamt 16 K Hash-Klassen unterschieden werden (die verwendete Hash-Funktion bildet jeden Objektbezeichner eindeutig auf eine dieser Hash-Klassen ab, so daß eine schnelle Lokalisierung eines Sperrkontrollblocks möglich wird). Damit nun nicht jede Sperranforderung von beiden Rechnern gewährt werden muß (Kommunikationsverzögerung), wird im PTB-Protokoll eine sogenannte **Global Hash Table (GHT)** repliziert in beiden Rechnern geführt. In der GHT werden dabei für jede der 16 K Hash-Klassen zwei Interest-Bits geführt, die das 'Interesse' der beiden Rechner an Objekten der Hash-Klasse angeben. Wenn Bit 1 (Bit 2) gesetzt ist, wird so damit angezeigt, daß eine TA in Rechner 1 (Rechner 2) für irgendein Objekt der Hash-Klasse eine Sperre besitzt oder angefordert hat. Wenn bekannt ist, daß der andere Rechner kein Interesse an einer Hash-Klasse besitzt, dann kann für jedes Objekt dieser Hash-Klasse eine lokale Sperrbehandlung durchgeführt werden. Im einzelnen sind dabei für eine Hash-Klasse folgende vier Bit-Kombinationen zu unterscheiden:

10 zeigt an, daß nur Rechner 1 an der Hash-Klasse interessiert ist ('sole interest'); daher können in Rechner 1 die Sperranforderungen und -freigaben für sämtliche Objekte dieser Hash-Klasse lokal bearbeitet werden. Eine Sperranforderung in Rechner 2 kann in dieser Situation natürlich nicht lokal behandelt werden. Sie verursacht vielmehr, daß Rechner 2 in seiner nächsten Master-Phase den Hash-Klassen-Eintrag nach 11 abändert und diese Änderung sowie den Lock-Request mit dem Buck an Rechner 1 schickt.

01 zeigt den umgekehrten Fall an, in dem nur Rechner 2 Sperren bezüglich dieser Hash-Klasse besitzt oder angefordert hat. In Rechner 2 ist daher stets eine lokale Sperrbehandlung für Objekte dieser Hash-Klasse möglich.

11 bedeutet, daß in beiden Rechnern Interesse an der Hash-Klasse vorliegt. In diesem Fall sind Sperranforderungen von beiden Rechnern zu gewähren.

00 signalisiert, daß noch in keinem der Rechner eine Sperre für ein Objekt der Hash-Klasse angefordert wurde. Eine Sperranforderung kann daher lokal gewährt werden, wenn der Rechner Master ist (da dann eine gleichzeitige Sperrgewährung im anderen Rechner ausgeschlossen ist).

Die Möglichkeit bei einem 00-Eintrag eine Sperre als Master sofort zu gewähren, wird jedoch nur im EPTB-Protokoll genutzt (8.3.2), nicht aber bei IMS Data Sharing. Hier wird die Sperrgewährung bis nach der Master-Phase verzögert, wenn das Eintreffen des Bucks vom anderen Rechner quittiert wurde /Kee82/. Der Grund dafür liegt offenbar in dem verwendeten Recovery-Protokoll, jedoch läßt sich ein Rechnerausfall auch ohne diese Einschränkung korrekt behandeln (Objekte mit einem 00-Eintrag dürfen bis zum Abschluß der Recovery nicht referenziert werden).

Die Einsparung von Synchronisationsnachrichten mit der GHT beruht also vorwiegend auf einem Sole-Interest-Konzept auf Hash-Klassen-Ebene sowie Nutzung von 00-Einträgen bei Token-Besitz. Der Nutzen von Sole-Interest für eine Hash-Klasse (10-Eintrag für Rechner 1 bzw. 01-Eintrag bei Rechner 2) ist jedoch sehr beschränkt, wenn mit Freigabe der letzten Sperre für die Hash-Klasse das Interest-Bit zurückgesetzt wird. Der Nachteil einer solchen Vorgehensweise wurde auch bei IMS bald erkannt, so daß mittlerweile bei vorliegendem Sole-Interest das GHT-Bit auch nach Freigabe der letzten Sperre gesetzt bleibt /MuSt82/. Dies ist offenbar in Analogie zu dem von uns vorgeschlagenen Mechanismus, Blockeinträge mit Sole-Interest bzw. Leseautorisierung nach Aufgabe aller Sperren weiterhin zu führen, da so Lokalität zur Einsparung von Synchronisationsnachrichten nutzbar wird. Die IMS-Vorgehensweise wird lediglich auf Ebene ganzer Hash-Klassen angewendet (stellt also eine ungenauere Information dar) und in /YCDI87/ daher auch als **'hash class retentiveness'** bezeichnet. Für den Vorteil, Zugriffe in einem Rechner beschleunigen zu können, ergibt sich auch hier (da es sich um ein Sole-Interest-Konzept handelt) eine Benachteiligung für den anderen Rechner. Denn das Beibehalten eines 10-Eintrages auch ohne aktuell vorliegende Sperranforderung erlaubt in Rechner 1 zwar die lokale Behandlung folgender Sperranforderungen; dafür entstehen für Rechner 2 längere Verzögerungen, da eine Sperranforderung bei einem 00-Eintrag schneller gewährbar wäre als bei einem 10-Eintrag.

Die Behandlung des Veralterungsproblems ist bei IMS Data Sharing sehr einfach, da eine FORCE-Strategie zum Ausschreiben geänderter Seiten verwendet wird. Seitenänderungen werden vor Freigabe der Schreibsperren dem anderen Rechner im Buck mitgeteilt, so daß veraltete Seiten aus dem Puffer entfernt werden können. Die Vorgehensweise entspricht also dem Broadcast-Ansatz (6.3), wobei jedoch wegen der Beschränkung auf zwei Rechner anstelle einer Broadcast-Nachricht eine einfache Nachricht zur Meldung von Seitenänderungen genügt.

8.3.2 Erweiterungen des Pass-the-Buck-Protokolls

Das in /Rah84/ entwickelte EPTB-Protokoll (Extended Pass-the-Buck) weist eine Reihe signifikanter Verbesserungen gegenüber dem ursprünglichen Protokoll auf, mit denen vor allem das Ausmaß an Synchronisationsnachrichten (durch verstärkte Nutzung von Lokalität) reduziert werden sollte. Ein weiterer Schwerpunkt war die integrierte Lösung des Veralterungsproblems bei NOFORCE. Beibehalten wurde jedoch die Beschränkung auf zwei Rechner, da ein Verfahren mit mehr Rechnern (das prinzipiell möglich ist) v.a. starke Antwortzeitverschlechterungen mit sich bringen würde (s.u.).

Zur Unterstützung einer lokalen TA-Verarbeitung wurde die Verwendung der GHT auch im EPTB-Protokoll vorgesehen, wobei jedoch eine Sperre bei vorliegendem 00-Eintrag und Token-Besitz sofort gewährt wird. Daneben wurden noch folgende Konzepte zur Einsparung von Synchronisationsnachrichten benutzt:

- Sole-Interest-Konzept auf Area (Datei)- und Blockebene (hierarchisches Sperrverfahren)

- Leseoptimierung auf Area- und Blockebene

- Unterstützung des Spezialfalls, bei dem nur einer der beiden Rechner Änderungen vornehmen darf.

Synchronisation auf Area-Ebene

Die Synchronisation auf Area-Ebene orientiert sich an die für CODASYL-artige DBS vorgesehenen fünf Sperrmodi (s. /Rah84/), mit denen eine TA bei BOT für die zu referenzierenden Areas ihre Zugriffsmerkmale zu spezifizieren hat. Damit ist z.B. feststellbar, ob ein Rechner eine Area exklusiv angefordert hat (EXCLUSIVE-Modus) oder nur Lese-Zugriffe erlaubt sind (PROTECTED RE-TRIEVAL); in diesen Fällen werden natürlich alle Blockzugriffe lokal synchronisiert. Im allgemeineren Fall, in dem beide Rechner Blöcke der Area ändern können, wird durch Führen einer Area-Tabelle die aktuelle Zugriffslage verwaltet. Dabei wird ein dynamisches Zustandekommen von Sole-Interest für eine Area zur lokalen Synchronisierung genutzt; ebenso werden Lesezugriffe auf einem Block zugelassen, wenn bekannt ist, daß in beiden Rechnern nur Lese-TA auf der Area zugelassen wurden. Allerdings sind diese Einsparungen meist nur in der Master-Phase möglich, da nur dann die Aktualität der Area-Tabelle gesichert ist. Dennoch ist natürlich das etwaige Warten auf die nächste Master-Phase immer noch erheblich kürzer, als eine Sperranforderung zum anderen Rechner zu senden. Denn dazu muß zunächst auch die Master-Phase abgewartet werden, um an deren Ende die Sperranforderung (im Buck) zum anderen Rechner zu senden. Die Antwort darauf kommt aber erst im darauffolgenden Buck, also zu Beginn der übernächsten Master-Phase, womit sich die Sperrgewährung um einen zusätzlichen Zyklus verzögern würde.

Synchronisation auf Blockebene

Die Synchronisation auf Blockebene ist durch Nutzung des Sole-Interest-Konzeptes, Verwendung einer Leseoptimierung sowie der integrierten Lösung des Veralterungsproblems durch Einsatz sogenannter Haltesperren gekennzeichnet. Dazu werden in einem Blockeintrag im wesentlichen folgende Informationen geführt:

SI: Boolean; (* Sole-Interest-Vermerk *)
HR, HX: Boolean; (* Haltesperren *)
Listen gewährter und wartender Sperranforderungen;

Bei der Liste wartender Sperranforderungen ist zu beachten, daß hier auch alle externen TA aufgenommen werden, um sie bei der Sperrvergabe gerecht berücksichtigen zu können; die gewährten Sperren werden dagegen nur für lokale TA verwaltet.

Die Sole-Interest-Information im Blockeintrag ist offenbar genauer als die Hash-Klassen-Angabe; daher wird auf die GHT nur noch zurückgegriffen, wenn noch kein Blockeintrag vorhanden ist. Wenn in diesem Fall die GHT zeigt, daß der andere Rechner an der zugehörigen Hash-Klasse (und damit auch an dem Block) nicht interessiert ist, kann die Sperre lokal gewährt und der SI-Vermerk gesetzt werden. Das Interest-Bit der GHT bleibt nun so lange gesetzt, wie noch Blockeinträge für die Hash-Klasse vorliegen. Daher bewirkt ein Aufheben von Blockeinträgen mit SI-Vermerk auch ohne aktuelle Sperranforderung automatisch, daß das GHT-Bit länger gesetzt bleibt (es wird also nicht nur 'hash class retentiveness', sondern auch 'block retentiveness' unterstützt).

Die Verwendung zweier unterschiedlicher **'Haltesperren'** erlaubt im EPTB-Protokoll sowohl die integrierte Lösung des Veralterungsproblems als auch die Realisierung einer Leseoptimierung, ähnlich der für das Primary-Copy-Verfahren vorgestellten Methode. Die Haltesperren sind dabei keine Sperren im eigentlichen Sinn, die von TA angefordert und freigegeben werden; sie kennzeichnen vielmehr den Änderungs- bzw. Synchronisationszustandes eines Blocks in einem Rechner. Die mit HR und HX benannten Zustände ('Sperren') werden daher auch durch je eine Boolesche Variable im Blockeintrag repräsentiert, von denen zu einem Zeitpunkt höchstens eine pro Block und Rechner gesetzt sein darf. Das Setzen der Haltesperren erfolgt dabei nach Freigabe der regulären R- und X-Sperren und führt (wie ein SI-Vermerk) zu einem verlängerten Halten der Blockeinträge, um Lokalität zur Gewährung von Lesesperren nutzen zu können bzw. um für die Behandlung des Veralterungsproblems relevante Angaben aufzubewahren:

- Eine **HR-Sperre** wird nach Freigabe der letzten R-Sperre einer lokalen TA gesetzt, sofern keine TA auf die Sperre wartet (leere Warteliste). Die HR-Sperre kennzeichnet daher den Synchronisationszustand RIO und erlaubt somit die lokale Gewährung von Lesesperren (Leseautorisierung). Für einen Block kann zur gleichen Zeit in beiden Rechnern ein HR-Vermerk gesetzt sein. HR zeigt auch an, daß der Block seit dem letzten Lesezugriff nicht mehr geändert wurde, so daß die Gültigkeit einer im lokalen Systempuffer vorliegenden Kopie der Seite gesichert ist.

- Eine **HX-Sperre** wird dagegen nach Freigabe einer X-Sperre gesetzt, um anzuzeigen, daß die Seite zuletzt von einer lokalen TA geändert wurde. Die Existenz einer HX-Sperre, die nur in einem der Rechner möglich ist, bedeutet, daß die Seite mit 'Änderungsvermerk' im Puffer steht oder bereits ausgeschrieben wurde. Die HX-Sperre darf nicht aufgegeben werden, solange die geänderte Seite noch nicht in die Datenbank eingebracht wurde.

Die folgende Matrix zeigt die Verträglichkeit der Sperren zwischen zwei Rechnern. Es wird deutlich, daß eine HX-Sperre, ähnlich wie die X-Sperre, sicherstellt, daß auf dem anderen Rechner keine Sperre gewährt ist. Daher ist HX auch zurückzunehmen, wenn einer externen TA eine Sperre gewährt wird.

	R	HR	X	HX
R	+	+	−	−
HR	+	+	−	−
X	−	−	−	−
HX	−	−	−	−

Bei der **Lösung des Veralterungsproblems** wurde in /Rah84/ vorausgesetzt, daß für die betrachtete NOFORCE-Strategie der Austausch geänderter Seiten stets über Platte erfolgt; ein Blockeintrag ist ferner mindestens so lange in der Sperrtabelle zu führen, wie sich die zugehörige Seite im Systempuffer befindet. Die letztgenannte Bedingung verhindert, daß zu einer im Systempuffer vorliegenden Seite der andere Rechner unbemerkt eine Änderung durchführen kann und damit die Seite invalidiert. Denn weil nach Voraussetzung für die Seite ein Blockeintrag vorliegt und damit auch das Interest-Bit der GHT gesetzt ist, kann der andere Rechner weder für den Block noch für die Hash-Klasse Sole-Interest besitzen und damit auch keine X-Sperre lokal vergeben.

Bei Seitenaustausch über Platte stellen die Haltesperren sicher, daß die aktuelle Seite entweder im lokalen Systempuffer oder auf Platte steht; die neueste Version muß also nicht vom anderen Rechner angefordert werden. Dies ist nur notwendig, wenn dort die letzte Änderung vorgenommen wurde und daher HX gesetzt ist. In diesem Fall ist zur Gewährung einer Sperre stets Kommunikation mit dem anderen Rechner erforderlich. Dabei wird vor Gewährung der Sperre die geänderte Seite ausgeschrieben (wenn noch nicht geschehen), HX zurückgesetzt und mit einer Lock-Response-Nachricht die Sperre gewährt (mit dem Hinweis, die aktuelle Seite von Platte einzulesen).

Die Bereitstellung der aktuellen Seite wird natürlich beschleunigt, wenn anstatt des Seitenaustauschs über Platte diese direkt mit der Lock-Response-Nachricht übertragen wird. In diesem Fall ist jedoch wieder das Problem der Ausschreibkoordinierung zu lösen. Eine Möglichkeit dazu wäre auch hier, die Ausschreibverantwortung mit der Übertragung einer geänderten Seite weiterzureichen, wobei dann im Empfangsrechner HX im Blockeintrag zu setzen wäre (damit im Senderechner nicht nach 'Wegwerfen' der Seite eine veraltete Version von Platte eingelesen wird). Ein baldiges (asynchrones) Ausschreiben der Seite (mit Zurücknahme von HX) empfiehlt sich aber auch beim direkten Änderungsaustausch zwischen den Rechnern, da eine HX-Sperre keine lokale Sperrgewährung im anderen Rechner zuläßt. Ebenso verhindert natürlich auch eine HR-Sperre die lokale Gewährung einer X-Sperre im anderen Rechner. Da ein längeres Halten der Blockeinträge auch das verlängerte Gesetztbleiben des Interest-Bit impliziert, können im anderen Rechner auch weniger Sperren bei nicht vorhandenem Blockeintrag (über die GHT) gewährt werden.

Besonderheiten bei nur einem Änderungsrechner

Dieser Spezialfall, bei dem in einem der beiden Rechner nur Lese-TA ausgeführt werden dürfen, ist natürlich nur anwendbar, wenn weniger als die Hälfte der TA-Last aus Änderungs-TA besteht (was i.a. jedoch oft der Fall sein dürfte). Es ergibt sich dabei der Vorteil, daß für den Update-Rechner kein Veralterungsproblem existiert, da nur er Änderungen vornehmen darf; weiterhin können Lesesperren in diesem Rechner stets sofort gewährt werden, sofern kein Konflikt mit lokalen TA vorliegt. Daher brauchen im Änderungsrechner auch keine HR-Sperren geführt zu werden, wodurch sich für den Retrieval-Rechner ebenfalls weniger Behinderungen ergeben (Interest-Bits der GHT sind für den Update-Rechner weniger lang gesetzt).

Darüber hinaus wird auch die REDO-Recovery erheblich erleichtert, weil in der Log-Datei des Update-Rechners alle Änderungen protokolliert sind; eine explizite Erstellung einer globalen Log-Datei ist somit nicht notwendig. Der Ausfall des Retrieval-Rechner ist außerdem besonders einfach zu beheben (Freigabe gehaltener Sperren sowie Wiederausführen der gescheiterten TA).

Recovery-Überlegungen

Auch im allgemeinen Fall, wenn beide Rechner Änderungen vornehmen können, wird die Recovery durch die Beschränkung auf zwei Rechner erleichtert. Denn nach einem Rechnerausfall ergibt sich für die Ausfalldauer ein zentralisiertes System, so daß eine Rekonstruktion der ausgefallenen Sperrtabelle nicht notwendig ist. Für die folgenden Überlegungen sei P2 der ausgefallene Rechner; der überlebende Prozessor P1 ist folglich für die Recovery zuständig. Dazu führt P1 mit der lokalen Log-Datei von P2 zunächst die UNDO- und REDO-Recovery durch. Danach werden alle von P2-TA gehaltenen Sperren freigegeben sowie wartende Sperranforderungen aus P2 aus den Wartelisten entfernt. Man erhält so in P1 eine Sperrtabelle mit einem SI-Vermerk in allen Blockeinträgen; in der GHT kommen nur noch 10- und 00-Einträge vor. Wenn der Rechner P2 wieder verfügbar ist, wird ihm zunächst die aktuelle Version der GHT geschickt und anschließend auf das normale Protokoll zurückgekehrt.

Ein noch zu lösendes Problem ist natürlich auch hier die Durchführung der REDO-Recovery für P2, wozu wieder Page-Logging unterstellt sei. Es sollten dabei nämlich nur für die Seiten After-Images von P2's Log-Datei in die physische Datenbank eingebracht werden, für die P1 nicht die letzte Änderung durchgeführt hat. Eine Möglichkeit, dies zu erreichen, ist das Führen einer Hauptspeicher-Datenstruktur, in der vermerkt steht, welche Seiten wo zuletzt geändert wurden. Um diese Information aktuell zu halten, ist jedoch wieder eine Benachrichtigung vor Freigabe einer Schreibsperre erforderlich. Die Größe dieser Tabelle läßt sich durch die Berücksichtigung von Ausschreibvorgängen relativ klein halten.

Eine Alternative dazu ist das Führen einer Versionsnummer (Zeitstempel) in jeder Seite und jedem After-Image. Durch Zeitstempelvergleich kann dann verhindert werden, daß eine aktuelle Seite der physischen Datenbank durch ein älteres After-Image überschrieben wird (s. /Rah86a/). Allerdings müssen dabei möglicherweise erst viele Seiten von der physischen DB eingelesen werden, um den Zeitstempelvergleich vornehmen zu können.

Merkmale des EPTB-Verfahrens

Das EPTB-Verfahren erlaubt in vielen Fällen eine lokale Sperrbehandlung, da es umfangreichen Gebrauch von globalen Sperrinformationen auf insgesamt drei Ebenen (Area, Hash-Klasse, Block) macht. So erlaubt die Area-Tabelle bzw. die GHT oft auch eine lokale Sperrbehandlung, wenn noch kein Blockeintrag vorliegt. Auf Blockebene schließlich kann Lokalität zur Einsparung von Synchronisationsnachrichten durch Unterstützung des Sole-Interest-Konzeptes sowie einer Leseoptimierung genutzt werden, wobei sich die beiden Konzepte hier gut vereinbaren lassen (v.a. weil nur 2 Rechner). Die neu eingeführten Haltesperren erlauben nicht nur die Realisierung der Leseoptimierung (HR), sondern auch eine integrierte Behandlung des Veralterungsproblems bei NOFORCE (HX). Der Spezialfall mit nur einem Änderungsrechner schließlich ermöglicht eine noch weitergehende lokale Synchronisierung.

Der Hauptnachteil des Verfahrens (wie auch des ursprünglichen PTB-Protokolls) liegt natürlich in der Beschränkung auf nur zwei Rechner, so daß keine sehr hohen TA-Raten (> 1000 TA/s) erreicht werden können. Eine Erweiterung des Verfahrens auf eine Token-Ring-Topologie mit N (> 2) Rechnern hat den Nachteil, daß sich die Token-Umlaufzeiten verlängern würden und damit die Verzögerungen bis zum Beantworten einer Anfrage; dies führt aber unmittelbar zu Antwortzeitverschlechterungen. Ein weiterer wichtiger Punkt ist, daß mit zunehmender Rechneranzahl der Zeitanteil, an dem ein Rechner Master ist, immer kleiner wird. Viele Sperranforderungen können aber nur als Master bearbeitet werden, da nur dann die Aktualität aller globalen Sperrinformationen gewährleistet ist. Daher ergeben sich mit mehr als zwei Rechnern nicht nur verlängerte Wartezeiten bis zum Beginn der Master-Phase, sondern die Slave-Phasen können möglicherweise gar nicht mehr genutzt werden, so daß auch der Durchsatz in Leidenschaft gezogen wird. Ein anderer Punkt betrifft die Behandlung des Veralterungsproblems bei NOFORCE, die nicht unmittelbar auf mehr als zwei Rechner erweiterbar ist. Hier müßte dann auf einen allgemeinen Propagate-on-Demand-Ansatz übergegangen werden.

9. Optimistische Synchronisationsverfahren für DB-Sharing

Der Hauptgrund, optimistische Synchronisationsprotokolle für DB-Sharing-Systeme zu untersuchen, besteht darin, daß sie möglicherweise weitaus weniger Synchronisationsnachrichten erfordern als Sperrverfahren. Denn die eigentliche TA-Verarbeitung (Lesephase) erfolgt weitgehend unsynchronisiert, so daß bei DB-Sharing hierzu keine synchronisationsbedingten Kommunikationsvorgänge anfallen (bei Sperrverfahren sind dagegen möglicherweise mehrere globale Sperranforderungen zu stellen). Lediglich bei TA-Ende werden Synchronisationsnachrichten zur Durchführung der Validierung erforderlich. Verglichen mit Sperrverfahren, bei denen neben synchronen Nachrichten auch Sperrkonflikte zu TA-Unterbrechungen führen, sind damit potentiell weniger Antwortzeitbeeinträchtigungen und Parallelitätseinbußen zu erwarten. Ein weiterer Pluspunkt optimistischer Verfahren v.a. in verteilten Systemen ist natürlich die Deadlock-Freiheit.

Allerdings können nur bei einer FORCE-Strategie, bei der die physische Datenbank stets die aktuell gültigen Seiten enthält, die Lesephasen vollkommen lokal gehalten werden. FORCE verursacht aber bei optimistischer Synchronisation neben des hohen E/A-Aufwandes noch das Problem, die Schreibphase einer TA für alle Rechner atomar zu halten. Denn dazu müßten de facto für die in die Datenbank einzubringenden Seiten die Zugriffe in allen Rechnern blockiert werden, was natürlich einen hohen Kommunikationsaufwand einführen würde. Bei NOFORCE dagegen lassen sich auch die Schreibphasen im wesentlichen lokal abwickeln; dafür ist jedoch den TA in anderen Rechnern auch der Zugriff auf geänderte Seiten zu ermöglichen, um das Ausmaß an TA-Rücksetzungen nicht unnötig zu erhöhen. So wird bei NOFORCE in der Lesephase zwar keine Kommunikation zur Synchronisation notwendig, jedoch zum Anfordern geänderter Seiten bei anderen Rechnern. Di se Kommunikationsvorgänge waren auch bei Sperrverfahren nicht zu umgehen, wenngleich sie in einigen Verfahren mit ohnehin zu sendenden Synchronisationsnachrichten kombiniert werden konnten.

Wie in VDBS können auch für DB-Sharing die Validierungen entweder zentral (9.1) oder unter verteilter Kontrolle (9.2) durchgeführt werden; dabei kann zum Teil auf die in 5.1.2 schon angegebenen Techniken zurückgegriffen werden. Die hauptsächlichen Besonderheiten entstehen durch die zu integrierende Lösung der Veralterungsproblematik bei NOFORCE sowie die unterschiedliche TA-Verarbeitung (lokale Verarbeitung mit Anfordern von geänderten Seiten vs. verteilte TA-Ausführung mit Sub-TA). Desweiteren ergeben sich Unterschiede bei der Kombination mit Sperrverfahren, auf die in diesem Kapitel ebenfalls eingegangen wird. Die Hinwendung zu pessimistischeren Methoden ist auch bei DB-Sharing v.a. zur Begrenzung der Rücksetzrate und für ein faires Scheduling zu betrachten (High-Traffic-Problem, lange Batch-TA). Wert zu legen ist darüber hinaus auf die effiziente Durchführbarkeit der Validierungen (sowohl hinsichtlich Kommunikations- und CPU-Bedarf), da Durchsatz- und Antwortzeit-Verhalten davon beeinflußt werden.

Eine Abschätzung des Synchronisationsaufwandes zur Kommunikation und Validierung wird in 9.3 für die in diesem Kapitel vorgestellten optimistischen Protokolle vorgenommen.

9.1 Optimistische Protokolle mit zentraler Validierung

Die Validierung auf einem zentralen Validierungsknoten (ZVK) kann bei DB-Sharing weitgehend so erfolgen wie in VDBS (5.1.2); insbesondere kommen nur BOCC-artige Verfahren in Betracht. Die BOCC+-Variante (4.2.2), auf die hier nur eingegangen wird, bietet für DB-Sharing noch einen weiteren wesentlichen Vorteil. Denn die bei ihr zur Durchführung der Validierung benutzten Zeitstempel können auch zur Erkennung veralteter Seitenzugriffe und damit zur Behandlung des Veralterungsproblems benutzt werden. Dabei ist auf die Unterschiedlichkeit dieser Zeitstempel, verglichen etwa mit denen bei PCL (7.3), hinzuweisen:

- Bei BOCC+ schreibt eine TA in alle von ihr geänderten Objekte (Seiten) denselben, systemweit eindeutigen Zeitstempel, der identisch ist mit der nach der Validierung zugeteilten TA-Nummer, welche die Position der TA in der Serialisierungsreihenfolge bestimmt. Nur so läßt sich mit den Zeitstempeln eine korrekte Validierung durchführen.

- Bei Sperrverfahren (z.B. PCL) mußte der zur Erkennung veralteter Seiten (bzw. für Recovery-Zwecke) benutzte Zeitstempel weitaus weniger restriktive Eigenschaften aufweisen. Hier mußte lediglich sichergestellt sein, daß der Zeitstempel bei jeder Änderung erhöht wird.

Zur Durchführung der Validierungen wartet der ZVK auch hier eine Objekttabelle, in der für geänderte Seiten x, die für die Validierung noch relevant sind, die TA-Nummer TS(x) des letzten erfolgreichen Änderers geführt wird; daneben wird der zur Bestimmung der TA-Nummer erforderliche Zähler TNC verwaltet. Jede TA Tj schickt am Ende ihrer Lesephase ihren Read- und Write-Set zum ZVK, wobei für eine von Tj referenzierte Seite z der gesehene Zeitstempel ts(z,Tj) mitgeschickt wird. Die Validierung für Tj im ZVK sieht damit folgendermaßen aus:

```
    VALID := true;
<< for all r in RS(Tj) do;
      if (Eintrag für r in Objekttabelle vorhanden) then
        if ts(r,Tj) < TS(r) then VALID := false;
    end;
    if VALID then do;
      TNC := TNC + 1;
      n(Tj) := TNC;   (* TA-Nummer für Tj *)
      for all w in WS(Tj) do;
        TS(w) := n(Tj);  (* ggf. zuvor Eintrag in Objekttabelle anlegen *)
      end;
    end; >>
    if (WS(Tj) = Ø  or VALID=false) then send VALIDATION-RESPONSE (VALID);
    else  broadcast ( WS(Tj), n(Tj) );
```

Der eigentliche Validierungstest ist offenbar identisch mit dem von BOCC+ in zentralisierten Systemen (4.2.2); es wird damit automatisch auch erkannt, ob aufgrund einer Pufferinvalidierung eine veraltete Seite referenziert wurde. Wie schon in 5.1.2 angeführt, ist die extrem einfache und effizient realisierbare Form der Validierung von BOCC+ besonders wichtig, um auch bei hohen TA-Raten einen Engpaß zu vermeiden. Denn der Validierungsaufwand pro TA ist hier unabhängig von der Anzahl der Rechner oder der eingestellten Parallelität; es sind für eine Validierung nur ein Vergleich pro Read-Set-Element und nur eine Änderung der Objekttabelle pro Write-Set-Element notwendig. Bei einem zentralen Sperrverfahren sind dagegen in der Regel im ZLM-Rechner mit mehreren Sperranforderungen und -freigaben pro TA zu rechnen, die u.U. für sich genommen schon komplexer als eine Validierung sein können (Sperrkonversionen, Deadlock-Erkennung, Sole-Interest-Entzug u.ä.); dazu kommt dann natürlich eine entsprechend hohe CPU-Belastung wegen der i.a. häufigeren Kommunikationsvorgänge.

Bei der Mitteilung über das Validierungsergebnis muß bei DB-Sharing (wegen der Behandlung des Veralterungsproblems bei NOFORCE) unterschieden werden zwischen Lese- und Änderungs-TA.

Für Lese-TA schickt der ZVK den Ausgang der Validierung mit einer einfachen Nachricht (VALIDATION-RESPONSE) an den Rechner, an dem die TA ausgeführt wurde, woraufhin die TA beendet bzw. zurückgesetzt wird. Ebenso wird das Scheitern einer Änderungs-TA mit einer einfachen Nachricht mitgeteilt und damit das Zurücksetzen veranlaßt.

Für eine erfolgreich validierte Änderungs-TA T dagegen schickt der ZVK eine Broadcast-Nachricht mit dem Write-Set von T an alle Rechner. Bei der Abarbeitung dieser Broadcast-Nachricht ist zu unterscheiden zwischen dem Rechner P, an dem die Lesephase von T ausgeführt wurde, und den anderen Rechnern:

- In P dient die Broadcast-Nachricht gleichzeitig als Mitteilung der erfolgreichen Validierung von T. Daher wird hier die Schreibphase von T durchgeführt (wobei die im ZVK zugewiesene TA-Nummer von T in den geänderten Seiten eingetragen wird), und es werden alle laufenden TA zurückgesetzt, die noch auf nunmehr veraltete Seiten zugegriffen haben. Dies ist analog zu BOCC+ im zentralen Fall, wobei nun die frühzeitige Rücksetzung dieser zum Scheitern verurteilten TA auch eine unnötige Kommunikation mit dem ZVK vermeidet.

- In den anderen Rechnern wird der Write-Set von T ebenfalls benutzt, um zum Scheitern verurteilte TA zur Einsparung unnötiger Arbeit sofort abzubrechen. Weiterhin werden alle Seiten, die zum Write-Set von T gehören, aus dem Systempuffer entfernt, da diese nun veraltet sind. Wegen NOFORCE vermerkt sich desweiteren jeder Rechner in einer eigenen Objekttabelle (die hier nicht zur Validierung benutzt wird), daß die aktuellen Versionen der geänderten Seiten in Rechner P zu erhalten sind.

Diese Objekttabellen (in /Rah86a,Rah87c/ MODIFIED-BLOCKS-TABLE genannt) werden bei NOFORCE für Seitenzugriffe benutzt, die nicht im TA-Puffer (in dem eine TA ihre Änderungen vorbereitet) oder im Systempuffer befriedigt werden können. Ist in einem solchen Fall für die betreffende Seite ein Eintrag in der lokalen Objekttabelle vorhanden, wird die Seite von dem dort vermerkten Rechner angefordert; anderenfalls wird die Seite von Platte eingelesen. Für Seiten, die während einer Schreibphase in den Systempuffer gebracht werden, sind etwaige Einträge aus der lokalen Objekttabelle zu entfernen, da die aktuelle Version dieser Seiten nun im eigenen Rechner vorliegen.

Die Bereitstellung geänderter Seiten geschieht also gemäß dem **Propagate-on-Demand-Ansatz**, wobei zur Mitteilung der Änderungen eine Broadcast-Nachricht gesendet wird. Dabei ist zu beachten, daß die Broadcast-Nachricht, die bei Vorhandensein eines Broadcast Mediums (z.B. Bus) relativ billig gesendet werden kann, zu keiner Antwortzeitverlängerung für die Änderungs-TA führt; weiterhin kann sie gleichzeitig als Mitteilung des Validierungsergebnisses genutzt werden. Daneben ergeben sich aus der **Broadcast-Strategie** noch die folgenden **Vorteile**:

- Das Mitteilen der Änderungen über eine Broadcast-Nachricht erlaubt die Anzahl von Rücksetzungen einzugrenzen, da weitere Zugriffe auf veraltete Seiten verhindert werden.

- Zugriffe auf veraltete Seiten können bereits vor der Validierung erkannt werden, so daß durch frühzeitiges Abbrechen zum Scheitern verurteilter TA unnötige Arbeit eingespart wird. Für TA, die das Ende ihrer Lesephase erreichen, besteht so eine hohe Wahrscheinlichkeit, daß sie im ZVK erfolgreich validieren. Denn sie können dort nur noch wegen Änderungs-TA scheitern, die vor ihnen validiert haben, deren Broadcast-Nachricht aber noch nicht vor Ende der Lesephase eingetroffen war.

- Die Ausschreibkoordinierung ist durch die Broadcast-Strategie auch praktisch gelöst, da damit veraltete Seiten sofort aus den Puffern entfernt werden. Daher führt nur noch der Rechner, der die

Seite tatsächlich zuletzt geändert hat, diese als geändert in seinem Puffer, so daß ein Ausschreiben dieser Seite keine neuere Version auf Platte überschreiben kann.

Ein weiterer Vorteil des Verfahrens ist der sehr geringe Validierungs- und Kommunikationsaufwand, der neben dem BOCC+-Ansatz v.a. darauf zurückzuführen ist, daß - im Gegensatz zur verteilten Validierung (9.2) - alle Validierungen an einem Rechner durchgeführt werden. Der Ausfall des ZVK verursacht aber auch große Verfügbarkeitsprobleme, da sich dessen Objekttabelle i.a. nicht aus Informationen der überlebenden Rechner rekonstruieren läßt. Denn dort ist der Ausgang der losgeschickten Validierungsaufforderungen unbekannt, ebenso wie die über den Zähler TNC zugewiesenen TA-Nummern. Daher ist zur Ausfallbehandlung eine stets aktuelle Kopie der ZVK-Objekttabelle in einem unabhängigen Rechner bzw. Speicherbereich zu warten, wodurch ein entsprechender Aufwand im Normalbetrieb eingeführt wird.

Bevor für das zentrale Validierungsschema eine Kombination mit Sperrverfahren erörtert wird, soll noch kurz darauf eingegangen werden, wie die Anzahl der Einträge in den Objekttabellen klein gehalten werden kann. Hierzu kann dem ZVK das Ausschreiben geänderter Seiten, das bei NOFORCE üblicherweise lange nach EOT der ändernden TA erfolgt, mit einer der nächsten Validierungsaufforderungen signalisiert werden. Der ZVK kann dann die Einträge für die ausgeschriebenen Seiten i.a. sogleich aus seiner Objekttabelle löschen, da die Einträge durch das lokale Zurücksetzen der TA im ZVK nur sehr kurze Zeit zur Validierung benötigt werden. Das Ausschreiben der Seiten kann der ZVK nun wiederum - zusammen mit der nächsten Broadcast-Nachricht - den anderen Rechnern mitteilen. Diese entfernen daraufhin die entsprechenden Einträge auch aus ihren Objekttabellen, da die aktuelle Version der Seiten jetzt auf Platte vorliegen. Es kann so nicht nur die Größe der Objekttabellen ausreichend klein gehalten werden, sondern man reduziert auch die Wahrscheinlichkeit für vergebliche Seitenanforderungen bei einem anderen Rechner (die angeforderte Seite wurde bereits ausgeschrieben).

Kombination mit Sperrverfahren

Bei Anwendungen mit höherer Konfliktwahrscheinlichkeit und langen TA ist mit einer rein optimistischen Synchronisation die Gefahr einer hohen Rücksetzrate sowie von zyklischen Restarts gegeben; ein Einsatz in solchen Umgebungen verlangt daher eine Kombination mit Sperrverfahren. Für das beschriebene zentrale Validierungsschema mit BOCC+ kommen dazu im wesentlichen zwei Möglichkeiten in Frage: Kopplung mit einem ZLM-Ansatz und Sole-Interest-Konzept (ggf. mit Leseoptimierung) und/oder Verwendung einer Preclaiming-Methode. In beiden Fällen soll eine TA nach gescheiterter Validierung im zweiten Anlauf pessimistisch synchronisiert werden, damit ein wiederholtes Zurücksetzen der TA vermieden wird. Bei Kombination mit dem ZLM-Ansatz können z.B. lange TA von vorneherein pessimistisch synchronisiert werden, da ein Scheitern der Validierung für sie sehr wahrscheinlich ist. Zur Synchronisation pessimistischer TA muß die Objekttabelle des zentralen Knotens um entsprechende Sperrinformationen erweitert werden.

Eine **Kombination mit dem ZLM-Ansatz und Sole-Interest-Konzept** bewirkt, daß eine Validierung im zentralen Knoten nun nicht nur scheitert, wenn eine veraltete Seite gesehen wurde, sondern auch wenn auf einer referenzierten Seite pessimistische TA unverträgliche Sperren oder ein anderer Rechner Sole-Interest hält (bzw. eine Leseautorisierung, wenn die Seite geändert werden soll). Die Wahrscheinlichkeit für ein Scheitern bei der Validierung läßt sich dabei verringern, wenn für Seiten, für die Sole-Interest vorliegt, auch für optimistisch synchronisierte TA lokal eine pessimistische Synchronisation vorgenommen wird /ReSh84/. Damit werden Konflikte mit lokalen TA bereits durch die pessimistische Synchronisierung behandelt, so daß bei der Validierung nur noch die Objekte zu berücksichtigen sind, für die kein Sole-Interest vorlag. Zur Lösung des Veralterungsproblems wird auch für pessimistische TA die Broadcast-Lösung unterstellt, wobei in diesem Fall jedoch die Broadcast-Nachricht von dem Rechner gesendet wird, an dem die Änderungs-TA ausgeführt wurde. Diese Nachrichten können wiederum zum frühzeitigen Zurücksetzen optimistischer TA genutzt werden, die auf veraltete Seiten zugegriffen haben.

Das Hauptproblem bei der Kombination mit dem Sole-Interest-Konzept ist, daß für pessimistisch synchronisierte TA wieder mit viel Kommunikationsvorgängen gerechnet werden muß; desweiteren ist nun auch wieder eine Behandlung von Deadlocks vorzusehen. Außerdem steigt die Komplexität des Verfahrens durch die Hinzunahme einer optimistischen Synchronisation, die v.a. für kurze TA ratsam ist, erheblich an. Denn da auch optimistisch synchronisierte TA z.B. für Sole-Interest-Objekte pessimistisch synchronisiert werden sollen, sind viele Sonderfälle durch Wechsel der Sole-Interest-Situationen zu behandeln (SI-Entzug, SI-Gewährung); daneben ergibt sich eine andere Behandlung des Veralterungsproblems. Algorithmen für ein solches Protokoll sind in /Sch88/ zu finden.

Eine andere Möglichkeit einer pessimistischen Synchronisation ist, nach dem Scheitern einer Validierung ein **Preclaiming** (ähnlich wie in /ReSh84,PSU82/ vorgeschlagen) im zentralen Knoten vor der erneuten Ausführung vorzunehmen. Dabei wird praktisch für jedes Element des Write-Set eine Schreibsperre und für die sonstigen Seiten des Read-Set eine Lesesperre angefordert, wobei Konflikte mit anderen Preclaiming-TA möglich sind. Die so gesetzten Sperren sind in allen folgenden Validierungen derart zu beachten, daß im Konfliktfall stets die validierende TA zurückgesetzt wird. Damit kann nach dem Erwerb aller Sperren in der Preclaiming-Phase eine erfolgreiche Wiederausführung der gescheiterten TA garantiert werden, sofern keine zusätzlichen Objekte referenziert werden, was für kurze TA relativ wahrscheinlich ist. Für erstmals referenzierte Objekte muß wiederum eine Validierung erfolgen.

Der Hauptvorteil der Preclaiming-Strategie liegt darin, daß alle Sperren ohne zusätzliche Kommunikation zu verursachen auf einmal angefordert werden; daneben können Deadlocks vermieden werden (4.1.2). Andererseits ergeben sich jedoch folgende Nachteile:

- Die Methode ist erst nach dem Scheitern einer Validierung anwendbar, nicht jedoch für die erste TA-Ausführung, bei der z.B. für lange TA von vornherein eine pessimistische Synchronisation angebracht wäre. Wird für diesen Zweck der ZLM-Ansatz mit Sole-Interest zusätzlich hinzugenommen, werden praktisch zwei verschiedene Sperrverfahren unterstützt, womit ein sehr komplexes Verfahren entsteht (s.o.).

- Das Durchkommen der zweiten TA-Ausführung ist nur gesichert, wenn keine neuen Objekte referenziert werden. Daher kann mit dem Preclaiming-Ansatz i.a. nur für kurze TA ein zyklischer Restart vermieden werden.

- Das Preclaiming ist nicht verträglich mit dem durch die Broadcast-Mitteilung der Änderungen möglich gewordenen frühzeitigen Abbrechen zum Scheitern verurteilter TA. Denn um ein Preclaiming sinnvoll durchführen zu können, muß natürlich der gesamte Read- und Write-Set bekannt sein, was bei einem vorzeitigen TA-Abbruch offenbar nicht der Fall ist.

Die Ausführungen zeigen, daß für das zentrale Validierungsschema eine zufriedenstellende Kombination mit Sperrverfahren als problematisch anzusehen ist. Dies muß neben dem Verfügbarkeitsproblem für den ZVK als weiterer Nachteil des Protokolls gelten.

9.2 Optimistische Protokolle mit verteilter Validierung

Ähnlich wie bei DB-Distribution (5.1.2) geschieht die verteilte optimistische Synchronisierung auch bei DB-Sharing gemäß einem **zweiphasigen Validierungsschema**. Dabei stößt eine TA am Ende ihrer Lesephase auf jedem Rechner eine lokale Validierung gegen die dort abgelaufenen bzw. aktiven TA an (Phase 1). Waren alle lokalen Validierungen erfolgreich, führt die TA ihre Schreibphase aus; ansonsten setzt sie sich zurück. Phase 2 besteht dann in der Mitteilung des Gesamtergebnisses an die anderen Rechner. Dies ist dabei nicht wie bei DB-Distribution zur Durchführung der (verteilten) Schreibphasen erforderlich, sondern primär wegen der Behandlung des Veralterungsproblems (s.u.). Ein wesentlicher Vorteil einer verteilten Validierung bei DB-Distribution ist, daß dort eine Validierung nur an den Knoten vorzunehmen ist, an denen Sub-TA ausgeführt wurden; insbesondere kann eine TA vollkommen lokal validiert werden, wenn sie keine externen Daten referenziert hat. Bei DB-Sharing dagegen ist ein Konflikt mit TA jedes Rechners möglich, so daß die Validierungen prinzipiell an jedem Knoten vorzunehmen sind. Damit wird auch ein wesentlich höherer Validierungs- und Kommunikationsaufwand als bei zentraler Validierung eingeführt.

Aufgrund des zweiphasigen Validierungsschemas ergeben sich für DB-Sharing im Prinzip die gleichen Schwierigkeiten und damit die gleichen Lösungsmoglichkeiten wie bei DB-Distribution (5.1.2). Insbesondere ist zur Sicherstellung der globalen Serialisierbarkeit eine geeignete Koordinierung der lokalen Validierungen einer TA vorzunehmen sowie die Behandlung von 'unsicheren' Änderungen, die von lokal, jedoch noch nicht global validierten TA (semi-committed TA) herrühren. Wir konzentrieren uns dabei im folgenden auf zwei Lösungsansätze, bei denen die TA in jedem Rechner in der gleichen Reihenfolge validiert werden. Dazu betrachten wir zunächst die Realisierung bei einer Token-Ring-Topologie (9.2.1) und anschließend unter Verwendung eines Broadcast-Mediums. In beiden Fällen ist sowohl eine BOCC- als auch eine FOCC-artige Validierung möglich. Für den viel-versprechenderen Broadcast-Ansatz werden in 9.2.3 noch eine Primary-Copy-artige Synchronisation sowie eine Kombinationsmöglichkeit mit dem Primary-Copy-Sperrverfahren untersucht.

9.2.1 Token-Ring-Ansatz

Bei diesem Verfahren, das in /HPR85b/ für eine FOCC-artige Synchronisation vorgeschlagen wurde, darf ein Rechner nur dann Validierungen vornehmen, wenn er in Besitz des Tokens ist. Daher muß eine TA nach Abschluß ihrer Lesephase zunächst auf das Eintreffen des Tokens warten, um sich gegen die lokalen TA validieren zu können. Zur Validierung gegenüber externen TA wird der Read- und Write-Set (BOCC, BOCC+) bzw. der Write-Set (FOCC) einer lokal erfolgreich validierten TA mit dem Token in einem Buck (analog zum Pass-the-Buck-Protokoll) an den nächsten Rechner in der (logischen) Ringreihenfolge geschickt. Diese Validierungsaufträge im Buck werden in jedem Rechner in einer festen Reihenfolge bearbeitet, so daß dadurch in jedem Rechner die gleiche Validierungs-reihenfolge vorliegt. Das Schicksal einer TA steht nach einem Ringumlauf fest, da für sie dann in jedem Rechner eine Validierung vorgenommen wurde; sie entfernt daher auch nach Eintreffen des Tokens ihren Validierungsauftrag aus dem Buck. War die TA auf allen Rechnern erfolgreich, kann sie die Schreibphase vornehmen, ansonsten setzt sie sich zurück. Wenn eine Änderungs-TA er-folgreich validiert, sollte in jedem Fall eine Mitteilung an die anderen Rechner (entweder mit dem nächsten Buck oder mit einer Broadcast-Nachricht) erfolgen, damit weitere Zugriffe auf veraltete Seiten und damit Rücksetzungen vermieden werden können. Ob das Scheitern auch mitzuteilen ist, hängt von der Behandlung unsicherer Änderungen ab.

Bei dem Verfahren laufen nach Eintreffen des Tokens in Rechner P folgende Schritte ab:

1. Entfernen aller Validierungsaufträge aus dem Buck, die von TA aus P stammen und ihren Ringumlauf beendet haben. Gescheiterte TA werden zurückgesetzt, für erfolgreiche Änderungs-TA wird die Schreibphase sowie die Benachrichtigung der anderen Rechner veranlaßt.

2. Abarbeitung der Validierungsaufträge externer TA in der Reihenfolge, in der sie in den Buck eingefügt wurden. Dabei brauchen nur solche Validierungsaufträge berücksichtigt zu werden, die nicht schon auf einem der anderen Rechner gescheitert sind.

3. Validierung von lokalen TA, die ihre Lesephase beendet und auf das Eintreffen des Tokens gewartet haben. Bei erfolgreicher lokaler Validierung wird ein Validierungsauftrag an das Ende des Bucks angefügt.

4. Weiterleiten des Tokens und des Bucks zum nächsten Rechner.

Die Schreibphasen in Schritt 1 erfordern nicht die Anwesenheit des Tokens, sondern können verzögert werden, um die Verweilzeit des Tokens möglichst kurz zu halten. Letzteres ist sehr wichtig, da ansonsten in den anderen Rechnern umso mehr TA auf eine Validierung warten, was wiederum zur Erhöhung der Token-Verweilzeiten führt. Wie in /HPR85b/ gezeigt wird, ergibt sich so eine Blockierung der gesamten TA-Verarbeitung, sobald die Verweilzeit in einem Rechner einen bestimmten Maximalwert überschreitet. Es ist daher durch zusätzliche Kontrollmaßnahmen sicherzustellen, daß die Verweilzeit des Tokens diesen Wert nicht erreicht.

Im folgenden soll für die Token-Ring-Topologie nur noch der **FOCC-Ansatz** betrachtet werden, weil hier im Gegensatz zu den BOCC-artigen Verfahren nur Änderungs-TA zu validieren haben und mehr Möglichkeiten zur Konfliktauflösung bestehen. Bei FOCC ist bei der Validierung (gegenüber externen TA) zu unterscheiden zwischen TA, die eine Kill-Strategie (4.2.1) benutzen und solchen, die bei der Validierung scheitern können. Für Kill-TA ist nämlich das Durchkommen bereits nach der lokalen Validierung gesichert, so daß die Schreibphase und damit die Antwortzeit nicht um die Zeitdauer eines Token-Umlaufs verzögert werden muß. Außerdem entfällt eine eigene Mitteilung über das erfolgreiche Ende einer TA, da der zur Validierung gegenüber externen TA im Buck mitgeschickte Write-Set der TA anzeigt, welche Seiten geändert wurden. Alte Kopien zu diesen Seiten können damit sofort aus den Puffern entfernt werden, und jeder Rechner vermerkt sich wieder in einer Objekttabelle, wo die geänderte Version zukünftig angefordert werden kann (Propagate-on-Demand-Ansatz).

Eine Kill-Strategie ist natürlich nicht für jede TA anwendbar, da es sonst vor allem für längere TA zu sehr vielen Rücksetzungen und der Gefahr eines zyklischen Restarts kommt. Für eine TA T, die keine Kill-Strategie anwendet, muß daher nach der lokalen Validierung das Wiedereintreffen des Tokens abgewartet werden, um ggf. die Schreibphase durchführen zu können. Auf den Rechnern, auf denen T erfolgreich validieren konnte, entsteht nun (wie bei DB-Distribution) das Problem der 'unsicheren Änderungen', da unbekannt ist, ob T letztlich durchkommt oder nicht. Denn nach der Validierung von T müssen die von T beabsichtigten Änderungen von allen TA gesehen worden sein, falls T durchkommt. Zur Lösung dieses Problems empfiehlt sich auch hier, Zugriffe auf Seiten, für die T eine Änderung beabsichtigt, zu blockieren, bis das Schicksal von T feststeht. Damit kann verhindert werden, daß TA auf die alte Seitenversionen zugreifen und (bei erfolgreicher Validierung von T) sich zum Rücksetzen verurteilen. Offenbar ist bei dieser Vorgehensweise auch das Scheitern einer TA den Rechnern mitzuteilen, um die Blockierungen aufheben zu können. Eine detaillierte Beschreibung dieser Lösung ist in /Rah87c/ zu finden.

Ein Vorteil des Token-Ring-Ansatzes ist die Möglichkeit, Nachrichten einzusparen, da in einem Buck mehrere Validierungsaufträge zusammen weitergeleitet werden können; außerdem wird für eine TA in einer Nachricht das Ergebnis aller Validierungen mitgeteilt. Dem stehen jedoch auch schwerwiegende Nachteile gegenüber:

- Die Antwortzeit einer TA wird u.U. deutlich verlängert, da zunächst auf das Eintreffen des Tokens gewartet werden muß und anschließend (außer für Kill-TA bei FOCC) eine mögliche Schreibphase um eine weitere Token-Umlaufzeit verzögert wird. Insgesamt vergehen also im Mittel 1 1/2 Token-Umlaufzeiten zwischen dem Ende der Lesephase und dem Ende der Validierung.

- Das Verfahren ist instabil, da ohne Kontrolle der Token-Verweilzeiten ein Stillstand droht. Außerdem erzeugt das zirkulierende Token in Unterlastzeiten einen unnötig hohen Kommunikationsaufwand, wenn das Weiterschicken des Tokens nicht künstlich verzögert wird. Hohe Token-Verweilzeiten erhöhen dagegen die Wartezeiten auf das Token (und damit das Rücksetzrisiko sowie die Antwortzeiten) und können sogar zum Zusammenbruch des Verfahrens führen.

- Es findet keine Parallelität bei der Validierung statt. Dies führt mit zunehmender Rechneranzahl N zu Antwortzeitverschlechterungen, so daß i.a. nur wenige Rechner einsetzbar sein dürften. Außerdem nimmt mit wachsendem N die maximal mögliche Verweilzeit des Tokens in einem Rechner ab, da der Validierungsaufwand mindestens quadratisch mit der Rechneranzahl N zunimmt (die Anzahl zu validierender TA und der Validierungsaufwand pro TA nehmen proportional mit N zu). Weil aber die Validierungen strikt sequentiell durchgeführt werden, ist der maximale Durchsatz bzw. die maximale Rechneranzahl bereits durch das Verfahren begrenzt! Dies umso mehr, weil mit zunehmendem N der Zeitbedarf zum Senden, Empfangen und Übertragen der Bucks zunimmt, so daß für die stark erhöhte Anzahl der Validierungen weniger Zeit zur Verfügung steht.

9.2.2 Broadcast-Validierung

Bei der Broadcast-Validierung /Rah87e/ werden die lokalen Validierungen für eine TA mit einer Broadcast-Nachricht gleichzeitig in allen Rechnern gestartet. Durch die **parallele Ausführung der Validierungen** werden kürzere Antwortzeiten erzielt und auch höhere TA-Raten ermöglicht als mit dem Token-Ring-Ansatz. Da die TA-Antwortzeiten so auch weitgehend unabhängig von der Anzahl der Rechner sind, läßt sich damit auch eher ein modulares Wachstum erreichen.

Bei Vorhandensein eines Broadcast-Mediums, das wegen der lokalen Rechneranordnung möglich ist, brauchen die Validierungsaufforderungen lediglich in der Empfangsreihenfolge abgearbeitet zu werden, um sicherzustellen, daß die Validierungen in allen Rechnern in der gleichen Reihenfolge bearbeitet werden (eine Alternative, bei der dies mit EOT-Zeitstempeln erreichbar wird, wurde bereits in 5.1.2 angegeben). Damit ist zugleich die globale Serialisierbarkeit der TA-Verarbeitung gewährleistet, wobei die Serialisierungsreihenfolge der Validierungsreihenfolge entspricht. Diese Vorgehensweise läßt sich sowohl bei BOCC- als auch FOCC-artiger Synchronisierung anwenden. Im folgenden wollen wir aber das Verfahren für BOCC+ präzisieren, da sich damit eine weitergehende Verbesserung auf eine Primary-Copy-artige Synchronisation erreichen läßt (9.2.3).

Um den **BOCC+-Ansatz** anwenden zu können, muß jeder (erfolgreichen) TA eine systemweit eindeutige TA-Nummer zugewiesen werden, welche der relativen Position der TA in der globalen Serialisierungsreihenfolge entspricht. Dazu wird ein globaler Zähler (Äquivalent zu TNC) geführt, dessen aktueller Wert mit jeder Validierungsaufforderung mitgeschickt und erhöht wird. Weil jede TA an jedem Knoten validiert und die Validierungen in jedem Rechner in der gleichen Reihenfolge ausgeführt werden, erhält so jede TA eine eindeutige TA-Nummer, die größer als alle vorher vergebenen TA-Nummern ist.

Zur Durchführung der lokalen Validierungen benutzt jeder Rechner eine Objekttabelle, in der für jede an dem Rechner geänderte Seite die TA-Nummer der Änderungs-TA vermerkt wird. Die Validierung einer TA T scheitert dann an Rechner P, wenn für eine Seite aus T's Read-Set eine TA in P eine aktuellere Version als die von T gesehene erzeugt hat (Zeitstempelvergleich). Wenn T an jedem Rechner erfolgreich validiert, ist sichergestellt, daß keine invalidierten Seiten gesehen wurden; anderenfalls muß T zurückgesetzt werden.

Um die Rücksetzwahrscheinlichkeit möglichst gering zu halten, müssen einer TA natürlich auch die in anderen Rechnern durchgeführten Änderungen zugänglich gemacht werden. Dazu kann die Tatsache genutzt werden, daß der in der Validierungsaufforderung enthaltene Write-Set anzeigt, welche Seiten eine TA ändern möchte. Für diese Seiten kann dann in der Objekttabelle vermerkt werden, an welchem Rechner die aktuelle Version anzufordern ist (**Propagate-on-Demand**), wenn die TA erfolgreich beendet ist. Allerdings zeigt der Write-Set auch hier nur 'mögliche' Änderungen an, da die TA noch an einem anderen Rechner scheitern kann. Der Zugriff auf solche Seiten, die zum Write-Set einer lokal erfolgreich validierten TA gehören, soll wieder bis zum Bekanntwerden des TA-Ausgangs blockiert werden, um unnötige Rücksetzungen zu verhindern. Diese Blockierungen können ebenfalls mit der Objekttabelle vorgenommen werden, so daß sich für einen Blockeintrag in dieser Tabelle insgesamt folgender Aufbau ergibt:

BLOCK-ID: ...
LAST-MODIFIER: TA-Nummer der letzten erfolgreichen Änderungs-TA;
MODIFYING-PROCESSOR: Rechner, an dem LAST-MODIFIER ausgeführt wurde;
IN-DOUBT: Boolean; (zeigt an, ob eine Änderung einer lokal validierten TA beabsichtigt ist *)*
POSSIBLE-UPDATER: TA-Nummer der semi-committed TA, die den Block ändern will;
WAITING-LIST: Liste lokaler TA, die darauf warten, daß IN-DOUBT=false gilt;

Damit ist bei Zugriff auf einen Block B in Rechner P folgende Prozedur durch eine TA T anzuwenden:

if (Kopie von B in T's TA-Puffer) then (greife darauf zu);
else do;
* if (Eintrag für B in P's Objekttabelle) then do;*
*   if IN-DOUBT(B) then (füge T an WAITING-LIST(B) an);*
*   else if MODIFYING-PROCESSOR(B) = P then (lese B vom Systempuffer oder von Platte);*
*   else if (Kopie von B in lokalem Systempuffer) und (Zeitstempel der Kopie =*
*   LAST-MODIFIER(B)) then (benutze Kopie); (* B wurde bereits angefordert *)*
*   else (fordere B bei MODIFYING-PROCESSOR(B) an);*
* end; (* Blockeintrag vorhanden *)*
* else (lese B vom Systempuffer oder von Platte);*
end;

Zur Aktivierung blockierter TA sind auch hier die Rechner über den Ausgang einer Änderungs-TA zu informieren, z.B. mit einer Broadcast-Nachricht. Diese Mitteilungen können dabei nach Ende der Update-TA gesendet werden, so daß sich dadurch die Antwortzeit der TA nicht erhöht; zur Reduzierung des Kommunikations-Overhead kann auch eine Bündelung vorgesehen werden. Allerdings führt ein Bündeln dieser (Broadcast-)Nachrichten auch zu erhöhten Wartezeiten blockierter TA, so daß sich deren Antwortzeit verschlechtert. Insgesamt ergeben sich zur Abarbeitung einer TA T in einem Rechner P folgende Schritte:

Lesephase für T; (Unterbrechungen möglich wegen POSSIBLE-UPDATERs *)*
sende Broadcast-Nachricht mit Validierungsaufforderung;
lokale Validierung in P mit Bestimmung der TA-Nummer n(T);
empfange Validierungsergebnisse der anderen Rechner;
if (eine der Validierungen gescheitert) then (setze T zurück);
else do;
*   speichere n(T) in den Seiten aus WS(T);*
*   Schreibphase;*
end;
if (T ist Änderungs-TA) then (sende Broadcast-Nachricht mit Validierungsausgang für T);
                                            (möglicherweise verzögert *)*

Das Scheitern von T braucht dabei nur den Rechnern gemeldet zu werden, an denen T erfolgreich validiert hatte.

Die (lokale) Validierung für T an einem der Rechner sieht aus wie folgt:

VALID := true;
<< for all r in RS(T) do;
*   if (Eintrag für r in lokaler Objekttabelle) and*
*   (ts(r,T) < LAST-MODIFIER(r) or IN-DOUBT(r)) then VALID := false;*
end;
if VALID then do;
* for all w in WS(T) do;*
*   IN-DOUBT(w) := true;   (* Eintrag für w ggf. vorher anlegen *)*
*   POSSIBLE-UPDATER(w) := T;*
* end;*
end; >>

Der Algorithmus zeigt, daß die Validierung von T auch scheitert, wenn für eine der referenzierten Seiten IN-DOUBT gesetzt ist, weil optimistischerweise davon auszugehen ist, daß der POSSIBLE-UPDATER erfolgreich sein wird. Eine Verzögerung von T (um das Rücksetzen eventuell zu umgehen) bis das Schicksal des POSSIBLE-UPDATER bekannt ist, ist wenig ratsam, da dann auch alle weiteren Validierungen zu verzögern wären.

Wie beim zentralen Validierungsschema können auch hier die Broadcast-Nachrichten, mit denen das erfolgreiche Ende einer Update-TA angezeigt wird, dazu benutzt werden, daß neben der Aktivierung wartender TA veraltete Seiten weggeworfen werden und TA, die auf veraltete Seiten zugegriffen haben, sogleich abgebrochen werden. Durch die frühzeitige Rücksetzung dieser TA wird wieder unnötige Arbeit eingespart; für TA, die ihre Lesephase durchstehen, ergibt sich dagegen eine hohe Erfolgsaussicht für die noch vorzunehmenden Validierungen. Im einzelnen werden folgende Aktionen durchgeführt, wenn der Validierungsausgang der Änderungs-TA T mitgeteilt wird:

if (T war erfolgreich) then do;
* for all w in WS(T) do;*
*   entferne Kopie von w aus dem Systempuffer, falls vorhanden; (* invalidierte Kopie *)*
*   IN-DOUBT(w) := false;*
*   LAST-MODIFIER(w) := n(T);*
*   MODIFYING-PROCESSOR(w) := Rechner, an dem P ausgeführt wurde;*
*   setze alle laufenden TA Tj mit (w in RS(Tj)) zurück;*
*   aktiviere wartende TA in WAITING-LIST(w);*
* end;*

```
end;
else do; (* T wurde zurückgesetzt *)
  for all w in WS(T) do;
    IN-DOUBT(w) := false;
    aktiviere wartende TA in WAITING-LIST(w);
  end;
end;
```

Diese Aktionen sind natürlich auch an dem Rechner vorzunehmen, an dem T ausgeführt wurde. Allerdings werden an diesem Rechner die Rücknahme der Blockierungen (durch Setzen von IN-DOUBT=false) und die Aktivierung wartender TA bis nach Abschluß der Schreibphase verzögert. Damit können dann (analog zum zentralen Fall) die Schreibphasen innerhalb eines Rechners parallel durchgeführt werden. Denn da die Validierung scheitert, falls auf Blöcke mit gesetztem IN-DOUBT zugegriffen wurde, können nur TA mit disjunktem Write-Set gleichzeitig die Berechtigung einer Schreibphase erlangen.

Die Ausschreibkoordinierung ist auch hier wegen der Broadcast-Meldung über vorgenommene Seiten-änderungen unproblematisch; es darf nur kein Ausschreiben geänderter Seiten erfolgen, bevor die anderen Rechner über die Änderungen informiert sind und damit ihre veralteten Kopien weggeworfen haben. Das Ausschreiben geänderter Seiten sollte ebenfalls wieder allen Rechner mit einer der ohnehin zu sendenden Broadcast-Nachrichten (Bündelung) mitgeteilt werden. In diesem Fall können die entsprechenden Einträge aus den Objekttabellen gelöscht werden, da die aktuelle Seite von Platte eingelesen werden kann und der Eintrag auch zur Validierung nicht mehr benötigt wird (da die TA, die auf die veraltete Versionen zugegriffen haben, bereits zurückgesetzt sind). Damit können dann die Anzahl der Einträge in den Objekttabellen als auch das Ausmaß vergeblicher Seitenanforderungen klein gehalten werden.

Die in den Objekttabellen repliziert geführten Informationen über beabsichtigte und durchgeführte Änderungen erlauben eine **sehr einfache REDO-Recovery** nach einem Rechnerausfall mit einem Mindestmaß an Behinderungen für die TA-Verarbeitung auf den überlebenden Rechnern. Denn während der Crash-Recovery für einen ausgefallenen Rechner P braucht nur der Zugriff auf die Seiten blockiert zu werden, für die P in den Objekttabellen als MODIFYING-PROCESSOR vermerkt ist bzw. für die eine TA aus P als POSSIBLE-UPDATER geführt wird. Die REDO-Recovery beschränkt sich auch ausschließlich auf diese Seiten, wobei mit der lokalen Log-Datei von P festgestellt werden kann, welche der als POSSIBLE-UPDATER vermerkten TA noch erfolgreich zu Ende gekommen sind. Nach Einbringen der aktuellen After-Images für diese Seiten können dann die Blockierungen aufgehoben und die TA-Verarbeitung ungehindert fortgesetzt werden.

9.2.3 Primary-Copy-artige Synchronisation

Trotz der Vorteile des Broadcast-Schemas im Vergleich zu den Token-Ring-Protokollen wird damit ein hoher Kommunikations- und Validierungsaufwand eingeführt, da jede TA an jedem Rechner vali-diert wird. Der Synchronisationsaufwand steigt daher quadratisch mit der Rechneranzahl, was hohe TA-Raten und modulare Wachstumsfähigkeit gleichermaßen erschwert. Durch Anwendung einer Primary-Copy-artigen Synchronisation läßt sich aber nun glücklicherweise der Kommunikations- und Validierungsaufwand erheblich begrenzen. Denn wendet man auch bei optimistischer Synchronisation eine Verteilung der Synchronisationsverantwortlichkeit mittels einer PCA-Zuordnung an, dann braucht eine TA prinzipiell nur noch an den Rechnern zu validieren, welche die PCA für mindestens ein Objekt aus dem Read-Set der TA besitzen. Insbesondere kann dann eine TA völlig lokal synchronisiert werden, wenn alle referenzierten Objekte zur Partition des eigenen Rechners gehören. Die dahintersteckende Idee ist offenbar analog zu DB-Distribution-Systemen, bei denen eine TA auch nur an den Rechnern zu validieren braucht, deren Daten (durch Sub-TA) referenziert wurden. Bei der PCA-Verteilung handelt es sich jedoch nur um eine logische Verteilung für Synchronisationszwecke, die bei Bedarf flexibel angepaßt werden kann (s. Kap. 7).

Allerdings läßt sich die Primary-Copy-artige Synchronisation wegen der Veralterungsproblematik nicht für die FOCC-Strategie, bei der nur Änderungs-TA validieren, anwenden. Denn auf eine Validierung von Lese-TA kann bei FOCC nur verzichtet werden, wenn eine Änderungs-TA auf allen Rechnern validiert und damit auch in jedem Rechner für Lese-TA Zugriffe auf zu ändernde Seiten entdeckt bzw. durch Blockieren bis zum Ende der Update-TA verhindert werden können. Würden nun Änderungs-TA nur noch auf einem Teil der Rechner validieren, dann könnten Lese-TA in anderen Rechnern erfolgreich zu Ende kommen, obwohl sie auf invalidierte Seiten zugegriffen haben.

Bei BOCC+ dagegen läßt sich die Primary-Copy-Idee gewinnbringend einsetzen, da hierbei auch Lese-TA zu validieren haben. Im nächsten Abschnitt zeigen wir zunächst, wie das in 9.2.2 vorgestellte Broadcast-Validierungsverfahren für die Primary-Copy-artige Synchronisierung anzupassen ist. In 9.2.3.2 gehen wir dann auf eine Kombination dieses Protokolls mit dem Primary-Copy-Sperrverfahren ein.

9.2.3.1 Broadcast-Validierung bei Primary-Copy-artiger Synchronisation

In dem verbesserten Validierungsschema wird die Objekttabelle in leicht abgewandelter Weise verwendet als oben geschildert. Bei der Primary-Copy-artigen Synchronisation ist nämlich nur dem PCA-Rechner der LAST-MODIFIER für geänderte Seiten stets bekannt, während die anderen Rechner erst bei dem erfolgreichen Ende einer Update-TA mit einer Broadcast-Nachricht von den vorgenommenen Änderungen unterrichtet werden. Die Felder IN-DOUBT und POSSIBLE-UPDATER können folglich auch nur für Seiten der lokalen Partition geführt werden. Dagegen brauchen zur Identifizierung einer Seitenversion bzw. zum Erkennen eines Zugriffs auf eine veraltete Seite keine eindeutigen TA-Nummern mehr benutzt werden; vielmehr genügt es, den (eindeutigen) Bezeichner des letzten Änderers als Versionsidentifikation in den Seiten zu führen (*). Dies ist möglich, da der Zugriff auf eine veraltete Seite bereits dann vorliegt, wenn der in der referenzierten Seitenkopie vorliegende TA-Name nicht mit dem Name der TA übereinstimmt, der beim PCA-Rechner als LAST-MODIFIER geführt ist.

Die Validierung einer TA T an Rechner P sieht nun folgendermaßen aus (RS(T,P) und WS(T,P) bezeichnen die Seiten von RS(T) bzw. WS(T), für die P die PCA hält):

```
VALID := true;
<< for all r in RS(T,P) do;
     if (Eintrag für r in P's Objekttabelle) and
        ( ts(r,T) ≠ LAST-MODIFIER(r)  or  IN-DOUBT(r) ) then VALID := false;
   end;
   if VALID then do;
     if RS(T,P) = RS(T) then  (* T muß nur an P validieren *)
       for all w in WS(T) do;
         LAST-MODIFIER(w) := T;
```

---

* Es könnte auch wieder ein einfacher Zähler pro Seite benutzt werden, der bei jeder Änderung erhöht wird (7.3).

```
    MODIFYING-PROCESSOR(w) := Rechner, an dem T ausgeführt wurde;
  end;
 else for all w in WS(T,P) do;
     IN-DOUBT(w) := true;
     POSSIBLE-UPDATER(w) := T;
  end;
 end;  >>
```

Der Algorithmus zeigt, daß jedes Element von T's Read-Set nur noch bei der Validierung am PCA-Rechner zu berücksichtigen ist, also nicht mehr wie oben in jedem Rechner. Daher ergibt sich für die gesamte Validierung derselbe Aufwand wie beim ursprünglichen Broadcast-Validierungsschema bereits für einen Rechner. Mit anderen Worten, der Validierungsaufwand konnte um den Faktor N (= Anzahl der Rechner) reduziert werden.

Wenn TA T nur Objekte aus der Partition des Rechners P referenziert hatte, dann braucht T nur an diesem Rechner (i.a. der eigene Rechner) zu validieren. Bei erfolgreicher Validierung können in diesem Fall die Felder LAST-MODIFIER und MODIFYING-PROCESSOR sogleich angepaßt werden. Nur wenn zwei oder mehr Rechner an T's Validierung beteiligt sind, ist T's Schicksal nach einer erfolgreichen Validierung in P noch ungewiß; daher werden nur in diesem Fall zu ändernde Blöcke gesperrt (durch Setzen von IN-DOUBT).

Wie im Basisverfahren wird nach dem erfolgreichen Ende einer Änderungs-TA eine Broadcast-Nachricht an alle Rechner verschickt, um invalidierte Seiten aus den Systempuffern zu entfernen, die Angaben, wo die geänderten Seiten erhältlich sind, zu speichern, und um laufende TA zurückzusetzen, die auf invalidierte Seiten zugegriffen haben. Das Zurücksetzen von IN-DOUBT und die Aktivierung wartender TA ist dagegen nur noch in den (PCA-) Rechnern erforderlich, an denen die TA validiert hat. Daher braucht auch das Scheitern einer Update-TA nur noch den (PCA-) Rechnern gemeldet zu werden, an denen die TA erfolgreich validieren konnte.

Einige Aspekte des Primary-Copy-artigen Validierungsschemas sollen nun mit dem Beispiel in Abb. 9.1 illustriert werden. Abb. 9.1a zeigt dabei die Situation, in der die aktuelle Kopie von Block B in den Systempuffern der Rechner P1 und P3 vorliegt. Die Objekttabellen (OT) der Rechner zeigen an, daß die letzte erfolgreiche Änderung von B von einer TA T1 in P3 vorgenommen wurde. In Rechner P3, der die PCA für B besitzt, gibt die Objekttabelle noch an, daß zu dem Zeitpunkt keine TA eine Änderung angemeldet hat (IN-DOUBT = false). Für eine TA T2 in P1, die B ändern möchte, soll nun eine Validierung vorgenommen werden. Dabei wird angenommen, daß T2 auch Objekte der lokalen Partition referenziert hat, so daß die TA sowohl in P1 als in P3 validieren muß. Abb. 9.1b zeigt die Situation nach der erfolgreichen Validierung von T2 in P3. Dabei wurde für den Blockeintrag von B in P3's Objekttabelle IN-DOUBT = true und POSSIBLE-UPDATER = T2 gesetzt, da T2 noch an P1 scheitern kann. Zu beachten ist hierbei, daß mit dem Setzen von IN-DOUBT nur TA in P3 vom Zugriff auf B abgehalten werden, nicht dagegen aber TA in P1 und P2.

Abb. 9.1c schließlich zeigt das Szenarium, nachdem alle Rechner darüber informiert wurden, daß T2 erfolgreich beendet wurde. In den Objekttabellen wurden die Felder LAST-MODIFIER und MODI-FYING-PROCESSOR nach T2 bzw. P1 abgeändert, und in P3 wurde IN-DOUBT zurückgesetzt. In P1 wurde die geänderte Seite B von T2's TA-Puffer in den Systempuffer gebracht, wobei die alte Kopie von B überschrieben wurde; die veraltete Kopie von B in P3 wurde weggeworfen. Wäre T2 bei der Validierung gescheitert, dann wäre der in Abb. 9.1a dargestellte Zustand wiederhergestellt worden.

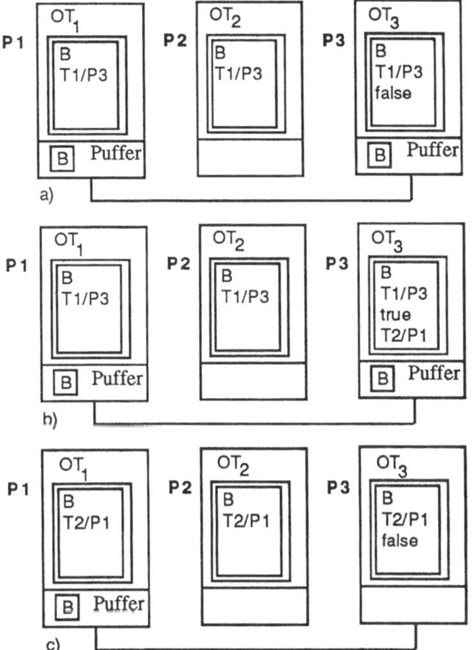

Abb. 9.1: Beispielszenarien zur PCA-artigen Broadcast-Validierung

Mit dem vorgestellten Verfahren wird auch eine schnellere **Behandlung von Rechnerausfällen** möglich als etwa mit dem Primary-Copy-Sperrverfahren (7.5). Wenn ein Rechner P ausfällt, der die PCA zu Partition D hielt, dann werden für die Dauer der Recovery sämtliche Validierungen, die Objekte der Partition D betreffen, sowie Zugriffe zu Seiten, für die P als MODIFYING-PROCESSOR geführt wird, verzögert; TA, die auf eine Validierungsantwort von P warten, werden als gescheitert erklärt. Die Recovery kann verglichen mit PCL schneller durchgeführt werden, da kein REDO für die gesamte Partition D notwendig ist, sondern nur für relativ wenige Seiten, die in P zuletzt geändert wurden. Dabei ist zwischen Seiten der Partition D und anderen Seiten zu unterscheiden. Für Seiten, die nicht in D liegen, kennen die überlebenden (PCA-) Rechner den genauen Änderungszustand: hierbei ist ein REDO notwendig für alle Seiten, für die P im PCA-Rechner als MODIFYING-PROCESSOR vermerkt ist bzw. für die eine TA aus P als POSSIBLE-UPDATER angegeben ist, für die P's Log-Datei ein erfolgreiches Ende ausweist. Für Partition D dagegen wird P in den überlebenden Rechnern nur für die Seiten als MODIFYING-PROCESSOR geführt, deren erfolgreiche Änderung vor dem Ausfall noch durch eine Broadcast-Nachricht mitgeteilt wurde. Daher ist außer für diese Seiten noch ein REDO für jene Seiten aus D vorzunehmen, deren erfolgreiche Änderung in P noch nicht mitgeteilt wurde und die mit P's Log-Datei ermittelt werden können. Nach Abschluß der REDO-Aktionen wird für die noch nicht gemeldeten Änderungen in D eine Broadcast-Nachricht gesendet, um alle noch nicht validierten TA zurückzusetzen, die auf die invalidierten Seiten zugegriffen haben.

Mit dem verbesserten Verfahren steigt der Validierungsaufwand nur noch linear mit der Anzahl der Rechner; ebenso konnte der Kommunikations-Overhead stark verringert werden, da weniger Rechner die Validierungsaufforderung empfangen bzw. eine Antwort darauf senden müssen. Insbesondere für kurze TA und mit einem wirkungsvollen TA-Routing dürften viele TA vollkommen lokal ausgeführt und synchronisiert werden können. Die Reduzierung des Synchronisations-Overheads (der in 9.3 quantifiziert wird) führt so auch zu einem verringerten Wettbewerb um CPU-Zuteilung und damit zu besseren Antwortzeiten; der eingesparte Overhead erleichtert darüber hinaus ein modulares Wachstum und erlaubt höhere TA-Raten. Die Anzahl der Rücksetzungen kann dagegen leicht zunehmen, da der Zugriff auf zu ändernde Objekte nur im PCA-Rechner (durch Setzen von IN-DOUBT) verhindert wird. In den anderen Rechnern wird daher der Zugriff zu veralteten Seiten etwas wahrscheinlicher.

9.2.3.2 Kombination mit dem Primary-Copy-Sperrverfahren

Durch die Nutzung des Primary-Copy-Konzeptes in obigem Verfahren wird es nun auch sehr einfach möglich, eine Kombination mit dem Primary-Copy-Sperrverfahren selbst vorzunehmen, wie sie in konfliktträchtigeren Anwendungen ratsam ist. Damit können dann die Vorteile beider Verfahren potentiell vereint werden. Eine pessimistische Synchronisation, die außer bei Deadlocks das Durchkommen einer TA garantiert, empfiehlt sich v.a. für bereits gescheiterte TA (zur Vermeidung zyklischer Restarts) sowie lange (Update-) TA, für die eine höhere Konfliktwahrscheinlichkeit besteht. Die anderen TA können optimistisch synchronisiert werden, um kurze Antwortzeiten und einen verringerten Kommunikations-Overhead zu ermöglichen. Der Preis für diese Flexibilität ist jedoch wieder eine erhöhte Komplexität des Verfahrens (globale Deadlock-Erkennung, schwierigere Crash-Recovery).

Bei dem kombinierten Verfahren sind die Blockeinträge der Objekttabelle des PCA-Rechners um die benötigten Sperrinformationen (gewährte Sperren, wartende Sperranforderungen) zu erweitern. Wie bei PCL sollen dabei Lese- und Schreibsperren unterschieden werden, die bis zum TA-Ende gehalten werden. Weiterhin sollen auch pessimistische TA ihre Änderungen in einem privaten TA-Puffer durchführen, um keine 'schmutzigen' Daten für optimistische TA zugänglich zu machen.

Die Validierung einer optimistisch synchronisierten TA T ist nun weitgehend so wie in 9.2.3.1 beschrieben, wobei die Validierung jetzt auch bei unverträglichen Sperrgewährungen scheitert (wodurch sich das Rücksetzrisiko für optimistische TA vergrößert). So scheitert T's Validierung nicht nur, wenn auf eine veraltete Seitenkopie zugegriffen wurde oder für einen Block aus RS(T) IN-DOUBT gesetzt ist, sondern auch wenn eine Schreibsperre für ein Read-Set-Element gewährt ist oder eine Lesesperre für ein Objekt aus WS(T) vergeben wurde.

Sperranforderungen werden aufgrund optimistischer TA nur verzögert, wenn IN-DOUBT gesetzt ist, da dann die erfolgreiche Validierung bereits bestätigt ist. Die Bearbeitung einer Sperranforderung einer TA T für ein Objekt x im PCA-Rechner sieht daher im wesentlichen wie folgt aus:

```
<< GRANTED := true;
   if (Blockeintrag für x vorhanden) then do;
    if IN-DOUBT(x)  or  (unverträgliche Sperre gewährt)
       then do;
           GRANTED := false;
           Füge T in GLOBAL-WAIT-LIST(x) ein;
       end;
   end;
   if GRANTED then do;
       aktualisiere Informationen über gewährte Sperren;
       wenn externe TA, sende LOCK-RESPONSE;
   end; >>
```

Da auch pessimistische TA bei gesetztem IN-DOUBT verzögert werden, sind sie natürlich zu aktivieren, sobald das Schicksal des POSSIBLE-UPDATERs feststeht. Wartende optimistische TA werden in diesem Fall nur dann gestartet, wenn keine unverträglichen Sperren gewährt werden, anderenfalls werden sie sofort zurückgesetzt.

Für pessimistische TA bietet sich zur Behandlung des Veralterungsproblems auch eine Propagate-on-Demand-Strategie an mit einer Erkennung invalidierter Seiten über Zeitstempel (s. 7.3). Dabei wird in einer Sperranforderung mitgeteilt, ob die betreffende Seite bereits im Systempuffer vorliegt und wenn ja in welcher Version. Damit kann dann der PCA-Rechner entscheiden (über LAST-MODIFIER), ob die Seite veraltet oder aktuell ist. Bei veralteter oder fehlender Seite wird die gültige Seite bei dem jeweiligen Rechner angefordert, sobald die Sperre gewährt ist. Die alternative Vorgehensweise, bei der sämtliche Änderungen zum PCA-Rechner übertragen werden, ist prinzipiell auch möglich; dabei müssen dann aber auch optimistisch synchronisierte TA ihre Änderungen (mit der Validierungsaufforderung) zum PCA-Rechner schicken. Diese Übertragungen waren dann aber umsonst, wenn die TA bei der Validierung scheitert.

Beim Freigeben von Sperren werden ggf. in der GLOBAL-WAIT-LIST wartende pessimistische TA aktiviert. Für X-Sperren werden die Felder LAST-MODIFIER und MODIFYING-PROCESSOR neu besetzt; außerdem können wieder alle lokal aktiven, optimistischen TA zurückgesetzt werden, die noch eine veraltete Seitenkopie gesehen haben. Für pessimistische Änderungs-TA wird nach TA-Ende ebenfalls in einer Broadcast-Nachricht für die optimistischen TA mitgeteilt, welche Seiten geändert wurden, damit sie den Zugriff auf veraltete Seiten umgehen können. Diese Nachrichten können wie üblich gebündelt übertragen werden.

9.3 Abschätzung des Validierungs- und Kommunikationsaufwandes

Ein für die Leistungsfähigkeit eines Synchronisationsprotokolls wesentlicher Punkt ist der zur Synchronisation notwendige Aufwand. Obwohl für die vorgestellten optimistischen Protokolle dazu bereits einige tendenzielle Aussagen gemacht wurden, soll der mit ihnen eingeführte Instruktionsbedarf für Validierung und Kommunikation (ohne Anfordern von Seiten) auch zur besseren Vergleichbarkeit jetzt genauer abgeschätzt werden. Dazu werden folgende Größen benutzt:

N Anzahl der Rechner
T Durchsatz pro Rechner ($\#TA/s$)
f Anteil von Änderungs-TA ($0 <= f <= 1$)
p mittlere Anzahl der Rechner, deren Partitionen bei Primary-Copy-artiger Synchronisation von einer TA referenziert werden ($1 <= p <= N$)
L mittlere Anzahl von Instruktionen zur Verarbeitung einer TA (ohne Synchronisation)
K mittlere Anzahl von Instruktionen für das Senden oder Empfangen einer Nachricht
V mittlere Anzahl von Instruktionen für die Validierung einer TA (inklusive Anpassung der benötigten Datenstrukturen) im zentralen Fall

Um die Formeln überschaubar zu halten, wurden bewußt einige Vereinfachungen in Kauf genommen. So ist der mittlere Validierungsaufwand V nur dann als konstant wählbar, wenn er unabhängig von der TA-Rate bzw. von eingestellter Parallelität und Rechneranzahl ist. Dies ist bei BOCC+ der Fall und läßt sich für FOCC bei geeigneten Datenstrukturen /Pei86, Rah87b/ zumindest in Annäherung erreichen. Für die Kommunikationskosten wird angenommen, daß ein SEND genauso teuer ist wie ein RECEIVE; es wird auch nicht unterschieden zwischen dem Senden einer Broadcast-Nachricht (bzw. Multicast) und dem einer einfachen Nachricht.

Für den Instruktionsbedarf I pro TA gilt:

$$I = L + \text{Isync}$$

mit Isync = Icomm + Ival

Dabei bezeichnen Isync, Icomm, Ival den Instruktionsbedarf zur Synchronisation, für Kommunikation bzw. zur Validierung. Der (minimale) Instruktionsbedarf pro Rechner ist dann I * T, wobei jedoch die CPU-Kapazität entsprechend größer sein muß, da sinnvollerweise die Auslastung nicht über 80 % liegen sollte. Der Gesamtinstruktionsbedarf für alle Rechner IT (ITsync, ITcomm, ITval) ergibt sich aus I (Isync, Icomm, Ival) durch Multiplikation mit N*T.

Zentrale Validierung (9.1)

Während der Validierungsaufwand hier nur auf dem ZVK anfällt, ist beim Kommunikationsaufwand zu unterscheiden zwischen ZVK und den Verarbeitungsrechnern (VAR).

Für die Validierung ergibt sich der gleiche Aufwand wie im Ein-Rechner-Fall:

$$\text{Ival} = V.$$

Für jede TA ist zur Durchführung der Validierung eine Nachricht im VAR zu senden und im ZVK eine zu empfangen. Für Änderungs-TA schickt der ZVK eine Antwort an alle Rechner, für Lese-TA nur an einen:

$$\text{Icomm (ZVK)} = 2*K$$
$$\text{Icomm (VAR)} = [1 + f*N + (1\text{-}f)] * K = [2 + f*(N\text{-}1)] * K$$
$$\text{Icomm} = \text{Icomm (ZVK)} + \text{Icomm (VAR)} = [4 + f*(N\text{-}1)] * K$$

Der Kommunikations- und Validierungsaufwand auf dem ZVK ist also unabhängig von N und steigt daher nur linear mit der TA-Rate bzw. der Anzahl der Rechner.

Token-Ring-Ansatz mit FOCC (9.2.1)

Hierbei erfordert jede Validierung, die nur von Änderungs-TA vorzunehmen ist, N Nachrichten, die empfangen und gesendet werden müssen (2*N*K Instruktionen); außerdem wird das Validierungsergebnis noch mit einer Broadcast-Nachricht an N-1 Rechner geschickt (1 SEND, N-1 RECEIVE -> N*K Instruktionen). Bei den Formeln bleiben die Auswirkungen einer Bündelung unberücksichtigt, können jedoch durch Division durch den mittleren Bündelungsfaktor B einfach eingebracht werden. Zu beachten ist, daß bei dem Token-Ring-Ansatz B < 1 gelten kann, weil nämlich auch 'leere' Bucks zirkulieren können!

$$\text{Ival} = f * N * V$$
$$\text{Icomm} = 3 * f * N * K$$

Broadcast-Validierung (9.2.2)

Hierbei soll sowohl die Realisierung mit BOCC+ als mit FOCC betrachtet werden. Die Broadcast-Validierung erfordert einen höheren Kommunikationsbedarf als das Token-Ring-Schema, da die Mitteilung nach einer lokalen Validierung eine eigene Nachricht erfordert. Für jede zu validierende TA erfolgt ein Broadcast-Send zum Starten der Validierungen, 2*(N-1) Kommunikationsoperationen zum Senden und Empfangen der Validierungsergebnisse und für Änderungs-TA nochmals 1+(N-1)=N Operationen zum Mitteilen des Ergebnisses.

Für **BOCC+** ergibt sich somit folgender Kommunikationsbedarf pro TA:

$$\text{Icomm} = [N + 2*(N\text{-}1) + f*N] * K = [(3\text{+}f)*N\text{-}2] * K$$

Da eine TA an jedem Rechner vollständig zu validieren ist, bekommt man den N-fachen Validierungsaufwand verglichen mit dem zentralen Fall:

Ival = N*V

Bei **FOCC** dagegen reduziert sich der Aufwand, da nur Änderungs-TA zu validieren haben:

Icomm = f * (4*N - 2) * K

Ival = f * N * V

Primary-Copy-artige Synchronisation (9.2.3.1)

Bei diesem Verfahren reduziert sich der Kommunikationsaufwand verglichen mit der Broadcast-Validierung für BOCC+, da nur p Rechner bei der Validierung zu berücksichtigen sind. Daher empfangen nur p-1 Rechner eine Validierungsaufforderung und senden eine Antwort darauf:

Icomm = [p + 2*(p-1) + f*N] * K = [3*p + f*N - 2] * K

Der Validierungsaufwand entspricht dem des zentralen Falls, da jedes Read-Set-Element bei der Validierung nur einmal berücksichtigt wird (am PCA-Rechner):

Ival = V.

Vergleich

Die Unterschiede zwischen den Verfahren werden klarer, wenn wir den Gesamtaufwand für 'typische' Parameterbesetzungen ermitteln:

```
N = 2, 10
T = 100 (-> 200 bzw. 1000 TA/s)
f = 0.5
p = 1.2 / 2.5 für N = 2 / 10
L = 100000
K = 500 / 5000
V = 1000
```

Der Wert K=500 ist typisch für modernere, nachrichtenorientierte Betriebssysteme, während K=5000 für große Mainframe-Betriebssysteme realistischer sein dürfte. Der Wert von p hängt neben der TA-Last i.a. auch von N ab, da es mit zunehmender Rechneranzahl immer schwieriger wird, eine hohe Lokalität in jedem Rechner zu unterstützen.

Für die fünf betrachteten Verfahren ergibt sich mit den angegebenen Parameterbesetzungen folgender Gesamtinstruktionsbedarf (N Rechner) für Kommunikation und Validierung (alle Angaben in MIPS):

| | N = 2 | | | N = 10 | | |
| | ITcomm | | ITval | ITcomm | | ITval |
	K=500	K=5000		K=500	K=5000	
ZV-BOCC+	0.45	4.5	0.2	4.25	42.5	1.0
TR-FOCC	0.3	3.0	0.2	7.5	75.0	5.0
BC-BOCC+	0.5	5.0	0.4	16.5	165.0	10.0
BC-FOCC	0.3	3.0	0.2	9.5	95.0	5.0
PCA-BOCC+	0.26	2.6	0.2	5.25	52.5	1.0

Die Tabelle verdeutlicht, daß mit dem zentralen Validierungsschema (ZV-BOCC+) bei mehr als zwei Rechnern der geringste Overhead für Validierung und Kommunikation anfällt, da dieser Aufwand hierbei nur linear mit der Rechneranzahl zunimmt. Von den verteilten Protokollen werden mit der Primary-Copy-artigen Synchronisation (PCA-BOCC+) die besten Ergebnisse, v.a. bei größerer Rechneranzahl (N=10) möglich, da hiermit ein mit N quadratisch zunehmender Synchronisations-Overhead vermeidbar ist. Dieses Problem hat auch der Token-Ring-Ansatz (TR-FOCC), der aber für wenige

Rechner (2-4) noch relativ geringe Kommunikationskosten verspricht; v.a. für N>2 wirkt sich aber die fehlende Parallelität bei den Validierungen negativ auf die Antwortzeiten aus. Die reinen Broadcast-Validierungen (BC-BOCC+, BC-FOCC) verursachen erwartungsgemäß den höchsten Kommunikations- und Validierungs-Overhead; deshalb wurde für diese Verfahren auch die Verbesserung über die Primary-Copy-artige Synchronisation vorgeschlagen. So werden mit BC-BOCC+ für N=10 und K=5000 bereits 165 MIPS nur für Kommunikation verbraucht (verglichen mit 100 MIPS (=N*T*L) zur reinen TA-Verarbeitung ohne Synchronisation), wohingegen bei PCA-BOCC+ weniger als ein Drittel dieses Aufwandes ausreicht; daneben konnte auch der Validierungsaufwand um den Faktor 10 (N) reduziert werden.

Für K=5000 wird der Synchronisations-Overhead eindeutig von den Kommunikationskosten bestimmt; in diesem Fall erscheint eine Bündelung unabdingbar. Dabei ist zu beachten, daß der Token-Ring-Ansatz eine weitaus weniger flexible Bündelungsmöglichkeit gestattet als die anderen Verfahren. Denn die Bündelung läßt sich dabei im wesentlichen nur über die Token-Verweilzeiten steuern, die jedoch einen bestimmten Grenzwert nicht überschreiten dürfen. Daneben verursacht das Senden des Tokens Kommunikationsvorgänge, auch wenn keine Nachrichten zu verschicken sind.

Es ist klar, daß die einfachen Aufwandsabschätzungen keine abschließende Bewertung der optimistischen Verfahren v.a. im Vergleich zu den Sperrverfahren zulassen. Denn zum einen blieben die Kommunikationsvorgänge zum Anfordern von Seiten in anderen Rechnern unberücksichtigt; zum anderen können nur dann zufriedenstellende Ergebnisse erwartet werden, wenn das Ausmaß an Rücksetzungen klein gehalten werden kann.

10. Entwurfsalternativen und Optimierungsmöglichkeiten

In diesem Kapitel werden eine Reihe von Realisierungsalternativen und Erweiterungen für Synchronisationsverfahren bei DB-Sharing diskutiert, die im bisherigen Verlauf von Teil III unberücksichtigt blieben, um die Darstellung der Protokolle nicht zu überfrachten. Dazu zählen die Verwendung asynchroner Sperranforderungen (10.1), Einsatz eines Mehrversionen-Konzepts (10.2), Beschränkung auf Konsistenzebene 2 (10.3) und Nutzungsmöglichkeiten einer nahen Rechnerkopplung (10.4). Danach wird noch auf die Problematik einer Synchronisation auf Satzebene (10.5) sowie auf High-Traffic-Elementen (10.6) eingegangen.

Eine allgemein verwendbare Optimierungsmöglichkeit wurde bereits bei dem erweiterten Pass-the-Buck-Protokoll (8.3.2) angesprochen, nämlich die Beschränkung auf einen Änderungsrechner. Dieser Fall erleichtert die Behandlung des Veralterungsproblems und v.a. die Recovery. Daneben können Lesezugriffe im Änderungsrechner stets lokal synchronisiert werden. Diese Vorteile machen die Unterstützung dieses Spezialfalls für viele Anwendungen mit geringerer Änderungsfrequenz interessant. Die weiteren Überlegungen konzentrieren sich dennoch auf den allgemeinen Fall, bei dem jeder Rechner Änderungen vornehmen darf.

10.1 Asynchrone Sperranforderungen

Wie in 6.4 hervorgehoben wurde, wirken sich v.a. synchrone Synchronisationsnachrichten leistungsmindernd aus, da sie zur Deaktivierung der TA sowie direkten Antwortzeitverschlechterungen führen. Mit asynchronen Sperranforderungen /ReSh84/ sollen diese Nachteile umgangen werden, wobei sich eine TA für einen extern zu gewährenden Lock-Request nicht bis zum Eintreffen der Lock-Response-Nachricht unterbricht, sondern weiterarbeitet, als sei die Sperre gewährt worden. Damit entfallen die zur Deaktivierung und Aktivierung der TA notwendigen Prozeßwechsel (verringerter BS-Overhead), so daß die TA mit geringerem Instruktionsbedarf bearbeitet werden kann. Desweiteren können die Antwortzeiten verkürzt werden, da die TA während der Sperranforderung weiterarbeitet und nicht bis zur Sperrgewährung unterbrochen wird. Asynchrone Sperranforderungen bieten sich darüber hinaus zur Bündelung geradezu an, womit sich der Kommunikations-Overhead weiter reduzieren läßt.

Im einfachsten Fall setzt eine TA für alle lokal nicht behandelbaren Sperranforderungen einen asynchronen Lock-Request ab, wobei dann spätestens bei EOT auf die noch ausstehenden Sperrgewährungen zu warten ist; konnte eine Sperre nicht gewährt werden bzw. wurde der Zugriff auf eine invalidierte Seite entdeckt, wird die TA zurückgesetzt. Eine optimistische Synchronisation kann dabei offenbar als Spezialfall des asynchronen Locking aufgefaßt werden, bei dem alle 'Sperranforderungen' erst bei EOT verschickt werden. Um das Rücksetzrisiko zu verringern, kann z.B. aber auch vorgesehen werden, nur eine bestimmte Anzahl asynchroner Anforderungen zu verschicken und erst weiterzuarbeiten, wenn alle ausstehenden Sperren gewährt wurden. Allerdings ist dann dynamisch darüber zu entscheiden, ob eine externe Sperranforderung synchron oder asynchron gestellt werden soll bzw. wieviele asynchrone Anforderungen ausstehen dürfen. Eine andere Verfeinerung besteht darin, bei einer abgelehnten asynchronen Sperranforderung nicht die gesamte TA zurückzusetzen, sondern nur eine teilweise Rücksetzung vorzunehmen. Die Anwendbarkeit asynchroner Sperranforderungen wird dadurch aber noch weiter erschwert, zumal nicht auf beliebige Punkte zurückgesetzt werden kann (z.B. wegen Interaktion mit dem Benutzer bei Mehrschritt-TA). Außerdem erfordert ein Zurücksetzen der Verarbeitung im TA-Programm und innerhalb des DBVS die Bereitstellung spezieller (Betriebssystem-) Mechanismen.

Eine weitere Schwierigkeit bei asynchronen Sperranforderungen resultiert daher, daß zur Sicherstellung der Serialisierbarkeit für die Gewährung einer asynchronen Sperranforderung nicht der Zeitpunkt maßgeblich ist, zu dem über die Sperrgewährung entschieden wird, sondern der Zeitpunkt, zu dem die Sperranforderung gestellt wurde /ReSh84/. Dies kann z.B. mit einem zentralen Sperrverfahren erreicht werden, bei dem der ZLM eine 'Sperrgeschichte' führt, bei der die Zeitintervalle zwischen Sperrgewährung und -freigabe aufgenommen werden. Damit kann dann über die Zulässigkeit von asynchronen Sperranforderungen, die stets mit dem Anforderungszeitpunkt zu versehen sind, entschieden werden. Eine Alternative dazu ist ein Token-Ring-Ansatz, ähnlich dem Verfahren aus 9.2.1, bei dem asynchrone Sperranforderungen mit dem Token herumgeschickt werden /ReSh84/. Bei Eintreffen des Tokens prüft dann ein Rechner, ob die mitgeschickten asynchronen Sperranforderungen mit lokal gewährten Sperren verträglich sind oder nicht. Hat nach einem Ringumlauf keiner der Rechner einen Sperrkonflikt festgestellt, dann ist die Sperranforderung erfolgreich, und die TA braucht nicht zurückgesetzt zu werden.

Asynchrone Sperranforderungen scheinen **primär bei** einer **FORCE**-Ausschreibstrategie **von Interesse** zu sein. In diesem Fall könnte z.B. auch die Sperranforderung parallel zum Einlesen einer Seite von Platte losgeschickt werden, um eine TA nicht zweimal unterbrechen zu müssen. Bei NOFORCE dagegen ist i.a. unbekannt, wo die aktuelle Version einer Seite vorliegt. Hier wird für geänderte Seiten mit Gewährung der Sperre entweder die Seite selbst mitgeschickt, oder es wird angegeben, wo die Änderung erhältlich ist. Ein Zugriff auf eine lokal vorliegende Seitenkopie bzw. das Einlesen von Platte würde daher oft zum Scheitern einer TA führen, selbst wenn die asynchrone Sperranforderung gewährbar wäre.

Vor allem diese eingeschränkte Tauglichkeit bei NOFORCE machen asynchrone Sperrverfahren für uns weniger interessant. Den eingangs erwähnten Vorteilen stehen daneben noch eine schwierige Handhabung gegenüber sowie eine komplexere Realisierung als für ein synchrones Sperrverfahren oder ein rein optimistisches Protokoll.

10.2 Mehrversionen-Konzept bei DB-Sharing

Wie in 4.4 schon ausgeführt, können mit einem Mehrversionen-Konzept Lese-TA unsynchronisiert bearbeitet werden, indem man ihnen durch Führen von Objektversionen den bei ihrem BOT gültigen DB-Zustand zur Verfügung stellt. Die damit erreichbare Reduzierung der Konflikthäufigkeit und des Synchronisationsaufwandes ist natürlich für Mehrrechner-DBS wie DB-Sharing noch interessanter, da hier bei N Rechnern eine höhere Parallelität (und damit i.a. eine höhere Konfliktwahrscheinlichkeit) als bei einem Rechner vorliegt und die Synchronisierung wesentlich aufwendiger ist (Kommunikation). Andererseits ist aber auch in verteilten Systemen die Selektion der benötigten Versionen sowie (bei DB-Sharing) die Verwaltung des Versionen-Pools schwieriger und aufwendiger als im zentralisierten Fall. Für diese beiden Punkte werden nachher mögliche Lösungsformen bei DB-Sharing diskutiert.

Zunächst sollen jedoch einige für die Realisierung eines Mehrversionen-Konzeptes wesentliche Implementierungsfragen angesprochen werden. Dabei ist die in /Cha82/ für zentralisierte Systeme vorgeschlagene Implementierung abzulehnen, da sie neben einer FORCE-Strategie die Führung des Versionen-Pools auf Platte (um ihn auch für die Recovery nutzen zu können) vorsieht. Dies führt aber zu einem hohen E/A-Aufwand, da jede Änderung zwei physische Schreibvorgänge zum Einbringen des Before-Images in den Versionen-Pool und zum Schreiben der aktuellen Seite (FORCE) verursacht; ein dritter Schreibvorgang entsteht zum Schreiben des After-Images für die Platten-Recovery. Wesentlich ist daher neben NOFORCE (bei dem i.a. nur die After-Images von Änderungen zu schreiben sind) vor allem, daß zumindest der aktuellste Teil des **Versionen-Pools im Hauptspeicher** zu führen ist, um ein schnelles Einbringen und Lesen von Versionen zu erlauben. Da die älteren Versionen nur eine begrenzte Zeit aufzuheben sind (s.u.), können diese Versionen oft nach kurzer Zeit weggeworfen werden, so daß kein Ausschreiben notwendig ist (auf einen eventuell vorzusehenden Überlaufbereich für den Versionen-Pool auf Platte). Wird der Versionen-Pool im Hauptspeicher gehalten, dann können die Versionen auch auf Satz- statt auf Seitenebene geführt werden (bei DB-Sharing allerdings nur bedingt). Dies verursacht zwar einen höheren Verwaltungsaufwand, erlaubt aber neben einem geringeren Speicherplatzbedarf v.a. eine Synchronisation der Änderungs-TA auf Satzebene, womit natürlich weniger Konflikte als bei seitenorientierter Synchronisierung entstehen.

Auffinden der benötigten Versionen bei DB-Sharing
Beim Zugriff auf ein Objekt durch eine Lese-TA T ist zu gewährleisten, daß die bei BOT von T gültige Objektversion zur Verfügung gestellt wird. Dazu kommen im wesentlichen folgende Methoden in Betracht.

- In /Cha82,ChGr85/ wurde vorgesehen, daß bei jedem Objekt der (eindeutige) TA-Name des letzten Änderers gespeichert wird. Daneben wurde für jede Lese-TA T eine CT-Liste (completed transaction list) von Änderungs-TA geführt, die bei BOT von T bereits beendet waren. Der Zugriff erfolgt dann auf die jüngste Objektversion, für welche die Erzeuger-TA in der CT-Liste der Lese-TA vorkommt. Die Versionen eines Objekts sind hierzu - ausgehend von der aktuellen Version - in umgekehrter zeitlicher Reihenfolge ihrer Entstehung verkettet.
  Das Führen solcher CT-Listen ist für DB-Sharing jedoch sehr aufwendig, da hierzu das Commit einer Änderungs-TA allen Rechnern vor TA-Ende (synchron) zu melden ist.

- Eine andere Möglichkeit ist, für Änderungs-TA eindeutige TA-Nummern zu vergeben (z.B. über den Wert eines globalen Zählers TNC wie bei BOCC+), die ihre Reihenfolge in der Serialisierungsreihenfolge wiederspiegeln und die auch als Versionsnummer in den geänderten Objekten abgelegt werden. Eine Lese-TA braucht dann bei ihrem BOT nur die höchste bereits vergebene TA-Nummer ACT-TNC in Erfahrung zu bringen (bei einem zentralen Synchronisationsverfahren z.B. bei der zentralen Kontrollinstanz); der Zugriff erfolgt dann immer auf die jüngste Version, deren Versionsnummer kleiner oder gleich dem Wert von ACT-TNC ist.

- Die einfachste Realisierungsform ergibt sich, wenn die BOT- und Änderungszeitstempel aus Rechner-ID und lokaler Uhrzeit abgeleitet werden /LaWi84, ABGS87/; Voraussetzung hierzu ist jedoch eine enge Synchronisierung der lokalen Uhren (insbesondere muß gewährleistet sein, daß die Änderungszeitstempel für ein Objekt monoton wachsen). Der Zugriff erfolgt dann auf die jüngste Version, deren Änderungszeitstempel kleiner als der BOT-Zeitstempel der Lese-TA ist.

Organisation des Versionen-Pools
Bei DB-Sharing ist die Bestimmung der benötigten Version sowie ihre Bereitstellung offenbar ein analoges Problem zur Behandlung des Veralterungsproblems (Erkennen veralteter Seiten, Bereitstellen

der aktuellen Version), so daß hierzu auch ähnliche Lösungen anwendbar sind. Wir skizzieren dazu im folgenden (für eine Versionenhaltung auf Seitenebene) zwei mögliche Strategien, bei denen der Versionen-Pool verteilt in den Hauptspeichern der Rechner vorliegt; Verdrängungen von Versionen erfolgen in einen Überlaufbereich auf Platte, auf den gemäß der DB-Sharing-Architektur alle Rechner zugreifen können (*). Jeder Rechner schreibt dabei die Versionen in einen ihm fest zugeordneten Teil des Überlaufbereichs, zu dem andere Rechner nur lesend zugreifen dürfen. Bei beiden Lösungen wird weiterhin vorgesehen, daß für eine bestimmte Version genau einer der Rechner 'zuständig' ist; bei diesem Rechner ist die Version anzufordern. Eine angeforderte Version wird dann entweder direkt über das Kommunikationssystem übermittelt, falls sie noch nicht ausgeschrieben wurde; anderenfalls wird mitgeteilt, von welcher Stelle im Überlaufbereich sie eingelesen werden kann. Dies ist offenbar analog zur Behandlung des Veralterungsproblems bei NOFORCE, bei der einer der Rechner die 'Ausschreibverantwortung' für eine geänderte Seite besitzt und bei dem die Änderung angefordert werden kann.

Broadcast-Lösung

Dieser Ansatz funktioniert analog zur synchronen Broadcast-Lösung zur Behandlung des Veralterungsproblems (6.3), allerdings auf eine NOFORCE-Umgebung übertragen. Dabei wird das Commit einer Änderungs-TA allen Rechnern (synchron) vor TA-Ende mitgeteilt mit der Angabe, welche Seiten geändert wurden. Damit übernimmt der ändernde Rechner nicht nur die Zuständigkeit für die aktuelle Version der geänderten Seiten, sondern auch für die nächstältere Version dieser Seiten (Before-Images), die daher in dem Änderungsrechner ebenfalls aufzubewahren sind. Jeder Rechner führt nun repliziert eine Datenstruktur, in der für geänderte Seiten vermerkt wird, an welchem Rechner welche Version anzufordern ist (dies ist in Analogie zur Objekttabelle bei den optimistischen Verfahren, bei denen für geänderte Seiten der MODIFYING-PROCESSOR vermerkt wurde).

Die Auswahl der benötigten Version kann hierbei gemäß dem erwähnten Vorschlag aus /Cha82, ChGr85/ erfolgen, bei dem für eine Lese-TA eine CT-Liste mit allen Änderungs-TA im System geführt wird, die bei ihrem BOT beendet waren (tatsächlich braucht nur der aktuellere Teil dieser Liste berücksichtigt zu werden, wobei die Darstellung durch einige Optimierungen relativ kompakt gehalten werden kann). Zum Zugriff auf eine Seite B wird dann die zu referenzierende Version mit der Objekttabelle ermittelt (hierzu sind in der Objekttabelle die Einträge zu Versionen einer Seite gemäß ihrer Entstehungsreihenfolge verkettet); ein externes Anfordern der Version beim zuständigen Rechner erfolgt natürlich nur, wenn sie nicht schon lokal vorliegt. Existiert kein Eintrag in der Objekttabelle, wurde die Seite seit TA-Start nicht mehr geändert und bereits in die physische Datenbank ausgeschrieben; in diesem Fall kann daher die (aktuelle Version der) Seite eingelesen werden.

Offenbar wird mit der Broadcast-Lösung das Veralterungsproblem implizit mitgelöst. Dabei können jetzt jedoch veraltete Seiten nach Mitteilung einer Änderung weiterhin im Systempuffer verbleiben, da sie ggf. von Lese-TA noch benötigt werden. Änderungs-TA greifen dagegen stets auf die aktuelle Version der Seiten zu, wobei über die Objekttabelle festgestellt werden kann, wo diese erhältlich sind.

---

* Es kann natürlich auch vorgesehen werden, den Versionen-Pool vollständig in den Hauptspeichern zu führen. In diesem Fall können aber u.U. nicht alle potentiell noch benötigten Versionen vorrätig gehalten werden; Lese-TA, denen eine bestimmte Version nicht mehr angeboten werden kann, müssen dann zurückgesetzt werden.

Es ist klar, daß um die Größe der Versionen-Pools (und der Objekttabellen) zu begrenzen, (Einträge für) nicht mehr benötigte Versionen möglichst bald freizugeben sind. Die hierfür wesentliche Beobachtung ist, daß im Versionen-Pool nur die Before-Images der Änderungen zu halten sind, die von Update-TA durchgeführt wurden, die zum Startzeitpunkt der ältesten noch aktiven Lese-TA ALT nicht beendet (gestartet) waren. Denn ältere Änderungen stammen von Update-TA, die beim BOT von ALT bereits beendet waren, so daß deren Before-Images nicht mehr relevant sind. Diese Erkenntnis legt es nahe, bei Durchführung einer Änderung, die auf einer privaten Kopie vorgenommen wird, die ungeänderte Seite als Before-Image sogleich in den Versionen-Pool des Änderungsrechners zu bringen (zu diesem Zeitpunkt entspricht das Before-Image noch der aktuellen Version, da die Änderung erst mit dem Commit der Update-TA Gültigkeit erlangt). Bei TA-Ende brauchen dann die Before-Images nicht mehr in den Versionen-Pool gebracht zu werden; es wird vielmehr das erfolgreiche Ende der Update-TA allen Rechnern mitgeteilt, und die vorgenommenen Änderungen werden im Systempuffer des Änderungsrechners zugänglich gemacht.

Die CT-Liste der ältesten lokalen Lese-TA zeigt in jedem Rechner an, zu welchen Änderungs-TA die Before-Images nicht mehr benötigt werden. Die Einträge für diese Versionen kann daher jeder Rechner selbstständig aus seiner Objekttabelle entfernen. Um die Versionen selbst auch aufgeben zu können, meldet jeder Rechner periodisch per Broadcast-Nachricht die CT-Liste der ältesten bei ihm laufenden Lese-TA. Eine Version kann dann aus dem Versionen-Pool entfernt werden, wenn sie für keinen der Rechner mehr relevant ist.

Versionen-Pool-Organisation gemäß einer PCA-Verteilung
Der obige Ansatz entspricht in etwa der Propagate-on-Demand-Lösung zur Behandlung des Veralterungsproblems, da eine Änderung (sowie ihr Before-Image) stets bei dem Rechner anzufordern ist, der die Änderung vorgenommen hat. Dazu mußten die Informationen, wo die Objektversionen erhältlich sind, repliziert in allen Knoten gespeichert werden. Die Alternativlösung für das Veralterungsproblem, bei der stets die aktuelle Version eines Objektes beim PCA-Rechner erhältlich ist (7.3), kann nun auch auf die Versionen-Pool-Verwaltung übertragen werden. Hierbei wird vorgesehen, daß nicht nur die aktuelle, sondern auch ältere Versionen einer Seite stets beim PCA-Rechner anzufordern sind. Damit braucht keine eigene Datenstruktur mehr darüber gewartet zu werden, welcher Rechner für welche Version zuständig ist. Desweiteren entfällt die synchrone Broadcast-Nachricht, um das Ende einer Update-TA mitzuteilen.

Allerdings ist nun jede Änderung, die nicht am PCA-Rechner vorgenommen wurde, am Ende der Update-TA an diesen zu übertragen, damit dort alle benötigten Seitenversionen bereitgehalten werden können. Daher kommt dieser Ansatz in erster Linie bei einem Primary-Copy-Sperrverfahren in Betracht, da hierbei die Übertragung der Änderung mit der Freigabe der Schreibsperre kombiniert werden kann (keine eigene Nachrichten). Ein weiterer Nachteil der Vorgehensweise besteht in dem erhöhten Aufwand bei Änderung der PCA-Verteilung, da hierzu die Versionen-Pools ebenfalls umzuverteilen sind (Verschicken der Seitenversionen, für die ein anderer Rechner zuständig wird). Bei der Crash-Recovery ist zudem nicht nur der aktuelle Zustand der betroffenen Partition herzustellen; sondern dem neuen PCA-Rechner sind auch noch ältere Versionen zugänglich zu machen, soll das Zurücksetzen von Lese-TA umgangen werden.

Die Beschreibung der beiden Strategien zeigt, daß mit einem Mehrversionen-Konzept zwar Synchronisationskonflikte für Lese-TA ausgeschlossen werden, daß aber bei DB-Sharing dennoch Kommunikation zum Anfordern der Versionen benötigt wird. Beim PCA-Ansatz ist dabei Kommunikation für alle Zugriffe zu Seiten erforderlich, die zur Partition eines anderen Rechners gehören. Dies entspricht exakt dem Kommunikationsbedarf für Lese-TA beim Primary-Copy-Sperrverfahren ohne Mehrversionen-Konzept (zum Anfordern der Lesesperren) und ohne Leseoptimierung. Mit der Leseoptimierung werden bei PCL sogar weniger synchrone Nachrichten pro TA notwendig (allerdings mit der Möglichkeit von Sperrkonflikten).

Die Broadcast-Lösung erlaubt in jedem Rechner eine Entscheidung darüber, welche Version benötigt wird. Daher kann (im Gegensatz zum PCA-Ansatz) das Anfordern einer Version umgangen werden, wenn diese bereits lokal vorliegt. Dies bedeutet, daß (ähnlich wie bei der Leseoptimierung) auch eine rechnerübergreifende Lokalität in den Lesezugriffen für eine lokale TA-Bearbeitung nutzbar wird. Ein weiterer Vorteil ist, daß der synchrone Broadcast-Ansatz das Veralterungsproblem automatisch miterledigt und daß er unabhängig vom verwendeten Synchronisationsverfahren für Änderungs-TA funktioniert. Andererseits dürfte die auf PCL zugeschnittene Primary-Copy-artige Versionen-Pool-Verwaltung eine effektivere Kooperation mit der Lastkontrolle erlauben, so daß eine höhere rechnerspezifische Lokalität erreichbar wird. Desweiteren entfällt, wie erwähnt, die Notwendigkeit einer synchronen Broadcast-Meldung für Update-TA sowie der replizierten Führung der Objekttabellen.

10.3 Beschränkung auf Konsistenzebene 2

Ähnlich wie mit einem Mehrversionen-Konzept soll auch mit der Beschränkung auf Konsistenzebene 2 eine optimierte Synchronisierung von Lesezugriffen ermöglicht werden. Dabei werden einer TA aber zur Umgehung einer Versionen-Pool-Verwaltung die aktuellen Objektversionen angeboten, wobei eine TA unterschiedliche Änderungsstände eines Objektes sehen kann ('unrepeatable read', siehe 3.1). Die Optimierung ist weiterhin nicht nur für Lese-TA, sondern auch für Lesezugriffe von Änderungs-TA einsetzbar.

Für die hier betrachteten Sperrverfahren bei DB-Sharing (Kap. 7 und 8) wurde stets nur zwischen den üblichen Lese- und Schreibsperren unterschieden (RX-Sperrverfahren); für Konsistenzebene 2 werden dabei die Lesesperren nur kurz gehalten (i.a. für die Dauer des aktuellen DML-Befehls). Damit ergeben sich zwar weniger Synchronisationskonflikte als bei langen Lesesperren, aber die Anzahl der Sperranforderungen (und damit die potentielle Anzahl externer Lock-Requests) nimmt zu. Mit kurzen Lesesperren sind daher nur bei Einsatz einer Leseoptimierung Verbesserungen zu erwarten; denn dann braucht i.a. höchstens eine Lesesperre pro TA und Block extern angefordert zu werden.

Noch vielversprechender als für die RX-Sperrverfahren erscheint die Beschränkung auf Konsistenzebene 2 für optimistische Synchronisationsprotokolle. Denn nach 4.2.4 werden hierbei - ähnlich wie bei einem Mehrversionen-Konzept - Synchronisationskonflikte zwischen Lese-TA und Änderungs-TA nahezu vollkommen eliminiert, da Lese-TA nicht zu validieren brauchen. Dadurch ergeben sich nicht nur weniger Rücksetzungen (Lese-TA werden nie abgebrochen), sondern auch ein verringerter Validierungsaufwand und bessere Antwortzeiten, v.a. für Leser.

Allerdings läßt sich nicht von allen in Kap. 9 besprochenen Verfahren erreichen, daß Lese-TA stets die aktuellste Version sehen, da hierzu eine Update-TA vor dem Einbringen ihrer Änderungen alle Rechner informieren müßte, welche Seiten geändert werden. Dies ist der Fall für die (aufwendigen) Verfahren, bei denen eine TA an allen Rechnern zu validieren hat; dabei wird für möglicherweise zu ändernde Seiten der Zugriff blockiert, bis das Ende der Update-TA feststeht. Erfolgt dagegen erst nach Ende der Update-TA die Mitteilung über eine vorgenommene Änderung, dann kann eine Lese-TA eine u.U. leicht veraltete Version zu sehen bekommen. Dies sollte für Anwendungen, für die Konsistenzebene 2 ausreichend ist, jedoch akzeptabel sein. Soll zwar für die meisten, jedoch nicht alle TA(-Typen) Konsistenzebene 2 unterstützt werden, dann kann für eine Lese-TA Wiederholbarkeit von Lesevorgängen auf mehrere Arten garantiert werden:

- Die TA setzt (kurze oder lange) 'Lesesperren', die von Änderungs-TA bei der Validierung zu beachten sind (erfordert Kommunikation).

- Die Lese-TA validiert sich gegenüber Änderungs-TA (garantiert Konsistenzebene 3 für die TA).

- Die TA synchronisiert sich vollkommen pessimistisch (bei Kombination mit Sperrverfahren); damit wird bei kurzen Lesesperren nur 'cursor stability' erreicht, bei langen Lesesperren dagegen vollständige Wiederholbarkeit von Lesevorgängen (Konsistenzebene 3).

Die Beschränkung auf Konsistenzebene 2 bringt verglichen mit den (RX-)Sperrverfahren für optimistische Protokolle auch bei DB-Sharing den Vorteil, daß für Lese-TA die durch lange X-Sperren verursachten Verzögerungen entfallen (selbst bei einer 'angemeldeten' Änderung einer Update-TA, deren Validierungsausgang noch nicht bekannt ist, könnte für Lese-TA die ungeänderte Version angeboten werden, um Verzögerungen zu umgehen). Da für Lese-TA keine Validierung vorgenommen wird, entstehen für sie höchstens zum Anfordern von Seiten Kommunikationsvorgänge, während bei den Sperrverfahren daneben i.a. auch noch Lesesperren extern zu beantragen sind. Außerdem können bei Sperrverfahren Änderungen verlorengehen, wenn auch Änderungs-TA nur kurze Lesesperren setzen; bei optimistischer Synchronisation ist dies ausgeschlossen, da hier Update-TA stets validieren und für sie immer Konsistenzebene 3 eingehalten wird (ähnlich wie bei Mehrversionen-Verfahren).

10.4 Einsatz einer nahen Rechnerkopplung

Nach 2.1 soll mit einer nahen Kopplung eine effizientere Kooperation und Kommunikation zwischen den Rechnern als bei einer losen Kopplung erreicht werden, unter Beibehaltung einer ausreichenden Verfügbarkeit und Erweiterbarkeit. Neben der Verwendung von Spezialprozessoren (zur Synchronisation) betrachten wir hier v.a. eine nahe Kopplung über gemeinsame (von allen Rechnern erreichbare) Halbleiterspeicherbereiche. Dabei kann nach /Rah86b/ zwischen flüchtigen und nichtflüchtigen sowie instruktions- und seitenadressierbaren Halbleiterspeichern unterschieden werden.

Ein instruktionsadressierbarer (flüchtiger) Speicherbereich, der einer Hauptspeicher-Erweiterung für jeden Rechner gleichkommt, erlaubt dabei zwar die vielseitigste Verwendung, verursacht aber ähnliche Verfügbarkeitsprobleme wie die enge Kopplung. So könnte z.B. eine globale Sperrtabelle in einem solchen Halbleiterspeicher abgelegt werden, auf die alle Rechner direkten Zugriff haben (z.B. über Semaphore geregelt) und womit quasi eine Synchronisation wie im zentralen Fall möglich wird. Dieser einfache Ansatz ist jedoch v.a. aus Verfügbarkeitsgründen abzulehnen (Verseuchen der globalen Sperrtabelle durch Rechnerausfall u.ä.). Eine bessere Entkopplung wird von seitenadressierbaren Halbleiterspeichern gewährleistet, für die sogar Nichtflüchtigkeit erreichbar ist (allerdings zu Kosten, die weit über denen von Platten gleicher Kapazität liegt). Typische Zugriffszeiten für solche Speicher liegen etwa bei 1 ms; in wenigen Jahren sind Zeiten von ca. 10 Mikrosekunden zu erwarten. Als mögliche Einsatzform seitenadressierbarer Halbleiterspeicher bei DB-Sharing betrachten wir die Verwendung als globaler Systempuffer.

Synchronisation mit Spezialprozessoren

Ein einfaches Beispiel zur Hardware-Unterstützung bei der Synchronisation stellt die sogenannte 'Limited Lock Facility' dar, die bei dem in der Einleitung erwähnten Spezial-Betriebssystem TPF (vormals ACP) eingesetzt wird. Hierbei erfolgt eine Synchronisierung in den Plattenkontrollern von bis zu vier Rechnern, wobei jedoch (pro Kontroller) nur 512 verschiedene exklusive Sperren auf Rechnerebene verwaltet werden können /Rob85,ReSh84/. Das Anfordern und Freigeben der Sperren erfolgt mit speziellen Kanalbefehlen; die Benachrichtigung wartender Rechner nach Freigabe einer Sperre geschieht durch einen Interrupt. Eine solche Synchronisierung in den Plattenkontrollern ist für uns jedoch weniger relevant, da sie (abgesehen von den Interrupts zur Meldung von Sperrfreigaben) keine Beschleunigung verglichen mit den bisher diskutieren Software-Lösungen zur Synchronisation erlaubt; außerdem sollen ja der Zugriff auf die Platten und damit die Kontroller durch Unterstützung von Lokalität in den Systempuffern möglichst umgangen werden.

Damit eine Hardware-Lösung wirklich attraktiv wird, muß die **'Lock-Engine'** /TYD85/ eine Beantwortung von Sperranforderungen und -freigaben in wenigen Mikrosekunden ermöglichen, so daß eine TA unter Beibehaltung der CPU (synchron) auf die Antwort warten kann. Denn dann entfällt der durch die Prozeßwechsel verursachte BS-Overhead, und die Antwortzeiten werden durch die Sperrbearbeitung nur unwesentlich mehr als im zentralen Fall verlängert /ReSh84/. Die Lock-Engine entspricht in diesem Fall der Hardware-Realisierung eines zentralen Lock-Managers (8.1), der alle Sperranforderungen bearbeitet.

Die extrem schnelle Interaktion mit der zentralen Lock-Engine verlangt jedoch Änderungen in der Maschinenarchitektur der Verarbeitungsrechner, da spezielle Operationen anzubieten sind, die eine wesentlich effizientere Kommunikation als über das Senden und Empfangen von Nachrichten gestatten. Weiterhin sind hohe Verfügbarkeits- und Leistungsanforderungen von der Lock-Engine zu erfüllen, die zur schnellen Beantwortung von Anfragen nur wenig ausgelastet sein sollte und auch bei wachsenden TA-Raten nicht zum Engpaß werden darf. Aus diesen Gründen sollte die Lock-Engine nach /TYD84,TYD85/ intern durch mehrere Prozessoren realisiert sein. Dazu werden in den genannten Arbeiten unterschiedliche Realisierungsformen mit enger bzw. loser Kopplung dieser Prozessoren und verschiedenen Fehlertoleranz-Techniken untersucht und analytisch bewertet.

Ein generelles Problem ist, daß sich hardwaremäßig i.a. nur sehr einfache Protokolle realisieren lassen mit einer festen Obergrenze unterscheidbarer Zustände (die Ausführung komplexer Algorithmen in der Lock-Engine würde auch kein synchrones Warten mehr erlauben). Dadurch sind in der Lock-Engine i.d.R. auch keine dynamischen Datenstrukturen oder Verfahren zur Deadlock-Erkennung möglich, vielmehr werden oft nur Anforderungen auf Rechnerebene sowie eine feste Anzahl von Objekten zugelassen /Rob85/. In den Verarbeitungsrechnern sind daher zur Verwaltung TA-spezifischer Angaben (gewährte Sperren, wartende Sperranforderungen) weiterhin lokale Synchronisationskomponenten vorzusehen. Dies hat aber zur Folge, daß wiederum Synchronisationsnachrichten für Aufgaben anfallen, die von der Lock-Engine nicht bewältigt werden können, insbesondere zur Behandlung des Veralterungsproblems oder zur Erkennung globaler Deadlocks. Die Begrenzung bezüglich der Anzahl unterscheidbarer Objekte in der Lock-Engine erlaubt i.d.R. auch nur die Unterscheidung relativ großer Synchronisationsgranulate (z.B. Hash-Klassen). Um eine zu hohe Anzahl von Konflikten zu umgehen, müssen die lokalen Synchronisationskomponenten bei einem gemeldeten Konflikt mit einem geeigneten Protokoll überprüfen (Kommunikation), ob z.B. auf Blockebene auch ein Konflikt vorliegt. Der Vorteil der Lock-Engine besteht dann im wesentlichen nur darin, daß bei

Konfliktfreiheit auf Ebene des gröberen Synchronisationsgranulats dies schnell mitgeteilt werden kann.

Globaler Systempuffer

Bei einer nahen Kopplung mit seitenadressierbaren Halbleiterspeichern kann zur Erweiterung der Speicherhierarchie ein globaler Systempuffer zwischen den lokalen Systempuffern in den Hauptspeichern der Verarbeitungsrechner und der physischen Datenbank auf Platte vorgesehen werden. Damit lassen sich **Plattenzugriffe einsparen**, da Seiten, die vom globalen Puffer erhältlich sind, nicht eingelesen werden müssen; bei Nichtflüchtigkeit des gemeinsamen Speicherbereichs ergibt sich auch eine Beschleunigung von Ausschreibvorgängen, da ein Ausschreiben in den globalen Puffer genügt. Daneben kann der globale Systempuffer noch zum **Austausch geänderter Seiten** genutzt werden, was erheblich schneller als ein Austausch über Platte geht und das Kommunikationssystem entlastet.

Die Nutzung eines globalen Systempuffers wird wesentlich davon bestimmt, ob eine FORCE- oder eine NOFORCE-Strategie zum Ausschreiben geänderter Seiten eingesetzt wird. Bei **FORCE** empfiehlt sich die Verwendung eines nichtflüchtigen Halbleiterspeichers, da dann bei EOT die geänderten Seiten lediglich in den globalen Puffer zu schreiben sind, wodurch eine erhebliche Antwortzeitverkürzung erreicht wird. Damit wird die FORCE-Strategie auch für Hochleistungsanforderungen wieder interessant, zumal sie eine wesentlich einfachere Crash-Recovery und Behandlung des Veralterungsproblems erlaubt. Insbesondere entfällt das Anfordern geänderter Seiten bei anderen Rechnern, da die aktuelle Version entweder im globalen Systempuffer oder, wenn die Änderung vom globalen Puffer aus zurückgeschrieben wurde, auf Platte vorliegt. Da im globalen Systempuffer nur aktuelle Seiten vorkommen (vorausgesetzt der Kontroller zur Verwaltung des globalen Puffers überschreibt die alte Seitenkopie bei einer durchgereichten Änderung), ergibt sich eine 'echte' Erweiterung der Speicherhierarchie: dabei wird zunächst versucht, einen Lesezugriff im lokalen Systempuffer zu befriedigen; liegt die Seite dort nicht (oder nur veraltet) vor, wird der globale Puffer inspiziert und erst, wenn auch dort die Seite nicht erhältlich ist, folgt ein Einlesen von Platte.

Andererseits kann aber das Durchschreiben aller Änderungen bei EOT noch einen relativ hohen CPU-Aufwand verursachen, und die geforderte Nichtflüchtigkeit verursacht hohe Kosten. Außerdem ist der globale Systempuffer ein potentieller Engpaß, da alle im lokalen Puffer nicht erfolgreichen Referenzen einen Zugriff zum globalen Puffer nach sich ziehen. Es ist daher ggf. eine Unterteilung des globalen Puffers in mehrere Teilbereiche vorzusehen, die jeweils von einem eigenen Kontroller verwaltet werden. Jeder Teilbereich dient dabei zur Pufferung der Daten aus einer festgelegten Teilmenge der Plattenperipherie, so daß jeder Rechner weiß, auf welchen Teilbereich des globalen Puffers zuzugreifen ist, um ein bestimmtes Objekt einzulesen bzw. auszuschreiben.

Bei **NOFORCE** werden diese Nachteile vermieden, wenn der globale Puffer primär zur Aufnahme von aus den lokalen Puffern verdrängten Seiten sowie zum Austausch von Änderungen vorgesehen wird. Für diese Zwecke reicht ein flüchtiger Halbleiterspeicher aus, und ein Engpaß wird sehr unwahrscheinlich. Daneben entfällt der bei FORCE verursachte Ausschreibaufwand bei EOT, mit der Konsequenz, daß auch im globalen Puffer veraltete Seiten vorliegen können. Die Verwaltung des globalen Systempuffers (sowie das Verhindern von Zugriffen auf veraltete Seiten) wird dabei sehr einfach, wenn jedem Rechner ein Teil des globalen Puffers zugeordnet wird, in den nur er schreiben darf und auf den andere Rechner nur lesend zugreifen. Denn dann kann jeder Rechner seinen Teil des globalen Puffers praktisch so verwalten wie seinen lokalen Systempuffer, und die (integrierte) Behandlung des Veralterungsproblems kann unmittelbar auch auf Seiten des globalen Systempuffers übertragen werden. Dazu fordert ein Rechner wie bisher eine Seite, deren aktuelle Version nicht im lokalen Puffer (bzw. in der eigenen Partition des globalen Puffers) vorliegt, beim zuständigen Rechner an (dies ist der PCA-Rechner bzw. der Rechner, an dem die letzte Änderung der Seite vorgenommen wurde). Dieser bringt dann die geänderte Seite in seinen Teil des globalen Systempuffers (wenn nicht schon geschehen) und teilt dem anfordernden Rechner mit, von welcher Adresse im globalen Puffer die Seite eingelesen werden kann. Wurde die Seite bereits ausgeschrieben, ist die Seite wie bisher von Platte einzulesen. Die Verfahren zur Erkennung veralteter Seiten sowie zur Ausschreibkoordinierung lassen sich auch auf Seiten des globalen Puffers anwenden. Ein ähnliches Schema wurde für ein zentrales Sperrverfahren in /DIRY87/ vorgeschlagen. Dort erforderten jedoch nicht nur die Seitenzugriffe, sondern auch sämtliche Verdrängungen aus den lokalen Puffern und im globalen Puffer sowie die Ausschreibkoordinierung eine Interaktion mit dem zentralen Lock-Manager. Außerdem wurde keine echte NOFORCE-Strategie unterstützt.

Der Nachteil verglichen mit FORCE ist die komplexere Crash-Recovery und aufwendigere Behandlung des Veralterungsproblems, die nun auch den globalen Systempuffer zu berücksichtigen hat (dies ist jedoch bei den ins Synchronisationsprotckoll integrierten Lösungen relativ einfach möglich). Insbesondere ist es notwendig, Seiten explizit anzufordern bzw. in den globalen Puffer auszuschreiben. Bei FORCE kann dagegen möglicherweise schneller auf Änderungen anderer Rechner zugegriffen werden, wenn diese noch im globalen Systempuffer vorliegen.

Abschließende Bemerkungen

Weitere Einsatzformen von gemeinsamen Halbleiterspeichern zur nahen Kopplung bei DB-Sharing wurden in /Rah86b,HäRa87/ diskutiert. Dazu gehören Verwendungsmöglichkeiten bei der (globalen) Lastkontrolle sowie zur Erstellung einer globalen Log-Datei. In letzterem Fall können z.B. alle Rechner ihre After-Images in einen globalen Log-Puffer schreiben (seitenadressierbar), von wo aus ein Mischen und Ausschreiben auf Externspeicher sehr einfach wird. Hauptproblem dabei ist der Umfang der Log-Daten, so daß u.U. mehrere Log-Puffer notwendig werden. Eine andere Einsatzform einer nahen Kopplung besteht darin, allen Rechnern eine globale Uhr zur Verfügung zu stellen, um ein Auseinanderlaufen der lokalen Uhren zu vermeiden /Che86/.

Ob und in welchem Umfang eine nahe Kopplung tatsächlich vorzusehen ist, hängt auch von den Verfügbarkeitsanforderungen, den Kosten sowie der Anzahl der Rechner, die gekoppelt werden können (Erweiterbarkeit!), ab. Aus Verfügbarkeitsgründen ist eine Verwendung gemeinsamer instruktionsadressierbarer Halbleiterspeicher nicht zu empfehlen, aber auch bei seitenadressierbaren Speichern ist eine geeignete Ausfallbehandlung (z.B. mit Ersatzspeichersegmenten) vorzusehen. Aus Gründen der Verfügbarkeit sollten auch möglichst wenige Funktionen zentralisiert werden, zumal sonst die Gefahr von Engpässen zunimmt.

10.5 Synchronisation auf Eintrags- und Satzebene

Eine Synchronisation auf Blockebene ist bei DB-Sharing wegen des Veralterungsproblems die einfachste Strategie, weil auch in den Systempuffern die Speicherallokation auf der Ebene von Seiten (Blöcke) erfolgt und Blöcke die Transfer-Einheiten zwischen Systempuffer und Externspeicher bilden. Angesichts der in einem Mehrrechner-DBS systemweit höheren Parallelität als in zentralisierten Systemen, ist jedoch mit Blöcken als kleinstem Synchronisationsgranulat die Gefahr einer (zu) hohen Konfliktwahrscheinlichkeit gegeben. Dies trifft v.a. auf häufig referenzierte Seiten wie bei Indexstrukturen, Adreßumsetztabellen, Katalogdaten oder anderen Verwaltungsinformationen (z.B. Freispeicher-Angaben) zu, für die bereits in zentralisierten Systemen zur Konfliktreduzierung eine eintragsweise Synchronisation vorgesehen wird; daher sind auch bei DB-Sharing für diese Seitentypen Lösungs-möglichkeiten für eine Eintragssynchronisation zu suchen. Eine generelle Synchronisierung auf Satz-ebene scheint dagegen für DB-Sharing weniger erstrebenswert, da dies zum einen nur schwer reali-sierbar ist (komplexe Protokolle) und daneben einen hohen Verwaltungsaufwand verursacht. Insbe-sondere ist bei Sperrverfahren z.B. mit mehr externen Sperranforderungen zu rechnen, da die Gesamt-anzahl der Sperren bei kleiner werdendem Granulat zunimmt.

Das Problem einer Synchronisation auf Eintrags- oder Satzebene bei DB-Sharing resultiert vor allem aus der Verkomplizierung der Veralterungsproblematik, wenn unterschiedliche Teile einer Seite gleichzeitig in mehreren Rechnern geändert werden dürfen. Unproblematisch ist dagegen eine ein-tragsweise Synchronisation von Lesezugriffen, solange die Änderungen nur auf Seitenebene zugelas-sen werden bzw. nur innerhalb eines Rechners parallele Änderungen derselben Seite gestattet werden. Wenn Änderungen nur in einem Rechner zugelassen werden, kann daher auch eine vollständige ein-tragsweise Synchronisierung sehr einfach realisiert werden.

Sollen dagegen auch zwischen den Rechnern Änderungszugriffe auf Eintragsebene synchronisiert werden, dann ist die Aktualität einer Seite nach Durchführen einer Änderung nicht mehr gewähr-leistet; vielmehr können dann in verschiedenen Systempuffern Kopien einer Seite vorliegen, die teilweise aktuell und teilweise veraltet sind. Dies impliziert, daß nun das Veralterungsproblem auf Eintrags- bzw. Satzebene zu lösen ist, vor allem die Erkennung veralteter Sätze (Einträge) sowie die Bereitstellung ihrer aktuellen Version. Dies läßt sich mit den vorgestellten Techniken lösen, wobei lediglich die Kontrollinformationen (z.B. wo die letzte Änderung vorgenommen wurde) für Einträge bzw. Sätze zu führen sind. Dadurch nimmt der Verwaltungsaufwand (und Speicherplatzbedarf) natür-lich entsprechend zu; von Vorteil ist, daß nicht mehr ganze Seiten zwischen den Rechnern ausge-tauscht werden (geringere Belastung des Kommunikationssystems). Das eigentliche Problem betrifft jedoch die Ausschreibkoordinierung, die wegen der blockorientierten Plattenschnittstelle weiterhin auf Seitenebene zu lösen ist. Denn bevor eine Seite ausgeschrieben werden kann, ist es erforderlich, daß sie nicht nur teilweise, sondern vollständig aktuell ist. Denn anderenfalls können gültige Änderungen überschrieben werden und damit verlorengehen.

Um eine Seite vollständig zu aktualisieren, ist offensichtlich ein 'Mischen' der in verschiedenen Rechnern vorgenommenen Änderungen erforderlich. Dies ist dann relativ einfach möglich, wenn in den Seiten nur die Inhalte bestehender Felder und Sätze geändert wurden, da dann lediglich der jeweils aktuellste Wert der Einträge/Sätze in der Seite zu übernehmen ist. Mehr Schwierigkeiten bereiten dagegen Einfügungen und Löschungen innerhalb der Seiten (bzw. das Verkürzen oder Ver-längern von Sätzen), da hiervon die Struktur der Seite auch betroffen ist. Im zentralisierten Fall wer-den hierzu neben den langen Schreibsperren auf Satzebene kurzzeitige Seitensperren erworben, um ein paralleles Einfügen/Löschen anderer TA zu verhindern und strukturelle Daten z.B. im Seitenkopf (Freispeicherinformation, Verweisstrukturen u.ä.) anzupassen. Solche kurze Seitensperren können zwar auch bei DB-Sharing vorgesehen werden, führen hier jedoch i.a. zu zusätzlichen Kommunika-tionsvorgängen und u.U. häufigem Austausch ganzer Seiten, so daß mögliche Vorteile einer eintrags-weisen Synchronisierung von Änderungen leicht ins Gegenteil umschlagen können. Sinnvoller dürfte es daher sein, Einfügungen und Löschvorgänge weiterhin nur auf Seitenebene zu synchronisieren und nur für Änderungen (Modifikation bestehender Felder) eine Synchronisation auf Satz- bzw. Eintragsebene vorzusehen.

Trotz dieser Einschränkung, läßt sich gerade auf den kritischen Seitentypen, die meist eine einfache und homogene Binnenstruktur (Tabellen) aufweisen, eine eintragsorientierte Synchronisation der Änderungen erreichen. Als Beispiel dafür können die im Datenbanksystem UDS verwendeten Seitentypen zur Adreßumsetzung (**DBTT**, database translation table) und Freispeicherverwaltung (**FPA**, free place administration) angesehen werden, bei denen die Seiten aus einer festen Anzahl von Einträgen gleicher Länge bestehen, die eine einfache Tabellenstruktur repräsentieren /UDS82/. Dabei ist jeder Seite im FPA-Bereich und jedem möglichen Satz bei den DBTT-Seiten ein Eintrag fest zugeordnet, so daß keine Lösch- oder Einfügeoperationen für die Einträge vorkommen. Das Mischen von Änderungen aus verschiedenen Rechnern kann daher für diese Seiten stets durchgeführt werden.

In /Rah85a/ wurde beschrieben, wie das **EPTB-Protokoll** aus 8.3.2 um eine eintragsweise Synchronisation für solche Seitentypen erweitert werden kann. Insgesamt ergab sich dann ein hierarchisches Synchronisationsprotokoll mit einer Synchronisation auf Area-, Block- und Eintragsebene, das (neben der Verwendung der GHT) zur Einsparung externer Sperranforderungen genutzt werden kann. Denn für eine Eintragssperre wird nur dann eine externe Sperranforderung notwendig, wenn z.B. wegen Sole-Interest auf höherer Ebene (Area, Hash-Klasse, Block) ein Konflikt mit externen TA nicht ausgeschlossen werden kann. In diesem Fall wäre aber auch auf Blockebene Kommunikation notwendig gewesen bzw. ein Konflikt entstanden. Dies zeigt, daß bei hierarchischen Sperren mit der Eintragssynchronisation weniger Konflikte erreicht werden können, ohne notwendigerweise mehr Kommunikationsvorgänge in Kauf zu nehmen. Allerdings wird das EPTB-Protokoll trotz der Beschränkung auf zwei Rechner durch die Unterscheidung mehrerer Hierarchieebenen sowie der Ausschreibkoordinierung bei NOFORCE sehr komplex.

Vergleichsweise einfach kann dagegen eine eintragsweise Synchronisation z.B. für FPA- und DBTT-Seiten beim **Primary-Copy-Sperrverfahren** realisiert werden. Hierbei wird vorgesehen, daß vorgenommene Änderungen stets mit Freigabe der Schreibsperre an den PCA-Rechner übertragen werden (dies ist für die kurzen Einträge i.a. wesentlich unkritischer als für ganze Seiten). Der PCA-Rechner kann daher die übertragene Änderung gleich in die bei ihm vorliegende Seite einbringen, so daß er stets über die vollständig aktuelle Seite verfügt und daher auch die Seiten ausschreiben kann, ohne zuvor Änderungen bei anderen Rechnern anfordern zu müssen. Die Erkennung veralteter Objekte kann dabei entweder weiterhin auf Seitenebene vorgenommen werden oder auf Eintragsebene. In ersterem Fall wird bei fehlender oder veralteter Seite stets die aktuelle Seite komplett mit Gewährung der Sperre übertragen, während anderenfalls bei vorliegender Seite und invalidiertem Eintrag nur der aktuelle Eintrag zu übertragen ist. Dafür müssen aber auch die Veralterungsinformationen auf Eintragsebene geführt werden, wodurch die Sperrtabellen stark aufgebläht werden; im ersteren Fall brauchen die Kontrollblöcke für die Eintragssynchronisation nur so lange geführt zu werden, wie Sperranforderungen vorliegen.

Der geschilderte Ansatz hat den Vorteil, daß zur Erzeugung der aktuellen Seitenversion die Änderungen nicht erst eingesammelt werden müssen. Denn ein solches Anfordern geänderter Einträge verursacht zusätzliche Kommunikationsvorgänge und Verzögerungen. Daher ist eine eintragsweise Synchronisation von Änderungen auch bei FORCE wenig sinnvoll, da hierbei sehr viele Ausschreibvorgänge anfallen und die Antwortzeiten von Änderungs-TA durch das Mischen der Änderungen noch weiter verschlechtert würden. Ein ähnlich hoher Aufwand zur Aktualisierung der Seiten würde entstehen bei Verwendung von Page-Logging für die After-Images (das bei Änderungen auf privaten Kopien prinzipiell möglich ist, s. 6.5), so daß Entry-Logging hierbei (auch zur Begrenzung des Log-Umfangs) dringend geboten ist.

10.6 Synchronisation von High-Traffic-Objekten bei DB-Sharing

Selbst eine eintragsweise Synchronisation kann die Anzahl der Konflikte auf Hot-Spot- oder High-Traffic-Feldern, auf denen eine hohe Änderungsfrequenz besteht, nur zum Teil reduzieren; bei optimistischen Verfahren verursachen sie daher auch viele Rücksetzungen und bei (RX-)Sperrverfahren eine hohe Anzahl von Blockierungen (lange Schreibsperren). Wie in 4.5 schon empfohlen, sollten daher solche potentiellen Flaschenhälse wenn möglich schon im logischen oder physischen DB-Entwurf umgangen werden. So könnte man z.B. statt eines Summenfeldes mehrere Teilsummen vorsehen, um die Konfliktwahrscheinlichkeit zu reduzieren /Sto86/. Die Konflikte beim Einfügen ans Ende einer sequentiellen Datei, das einen typischen Hot-Spot darstellt, können analog durch Aufteilung in mehrere Dateien vermindert werden /Gra85/. Nur wenn die Vermeidungsstrategie nicht anwendbar ist, muß auf Spezialprotokolle zurückgegriffen werden, wie sie z.B. in 4.1.3 für den zentralen Fall diskutiert wurden.

Die negativen Auswirkungen von High-Traffic-Objekten kann man sich leicht an einem einfachen Beispiel vor Augen führen. Wenn z.B. in einer Bankanwendung von jeder Buchungs-TA (Debit-Credit) ein Summenfeld aller Kontostände geändert wird, dann wird bei einem RX-Sperrverfahren dadurch der maximale Durchsatz bereits entscheidend begrenzt. Denn selbst wenn mit einer optimierten Strategie die Schreibsperre nur für die Dauer der EOT-Behandlung gehalten wird, ist wegen des erforderlichen Schreibens der Log-Daten mit einer Sperrdauer von ca. 20 ms zu rechnen, so daß höchstens 50 TA/s erreichbar sind. Für DB-Sharing verschlimmert sich die Situation noch dadurch, da der Zugriff auf ein solches Summenfeld bestenfalls in einem der Rechner lokal synchronisiert werden kann. Wegen der kommunikationsbedingten Verzögerungen zum Anfordern und Freigeben der Sperren sowie zum Austausch der Änderungen zwischen den Rechnern kommt es daher zu verlängerten Sperrwartezeiten und daher zu noch größeren Durchsatzeinbußen (obwohl Synchronisierung und Austausch der Änderungen auf Satzebene möglich sind, da nur Wertänderungen vorgenommen werden und kein Löschen/Einfügen).

Wenngleich für das Beispiel die Vermeidungsstrategie sicher anwendbar ist, macht es doch die Notwendigkeit deutlich, auch für DB-Sharing eine Sonderbehandlung bei der Synchronisation von High-Traffic-Objekten zu unterstützen. In /Här87a/ wurde ein solches Spezialprotokoll für DB-Sharing vorgestellt, das einer Erweiterung des in 4.1.3 angesprochenen Escrow-Verfahrens aus /ONe86/ entspricht. Im einfachsten Fall wird dabei vorgesehen, daß für jedes High-Traffic-Objekt einer der Rechner zuständig ist, z.B. der PCA-Rechner bei einer Primary-Copy-artigen Aufteilung der Synchronisationsverantwortlichkeit. Die für die High-Traffic-Objekte vorzunehmenden Test&Use-Operationen, mit denen ein Bereichstest sowie die Reservierung (Rückgabe) eines bestimmten Kontingents (z.B. Geldbetrag, Anzahl von Plätzen u.ä.) für die TA durchgeführt werden, werden dann alle an den PCA-Rechner gerichtet. Damit können dann wie im zentralen Fall die Anzahl der Synchronisationskonflikte reduziert werden (parallele Änderungen sind möglich, da mehreren TA ein Kontingent zuerkannt werden kann, solange ein festgelegter Grenzwert nicht überschritten wird); allerdings ergeben sich keinerlei Kommunikationseinsparungen im Vergleich mit dem Primary-Copy-Sperrverfahren.

Um auch dies zu ermöglichen, wurde in /Här87a/ eine Verfeinerung mit zwei Hierarchieebenen vorgeschlagen. Dabei teilt der global zuständige Verwalter eines High-Traffic-Objektes (am PCA-Rechner) die für das Feld (Geldeinlagen, Anzahl freier Plätze u.ä.) zur Verfügung stehende Gesamtmenge (teilweise) unter die Rechner auf, wobei jeder der Rechner nun sein Kontingent lokal verwaltet. Damit können dann alle Bereichstests und Anforderungen lokaler TA ohne Kommunikation bearbeitet werden, solange das zur Verfügung gestellte Kontingent ausreicht. Da neben Anforderungen (z.B. Abhebungen) auch Rückgaben (z.B. Einzahlungen) von TA vorgenommen werden, kann dann oft für lange Zeit eine lokale Synchronisation erreicht werden. Ein weiterer Vorteil des Verfahrens (neben der Reduzierung der Konflikt- und Kommunikationshäufigkeit) ist, daß die Lastkontrolle erheblich vereinfacht wird. Denn wenn die Zugriffe auf High-Traffic-Objekte in jedem Rechner lokal synchronisiert werden können, brauchen diese bei der TA-Verteilung nicht mehr berücksichtigt zu werden. Dies ist von besonderer Bedeutung, da es gerade für die häufig referenzierten Objekte schwer ist, Lokalität nur innerhalb eines Rechners zu erreichen.

Andererseits ist v.a. das hierarchische Schema sehr komplex, da anwendungsabhängig eine sinnvolle Aufteilung der Kontingente vorzunehmen ist, die ggf. dynamisch anzupassen sind. Weiterhin ist zu beachten, daß es sich um ein zusätzliches Protokoll für eine relativ kleine Menge von Objekten handelt, das z.B. auch Auswirkungen auf die Systempufferverwaltung oder die Recovery-Komponente mit sich bringt. Schließlich müssen im Anwendungsprogramm spezielle Operationen für den Zugriff auf die High-Traffic-Felder benutzt werden (Test&Use), so daß bestehende Programme nicht ohne Anpassungen verwendet werden können.

11. Vergleich der vorgestellten Konzepte und Verfahren

In diesem Teil wurden eine Vielzahl von Konzepten und Algorithmen zur Synchronisation bei DB-Sharing vorgestellt, für die in diesem Kapitel die wesentlichsten Aspekte zusammenfassend gegenübergestellt werden sollen. Der **Schwerpunkt** der Darstellung lag dabei **auf Software-Lösungen**, da mit Hardware-Techniken i.d.R. nur eine Unterstützung der Synchronisation erreicht werden kann (10.4). Der Hardware-Ansatz verlangt darüber hinaus Änderungen in der Maschinenarchitektur der Verarbeitungsrechner und verursacht hohe Entwicklungskosten. Bei den betrachteten Software-Protokollen, die in Abb. 6.2 klassifiziert sind, wurden v.a. pessimistische und optimistische Verfahren (sowie deren Kombinationen) betrachtet, die entweder unter verteilter oder zentraler Kontrolle abgewickelt werden können.

Eine grundlegende Entscheidung bei der Realisierung eines DB-Sharing-Systems ist, ob eine **FORCE- oder NOFORCE-Ausschreibstrategie** verfolgt werden soll. Eine FORCE-Strategie würde die Behandlung des Veralterungsproblems (6.3) sowie die Crash-Recovery erheblich vereinfachen; auch könnten asynchrone Sperranforderungen (10.1) zur Reduzierung des Kommunikations-Overheads damit eher genutzt werden. Allerdings ist wegen des hohen Schreibaufwandes der FORCE-Ansatz nur bei naher Rechnerkopplung zur Realisierung von Hochleistungs-DBS zu vertreten, wenn die Ausschreibvorgänge bei EOT mit einem nichtflüchtigen globalen Systempuffer schnell durchführbar sind (10.4). Solche nichtflüchtigen Halbleiterspeicher sind jedoch sehr teuer, zumal zur Vermeidung von Engpässen i.a. mehrere zur Realisierung des globalen Puffers erforderlich sind; ein weiteres Problem betrifft die Erweiterbarkeit des Systems, da oft nur wenige Rechner (z.B. vier) mit solchen Speichern gekoppelt werden können. Ein zusätzlicher Nachteil von FORCE liegt darin, daß eine eintragsweise Synchronisation von Änderungen nicht gewinnbringend einsetzbar ist, weil dann auch bei FORCE eine Ausschreibkoordinierung notwendig wird sowie vor dem (häufigen) Ausschreiben ggf. noch fehlende Änderungen aus anderen Rechnern anzufordern sind, um die Seite vollständig zu aktualisieren. Aus diesen Gründen konzentrierten sich unsere Überlegungen auf eine NOFORCE-Strategie, die sowohl bei loser als auch naher Rechnerkopplung eine geringere E/A-Belastung verspricht.

Neben einem geringen E/A-Aufwand (NOFORCE-Strategie, optimiertes Logging, optionale Nutzung seitenadressierbarer Halbleiterspeicher) sind zur Realisierung von Mehrrechner-DBS hoher Leistungsfähigkeit vor allem die Begrenzung des Kommunikationsbedarfs sowie der Synchronisationskonflikte (Beibehaltung einer hohen Parallelität) zentrale Anforderungen. Die hierzu für DB-Sharing vorgestellten Techniken sollen nun noch einmal zusammengefaßt werden. Daneben gehen wir auf die damit zusammenhängende Kooperation der Synchronisationskomponente mit der Systempufferverwaltung (Lösung des Veralterungsproblems) und der Lastkontrolle ein sowie auf Aspekte der Erweiterbarkeit und Crash-Recovery. Abschließend werden für sechs der Protokolle einfache Bewertungen für einige der diskutierten Gesichtspunkte angegeben.

Reduzierung des Kommunikationsbedarfs zur Synchronisation

Bei DB-Sharing fallen Kommunikationsvorgänge zur Synchronisation sowie zur Lösung des Veralterungsproblems, auf das nachher eingegangen wird, an. Besonders kritisch sind dabei synchrone Nachrichten, für die eine TA auf das Eintreffen einer Antwort warten muß (Antwortzeiterhöhung). Asynchrone Nachrichten bieten sich dagegen auch besser zur Bündelung an (Reduzierung des Kommunikations-Overheads), da bei ihnen die Bündelungswartezeiten keine direkten Antwortzeiterhöhungen bewirken.

Bei **Sperrverfahren** bestimmen v.a. die externen Sperranforderungen die Anzahl synchroner Nachrichten. Ihre Begrenzung verlangt die Nutzung von Lokalität, was wiederum eine Abhängigkeit zur Lastkontrolle bzw. der Partitionierbarkeit der TA-Last bewirkt. Nach 6.4 sollte dabei sowohl eine rechnerspezifische Lokalität nutzbar sein als auch eine (rechnerübergreifende) Lokalität von Lesezugriffen. Dazu können folgende Konzepte eingesetzt werden:

- *Nutzung einer PCA-Verteilung*
Die Verwendung einer PCA-Verteilung legt eine stabile Aufteilung der Synchronisationsverantwortlichkeiten fest, die auf die TA-Last und die vorhandene Rechneranzahl abgestimmt werden kann. Sie erlaubt eine effektive Zusammenarbeit mit der Lastkontrolle, da eine TA i.a. dem Rechner zuzuordnen ist, der die PCA für die meisten der zu referenzierenden Objekte besitzt (diese Zuordnung läßt sich im einfachsten Fall tabellengesteuert durchführen). Die damit erreichbare rechnerspezifische Lokalität führt daher automatisch zu Einsparungen von Synchronisationsnachrichten (sowie zur Reduzierung von Pufferinvalidierungen und physischen E/A-Vorgängen). Bei Änderungen im Lastverhalten oder der Systemkonfiguration kann sowohl die Routing-Strategie als auch die PCA-Verteilung angepaßt werden.

- *Sole-Interest-Konzept*
Rechnerspezifische Lokalität kann auch mit einem Sole-Interest-Konzept, dessen Anwendung sich v.a. in Kombination mit hierarchischen Sperren empfiehlt (s.u.), zur Reduzierung externer Sperranforderungen und -freigaben genutzt werden. Mit ihm allein sind jedoch nur wenig Einsparungen etwa im Vergleich zum Primary-Copy-Sperrverfahren zu erwarten, da auf häufig referenzierten DB-Bereichen meist nicht nur TA eines Rechner zugreifen. Bei PCL kann dann wenigstens in einem Rechner eine lokale Synchronisation erreicht werden, während bei Sole-Interest alle Zugriffe global zu regeln sind. Außerdem entsteht Sole-Interest dynamisch und ist nicht stabil, so daß eine Kooperation mit der Lastkontrolle nur schwer möglich ist. Ein großer Nachteil ist auch die Gefahr eines häufigen Sole-Interest-Entzugs, der die Beantwortung einer Sperranforderung noch weiter verzögert und gerade bei häufig referenzierten Objekt(bereich)en mehr Verzögerungen als ohne Sole-Interest-Konzept verursachen kann.

- *Nutzung von Master-Phasen*
Beim EPTB-Protokoll konnte auch das Token-Ring-Konzept in Verbindung mit dem Führen globaler Sperrinformation dazu genutzt werden, synchrone Anforderungen an den anderen Rechner zu umgehen. Es mußte dafür nur bis zum Eintreffen des Tokens gewartet werden, da die Aktualität der globalen Sperrinformationen vielfach nur in der Master-Phase gesichert ist. So konnte z.B. auch bei noch fehlender Information auf Blockebene über 00-Einträge der GHT eine lokale Synchronisation erreicht werden (8.3.2).

Leseoptimierung
Zur Nutzung einer möglicherweise rechnerübergreifenden Lokalität von Lesezugriffen konnte bei den betrachteten Sperrverfahren (Primary-Copy, zentraler Lock-Manager, Pass-the-Buck-Protokolle) stets eine Leseoptimierung eingesetzt werden. Dabei wird einem Rechner mit Gewährung einer Lesesperre das Recht eingeräumt, weitere Leseanforderungen und -freigaben lokal zu behandeln (Leseautorisierung), sofern kein Schreibzugriff auf dem Objekt angemeldet ist. Um Lokalität von Lesezugriffen möglichst lange nutzen zu können, wird die Leseautorisierung auch dann noch gehalten, wenn zeitweilig keine Lesezugriffe vorliegen (retentiveness, Haltesperren). Obwohl die Leseoptimierung für Schreibsperranforderungen zu Verzögerungen führen kann (Entzug der Leseautorisie-

rungen), dürften wegen der üblicherweise größeren Anzahl von Lesezugriffen die Kommunikationseinsparungen bei weitem überwiegen. Bei kurzen Lesesperren (Konsistenzebene 2) ist der Einsatz einer Leseoptimierung unerläßlich, da sonst mit einer deutlichen Zunahme an externen Sperranforderungen zu rechnen ist.

- *Verwendung von Sperrhierarchien*

Eine Synchronisation nur auf Blockebene hat den Nachteil, daß zumindest der erste Zugriff auf die Seite global abgestimmt sein muß; bei Gewährung von Sole-Interest bzw. einer Leseautorisierung können dann durch Halten dieser Berechtigungen u.U. weitere Anforderungen lokal behandelt werden. Werden jedoch viele verschiedene Seiten in einem Rechner referenziert, können dennoch zu viele externe Sperranforderungen anfallen.

Abhilfe bietet hier die Berücksichtigung mehrerer Sperrhierarchieebenen. Beim Primary-Copy-Sperrverfahren sind die übergeordneten Einheiten die den Rechnern zugeordneten Partitionen: der (erste) Blockzugriff kann daher auch lokal behandelt werden, wenn der eigene Rechner die PCA für die zugehörige Partition besitzt. Beim ZLM- und dem EPTB-Ansatz kann dagegen versucht werden, Sole-Interest oder Leseautorisierungen auch auf größeren Granulaten (Areas, Datenbanken, Hash-Klassen) zu nutzen, um für die zugehörigen Blöcke auch den ersten Zugriff lokal zu behandeln. Dabei gelten jedoch wieder die für Sole-Interest diskutierten Nachteile verglichen mit dem PCA-Ansatz (instabile Autorisierungen, für wichtige Areas Sole-Interest bzw. Leseautorisierung höchstens für kurze Zeit, für Routing-Entscheidungen schwer nutzbar). Außerdem nimmt die Komplexität der Protokolle bei hierarchischen Sperrverfahren stark zu.

Der Kommunikationsbedarf zur Synchronisation ist für **optimistische Protokolle** dagegen weitaus unabhängiger von der TA-Last bzw. der Lastkontrolle (Erreichbarkeit einer hohen Lokalität) als bei Sperrverfahren. Denn bei den optimistischen Verfahren fällt zur Synchronisation nur eine synchrone Nachricht pro TA, die Validierungsaufforderung, an; bei FOCC ist diese Nachricht sogar nur für Änderungs-TA in Kauf zu nehmen. Auch bei Beschränkung auf Konsistenzebene 2 oder Einsatz eines Mehrversionen-Konzepts brauchen nur Änderungs-TA zu validieren. Dies bedeutet jedoch nicht notwendigerweise eine klare Überlegenheit gegenüber Sperrverfahren, da für diese bei günstiger Lokalität die mittlere Anzahl synchroner Nachrichten pro TA auch unter 1 liegen kann, v.a. für kurze TA. Bei den optimistischen Verfahren erhöht sich der Kommunikationsaufwand zudem noch um die asynchronen Broadcast-Nachrichten, um den Validierungsausgang einer Änderungs-TA mitzuteilen; bei verteilter Validierung steigt der Kommunikations-Overhead auch dadurch, daß die Validierung i.a. an mehreren Rechnern vorzunehmen ist. Bei dem Primary-Copy-artigen Validierungsschema kann dieser Overhead durch Nutzung rechnerspezifischer Lokalität (über eine PCA-Verteilung) begrenzt werden.

Asynchrone Sperrverfahren erlauben ebenfalls eine Verringerung des Kommunikations-Overheads; sie können als Zwischenform von synchronen Sperrverfahren und optimistischen Methoden angesehen werden. Allerdings scheint ihr Einsatz primär für FORCE von Interesse zu sein (10.1).

Reduzierung der Konflikthäufigkeit

Eine hohe Anzahl von Synchronisationskonflikten kann den Durchsatz und die Antwortzeiten ebenso verschlechtern wie ein hoher Kommunikations-Overhead. Denn bei Sperrverfahren bedeuten Sperrkonflikte ebenfalls Deaktivierung und Unterbrechung der TA wie für eine externe Sperranforderung. Da Konflikte zwischen TA verschiedener Rechner wegen der Kommunikationsverzögerungen noch später aufgelöst werden, ist bei Sperrverfahren Lokalität auch wichtig, um Konflikte möglichst auf lokale TA zu begrenzen. Optimistische Verfahren kommen mit einer hohen Konfliktrate noch schlechter zurecht, da dann viele Rücksetzungen oder sogar zyklische Restarts zu befürchten sind. Daher ist der Einsatz dieser Verfahren auch auf konfliktarme Anwendungen beschränkt, wenn keine Kombination mit Sperrverfahren vorgesehen wird.

Da bei einer Synchronisation auf Blockebene und einer systemweit großen Anzahl parallel zu bearbeitender TA mit einer im Vergleich zu zentralisierten Systemen hohen Konfliktwahrscheinlichkeit zu rechnen ist, sind für DB-Sharing Methoden zur Konfliktbegrenzung besonders wichtig. Dazu wurden in Kap. 10 folgende vier Maßnahmen vorgeschlagen:

- *Einsatz eines Mehrversionen-Konzepts*
  Damit können alle Lese-TA erfolgreich bearbeitet werden, und auch für Änderungs-TA ergibt sich eine geringere Konfliktwahrscheinlichkeit, da sie nur untereinander zu synchronisieren sind. Diese bei allen Verfahren einsetzbare Optimierung verursacht jedoch wegen der Versionenverwaltung zusätzlichen Aufwand für Änderungs-TA. So müssen Änderer entweder eine synchrone Broadcast-Nachricht vor EOT mit Angabe der geänderten Objekte verschicken oder ihre Änderungen an den PCA-Rechner senden. Für das PCA-Schema ergibt sich als Hauptnachteil, daß eine Leseoptimierung nicht anwendbar ist, da stets der PCA-Rechner die zu referenzierende Version bestimmt. Daher müssen alle Lesezugriffe zum PCA-Rechner geleitet werden, wodurch mehr Kommunikationsvorgänge als beim Primary-Copy-Sperrverfahren ohne Leseoptimierung entstehen.

- *Beschränkung auf Konsistenzebene 2*
  Diese Optimierung für Lesezugriffe verursacht weit weniger Aufwand als ein Mehrversionen-Konzept und kommt i.a. auch ohne Mehrbedarf an synchronen Nachrichten aus. Für optimistische Verfahren ergeben sich die gleichen Vorteile wie bei einem Mehrversionen-Konzept, da Leser nicht zu validieren brauchen und stets erfolgreich zu Ende kommen, so daß neben der Reduzierung der Konfliktrate auch Kommunikation eingespart werden kann. Auch bei Sperrverfahren läßt sich wegen der Leseoptimierung eine Beschränkung auf Konsistenzebene 2 gewinnbringend einsetzen. Generell läßt sich, wenn dies notwendig erscheint, für eine TA auch Wiederholbarkeit von Lesevorgängen (Konsistenzebene 3) erreichen.

- *Eintragsweise Synchronisation*
  Eine Synchronisation auf Eintragsebene ist relativ einfach für Änderungen innerhalb eines Rechners und für Lesezugriffe realisierbar, da hierbei das Veralterungsproblem weiterhin auf Seitenebene behandelbar bleibt. Vor allem bei einer hohen Lokalität dürfte die damit erreichbare Konfliktreduzierung vielfach ausreichen. Ein paralleles Ändern einer Seite in verschiedenen Rechnern kann daher auf besonders stark frequentierte Seitentypen beschränkt bleiben, wobei für Einfügungen und Löschvorgänge jedoch weiterhin eine Synchronisierung auf Seitenebene vorzusehen ist. Die Realisierung einer solchen Erweiterung wird am besten mit einem Primary-Copy-Sperrverfahren erreichbar, da hier das zum Aktualisieren einer Seite notwendige Mischen der Änderungen im PCA-Rechner ohne zusätzliche Kommunikationsvorgänge möglich ist (10.5).

- *Spezialverfahren für High-Traffic-Objekte*
  Damit wird nicht nur das parallele Ändern derselben Seite, sondern sogar desselben Satzes möglich, wobei hierzu anwendungsabhängiges Wissen benutzt werden muß. Die in 10.6 skizzierte Erweiterung des Escrow-Konzeptes erlaubt dabei sogar eine weitgehend lokale Synchronisierung von High-Traffic-Objekten in mehreren Rechnern, so daß der Kommunikationsaufwand reduziert und die Lastverteilung erheblich vereinfacht wird. Diese Vorteile, die am besten mit einem Primary-Copy-

Ansatz nutzbar werden, müssen aber durch eine Änderung der Programmierschnittstelle und hohen Realisierungsaufwand (Komplexität) erkauft werden. Am besten ist daher, High-Traffic-Objekte möglichst bereits im DB-Entwurf oder durch Aufteilung in mehrere Felder zu vermeiden.

Daneben ist bei optimistischen Protokollen zur Eingrenzung der Rücksetzrate eine frühzeitige Mitteilung über vorgenommene Änderungen wesentlich, um Zugriffe auf veraltete Objekte umgehen zu können (s.u.). Bei verteilter Validierung können desweiteren durch Blockierung von Zugriffen auf Objekte, für die eine mögliche Änderung angemeldet wurde, vermeidbare Rücksetzungen verhindert werden.

Behandlung des Veralterungsproblems
Hierbei wurde aus Leistungsgründen neben der NOFORCE-Strategie ein Austausch der Änderungen über das Kommunikationssystem (anstatt über Platte) unterstellt. Bei einer nahen Rechnerkopplung können geänderte Objekte auch über einen globalen Systempuffer zwischen den Rechnern ausgetauscht werden.

Bei NOFORCE sind nach 6.3 zur Behandlung von Pufferinvalidierungen drei Teilprobleme zu lösen: die Erkennung invalidierter Objekte, die Bereitstellung der aktuellen Objektzustände sowie die Ausschreibkoordinierung. Die **synchrone Broadcast-Lösung**, die ursprünglich für FORCE vorgesehen wurde, erlaubt die Erkennung veralteter Objekte und löst - allerdings nur bei Synchronisation von Änderungen auf Seitenebene - die Ausschreibkoordinierung. Daher muß bei NOFORCE (wie in 10.2 für eine Erweiterung auf ein Mehrversionen-Konzept beschrieben) eine sogenannte Propagate-on-Demand-Strategie zur Bereitstellung der aktuellen Version verfolgt werden. Voraussetzung dazu ist, daß in jedem Rechner eine (replizierte) Objekttabelle geführt wird, in der für noch nicht ausgeschriebene Änderungen vermerkt wird, wo diese erhältlich sind. Der Hauptnachteil der synchronen Broadcast-Lösung ist jedoch, daß die Broadcast-Nachricht i.a. zu Antwortzeitverschlechterungen für Änderungs-TA führt; außerdem steigt der zur Erkennung veralteter Objekte notwendige Kommunikationsbedarf (Broadcast-Meldung sowie die von allen Rechnern zu sendende Empfangsbestätigung) mit der Anzahl der Rechner.

Um diese Nachteile zu umgehen, wurden in dieser Arbeit in das Synchronisationsprotokoll **integrierte Lösungen für das Veralterungsproblem** vorgeschlagen, die v.a. für Sperrverfahren effektiv realisierbar sind. Bei Sperrverfahren läßt sich nicht nur die Erkennung veralteter Objekte vollkommen ohne zusätzliche Kommunikation lösen, sondern auch (im Gegensatz zu optimistischen Verfahren) der Zugriff auf invalidierte Sätze oder Seiten verhindern. Dies ist durch geeignete Erweiterungen der globalen Sperrinformationen (Verwendung von Zeitstempeln, Invalidierungsvektoren oder Haltesperren) erreichbar, da vor jedem Objektzugriff eine Sperranforderung zu stellen ist ('check on access').

Beim **Primary-Copy-Sperrverfahren** läßt sich auch die Bereitstellung aktueller Objekte sowie die Ausschreibkoordinierung ohne zusätzliche Nachrichten erreichen (dies ist auch im EPTB-Verfahren der Fall, aber nur wegen der Beschränkung auf zwei Rechner). Dies wird möglich, indem Änderungen von Objekten, die zur Partition eines anderen Rechners gehören, mit Freigabe der Schreibsperre an den PCA-Rechner geschickt werden. Damit ist der PCA-Rechner stets in Besitz der aktuellsten Seitenversionen für seine Partition; da nur er diese Seiten ausschreibt, ist keine Ausschreibkoordinierung mit anderen Rechnern vorzusehen. Die Bereitstellung der aktuellen Seitenkopien ist damit auch ohne eigene Kommunikation möglich, da der PCA-Rechner die Seiten mit der Beantwortung einer Sperranforderung (Lock-Response) übertragen kann. Damit brauchen also zum Anfordern von

Änderungen bei anderen Rechnern keine zusätzlichen synchronen Nachrichten verschickt zu werden. Von Nachteil bei dem Schema ist, daß möglicherweise viele Änderungen zum PCA-Rechner zu übertragen sind, v.a. bei nur geringer Lokalität von Änderungszugriffen; außerdem werden Umverteilungen der PCA-Zuordnungen aufwendiger. Eine eintragsweise Synchronisation von Änderungen, die mit diesem Ansatz einfach möglich ist, kann jedoch eine deutliche Abnahme des Übertragungsvolumens bewirken. Von Vorteil ist auch, daß keine globale Log-Datei mehr zu erstellen ist, wenn der PCA-Rechner alle Änderungen seiner Partition protokolliert (s. 7.5).

Bei den anderen Synchronisationsverfahren ist die Bereitstellung geänderter Objekte gemäß dem **Propagate-on-Demand-Ansatz** vorzunehmen, bei dem die Änderungen explizit bei dem Rechner anzufordern sind, der die letzte Modifikation durchgeführt hat (MODIFYING-PROCESSOR). Die Anforderungen führen zwar zu zusätzlichen synchronen Nachrichten für die TA, jedoch ist zu beachten, daß im zentralisierten Fall dafür in vielen Fällen auch ein physischer Lesevorgang notwendig gewesen wäre. Das Anfordern einer Seite verursacht jedoch i.a. eine deutlich kürzere TA-Unterbrechung als ein Plattenzugriff (z.B. 2 statt 35 ms). Dennoch ergeben sich natürlich größere Verzögerungen als bei dem PCA-Ansatz. Das Propagate-on-Demand-Verfahren erlaubt bei Sperrverfahren auch nur eine aufwendige Ausschreibkoordinierung (7.3); im Gegensatz zu den Broadcast-Lösungen braucht aber nur an einer Stelle vermerkt zu werden (in der globalen Sperrtabelle), wo eine Änderung erhältlich ist. Ein weiterer Aspekt ist, daß es bei dem Propagate-on-Demand-Ansatz zu erfolglosen Anforderungen kommen kann, da das Ausschreiben geänderter Seiten nur asynchron (gebündelt) mitgeteilt wird.

Bei **optimistischen Verfahren** lassen sich Zugriffe auf invalidierte Objekte nur verringern, jedoch nicht ausschließen. Denn die Erkennung veralteter Objektzugriffe erfolgt oft erst in der Validierung, also am TA-Ende. Um das Ausmaß an Zugriffen zu veralteten Objekten (und damit die Anzahl an Rücksetzungen) einzugrenzen, müssen für die optimistischen Protokolle Änderungs-TA auch mit einer Broadcast-Nachricht mitteilen, welche Änderungen sie vorgenommen haben. Dabei wird in repliziert geführten Objekttabellen der Änderungsrechner vermerkt, von dem die modifizierten Daten gemäß dem Propagate-on-Demand-Ansatz anzufordern sind. Da die Broadcast-Nachrichten erst nach dem Ende der Update-TA gesendet werden, handelt es sich hier um eine **asynchrone Broadcast-Lösung**, die zu keiner Antwortzeitverschlechterung für Änderer führt. Dennoch verursachen sie einen mit der Rechneranzahl zunehmenden Kommunikationsaufwand zur Erkennung veralteter Objekte, der bei Sperrverfahren nicht erforderlich ist. Da mit den Broadcast-Nachrichten auch Zugriffe auf invalidierte Objekte erkennbar werden, können sie zur vorzeitigen Zurücksetzung von betroffenen TA genutzt werden. Bei der Validierung werden dann nur noch die TA zurückgesetzt, für die damit der Zugriff auf veraltete Daten noch nicht entdeckt werden konnte. Ein Vorteil der Broadcast-Lösung ist auch hier, daß die Ausschreibkoordinierung einfach gelöst ist (der MODIFYING-PROCESSOR kann eine von ihm geänderte Seite ausschreiben, nachdem die anderen Rechner per Broadcast-Nachricht informiert wurden, daß er in Besitz der aktuellen Seite ist).

Einfluß der Lastverteilung

Das von der TA-Last und der Strategie zur Lastverteilung bestimmte Ausmaß an rechnerspezifischer Lokalität besitzt bei allen Synchronisationsverfahren einen entscheidenden Einfluß auf die Leistungsfähigkeit, weil die Anzahl physischer E/A-Vorgänge und der Pufferinvalidierungen direkt davon abhängen. Bezüglich der Häufigkeit von Synchronisationsnachrichten sind optimistische Verfahren weit weniger von der erreichbaren Lokalität abhängig als Sperrverfahren. Dort kann vor allem das Primary-Copy-Konzept zu einer weitgehenden Einsparung von Synchronisationsnachrichten aufgrund einer rechnerspezifischen Lokalität genutzt werden. Die Abhängigkeiten zur Partitionierbarkeit der TA-Last lassen sich bei Sperrverfahren nur über die Leseoptimierung verringern, die umso wirksamer ist, je größer der Anteil von Lesezugriffen ist.

Die erreichbare Lokalität bestimmt aber auch den Kommunikationsbedarf zur Behandlung des Veralterungsproblems, und zwar bei allen Verfahren. Beim Propagate-on-Demand-Ansatz ist das Ausmaß externer Seitenanforderungen offenbar direkt abhängig vom Ausmaß rechnerspezifischer Lokalität; dabei ergeben sich bei geringerer Änderungsintensität und Lokalität von Lesezugriffen analoge Vorteile wie bei der Leseoptimierung zur Synchronisation (bereits eingelesene oder angeforderte Seiten können vielfach weiterbenutzt werden). Beim PCA-Ansatz werden zwar keine zusätzlichen Nachrichten zum Austausch der Änderungen notwendig, doch ist der Übertragungsumfang unmittelbar von der erreichbaren Lokalität bestimmt.

Modulare Wachstumsfähigkeit

Die Forderung nach modularem Wachstum verlangt, daß mit zunehmender Rechneranzahl der Durchsatz annähernd linear gesteigert werden kann, ohne daß die Antwortzeiten signifikant zunehmen. Dies wird dadurch erschwert, daß die Konfliktwahrscheinlichkeit i.a. durch die TA in den neu hinzugekommenen Rechnern erhöht wird. Außerdem sind bei mehr Rechnern i.d.R. eine sich verringerte rechnerspezifische Lokalität sowie häufigere Pufferinvalidierungen zu erwarten und daher eine Zunahme von extern anzufordernden Änderungen. Diese leistungsmindernden Einflüsse können begrenzt werden, wenn mit Erhöhung der Rechneranzahl (und damit der Parallelität) auch neue TA-Typen und/oder neue DB-Bereiche hinzukommen.

Die mit wachsender Rechneranzahl meist größer werdende Konfliktwahrscheinlichkeit wird v.a. für rein optimistische Verfahren problematisch (hohe Anzahl von Rücksetzungen). Daneben wächst bei ihnen der Kommunikationsbedarf pro TA v.a. bei verteilter Validierung und wegen der Broadcast-Nachrichten (9.3); die Anzahl synchroner Nachrichten steigt jedoch nur aufgrund von Seitenanforderungen bei anderen Rechnern. Bei Sperrverfahren ist dagegen bei Abnahme der erreichbaren Lokalität mit einer deutlicheren Erhöhung an synchronen Nachrichten zu rechnen, v.a. bei Anwendung eines Sole-Interest-Konzepts. Die Token-Ring-Verfahren (Pass-the-Buck oder optimistisch) sind am meisten auf eine geringe Rechneranzahl begrenzt, da bei ihnen auch die Wartezeiten auf das Token sowie die Token-Umlaufzeiten (die mit steigender Rechneranzahl immer länger werden) die Antwortzeiten erhöhen. So sind bei den Pass-the-Buck-Protokollen bereits mehr als zwei Rechner kaum sinnvoll, während bei dem optimistischen Token-Ring-Protokoll (wegen dem geringeren Ausmaß synchroner Nachrichten) die Erweiterbarkeit etwas besser sein dürfte.

Aufwand zur Behandlung von Rechnerausfällen

Die Synchronisationsverfahren unter zentraler Kontrolle erfordern den größten Aufwand zur Crash-Recovery, da für den zentralen Knoten eine Sonderbehandlung erforderlich ist und dafür im Normalbetrieb teuere Sicherungsmaßnahmen vorzusehen sind. Von den verteilten Verfahren verursacht das Primary-Copy-Sperrverfahren eine relativ zeitintensive Crash-Recovery, da hierbei ein REDO für die gesamte Partition des betroffenen Rechners vorzunehmen ist, ebenso eine Rekonstruktion der verlorengegangenen Sperrtabelle sowie eine PCA-Umverteilung. Für die anderen Verfahren läßt sich der REDO-Aufwand weitgehend auf die Änderungen begrenzen, die im ausgefallenen Rechner vorgenommen und noch nicht in die physische Datenbank eingebracht wurden. Dies wird v.a. für optimistische Verfahren mit repliziert geführten Objekttabellen leicht möglich.

Sehr einfach wird die Behandlung von Rechner- und Plattenausfällen, wenn **nur ein Änderungsrechner** vorgesehen ist, da dann dessen Log-Datei alle erfolgreichen Änderungen enthält. Dieser Spezialfall bringt auch Vorteile bezüglich des Veralterungsproblems sowie des Kommunikationsbedarfs zur Synchronisation (im Update-Rechner können z.B. Lesezugriffe immer lokal gewährt werden). Allerdings ist der Ansatz nur bei geringer Änderungsintensität nutzbar, zumal der Änderungsrechner sonst auch mit vielfachen Anforderungen geänderter Objekte belastet wird.

Bewertung der Protokolle

Für sechs der eingeführten Protokolle sind in nachfolgender Tabelle für einige der diskutierten Aspekte einfache Bewertungen vorgenommen worden. Es sind dabei drei Sperrverfahren und drei optimistische Ansätze berücksichtigt mit je einem zentralen und zwei verteilten Verfahren. Bei den zwei verteilten Verfahren handelt es sich jeweils um ein Token-Ring-Protokoll und um ein Primary-Copy-artiges Schema.

	PCL	ZLM	EPTB	ZV-BOCC+	TR-FOCC	PCA-BOCC+
Kommunikationsbedarf Synchronisation	0/+	–	+/++	+/++	+	+/++
Kommunikationsbedarf Veralterungsproblem	++	0	+	–	–	–
modulare Wachstumsfähigkeit	0/+	–/0	––	+	–/0	0/+
Aufwand für Crash-Recovery	0	–	0/+	–	+/++	+
Universalität	+/++	+	+	–/––	–	–/––

Bewertungen: ++ sehr gut, + gut, 0 mittel, – schlecht, –– sehr schlecht

Es ist klar, daß die Tabelle nur einige wenige Aspekte berücksichtigt, wobei die Einschätzungen zum Teil noch durch die Abhängigkeiten von der TA-Last (z.B. beim Kommunikationsbedarf) erschwert wurden. Bei dem Kriterium 'Universalität' wurden die Sperrverfahren am höchsten bewertet und hier v.a. das Primary-Copy-Sperrverfahren, da bei ihm eine Synchronisation auf Eintragsebene und von High-Traffic-Objekten am besten einsetzbar ist.

Hauptmanko des *EPTB-Protokolls* ist seine Beschränkung auf zwei Rechner, so daß damit höchste TA-Raten nicht zu erreichen sind. Der ZLM-Ansatz erfordert voraussichtlich einen hohen Kommunikationsbedarf zur Synchronisation (Sole-Interest-Konzept) sowie einen hohen Aufwand zur Ausfallbehandlung des zentralen Knotens, der bei höheren TA-Raten auch zum Engpaß werden kann. Von den pessimistischen Protokollen ist daher das Primary-Copy-Sperrverfahren (PCL) eindeutig als am besten zu bewerten, da mit ihm auch die effektivste Kooperation mit der Lastkontrolle ermöglicht wird. Sehr wesentlich ist auch, daß bei PCL das Veralterungsproblem vollkommen ohne zusätzliche Nachrichten gelöst werden kann.

Optimistische Verfahren versprechen bessere Antwortzeiten als Sperrprotokolle, da bei ihnen nur wenige synchrone Nachrichten zur Synchronisation anfallen; insbesondere bei Beschränkung auf Konsistenzebene 2. Dennoch sind sie auch mit dieser Optimierung auf konfliktärmere Anwendungen beschränkt, zumal bei höherer Änderungsintensität für optimistische Verfahren ebenfalls viele Nachrichten zur Behandlung des Veralterungsproblems anfallen. Kapitel 9 hat gezeigt, daß von den drei berücksichtigten Verfahren, das Primary-Copy-artige Validierungsschema (PCA-BOCC+) am vielversprechendsten ist; die notwendige Kombination mit einem Sperrverfahren ist bei ihm auch am besten möglich. Vorteile eines solch kombinierten Verfahrens verglichen mit einem reinen PCL-Protokoll ergeben sich vor allem bei Konsistenzebene 2, da dann Lese-TA ihr erfolgreiches Durchkommen garantiert werden kann. Daneben können kurze Änderer möglicherweise mit einer optimistischen Synchronisation auch schneller bearbeitet werden, so daß nur lange Änderer, bereits gescheiterte TA oder TA, für die Konsistenzebene 3 erfüllt sein muß, Sperren setzen. Andererseits ergibt sich eine erhebliche Komplexitätssteigerung für das kombinierte Protokoll, bei dem nicht alle Vorteile des PCL-Verfahren übernommen werden können. Denn nun müssen auch pessimistisch synchronisierte Änderungs-TA eine Broadcast-Nachricht nach TA-Ende senden, um ihre Änderungen für optimistische TA anzuzeigen. Weiterhin muß wegen der optimistischen TA auf eine Propagate-on-Demand-Strategie zur Behandlung des Veralterungsproblems übergegangen werden, was deutliche Nachteile mit sich bringt (s.o.).

Insgesamt gesehen ist also das *Primary-Copy-Sperrverfahren*, das in Kapitel 7 ausführlich behandelt wurde, als der geeignetste Kandidat zur Synchronisation in einem DB-Sharing-System anzusehen. Natürlich sind die qualitativ einsichtigen Vorteile des Protokolls v.a. wegen den erwähnten Abhängigkeiten zur TA-Last durch fundierte quantitative Leistungsbewertungen zu belegen. Hierzu wurde ein detailliertes Simulationssystem realisiert, das alle wesentlichen Komponenten eines DB-Sharing-Systemes berücksichtigt und bei denen als Lastbeschreibung Traces realer DB-Anwendungen benutzt werden konnten. Die Beschreibung dieses Simulationssystems sowie der damit ermittelten Ergebnisse für das Primary-Copy-Sperrverfahren stehen im Mittelpunkt von Teil IV.

IV Quantitative Leistungsuntersuchungen

Nach der bisherigen Darstellung der konzeptionellen Aspekte von Synchronisationsverfahren sowie ihrer weitgehend qualitativen Beurteilung, soll in diesem Teil die Leistungsfähigkeit für einige der Protokolle quantitativ analysiert werden. Dazu werden zunächst in Kap. 12 die in Frage kommenden Methoden zur Leistungsbewertung sowie bereits vorliegende quantitative Analysen von Synchronisationsprotokollen betrachtet. Die restlichen Kapitel von Teil IV beschäftigen sich dann mit den eigenen Leistungsbewertungen von Synchronisationsverfahren für DB-Sharing. Kap. 13 beschreibt das implementierte Simulationssystem sowie die bei den empirischen Simulationen benutzten TA-Lasten. Ausführlich analysiert werden dann in Kap. 14 die für das Primary-Copy-Sperrverfahren (Kap. 7) erzielten Simulationsresultate. Zum Vergleich werden schließlich in Kap. 15 noch einige Ergebnisse für weniger aussichtsreiche Protokolle, insbesondere für optimistische Token-Ring-Verfahren, vorgestellt. Teil V faßt dann die wichtigsten Erkenntnisse dieser Arbeit unter Berücksichtigung der gewonnenen Simulationsresultate zusammen.

12. Existierende Leistungsanalysen zur Synchronisation in DBS

In 12.1 diskutieren wir zunächst die zur quantitativen Leistungsbewertung von Synchronisationsverfahren für DBS anwendbaren Vorgehensweisen. Nach einer· kurzen Darlegung wesentlicher Leistungsstudien für zentralisierte und verteilte DBS, konzentrieren wir uns in 12.3 auf die bisherigen quantitativen Analysen von Synchronisationsprotokollen für DB-Sharing.

12.1 Methoden der quantitativen Leistungsbewertung von Synchronisationsverfahren

Wie generell bei der quantitativen Leistungsbewertung von Computersystemen und ihrer Komponenten kommen auch zur Analyse von Synchronisationsverfahren entweder Meßmethoden oder Modellierungstechniken in Frage. Die Anwendung von Meßmethoden zur Untersuchung verschiedener Synchronisationsprotokolle verursacht aber einen prohibitiv hohen Aufwand. Denn dazu müßte jeder der zu analysierenden Algorithmen implementiert und in ein reales Datenbanksystem integriert werden, was wegen der Wechselwirkungen zu anderen Systemkomponenten (z.B. Systempufferverwaltung) und den durch das benutzte DDS implizierten Abhängigkeiten kaum realisierbar erscheint. Die Gewinnung von geeigneten Meßergebnissen verlangt desweiteren, daß im DBS relevante Daten gesammelt werden und daß eine ausreichend realistische und flexible Meßumgebung aufgebaut wird /Pei86/.

Aus diesen Gründen werden üblicherweise Modellierungstechniken zur Leistungsanalyse von Synchronisationsverfahren eingesetzt, wobei unterschieden wird zwischen analytischer Modellbildung und Simulationen (sowie hybriden Techniken). Beim **analytischen Ansatz** wird eine mathematische Bestimmung der Leistungskenngrößen unter Berücksichtigung einer Menge von Modellparametern angestrebt. Um dies zu ermöglichen und die Formeln einigermaßen überschaubar und lösbar zu halten, müssen dabei jedoch sowohl für das System- und das Lastmodell als für die zu analysierenden Algorithmen selbst eine Fülle von Vereinfachungen vorgenommen werden, die oft mit der Realität kaum noch in Einklang zu bringen sind. Damit wird natürlich die Aussagefähigkeit der Ergebnisse von vornherein in Frage gestellt, zumal mehrere Vereinfachungen einen akkumulativen Effekt auf die Resultate verursachen können. Der Grund für die weitverbreitete Anwendung analytischer

Modelle liegt v.a. darin, daß die Resultate einfach und schnell ermittelt werden können, da hierzu vielfach nur einige Funktionswerte mit wechselnden Parameterbesetzungen zu berechnen sind.

Eine wesentlich realistischere Modellierung und Leistungsbewertung wird mit **Simulationen** ermöglicht; insbesondere kann der Synchronisationsalgorithmus selbst vollständig implementiert werden. Auf die Aussagekraft der Simulationsergebnisse entscheidenden Einfluß haben dabei die nachgebildete Hardware-Konfiguration (CPUs, E/A-Server, Kommunikationssystem, Terminals) sowie das gewählte Modell zur Beschreibung von Datenbank und TA-Last. Hinsichtlich des Lastmodells lassen sich die Simulationsmethoden weiter unterteilen in mit synthetischen TA-Lasten arbeitende Ansätze und in mit empirischen Lasten getriebene Simulationen.

Bei **Simulationen mit synthetischen Lasten** werden die TA-Profile durch parametrisierte stochastische Entscheidungen (Zufallszahlengeneratoren) bestimmt, so z.B. bei der TA-Größe oder bei der Auswahl der zu referenzierenden DB-Objekte. Damit können jedoch die in realen Anwendungen vorzufindenden Referenzmuster meist nicht adäquat nachgebildet werden (Hot-Spot-Elemente, Lokalität u.ä.). Vielmehr werden oftmals (zur Aufwandbegrenzung bzw. durch die verwendete Simulationssprache bedingt) ähnlich primitive Modelle für die Last oder die Datenbankstruktur vorgesehen wie bei analytischen Untersuchungen. Diese gravierenden Schwächen werden bei empirischen Lastbeschreibungen vermieden, die aus Aufzeichnungen (Traces) realer Datenbankanwendungen gewonnen werden können. Diese auch als **Objektreferenz-Strings** bezeichneten Lastbeschreibungen reflektieren alle beim DB-Zugriff in realen Anwendungen vorkommenden Besonderheiten und Unregelmäßigkeiten, so daß keine vereinfachenden bzw. nicht zu validierenden Modellannahmen erforderlich werden /HPR85a/.

Trace-getriebene Simulationen mit Objektreferenz-Strings konnten bereits zur Untersuchung verschiedener DBS-Komponenten erfolgreich eingesetzt werden, so bei der Systempufferverwaltung /EfHä84/, der Logging- und Recovery-Komponente /Reu81, Reu84/ und v.a. für die Synchronisationskomponente in zentralisierten DBS /Ari83, Ger83, PeRe83, Pet84, Pei86, HäPe87/. Für Mehrrechner-DBS bieten empirische Lasten den zusätzlichen Vorteil, daß mit ihnen im Gegensatz zu synthetischen Lasten ein sinnvolles TA-Routing möglich wird, da das Referenzverhalten der vorkommenden TA-Typen aus dem Objektreferenz-String ermittelt werden kann. Der Ansatz der Trace-getriebenen Simulationen wird auch hier zur quantitativen Bewertung der Synchronisationsprotokolle für DB-Sharing verwendet, wozu ein detailliertes Simulationssystem entwickelt wurde (Kap. 13). Empirische Simulationen von Synchronisationsverfahren für DB-Sharing wurden bislang in einfacherer Form schon in /Rah84, HäRa85, Met86, Hab86/ eingesetzt; in /Boh85, Cai87/ wird die Übertragung dieses Ansatzes zur Modellierung von DB-Distribution-Systemen betrachtet.

Um die kaum zu überschätzenden Vorteile von Trace-getriebenen Simulationen nutzen zu können, müssen zunächst natürlich die Objektreferenz-Strings mit den relevanten Objektreferenzen, TA-Grenzen, DML-Befehlen u.ä. erzeugt werden, wozu ein entsprechend instrumentiertes, reales DBS vorliegen muß. Auch mögliche Probleme bei empirischen Simulationen sollen hier nicht verschwiegen werden:

- Die für einen Objektreferenz-String gewonnenen Ergebnisse beziehen sich zunächst nur auf die zugrundeliegende Anwendung und das benutzte DBVS, so daß eine Verallgemeinerung auf andere Lasten und Systeme nicht immer möglich ist. Zur Abschwächung dieses Punktes sollten die Simulationen mit verschiedenartigen Objektreferenz-Strings durchgeführt werden.

- Die Gewinnung und Interpretierbarkeit der Ergebnisse ist i.a. aufwendiger und schwieriger als mit analytischen Modellen oder Simulationen mit synthetischen Lasten. So müssen zur Simulierung von Mehrrechner-DBS im Referenz-String ausreichend viele TA bereitgestellt werden, um eine signifikante Verarbeitungsdauer des zu simulierenden Systems zu erreichen. Eine hohe Anzahl von TA verursacht aber nicht nur eine aufwendige Erstellung der Referenz-Strings, sondern auch sehr lange Simulationszeiten.

- Die bei der Trace-Erstellung vorliegende Sollparallelität kann bei den Simulationen nicht beliebig erhöht werden, ohne verfälschende Effekte einzuführen. Denn werden z.B. zwei vom gleichen Terminal nacheinander gestartete TA in der Simulation parallel bearbeitet, kann dies zu einer künstlichen Erhöhung der Konfliktrate bzw. Verbesserung der Lokalität führen.

- Die Eigenheiten bestimmter Lasten und/oder DBS macht es für einige Synchronisationsverfahren erforderlich, bestimmte Lastkontrollmaßnahmen einzuführen, um überhaupt alle TA erfolgreich bearbeiten zu können /Pei86/.

12.2 Existierende Leistungsanalysen für zentralisierte und verteilte DBS

Mittlerweile liegen eine Fülle von quantitativen Leistungsuntersuchungen für Synchronisationsverfahren in zentralisierten und verteilten DBS vor, auf die hier jedoch nur selektiv eingegangen werden kann. Bei den Untersuchungen wurden v.a. aus Aufwandsgründen zumeist analytische Modelle oder Simulationen mit synthetischen Lasten verwendet, insbesondere in VDBS. Für DB-Distribution wird bisher nur in /Cai87/ über empirisch gewonnene Simulationsergebnisse berichtet.

Zentralisierte DBS

In zentralisierten DBS konzentrierten sich die bisherigen Leistungsanalysen auf Sperrverfahren, optimistische Protokolle sowie auf Mehrversionen-Techniken. Die betreffenden Arbeiten wurden zum Teil schon in Kap. 4 angesprochen, einen breiteren Überblick bieten /APS84, TGS84, Pei86, Tay87, Rah87b/. Aufgrund der unterschiedlichen Bewertungsansätze, starken Unterschieden bei der Modellierung der Systemkomponenten und des Lastverhaltens, den verwendeten Leistungsmaßen sowie bei den Parameterbesetzungen lassen die meisten Studien keinen direkten Vergleich untereinander zu. Vielmehr kommen verschiedene Untersuchungen oft zu widersprüchlichen Einschätzungen einzelner Verfahren. So schnitten z.B. bei Analysen, bei denen von der Annahme unbegrenzter Ressourcen aus gegangen wird (keine Wartezeiten bei CPU oder Platten aufgrund paralleler TA) /PeRe83, KiPf85, FrRo85/, selbst die einfachsten optimistischen Verfahren v.a. bei höherer Parallelität besser ab als Sperrverfahren. Der Grund dafür liegt darin, daß bei unbegrenzten CPU- und E/A-Kapazitäten Rücksetzungen relativ leicht verkraftet werden können und meist keine Durchsatzeinbußen bewirken. Bei realistischer Modellierung von CPU- und E/A-Anforderungen war dagegen das einfache BOCC-Verfahren (meist wurde nur dieses optimistische Protokoll betrachtet) den Sperrverfahren i.a. deutlich unterlegen, insbesondere bei hoher Parallelität bzw. hoher Konfliktwahrscheinlichkeit.

Weitere zum Teil gravierende Vereinfachungen sind v.a. bei analytischen Modellen als auch Simulationen mit synthetischen Lasten zu finden. So werden teilweise nur sehr kleine Datenbanken vorgesehen (z.B. <= 200 Objekte in /MeNa82, KiPf85/), und es wird meist von gleichverteilten (bzw. sequentiellen) Zugriffsmustern ausgegangen. In manchen Studien werden nur ändernde Zugriffe vorgesehen. Bei der Lastmodellierung werden oftmals nur ein TA-Typ bzw. einige wenige TA-Typen unterschieden (entweder über die Anzahl der referenzierten Objekte oder zur Trennung von Lese- und Änderungs-TA). Vielfach werden auch nur sehr kurze TA berücksichtigt; zum Teil referenziert jede TA genau die gleiche Anzahl von Objekten. Da mit empirischen Simulationen solche und weitere Einschränkungen nicht notwendig sind, weisen die mit ihnen erlangbaren Resultate i.a. einen ungleich höheren Realitätsbezug auf.

Auch bei den Synchronisationsverfahren selbst werden oft nur die einfachsten Protokolle untersucht sowie zum Teil die Ergebnisse verzerrende Vereinfachungen vorgenommen. So wird bei den optimistischen Verfahren in den meisten Fällen nur das ursprüngliche BOCC-Protokoll untersucht, bei den Sperrverfahren oft nur der RX-Ansatz. Bei Sperrverfahren wird desweiteren in einigen Fällen ein Preclaiming vorausgesetzt, um keine Deadlock-Behandlung vornehmen zu müssen, obwohl in der Realität die von einer TA referenzierten Objekte bei BOT i.a. nicht genau bekannt sind. Auch werden meist Sperrkonversionen außer acht gelassen, obgleich diese in realen Anwendungen kaum vermeidbar sind und die Leistungsmerkmale stark beeinflußen können /Pei86/. Trotz der Abhängigkeiten zwischen Synchronisation und Systempufferverwaltung sowie Logging/Recovery, die Durchsatz und Antwortzeiten gleichermaßen beeinflußen, betrachtet desweiteren die Mehrzahl der Analysen die Synchronisationskomponente völlig isoliert.

Eine vergleichsweise genaue Simulationsstudie mit synthetischen Lasten wurde in /CaSt84/ sowie in verbesserter Form in /ACL85/ vorgestellt; untersucht wurden dabei u.a. das ursprüngliche BOCC-Verfahren, ein Preclaiming-Sperrprotokoll sowie RX-Verfahren mit und ohne Sperrkonversionen. Neben einer Reihe von Terminals werden in dem Modell sowohl CPU- als auch E/A-Server berücksichtigt; im Lastmodell wurde unterschieden zwischen kurzen und langen TA ('lange' TA referenzierten im Mittel 30 Objekte) sowie zwischen sequentiellen und gleichverteilten DB-Zugriffen. Während die Synchronisationsverfahren explizit implementiert wurden, blieb jedoch der Einfluß einer Systempufferverwaltung unberücksichtigt. Die Ergebnisse (Durchsatz, Anzahl der Rücksetzungen) belegen v.a. die Überlegenheit der Sperrverfahren gegenüber dem einfachen BOCC-Protokoll. Die mit diesem Modell auch vorgenommenen Analysen von Mehrversionen-Verfahren /CaMu86/, zeigen das große Optimierungspotential dieser Technik, die Lese-TA von der Synchronisationsnotwendigkeit befreit.

Eine noch genauere und realitätsgetreuere Analyse von Synchronisationsverfahren in zentralisierten DBS wurde in der schon mehrfach erwähnten empirischen Simulationsstudie /Pei86/ durchgeführt. In dieser Arbeit wurden neben den Synchronisationsprotokollen (RX-, RAX-, RAC-Sperrverfahren, BOCC- und FOCC-Protokolle) auch die Systempufferverwaltung vollständig implementiert. Die dabei verwendeten Objektreferenz-Strings werden auch für unsere Simulationen als Lastbeschreibung benutzt werden. Die Studie kam zu dem Ergebnis, daß Sperrverfahren den betrachteten optimistischen Verfahren für reale Lasten (Hot Spots, zum Teil sehr lange TA) deutlich überlegen sind sowie daß Maßnahmen zur Lastkontrolle die Leistungsmerkmale nachhaltig beeinflußen können. Am besten schnitt generell ein RX-Sperrverfahren mit Beschränkung auf Konsistenzebene 2 (kurze Lesesperren) ab; wir werden deshalb diese Optimierung auch bei den untersuchten Algorithmen für DB-Sharing anwenden.

Verteilte DBS

Obgleich schon eine Vielzahl von quantitativen Leistungsbewertungen von Synchronisationsverfahren in VDBS bzw. DB-Distribution-Systemen veröffentlicht wurden, liegt ihre Aussagekraft und Glaubwürdigkeit i.a. noch weit hinter den Untersuchungen für zentralisierte Systeme zurück. Der Hauptgrund dafür liegt darin, daß sowohl die zu analysierenden Algorithmen als auch die zu modellierende

Systemstruktur weitaus komplexer sind als im zentralen Fall (mehrere Rechner, Kommunikations-system, Daten- und Lastverteilung, Replikation u.ä.). Um diese gesteigerte Komplexität bewältigen zu können, wurden die Last- und die Systemmodelle als auch die Nachbildung der Synchronisationsver-fahren oft noch weiter vereinfacht als schon für den Ein-Rechner-Fall.

Eine erste Übersicht über quantitative Leistungsuntersuchungen von Synchronisationsprotokolle für VDBS wird in /Sev83/ gegeben. Desweiteren werden dort fünf Protokolle (zentraler Lock-Manager, verteiltes RX-Verfahren sowie drei Zeitmarkenverfahren) analytisch modelliert, jedoch ist sich der Autor der vielen Vereinfachungen und Näherungen bewußt, die keinen realistischen Leistungsver-gleich der Protokolle erlauben. Er empfiehlt daher auch Prototyp-Implementierungen der zu ver-gleichenden Verfahren, um überhaupt wirklichkeitsnahe Parameterbesetzungen ermitteln zu können. Andere analytische Ansätze wurden v.a. zum Vergleich verschiedener Update-Strategien in replizier-ten DBS durchgeführt. So wurden in /GaTs84/ fünf verschiedene Update-Strategien untersucht (wobei das Primary-Copy-Protokoll am besten abschnitt), allerdings für lokal angeordnete Rechner, obwohl hierbei die Replikation der Datenbank als weniger sinnvoll anzusehen ist. In /Wil80/ wurden für einige der älteren Vorschläge zur Update-Synchronisierung einfache Kostenformeln angegeben und ausgewertet. In anderen Untersuchungen schließlich standen die Verfügbarkeitsmerkmale verschie-dener Update-Algorithmen im Vordergrund, so z.B. in /CLP87, NoAn87/.

Auch die Simulationsstudien /LiNo83, TCB83, KlSt86/ weisen noch starke Vereinfachungen auf, wel-che die gewonnenen Schlußfolgerungen zum Teil als zweifelhaft erscheinen lassen. So wurden in /TCB83/ Antwortzeitaussagen vorgenommen, obwohl keinerlei Hardware-Server (CPU, E/A, Kom-munikationssystem) modelliert wurden. Stattdessen wurde lediglich pro Objektreferenz eine konstante Bearbeitungszeit berechnet, ebenso wurde für jeden Kommunikationsvorgang eine konstante Übertra-gungszeit angenommen. In /KlSt86/ sollten Systeme mit partieller Redundanz untersucht werden, wobei die einzelnen Knoten eng gekoppelte Multiprozessoren sein können. Eine Haupteinschränkung ist, daß angenommen wurde, daß sämtliche Objektzugriffe lokal befriedigt werden; außerdem führte jede Objektreferenz zu einem physischen E/A-Vorgang (kein Systempuffer).

In dem Simulationssystem von /KoJe86/ wurde zwar die Synchronisations- als auch die Logging-Komponente nachgebildet, jedoch nur für eine sehr eingeschränkte Hardware-Konfiguration (lediglich zwei Knoten mit je einer Log-Platte und DB-Platte), welche keine verallgemeinerbaren Ergebnisse zuläßt. In der Simulationsstudie /PuBe86/ wurde der Frage nach dem geeigneten Synchronisationsgra-nulat für VDBS nachgegangen. Dabei kamen die Autoren im wesentlichen zu den gleichen Emp-fehlungen wie in /RiSt79/ für den zentralen Fall (s. 4.5), wenngleich in verteilten Systemen der Synchronisationsaufwand für feine Granulate i.a. noch deutlich stärker als für zentralisierte Systeme über dem für große Granulate liegt (häufigere Kommunikationsvorgänge).

In /Cai87/ wird eine empirische Simulationsstudie für ein lokal gekoppeltes DB-Distribution-System vorgestellt, bei dem keine Sub-TA verwendet werden, sondern Daten einer anderen Partition explizit angefordert werden (I/O-request shipping). Neben drei verschiedenen Synchronisationsverfahren (Pri-mary Copy, RAC, True Copy Token) werden auch die Systempufferverwaltung (NOFORCE), Logging-Vorgänge (DB-Cache) sowie eine zentrale Deadlock-Erkennung berücksichtigt, wodurch ein relativ detailliertes Simulationssystem entsteht. Bei den (Durchsatz-) Ergebnissen, die jedoch nur für einen (kurzen) Referenz-String und nur eine Rechnerkonfiguration (6 Rechner mit jeweils 4 parallelen TA pro Knoten) vorgestellt wurden, schnitt das RAC-Verfahren mit Abstand am schlechtesten ab (teuere Zyklensuche). Auf eine explizite Datenverteilung wurde bei den Untersuchungen allerdings verzichtet; stattdessen wurde vereinfachend angenommen, daß in jedem Rechner derselbe Prozentsatz der Zugriffe (70 %) lokal abgewickelt werden kann.

12.3 Existierende Leistungsanalysen für DB-Sharing

Die für DB-Sharing bereits vorgenommenen quantitativen Leistungsuntersuchungen von Synchronisationsprotokollen sollen in diesem Abschnitt genauer untersucht werden. Die betrachteten Analysen stammen dabei von drei verschiedenen Forschungsgruppen (IBM Research Center Yorktown Heights, Univ. Stuttgart, Univ. Kaiserslautern) und entstanden in den letzten zwei bis drei Jahren. Zunächst sollen in 12.3.1 die Arbeiten aus der von P.S. Yu geleiteten 'Architecture Analysis and Design Group' des IBM Thomas J. Watson Research Center betrachtet werden, bei denen eine Mischung aus simulativem und analytischem Ansatz zur Leistungsbewertung verwendet wird. Damit wurden u.a. ein zentrales Sperrverfahren mit einer Lock-Engine (Hardware-Lösung) sowie das Pass-the-Buck-Protokoll von IMS untersucht. Danach folgt die Diskussion von Simulationen, die an der Universität Stuttgart durchgeführt wurden und mit denen das Primary-Copy-Sperrverfahren sowie ein optimistisches Token-Ring-Verfahren analysiert werden sollte. Schließlich werden noch zwei empirische Simulationsstudien aus der Universität Kaiserslautern betrachtet, welche die quantitative Analyse eines zentralen Sperrverfahrens mit Sole-Interest-Konzept bzw. des erweiterten PTB-Protokolls (8.3.2) zum Ziel hatten.

12.3.1 Arbeiten am IBM Research Center in Yorktown Heights

Die an dem genannten Labor durchgeführten DB-Sharing-Untersuchungen basieren weitgehend auf analytischen Modellbildungen und (einfachen) Simulationen; die Parameterbesetzungen wurden zum Teil aus (zwei) Traces realer Anwendungen ermittelt, die mit dem DBS IMS erstellt wurden. Als Synchronisationstechniken wurde zum einen das Pass-the-Buck-Protokoll von IMS (8.3.1) untersucht /Yu85b, YCDI87/, wobei auch eine Erweiterung auf mehr als zwei Rechner vorgesehen wurde, sowie die Verwendung einer zentralen Lock-Engine /Yu85a/, die für die Behandlung aller Sperranforderungen zuständig ist. Im einzelnen wurde dabei folgende Vorgehensweise gewählt.

1. In einem ersten Schritt wurden die Traces analysiert, um für die Simulationen in Schritt 2 Parameterbesetzungen zu finden, wie etwa die mittlere Anzahl von Sperranforderungen pro TA (15). Desweiteren wurden für das PTB-Protokoll von IMS einfache Trace-getriebene Simulationen durchgeführt, um die mittlere Anzahl physischer E/A-Vorgänge pro TA (unter Berücksichtigung von Pufferinvalidierungen) sowie Konfliktwahrscheinlichkeiten zu bestimmen, die dann bei den eigentlichen Simulationen der Protokolle Verwendung fanden. Dazu wurden die TA aus dem Trace auf die N (>= 2) Rechner aufgeteilt und pro Rechner eine feste Sollparallelität eingestellt. Für jedes N wurde dann die lokale und die globale Sperrkonfliktwahrscheinlichkeit bestimmt, wobei für die Sperranforderungen die im Trace vorliegenden Zeitpunkte verwendet wurden. Die so ermittelten Werte wurden als Konfliktwahrscheinlichkeiten ohne Mehrrechner-Overhead und Kommunikationsverzögerungen bezeichnet und dienten als Startwert für die analytische Bestimmung der Konfliktwahrscheinlichkeit unter Berücksichtigung der Mehrrechner-Einflüsse (s.u.).

2. Zur quantitativen Beurteilung der erwähnten Sperrprotokolle wurde ein sehr einfaches Simulationssystem verwendet, mit dem v.a. die mittlere Antwortzeit pro TA im Mehrrechner-Fall bestimmt werden sollte. Dabei wurden die mittleren Konfliktwahrscheinlichkeiten (ausgehend von

dem Wert aus der Trace-getriebenen Simulation) sowie die mittleren Sperrwartezeiten (im Konfliktfall) während der Simulation in periodischen Zeitabständen mit einem analytischen Modell neu berechnet, unter Verwendung der zu dem jeweiligen Zeitpunkt vorliegenden mittleren Antwortzeit. Dazu wurde angenommen, daß die Konfliktwahrscheinlichkeit direkt proportional zum Produkt aus TA-Rate und mittlerer Antwortzeit ist; für die durchschnittliche Sperrwartezeit wurde ein Drittel der mittleren Antwortzeit angesetzt. Das verwendete Simulationsmodell weist eine Reihe von erheblichen Schwachpunkten auf:

- Bei der Lastmodellierung wurde nur ein einziger TA-Typ unterschieden, dessen Charakteristika (Anzahl von Sperren und E/As) aus einem der Traces abgeleitet wurden. Desweiteren wurde nur eine konstante TA-Ankunftsrate vorgesehen (20 TA/s pro Rechner) sowie eine feste Pfadlänge pro TA (430 K Instruktionen).

- Für jeden Rechner wurde das gleiche E/A- und Kommunikationsverhalten unterstellt. Die Nachbildung des E/A-Aufwandes beschränkte sich auf die Berücksichtigung einer festen Anzahl von E/As pro TA. Auch der Kommunikationsaufwand wurde nicht adäquat modelliert, da für jeden Kommunikationsvorgang lediglich eine konstante Verzögerung bezüglich der TA-Antwortzeit eingesetzt wurde; Wartezeiten im Kommunikationssystem blieben unberücksichtigt. Ob und wenn ja welche CPU-Belastungen für Kommunikationsvorgänge angesetzt wurden, geht aus den Arbeiten nicht eindeutig hervor.

- Weder die Synchronisationsverfahren noch andere Systemkomponenten (wie etwa die Systempufferverwaltung) sind explizit implementiert, auch werden keine zu referenzierende Objekte verwaltet oder unterschieden. Stattdessen werden für alle Referenzen die gleichen, analytisch bestimmten Konfliktwahrscheinlichkeiten und mittleren Sperrwartezeiten unterstellt, eine offensichtlich wenig realistische Vorgehensweise. Eine Deadlock-Behandlung sowie dadurch mögliche Rücksetzungen bleiben unberücksichtigt.

- Die analytische Weiterentwicklung der Konfliktwahrscheinlichkeiten basiert auf den genannten Vereinfachungen. Bei mehreren TA-Typen unterschiedlicher Länge, Änderungsintensität oder Ankunftsrate sowie bei Objekten mit unterschiedlicher Zugriffsfrequenz, wie in der Realität der Fall, sind solche analytischen Approximationen natürlich hinfällig.
Eine Einschränkung bei dem analytischen Ansatz ist zudem, daß die iterative Neubestimmung der Konfliktwahrscheinlichkeiten nur für kleinere Startwerte konvergiert /Yu85a/.

3. Da durch die periodischen Neuberechnungen der Konfliktwahrscheinlichkeiten und der mittleren Sperrwartezeiten hohe Simulationslaufzeiten entstanden, wurde zur Bestimmung der mittleren Antwortzeiten ein approximatives analytisches Modell entwickelt. Die veröffentlichten Ergebnisse wurden mit diesem noch weiter vereinfachten Modell gewonnen.

Da bereits das in Punkt 2 angesprochene Simulationsmodell gravierende Vereinfachungen enthält, ist die Aussagekraft der rein analytisch gewonnenen Ergebnisse noch stärker anzuzweifeln. Trotz dieser Vorbehalte sollen einige der Ergebnisse näher betrachtet werden, da sich insbesondere bei den Trace-Analysen (Schritt 1) zum Teil interessante Beobachtungen ergaben.

Analyse des Pass-the-Buck-Protokolls /Yu85b, YCDI87/
Bei der Bestimmung der Konfliktwahrscheinlichkeiten mit den Trace-getriebenen Simulationen, bei denen Kommunikationsverzögerungen unberücksichtigt blieben, erfolgte die Aufteilung der TA auf die N Rechner zum einen wahlfrei (Random-Strategie) als auch zum Vergleich unter Verwendung

einer statischen Routing-Strategie /YCDI87/, wobei TA mit ähnlichem Referenzverhalten dem gleichen Rechner zugeordnet wurden (Berücksichtigung der Affinität bzw. Lokalität von TA-Typen). Es zeigte sich, daß bei Anwendung der Routing-Strategie v.a. die Konfliktwahrscheinlichkeit zwischen den Rechnern drastisch reduziert werden konnte, wohingegen die Konflikte zwischen lokalen TA zunahmen (höhere Lokalität). Mit dem TA-Typ-basierten Routing konnte aber auch die Gesamtkonfliktwahrscheinlichkeit verringert werden. Weitere Einflußgrößen (neben der Lastverteilung) auf die Konfliktwahrscheinlichkeiten, wie z.B. die Sollparallelität oder die Systempuffergröße, wurden nicht analysiert.

Untersucht wurde daneben noch, inwieweit über die GHT Kommunikationsvorgänge eingespart werden können. Hier hatte die Anwendung einer Routing-Strategie einen nur geringen Einfluß, dafür erwies sich jedoch das Konzept der 'hash class retentiveness' (s. 8.3.1) als sehr wirkungsvoll. Bereits ohne dieses Konzept lag für mehr als 50 % der Sperranforderungen (bei zwei bis vier Rechnern) ein 10-Hash-Klassen-Eintrag vor, der eine lokale Synchronisierung erlaubt, und in ca. 40 % der Fälle ein 00-Eintrag. Der Grund für den hohen 10-Anteil liegt an den bei IMS verwendeten kurzen (Lese-) Sperren, so daß eine TA oftmals mehrere Sperren für das gleiche Objekt anfordert /YCDI87/. Dieser Anteil konnte nun durch Einsatz der 'hash class retentiveness' auf über 80 % für zwei Rechner (75 % für N=3) gesteigert werden, da durch das verlängerte Halten von 10-Einträgen auch andere TA verstärkt davon profitieren konnten. Die Antwortzeiten waren auch wesentlich durch die Dauer der Master-Phasen (buck delay) bestimmt. Ein zu kleiner Wert führte zu einem hohen Kommunikations-Overhead sowie zu schlechten Antwortzeiten wegen langer Wartezeiten bei der CPU-Zuteilung. Ein zu hoher Wert dagegen führt ebenfalls zu Antwortzeiteinbußen, da längere Verzögerungen für lokal nicht behandelbare Sperranforderungen entstehen /Yu85b/.

Synchronisation mit einer zentralen Lock-Engine /Yu85a/
Bei diesen Untersuchungen wurde die Existenz einer zentralen Lock-Engine (10.4) vorausgesetzt, die alle Sperranforderungen und -freigaben bearbeitet. Für diesen zentralen Server wurde eine konstante Bedienzeit pro Lock-Request angenommen (Parameterbesetzung 100 bis 500 Mikrosekunden). In dem Modell wurden jedoch für die Interaktionen mit der Lock-Engine keinerlei Kommunikationskosten in den Verarbeitungsrechnern berechnet (offenbar unter der Annahme, daß diese Interaktionen mit einem speziellen Maschinenbefehl abgewickelt werden können). Unter dieser Voraussetzung war der Kommunikationsbedarf natürlich kein limitierender Faktor mehr, sondern lediglich die mit der Rechnerzahl (TA-Rate) zunehmende Konfliktwahrscheinlichkeit sowie wachsende Wartezeiten bei der Lock-Engine. Für den mit dem PTB-Protokoll ermittelten Startwert für die Konfliktwahrscheinlichkeit (0.69 %) sowie einer Lock-Engine-Bedienzeit von 100 Mikrosekunden wurde prognostiziert, daß bis zu 10 Rechner gekoppelt werden können; in diesem Fall ergab sich für N=10 eine ca. 50 % höhere TA-Antwortzeit als bei N=2.

Es ist klar, daß mit der Annahme einer Lock-Engine das mit einer Software-Lösung zur Synchronisation verbundene Problem des Kommunikations-Overheads 'wegdefiniert' wurde. Daß die unterstellte Hardware-Lösung nur schwer realisierbar sein dürfte, wurde schon in 10.4 diskutiert. Ungeachtet dessen wurde die Synchronisation mit einer Lock-Engine z.B. auch in /CDY86, DYB87/ unterstellt, wo ein quantitativer Leistungsvergleich zwischen DB-Sharing- und DB-Distribution-Systemen versucht wurde (und DB-Sharing meist besser abschnitt).

Einfluß von Pufferinvalidierungen

Für das E/A-Verhalten wurde bei den Untersuchungen der Gruppe um P.S. Yu stets eine FORCE-Strategie voraugesetzt, wenngleich dies für Hochleistungs-DBS als nicht akzeptabel anzusehen ist (s. 2.3.1). Desweiteren wurde für die Behandlung des Veralterungsproblems meistens die einfachste Strategie, nämlich die synchrone Broadcast-Validierung (6.3), unterstellt (so auch bei den oben erwähnten Arbeiten).

Bei einer FORCE-Strategie führen Pufferinvalidierungen zu zusätzlichen physischen Lesevorgängen, um für invalidierte Seiten bei einer erneuten Referenz die aktuelle Seite zu erhalten. Mit den vereinfachten Trace-getriebenen Simulationen des PTB-Protokolls wurde dieser Effekt quantifiziert /Yu85a/. Dabei stellte sich heraus, daß diese zusätzlichen Lesevorgänge etwa linear mit der Rechneranzahl zunehmen, da bei N Rechnern von N-1 Knoten Invalidierungen verursacht werden können; ebenso ergab sich eine Zunahme mit wachsender Systempuffergröße. Allerdings stellten sich dadurch erst bei großen Puffern (14 MB) und mehr als vier Rechnern nennenswerte Auswirkungen auf die Antwortzeiten ein. Der Effekt konnte zudem durch Anwendung einer Routing-Strategie, bei der das Referenzverhalten der TA-Typen berücksichtigt wird, deutlich reduziert werden /YCDI87/. So sank durch Anwendung einer solchen Routing-Strategie die Anzahl von Pufferinvalidierungen für zwei und drei Rechner auf weniger als die Hälfte (<= 0.1 pro TA). Da nicht jede invalidierte Seite eine Rereferenz erfährt, liegt die Anzahl zusätzlicher Lesevorgänge noch unter diesem Wert. Außerdem ergab sich, verglichen mit einer Random-Aufteilung der TA-Last, eine Verbesserung der Trefferrate im Systempuffer. Die damit erreichten E/A-Einsparungen waren größer als die durch Pufferinvalidierungen verursachten Zusatz-E/As.

In /DIRY87/ wurde untersucht, welche Verbesserungen sich ergeben, wenn statt der synchronen Broadcast-Strategie ein 'check-on-access'-Verfahren zur Erkennung invalidierter Seiten verwendet wird. Wie in 7.3 schon erwähnt, wird mit einem solchen Verfahren - ähnlich wie mit Invalidierungsvektoren - bei der Sperranforderung für eine Seite (ohne zusätzliche Kommunikation) erkannt, ob diese aktuell ist oder nicht. In der genannten Arbeit wurde nun wieder unter der Annahme einer zentralen Lock-Engine (die jetzt auch für die Erkennung von Pufferinvalidierungen zuständig war) sowie mit dem approximativen analytischen Modell die mittlere TA-Antwortzeit für die beiden Alternativen zur Behandlung des Veralterungsproblems bestimmt. Dabei führte das 'check-on-access'-Verfahren zu deutlich verbesserten Ergebnissen, da durch Wegfall der Broadcast-Nachrichten sowie deren Quittierungen praktisch kein Kommunikations-Overhead vorkam. Außerdem bewirkte die Verkürzung der Antwortzeiten für Update-TA eine geringere Konfliktwahrscheinlichkeit (kürzere Sperrdauern), so daß sich für eine größere Anzahl von Rechnern akzeptable Antwortzeiten ergaben (14 statt 10). Weitere Verbesserungen bewirkte der Einsatz eines globalen Systempuffers (nahe Kopplung), weil damit die Ausschreibvorgänge für FORCE beschleunigt und die Sperren von Änderungs-TA noch früher freigegeben werden konnten.

Diese mit dem vereinfachten Modell ermittelten Verbesserungen müssen natürlich relativiert werden, wenn statt der Lock-Engine ein Software-Protokoll zur Synchronisation eingesetzt wird. Außerdem ändert sich das Leistungsverhalten auch, wenn eine NOFORCE-Strategie im Einsatz ist.

12.3.2 Simulationsarbeiten an der Universität Stuttgart

An der Universität Stuttgarten wurden im Rahmen von Diplomarbeiten zwei Synchronisationsverfahren simulativ bewertet, die auch im Mittelpunkt unserer Leistungsanalyse stehen werden, nämlich der Primary-Copy-Ansatz sowie ein optimistisches Token-Ring-Verfahren (FOCC). Während für das untersuchte Primary-Copy-Verfahren eine empirische Simulation durchgeführt wurde, fanden bei dem Token-Ring-Protokoll synthetische Lasten Verwendung; ein quantitativer Leistungsvergleich der beiden Verfahren ist daher mit den Simulationen nicht möglich.

Zur Bewertung des *Primary-Copy-Ansatzes* /Hab86/ wurde ein relativ detailliertes Simulationssystem in der Simulationssprache GPSS-FORTRAN erstellt, bei dem neben dem Synchronisationsverfahren auch eine DB-Cache-ähnliche Systempufferverwaltung berücksichtigt wurde. Allerdings wurde nur die denkbar einfachste Variante des Primary-Copy-Protokolls realisiert, die in etwa der Basisvariante aus 7.1 entspricht; zur Lösung des Veralterungsproblems wurde die synchrone Broadcast-Lösung (6.3) sowie eine FORCE-Ausschreibstrategie vorausgesetzt. Daß diese Variante dem Leistungspotential des Primary-Copy-Ansatzes nicht gerecht wird, ist nach den Ausführungen in Teil III augenscheinlich. Die Aussagekraft der Ergebnisse wird noch dadurch beeinträchtigt, daß lediglich ein sehr kurzer IMS-Referenz-String (ca. 8200 Sperranforderungen) zur Durchführung der Simulationen verwendet wurde. Obwohl beim Primary-Copy-Ansatz, bei dem die PCA-Zuordnung zur Minimierung externer Sperranforderungen genutzt werden soll, wenig sinnvoll, wurden zudem die TA den Rechnern wahlfrei zugeordnet. Damit ergab sich dann für zwei Rechner ein lokal synchronisierbarer Sperranteil von 50-60 %, bei drei Rechnern von 24 bis 41 % und bei vier Rechnern von 17 bis 27 %. Der Durchsatz konnte bei zwei (drei) Rechnern gegenüber dem 1-Rechner-Fall um den Faktor 1.6 (2.0) gesteigert werden; für vier Rechner waren wegen der Kürze der TA-Last keine Durchsatzaussagen mehr möglich.

Als noch weniger aufschlußreich sind die für synthetische Lasten gewonnenen Simulationsergebnisse für das *Token-Ring-Verfahren* /Vor87/ zu werten. Ein Hauptgrund liegt dabei in der synthetischen Lastmodellierung, die sich mit der Unterscheidung zweier TA-Typen begnügte, für die in den meisten Simulationsläufen eine Gleichverteilung der Zugriffe unterstellt wurde. Damit wurde dann z.B. festgestellt, daß mit Zunahme des Anteils von Schreiboperationen der Durchsatz linear zurückgeht und die Anzahl der Rücksetzungen linear ansteigt. Auch die Rechneranzahl, ein entscheidender Parameter, wurde in den meisten Versuchen fest besetzt (acht Knoten). Bei einem Versuch mit zwei Rechnern verursachte das zirkulierende Token eine geringere CPU-Belastung pro Rechner als bei acht Knoten, obwohl (wegen der kürzeren Umlaufzeit) das Gegenteil zu erwarten gewesen wäre.

Für das Token-Ring-Verfahren ist aufgrund der Simulationsresultate keine Aussage über seine Tauglichkeit für DB-Sharing möglich; auch kann kein Vergleich mit den Primary-Copy-Ergebnissen vorgenommen werden. Bei der Primary-Copy-Untersuchung liegt die Hauptschwäche darin, daß nur die Basisvariante mit wahlfreier Lastaufteilung untersucht wurde; außerdem erlaubt die Beschränkung auf nur eine Last, die zudem für die Mehrrechner-Simulation zu kurz ist, keine verallgemeinerbaren Aussagen, z.B. bezüglich des Durchsatzes. Eine wesentlich genauere Analyse der (v.a. beim Primary-Copy-Ansatz stark verbesserten) Protokolle wird in dieser Arbeit vorgestellt, wobei die Simulationsresultate der Verfahren direkt miteinander verglichen werden können. Das dazu entwickelte, Tracegetriebene Simulationssystem weist nicht nur einen höheren Detaillierungsgrad gegenüber den genannten Arbeiten auf, sondern der Realitätsbezug der damit erzielten Ergebnisse wird auch durch die Verwendung von sechs Referenz-Strings gesteigert, deren Länge die des in /Hab86/ benutzten Mixes zum Teil um ein Vielfaches übersteigt (s. Kap. 13).

12.3.3 Bisherige empirische Simulationen an der Universität Kaiserslautern

Bislang wurden an der Universität Kaiserslautern bereits zwei Synchronisationsverfahren für DB-Sharing mit empirischen Simulationen bewertet: das erweiterte Pass-the-Buck- (EPTB-) Protokoll sowie ein zentrales Sperrverfahren mit Sole-Interest-Konzept.

Analyse des EPTB-Protokolls /Rah84, HäRa85, Rah85a/

Für das in 8.3.2 vorgestellte EPTB-Verfahren wurde ein einfaches Simulationssystem entwickelt, wobei als Last- und Referenzmodell sechs verschiedene Referenz-Strings zur Verfügung standen, welche das Zugriffsverhalten von realen Anwendungen des DBS UDS repräsentieren. Das Synchronisationsprotokoll wurde vollständig implementiert, so daß alle Zugriffe und Wartesituationen für die in den TA-Lasten unterschiedenen Objekte realitätsgetreu nachgebildet werden konnten. Eine Systempufferverwaltung fand dagegen keine Berücksichtigung; vielmehr wurde vereinfachenderweise für DB-Sharing sowie für den zum Vergleich ebenfalls untersuchten 1-Rechner-Fall das gleiche E/A-Verhalten unterstellt. Für DB-Sharing wurden stets zwei Rechner simuliert (mit einem bzw. zwei Update-Rechnern); variiert wurden bei den Simulationsläufen desweiteren v.a. die Sollparallelität pro Rechner (4-16) sowie die Dauer der Master-Phasen. Als Ergebnisse wurden neben Daten zum Kommunikations- und Sperrverhalten auch die relativen Durchsatz- und Antwortzeitänderungen bei DB-Sharing verglichen mit dem 1-Rechner-Fall ermittelt.

Die Ergebnisse zeigten, daß mit dem EPTB-Protokoll meist mehr als 95 % der Sperranforderungen lokal behandelt werden konnten, wobei hierzu v.a. das wegen der Haltesperren verlängerte Halten der Blockeinträge in den Sperrtabellen verantwortlich war. Dies bewirkte nämlich, daß i.d.R. für mehr als 80 % der Sperranforderungen bereits ein Kontrollblock in der lokalen Sperrtabelle vorlag, der eine lokale Sperrvergabe ermöglichte. Allerdings mußte bei Blöcken von gemeinsamen Interesse, also bei fehlendem 'sole interest', der Rechner 'Master' sein (Token-Besitz), um die Sperre vergeben zu können. Auch bei fehlendem Blockeintrag war meist noch eine lokale Sperrgewährung (als Master) wegen eines 00-Eintrages in der GHT möglich. Bei nur einem Update-Rechner konnten noch mehr Sperren lokal behandelt werden. Bei den sehr geringen Anteilen externer Sperranforderungen ist zu bedenken, daß in den Simulationen kurze Lesesperren verwendet wurden, so daß eine TA oft mehrere Lesesperren für dasselbe Objekt anfordert und freigibt. Bei der erneuten Referenzierung eines Objektes waren dann natürlich in den meisten Fällen der zugehörige Sperrkontrollblock wegen der Haltesperren noch vorhanden und eine lokale Synchronisierung möglich

Aufgrund der fehlenden E/A-Berücksichtigung besitzen die ermittelten Durchsatz- und Antwortzeitveränderungen nur eine tendenzielle Aussagekraft. Bei der Beschränkung auf einen Update-Rechner, sofern dies die TA-Last zuläßt, sind so deutlich bessere Resultate als bei zwei Update-Rechnern zu erwarten; verglichen mit dem 1-Rechner-Fall konnte in diesem Fall der Durchsatz oft fast verdoppelt werden bei nur wenig schlechteren Antwortzeiten. Bei zwei Update-Rechnern stellten sich v.a. die schon erwähnten FPA/DBTT-Seiten (10.5) als Hot-Spots heraus, da auch für sie eine Synchronisation auf Seitenebene vorgenommen wurde.

Leistungsbestimmenden Einfluß hatte auch bei dem EPTB-Verfahren die gewählte Dauer der Master-Phasen. Hier verursachen kleine Werte einen sehr hohen Kommunikations-Overhead und somit entsprechende Durchsatzeinbußen (sowie verlängerte Wartezeiten bei der CPU-Zuteilung). Bei länger werdenden Master-Phasen erhöhen sich dagegen die Wartezeiten auf die Gewährung einer globalen

Sperre bzw. bis zum Beginn der nächsten Master-Phase. Dies führt zu unmittelbaren Antwortzeitverschlechterungen; der Durchsatz wird dabei auch beeinträchtigt, wenn in den Slave-Phasen (kein Token-Besitz) alle TA auf die nächste Master-Phase warten (bzw. wegen Sperrkonflikt oder E/A deaktiviert sind). Die Festlegung einer konstanten Dauer der Master-Phasen ist daher auch als zu inflexibel anzusehen und kann als genereller Nachteil der Pass-the-Buck-Protokolle angesehen werden. Sinnvoller wäre hier, in Abhängigkeit von der aktuellen Lastsituation eine dynamische Anpassung dieses Parameters vorzusehen (Lastkontrolle). Nur so läßt sich bei wechselndem Last- und Synchronisationsverhalten ein flexibler Kompromiß zwischen Begrenzung des Kommunikationsaufwandes (Bündelung) sowie Verringerung der Wartezeiten erreichen.

Trotz des hohen Anteils lokal behandelbarer Sperranforderungen ergaben sich v.a. bei zwei Update-Rechnern zum Teil deutliche Antwortzeitverschlechterungen gegenüber dem 1-Rechner-Fall. Ein wesentlicher Grund dafür war, daß viele Sperranforderungen (5-45 %, abhängig von der TA-Last und der Dauer der Master-Phase) bis zum Eintreffen des nächsten Bucks verzögert werden mußten. Dies führte in vielen Fällen dazu, daß die Slave-Phasen nur zum Teil genutzt werden konnten (Durchsatzeinbußen). Eine Erweiterung des Protokolls auf mehr als zwei Rechner erscheint daher auch wenig ratsam. Denn die Verzögerungen bis zur nächsten Master-Phase werden dann noch größer, und die relativen Zeitanteile, in der ein Rechner Master ist, verringern sich zunehmend mit der Anzahl der Rechner.

Simulation eines zentralen Sperrverfahrens /Met86/
In der genannten Arbeit wurden unter Verwendung von drei IMS-Referenz-Strings Simulationen für ein zentrales Sperrprotokoll mit Sole-Interest-Konzept (8.1) durchgeführt. Für die zwei unterschiedenen Sperrhierarchiestufen (Datei, Satz) wird dabei Sole-Interest nur auf Ebene von Dateien (datasets) unterstützt. Das verwendete Simulationsmodell ist hochgradig simplifiziert und geht von der Annahme unbegrenzter Ressourcen aus (CPU, Platten, Kommunikationssystem). Eine Systempufferverwaltung wurde nicht vorgesehen, stattdessen wird für alle Rechner eine feste Trefferrate (30 %) unterstellt. Für E/A- oder Kommunikationsvorgänge werden lediglich Verzögerungen für die betroffene TA (rudimentär) berücksichtigt, jedoch keinerlei CPU-Belastungen. In den Simulationen wurden die Rechneranzahl (1,2,4) sowie die Sollparallelität pro Rechner (2-12) variiert. Desweiteren wurde für die Lastverteilung neben einer Random-Strategie auch ein simples, statisch bestimmtes Routing angewendet, welches das Referenzverhalten der TA-Typen berücksichtigt. Mit dem einfachen Simulationsmodell waren natürlich keine Durchsatz- oder Antwortzeitaussagen möglich, vielmehr lag der Schwerpunkt auf der Analyse des Sperrverhaltens.

Bei den Simulationen stellte sich heraus, daß der Anteil der Sperren, die wegen Sole-Interest lokal synchronisiert werden konnten, sowohl mit zunehmender Parallelität als auch mit wachsender Rechneranzahl (N) abnimmt. Wie folgende Zusammenstellung zeigt, konnte dieser Anteil durch Anwendung einer Routing-Strategie deutlich verbessert werden (um 25 - 30 Prozentpunkte).

	N = 2	N = 4
ohne Routing	30 - 50 %	20 - 35 %
mit Routing	60 - 80 %	45 - 70 %

Mittlere Anteile wegen Sole-Interest lokal behandelter Sperranforderungen

Die vergleichsweise niedrigen Anteile lokal behandelter Sperrbearbeitungen werden noch dadurch relativiert, daß für lokal nicht gewährbare Sperranforderungen längere Verzögerungen als in einem Protokoll ohne Sole-Interest-Konzept entstehen, wenn zunächst einem anderen Rechner sein Sole-Interest entzogen werden muß (s. 8.1). Dies war jedoch für einen vergleichbar geringen Anteil der Sperren der Fall (ohne Routing für bis zu 7 %, mit Routing für bis zu 4.5 % der Sperranforderungen). Dagegen betrug der Anteil der durch das Sole-Interest-Konzept zusätzlich eingeführten Nachrichten zur Gewährung und zum Entzug von Sole-Interest meist bereits 20-30 % (mit Routing 5-15 %) der wegen Sole-Interest eingesparten Nachrichten. Für häufig referenzierte Datasets, welche die Mehrzahl der Sole-Interest-Entziehungen verursachten, konnten auch mit Routing nur kurze Sole-Interest-Phasen erreicht werden.

13. Beschreibung des implementierten Simulationssystems sowie der verwendeten Referenz-Strings

Obwohl in jüngster Zeit bereits eine Reihe von Synchronisationsverfahren für DB-Sharing quantitativ analysiert wurden, zeigte die Diskussion in 12.3, daß die vorgenommene Modellierung zum Teil grobe Vereinfachungen enthält. Selbst bei den empirischen Simulationsarbeiten konnten wegen Beschränkungen in dem untersuchten Protokoll bzw. der zur Verfügung stehenden Lasten meist nur Teilaspekte beleuchtet werden (12.3.2); in den Arbeiten aus 12.3.3 wurde das Synchronisationsverfahren zu isoliert betrachtet und das E/A-Verhalten wurde unzureichend berücksichtigt. Folglich ließen sich in erster Linie nur Aussagen bezüglich des Synchronisationsprotokolls selbst vornehmen (Anteil lokaler Sperrbehandlungen, Nachrichtenhäufigkeit u.ä.), nicht jedoch für die sich daraus ergebenden Auswirkungen auf das Gesamt-Leistungsverhalten des DB-Sharing-Systems, also v.a. bezüglich Durchsatz und Antwortzeiten (die mittels analytischen Modellen gewonnenen Antwortzeitaussagen in 12.3.1 müssen als idealisiert und wenig realistisch angesehen werden). Zudem können die Ergebnisse der einzelnen Untersuchungen kaum miteinander in Beziehung gesetzt werden, da zu starke Unterschiede v.a. bei der Modellierung, den TA-Lasten und den Parameterbesetzungen bestanden.

Zur realitätsnahen Leistungsanalyse einiger im Teil III vorgestellter Synchronisationstechniken für DB-Sharing wurde ein sehr detailliertes Trace-getriebenes Simulationssystem entwickelt, das die erkannten Mängel und Vereinfachungen anderer Ansätze weitgehend vermeidet und einen quantitativen Leistungsvergleich der untersuchten Protokolle erlaubt. Dabei wird die Synchronisationskomponente nicht isoliert betrachtet, sondern es werden auch weitere Funktionen wie die Lastverteilung, die Systempufferverwaltung und das Logging berücksichtigt, da sie im Zusammenspiel mit der Synchronisation das Leistungsverhalten eines DB-Sharing-Systems maßgeblich bestimmen. Außer der Lastverteilung, die tabellengesteuert vorgenommen wird, sind die genannten Systemkomponenten vollständig im Rahmen des Simulationssystems implementiert, so daß für sie keine vereinfachenden Modellbildungen erforderlich waren. Auf der Hardware-Ebene werden eine beliebige Anzahl von Rechnern, ein E/A- sowie ein Kommunikationssystem berücksichtigt.

Durch die Verwendung von Referenz-Strings, die aus realen DB/DC-Anwendungen abgeleitet wurden, ist auch eine wirklichkeitsnahe Modellierung des Last- und Referenzverhaltens gewährleistet. Mit sechs verfügbaren Referenz-Strings wird dabei die Leistungsanalyse für unterschiedlichste Anwendungsklassen möglich. Das vielseitig parametrisierte Simulationssystem ermittelt nicht nur umfassende synchronisationsspezifische Ergebnisse, sondern erlaubt auch fundierte Durchsatz- und Antwortzeitaussagen, da CPU-Anforderungen, E/A- und Kommunikationsvorgänge detailliert Berücksichtigung finden.

Bei den Leistungsanalysen konzentrieren wir uns vor allem auf das vielversprechende Primary-Copy-Sperrverfahren, das gemäß den Ausführungen in Kap. 7 realisiert wurde (Leseoptimierung, integrierte Lösung des Veralterungsproblems bei NOFORCE). Daneben wurden zum Vergleich noch weitere Protokolle implementiert, nämlich ein optimistisches Token-Ring-Protokoll (FOCC) mit zwei unterschiedlichen Strategien zur Konfliktbehandlung sowie drei Varianten von Synchronisationsverfahren unter zentraler Kontrolle (BOCC+ mit Preclaiming, ZLM mit Sole-Interest-Konzept und Leseoptimierung sowie eine Kombination aus diesen beiden Ansätzen).

Bevor auf die für diese Protokolle gewonnenen Resultate eingegangen wird, sollen in diesem Kapitel zunächst das entwickelte Simulationssystem sowie die Referenz-Strings näher beschrieben werden. Dazu betrachten wir zunächst in 13.1, welche Informationen aus den Referenz-Strings für die Simulationen von Bedeutung sind. Der Aufbau und die Realisierung des Simulationssystems sowie die Möglichkeiten der Parametrisierung sind Gegenstand von 13.2. Danach werden noch wesentliche Charakteristika der verwendeten Referenz-Strings betrachtet (13.3), die Vorgehensweise zur Bestimmung der Last- und PCA-Verteilung beschrieben (13.4) sowie die vom Simulationssystem erstellten Ausgaben und Ergebnisgrößen angegeben (13.5).

13.1 Aufbau der Referenz-Strings

Die benutzten Referenz-Strings stammen alle von mit dem DBS UDS gewonnenen Traces und konnten bereits für eine ganze Reihe schon erwähnter Simulationen von Synchronisationsverfahren sowie anderer Systemkomponenten erfolgreich eingesetzt werden. Aus den für reale DB/DC-Anwendungen erstellten Traces wurden die Referenz-Strings mit eigens entwickelten Filterprogrammen /Dre81 bzw. Man86/ erzeugt, wobei eine Komprimierung und Idealisierung hinsichtlich der für die Simulationen relevanten Informationen erfolgt. Neben Sätzen für den Beginn und das Ende der bearbeiteten TA, enthalten die Referenz-Strings v.a. eine Protokollierung der an der Systempufferschnittstelle sichtbaren FIX- und UNFIX-Operationen, mit denen eine Seite im Puffer für den Zugriff angefordert bzw. nach dem Zugriff für die Ersetzung freigegeben wird /EfHä84/. Da somit als referenzierte Objekte primär Seiten unterschieden werden, spricht man auch von (logischen) Seitenreferenz-Strings.

Im einzelnen standen für die Simulationen v.a. die folgenden vier Satztypen im Referenz-String (TA-Mix) zur Verfügung:

- **B-Sätze** kennzeichnen das BOT-Ereignis für eine TA. Neben der TA-Nummer sowie der Startzeit enthält ein B-Satz auch den Namen des TA-Programms, der zur Durchführung des TA-Routing verwendet wurde. Der Name des TA-Programms diente so als Ersatz für die nicht verfügbare TA-Typ-Information, die nur im DC-System (UTM) bekannt war. Der B-Satz zeigt auch an, ob es sich um eine Lese- oder eine Änderungs-TA handelt.

- **L-Sätze** (logische Referenz oder Logref) markieren eine FIX-Operation, wobei die zugehörige TA sowie die zu referenzierende Seite spezifiziert werden. Weiterhin wird angegeben, ob die Seite geändert werden soll und ob eine FPA/DBTT-Seite vorliegt oder nicht.

- UNFIX-Operationen werden durch **U-Sätze** repräsentiert, wobei in den idealisierten Seitenreferenz-Strings zu jedem L-Satz ein U-Satz folgt. Im U-Satz werden lediglich die TA- und Seitennummer angegeben.

- **E-Sätze** kennzeichnen das Ende einer TA (unter Angabe der TA-Nummer).

Mit diesen Informationen kann offenbar nur eine Synchronisation auf Seitenebene vorgenommen werden, was v.a. für die UDS-spezifischen FPA- und DBTT-Seiten eine schwerwiegende Einschränkung darstellt. Denn auf die in diesen Seitentypen abgelegten Verwaltungsinformationen (Freispeicherangaben bzw. Adreßumsetzung) wird sehr häufig zugegriffen, so daß mit einer seitenbasierten Synchronisation eine hohe Konfliktrate vorprogrammiert ist. Die Realisierung einer eintragsweisen Synchronisation (die in UDS auf diesen Seiten praktiziert wird und nur noch wenige Konflikte verursacht) hätte jedoch neben der Seitennummer auch die Angabe des referenzierten Eintrages verlangt.

Aufgrund dieser und anderer Beschränkungen im Informationsgehalt der Referenz-Strings wurde ein neues Filterprogramm erstellt /Man86/, daß die seit UDS V5 hinzugekommenen Trace-Informationen besser berücksichtigt als auch mitgeschnittene Informationen im DC-System (UTM) zu integrieren vermag. In den mit diesem Programm neu erzeugten Referenz-Strings wird für FPA- und DBTT-Seiten auch angegeben, welcher Eintrag referenziert wurde. Obwohl mittlerweile ein solcher Referenz-String erzeugt werden konnte (s. 13.4), war es nicht mehr möglich, die hinzugekommenen Informationen im Simulationssystem zu nutzen.

In den Simulationen wird für die Synchronisation auf FPA/DBTT-Seiten angenommen, daß für sie innerhalb eines Rechners keine Konflikte vorkommen. Denn erfahrungsgemäß ergeben sich für diese Seiten bei eintragsweiser Synchronisierung kaum Konflikte. Die Synchronisierung auf FPA/DBTT-Seiten zwischen Rechnern geschieht entweder auf Seitenebene (womit bei den integrierten Lösungen das Veralterungsproblem ebenfalls gelöst wird) oder es kann vorgesehen werden, daß auch zwischen den Rechnern keine Konflikte auftreten. Letzteres führt zwar zu einem zu guten Synchronisationsverhalten, jedoch dürften die mit dieser Vorgehensweise erzielten Ergebnisse eher den Resultaten bei einer Eintragssynchronisation (die bei diesen Seitentypen auch für DB-Sharing relativ einfach möglich ist, s. 10.5) entsprechen.

In den Simulationen werden zur Bearbeitung einer TA deren Referenzsätze sukzessive abgearbeitet. Zur Berücksichtigung des CPU-Bedarfs für die TA-Ausführung wird dabei pro B-, L- und E-Satz (nicht jedoch für U-Sätze) eine feste Anzahl von Instruktionen berechnet. Die zu den drei genannten Satztypen gehörenden Referenzsätze werden auch als **Bearbeitungseinheiten (BE)** bezeichnet. Der Instruktionsbedarf pro BE, der einen Simulationsparameter darstellt, wurde abhängig vom Mix und aufgrund von Pfadlängenmessungen festgelegt (s. 13.3).

13.2 Aufbau, Parametrisierung und Realisierung des Simulationssystems

Das Simulationssystem bildet ein DB-Sharing-System nach, bei dem die Rechner lose gekoppelt sind. Zur Modellierung der TA-Verarbeitung wird dabei die Parallelverarbeitung innerhalb eines Rechners sowie zwischen einer beliebig einstellbaren Anzahl von Rechnern mit asynchronen Aktivitäten wie E/A- oder Kommunikationsvorgängen detailliert nachempfunden. Hierzu wird die Technik der diskreten Event-Simulation /LaKe82/ verwendet, die auch in allgemeinen Simulationssystemen wie GPSS Anwendung findet. Allerdings erfolgte die Realisierung unseres Simulationssystems ohne solche allgemeinen Hilfsmittel, da sie die Modellierung zu stark beschränkt und sehr lange Laufzeiten verursacht hätten. Stattdessen wurde das Simulationssystem für DB-Sharing vollständig in PL/1 implementiert, wodurch die einzelnen Systemkomponenten realitätsgetreu realisiert werden konnten. Jedoch mußte nun auch das Event-Handling vollständig in PL/1 verwirklicht werden, was sich als sehr aufwendige und komplexe Herausforderung erwies.

13.2.1 Grobstruktur und Parametrisierung des Simulationssystems

Bevor auf die Realisierung des Simulationssystemes näher eingegangen wird, soll zunächst dessen Grobstruktur betrachtet werden (Abb. 13.1). Folgende Hauptkomponenten lassen sich dabei unterscheiden:

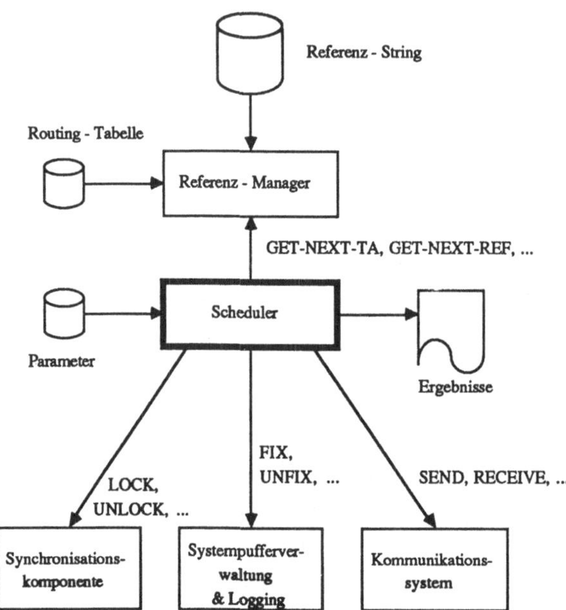

Abb. 13.1: Grobstruktur des Simulationssystems

- Der **Scheduler** stellt die zentrale Komponente des Simulationssystems dar, die Funktionen der anderen Moduln aufruft. Hier werden für alle Rechner die CPUs verwaltet, das Scheduling durchgeführt und die TA-Verarbeitung nachgebildet. Zu Beginn eines Simulationslaufs liest der Scheduler die Parameter ein und gibt am Ende die Ergebnisse aus.
Die Realisierung der Simulationssteuerung sowie die Abarbeitung der Referenzsätze werden in 13.2.2 bzw. 13.2.3 genauer vorgestellt.

- Der **Referenz-Manager** stellt dem Scheduler die zur TA-Verarbeitung benötigten Sätze des Referenz-Strings zur Verfügung. Eine weitere Aufgabe besteht in der Durchführung des TA-Routings, wofür zu Beginn des Simulationslaufs eine Routing-Tabelle eingelesen wird. Diese Tabelle gibt an, auf welchen Rechnern die TA eines bestimmten TA-Typs bearbeitet werden sollen (statisches TA-Routing).

- Die **Synchronisationskomponente** realisiert das jeweilige Synchronisationsprotokoll für DB-Sharing.

- Die **Systempufferverwaltung und Logging**-Aktivitäten für alle Rechner werden in einem Modul abgewickelt. Hierbei wird ein DB-Cache-ähnlicher Ansatz verfolgt.

- Das **Kommunikationssystem**, welches für das Senden und Empfangen aller Nachrichten zuständig ist, wird detailliert nachgebildet, um mögliche Engpässe sowie den Einfluß von Kommunikationsverzögerungen genau feststellen zu können.

Die Realisierung der vier letztgenannten Komponenten ist Gegenstand der Abschnitte 13.2.4 bis 13.2.7.

Die folgenden Tabellen zeigen, nach Gruppen geordnet, eine Zusammenstellung der wichtigsten Simulationsparameter. Um die Anzahl der teuren Simulationsläufe zu begrenzen, mußten die meisten

Parameter fest gewählt werden; ihre Voreinstellung ist ebenfalls angegeben. Variiert wurden neben dem Synchronisationsprotokoll v.a. die TA-Last (Mix), die Anzahl der Rechner sowie die Sollparallelität pro Rechner. In einigen Simulationsläufen wurden u.a. auch eine alternative Routing-Strategie angewendet, die FPA/DBTT-Synchronisation abgeschaltet und die Systempuffergröße, die Kommunikationskosten sowie die Bündelungsparameter (B, BMAX, TV) umbesetzt. Insgesamt wurden mehrere tausend Simulationsläufe durchgeführt.

Parameter	Einstellung
Seitenreferenz-String (MIX)	TER, DOD, WSOD, KD, MIX50, DOA
#Rechner N	1, 2, 3, 4
Sollparallelität P (pro Rechner)	4, 8, 16
CPU-Leistung pro Rechner	3 MIPS
#Instruktionen pro BE	abhängig von MIX, s. 13.3
Routing-Tabelle	abhängig von MIX und N, s. 13.4

Tab. 13.1: Allgemeine Parameter

Parameter	Einstellung
Synchronisationsverfahren	PCL, TR-FOCC1, TR-FOCC2, ZLM, ZV-BOCC+, ZLM/ZV-BOCC+
Max. Sperrwartezeit (Timeout)	1-30 s, abhängig von MIX, N und P
FPA/DBTT-Synchronisation	Ja/Nein
Konsistenzebene	2 (3)
Token-Verzögerung TV (nur bei TR-FOCC)	0 (5, 10, 20, 50) ms
Restart-Limit RL	2
Validierungskosten	s. 13.2.5
PCA-Verteilung (nur bei PCL)	abhängig von MIX und N

Tab. 13.2: Synchronisationsspezifische Parameter

Parameter	Einstellung
Systempuffergröße (pro Rechner)	512 (600,1024,2048) Seitenrahmen
Leer-Trefferrate	50 %
Log-Puffer-Größe	16 Seitenrahmen
TA-Puffer-Größe (bei optimist. Synchr.)	128 Seitenrahmen
E/A-Zeit	30-60 ms, gleichverteilt
Dauer einer Log-E/A (Chained I/O)	9-20 ms, abhängig von Seitenanzahl
#Instruktionen pro E/A	2500

Tab. 13.3: E/A-bezogene Parameter (Systempufferverwaltung, Logging)

Parameter	Einstellung
Übertragungsrate (Punkt-zu-Punkt)	3 MB/s
Übertragungsrate (Bus)	3 MB/s
Bündelungsfaktor B	1 (2,5)
Max. Bündelungzeit BMAX (falls B > 1)	(5,10) 20 ms
#Instruktionen pro SEND-Operation	5000 (500)
#Instruktionen pro RECEIVE-Operation	5000 (500)
#Instr. zur Bearbeitung einer Nachricht	1000
Nachrichtenlänge	100 Bytes (+ 2 KBytes)

Tab. 13.4: Parameter des Kommunikationssystem

Aus technischen Gründen war es nicht möglich, alle Synchronisationsverfahren in einem Programm zu realisieren; vielmehr wurden drei verschiedene Systeme im Rahmen von Diplomarbeiten entwickelt /Luc86, Pet88, Sch88/, wobei jedoch einige der Komponenten (Referenz-Manager, Systempufferverwaltung/Logging) mehrfach verwendbar waren. Trotz dieser Separierung wurde durch die gleichen Parameterbesetzungen weitestgehende Vergleichbarkeit der Ergebnisse erzielt. Der Gesamtumfang des Simulationssystems beträgt etwa 40.000 PL/1-Quellprogrammzeilen.

13.2.2 Die Simulationssteuerung

Zunächst soll von einer relativ hohen Betrachtungsebene aus skizziert werden, wie eine durch den Referenz-String repräsentierte TA-Last in dem simulierten DB-Sharing-System abgearbeitet wird. Zu Beginn fordert der Scheduler für jeden der N Rechner beim Referenz-Manager P Transaktionen (B-Sätze) zur Bearbeitung an, wobei die Zuordnung der TA zu den Rechnern über die Routing-Tabelle gesteuert wird. Die Abwicklung einer TA besteht dann darin, daß der Scheduler nacheinander alle im Eingabe-String für die TA vorliegenden Referenzsätze anfordert und abarbeitet. Nach Beendigung einer TA, stellt der Scheduler eine erneute TA-Anforderung an den Referenz-Manager, um die Parallelität für den betreffenden Rechner aufrechtzuerhalten. Die Simulation bricht ab, sobald für einen der Rechner keine TA mehr zur Ausführung vorliegt.

In den bisherigen empirischen Simulationen wurde meist ein sehr einfaches TA-Scheduling durchgeführt, wobei die TA gemäß einem Round-Robin-Ansatz reihum bearbeitet wurden. Pro Umlauf wurde dabei für jede TA genau ein Referenzsatz bearbeitet, sofern die TA nicht unterbrochen war (z.B. wegen eines Sperrkonfliktes oder E/A). Die Bearbeitung eines Referenzsatzes stellte so die Einheit des Scheduling bzw. der CPU-Vergabe dar (Zeitscheiben-Äquivalent), obwohl die CPU-Anforderungen i.d.R. nicht explizit modelliert wurden. Um realistische Durchsatz- und Antwortzeitaussagen treffen zu können, wurde in dieser Arbeit ein wesentlich feineres Verarbeitungsmodell entwickelt (dies war auch daher notwendig, weil mit dem einfachen Modell keine vernünftige Mehrrechner-Simulation für beliebige N möglich ist). Dabei werden nicht nur für die Bearbeitung der Referenzsätze CPU-Kosten berechnet, sondern auch für E/A- und Kommunikationsvorgänge, wodurch wesentlich feinere Scheduling-Einheiten entstehen. Neben den CPUs werden auch die Kommunikationsverbindungen als eigene Server verwaltet, so daß auch im Kommunikationssystem Wartezeiten bzw. Unterbrechungen Berücksichtigung finden. Durch die Simulationssteuerung wird gewährleistet, daß nicht nur die parallele TA-Bearbeitung innerhalb eines Rechners, sondern für eine beliebige Anzahl von Knoten, unter Berücksichtigung von E/A- und Kommunikationsvorgängen, realitätsgetreu nachgebildet wird.

Wie erwähnt, erfolgt diese im Scheduler angesiedelte Simulationssteuerung mit Hilfe einer ereignisorientierten Strategie (discrete-event simulation). Diese erlaubt es, die in dem zu simulierenden DB-Sharing-System parallel ablaufenden Aktivitäten in eine lineare Folge von Ereignissen (Events) abzubilden, die sequentiell abgearbeitet werden kann. Der Scheduler verwaltet dazu eine zentrale **Ereignisliste** sowie eine einzige **Simulationsuhr** für das gesamte Mehrrechner-System. Jedes Event in der Ereignisliste besitzt dabei folgenden Aufbau:
- Zeitpunkt
- Ereignistyp und Sub-Typ
- Rechnernummer, TA-Nummer

sowie weitere typspezifische Angaben.

Die Ereignisse der Event-Liste werden in der Reihenfolge ihres 'Zeitpunktes', der üblicherweise dem Beendigungszeitpunkt einer Aktivität entspricht, abgearbeitet, wodurch die parallelen Aktivitäten für mehrere TA und mehrere Rechner in sequentieller Weise nachgebildet werden können. Bei Abarbeitung eines Ereignisses wird dieses aus der Event-Liste entfernt und die Simulationsuhr auf den

Ereignis-Zeitpunkt fortgeschaltet. Phasen, in denen keine Aktivitäten zur Bearbeitung anstehen, können so einfach übersprungen werden.

Das Simulationssystem unterscheidet intern zwischen folgenden **Ereignistypen**:

E1: Ende einer CPU-Zuteilung
E2: Ende eines E/A-Vorganges
E3: Ende einer Nachrichtenübertragung
E4: Ende eines Timeouts
E5: Ende der Simulation.

Für jeden dieser Event-Typen (außer für E5) werden noch mehrere Sub-Typen unterschieden, um z.B. (bei E2) das Ende einer Log-E/A und das Ende eines Einlesevorganges auseinanderhalten zu können. Denn jeder Sub-Typ markiert einen anderen Unterbrechungspunkt während der Bearbeitung eines Referenzsatzes, so daß damit über die weitere Verarbeitung entschieden werden kann (so kann z.B. nach Einlesen einer Seite diese im Puffer gefixt werden, während nach einer Log-E/A Sperren freigegeben oder Änderungen im Rahmen einer Schreibphase sichtbar gemacht werden können). Ebenso können über die Sub-Typen unterschiedliche CPU-Anforderungen (s.u.) berücksichtigt werden oder eine Trennung zwischen dem Senden von einfachen Nachrichten und Broadcast-Meldungen. Über Timeout-Ereignisse schließlich läßt sich der Ablauf einer festgelegten Wartezeit signalisieren, z.B. um eine gebündelte Übertragung anzustoßen oder zur Behandlung globaler Deadlocks (s.u.). Diese Beispiele zeigen bereits, daß die Events als Einheiten des Schedulings eine wesentlich detailliertere Simulierung der TA-Verarbeitung erlauben als etwa die einfache Round-Robin-Strategie.

Die vom Scheduler durchgeführte Ablaufsteuerung während eines Simulationslaufs sieht mit der ereignisgesteuerten Verarbeitung sehr einfach aus:

```
Parameter einlesen;
Initialisierungen;
Anlaufphase;   (* dazu werden für jeden der N Rechner P B-Sätze vom Referenz-Manager ange-
                  fordert und bearbeitet, wobei die ersten Events in die Ereignisliste gelangen *)
call GET-NEXT-EVENT (E);
UHR := E.Zeitpunkt;
while E.Event-Typ ≠ E5 do;        (* E5 = Ende der Simulation *)
    select E.Event-Typ;
            when E1: call EV-HANDLER1 (E);
            ...
            when E4: call EV-HANDLER4 (E);
    end; (* select *)
    call GET-NEXT-EVENT (E);
    UHR := E.Zeitpunkt;
end;
call PRINT-STATISTIKEN;
stop;
```

Die eigentliche TA-Verarbeitung wird natürlich in den Event-Handlern nachgebildet, die hierzu die Referenzsätze der TA abarbeiten. Dazu kann über den Event-Typ (bzw. Sub-Typ) festgestellt werden, an welchem Punkt der Referenzsatz-Bearbeitung fortgesetzt werden muß. Auf die für die Referenzsätze anfallenden Aktionen (z.B. CPU-Anforderungen, Aufruf anderer Systemkomponenten, E/A- und Kommunikationsvorgänge) wird in 12.2.3 näher eingegangen. Wesentlich für den Simulationsfortgang ist, daß bei der Abarbeitung eines Ereignisses i.d.R. weitere Folge-Events für die gleiche oder auch andere TA erzeugt werden (z.B. wird nach Abschicken einer Nachricht für den Adressaten ein Empfangsereignis generiert).

Neben der Ereignisliste und der Simulationsuhr verwaltet der Scheduler für jeden Rechner einen **CPU-Server**. Um die zur Abarbeitung einer TA-Last entstehenden CPU-Belastungen möglichst genau zu erfassen, werden mehrere Arten von CPU-Anforderungen unterschieden, deren Instruktionsbedarf unterschiedlich festgelegt werden kann (s. Parametrisierung). Außerdem werden die CPU-Anforderungen bezüglich der CPU-Vergabe in **drei** verschiedene **Prioritätsstufen** eingeordnet:

- Höchste Priorität bei der CPU-Vergabe besitzen alle kommunikationsbedingten CPU-Beanspruchungen (Senden, Empfangen oder Abarbeiten einer Nachricht).

- Die zweithöchste Priorität wird allen E/A-bedingten CPU-Anforderungen eingeräumt, also z.B. zum Einlesen bzw. Ausschreiben einer Datenseite oder für die Ausführung einer Log-E/A.

- Geringste Priorität besitzen die Anforderungen bezüglich der 'normalen' TA-Verarbeitung (ohne E/A und Kommunikation), womit der CPU-Bedarf für die Ausführung im TA-Programm und die Abarbeitung der DML-Befehle sowie der damit verbundene Betriebssystem-Overhead abgedeckt wird. Zur Berücksichtigung dieser CPU-Kosten wird in der Simulation für jede Bearbeitungseinheit (B-, L- bzw. E-Referenzsatz) eine vom Mix abhängige Anzahl von Instruktionen (s. 13.3) angefordert.

Innerhalb einer Prioritätsstufe werden die CPU-Anforderungen in FIFO-Reihenfolge berücksichtigt.

Wenn bei der Anforderung einer CPU-Zuteilung die CPU belegt ist, wird die Anforderung in eine prioritätsspezifische CPU-Warteliste eingereiht, und die Simulation wird mit der Abarbeitung des nächsten Events (einer anderen TA) fortgesetzt. Ist die CPU dagegen frei, wird diese zunächst als belegt gekennzeichnet und ein Event vom Typ E1 (Ende einer CPU-Zuteilung) erzeugt. Dabei wird aus der CPU-Geschwindigkeit und dem Instruktionsbedarf der CPU-Anforderung die Dauer der CPU-Beanspruchung errechnet und die Summe aus diesem Wert und der aktuellen Simulationsuhrzeit als Event-Zeitpunkt vermerkt. Bei Abarbeitung eines Events vom Typ E1 wird die CPU als frei gekennzeichnet, wenn keine weiteren Anforderungen vorliegen; anderenfalls wird die CPU-Anforderung mit der höchsten Priorität befriedigt.

Weitere Einzelheiten zur ereignisgesteuerten Simulation für DB-Sharing finden sich in /Luc86, Pet88, Sch88/, wobei in /Luc86/ auch ein ausführliches Beispiel angegeben ist. In /Boh85/ wird ebenfalls die skizzierte Simulationsstrategie eingesetzt, jedoch zur Modellierung eines DB-Distribution-Systems.

13.2.3 Abarbeitung der Referenzsätze

Wie schon angeführt, wird die TA-Verarbeitung in unserem Simulationsmodell durch die Bearbeitung der Referenzsätze nachgebildet. Die bei der Abarbeitung der vier Referenzsatztypen (B-, L-, U- und E-Sätze) vorzunehmenden Aktionen sollen im folgenden überblicksartig angegeben werden.

Bei der Bearbeitung der Referenzsätze wird (außer für U-Sätze) stets als erstes der Instruktionsbedarf pro Bearbeitungseinheit bei der CPU des Rechners angefordert, auf dem die TA ausgeführt wird. Damit ist die Bearbeitung eines **B-Satzes** im wesentlichen auch schon abgeschlossen. Für die anderen Satztypen werden dagegen i.a. mehrere Bearbeitungsschritte (Events) erforderlich, die jedoch von dem verwendeten Synchronisationsverfahren bzw. der Realisierung von Systempufferverwaltung und Logging abhängen.

Abb. 13.2 zeigt die für das Primary-Copy-Sperrverfahren anfallenden Aktionen bei der Abarbeitung eines **L-Satzes** (Logref) für eine TA in Rechner i. Dabei wird wieder zunächst die CPU in Rechner i für den BE-spezifischen Instruktionsbedarf belegt (ggf. nach einer Wartezeit bis zur CPU-Zuteilung).

Anschließend wird für die zu referenzierende Seite ein LOCK-Aufruf an den lokalen Sperrverwalter gestellt, wobei für einen L-Satz mit Änderungsabsicht eine X-Sperre angefordert wird und ansonsten eine R-Sperre. Für diese Sperranforderung sind vier mögliche Rückmeldungen seitens des Lock-Managers zu unterscheiden:

- Die Sperre kann lokal gewährt werden (z.B. wegen lokal vorliegender PCA oder einer Lese-autorisierung).

- Die Sperranforderung ist lokal nicht entscheidbar, so daß eine Lock-Request-Nachricht an den zuständigen PCA-Rechner geschickt wird.

- Es wird ein Sperrkonflikt mit einer lokalen TA gemeldet. In diesem Fall wird die TA deaktiviert bis zu dem (unbestimmten) Zeitpunkt, an dem die angeforderte Sperre gewährt wird.

- Die TA wird zurückgesetzt, um einen (lokalen) Deadlock zu vermeiden.

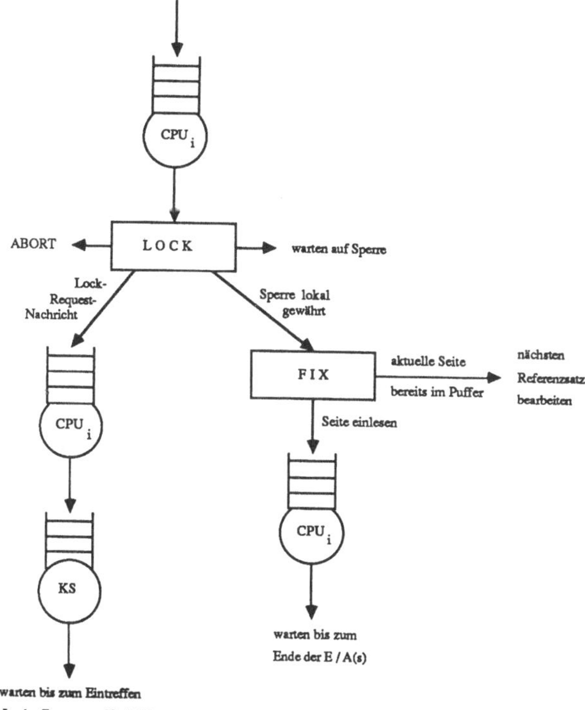

Abb. 13.2: Bearbeitung eines L-Referenzsatzes

Falls die Sperre gewährt werden konnte, wird für die Seite ein FIX-Aufruf an den lokalen Systempufferverwalter vorgenommen, damit die Seite im Puffer bereitgestellt wird. Befindet sich die aktuelle Seite bereits im Puffer, dann ist die Logref-Bearbeitung abgeschlossen, und es kann der nächste Referenzsatz für die TA vom Referenz-Manager angefordert werden. Anderenfalls wird die Seite von Platte in den Puffer eingelesen (bei Verfahren mit einer Propagate-on-Demand-Strategie kann stattdessen auch ein Anfordern der Seite bei einem anderen Rechner notwendig werden). Wie die Beschreibung des Systempuffers zeigen wird, können zum Einlesen einer Seite wegen Verdrängungen und Log-E/A mehrere E/A-Vorgänge notwendig werden. Für die **E/A-Vorgänge** wird zunächst der zugehörige CPU-Bedarf angefordert und danach wird die TA für die Dauer der eigentlichen E/A(-Vorgänge) unterbrochen. Die E/A-Dauer wird dabei über typische Plattenzugriffszeiten (s. Tab. 13.3) berücksichtigt, es werden jedoch keine eigenen Platten-Server modelliert. Dies hätte nämlich eine Aufteilung der von der TA-Last referenzierten Datenbank auf eine festzulegende Anzahl von Platten verlangt. Dieses Problem der Datenaufteilung sollte in dieser Arbeit jedoch nicht untersucht werden. Wir gehen daher davon aus, daß Engpaßsituationen vor Plattenlaufwerken durch Einsatz einer ausreichend großen Anzahl von Platten (deren Speicherkapazität zur Zugriffsbeschleunigung z.B. nur zum Teil ausgenutzt wird) vermieden werden.

Muß die Sperranforderung von einem anderen Rechner behandelt werden, wird zunächst überprüft, ob eine Nachrichtenbündelung vorgesehen ist. In diesem Fall wird die Übertragung verzögert bis der Bündelungsfaktor (Parameter B) bzw. die maximale Verzögerungsdauer (Parameter BMAX) erreicht ist. Für die Übertragung selbst wird zunächst der für das Senden einer Nachricht vorgesehene CPU-Bedarf und danach die Belegung des Kommunikationssystem angefordert. Die TA wird verzögert, bis von dem Empfangsrechner eine Lock-Response-Nachricht in Rechner i eintrifft, welche die Gewährbarkeit der Sperre anzeigt.

Bei der Logref-Bearbeitung optimistischer Protokolle entfällt natürlich die geschilderte Sperrbehandlung. Dafür ist bei der FIX-Bearbeitung zunächst zu überprüfen, ob die betreffende Seite bereits im privaten TA-Puffer vorliegt. Liegt die aktuelle Seite weder im TA-Puffer noch im Systempuffer vor, wird sie (abhängig von den Angaben in der Objekttabelle) entweder von einem anderen Rechner angefordert (Propagate-on-Demand) oder von Platte eingelesen.

Bei der EOT-Bearbeitung einer TA (**E-Referenzsatz**) ist ebenfalls zwischen Sperrprotokollen und optimistischen Verfahren zu unterscheiden. Bei Sperrverfahren werden zunächst die Änderungen (After-Images) sowie der Commit-Record auf die Log-Datei ausgeschrieben und danach werden die Sperren freigegeben. Bei der Sperrfreigabe können wieder Nachrichtenübertragungen anfallen, wobei für das Primary-Copy-Sperrverfahren auch ggf. geänderte Seiten zum PCA-Rechner geschickt werden. Bei optimistischer Synchronisation ist beim EOT zunächst die Validierung vorzunehmen, die gemäß dem jeweiligen Protokoll realisiert ist (z.B. Verschicken eines Validierungs-Request zum zentralen Knoten oder Token-Ring-Ansatz). Danach wird die TA entweder zurückgesetzt (Änderungen im TA-Puffer freigeben) oder die Schreibphase mit Logging und Einbringen der Änderungen durchgeführt. Für Update-TA wird danach ggf. noch eine Broadcast-Nachricht (möglicherweise verzögert) geschickt, mit der anderen Rechnern mitgeteilt wird, ob die TA erfolgreich war bzw. welche Seiten geändert wurden.

Im Vergleich zu den L- und E-Sätzen ist die Bearbeitung der **U-Sätze** sehr einfach. Hierbei wird im wesentlichen ein UNFIX-Aufruf an den Systempufferverwalter durchgeführt. Außerdem wird für Sperrverfahren mit kurzen Lesesperren eine R-Sperre bereits bei Abarbeitung des U-Satzes freigegeben.

13.2.4 Der Referenz-Manager

Diese Komponente verwaltet den Seitenreferenz-String und stellt dem Scheduler die Referenzsätze in geeigneter Weise zur Verfügung. Durch diese Indirektion zwischen dem Scheduler und dem Eingabe-String wird es möglich, von der bei der Trace-Erstellung vorliegenden Parallelität zu abstrahieren und die TA-Verarbeitung für unterschiedliche Parallelitätsgrade und für mehrere Rechner zu simulieren. Aus Sicht des Schedulers muß der Referenz-Handler in der Lage sein, auf Anforderung einen B-Satz für einen Rechner bereitzustellen, ebenso wie die weiteren Referenzsätze einer TA (in chronologischer Reihenfolge). Die zum Auffinden eines bestimmten Referenzsatzes überlesenen Sätze puffert der Referenz-Manager in einer internen Datenstruktur nach TA geordnet zwischen, so daß diese bei Anforderung ohne erneutes Lesen in der Datei bereitgestellt werden können. Wird eine TA zurückgesetzt, bekommt dies der Referenz-Handler gemeldet, da er die Referenzsätze der gescheiterten TA für die Wiederausführung aufbewahren muß. Bei erfolgreichem TA-Ende dagegen werden die Referenzsätze der TA aufgegeben.

Eine weitere Aufgabe des Referenz-Managers ist die Durchführung des **TA-Routing** unter Zuhilfenahme einer Routing-Tabelle. Bisher wurde unterstellt, daß von den Terminals kommende TA über das TA-Routing auf die Rechner verteilt werden. Eine dementsprechende Simulation hätte erfordert, für die im Referenz-String vorliegenden TA eine Ankunftsrate festzulegen und die ankommenden TA dann den Rechnern zuzuordnen. Dieser Ansatz wurde hier nicht verfolgt, da dann die Ankunftsraten den Durchsatz im wesentlichen bereits bestimmt hätten und so für die untersuchten Protokolle nur Antwortzeit-, jedoch keine Durchsatzaussagen mehr möglich gewesen wären. Stattdessen wurde hier angenommen, daß stets für jeden Rechner TA-Aufträge bereitstehen (etwa in einer Warteschlange des Front-End-Systems) und diese von den Rechnern zur Aufrechterhaltung ihrer Sollparallelität angefordert werden. Allerdings wird nun bei den Antwortzeiten nur die Bearbeitungsdauer innerhalb der Rechner berücksichtigt, nicht jedoch die Wartezeiten im Front-End-System (DC-System). Denn diese Wartezeiten hängen wieder v.a. von den TA-Ankunftsraten (bzw. der Sollparallelität) ab, weniger dagegen von den zu bewertenden Synchronisationsverfahren.

In der Simulation werden die TA-Anforderungen der Rechner durch Aufrufe vom Scheduler an den Referenz-Handler nachgebildet, mit der Angabe, für welchen Rechner eine TA bereitzustellen ist. Der Referenz-Handler durchsucht daraufhin die bei ihm zwischengepufferten bzw. im noch nicht gelesenen Teil des Eingabe-Strings vorliegenden TA-Aufträge (B-Sätze), bis eine 'geeignete' TA gefunden ist. Dies ist dann der Fall, wenn der TA-Typ der TA gemäß der Routing-Tabelle zur Bearbeitung auf dem betreffenden Rechner vorgesehen wurde. Kann keine solche TA mehr gefunden werden, wird die Simulation beendet.

Diese Vorgehensweise brachte es mit sich, daß die zum Teil ohnehin relativ kurzen Referenz-Strings v.a. im Mehrrechner-Fall nicht vollständig abgearbeitet wurden (da bei Simulationsende nur einer der Rechner den ihm zugeordneten Teil der TA-Last vollständig abgearbeitet hat). Da zudem auch die unbearbeiteten Referenzsätze der noch offenen TA nicht mehr zu Ausführung kommen, sinkt der Anteil der tatsächlich bearbeiteten TA-Last i.a. sowohl mit zunehmender Rechneranzahl als mit wachsender Parallelität. Dies führte wiederum (v.a. bei vier Rechnern) zum Teil zu etwas zu guten Ergebnissen, wenn vorwiegend 'unproblematische' TA mit wenig Synchronisationskonflikten bearbeitet wurden. Allerdings war es i.a. möglich, über die Anzahl der bearbeiteten Referenzsätze diese Fälle zu ermitteln; verzerrende Einflüsse konnten zudem dadurch weitgehend eliminiert werden, daß die Durchsatz- und Antwortzeitresultate nicht auf TA-Ebene bestimmt werden, sondern bezogen auf die wesentlich feineren Bearbeitungseinheiten. Die alternative Vorgehensweise, nämlich die TA-Last mit reduzierter Parallelität vollständig abzuarbeiten, hätte sowohl die Durchsatz- als auch die Antwortzeitwerte stark beeinflußt und kaum noch eine sinnvolle Interpretation zugelassen.

Eine ausführliche Beschreibung des Funktionsumfangs sowie der Realisierung des Referenz-Managers findet sich in /Boh85/. Auf die Bestimmung der Routing-Tabellen wird in 13.4 näher eingegangen.

13.2.5 Die Synchronisationskomponente

Im einzelnen wurden folgende Synchronisationsprotokolle vollständig implementiert und einer quantitativen Bewertung zugänglich gemacht:

- **Das Primary-Copy-Sperrverfahren (PCL)**

  Dabei wurde das in Kap. 7 dargestellte Verfahren mit Leseoptimierung sowie integrierter Lösung des Veralterungsproblems bei NOFORCE realisiert. Von den in 7.3 diskutierten Alternativen zur Behandlung der Pufferinvalidierungen wurde die dort als Kombination A2/B2 bezeichnete Lösung gewählt, die keinerlei zusätzliche Nachrichten verursacht. Dabei werden geänderte Seiten mit Freigabe der Schreibsperre zum PCA-Rechner übertragen, der mittels Invalidierungsvektoren veraltete Seiten entdeckt. Im Falle einer Pufferinvalidierung bzw. wenn die Seite noch nicht vorliegt, schickt der PCA-Rechner die aktuelle Seite mit der Lock-Response-Nachricht zu bzw. teilt mit, daß sie von Platte eingelesen werden kann. Solche Seitenübertragungen sind natürlich nur für Änderungen bzw. Zugriffe außerhalb des PCA-Rechners erforderlich; auch können nur für Seiten, für die ein anderer Rechner die PCA hält, Invalidierungen auftreten.

  Die PCA-Verteilung wurde zusammen mit der Routing-Tabelle in einer Vorabuntersuchung für jeden Mix und jede Rechneranzahl ermittelt (s. 13.4); sie konnte daher als Parameter für jeden Simulationslauf bereitgestellt werden. Für die Deadlock-Behandlung wurde eine hybride Strategie angewendet, bei der lokale Deadlocks explizit entdeckt und globale Verklemmungen über einen Timeout-Mechanismus aufgelöst werden (5.1.1). Die lokale Deadlock-Erkennung (Zyklensuche) wird bei jedem Sperrkonflikt durchgeführt, wobei bei einer Verklemmung stets die in Konflikt geratene TA als Verursacher zurückgesetzt wird. Bei dem implementierten Protokoll werden weiterhin nur kurze Lesesperren gesetzt (Konsistenzebene 2). Weitere Einzelheiten können /Luc86/ entnommen werden.

- **Token-Ring-Validierung mit FOCC (TR-FOCC)**

  Hierbei wurde das in 9.2.1 skizzierte Protokoll realisiert, bei dem nur bei Token-Besitz Validierungen vorgenommen werden und der Write-Set (FOCC) zur Validierung gegenüber externen TA mit dem Token verschickt wird. Weiterhin werden 'unsichere' Änderungen lokal erfolgreich validierter TA blockiert, bis der Ausgang der Änderungs-TA per Broadcast-Meldung mitgeteilt wird. Zur Konfliktbehandlung wurden nun zwei Alternativen vorgesehen, die jeweils eine Kombination aus Abort- und Kill-Strategie (4.2.1) verwenden. Dabei wird für eine TA zunächst die Abort-Strategie benutzt (bei der die validierende TA im Konfliktfall zurückgesetzt wird), bis ein als Parameter foot gelegtes Restart-Limit RL erreicht ist (dieses Restart-Limit kann für jeden TA-Typ individuell festgelegt werden). Wenn eine TA RL-mal zurückgesetzt wurde, verwendet sie für ihre nächste Ausführung eine Kill-Strategie (wurde für einen TA-Typ Restart-Limit 0 angegeben, dann starten alle TA dieses Typs sofort als Kill-TA). Die beiden Varianten zur Konfliktbehandlung unterscheiden sich wie folgt:

  1.) Bei der ersten Alternative (**TR-FOCC1**) können beliebig viele Kill-TA zur gleichen Zeit vorkommen, so daß sie sich auch gegenseitig zurücksetzen können. Das Restart-Limit stellt in diesem Fall kein wirkliches Limit dar, vielmehr kann eine TA noch öfter zurückgesetzt werden. Zyklische Restarts werden allerdings vermieden, da bei einem Konflikt zwischen Kill-TA stets die TA mit der geringeren Priorität (die primär durch die Anzahl der bereits vorgenommenen Rücksetzungen bestimmt ist) abgebrochen wird. So wird immer mindestens einer TA das

Durchkommen gesichert.

2.) Bei der zweiten, pessimistischeren Möglichkeit (**TR-FOCC2**) wird jeweils nur eine Kill-TA zugelassen ('golden transaction'), deren Erfolg damit gewährleistet ist. Eine TA wird so nie mehr als RL-mal zurückgesetzt, allerdings können in konfliktreichen Anwendungen viele TA ihr Restart-Limit erreichen und in den Kill-Modus wechseln. In diesem Fall ist für Kill-TA mit langen Wartezeiten bis zu ihrer Aktivierung zu rechnen (geringere Parallelität).

Bei den Token-Ring-Verfahren kann weiterhin gewählt werden, ob für die Abarbeitung der TA-Last Konsistenzebene 2 oder 3 gelten soll. Bei Konsistenzebene 3 wird der Write-Set der validierenden (Update-) TA mit den Read-Sets aller noch nicht validierten TA verglichen, bei Konsistenzebene 2 dagegen nur mit den Read-Sets laufender Änderungs-TA. Ein weiterer wichtiger Parameter betrifft die Token-Verweilzeit. Damit kann verhindert werden, daß das Token nach Ende der lokalen Validierungen sofort weitergeschickt wird. Die so mögliche Einsparung des Kommunikations-Overheads geht natürlich zu Lasten der Wartezeiten auf das Eintreffen des Tokens.

In jedem Rechner werden die Read-Sets aller laufenden TA in einer gemeinsamen Hash-Tabelle verwaltet, wodurch eine sehr effiziente Abwicklung der Validierungen ermöglicht wird. Denn pro Write-Set-Element einer validierenden TA braucht nur überprüft zu werden, ob ein Eintrag in der Hash-Tabelle des Rechners vorliegt; alle laufenden TA des Rechners, die auf das Element zugegriffen haben, werden dann direkt über Kontrollinformationen an diesem Eintrag (die während der Lesephasen erstellt werden) bestimmt. Die dafür anfallenden Validierungskosten werden in der Simulation über zwei Parameter berücksichtigt: der Instruktionsbedarf zum Aufsuchen eines Eintrages der Hash-Tabelle (Vorbesetzung: 100 Instruktionen) sowie die Vergleichskosten pro TA-Element (je 20 Instruktionen).

Eine weitere Optimierung wurde zur Reduzierung der Rücksetzungen hinsichtlich der Validierungsreihenfolge realisiert. Denn da nach Eintreffen des Tokens i.a. mehrere lokale TA zur Validierung anstehen, läßt sich bereits vor Eintreffen des Tokens für die lokalen TA eine Validierungsreihenfolge bestimmen, welche die geringste Anzahl von Rücksetzungen nach sich zieht. Eine elegante Lösungsmöglichkeit hierzu sowie weitere Details zur Implementierung der Token-Ring-Protokolle sind in /Pet88/ zu finden.

- **Synchronisationsverfahren unter zentraler Kontrolle**

Hier wurden insgesamt drei Varianten implementiert /Sch88/, nämlich eine optimistische, eine pessimistische sowie eine kombinierte Strategie:

1.) Beim optimistischen Protokoll (**ZV-BOCC+**) werden die Validierungen an dem zentralen Knoten gemäß BOCC+ vorgenommen (9.1), wobei für erfolgreich validierte Änderer der zentrale Validierungsknoten eine Broadcast-Nachricht an alle Rechner verschickt (zum Wegwerfen alter Seitenkopien, Vermerken bei welchem Rechner Änderungen anzufordern). Diese Broadcast-Nachricht wird jedoch nicht zum frühzeitigen Zurücksetzen zum Scheitern verurteilter TA benutzt, da für diese nach gescheiterter Validierung ein **Preclaiming** durchgeführt wird. Damit konnte zumindest in der Simulation der Erfolg der zweiten TA-Ausführung garantiert werden, da hier bei der Wiederausführung einer TA stets dieselben Objekte referenziert werden.

Da auch für dieses Protokoll Konsistenzebene 2 unterstellt wurde, erfolgt eine Validierung nur für Änderungs-TA; Lese-TA sind also stets erfolgreich.

2.) Beim pessimistischen Protokoll (**ZLM**) werden zur Einsparung von Sperranforderungen an den zentralen Lock-Manager sowohl ein Sole-Interest-Konzept als auch eine Leseoptimierung auf

Blockebene eingesetzt (8.1). Zur Behandlung des Veralterungsproblems wurde die einfache Broadcast-Lösung (bei NOFORCE) gewählt, um eine Kombination des Verfahrens mit dem optimistischen Protokoll zu erleichtern. Wie bei dem Primary-Copy-Sperrverfahren werden Lesesperren kurz gehalten und globale Deadlocks über Timeout ermittelt; lokale Deadlocks werden auch hier explizit erkannt.

3.) Bei dem kombinierten Protokoll kann für jeden TA-Typ festgelegt werden, ob eine Synchronisation gemäß dem erwähnten optimistischen oder dem pessimistischen Protokoll gewählt werden soll. Die pessimistische Synchronisation empfiehlt sich v.a. für lange (Änderungs-)TA, um bereits die erste Ausführung erfolgreich zu beenden. Bei dem integrierten Verfahren wurden optimistische TA für Sole-Interest-Objekte lokal pessimistisch synchronisiert, um ihr Rücksetzrisiko zu vermindern.

Bei allen sechs Verfahren konnte für die Synchronisation auf FPA/DBTT-Seiten zwischen den in 13.1 genannten zwei Alternativen gewählt werden. Es wurde also entweder auf Seitenebene synchronisiert (zwischen den Rechnern), oder die Synchronisation auf FPA/DBTT-Seiten wurde vollkommen abgeschaltet (keine Konflikte, jedoch CPU- und E/A-Bedarf).

Bei den implementierten Protokollen wird das Veralterungsproblem (für eine NOFORCE-Strategie) stets mitbehandelt. Die zur Abarbeitung der Synchronisationsnachrichten anfallenden Aktionen sind ebenfalls in der Synchronisationskomponente angesiedelt.

13.2.6 Systempufferverwaltung und Logging

Für die Realisierung von Systempufferverwaltung und Logging wurde das DB-Cache-Verfahren /ElBa84/ zugrundegelegt, bei dem eine NOFORCE-Strategie sowie ein Logging auf Seitenebene vorgesehen wird. Die After-Images werden dabei mit 'Chained-I/O' gebündelt von einem Log-Puffer auf die sequentielle Log-Datei geschrieben, wodurch sich die Schreibzeiten gegenüber wahlfreier E/A erheblich verkürzen lassen (z.B. um Faktor 10). Im Gegensatz zu /ElBa84/ werden bei uns Verdrängungen 'schmutziger' Seiten, die von noch nicht beendeten TA geändert wurden, zugelassen (STEAL-Strategie), da ansonsten für TA-Lasten mit langen Änderungs-TA die Simulationen mit der vorgesehenen Puffergröße nicht durchführbar gewesen wären. Außerdem erfolgten die Änderungen nur bei den optimistischen Protokollen auf privaten Kopien, nicht aber für das Primary-Copy-Sperrverfahren (s.u.).

Mit einem FIX-Aufruf fordert eine TA die Bereitstellung einer Seite im Systempuffer an, die hierzu ggf. einzulesen (bzw. bei einem anderen Rechner anzufordern) ist. Nach dem Zugriff teilt die TA dem Systempufferverwalter mit einem UNFIX-Aufruf mit, daß sie die Seite nicht mehr benötigt. In der Simulation wird für jede im Systempuffer vorliegende Seite ein FIX-Zähler geführt, der bei jedem FIX-Aufruf um 1 inkrementiert und beim UNFIX dekrementiert wird; der Zähler zeigt so an, für wieviele TA eine Seite aktuell angefordert wurde. Zur Ersetzung können nur Seiten, deren FIX-Zähler den Wert 0 besitzen, ausgewählt werden, wobei hier stets eine globale LRU-Strategie /EfHä84/ zur Auswahl einer zu ersetzenden Seite verwendet wird. Allerdings wird dabei eine leicht modifizierte LRU-Variante benutzt, wobei möglichst eine nicht geänderte Seite zur Ersetzung bestimmt wird (da sonst vor dem Einlesen einer Seite zunächst die zu ersetzende, geänderte Seite ausgeschrieben werden muß). Diese Ersetzungsstrategie wurde in /Cai87/ als Delta-LRU-Verfahren bezeichnet und führte in empirischen Simulationen zu besseren Durchsatzergebnissen (trotz schlechterer Trefferraten) als eine reine LRU-Strategie.

Beim UNFIX wurde in der Simulation neben der Dekrementierung des FIX-Zählers für geänderte Seiten bereits das After-Image in den Log-Puffer gebracht. Ergab sich dadurch ein voller Log-Puffer, so wurde dieser sogleich ausgeschrieben (mit einem asynchron zur weiteren TA-Verarbeitung durchgeführten Chained-I/O-Vorgang). Bei EOT einer Update-TA waren so in der Regel bereits die meisten ihrer After-Images gesichert, so daß lediglich noch eine Log-E/A (mit dem Commit-Record) erforderlich war.

Da zu Beginn der Simulation der Systempuffer noch leer ist, hätten sich in der Anlaufphase (wenn der Puffer noch leere Seitenrahmen enthält) geringere Trefferraten als im 'eingeschwungenen Zustand' ergeben. Um in dieser Startphase, die wegen der Kürze der Referenz-Strings nicht unberücksichtigt bleiben konnte, nicht zu viele E/As zu verursachen, wurde folgende Regelung getroffen:

- für FPA/DBTT-Seiten, auf die (wie erwähnt) i.a. häufig zugegriffen wird, wird in der Anlaufphase angenommen, daß sie bereits im Puffer vorliegen.

- Zugriffe auf Datenseiten werden so behandelt, als seien sie bereits mit einer festgelegten Wahr scheinlichkeit (Parameter Leer-Trefferrate) eingelesen worden.

Bei *PCL* wurde die Realisierung der Systempufferverwaltung an die bei UDS (seit V5) verwendete Variante des DB-Cache-Verfahrens /Unt84/ nachgebildet. Dabei werden die Änderungen nicht auf privaten Kopien der Seiten durchgeführt, sondern direkt in den (Original-) Seiten. Dies implizierte die Notwendigkeit eines Before-Image-Loggings, um TA zurücksetzen zu können, deren schmutzige Änderungen in die physische Datenbank verdrängt wurden. Bei dieser Vorgehensweise konnten so für einen FIX-Aufruf bis zu drei physische E/As notwendig werden, wenn eine 'schmutzige' Seite als Ersetzungskandidat ausgewählt wurde (Ausschreiben des Log-Puffers mit Before-Image wegen WAL-Prinzip /Gra78/, Ausschreiben der zu ersetzenden Seite in die physische Datenbank, Einlesen der angeforderten Seite).

Bei den *optimistischen Verfahren* (ebenso wie bei dem ZLM-Ansatz, der v.a. wegen der Kombination mit dem zentralen Validierungsschema implementiert wurde) erfolgten dagegen die Änderungen protokollbedingt auf privaten Kopien eines TA-Puffers. Die Realisierung orientierte sich dabei an der in Abb. 13.3 gezeigten Organisationsform der Pufferbereiche. Es wurde neben dem eigentlichen Systempuffer ein TA-Puffer-Bereich vorgesehen, in dem alle Änderungen vorgenommen werden; im Systempuffer liegen so keine 'schmutzigen' Seiten mehr vor. Im TA-Puffer-Bereich werden dabei nur für zu ändernde Seiten Kopien angelegt, während reine Lesezugriffe im Systempuffer befriedigt werden (falls nicht für die betreffende TA eine Kopie im TA-Puffer vorliegt). Die Verdrängungen aus dem TA-Puffer-Bereich (STEAL) erfolgen hier nicht in die physische Datenbank, sondern in einen separaten Überlaufbereich auf Platte, auf dem eine Seite (zunächst) nur von der ändernden TA referenziert werden kann. Wenn eine TA auf eine von ihr geänderte und mittlerweile verdrängte Seite erneut zugreifen möchte, ist ein Einlesen der Seite von dem Verdrängungsbereich in den TA-Puffer notwendig.

Die Verdrängung von Seiten aus dem TA-Puffer hat zur Folge, daß möglicherweise einige der in der Schreibphase in den Systempuffer einzubringenden Seiten nicht im Hauptspeicher vorliegen. Für diese Seiten wird angenommen, daß ihr Abbild auf dem Überlaufbereich als gültige Version der Seite fungiert und für weitere Zugriffe z.V. steht. Damit erspart man sich zur Durchführung der Schreibphase ein separates Einlesen der verdrängten Seiten. Falls von einem anderen Rechner eine gültige Seite des Überlaufbereichs angefordert wird, muß diese ggf. zunächst von dem befragten Rechner

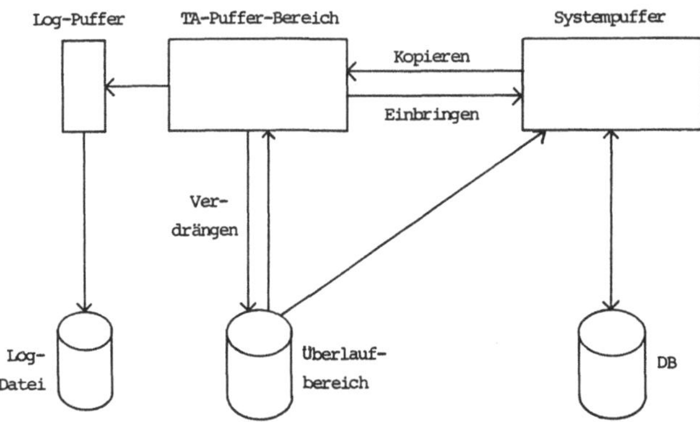

Abb. 13.3: Systempufferorganisation bei optimistischer Synchronisation

eingelesen werden, bevor sie zugeschickt werden kann.

Um die Komplexität der Implementierung in Grenzen zu halten, wurden in der Simulation für TA-Puffer-Bereich und Systempuffer getrennte Mengen benutzbarer Seitenrahmen verwaltet. Dadurch mußten für während der Schreibphase in den Systempuffer einzubringende Seiten, in diesem i.a. (möglicherweise mit Ausschreibvorgängen verbundene) Verdrängungen vorgenommen werden. Dies wäre bei einer gemeinsamen Pufferverwaltung, bei der die Größe von TA-Puffer-Bereich und Systempuffer dynamisch variieren, vermeidbar gewesen, indem eine Seite des TA-Puffers als dem Systempuffer zugehörig erklärt wird. Der Einfluß der so zusätzlich verursachten E/A-Vorgänge kann jedoch durch Bereitstellung einer etwas erhöhten Anzahl von Seitenrahmen kompensiert werden.

Eine detailliertere Beschreibung der Realisierung von Systempufferverwaltung und Logging befindet sich in /Luc86/ (für PCL) bzw. /Pet88/.

13.2.7 Das Kommunikationssystem

Bei allen Konfigurationen wurde für die Interprozessor-Kommunikation ein Punkt-zu-Punkt-Verbindungsnetzwerk unterstellt, bei dem für jede Verbindung die gleiche Übertragungskapazität vorliegt. Die Wahl dieser Kommunikationsstruktur geschah v.a. mit Hinblick auf das möglicherweise hohe Übertragungsvolumen aufgrund der vorgesehenen Seitentransfers; die Anzahl der Verbindungen sollte bei den hier betrachteten Rechnerzahlen (<= 4) auch aus Kostengründen noch vertretbar sein. Für die Broadcast-Nachrichten verwendende Protokolle (alle außer PCL) wurde zudem noch die Existenz eines Busses vorausgesetzt.

In dem Simulationssystem wurde jede Übertragungsverbindung als eigener Server modelliert, um alle Wartezeiten und Engpässe im Kommunikationssystem genau zu erfassen. Für N Rechner ergeben sich so allein im Kommunikationssystem N*(N-1) Server für die Punkt-zu-Punkt-Verbindungen sowie ggf. einen zusätzlichen Bus-Server. Zur Einsparung des Kommunikations-Overheads ist es in der Simulation möglich, Nachrichten gebündelt zu übertragen. Eine solche Bündelung wird über zwei Parameter (s. Tab. 13.4) gesteuert:

- der Bündelungs- oder Blockungsfaktor B gibt an, wieviele Nachrichten (maximal) zusammen übertragen werden sollen; bei B=1 wird jede Nachricht sofort losgeschickt.

- der Parameter BMAX spezifiziert eine maximale Bündelungswartezeit. Damit wird für den Fall B>1 eine Nachricht spätestens nach Ablauf dieser Verzögerung übertragen, auch wenn der Bündelungsfaktor noch nicht erreicht ist. Nachrichten, bei denen eine Seite mitverschickt wird, werden jedoch stets sofort übermittelt (keine Bündelung).

Nach Ablauf einer etwaigen Bündelungsverzögerung werden in der Simulation für eine vorzunehmende Nachrichtenübertragung zunächst im Senderechner die CPU-Kosten für das Senden angefordert. Danach wird für die aus der Nachrichtenlänge und der Übertragungsgeschwindigkeit bestimmten Übertragungsdauer das Kommunikationssystem belegt, wobei Wartezeiten aufgrund konkurrierender Übertragungen möglich sind. Schließlich wird nach Eintreffen der Nachricht im Empfangsrechner die CPU für die Durchführung der RECEIVE-Operation sowie zur Abarbeitung der Nachricht(en) belegt.

13.3 Beschreibung der Transaktionslasten

Die Simulationen wurden für insgesamt sechs logische Seitenreferenz-Strings durchgeführt, deren Namen bereits in Tab. 13.1 angegeben wurden. Dabei stammen fünf der Mixe (TER, DOD, WSOD, KD, DOA) aus kommerziellen DB/DC-Anwendungen mit dem CODASYL-DBS UDS bzw. mit dem TP-Monitor UTM der Firma Siemens. MIX50 wurde dagegen aus einer speziell für Leistungsuntersuchungen erstellten Anwendung /Reu81/ erzeugt. Während fünf der TA-Lasten bereits in früheren empirischen Simulationen Verwendung fanden, stellt DOA eine neue, weitaus größere TA-Last dar, die mit dem Filterprogramm aus /Man86/ erzeugt wurde (s. 13.1). Tab. 13.5 zeigt zu den genannten Referenz-Strings einige kennzeichnende Größen.

Die Tabelle offenbart erhebliche Unterschiede bei den TA-Lasten, insbesondere hinsichtlich ihrer Größe (#BE) sowie der Änderungsintensität, so daß ein breites Anwendungsspektrum damit abgedeckt werden kann. Der neue Mix DOA weist rund 13-mal soviele BEs auf als die zweitgrößte Last MIX50 und mehr als das 100-fache des kleinsten Mixes TER. Die Aufzeichnungsdauer der Traces lag zwischen etwa 20 Minuten (DOD) und knapp 3 Stunden (DOA); die Größe der benutzten Datenbanken betrug bis zu 3.6 GB, wodurch der hohe Realitätsbezug der Anwendungen bestärkt wird.

Es fällt auf, daß für jeden Mix ein unterschiedlicher Instruktionsbedarf zur Abarbeitung einer Bearbeitungseinheit (#**Instr.**/BE) festgesetzt wurde. Dies resultiert aus den unterschiedlichen TA-Profilen der Lasten (Anteil der Änderungs-TA und von Änderungs-Befehlen), welche bei der Festlegung der CPU-Kosten ebenso berücksichtigt wurden wie Overhead auf BS-Ebene (Prozeßwechsel, Paging etc.). Zur Bestimmung des Instruktionsbedarfs pro Bearbeitungseinheit, die in /Rah84, Boh85/ näher dargelegt ist, konnten weitgehend die Ergebnisse tatsächlicher Pfadlängenmessungen beim DBS UDS unter BS2000 zugrundegelegt werden. Generell gilt, daß der Wert für '#Instr./BE' umso höher ist, je größer der Anteil der Update-TA und v.a. je höher der Anteil von Änderungsoperationen ist. Daher ergab sich auch für TER der höchste (8100) und für MIX50 der geringste Wert (1900).

Wie aus der Tabelle hervorgeht, besteht auf **FPA/DBTT-Seiten** eine weitaus höhere Zugriffshäufigkeit (#Logrefs je FPA/DBTT-Seite) als auf den anderen Seitentypen. Dadurch ergibt sich für solche Seiten eine sehr große Konfliktgefahr, zumal bei ihnen auch der Anteil ändernder Zugriffe i.a. höher liegt als für Datenseiten (auf FPA-Seiten wird nur mit Änderungsabsicht zugegriffen, da hierbei eine Datenseite zum Einfügen eines Satzes gesucht wird, deren Freispeicherinformation somit anzupassen

	TER	DOD	WSOD	KD	MIX50	DOA
#TA	2 288	669	860	2 014	39	17 478
Anteil Upd.-TA (%)	45.7	46.5	33.6	13.4	12.8	29.5
#TA-Typen	1 (4)	10 (13)	2 (5)	2 (5)	5	12
Trace-Dauer (Min.)	73	21	159	55	148	168
Größe der DB (MB)	565	330	315	3 600	60	1 585
Anzahl ref. Seiten	2 188	3 025	6 389	8 515	5 235	65 432
ref. DB-Anteil (%)	0.8	1.8	4.1	0.5	17.5	8.3
Anzahl ref. Areas	3	9	5	12	1	9
#Logrefs	9 862	40 751	54 465	57 959	79 750	1 024 207
Update-Logrefs (%)	48.9	6.7	15.0	14.0	0.1	1.9
FPA/DBTT-Logr. (%)	24.4	10.1	18.9	13.6	27.2	15.1
#LR je Seite	4.5	13.5	8.5	6.8	15.2	15.7
#LR je FPA/DBTT-S.	34.8	18.8	16.9	7.0	85.5	61.5
#BE	14 438	42 089	56 185	61 987	79 828	1 059 163
#BE/TA	6.3	62.9	65.3	30.8	2046.9	60.6
#Instr./BE	8 100	2 850	2 500	2 600	1 900	2 500
#Instr./TA (ohne E/A u. Kommun.)	51 000	180 000	163 000	80 000	3.9 Mill	152 000
#X-Locks	3 341	1 418	3 237	5 336	37	11 287
#R-Locks (kurz)	4 931	37 039	41 744	49 259	79 664	994 469
#R-Locks (lang)	4 639	8 040	15 891	16 341	6 926	342 920
#LR/Seite je TA	1.4	9.7	3.0	2.8	11.5	2.9

Tab. 13.5: Charakteristische Daten zu den Referenz-Strings

ist). Außerdem befinden sich unter den FPA/DBTT-Seiten eine Reihe von **Hot-Spots**, deren Zugriffshäufigkeit weit über den angegebenen Durchschnittswerten liegt. So existiert z.B. für TER eine FPA- (bzw. DBTT-) Seite, auf die 10 % aller Referenzen entfallen und auf der 17 % aller TA eine Schreibsperre verlangen; auf einer weiteren FPA/DBTT-Seite verlangen (auch bei TER) sogar 20 % der TA eine Schreibsperre. Bei DOD wird auf einer einzigen FPA-Seite von 28 % aller TA eine Schreibsperre gesetzt! Es ist klar, daß in solchen Fällen bei einer Synchronisation auf Seitenebene enorme Konfliktraten vorgegeben sind, insbesondere da bei den meisten TA-Lasten (außer TER) auch sehr lange TA mit mehr als 1000 Referenzen beteiligt sind. Für Datenseiten wurde nur in einem Fall ein ähnliches Konfliktpotential ermittelt: bei DOA entfallen auf eine Datenseite 26 % aller Schreibsperren, wobei 17 % der TA die Seite ändern wollen.

Ein gutes Maß für die **Zugriffslokalität innerhalb einer TA** ist die Angabe, wie häufig eine TA dieselbe Seite im Mittel referenziert (#Logrefs/Seite je TA). So entfallen z.B. bei DOD zwar etwa 60 Referenzen auf eine TA, jedoch werden dabei im Mittel nur sechs verschiedene Seiten berührt, da bei diesem Mix eine TA durchschnittlich 9.7-mal auf eine Seite zugreift! Dies läßt gute Trefferraten im Systempuffer (sowie einen erfolgreichen Einsatz der Leseoptimierung für DB-Sharing) erwarten. Ähnlich hohe Rereferenzierungs-Werte ergeben sich für MIX50, wenn hier auch durch die Länge der TA begünstigt. Bei WSOD, KD und DOA greift eine TA im Mittel rund dreimal auf dieselbe Seite zu, bei TER wegen der Kürze der TA nur 1.4-mal. Setzt man die Gesamtzugriffshäufigkeit auf eine Seite (#LR je Seite) mit diesen TA-spezifischen Werten ins Verhältnis, so erhält man die mittlere Anzahl von TA, die auf eine (mindestens einmal) referenzierte Seite zugreifen. Ein hoher Wert (wie z.B. bei TER, WSOD oder KD) läßt hierbei eine höhere Konfliktwahrscheinlichkeit vermuten, jedoch ist dabei auch die Länge des Mixes (die für DOA einen hohen Wert bewirkte) bzw. die Änderungshäufigkeit zu berücksichtigen. Zudem verdeutlichten obige Beispiele, daß Hot-Spot-Seiten für das Konfliktpotential bestimmender sein können als mittlere Zugriffswahrscheinlichkeiten.

Obwohl zu den Mixes bereits einige Einzelkennzeichen genannt wurden, sollen sie im folgenden noch einmal kurz charakterisiert werden:

- Bei dem kürzesten Mix *TER* liegt der höchste Anteil von Änderungszugriffen (fast 50 %) vor. Die TA in diesem Mix sind sehr kurz (84 % der TA umfassen 5 oder weniger Referenzen); es treten praktisch keine langen TA auf. Der Homogenität des TA-Profils stehen jedoch extreme Häufigkeiten ändernder Zugriffe auf FPA/DBTT-Seiten gegenüber (s.o.).

- *DOD* ist, abgesehen von der erwähnten FPA-Seite, ein gutmütiger Mix mit sehr geringem Anteil von Änderungszugriffen. 70 % der TA-Last entfallen hier auf die 13 % der TA mit 100 und mehr Referenzen; diese TA sind auch primär für die angesprochene hohe Lokalität von Lesezugriffen innerhalb einer TA zuständig.

- *WSOD* weist nach TER den zweithöchsten Anteil von Änderungszugriffen auf, wobei hier jedoch die Konflikte wegen den weitaus längeren TA verschärft werden. Bei diesem Mix sind praktisch alle TA-Größen vertreten (von einigen wenigen bis mehreren tausend Referenzen).

- Bei *KD* sind die kurzen TA in der Mehrzahl: so umfassen 95 % der TA weniger als 100 Referenzen; allerdings vereinen die restlichen 5 % der TA 60 % der Zugriffe auf sich. Auf FPA/DBTT-Seiten wird bei KD zwar kaum häufiger als auf Datenseiten zugegriffen, jedoch entfallen auf eine FPA/DBTT-Seite im Mittel 6-mal mehr Schreibsperren als auf eine Datenseite.

- *MIX50* enthält lediglich 39 sehr lange TA, die nahezu ausschließlich lesend auf die (kleine) Datenbank zugreifen. Konflikte sind für diesen Mix daher kaum zu erwarten.

- Der Referenz-String *DOA* ist, wie erwähnt, die mit Abstand größte TA-Last. Abgesehen von der angesprochenen Hot-Spot-Seite liegt nur eine geringe Änderungsintensität vor. Ähnlich wie bei WSOD und auch DOD sind in dem Mix TA unterschiedlichster Größe repräsentiert.

13.4 Bestimmung der Routing-Tabellen und der PCA-Verteilungen

Wie in Teil III ausgeführt, erlaubt das Primary-Copy-Sperrverfahren die beste Kooperation zwischen Lastkontrolle und Synchronisation, da hierbei die Routing-Strategie und die PCA-Verteilung gezielt aufeinander abgestimmt werden können. Die zur Lastverteilung vorgesehene Routing-Tabelle sowie die PCA-Verteilung wurden für jeden Mix und für jedes N (Rechneranzahl) vor Durchführung der Simulation gemäß einer Heuristik erstellt. Die für PCL bestimmten Routing-Tabellen fanden auch bei den Simulationsläufen mit den anderen Synchronisationsprotokollen Verwendung, da die mit der Routing-Tabelle zu erreichende Lokalität im Referenzverhalten einzelner Rechner von generellem Vorteil ist (Trefferraten, Häufigkeit von Pufferinvalidierungen). Außerdem wird dadurch die Vergleichbarkeit der Ergebnisse verbessert.

Um eine PCA-Verteilung vornehmen zu können, war es zunächst erforderlich, für jede TA-Last die Einheiten der PCA-Verteilung, die sogenannten Fragmente (7.4), festzulegen. Eine Verteilung auf Area-Ebene war dabei wenig sinnvoll, da einerseits nur wenige Areas referenziert wurden (in MIX50 sogar nur eine) und zudem in jedem Mix dominierende Areas vorkommen, die zum Teil mehr als die Hälfte der Last auf sich vereinen. So entfallen auf die am häufigsten referenzierte Area bei den TA-Lasten folgende Anteile der Referenzen: TER 58 %, DOD 58 %, WSOD 39 %, KD 41 %, MIX50 100 % und DOA 39 %. Da eine PCA-Verteilung auf Area-Ebene daher für einen Teil der Rechner von vorneherein einen hohen Anteil extern zu behandelnder Sperren verursacht hätte, wurden die

Areas zur Gewinnung feinerer Fragmente weiter unterteilt. Eine Area wurde dabei in eine Reihe von zusammenhängenden Seitenbereichen untergliedert, wobei darauf geachtet wurde, daß auf keinen Bereich mehr als p % (Parameter des Fragmentierungsprogramms) der Sperren entfallen (Ausnahme: eine einzige Seite umfaßt bereits mehr als p % der Sperren). Als sinnvolle Besetzung für p erwiesen sich Werte von 3 bis 5 %. Bei der Erstellung der Feinpartitionierung wurden FPA/DBTT-Seiten stets in eigene Fragmente gelegt. Außerdem wurden die Sub-Partitionen iterativ verfeinert, wenn für sie bei der Bestimmung der TA- und PCA-Verteilung eine hohe Anzahl globaler Anforderungen ermittelt wurde /Rah85b/.

Ein weiteres Problem bei den TA-Lasten stellte die sehr geringe Anzahl signifikanter TA-Typen pro Mix dar. So war bei TER keinerlei Typ-Information vorhanden (1 TA-Typ), während bei KD und WSOD nur 2 TA-Typen unterschieden werden, von denen einer 98 bzw. 87 % der Referenzen auf sich vereint. Bei DOD, MIX50 und DOA umfassen die dominierenden TA-Typen 65, 60 und 27 % der DB-Zugriffe. Es ist klar, daß aufgrund dieser TA-Typen (ausgenommen DOA) kein effektives TA-Routing möglich ist, da bereits im 2-Rechner-Fall der dominierende TA-Typ von beiden Rechnern zu verarbeiten ist. Zur Linderung des Problems konnte für einige der TA-Lasten eine weitergehende Unterteilung der TA-Typen vorgenommen werden, und zwar durch Unterscheidung zwischen Lese- und Änderungs-TA und durch Berücksichtigung der Zugriffsverteilung (s. /Rah85b/). Die sich so ergebende Anzahl von TA-Typen ist in Tab. 13.5 in Klammern angegeben (dritte Zeile). Dennoch verblieb bei allen fünf kürzeren Referenz-Strings je ein TA-Typ, dessen TA rund die Hälfte aller Zugriffe vornehmen. So konnten nur für zwei Rechner die TA-Typen vollständig den Rechnern zugeordnet werden, während für N>2 der dominierende TA-Typ auf mehreren Rechnern zu verarbeiten war. Da mit der PCA-Verteilung für einen TA-Typ natürlich nur in einem der Rechner eine lokale Synchronisierung unterstützt werden kann, ist mit wachsender Rechneranzahl ein zunehmend kleiner werdender Teil einer lokalen Synchronisierung zu erwarten.

Nach diesen Vorarbeiten erfolgte die Bestimmung der Routing-Tabelle und der PCA-Verteilung mit einer in 7.4 schon angesprochenen und in /Rah86d/ beschriebenen Heuristik, bei der die beiden Zuordnungstabellen in schrittweiser Koordinierung berechnet werden. Haupteingabeparameter des Algorithmus ist (neben der Rechneranzahl) die Beschreibung des Referenzverhaltens in Form einer Referenzmatrix (7.4), welche die Zugriffsverteilung der TA-Typen auf die unterschiedenen Fragmente angibt. Um eine einigermaßen gleichmäßige Rechnerauslastung gewährleisten zu können, wurde vorgesehen, daß die TA derart aufzuteilen sind, daß jeder Rechner in etwa die gleiche Anzahl von Bearbeitungseinheiten abzuarbeiten hat (es wurde hierbei eine Abweichung um einen festlegbaren Prozentsatz, z.B. bis zu 10 %, zugelassen). Dies erforderte für die vorliegenden Mixes wegen der dominierenden TA-Typen v.a. für N>2 ein probabilistisches Routing (s. 7.4), bei dem ein TA-Typ mehreren Rechnern zugeordnet werden kann. In der Simulation wurden jedoch in diesen Fällen gewisse Abweichungen von der vorgegebenen TA-Verteilung vorgesehen, wenn sich so der Anteil der bearbeiteten TA-Last erhöhen ließ. Wenn z.B. einem Rechner nur 70 % eines TA-Typs zugeordnet waren und dieser Rechner als erstes seinen Anteil an der TA-Last abarbeiten konnte, dann wurden ihm auch noch TA von den verbleibenden 30 % zur Bearbeitung zugeteilt, um die Simulation nicht zu früh abzubrechen (s. /Boh85/).

Die Beschreibung zeigt, daß selbst für die Durchführung eines statischen TA-Routings sowie der Bestimmung der PCA-Verteilung einige Arbeitsschritte anfallen, die eine relativ genaue Kenntnis der TA-Last sowie den Einsatz geeigneter Programme/Heuristiken verlangen:

1.) Zunächst müssen für die PCA-Verteilung die geeigneten Fragmente bestimmt werden.

2.) Zur TA-Verteilung sind die relevanten TA-Typen festzulegen.

3.) Für die in Schritt 1 und 2 ermittelten Fragmente bzw. TA-Typen muß eine Referenzmatrix für einen charakteristischen Zeitraum erstellt werden (in der Simulation war dies für die vollständige Last).

4.) Routing-Tabelle und PCA-Verteilung sind mit einem geeigneten Algorithmus zu bestimmen, der eine relativ gleichmäßige Rechnerauslastung (soweit statisch überhaupt erreichbar, s. 7.4) mit höchstmöglicher Lokalität anstrebt. Falls für einige Fragmente ein hoher Anteil externer Anforderungen ermittelt wird, sind diese Fragmente ggf. weiter zu verfeinern und die Schritte 3 und 4 zu wiederholen.

Bei der Anwendung dieser Strategie auf die zur Verfügung stehenden Referenz-Strings ergaben sich jeweils ca. 50 bis 100 Fragmente (außer für TER, s.u.). Dennoch konnte mit der erstellten TA- und PCA-Verteilung in vielen Fällen (v.a. für mehr als zwei Rechner) nicht verhindert werden, daß TA mehrerer Rechner für Seiten eines Fragmentes Sperranforderungen stellen. Ein Grund liegt in der schon erwähnten Notwendigkeit, die dominierenden TA-Typen 'splitten' zu müssen. Ein ebenso wesentlicher Faktor war die vielfach geringe Lokalität innerhalb der TA-Typen, die sich nicht nur darin zeigt, daß jeder wesentliche TA-Typ nahezu alle relevanten Areas referenziert; vielmehr setzte sich diese Streuung der Zugriffe auch auf Ebene der weitaus feineren Seitenbereiche fort. So greifen v.a. in Lasten mit langen TA die dominierenden TA-Typen auf die meisten Fragmente der wichtigsten Areas zu, was auf vielfach sequentielle Verarbeitungsfolgen schließen läßt. An den Zugriffen auf die schon erwähnten Hot-Spot-Seiten waren zudem auch meist mehrere TA-Typen beteiligt, die v.a. für N>2 verschiedenen Rechnern zugeordnet werden mußten.

Völlig wirkungslos blieb eine Fragmentierung für den Referenz-String TER, bei dem eine starke Affinität der TA-Typen gegenüber den drei in diesem Mix referenzierten Areas vorliegt. Wie Tab. 13.6 zeigt, liegen in dieser Last zwei dominierende TA-Typen vor, die zusammen 91 % der Referenzen auf sich vereinigen und die auf vollkommen disjunkten DB-Bereichen (Areas) arbeiten. Dies hatte zur Folge, daß der Rechner, dem der (größte Teil von) TA-Typ TER-TT1 bzw. TER-TT2 zugeordnet wurde, auch die PCA für alle Fragmente der Area 3 bzw. 5 erhielt. Ebenso ging Area 4 an den Rechner, dem TA-Typ TER-TT4 zugeteilt wurde, so daß praktisch stets eine PCA-Verteilung auf Area-Ebene erfolgte.

Bei TER wurde für zwei Rechner vorgesehen, daß TA-Typ TER-TT1 sowie Area 3 Rechner 1 und die restlichen TA-Typen und Areas Rechner 2 zugeordnet werden. Dies ergibt eine nahezu optimale Partitionierung, da einerseits die Rechner in etwa gleichviele Referenzen zu verarbeiten haben und da v.a. nahezu alle Zugriffe lokal synchronisiert werden können. Für drei und vier Rechner mußten jedoch die beiden dominierenden TA-Typen auf je zwei Rechner verteilt werden, um auch Last für den dritten bzw. vierten Rechner bereitzustellen. Da diese jedoch nur die PCA für Area 4 oder für gar keine Area (im Vier-Rechner-Fall) bekommen, müssen in ihnen nahezu alle Sperranforderungen extern behandelt werden. Dies führt auch in den PCA-Rechnern für die Areas 3 und 5 zu vermehrten Kommunikationsbelastungen; außerdem verursachen extern vergebene Sperren längere Sperrwartezeiten.

Auf die ermittelten Routing-Tabellen bzw. PCA-Verteilungen für die anderen TA-Lasten kann hier nicht näher eingegangen werden, zumal diese aufgrund der vielen Fragmente auch schwer zu

TA-Typ	Area 3	4	5	Summe
TER-TT1	5213			5213
TER-TT2			3741	3741
TER-TT3	529		217	746
TER-TT4		162		162
Summe	5742	162	3958	9862

Tab. 13.6: Referenzmatrix für TER

interpretieren wären. Die gefundenen Zuordnungen sind jedoch in /Rah85b/ (außer für DOA) angegeben.

13.5 Ergebnisgrößen und Ausgabedaten

Die wichtigsten Leistungsmaße sind natürlich die bei der Abarbeitung der TA-Lasten erzielten Durchsatz- und Antwortzeitresultate. Allerdings ist es hierbei wenig sinnvoll, den Durchsatz in 'Transaktionen pro Sekunde' bzw. die mittlere Antwortzeit pro TA zu ermitteln, da in jedem Mix völlig unterschiedliche TA-Typen vorliegen (z.B. mit stark schwankender TA-Größe); außerdem wird i.a. nicht in jedem Simulationslauf die gleiche Anzahl von TA bearbeitet (wegen vorzeitiger Simulationsbeendigung). Aus diesen Gründen werden die Durchsatz- und Antwortzeitergebnisse bezüglich der Bearbeitungseinheiten ermittelt, wodurch auch ein besserer Vergleich zwischen den einzelnen Synchronisationsprotokollen möglich wird. Als Durchsatzmaß wird daher die Anzahl durchgeführter **Bearbeitungseinheiten pro Sekunde (BPS)** verwendet; AZ/BE bezeichnet die **mittlere Antwortzeit pro Bearbeitungseinheit**. Aus diesen Werten kann natürlich wieder der Durchsatz bzw. die Antwortzeit für die 'Durchschnitts-TA' eines Mixes über die mittlere Anzahl von BEs pro TA (Tab. 13.5) ermittelt werden.

Neben diesen 'externen' Leistungsmaßen erlaubt das detaillierte Simulationssystem die Ermittlung einer Vielzahl interessanter Kenngrößen, mit denen das Zustandekommen der Durchsatz- und Antwortzeitresultate erklärbar wird. Dazu gehören vor allem folgende Angaben:

- *CPU-Auslastung*
  Die Auslastung wird für jeden der Rechner ermittelt, ebenso die mittlere CPU-Auslastung aller Prozessoren. Weiterhin wird jeweils bestimmt, welcher CPU-Anteil auf E/A, Kommunikation oder 'normale' TA-Verarbeitung entfällt.

- *Antwortzeitaufschlüsselung*
  Hierbei wird genau angegeben, wie sich die mittlere Antwortzeit zusammensetzt, also welcher Antwortzeitanteil etwa mit Warten auf CPU-Zuteilung, für E/A, wegen Sperrkonflikten u.ä. zugebracht wurde.

- *E/A-Verhalten*
  Für jeden der Rechner wird eine umfangreiche Pufferstatistik geführt, die z.B. die Trefferraten oder Häufigkeiten von Verdrängungen und Daten- bzw. Log-E/As verrät. Diese Einzelwerte werden auch wieder für alle Rechner zusammengefaßt.

- *Kommunikationsverhalten*
  Zu jedem Nachrichten-Typ wird die Anzahl gesendeter Nachrichten ermittelt, ebenso die Auslastung der Übertragungsstrecken und die Verteilung der Nachrichten auf Rechner und Verbin-

dungen.

- *Synchronisationsverhalten*

Die hierzu umfangreich geführten Statistiken richten sich natürlich nach dem jeweiligen Synchronisationsprotokoll. Generell wird das Ausmaß an Rücksetzungen sowie der sogenannte **Wiederholungsfaktor Q** bestimmt. Dieser gibt an, wie oft eine Bearbeitungseinheit im Mittel ausgeführt werden mußte, wobei sich bei Rücksetzungen ein Wert größer 1 ergibt. Der Wiederholungsfaktor stellt so ein gutes Maß für die unnötigerweise verrichtete Arbeit dar.

Für die Sperrverfahren wird festgestellt, welcher Anteil der Sperranforderungen lokal behandelt werden kann (wegen lokal vorliegender PCA, wegen Sole-Interest bzw. wegen der Leseoptimierung), welche Konflikthäufigkeiten zwischen lokalen und externen TA auftreten ebenso wie die mittleren Sperrwartezeiten. Bei optimistischen Verfahren steht dagegen die genaue Analyse des Validierungsverhaltens im Mittelpunkt. Bezüglich des Veralterungsproblems wird stets die Anzahl entdeckter Pufferinvalidierungen ebenso wie das Ausmaß an Seitenübertragungen zwischen den Rechnern protokolliert.

Diese Zusammenstellung nennt nur die wichtigsten Größen, die durch die umfangreichen Statistiken erfaßt werden. Es ist klar, daß selbst diese Angaben aufgrund der vielen Simulationsläufe nur selektiv dargestellt und interpretiert werden können. Wir konzentrieren uns dabei auf das Primary-Copy-Sperrverfahren, das im nächsten Kapitel analysiert wird. In Kap. 15 sollen jedoch auch für die restlichen Protokolle einige typischen Ergebnisse vergleichend vorgestellt werden.

14. Quantitative Bewertung des Primary-Copy-Sperrverfahrens

In diesem Kapitel sollen die mit dem beschriebenen Simulationssystem gewonnenen Resultate für DB-Sharing-Systeme analysiert werden, die das in Kap. 7 entwickelte Primary-Copy-Sperrverfahren zur Synchronisierung und der Behandlung des Veralterungsproblems einsetzen. Bei der Darstellung der Ergebnisse in 14.1 wird insbesondere der Einfluß der für FPA/DBTT-Seiten benutzten Synchronisationsstrategie untersucht; wir betrachten dazu für alle TA-Lasten das Durchsatz- und Antwortzeitverhalten ebenso wie Auswirkungen auf die Rechnerauslastung, das E/A-, Kommunikations- und Sperrverhalten. In 14.2 und 14.3 wird dann noch beispielhaft der Einfluß der Routing-Strategie bzw. der Kommunikationskosten quantifiziert. Die wichtigsten Erkenntnisse werden abschließend in 14.4 zusammengefaßt. Bei allen Simulationsergebnissen liegen die in 13.2.1 angegebenen Parameterbesetzungen zugrunde; Abweichungen von der Vorbesetzung werden stets explizit angegeben.

14.1 Einfluß der Synchronisation auf FPA/DBTT-Seiten

Die gewählte Synchronisierung auf FPA/DBTT-Seiten stellte sich für die untersuchten TA-Lasten als leistungsbestimmender Faktor heraus, da (wie in 13.3 angeführt) unter diesen Seiten vielfach Hot-Spots vorliegen und die Zugriffs- und Änderungshäufigkeit auf diesen Seiten i.a. die von Datenseiten bei weitem übertreffen. Da aus technischen Gründen eine eintragsweise Synchronisierung nicht möglich war (s. 13.1), wurden folgende beiden Synchronisationsstrategien verfolgt. Bei Methode 1 werden FPA- und DBTT-Seiten zwischen den Rechnern auf Seitenebene synchronisiert, womit auch das Veralterungsproblem gelöst wird; innerhalb eines Rechners wird Konfliktfreiheit unterstellt. Bei der zweiten Möglichkeit wird generell Konfliktfreiheit auf FPA/DBTT-Seiten angenommen, und es erfolgt daher auch keine Synchronisierung; die Ergebnisse mit dieser Methode sind daher etwas besser als bei einer eintragsweisen Synchronisation.

14.1.1 Durchsatzverhalten

Abb. 14.1 zeigt zu jedem der sechs Referenz-Strings die Durchsatzresultate für diese beiden Strategien. Auf der Abszisse sind die 12 untersuchten Konstellationen für Rechneranzahl N und Sollparallelität P (pro Rechner) angegeben; als Durchsatzmaß dient BPS (#Bearbeitungseinheiten pro Sekunde). Im 1 Rechner Fall wird wegen der angenommenen Konfliktfreiheit innerhalb eines Rechners keine FPA/DBTT-Synchronisation vorgenommen; für TER und KD entfiel auch bei zwei Rechnern die Unterscheidung bezüglich der FPA/DBTT-Synchronisierung, da in diesen Fällen aufgrund der vorgenommenen TA- bzw. PCA-Verteilung sämtliche FPA/DBTT-Zugriffe lokal synchronisierbar waren. Bei MIX50 werden im Mehrrechner-Fall nur die Ergebnisse mit FPA/DBTT-Synchronisierung angegeben, da sich ohne sie keine signifikanten Verbesserungen ergaben; außerdem konnten für diese Last wegen der geringen TA-Anzahl nicht alle Konfigurationen untersucht werden. Die DOA-Ergebnisse können nur für den 1- und 2-Rechner-Fall angegeben werden, weil bei diesem sehr langen Mix das Simulationsprogramm für N>2 nicht mehr ausführbar war (die Programmgröße überstieg den verfügbaren virtuellen Adreßraum von ca. 5 MB, u.a. durch das Zwischenpuffern der Referenzsätze bedingt). Weiterhin war es für DOA aufgrund der langen Simulationslaufzeiten nur möglich, den ersten Teil (ca. 30 %) der Last abzuarbeiten, womit jedoch immer noch weitaus mehr Bearbeitungseinheiten anfielen als für die fünf anderen Lasten zusammen (300.000 BE, ca. 5300 TA). Bei den DOA-Simulationsläufen war pro Rechner eine Systempuffergröße von 2048 Seiten eingestellt, für die anderen Mixes stets der Default-Wert 512. Bei WSOD und KD sind daneben im 1-Rechner-Fall noch die Ergebnisse für eine Puffergröße von 2048 Rahmen angegeben, da hier die CPU mit 512 (und auch mit 1024) Seiten nicht vernünftig ausgelastet werden konnte ('I/O-bound').

Zur Ergebnisinterpretation ist vorauszuschicken, daß die erzielten, absoluten Durchsatzwerte in BPS nicht zwischen verschiedenen Lasten verglichen werden können, da bei den Mixes zum Teil beträchtliche Abweichungen hinsichtlich der CPU-Kosten pro Bearbeitungseinheit bestehen (Tab. 13.5). Das Augenmerk gilt daher zunächst dem Einfluß der Rechneranzahl, der Sollparallelität sowie der gewählten FPA/DBTT-Synchronisierung auf den Durchsatz (eine relativierte Durchsatzbewertung erfolgt in 14.1.2).

Bei den Durchsatzwerten in Abb. 14.1 fallen unmittelbar die großen Unterschiede, v.a. bei drei und vier Rechnern, zwischen den Ergebnissen mit und denen ohne FPA/DBTT-Synchronisation auf. So bewirkte die seitenorientierte Synchronisation auf FPA- und DBTT-Seiten für TER und DOD katastrophale Ergebnisse im 3- und 4-Rechnerfall, welche zum Teil unter den 2-Rechner-Werten liegen. Auch bei WSOD und KD konnten bei mehr als zwei Rechnern keine nennenswerten Durchsatzverbesserungen (ca. 20 %) mehr erzielt werden. Der wichtigste Grund für diese Durchsatzeinbrüche liegt offenbar in der Konflikthäufigkeit auf FPA/DBTT-Seiten, wobei insbesondere die Hot-Spot-Seiten (die v.a. bei TER und DOD vorliegen) für eine Vielzahl der TA hohe Sperrwartezeiten verursachten, so daß die Rechner nicht mehr vernünftig ausgelastet werden konnten. Für zwei Rechner konnten jedoch meist zufriedenstellende Resultate erzielt werden, da hier TA- und PCA-Verteilung noch eine weitgehend lokale Synchronisierung ermöglichten, so daß auch für FPA-/DBTT-Seiten kaum rechnerübergreifende Konflikte auftraten.

Ohne FPA/DBTT-Synchronisation konnte der Durchsatz sowohl mit wachsender Rechnerzahl als auch mit wachsender Parallelität gesteigert werden. Die Durchsatzsteigerung war dabei stets am größten beim Übergang von einem auf zwei Rechner sowie bei Erhöhung der Parallelität von 4 bis 8. Beim Anstieg der Parallelität von 8 auf 16 wurden meist nur noch geringe Durchsatzzunahmen oder sogar -verschlechterungen erzielt, entweder wegen erreichter CPU-Sättigung oder wegen zu vieler Sperrkonflikte. Bei wachsender Rechneranzahl kommt es zu einem merklich steigenden Kommunikationsbedarf, aber auch zu vermehrten Konflikten.

Im folgenden soll auf jeden der Mixes näher eingegangen werden. Dabei zum Teil schon angegebene Begründungen werden im weiteren Verlauf des Kapitels noch näher belegt und quantifiziert.

Für *TER* wurden im 2-Rechner-Fall optimale Ergebnisse erzielt: für jeden Parallelitätsgrad liegt der Durchsatz mehr als doppelt so hoch wie im 1-Rechner-Fall! Der Hauptgrund dafür liegt in der für zwei Rechner sehr gut möglichen Last- und PCA-Verteilung (siehe 13.4), mit der nahezu sämtliche Zugriffe lokal synchronisierbar sind. Außerdem konnte, wie noch näher gezeigt wird, der E/A-Aufwand deutlich reduziert werden, so daß der (geringe) Kommunikations-Overhead mehr als kompensiert werden konnte. Bei drei und vier Rechnern wurden dagegen auch ohne FPA/DBTT-Synchronisierung keine signifikanten Durchsatzverbesserungen mehr erzielt, da wegen des 'Splittens' der dominierenden TA-Typen der Kommunikationsaufwand stark zunahm; außerdem kam es verstärkt zu Synchronisationskonflikten. Eine FPA/DBTT-Synchronisation auf Seitenebene führte für N>2 zu extremen Konflikthäufigkeiten (für bis zu 20 % der Zugriffe), so daß die Rechner kaum ausgelastet werden konnten.

Auch bei *DOD* bewirkte eine FPA/DBTT-Synchronisation sehr schlechte Mehrrechner-Ergebnisse, ausgenommen nur die 2- und 3-Rechner-Werte für Parallelität 4. Nach 'Abschalten' der FPA/DBTT-

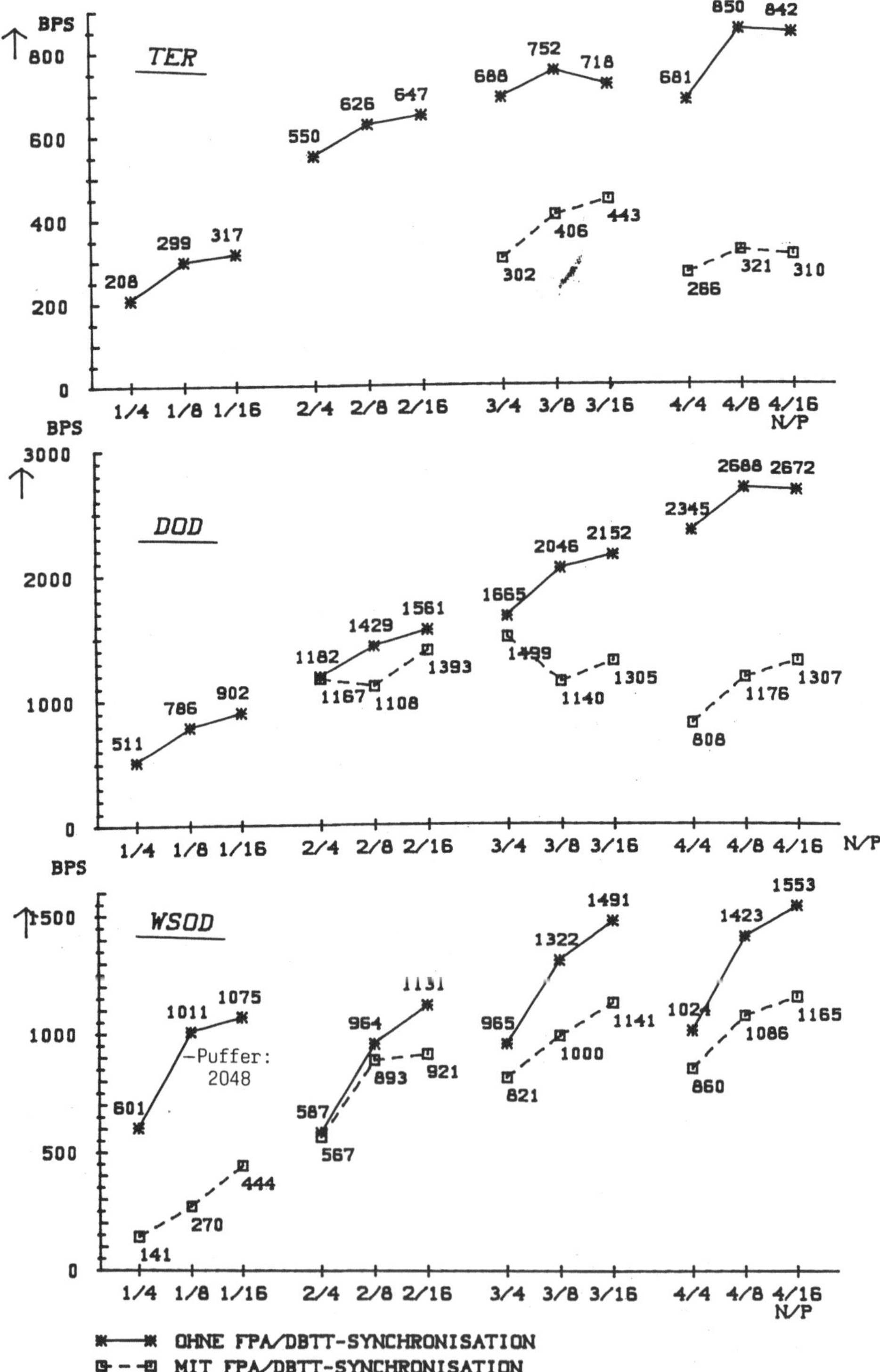

Abb. 14.1: Durchsatzergebnisse für TER, DOD und WSOD

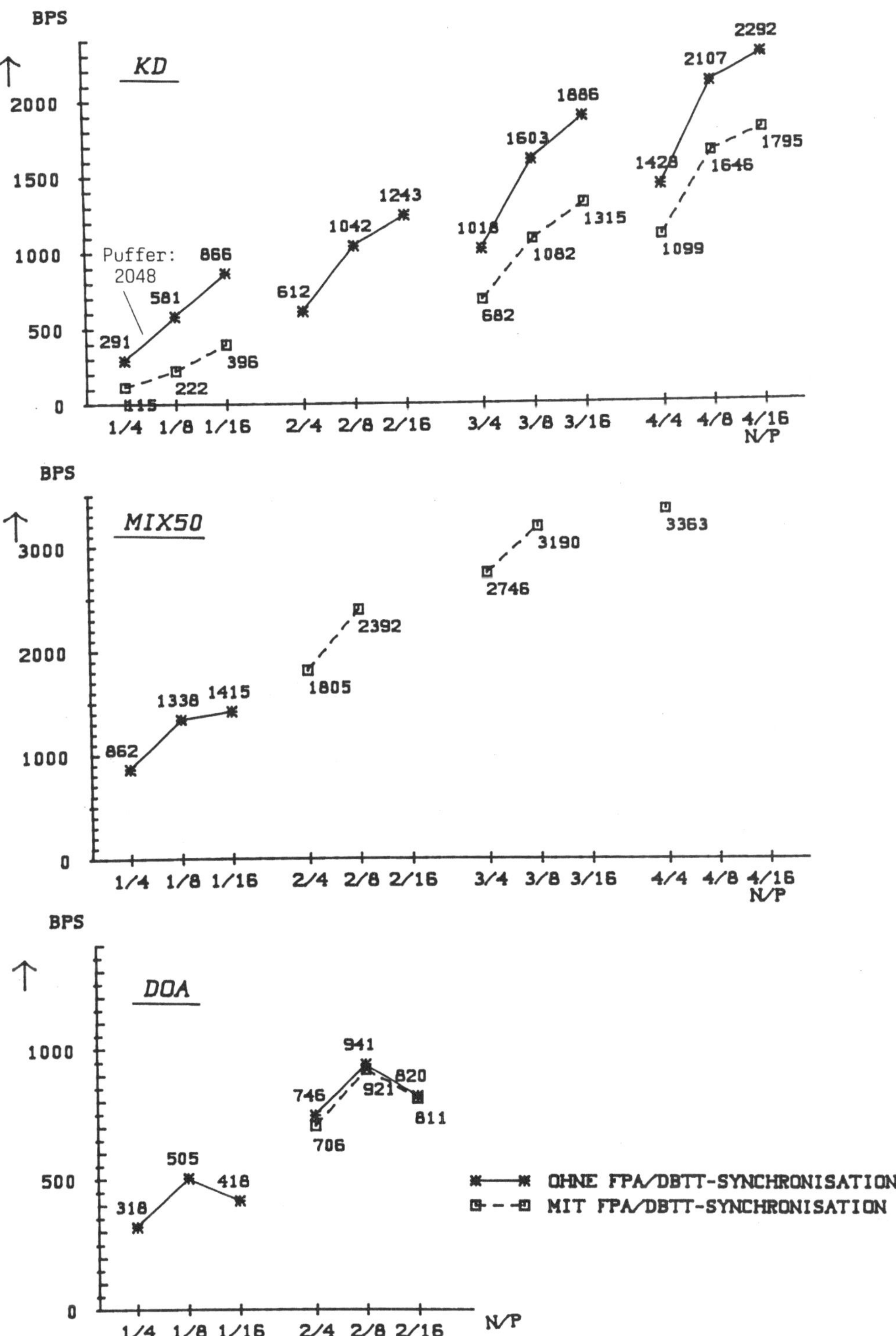

Abb. 14.1: Durchsatzergebnisse für KD, MIX50 und DOA

Konflikte konnte dagegen der Durchsatz nahezu linear mit der Rechneranzahl gesteigert werden, auch für drei und vier Rechner! Wie sich zeigen wird, liegt eine Hauptursache hierfür in der sehr erfolgreich anwendbaren Leseoptimierung, die in vielen Fällen auch ohne vorhandene PCA eine lokale Synchronisation zuließ. Allerdings nehmen die Durchsatzsteigerungen im Vergleich zum 1-Rechner-Fall mit wachsender Parallelität ab. So wird für P=4 der Durchsatz zum Teil mehr als um den Faktor N gesteigert, während für P=16 die Zuwachsraten 'nur' noch 73, 139 und 196 Prozent für 2, 3 bzw. 4 Rechner betragen.

Für *WSOD* ergaben sich im 1-Rechner-Fall bei 512 Seiten Systempuffergröße sehr geringe Trefferraten, und wegen der häufigen E/A-Unterbrechungen konnte die CPU nicht ausgelastet werden. Erst eine Vervierfachung der Puffergröße beseitigte den E/A-Engpaß und führte zu sprunghaft ansteigenden Durchsatzwerten. Ein Vergleich mit den Mehrrechner-Ergebnissen ist daher auch schwierig, da dort 512 Seiten pro Rechner sich als ausreichend erwiesen (kein E/A-Engpaß). Dennoch müssen die DB-Sharing-Ergebnisse für WSOD auch ohne FPA/DBTT-Synchronisation als schwach eingestuft werden, da die optimalen 1-Rechner-Werte nur wenig übertroffen werden können. Als Hauptthemmnis erwiesen sich im Mehrrechner-Fall auch auf Datenseiten häufig auftretende Sperrkonflikte.

Bei *KD* ließ sich im zentralen Fall ebenfalls erst für eine Puffergröße von 2048 Seiten ein E/A-Engpaß vermeiden, während für DB-Sharing ein besseres E/A-Verhalten erzielt werden konnte. Hier konnte der Durchsatz bei fehlender FPA/DBTT-Synchronisierung mit zunehmender Rechneranzahl beachtlich gesteigert werden. Allerdings sind hier die guten Werte für Parallelität 8 und 16 im 3- und 4-Rechner-Fall zum Teil dadurch begünstigt, daß die TA-Last nicht vollständig abgearbeitet werden konnte. In diesen Fällen wurden nämlich v.a. die kurzen TA ausgeführt, während die langen TA, für die i.a. eine höhere Konfliktgefahr besteht, zum Teil noch unbearbeitet waren.

Bei *MIX50* ließ sich der Durchsatz mit wachsender Rechneranzahl stetig verbessern. Da in diesem Lese-Mix Konflikte keinen Einfluß auf den Durchsatz hatten, führte lediglich der mit N und P wachsende Kommunikations-Overhead zu einer Abflachung der Steigerungsrate.

Für *DOA* konnten die Rechner auch bei großem Puffer nicht vernünftig ausgelastet werden, da die erwähnte Hot-Spot-Datenseite sehr viele TA in einen Sperrkonflikt verwickelte. So bewirkte auch ein Abschalten der FPA/DBTT-Synchronisation keine nennenswerten Verbesserungen; die mit zunehmender Parallelität sich verschärfende Konfliktsituation führte zu einem deutlichen Durchsatzrückgang beim Übergang von P=8 auf P=16. Da es sich bei der Hot-Spot-Seite nicht um eine Sekundär-Datenseite (Index, Hash-Bereich o.ä.) handelt, deutet die hohe Zugriffsfrequenz auf ein anwendungsspezifisches High-Traffic-Element (4.1.3) in dieser Seite hin.

Insgesamt gesehen belegen die Durchsatzergebnisse bereits die dringende Notwendigkeit einer eintragsorientierten Synchronisation auf FPA-/DBTT-Seiten, die bei dem Primary-Copy-Sperrverfahren auch vergleichsweise einfach möglich ist (10.5). Bei Ignorierung von Konflikten auf FPA/DBTT-Seiten konnten für TER im Zwei-Rechner-Fall sehr gute Ergebnisse erzielt werden, da hierbei eine nahezu optimale Last- und PCA-Verteilung möglich war. Für MIX50, DOD und (mit Abstrichen) KD wurden auch für drei und vier Rechner noch gute Durchsatzwerte erreicht trotz der Notwendigkeit, die dominierenden TA-Typen auf mehreren Rechnern zu verarbeiten. Hier wirkte sich v.a. die Leseoptimierung positiv aus. Bei WSOD und DOA verhinderten jedoch Sperrkonflikte auf Datenseiten befriedigende Durchsatzresultate im Mehrrechner-Fall.

14.1.2 CPU-Auslastung

Die zum Teil schon genannten Einflußfaktoren auf das Leistungsverhalten werden im weiteren Verlauf des Kapitels noch ausführlich untersucht. Für die Erklärung der Durchsatzergebnisse besonders aufschlußreich erweist sich die Analyse der CPU-Auslastung. Abb. 14.2 zeigt stellvertretend für DOD die Zusammensetzung der mittleren Rechnerauslastung für beide Alternativen der FPA/DBTT-Synchronisierung.

Abb. 14.2a verdeutlicht, daß ohne FPA/DBTT-Synchronisation die CPU-Auslastung mit wachsender Parallelität stets deutlich zunahm und bei Parallelität 16 bei jeder Rechneranzahl eine mittlere Auslastung von über 97 % erreicht wurde. Weder Sperrkonflikte noch E/A-Vorgänge zeigten hier also einen durchsatzbegrenzenden Einfluß. Negativ wirkte sich dagegen der Kommunikations-Overhead aus, der sowohl mit der Parallelität als auch mit der Rechneranzahl deutlich ansteigt und für N=4 und P=16 die CPUs im Mittel zu 30 % belastete. Der mit P wachsende Kommunikationsaufwand geht auf die größere Anzahl aktiver TA zurück, die gleichzeitig Sperranforderungen verschicken können; die Zunahme mit N zeigt an, daß bei mehr Rechnern immer weniger Zugriffe lokal synchronisiert werden konnten. Dagegen ließ sich der E/A-Overhead mit zunehmendem N stets verringern, insbesondere beim Übergang von einem auf zwei Rechner (um ca. 30 %).

Generell läßt sich bei allen Simulationsläufen feststellen, daß die erzielten Durchsatzergebnisse direkt proportional zu dem Anteil sind, zu dem die CPUs im Mittel für die TA-Verarbeitung (CPU-Kostenanteil für die Ausführung der Bearbeitungseinheiten) erfolgreicher TA ausgelastet waren. Dieser Anteil stieg bei fehlender FPA/DBTT-Synchronisierung für DOD immer mit wachsender Parallelität, so daß auch der Durchsatz zunahm. Im Mehrrechner-Fall war jedoch dieser Anteil (für P=8 und 16) wegen der Kommunikationsbelastungen geringer als für einen Rechner; die Durchsatzsteigerungen flachten daher ab. So betrug die nutzbringende CPU-Auslastung bei Parallelität 16 im zentralen Fall rund 86 %, für 2, 3 und 4 Rechner jedoch nur noch ca. 77, 68 bzw. 65 Prozent je Rechner. Allerdings liegen die DB-Sharing-Werte für P=4 trotz des Kommunikations-Overheads höher als die im Ein-Rechner-Fall, wodurch der Durchsatz mehr als um den Faktor N gesteigert werden konnte. Der Grund dafür ist die für DB-Sharing verringerte Anzahl von E/A-Vorgängen pro TA (s.u.), die eine insgesamt höhere CPU-Auslastung ermöglichte; die Gesamtauslastung war bei P=4 aber noch so gering, daß der Kommunikations-Overhead den Durchsatz nicht limitierte (im Gegensatz zu P>4).

Mit einer Synchronisation auf FPA/DBTT-Seiten (Abb. 14.2b) sank die mittlere Rechnerauslastung mit zunehmender Rechneranzahl, ebenso der CPU-Anteil zur TA-Verarbeitung. So konnten für N=4 die Rechner im Mittel nur noch bis zu 31 % nutzbringend ausgelastet werden, so daß keine Durchsatzsteigerung verglichen mit dem Zwei-Rechner-Fall mehr erzielt wurde (<= 67 % CPU-Auslastung für TA-Verarbeitung). Die schlechten Durchsatzergebnisse sind unmittelbare Folge der mit N stark wachsenden Anzahl von Konflikten auf FPA/DBTT-Seiten, die eine hohe Rechnerauslastung verhinderten. Dies betraf in erster Linie die Rechner, bei denen aufgrund der PCA-Verteilung viele Sperren extern anzufordern waren; bei ihnen führten vermehrte kommunikationsbedingte Unterbrechungen, höhere Konfliktwahrscheinlichkeit (da für FPA/DBTT-Seiten nur bei lokaler Synchronisation Konfliktfreiheit angenommen wurde) sowie längere Sperrwartezeiten zu einer sehr geringen effektiven CPU-Auslastung. Aber auch in den Rechnern, bei denen aufgrund der PCA-Verteilung die meisten Zugriffe lokal synchronisierbar waren und eine gute Auslastung erreicht wurde, bewirkten viele externe Sperranfragen einen relativ hohen Kommunikations-Overhead. Die ungleichmäßigen Rechnerauslastungen zusammen mit einem hohen Kommunikationsaufwand führten dazu, daß die CPUs mit

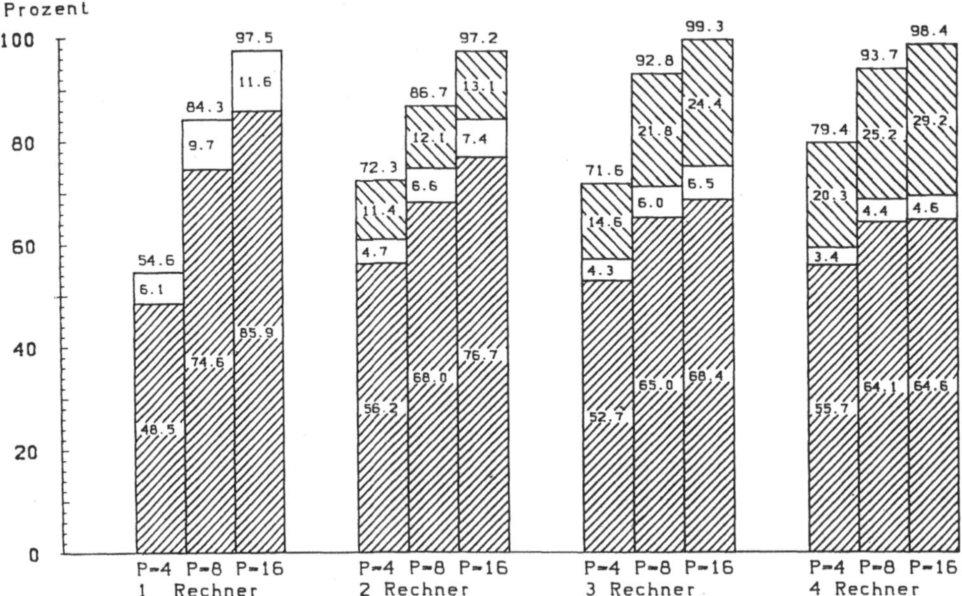

Abb. 14.2a) Mittlere Rechnerauslastung für DOD (ohne FPA/DBTT-Synchronisation)

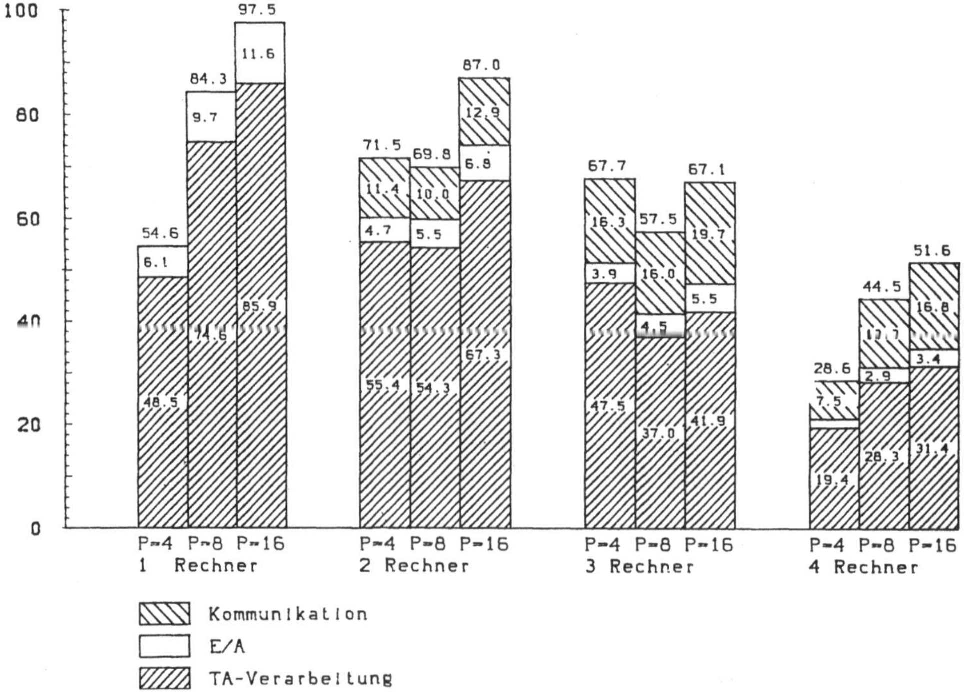

Abb. 14.2b) Mittlere Rechnerauslastung für DOD (mit FPA/DBTT-Synchronisation)

wachsendem N zunehmend schlechter genutzt werden konnten. Auch die zum Teil mit wachsender Parallelität abnehmenden Werte für die CPU-Auslastung gehen auf die durch die FPA/DBTT-Konflikte bedingten, starken Auslastungsschwankungen bei den einzelnen Rechnern zurück.

Aus den Beobachtungen für DOD lassen sich folgende Einflußfaktoren für die Durchsatzresultate festhalten:

Um einen hohen Durchsatz zu erlangen, gilt es, die CPUs möglichst nutzbringend (d.h. für die reine TA-Verarbeitung) auszulasten. Dazu ist zunächst Voraussetzung, die CPUs überhaupt hoch auslasten zu können. Ist dies möglich, dann hängt der erzielte Durchsatz v.a. von dem für E/A- und Kommunikationsvorgänge angefallenen Overhead ab; ebenso sollte das Ausmaß (wegen späterer Rücksetzung) vergeblicher TA-Ausführungen möglichst gering bleiben. Eine geringe Gesamtauslastung eines Rechners ergibt sich im wesentlichen aus folgenden Gründen:

- bei häufigen TA-Unterbrechungen wegen E/A-Vorgängen, z.B. bei zu klein bemessenem System-puffer (bzw. geringer Lokalität) ,
- bei häufigen TA-Unterbrechungen wegen Sperrkonflikten
- bei häufigen TA-Unterbrechungen wegen Kommunikation (geringer Anteil lokal entscheidbarer Sperranforderungen).

In einem Mehrrechner-System ist daneben noch eine möglichst gleichmäßige (hohe) Rechner-auslastung (Last-Balancierung) unter Durchsatzgesichtspunkten wünschenswert, da eine geringe Auslastung einzelner Rechner (aufgrund der vorgenannten Ursachen) natürlich auch die mittlere CPU-Auslastung aller Rechner beeinträchtigt. Im Extremfall kann (wie die Beispiele gezeigt haben) der Durchsatz bei Hinzunahme eines Rechners sogar kleiner werden, z.B. wegen eines starken Anstiegs der Konflikthäufigkeit und des Kommunikations-Overheads.

Wie wir gesehen haben, ist der mittlere Anteil, zu dem die CPUs für die TA-Verarbeitung ausgelastet werden können, bestimmend für die erzielten Durchsatzwerte. Diese Anteile sind daher in Abb. 14.3 auch für die anderen TA-Lasten angegeben. Da diese Anteile verraten, inwieweit die Rechner nutzbringend ausgelastet werden konnten, stellen sie zugleich ein relatives Durchsatzmaß dar, das einen Vergleich zwischen den verschiedenen Mixes zuläßt. Ein Vergleich von Abb. 14.3 mit 14.1 belegt den unmittelbaren Zusammenhang zwischen den Durchsatzwerten und der mittleren Rechneraus-lastung zur TA-Verarbeitung. Zu beachten bei Abb. 14.3 ist, daß die tatsächliche CPU-Auslastung natürlich wegen des E/A- und Kommunikations-Overheads über den gezeigten Werten liegt.

Die Diagramme in Abb. 14.3 verraten, daß die CPUs meist im 1-Rechner-Fall am besten zur TA-Verarbeitung genutzt werden konnten (oft bis zu über 80 %). Bei KD und WSOD erlaubten erst vergrößerte Systempuffer (2048 statt 512 Seiten) eine vernünftige CPU-Auslastung, während bei DOA selbst 2048 Pufferrahmen angesichts langer Sperrwartezeiten keine gute CPU-Nutzung zuließen. Übertroffen wurden die 1-Rechner-Werte noch bei TER im Zwei-Rechner-Fall, ebenso in vielen Fällen für Parallelität 4 (aus den oben für DOD genannten Gründen). In der Regel konnten jedoch die CPUs mit zunehmender Rechneranzahl immer weniger für die TA-Verarbeitung ausgelastet werden, bedingt durch die Zunahme an Sperrkonflikten und Kommunikationsvorgängen.

Die hohe Anzahl von Sperrkonflikten machte sich natürlich v.a. bei der FPA/DBTT-Synchronisie-rung auf Seitenebene bemerkbar; in diesen Fällen sank die effektive CPU-Nutzung im 4-Rechner-Fall meist bis auf Werte zwischen 18 und 30 Prozent. Auch ohne FPA/DBTT-Synchronisation erlaubten Sperrkonflikte auf Datenseiten bei WSOD und DOA keine vernünftige CPU-Auslastung, so daß für

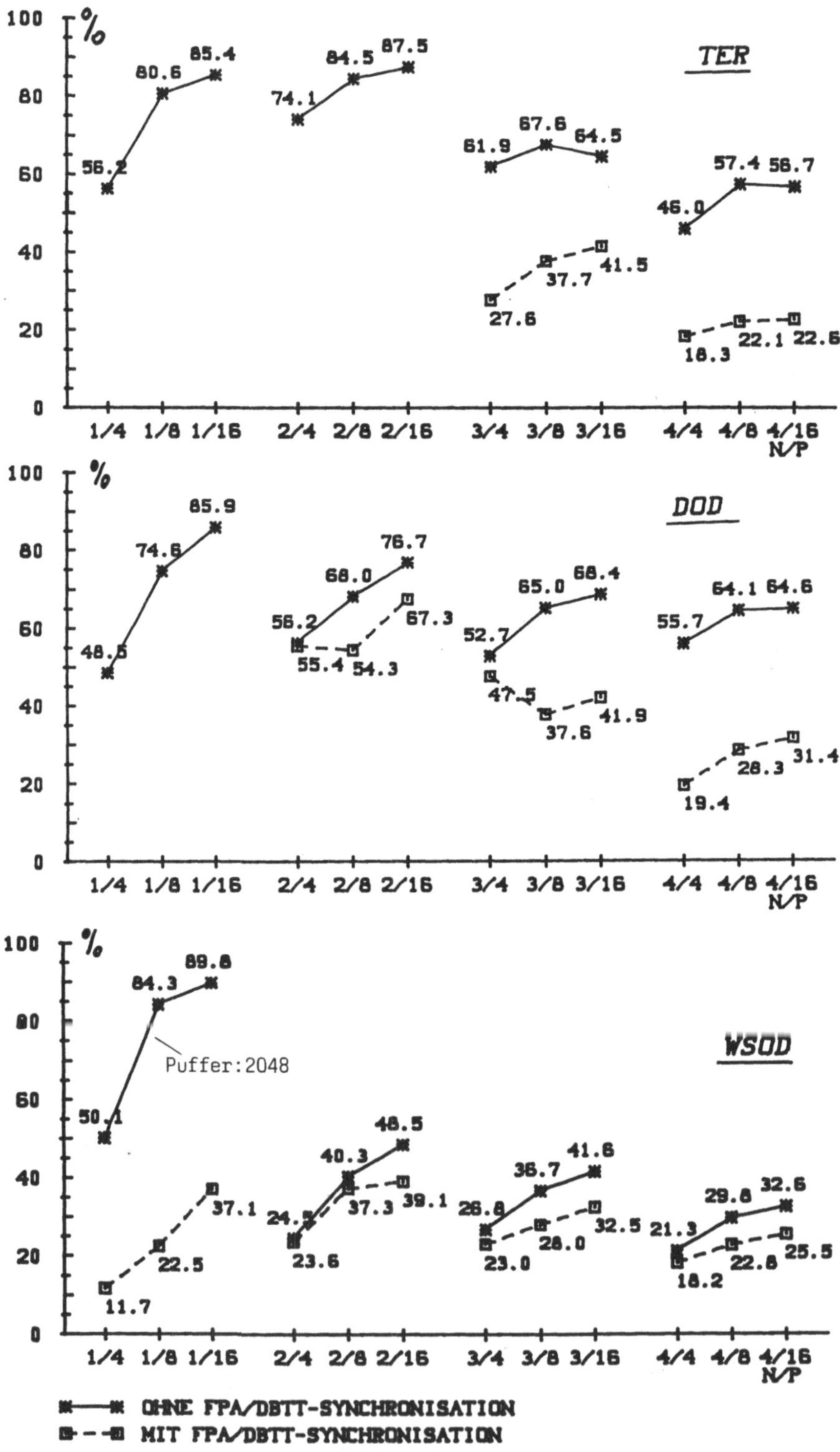

Abb. 14.3: Mittlere Rechnerauslastung für TA-Verarbeitung (TER, DOD, WSOD)

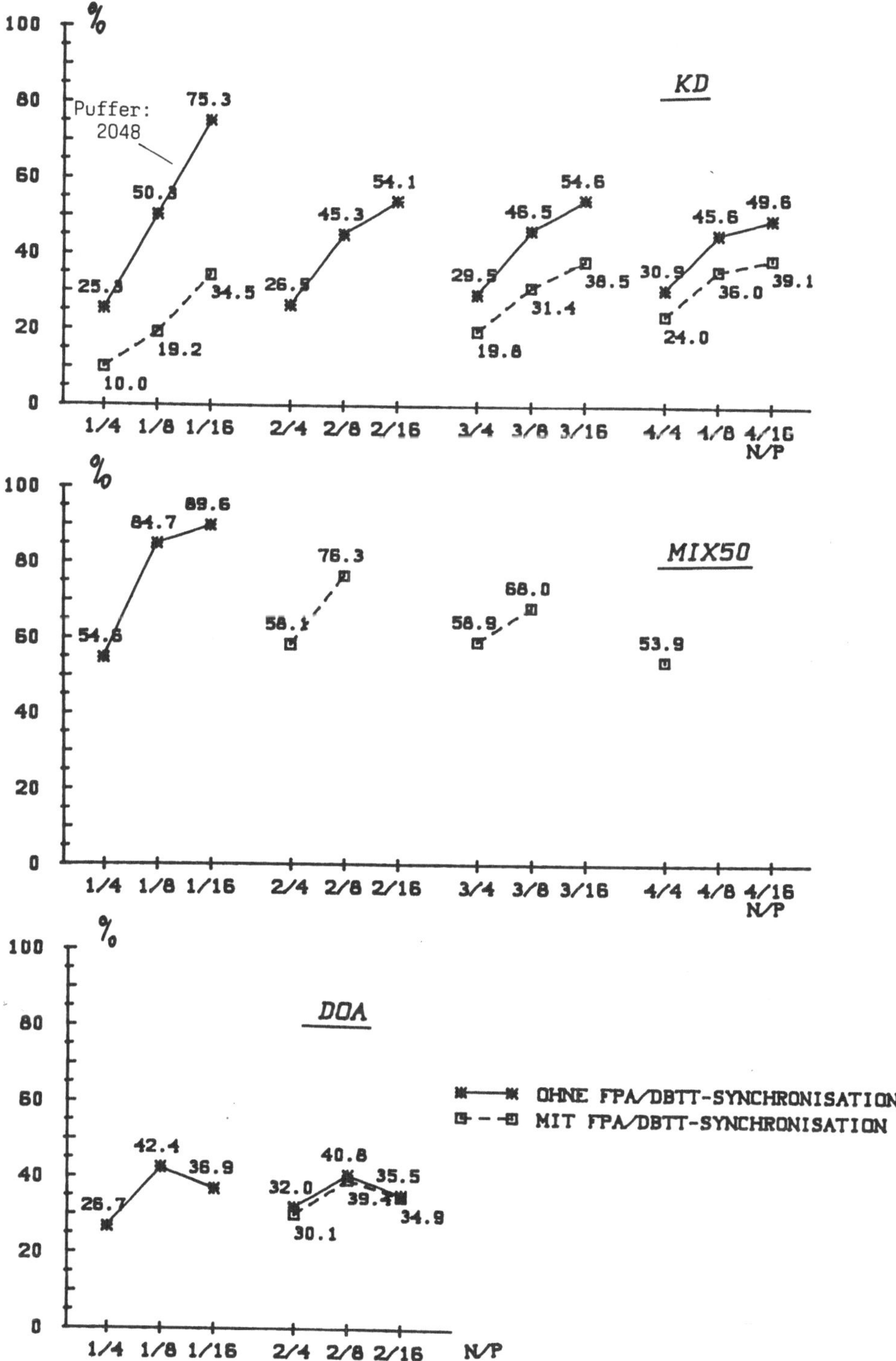

Abb. 14.3: Mittlere Rechnerauslastung für TA-Verarbeitung (KD, MIX50, DOA)

diese Lasten die schlechtesten Durchsatzresultate erzielt wurden. Bei WSOD ergab sich zudem durch sehr häufige externe Sperranforderungen ein Kommunikations-Overhead, der im 4-Rechner-Fall über der CPU-Beanspruchung zur reinen TA-Verarbeitung lag (bis zu 40 % kommunikationsbedingte CPU-Auslastung). Auch bei TER im 3- und 4-Rechner-Fall sowie bei KD verhinderten neben Sperrkonflikten relativ hohe Kommunikationsbelastungen bessere Durchsatzergebnisse. Dagegen hatten Sperrkonflikte (bei fehlender FPA/DBTT-Synchronisierung) keinen Einfluß auf die Durchsatzergebnisse bei DOD und MIX50; hier wirkte sich nur der mit der Rechneranzahl und der Parallelität wachsende Kommunikationsaufwand negativ auf die effektive CPU-Auslastung und damit auf den Durchsatz aus.

14.1.3 Antwortzeitverhalten

Vor der Interpretation der ermittelten Antwortzeitresultate sei noch einmal darauf hingewiesen, daß durch das Simulationssystem nur der Zeitbedarf zur Verarbeitung einer TA berücksichtigt wird, der zwischen Ausführung des BOT-Satzes und Beendigung der DB-seitigen Commit-Behandlung anfällt. In den bestimmten Antwortzeiten sind somit keinerlei Verweilzeiten im DC-System enthalten, die bei geographisch verteilten Systembenutzern allein durch die Übertragungszeiten zwischen Terminal und DB-Sharing-Komplex die reinen Bearbeitungszeiten im System leicht übersteigen können. Da diese Antwortzeitanteile jedoch weitgehend unabhängig von den zu untersuchenden, systeminternen Algorithmen sind, wurde ihre Betrachtung hier ausgeklammert. Dennoch ergibt sich dadurch eine Relativierung der Antwortzeitbewertung. Denn wenn z.B. die TA-Bearbeitungszeit bei DB-Sharing 1 Sekunde statt 0.5 Sekunden im 1-Rechner-Fall beträgt, wird dadurch die Gesamtantwortzeit u.U. deutlich weniger als um 100 % verschlechtert; bei 2 Sekunden DC-Anteil z.B. nur um 20 % (von 2.5 auf 3 Sekunden).

Im folgenden soll dieser DC-seitige Verarbeitungsanteil nicht weiter untersucht werden; so wird auch der Begriff 'Antwortzeit' synonym zur Bearbeitungszeit im DB-System verwendet. Desweiteren betrachten wir die Antwortzeiten nicht pro TA, sondern für das feinere Granulat der Bearbeitungseinheit. In Abb. 14.4 sind die mittleren Antwortzeiten pro Bearbeitungseinheit für die sechs TA-Lasten dargestellt, wobei wieder der Einfluß der FPA/DBTT-Synchronisierung berücksichtigt wird.

Wie Abb. 14.4 zeigt, nehmen die Antwortzeiten pro Bearbeitungseinheit (bzw. pro TA) stets mit wachsender Parallelität zu, da sich bei mehr Konkurrenten um die CPU-Vergabe die Wartezeiten entsprechend erhöhen. Außerdem steigt mit Zunahme der Parallelität die Konfliktwahrscheinlichkeit und daher i.a. auch die Sperrwartezeiten pro TA.

Die Diagramme belegen, daß eine FPA/DBTT-Synchronisation auf Seitenebene nicht nur die Durchsatzwerte, sondern auch die Antwortzeiten stark verschlechtern kann. Dabei nehmen die Antwortzeitverschlechterungen i.a. sowohl mit der Rechneranzahl als mit der Parallelität zu, vor allem durch stark wachsende Sperrwartezeiten bedingt (s.u.). Auch bei den Antwortzeiten zeigte die FPA/DBTT-Synchronisation auf Seitenebene bei TER und DOD die größte Negativ-Wirkung. So lagen für diese Lasten mit einer FPA/DBTT-Synchronisation die Antwortzeiten bei drei Rechnern fast doppelt so hoch wie im zentralen Fall, bei vier Rechnern ergab sich sogar eine Verdreifachung der Bearbeitungszeiten. Die Antwortzeitwerte bei N=4 liegen dabei für TER und DOD mehr als doppelt so hoch wie ohne Berücksichtigung von Konflikten auf FPA/DBTT-Seiten.

Dennoch müssen die **Antwortzeitresultate** im Mehrrechner-Fall als **erstaunlich gut** im Vergleich zum zentralen Fall gelten. So liegen die Mehrrechnerwerte trotz der bei DB-Sharing notwendig werdenden Kommunikationsverzögerungen zur Synchronisation (bzw. höherer Konfliktrate und längeren Sperrwartezeiten) zum Teil sogar besser als die Antwortzeiten bei einem Rechner! Dies trifft v.a. wieder bei geringer Parallelität zu (P=4), für TER und DOA im 2-Rechner-Fall sogar bei jedem Parallelitätsgrad. Aber auch für höhere Parallelitätsgrade ergeben sich nur relativ geringe Antwortzeiteinbußen, v.a. bei fehlender FPA/DBTT-Synchronisierung. In diesem Fall liegen z.B. bei TER und DOD die maximalen Verschlechterungen selbst bei vier Rechnern unter 40 %. Bei KD und WSOD ist eine Vergleichbarkeit mit den 1-Rechner-Werten wegen der unterschiedlichen Puffergrößen schwierig; bei Puffergröße 512 waren für N=1 zum Teil mehr als 90 % der Antwortzeiten E/A-bedingt.

Zur Veranschaulichung ist es auch nützlich, aus den BE-bezogenen Bearbeitungszeiten die Antwortzeiten pro TA zu ermitteln. Dabei ergeben sich z.B. für die sehr kurzen TA in TER im 1-Rechner-Fall Bearbeitungszeiten von 300 ms (P=16) oder weniger; ohne FPA/DBTT-Synchronisation steigen die Werte auf maximal 425 ms bei 4 Rechnern, ein sicher noch akzeptabler Wert. Selbst mit der Synchronisation von FPA/DBTT-Seiten bleiben die mittleren Bearbeitungszeiten pro TA unter einer Sekunde (963 ms für N=4/P=16). Kritischer sind dagegen die Werte bei den etwas längeren TA der anderen Lasten, da Antwortzeitverschlechterungen im Sekundenbereich vom Benutzer deutlich wahrgenommen werden. Bei DOD liegen z.B. die 1-Rechner-Werte bei maximal 1.1 Sekunden, mit FPA/DBTT-Synchronisation steigen die Antwortzeiten auf bis zu 2.1 Sekunden bei drei und 2.9 Sekunden bei vier Rechnern. Ohne Berücksichtigung der FPA/DBTT-Konflikte ergeben sich dagegen nur geringe Verschlechterungen um maximal 0.3 Sekunden pro TA. Bei WSOD steigen die mittleren TA-Antwortzeiten bis auf 3.3 Sekunden (mit FPA/DBTT-Synchronisation), während sie für die kürzeren TA bei KD höchstens 1 Sekunde erreichen. Für DOA liegen die Zwei-Rechner-Ergebnisse sogar besser als die 1-Rechner-Werte; für die Batch-TA bei MIX50 sind die TA-Antwortzeiten ohnehin weniger kritisch.

Zur Aufklärung des Antwortzeitverhaltens betrachten wir uns die Zusammensetzung der mittleren Antwortzeiten wiederum am Beispiel des Mixes DOD. Bei der in Abb. 14.5 gezeigten Aufteilung der Antwortzeiten werden folgende Teilkomponenten unterschieden:

- *Tatsächliche CPU-Belegung zur TA-Verarbeitung (ohne E/A und Kommunikation)*
  Da wir die Antwortzeit pro BE angeben, entspricht dies genau der CPU-Bedienzeit für eine Bearbeitungseinheit. Solange keine Rücksetzungen vorkommen, ist dieser Wert bei allen Simulationsläufen eines Mixes identisch und kann einfach aus dem Instruktionsbedarf pro BE und der CPU-Geschwindigkeit verifiziert werden (für DOD z.B. verursachen die 2850 Instruktionen pro BE bei einer 3-MIPS-CPU eine Bedienzeit von 0.95 ms). Da bei DOD (wie auch bei den anderen Lasten) Rücksetzungen kaum ins Gewicht fielen, ergab sich praktisch stets die gleiche CPU-Bedienzeit pro BE.

- *CPU-Wartezeit*

  In dieser Antwortzeitkomponente ist nur die CPU-Wartezeit zur Ausführung der Bearbeitungseinheiten (also zur eigentlichen TA-Verarbeitung) berücksichtigt.

- *E/A-Anteil*

  Dieser Zeitanteil beinhaltet neben der eigentlichen E/A-Dauer (inklusive Logging) auch die CPU-Bedienzeiten und -Wartezeiten zur Durchführung der E/A-Vorgänge.

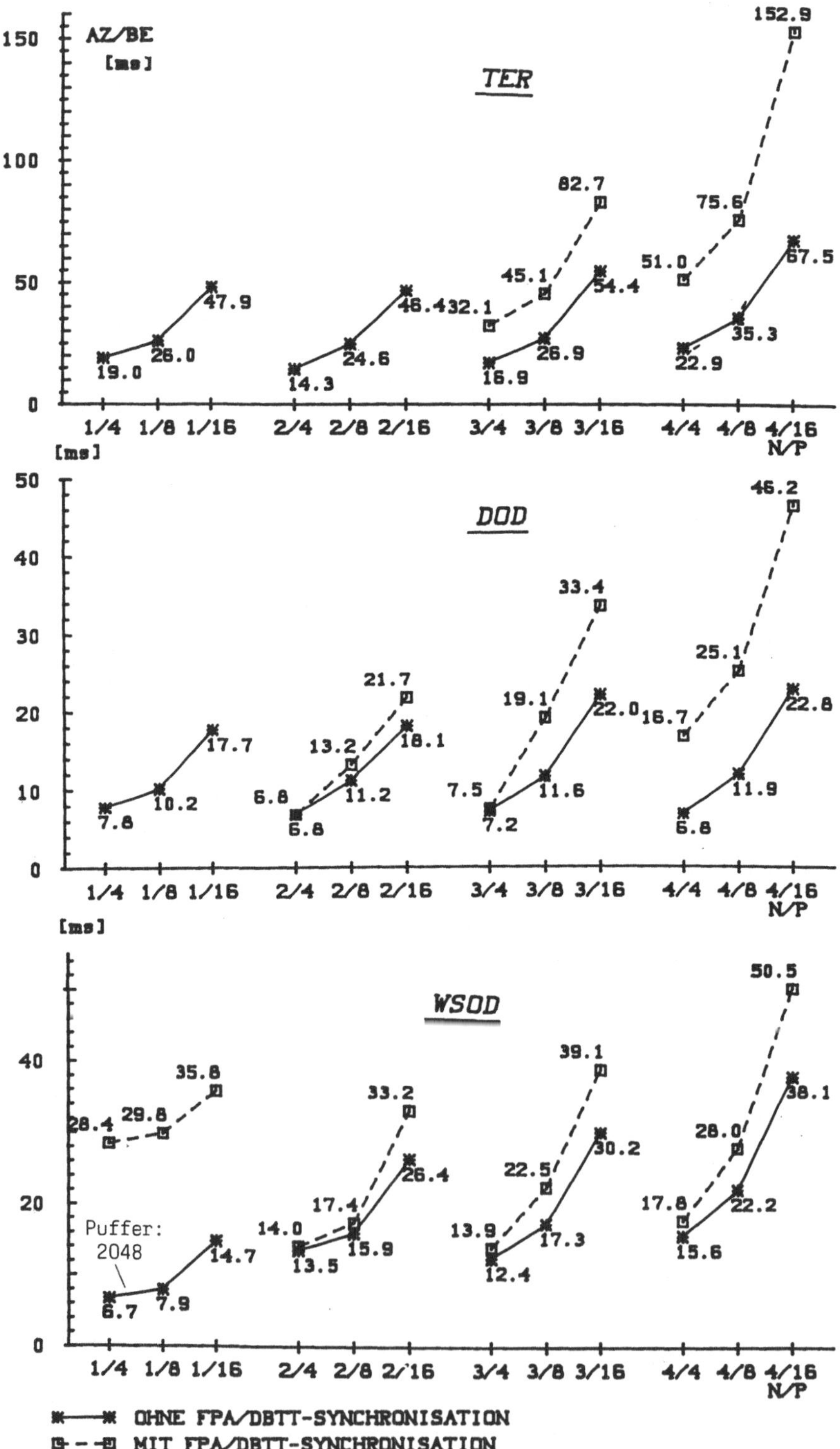

Abb. 14.4: Mittlere Antwortzeiten pro Bearbeitungseinheit (TER, DOD, WSOD)

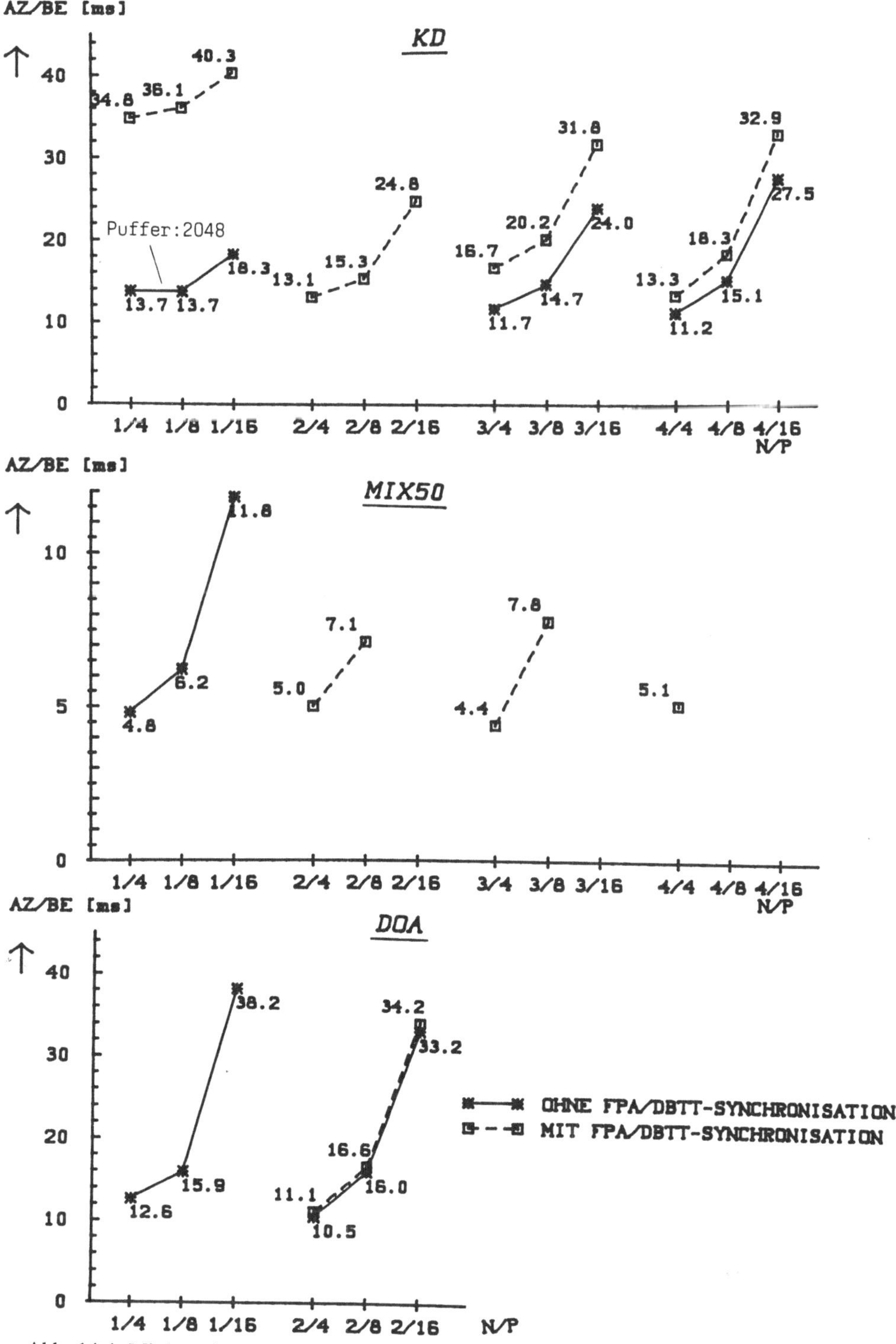

Abb. 14.4: Mittlere Antwortzeiten pro Bearbeitungseinheit (KD, MIX50, DOA)

- Sperrwartezeit und Kommunikation

Damit werden die restlichen Antwortzeitanteile abgedeckt, also sowohl die durch Konflikte verursachten Sperrwartezeiten als auch kommunikationsbedingte Verzögerungen zur Gewährung extern anzufordernder Sperren.

Bei den Ergebnissen für DB-Sharing stellte sich heraus, daß hierbei die Sperrwartezeiten meist weitaus stärker ins Gewicht fielen als die kommunikationsbedingten Verzögerungen (außer bei MIX50).

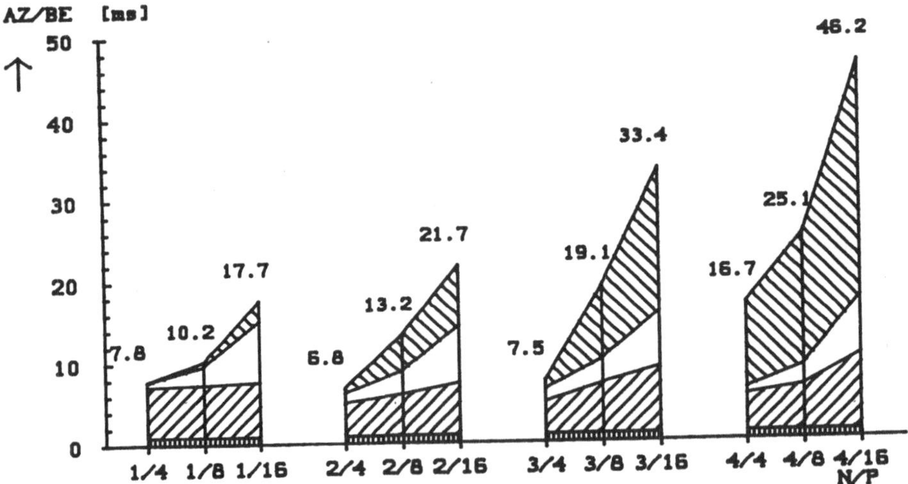

Abb. 14.5a) Antwortzeitaufschlüsselung für DOD (mit FPA/DBTT-Synchronisation)

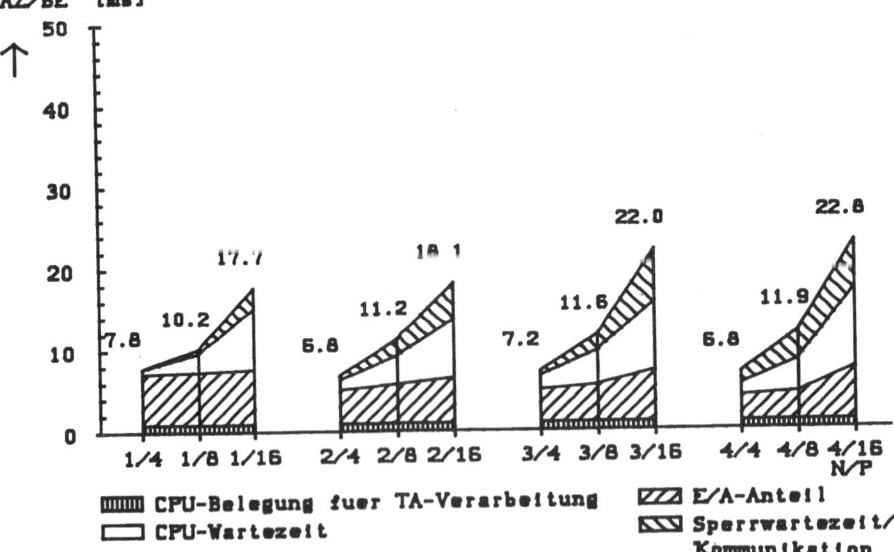

Abb. 14.5b) Antwortzeitaufschlüsselung für DOD (ohne FPA/DBTT-Synchronisation)

Betrachten wir zunächst das in Abb. 14.5a gezeigte Antwortzeitverhalten mit einer Synchronisation von FPA/DBTT-Seiten. Während im 1-Rechner-Fall die Antwortzeiten im wesentlichen durch die

E/A-Vorgänge sowie den mit P steigenden CPU-Wartezeiten bestimmt sind, dominieren im Mehr-rechner-Fall zunehmend die Sperrwartezeiten. Diese vorwiegend durch FPA/DBTT-Konflikte verur-sachten Wartezeiten nehmen sowohl mit der Parallelität als auch mit der Rechneranzahl dramatisch zu. Bei vier Rechnern ist so jeweils mehr als die Hälfte der Antwortzeit durch diese Verzögerungen verursacht. Dagegen sinkt der E/A-bedingte Antwortzeitanteil im Mehrrechner-Fall verglichen mit N=1, wodurch sich für Parallelität 4 bei zwei und drei Rechnern sogar bessere Antwortzeiten ergeben. Nicht eindeutig geklärt werden konnte, warum sich im Mehrrechner-Fall der E/A-Bedarf bei wachsendem P erhöhte. Eine mögliche Ursache liegt in der stärkeren Zunahme der Antwortzeiten, wodurch sich Lokalitätseinbußen ergeben können; auch kommt das unterschiedliche E/A-Verhalten der einzelnen Rechner zur Erklärung in Betracht. Ein anderer Faktor sind wachsende CPU-Warte-zeiten für E/A-Vorgänge, vor allem bedingt durch die mit P zunehmende Kommunikationshäufigkeit (denn Kommunikationsvorgänge besitzen bei der CPU-Vergabe höchste Priorität). Allerdings wurde dieses Verhalten nicht bei allen TA-Lasten beobachtet; oft ergaben sich nur geringe Abweichungen bei Änderung von P.

Die weitaus besseren Antwortzeitergebnisse ohne FPA/DBTT-Synchronisierung (Abb. 14.5b) gehen v.a. auf den starken Rückgang der Sperrwartezeiten (bzw. den kommunikationsbedingten Verzöge-rungen) zurück. Zwar liegen diese Verzögerungen im Mehrrechner-Fall wegen extern anzufordernden Sperren bzw. vermehrten Sperrkonflikten höher als im zentralen Fall, jedoch werden sie auch teilweise durch eingesparte E/A-Vorgänge kompensiert. So ergaben sich für P=4, wenn Sperrkonflikte noch eine untergeordnete Rolle spielen, bei DB-Sharing wiederum bessere Antwortzeiten als bei einem Rechner. Auch gegenüber den Werten mit FPA/DBTT-Synchronisation wurden weniger E/A-Vorgänge pro TA notwendig, offenbar bedingt durch die kürzeren Antwortzeiten bzw. gleichmäßiger ausgelasteten Rechner. Dafür spielen nun CPU-Wartezeiten eine größere Rolle, verursacht durch die höhere CPU-Auslastung (s. Abb. 14.2).

14.1.4 E/A-Verhalten

Wie die Aufteilung der mittleren Antwortzeiten sowie die Zusammensetzung der CPU-Auslastung zeigten, konnte bei DB-Sharing das Ausmaß an E/A-Vorgängen gegenüber dem 1-Rechner-Fall zum Teil deutlich verringert werden. Diese E/A-Einsparungen sind Hauptursache für die meist guten Antwortzeitergebnisse im Mehrrechner-Fall; die verringerten CPU-Belastungen für E/A-Vorgänge wirkten sich aber auch günstig für den Durchsatz aus. So konnten v.a. für Parallelität 4 die Antwort-zeiten meist sogar verbessert werden im Vergleich zu einem Rechner, und der Durchsatz stieg oft um mehr als den Faktor N (bei N Rechnern). Bei zwei Rechnern war dies zum Teil auch für höhere Parallelitätsgrade möglich (TER, DOA).

Zur genaueren Klärung des E/A-Verhaltens sind in Tab. 14.1 die mittleren Trefferraten im System-puffer (erste Zahl) und die Anzahl von E/A-Vorgängen (ohne Logging) pro TA angegeben. Die Werte beziehen sich dabei auf die Simulationsläufe ohne FPA/DBTT-Synchronisation; allerdings bestehen oft nur geringe Abweichungen zu dem E/A-Verhalten mit Synchronisierung von FPA/DBTT-Seiten. Lediglich bei Lasten, bei denen FPA/DBTT-Konflikte sich besonders negativ aus-wirkten (TER,DOD), kam es ohne FPA/DBTT-Synchronisation zu etwas besseren Trefferraten. Als Systempuffergröße waren jeweils 512 Seiten pro Rechner vorgesehen, bei DOA 2048. Für WSOD und KD sind die im 1-Rechner-Fall für Puffergröße 2048 erzielten Werte in Klammern beigefügt.

		N=1	N=2	N=3	N=4
TER	%	67.4	79.8	83.5	83.7
		1.4	0.9	0.7	0.7
DOD	%	85.8	91.0	92.0	95.0
		9.2	5.6	5.0	3.2
WSOD	%	47.8 (90.9)	79.6	89.4	90.6
		33.0 (5.8)	12.9	6.7	6.0
KD	%	27.6 (75.7)	77.4	81.0	83.5
		20.9 (7.0)	6.5	5.5	4.8
MIX50	%	91.8	93.3	95.5	96.0
		168	137	92	82
DOA (2048)	%	76.1	85.4	–	–
		14.0	8.6		

Tab. 14.1: Mittlere Trefferraten und E/A-Anzahl pro TA (ohne Logging)

Die Simulationen des 1-Rechner-Falls zeigten, daß für die benutzten Parameterbesetzungen zumindest Trefferraten von ca. 60 bis 70 % erreicht werden müssen, da ansonsten die CPU wegen zu häufiger E/A-Unterbrechungen nicht ausreichend ausgelastet war. Solche Trefferraten konnten für N=1 mit 512 Seiten nur für drei der Mixes erzielt werden, während für WSOD, KD und DOA dazu eine Puffergröße von 2048 Seiten erforderlich wurde. Die besten Trefferraten erlaubten erwartungsgemäß MIX50 und DOD, da für diese Lasten eine hohe TA-spezifische Lokalität vorliegt (s. 13.3).

Die Tabelle verdeutlicht eine wesentliche Erkenntnis aus den durchgeführten Simulationen: für alle TA-Lasten konnten die **Trefferraten im Systempuffer** trotz Pufferinvalidierungen **mit zunehmender Rechneranzahl fortlaufend verbessert** werden. Dies ermöglichte eine deutliche Abnahme von E/A-Unterbrechungen pro TA und damit entsprechende Antwortzeitvorteile; ebenso verringerte sich natürlich die E/A-bedingte TA-Pfadlänge. So ergaben sich für 4 Rechner bei TER und MIX50 nur noch die Hälfte der E/As pro TA als im 1-Rechner-Fall, bei DOD nur noch ein Drittel und bei KD und WSOD sogar weniger als ein Fünftel! Dabei brachte jeweils der Übergang von einem auf zwei Rechner die größten E/A-Einsparungen, während danach die Verbesserungen etwas geringer wurden. Die E/A-Einsparungen waren auch beim Übergang auf zwei Rechner wieder für die im 1-Rechner-Fall E/A-intensiven Lasten KD und WSOD am größten, während sie für DOD und MIX50, die bereits im zentralen Fall sehr hohe Trefferraten erreichten, nur noch relativ gering ausfielen (< 40 %).

Was sind die Gründe für dieses ausgezeichnete E/A-Verhalten, das die Antwortzeit- und auch die Durchsatzresultate nachhaltig beeinflußt? Dazu sind im wesentlichen folgende Punkte anzuführen:

- Da jeder Rechner einen Systempuffer führt, ergibt sich bei N Rechnern praktisch eine N-fache Systempuffergröße verglichen mit dem zentralen Fall. Allerdings führt die Replikation von Seiten in den Puffern dazu, daß diese größere Kapazität nicht voll ausgeschöpft werden kann, außerdem werden Pufferinvalidierungen möglich. Dennoch erfolgten wegen der größeren Gesamtkapazität weniger Verdrängungen aus dem Puffer, so daß für rereferenzierte Seiten eine höhere Trefferwahrscheinlichkeit bestand.

- Die Anwendung der Routing-Tabelle, die unter Affinitätsgesichtspunkten erstellt wurde, bewirkte für DB-Sharing eine zum Teil deutlich höhere Lokalität als im zentralen Fall. Dieser Effekt konnte für zwei Rechner am besten genutzt werden, da hierbei ein Splitten von TA-Typen noch umgangen werden konnte. Daher ließen sich beim Übergang auf zwei Rechner die größten E/A-Einsparungen erzielen. Zum Beispiel konnten so für KD bei zwei Rechnern mit je 512 Seiten Systempuffergröße bessere Trefferraten erzielt werden als im 1-Rechner-Fall mit 2048 Seiten. Der Einfluß des TA-Routings wird in 14.2 noch näher untersucht.

- Durch die gewählte Behandlung des Veralterungsproblems kam es vor, daß (geänderte) Seiten mit der Gewährung einer Sperre übersendet wurden, die zuvor nicht im Puffer vorlagen und daher im zentralen Fall einen Einlesevorgang von Platte nach sich gezogen hätten (s.u.). Die Übertragung einer Seite zwischen zwei Rechnern erfolgt dabei erheblich schneller als ein Plattenzugriff, zumal keine separate Nachricht anfällt.

- Bei einigen Simulationsläufen verursachte der frühzeitige Abbruch der Simulationen etwas verbesserte Trefferraten. Allerdings war dieser Einfluß weniger ausgeprägt, wie man vielleicht zunächst annehmen könnte; lediglich bei WSOD für drei und vier Rechner dürften dadurch die E/A-Werte nennenswert begünstigt worden sein. Für KD wurden z.B. bei drei Rechnern (wegen einer besseren Last-Balancierung) mehr Bearbeitungseinheiten verarbeitet als bei zwei Rechnern; dennoch verbesserten sich die Trefferraten. Auch wurden in einigen Fällen mit zunehmender Parallelität etwas schlechtere Trefferraten erzielt (z.B. DOD), obwohl dabei ein geringerer Teil der Last verarbeitet wurde. Auch für die anderen TA-Lasten kann eine signifikante Beeinflußung der E/A-Ergebnisse mit hoher Wahrscheinlichkeit ausgeschlossen werden.

Zu einem guten E/A-Verhalten trugen daneben noch die praktizierte NOFORCE-Strategie, das modifizierte LRU-Verfahren für die Seitenersetzung (das die Anzahl von Ausschreibvorgängen in die Datenbank reduziert und eine Akkumulierung von Änderungen fördert) sowie die geringe Anzahl von Pufferinvalidierungen (s.u.) bei.

14.1.5 Sperr- und Kommunikationsverhalten

In dem Abschnitt sollen die Auswirkungen des in dieser Arbeit entwickelten Primary-Copy-Sperrverfahrens näher untersucht werden, insbesondere der Anteil lokal behandelbarer Sperranforderungen. Daneben wird noch auf das Kommunikationsverhalten, die Auswirkungen des Veralterungsproblems sowie das Ausmaß an Sperrkonflikten und Rücksetzungen eingegangen.

Anteil lokal behandelter Sperranforderungen

Tab. 14.2 zeigt für jede TA-Last, welcher Sperranteil lokal gewährt werden konnte und für wieviele Sperren eine Lock-Request-Nachricht erforderlich war. Die jeweils vier untereinander stehenden Zahlen haben folgende Bedeutung:

- Sperranteil (in %), der im Durchschnitt aufgrund PCA-Besitzes lokal behandelt werden konnte (Zeile 'PCA')

- mittlerer Anteil der Sperren, der nur wegen der Leseoptimierung lokal gewährt wurde, also obwohl ein anderer Rechner im Besitz der PCA war ('LO')

- Anteil der Sperren, für die eine Lock-Request-Nachricht erforderlich war ('LRN')

- durchschnittliche Anzahl der Lock-Request-Nachrichten pro TA (#LRN/TA).

Die Tabelle zeigt, daß das optimierte Primary-Copy-Sperrververfahren für alle TA-Lasten einen **sehr hohen Anteil lokal behandelbarer Sperranforderungen** bewirkte. So konnten für zwei Rechner meist mehr als 95 % aller Sperren (WSOD 92.4 %) lokal gewährt werden, bei drei Rechnern mehr als 86 % und selbst für vier Knoten stets mehr als 75 %. Läßt man TER und WSOD außer acht, dann wurden auch für drei und vier Rechner 90 % und mehr der Sperren lokal verarbeitet. Dementsprechend ergaben sich auch nur sehr wenige externe Sperranforderungen pro TA. Insbesondere für die

			N=2	N=3	N=4
TER	PCA	%	97.2	81.3	68.0
	LO	%	0.3	5.5	8.0
	LRN	%	2.5	13.2	24.0
	#LRN/TA		0.09	0.48	0.87
DOD	PCA	%	83.6	73.5	58.2
	LO	%	13.4	20.5	35.1
	LRN	%	3.0	6.0	6.7
	#LRN/TA		1.7	3.4	3.9
WSOD	PCA	%	69.7	58.2	38.6
	LO	%	22.9	27.9	43.1
	LRN	%	7.4	13.9	18.3
	#LRN/TA		3.9	7.3	9.6
KD	PCA	%	63.3	57.8	38.7
	LO	%	33.3	36.7	51.3
	LRN	%	3.4	5.5	10.5
	#LRN/TA		0.9	1.5	2.8
MIX50	PCA	%	69.2	57.4	43.7
	LO	%	29.7	39.6	52.7
	LRN	%	1.1	3.0	3.6
	#LRN/TA		22.5	61.3	73.6
DOA	PCA	%	67.9	–	–
	LO	%	27.5		
	LRN	%	4.6		
	#LRN/TA		2.6		

Tab. 14.2: Lokale vs. externe Sperranforderungen bei PCL

kurzen TER-Transaktionen war zum Teil erheblich weniger als eine Lock-Request-Nachricht pro TA
erforderlich; auch bei KD im Zwei-Rechner-Fall genügte im Mittel weniger als eine externe Sperran-
frage pro TA. Der Anteil nicht lokal behandelbarer Sperranforderungen steigt für jede Last mit
zunehmender Rechneranzahl.

Die geringe Kommunikationshäufigkeit ist neben dem guten E/A-Verhalten ein weiterer Grund für die
erfreulichen Antwortzeit-Resultate bei DB-Sharing. Die weitgehend lokale Sperrbehandlung geht auf
zwei erfolgreich anwendbare Konzepte des Primary-Copy-Sperrverfahrens zurück, nämlich die
Nutzung einer PCA-Verteilung sowie der **Einsatz der Leseoptimierung**. Die koordinierte
Erstellung der PCA-Zuordnung und der Routing-Strategie bewirkte, daß zum Teil erheblich mehr
Sperren wegen PCA-Besitz lokal verarbeitbar waren als etwa bei einer unabgestimmten Verteilung
der PCAs und der TA-Last zu erwarten. So war für TER bei zwei Rechnern eine nahezu optimale
Aufteilung möglich (s. 13.4), die zur Folge hatte, daß über 97 % aller Sperren zur Partition des
eigenen Rechners gehörten und somit lokal gewährt wurden. Für die anderen Lasten war dieser Anteil
zwar geringer, doch konnten für N=2 immerhin noch 63 bis 84 % der Sperranforderungen wegen
PCA-Besitz ohne Kommunikation behandelt werden. Mit zunehmender Rechneranzahl lag jedoch für
immer weniger Sperren die PCA lokal vor, da einige TA-Typen auf mehreren Rechnern zu bearbeiten
waren, die PCA-Verteilung jedoch nur in einem Rechner eine lokale Synchronisierung unterstützen
kann. Außerdem mußten auch verschiedene TA-Typen, die auf die gleichen DB-Teile zugreifen,
zunehmend von verschiedenen Rechnern bearbeitet werden (um allen Rechnern potentiell eine
gleichmäßig hohe Auslastung zu ermöglichen). So konnten für drei Rechner 'nur' noch zwischen 57

und 81 % und für N=4 noch 38 bis 68 % der Sperranforderungen wegen PCA-Besitz lokal synchronisiert werden. Diese Werte sind jedoch zum Teil (z.B. für TER bei N>2) dadurch etwas begünstigt, daß in den Rechnern, die nur für weniger oft referenzierte DB-Teile (oder sogar für keinerlei Objekte) die PCA besitzen, meist weniger TA und damit Sperranforderungen bearbeitet werden konnten als in den übrigen Knoten.

Als äußerst wirkungsvoll und wichtig erwies sich die vorgenommene Optimierung für Lesesperren, mit der auch bei fehlender PCA durch Nutzung von Lokalität bei Lesezugriffen eine lokale Gewährung und Freigabe von R-Sperren möglich wird (7.2). Damit konnte bei allen Referenz-Strings, außer für die änderungsintensive TA-Last TER, ein großer Sperranteil lokal gewährt werden. Zu beachten ist bei den Werten der Tabelle, daß die Leseoptimierung immer erst dann zum Tragen kommt, wenn eine Sperre nicht schon aufgrund des PCA-Besitzes lokal behandelt werden kann. Daher stieg auch der Anteil der Sperren, die wegen der Leseoptimierung lokal gewährt wurden, stets mit zunehmender Rechneranzahl. Für vier Rechner konnten so bei einigen Lasten mehr Sperren wegen der Leseoptimierung als über die PCA-Verteilung lokal behandelt werden; bei MIX50 und KD wurden über 50 % der Sperren nur aufgrund der optimierten R-Sperrbehandlung lokal vergeben. Trotzdem ließ sich auch dadurch nicht vermeiden, daß der Anteil extern anzufordernder Sperren mit N zunimmt, allerdings konnte die Zunahme entscheidend abgeschwächt werden.

Die hohe Anzahl wegen der Leseoptimierung eingesparter Lock-Request-Nachrichten ist natürlich zu einem Großteil durch die Verwendung kurzer Lesesperren (Konsistenzebene 2) verursacht, da nach Tab. 13.5 die Gesamtanzahl der Sperren bei kurzen R-Sperren zum Teil um ein Mehrfaches über der Sperranzahl bei langen Lesesperren liegt. Dennoch ist davon auszugehen, daß auch bei langen Lesesperren nicht mehr, sondern möglicherweise noch etwas weniger Lock-Request-Nachrichten pro TA anfallen als bei kurzen R-Sperren (dafür aber wesentlich mehr Sperrkonflikte und Deadlocks). Andererseits zeigen die Ergebnisse deutlich, daß der **Einsatz einer Leseoptimierung bei kurzen Lesesperren** als **unabdingbar** anzusehen ist, da ansonsten die Anzahl der Lock-Request-Nachrichten um ein Vielfaches ansteigt, wodurch die Antwortzeiten drastisch zunehmen dürften. Ebenso würde natürlich der Kommunikations-Overhead zunehmen und den Durchsatz verschlechtern.

Durch die PCA-Verteilung und die Leseoptimierung wurde der Anteil externer Sperranforderungen für MIX50 und DOD, bei denen der Anteil von Lesezugriffen am höchsten ist, am kleinsten gehalten. Für KD, WSOD und DOA ließ sich über die PCA-Verteilung nur ein relativ geringer Sperranteil lokal behandeln, so daß sich (v.a. für KD) die Leseoptimierung als besonders hilfreich erwies. Für WSOD entstand trotzdem für zwei und drei Rechner von allen Mixes der höchste Anteil extern zu bearbeitender Lock-Requests. Für TER konnten die meisten Sperrnachrichten aufgrund der PCA-Verteilung eingespart werden, v.a. bei zwei Rechnern. Dafür kam jedoch für die sehr kurzen TA und wegen dem hohen Anteil von X-Sperren die Leseoptimierung nur wenig zum Zuge, so daß für drei und vier Rechner bereits 13 bzw. 24 % der Sperren extern anzufordern waren.

Kommunikationsverhalten

Die Bedeutung der Leseoptimierung wird noch untermauert, wenn man sich ansieht, mit welchem Anteil die einzelnen Nachrichtentypen am Nachrichtenaufkommen beteiligt sind. Nach 7.2 sind beim Primary-Copy-Sperrverfahren im wesentlichen folgende Nachrichtentypen zu unterscheiden:

- Eine *Lock-Request-Nachricht* wird für jede lokal nicht gewährbare Sperranforderung an den zuständigen PCA-Rechner geschickt. Das Ausmaß dieser Nachrichten konnte, wie gesehen, durch eine geeignete PCA-Verteilung sowie die Leseoptimierung sehr gering gehalten werden.

- Eine *Lock-Response-Nachricht* wird zur Gewährung extern angeforderter Sperren gesendet; die Anzahl dieser Nachrichten verringerte sich daher im gleichen Umfang wie bei den Lock-Request-Nachrichten.

- Eine *Release-Nachricht* wird zum Freigeben extern angeforderter Sperren verschickt. Allerdings ist dies wegen der Leseoptimierung nicht notwendig für R-Sperren auf Objekten, zu denen keine X-Anforderungen vorliegen (nur Leseinteresse). In den Simulationen brauchten daher meist nur für extern angeforderte X-Sperren eine Freigabenachricht bei TA-Ende verschickt zu werden, jedoch kaum für R-Sperren. Die Leseoptimierung führte so zu weiteren, deutlichen Kommunikationseinsparungen gegenüber dem Primary-Copy-Basisverfahren (7.1).

- Die *State-Changed-Nachrichten* werden benutzt, um erteilte Leseautorisierungen wegen einer vorliegenden X-Sperranforderung zurückzunehmen. Diese Nachrichten verkörpern daher einen Zusatzaufwand, der durch die Leseoptimierung eingeführt wird. Allerdings stellte sich heraus, daß die Häufigkeit dieser Nachrichten für unsere TA-Lasten (meist für deutlich weniger als 1 % der Sperren) gegenüber den ermöglichten Einsparungen vernachlässigbar klein ist.

Die genannten Punkte bewirkten, daß generell mehr als 80 % der Nachrichten (meist sogar mehr als 90 %) vom Typ 'Lock-Request' bzw. 'Lock-Response' waren. Der Anteil der Release-Nachrichten schwankte je nach Anteil der Schreibsperren und Wirksamkeit der PCA-Verteilung und betrug bis zu 18 % der Nachrichten (TER, WSOD). Das Ausmaß der State-Changed-Nachrichten war generell sehr klein; meist entfielen weniger als 2 % der Nachrichten auf diesen Typ.

Die sehr geringe Kommunikationshäufigkeit führte trotz des Austauschs geänderter Seiten über die Kommunikationsverbindungen (s.u.) dazu, daß praktisch keine Wartezeiten im Kommunikationssystem entstanden: die maximale Auslastung der Verbindungen lag in allen Simulationsläufen unter 2 %. Trotzdem wurden die CPUs durch die Nachrichten im Mittel bis zu 40 % belastet (s. 14.1.2), was auf die teuren Kommunikationsprimitive (10.000 Instruktionen für Senden und Empfangen einer Nachricht) und die noch fehlende Nachrichtenbündelung zurückgeht. In 14.3 sollen daher die Auswirkungen effizienterer Kommunikationsmechanismen sowie der Nachrichtenbündelung näher analysiert werden.

Auswirkungen des Veralterungsproblems

Die integrierte Lösung des Veralterungsproblems verursacht keinerlei zusätzliche Nachrichten, jedoch werden mit den Release- und Lock-Response-Nachrichten ggf. geänderte Seiten mitgeschickt. Muß für eine Änderung die X-Sperre extern angefordert werden, so wird die geänderte Seite selbst mit Freigabe der Schreibsperre (Release-Nachricht) dem PCA-Rechner übermittelt. Aus diesem Grund können am PCA-Rechner nie veraltete Seiten bezüglich der lokalen Partition vorliegen, wodurch das Ausmaß potentieller Invalidierungen schon entscheidend begrenzt wurde. Auch für Seiten, die nicht zur lokalen Partition gehören, machen sich Invalidierungen erst im Falle der Rereferenzierung bemerkbar; anderenfalls werden die veralteten Seiten nach einer gewissen Verzögerung im Zuge der Seitenersetzung aus dem Puffer eliminiert. Das Erkennen einer veralteten Seite geschieht durch den PCA-Rechner bei Abarbeitung der Lock-Request-Nachricht (mittels Invalidierungsvektoren), wobei bei Entdeckung einer veralteten Seite, bzw. wenn die Seite im anfordernden Rechner noch nicht vorliegt, der PCA-Rechner die aktuelle Seite entweder mit der Lock-Response-Nachricht mitschickt oder mitteilt, daß die gültige Seitenversion von Platte eingelesen werden kann.

Der durch das Veralterungsproblem eingeführte Mehraufwand äußert sich also im wesentlichen in den Seitenübertragungen im Zusammenhang mit den Release-Nachrichten sowie in der Bereitstellung der aktuellen Seite, nachdem eine Pufferinvalidierung entdeckt wurde. Andererseits erlaubt die vorgesehene Behandlung des Veralterungsproblems möglicherweise E/A-Einsparungen, die signifikanter als der angesprochene Mehraufwand sein können. Denn die Übertragung der aktuellen Seiten zum PCA-Rechner kann dort sonst möglicherweise notwendige Einlesevorgänge einsparen helfen (dieser Punkt konnte in den Simulationen nicht quantifiziert werden). Weiterhin können mit der Lock-Response-Nachricht Seiten übertragen werden, die zuvor noch nicht im Puffer des anfordernden Rechners vorlagen. In diesem Fall wird also immer das Einlesen von Platte eingespart. Die dafür anfallende Seitenübertragung kann jedoch erheblich schneller als ein Plattenzugriff durchgeführt werden (bei unseren Parameterbesetzungen dauert die Übertragung einer Seite weniger als 1 ms gegenüber durchschnittlich 45 ms zum Einlesen von Platte). Dabei wirkt sich vorteilhaft aus, daß - im Gegensatz zu einem Propagate-on-Demand-Ansatz, bei dem Änderungen explizit angefordert werden müssen, - keine eigenen Nachrichten zur Seitenübertragung notwendig sind.

Das Ausmaß an Seitenübertragungen ist natürlich vor allem durch den Anteil an X-Sperren sowie der Güte der PCA-Verteilung (in welchem Ausmaß geänderte Seiten zur lokalen Partition gehören) bestimmt. Bei den Simulationen ergaben sich daher auch nur für die Lasten TER und WSOD, bei denen der höchste Änderungsanteil vorliegt, nennenswerte Auswirkungen durch die Behandlung des Veralterungsproblems. Für diese beiden Lasten sind daher in folgender Tabelle die relevanten Meßwerte zusammengefaßt:

		N=2	N=3	N=4
TER	Lock-Request-Nachricht	2.5 %	13.2 %	24.0 %
	Invalidierung	0.02 %	1.3 %	1.8 %
	Lock-Response mit Seite	0.3 %	3.9 %	5.1 %
	Release-Nachr. mit Seite	0.5 %	4.8 %	9.9 %
WSOD	Lock-Request-Nachricht	7.4 %	13.9 %	18.3 %
	Invalidierung	0.01 %	0.15 %	0.21 %
	Lock-Response mit Seite	0.07 %	0.61 %	1.14 %
	Release-Nachr. mit Seite	2.7 %	5.3 %	7.1 %

Tab. 14.3: Anteile invalidierter Seiten und Seitenübertragungen

Alle Prozent-Angaben der Tabelle beziehen sich auf die Gesamtheit aller Sperren (R- und X-Sperren). Die erste Zahl entspricht jeweils dem Anteil der Sperren, für die eine Lock-Request-Nachricht erforderlich war. Dieser Wert entspricht der Angabe in Tab. 14.2 und wurde hier der Übersicht halber wiederholt (da nur bei Seiten, für die extern Sperren anzufordern sind, Invalidierungen sowie Seitenübertragungen vorkommen). Die nächsten beiden Werte geben an, für welchen Sperranteil eine Invalidierung festgestellt wurde bzw. eine Seitenübertragung im Rahmen einer Lock-Response-Nachricht stattfand. Die letzte Zahl schließlich gibt den Anteil der Sperren wieder, für den extern eine X-Sperre angefordert wurde und daher auch eine Release-Nachricht mit der geänderten Seite anfiel.

Durch die relativ geringe Anzahl von Lock-Request-Nachrichten bedingt kam es insgesamt auch zu einem recht bescheidenen Ausmaß an Pufferinvalidierungen und Seitenübertragungen. So lag generell für weit weniger als 1 Prozent der Sperranforderungen eine veraltete Seite vor, ausgenommen nur die 3- und 4-Rechner-Simulationen für TER, bei denen bis zu 2% Seiteninvalidierungen vorkamen. Dies war neben der hohen Änderungsrate auch durch die im Vergleich zu N=2 weit weniger günstige PCA-Verteilung bedingt. Es fällt aber auf, daß das Ausmaß an Seitenübertragungen mit den Lock-

Response-Nachrichten stets um ein Vielfaches höher liegt als das der Invalidierungen. Dies bedeutet, daß in vielen Fällen bei nicht vorhandener Seite die aktuelle Version mit der Lock-Response-Nachricht zur Verfügung gestellt wird, wodurch also Einlesevorgänge von Platte eingespart werden.

Der größte Teil der Seitenübertragungen entfällt erwartungsgemäß auf die Release-Nachrichten, mit denen Änderungen zum PCA-Rechner gebracht werden. Der Anteil dieser Übertragungen war auch bei WSOD sehr hoch, da für diese Last 33 (N=2) bis 62 (N=4) Prozent der X-Sperren extern anzufordern waren. Die mit wachsender Rechneranzahl abnehmende Effektivität der PCA-Verteilung führt also (ebenso wie eine höhere Änderungshäufigkeit) sowohl zu einer steigenden Anzahl von Seitenübertragungen als auch zu vermehrten Pufferinvalidierungen. Allerdings nehmen die durch den direkten Seitenaustausch ermöglichten E/A-Einsparungen ebenfalls mit wachsendem N zu, wenngleich in etwas geringerem Ausmaß.

Insgesamt läßt sich festhalten, daß die Invalidierungen und Seitenübertragungen keine erkennbaren Leistungsbeeinträchtigungen bewirken konnten; vielmehr können durch den Seitenaustausch zwischen den Rechnern E/A-Einsparungen im Vergleich zum 1-Rechner-Fall erreicht werden. Neben der meist geringen Änderungsintensität der Lasten wirkten sich v.a. folgende Eigenschaften der gewählten Lösung positiv aus:

- Der Austausch der Änderungen erfolgt über das Kommunikationssystem und nicht über die langsamen Platten. Durch die damit ebenfalls ermöglichten E/A-Einsparungen ergeben sich Antwortzeitvorteile, die oft schwerer wiegen dürften, als der durch die Seitenübertragungen eingeführte Mehraufwand.

- Die Erkennung invalidierter Seiten sowie die Bereitstellung von Änderungen verursacht keine eigenen Nachrichten. Insbesondere brauchen geänderte Seiten nicht explizit angefordert werden, was zur Begrenzung der Antwortzeiten und des Kommunikationsaufwandes gleichermaßen beiträgt.

- Invalidierungen und Seitenübertragungen entstehen nur für Zugriffe zu Seiten, die zur Partition eines anderen Rechners gehören, wodurch ihre Häufigkeit i.a. schon stark beschränkt wird.

Ausmaß an Sperrkonflikten

Die Durchsatz- und Antwortzeitresultate zeigten, daß Sperrkonflikte vielfach einen leistungsbestimmenden Einfluß ausübten, vor allem bei einer FPA/DBTT-Synchronisation auf Seitenebene. Hierbei führte zum Teil die Hinzunahme eines Rechners sogar zu Durchsatzverringerungen (sowie erheblichen Antwortzeitverschlechterungen), bedingt durch die Verschärfung der Konfliktsituation (Hot Spots). Die Ergebnisse verdeutlichen auch, daß selbst eine geringe Kommunikationshäufigkeit wenig nutzt, solange Sperrkonflikte eine sinnvolle CPU-Auslastung verhindern und hohe Sperrwartezeiten verursachen.

Abb. 14.6 zeigt die Sperrkonfliktwahrscheinlichkeiten für DOD mit und ohne Synchronisation auf FPA/DBTT-Seiten. Eine Sperrkonfliktwahrscheinlichkeit von z.B. 0.3 % (N=1/P=16) bedeutet dabei, daß für 0.3 Prozent der Sperranforderungen ein Konflikt vorlag, so daß die Sperrgewährung erst mit Verzögerung stattfand. Man erkennt, daß die Konfliktwahrscheinlichkeiten stets mit Zunahme der Gesamtparallelität (N*P) ansteigen, wobei der Anstieg mit wachsender Rechneranzahl immer steiler wird. So liegt z.B. bei Konfiguration 4/4 (N=4/P=4) die Konfliktrate - trotz identischer Gesamtparallelität - höher als bei 2/8 und bei 2/8 wiederum über dem Wert von 1/16. Ursache dafür ist die mit N ebenfalls zunehmende Sperrwartezeit pro Konflikt, die eine zusätzliche Erhöhung der Konfliktwahrscheinlichkeiten bewirkte. Die Zunahme der Sperrwartezeiten mit wachsendem N (bei gleichbleibender Gesamtparallelität) ist eine Folge des mit N steigenden Anteils nicht-lokaler Konflikte (geringere rechnerspezifische Lokalität), deren Auflösung aufgrund von Kommunikationsverzögerungen weniger schnell als für lokale Konflikte erfolgt.

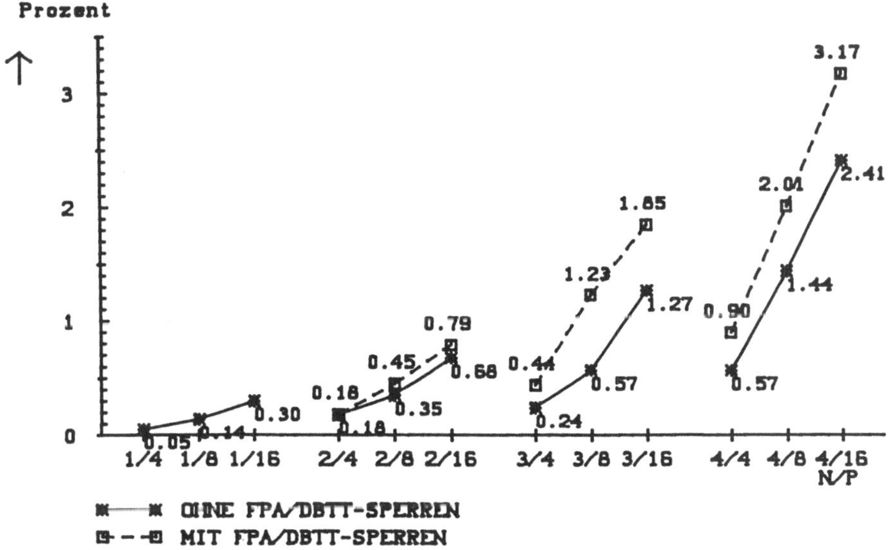

Abb. 14.6: Sperrkonfliktwahrscheinlichkeiten für DOD

Obwohl für DOD mit einer FPA/DBTT-Synchronisation die Konfliktwahrscheinlichkeiten stets am höchsten lagen, erklärt dies allein nicht die wesentlich schlechteren Durchsatz- und Antwortzeitresultate als bei Ignorierung der FPA/DBTT-Konflikte. Dies geht v.a. auf die zwei- bis vierfach längeren Sperrwartezeiten pro Konflikt zurück, die aufgrund der Warteschlangen vor Hot-Spot-Seiten entstanden und zur schlechten Auslastung einzelner Rechner führten. Dabei nahmen die Sperrwartezeiten ebenfalls mit wachsender Gesamtparallelität zu, was auch bei den Antwortzeiten seinen Niederschlag fand (14.1.3). Ohne Berücksichtigung von FPA/DBTT-Konflikten waren zwar weniger TA blockiert, die nun aber auf Datenseiten häufiger in Konflikt gerieten (relativ hohe Konfliktrate). Dennoch konnten dabei, wie gesehen, die CPUs gut ausgelastet werden, und die Antwortzeitverschlechterungen blieben relativ gering (kürzere Sperrwartezeiten).

Größere Wirkung zeigten die Sperrkonflikte auf Datenseiten bei TER und WSOD, die die höchsten Konfliktraten aller TA-Lasten aufwiesen. So kam es für TER für bis zu 8.8 % der Zugriffe auf Datenseiten zu einem Sperrkonflikt und bei WSOD für bis zu 5.4 % (jeweils bei vier Rechnern). Da auch der Kommunikationsaufwand und die Sperrwartezeiten für diese Lasten v.a. für drei und vier Rechner stark zunahmen, konnten die CPUs in diesen Fällen nur noch wenig effektiv genutzt werden (14.1.2), wodurch die schlechten Durchsatzergebnisse zustande kamen. Dagegen blieben die Konfliktwahrscheinlichkeiten für DOA unter 1 %; hier verhinderten extreme Wartezeiten vor der Hot-Spot-Datenseite eine hohe CPU-Auslastung. Hier lag die mittlere Sperrwartezeit v.a. bei höherer Parallelität deutlich über der mittleren TA-Antwortzeit, offenbar da bei einem Konflikt oft das Ende mehrerer TA abgewartet werden muß (lange X-Sperren), bis eine Sperrgewährung erfolgt.

Insgesamt erstaunen die doch recht hohen Konfliktraten, v.a. im Mehrrechner-Fall, angesichts der Verwendung kurzer Lesesperren. Ein Grund dafür ist die Synchronisation auf Seitenebene, die auch für 'Datenseiten' viele Konflikte nach sich ziehen kann (z.B. bei Wurzelseiten von B*-Bäumen u.ä.). Daneben wurden aber auch in dem Bemühen, eine möglichst hohe rechnerspezifische Lokalität zu erzeugen, viele 'ähnliche' TA parallel bearbeitet, die dann in Konflikt gerieten. Dieser Punkt könnte z.B. durch Lastkontrollmaßnahmen abgeschwächt werden, indem immer nur eine bestimmte Anzahl von Aktivierungen eines TA-Typs gleichzeitig zugelassen werden. Auch konnte in den Simulationen nicht verhindert werden, daß TA parallel ausgeführt wurden, die vom gleichen Terminal gestartet wurden und daher eigentlich seriell auszuführen sind (in den Referenz-Strings befindet sich keine Identifizierung des Terminals).

Rücksetzungen

Begünstigt durch die kurzen Lesesperren kam es in den meisten Simulationsläufen zu keinen oder nur wenigen (< 10) Rücksetzungen aufgrund von Deadlocks. Lediglich mit einer Synchronisation auf FPA/DBTT-Seiten bzw. bei DOA verursachte die globale Deadlock-Behandlung über Timeout höhere Rücksetzraten, da es für die Hot-Spot-Seiten häufig zu sehr langen Wartezeiten kam. In diesen Fällen zeigten sich dann auch die Schwächen der einfachen Timeout-Methode, mit der entweder eine Fülle von Rücksetzungen (bei kleinem Timeout-Wert) oder noch längere Sperrwartezeiten (durch zu späte Auflösung von Deadlocks) verursacht werden. In den Simulationen ergaben sich trotzdem meist nur für drei und vier Rechner bei Parallelität 16 größere Rücksetzhäufigkeiten (bis zu 78 bei TER), ebenso bei DOA im Zwei-Rechner-Fall. Dennoch lag der Wiederholungsfaktor nahezu immer unter 1.05, der absolute Spitzenwert betrug 1.10 (also 10 % der Bearbeitungseinheiten mußten wegen Rücksetzungen zweimal durchgeführt werden). Die Rücksetzungen übten somit keinen signifikanten Einfluß auf die Ergebnisse aus.

14.2 Einfluß der Lastverteilung

Bei allen bisher analysierten Simulationsläufen kamen eine PCA-Verteilung und eine Routing-Tabelle zur Anwendung, die gemäß 13.4 erstellt wurden und auf eine möglichst hohe rechnerspezifische Lokalität sowie eine gleichmäßige Belastung der Rechner abzielten. In diesem Abschnitt soll nun beispielhaft untersucht werden, welche Auswirkungen sich im Leistungsverhalten ergaben, wenn die TA ohne eine solche Routing-Vorgabe aufgeteilt werden (Random Zuordnung). Bei diesen für DOD (ohne FPA/DBTT-Synchronisation) durchgeführten Simulationsläufen wurden die PCAs derart aufgeteilt, daß jeder Rechner etwa gleichviele Sperranfragen zu bearbeiten hat.

Die Abbildungen 14.7 und 14.8 zeigen die resultierenden Durchsatz- und Antwortzeitergebnisse ohne Anwendung der Routing-Tabelle sowie, zum Vergleich, noch einmal die mit Routing erzielten Werte. Man erkennt, daß die Durchsatz- und Antwortzeitergebnisse ohne Routing stets schlechter abschneiden, wobei der Abstand zu den Resultaten mit koordinierter PCA- und Lastverteilung mit wachsender Rechneranzahl immer größer wird. So können ohne Routing trotz fehlender FPA/DBTT-Synchronisierung die Durchsatzwerte gegenüber dem 1-Rechner-Fall bei 2 Rechnern nur noch um den Faktor 1.46 (mit Routing 1.73) und bei 4 Rechnern um den Faktor 2.16 (2.98) gesteigert werden. Auch bei den Antwortzeiten lagen die Ergebnisse stets schlechter als im 1-Rechner-Fall, während mit Routing wenigstens für Parallelität 4 noch bessere Werte erzielt wurden. Im 4-Rechner-Fall lagen die Antwortzeiten ohne Routing um bis zu 45 % über den Werten mit Anwendung der Routing-Tabelle

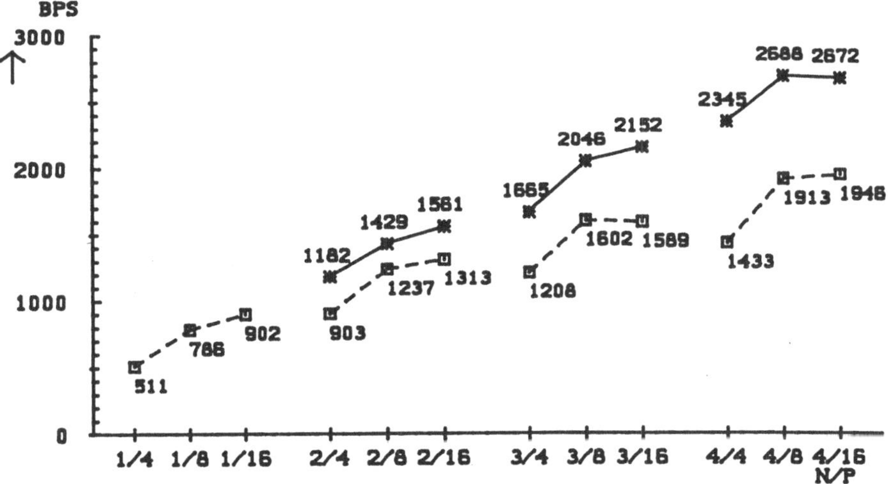

Abb. 14.7: Einfluß der Routing-Strategie auf den Durchsatz (DOD)

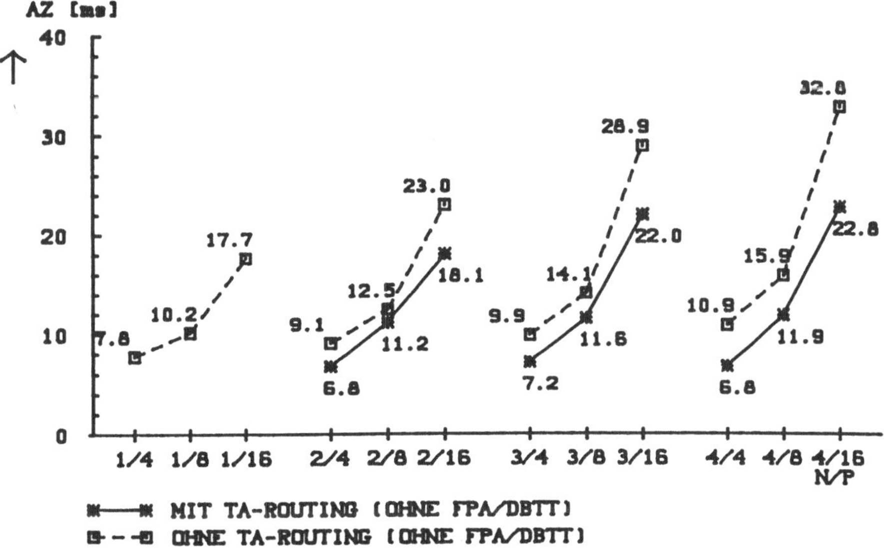

Abb. 14.8: Einfluß der Routing-Strategie auf die Antwortzeiten (DOD)

und um 85 % über den 1-Rechner-Werten.

Die wahlfreie Aufteilung der TA-Last wirkte sich hinsichtlich der Kommunikationshäufigkeiten und des E/A-Verhaltens negativ aus, ebenso bezüglich Sperrkonflikten und Pufferinvalidierungen bzw. Seitenübertragungen. Tabelle 14.4 zeigt für die Simulationsläufe ohne Routing die Trefferraten sowie die E/A-Häufigkeit pro TA, ebenso die Aufteilung bezüglich lokaler und externer Sperrgewährung (Legende siehe 14.1.5). Die Werte mit abgestimmter Last- und PCA-Verteilung sind zum Vergleich in Klammern beigefügt und wurden aus Tab. 14.1 bzw. 14.2 übernommen.

Die Tabelle zeigt, daß ohne Routing sowohl deutlich mehr E/A-Vorgänge als auch erheblich mehr externe Sperranforderungen pro TA anfallen, was sich maßgeblich auf das Antwortzeit- und Durch-

	N=1	N=2	N=3	N=4
Trefferrate (%)	85.8	88.2 (91.0)	88.4 (92.0)	89.0 (95.0)
#EA/Transaktion	9.2	7.2 (5.6)	7.1 (5.0)	6.7 (3.2)
Sperranteil PCA	100	48.2 (83.6)	33.1 (73.5)	24.6 (58.2)
LO	–	45.3 (13.4)	57.0 (20.5)	63.4 (35.1)
LRN	–	6.5 (3.0)	9.9 (6.0)	12.0 (6.7)
#LRN/TA	–	3.7 (1.7)	5.7 (3.4)	6.9 (3.9)

Tab. 14.4: E/A- und Sperrangaben zu DOD ohne (mit) Routing

satzverhalten auswirkte. So konnten bei der Random-Verteilung der TA-Aufträge die Trefferraten nur beim Übergang von einem auf zwei Rechner signifikant verbessert werden, nur noch minimal dagegen bei drei und vier Rechnern. Dies belegt die Wirksamkeit einer gezielten Unterstützung von Lokalität im Referenzverhalten der Rechner hinsichtlich der E/A-Häufigkeit. **Mit solchen E/A-Einsparungen lassen sich kommunikationsbedingte Antwortzeiteinbußen** im Mehrrechner-Fall **oft kompensieren** und somit vielfach kurze Antwortzeiten einhalten. So wurden bei DOD mit Routing z.B. bei zwei Rechnern 3.6 E/A-Vorgänge pro TA gegenüber dem 1-Rechner-Fall eingespart (über 100 ms), jedoch waren im Mittel nur 1.7 externe Sperranforderungen pro TA erforderlich (< 20 ms Antwortzeitverzögerung für Lock-Request- und Lock-Response-Nachrichten). Der Hauptgrund für die meist dennoch schlechteren Antwortzeiten im Mehrrechner-Fall liegt in der starken Zunahme der Sperrwartezeiten (häufigere Konflikte wegen größerer Gesamtparallelität).

Tab. 14.4 verdeutlicht, daß ohne Koordinierung von PCA- und TA-Verteilung ein weitaus geringerer Sperranteil wegen PCA-Besitzes lokal behandelt werden kann (bei N Rechnern lediglich ca. 100/N Prozent). Dieser Nachteil konnte für DOD wegen des hohen Anteils von Lesezugriffen jedoch weitgehend durch die Leseoptimierung kompensiert werden, die nun noch stärker zur Geltung kam als bereits bei Anwendung der Routing-Tabelle. So stieg zwar der Anteil extern anzufordernder Sperren deutlich an, blieb jedoch immer noch auf einem relativ kleinen Niveau (<= 12 %). Die zusätzlichen Lock-Request-Nachrichten entfallen zum einen auf die Schreibsperren, die v.a. für N>2 in der Mehrzahl extern anzufordern waren; aber auch bei Lesesperren muß zumindest der erste Zugriff pro Rechner mit dem PCA-Lock-Manager synchronisiert werden, was wegen der ungünstigeren Last- und PCA-Verteilung ebenfalls vermehrte Nachrichten erforderte. Dennoch ist klar, daß ohne Leseoptimierung die Ergebnisse ohne Routing noch schlechter im Vergleich zu den mit der gezielten TA- (und PCA) Zuordnung gewonnenen Werten abgeschnitten hätten. Dies belegt, daß die **Leseoptimierung** tatsächlich **in der Lage** ist, die **Abhängigkeiten des Verfahrens zur Partitionierbarkeit der TA-Last zu verringern,** und zwar umso mehr, je höher der Anteil von Lesezugriffen ist und je höher die (auch rechnerübergreifende) Lokalität solcher Referenzen ausgeprägt ist.

Die schlechteren Durchsatzwerte bei den Simulationsläufen ohne Anwendung einer Routing-Tabelle gehen in erster Linie auf die Zunahme des Kommunikations-Overheads (häufigere externe Sperranforderungen) zurück sowie, in geringerem Maße, auf die Zunahme des E/A-Overheads. So waren im Vier-Rechner-Fall bis zu 40 % der CPUs im Mittel durch Kommunikationsvorgänge belastet (statt 30 % mit Routing), wobei wieder die hohen CPU-Kosten für das Senden und Empfangen der Nachrichten zu den hohen Werten beitrugen. Auch ging die CPU-Auslastung nun bei zunehmender Rechneranzahl leicht zurück (z.B. von 97 auf 92 % bei Parallelität 16 und vier Rechnern), v.a. bedingt durch häufigere Kommunikationsunterbrechungen und längere Sperrwartezeiten. Bei den Antwortzeiten machten sich neben dem höheren E/A- und Kommunikationsanteil auch v.a. die verlängerten Sperrwartezeiten bemerkbar. Bei diesen wirkten sich die längeren Antwortzeiten (Sperrdauer) ebenso wie der deutlich **größere Anteil von nicht-lokalen Sperrkonflikten** negativ aus. Die Häufigkeit aller (lokaler und globaler) Konflikte blieb dagegen in etwa gleich.

Die bei der Random-Verteilung der TA-Last weniger effektive PCA-Verteilung wirkte sich auch bezüglich des Veralterungsproblems aus, wenngleich dies für DOD (wegen der geringen Änderungsfrequenz) ohne weitreichende Folgen blieb. So stieg der Anteil der Sperranforderungen, für die eine Pufferinvalidierung festgestellt wurde, bei vier Rechnern von knapp 0.2 % auf 0.4 %. Ebenso wurde bei dieser Rechneranzahl bereits für 3.3 % der Sperren (anstatt 1.6 %) eine Seitenübertragung im Rahmen von Release- oder Lock-Response-Nachrichten erforderlich.

14.3 Einfluß der Kommunikationskosten

Bei den bisher vorgestellten Simulationsläufen entstand trotz einem meist sehr geringen Nachrichtenaufkommen ein hoher Kommunikations-Overhead, der allein eine mittlere CPU-Auslastung von bis zu 40 % verursachte. Ursache dafür sind (neben der relativ geringen CPU-Kapazität von 3 MIPS) v.a. die vergleichsweise hohen Kosten zum Senden und Empfangen einer Nachricht, bei deren Festlegung typische Werte aus dem Bereich herkömmlicher Mainframe-Betriebssysteme (BS2000, MVS u.ä.) verwendet wurden (10.000 Instruktionen für das Senden und Empfangen einer Nachricht). In diesem Abschnitt soll daher untersucht werden, wie sich eine Reduzierung der Kommunikationskosten auf die Durchsatz- und Antwortzeitergebnisse niederschlägt.

Dazu werden zunächst statt 5.000 nur noch 500 Instruktionen für den CPU-Bedarf K zum Senden bzw. Empfangen einer Nachricht angesetzt; ein Wert, wie er von modernen, nachrichtenbasierten Betriebssystemen erreicht wird. Da die Kosten zur Verarbeitung einer Nachricht unverändert bleiben (1000 Instruktionen), fallen für eine Lock-Request- und die zugehörige Lock-Response-Nachricht nunmehr lediglich 4.000 statt 22.000 Instruktionen an. Daneben wird auch noch untersucht, welche Auswirkungen sich durch das Bündeln von Nachrichten ergeben. Bei den Simulationsläufen dieses Abschnitts fanden wieder die koordinierte Routing-Strategie und PCA-Verteilung Anwendung.

Verwendung billigerer Kommunikationsprimitive
Die Simulationsläufe mit verringertem CPU-Bedarf für die Kommunikations-Primitive (K=500) wurden zwar für alle Mixes durchgeführt, jedoch erlaubt die Ähnlichkeit der Resultatsabweichungen gegenüber den bereits besprochenen Ergebnissen wiederum eine selektive Darstellung. Die Bilder 14.9 und 14.10 zeigen für DOD die Durchsatz- und Antwortzeitwerte für K=500 mit und ohne Synchronisation auf FPA/DBTT-Seiten; zum Vergleich wurden auch die schon in 14.1 gezeigten Resultate für K=5.000 aufgenommen. Bei den Kurven wurden aus Gründen der Lesbarkeit die Zahlenwerte zum Teil weggelassen.

Die Diagramme belegen eindeutig, daß selbst sehr geringe Kommunikationsbelastungen wenig bewirken, solange viele Sperrkonflikte bzw. lange Sperrwartezeiten eine vernünftige CPU-Auslastung verhindern und die Antwortzeiten erhöhen. Denn mit Synchronisation auf FPA/DBTT-Seiten konnten auch für K=500 die Durchsatz- und Antwortzeitergebnisse nur geringfügig verbessert werden, wobei v.a. die Durchsatzwerte völlig inakzeptabel blieben (keine nennenswerte Durchsatzverbesserung bei drei und vier Rechnern im Vergleich zu N=2). Erst nach Beseitigung der FPA/DBTT-Konflikte kam die Reduzierung der Kommunikationskosten zum Tragen und erlaubte v.a. starke Durchsatzverbesserungen, aber auch kürzere Antwortzeiten. Da der Kommunikations-Overhead mit N und P zunahm,

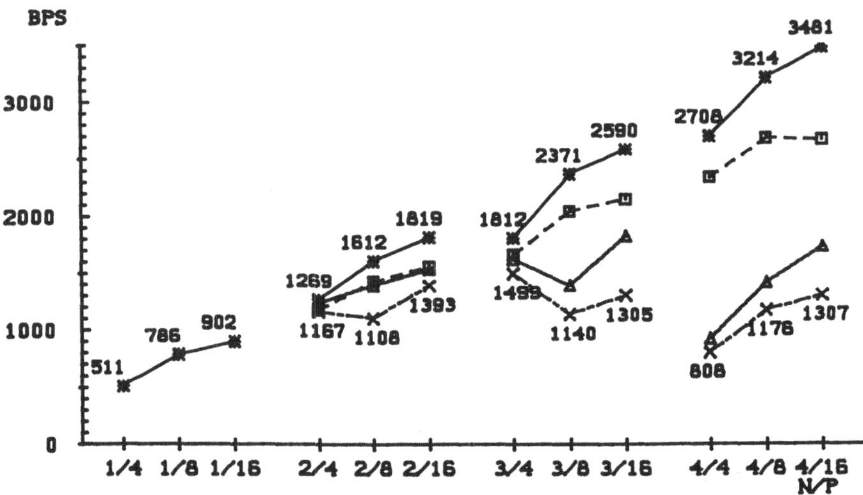

Abb. 14.9: Einfluß von K auf die Durchsatzresultate bei DOD

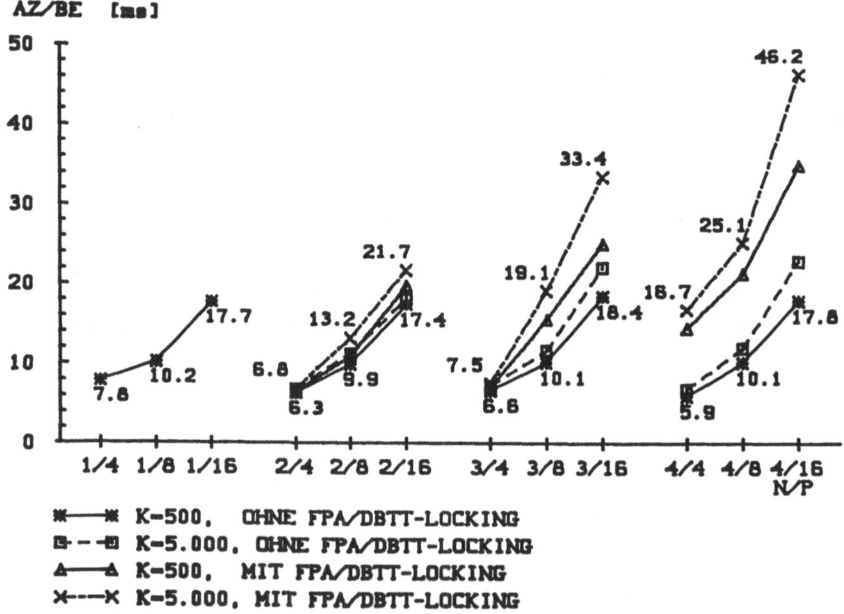

Abb. 14.10: Einfluß von K auf die Antwortzeitwerte bei DOD

wuchsen auch diese Verbesserungen sowohl mit der Rechnerzahl als mit der Parallelität. Für DOD (ohne FPA/DBTT-Synchronisation) ergab sich nun praktisch ein lineares Durchsatzwachstum. Denn bei N Rechnern wurde der Durchsatz nicht nur bei Parallelität 4, sondern auch für P=8 mehr als um den Faktor N gesteigert; für Parallelität 16 auch im 2-Rechner-Fall, während erst danach eine geringe Abflachung wegen des Kommunikationsaufwandes zu verzeichnen ist (für vier Rechner Durchsatzsteigerung um den Faktor 3.86). Auch bei den Antwortzeiten wurden meist bessere Ergebnisse als im 1-Rechner-Fall registriert.

Diese optimalen Resultate für K=500 und fehlender FPA/DBTT-Synchronisation haben mehrere Ursachen:

- Wie bisher wurde im Mehrrechner-Fall ein besseres E/A-Verhalten als für einen Rechner erreicht. Die selteneren E/A-Unterbrechungen erlaubten zum Teil sowohl kürzere Antwortzeiten als im zentralen Fall als auch eine höhere Rechnerauslastung mit nutzbringender TA-Verarbeitung.

- Ohne Synchronisation auf FPA/DBTT-Seiten stellten Sperrkonflikte keinen durchsatzbegrenzenden Faktor dar; die Zunahme der Sperrwartezeiten im Vergleich zum 1-Rechner-Fall war v.a. bei geringerer Parallelität (4, 8) kleiner als die Einsparungen für E/A-Vorgänge.

- Der Kommunikations-Overhead konnte sehr gering gehalten werden. Dies geht zum einen auf die 'billigen' Kommunikationsprimitive zurück, aber auch auf die durch das PCL-Verfahren ermöglichte, sehr geringe Nachrichtenhäufigkeit (der Anteil lokal gewährbarer Sperren war ebenso wie die Trefferraten im Systempuffer praktisch unabhängig von K). Für DOD sank so die kommunikationsbedingte CPU-Auslastung von bis zu 30 % für K=5.000 (Abb. 14.2) auf maximal 8 % bei K=500, wodurch entprechend mehr Kapazitäten zur effektiven TA-Verarbeitung frei wurden (Durchsatzsteigerung).

- Da CPU-Anforderungen zur Kommunikation höchste Priorität besitzen, bewirkte der starke Rückgang des Kommunikations-Overheads auch eine Verringerung der CPU-Wartezeiten, was sich ebenfalls positiv auf die Antwortzeiten auswirkte. Ebenso führte natürlich das schnellere Abwickeln der Kommunikationsaufträge zu einer (leichten) Antwortzeitverkürzung verglichen mit den Ergebnissen für K=5.000.

- Schließlich kam es wegen der kürzeren Antwortzeiten auch zu verkleinerten Sperrwartezeiten im Vergleich zu den Werten mit K=5.000 (bei DOD i.d.R. um 20 bis 30 %). Die Konfliktrate dagegen blieb in etwa gleich hoch.

Ähnlich günstig wirkte sich die Reduzierung des CPU-Aufwandes zur Kommunikation bei den TA-Lasten KD und MIX50 aus, wobei v.a. bei MIX50 ein lineares Durchsatzwachstum erreicht wurde (praktisch keine Sperrkonflikte). Dagegen konnten bei WSOD und DOA aufgrund von Sperrkonflikten auf Datenseiten selbst ohne FPA/DBTT-Synchronisierung für K=500 keine entscheidenden Verbesserungen beobachtet werden, wodurch bestätigt wurde, daß Optimierungen bezüglich des Kommunikationsaufwandes erst bei einem ausreichend geringem Ausmaß an Synchronisationskonflikten zum Tragen kommen. Für TER ließen sich natürlich die hervorragenden Werte bei 2 Rechnern nur noch geringfügig verbessern, da aufgrund der fast optimalen Last- und PCA-Verteilung sehr wenig Kommunikationsvorgänge stattfanden. Aber auch bei drei und vier Rechnern ergaben sich nur noch marginale Ergebnissteigerungen für K=500, hier allerdings wiederum durch hohe Konfliktraten verursacht.

Bündelung von Nachrichten

Wie in 13.2.7 ausgeführt, wird in unserem Simulationssystem die gebündelte Übertragung von Nachrichten über zwei Parameter gesteuert, nämlich dem Blockungs- oder Bündelungsfaktor B sowie der maximalen Bündelungswartezeit BMAX. Nachrichten, bei denen eine Seite mitverschickt wird, werden stets ungebündelt übertragen.

Um den Kommunikations-Overhead durch Bündelung von Nachrichten reduzieren zu können, gilt es natürlich, für B und BMAX geeignete Besetzungen zu ermitteln, was sich wegen des großen Parameterspektrums als schwierige Aufgabe erweist. So kann z.B. keine generelle Präferenz zwischen kleinem B und großem BMAX (z.B. B=2, BMAX=50 ms) einerseits sowie höherem Blockungsfaktor und kleinen BMAX-Werten (z.B. B=5, BMAX=5 ms) andererseits aufgestellt werden. Denn im ersten Fall wird die Übertragung häufiger durch Erreichen des Blockungsfaktors angestoßen, während bei der anderen Strategie dies verstärkt durch Ablauf der Bündelungszeit erfolgen dürfte. Durch eine Reihe von Versuchsmessungen stellte sich für unsere Lasten heraus, daß für B>2 in der Regel kaum bessere Resultate erreicht wurden als für B=2 und Variation von BMAX.

Generell bleibt festzustellen, daß das **Bündeln von Nachrichten** zwar den Kommunikations-Overhead verringert, aber **in vielen Fällen** zu einer **Durchsatz- und Antwortzeitverschlechterung** gegenüber den Messungen mit B=1 (keine Blockung von Nachrichten) führte. Dies war nahezu immer der Fall, wenn nur eine geringe oder mittlere Auslastung der CPUs vorliegt, da dann ausreichend Kapazitäten für eine sofortige Nachrichtenübertragung verfügbar sind. Daher wurden auch bei niedriger Parallität (z.B. P=4) oder bei vielen Sperrkonflikten (z.B. mit FPA/DBTT-Synchronisation auf Seitenebene) mit der Nachrichtenbündelung fast durchweg schlechtere Resultate erzielt. Denn die verzögerte Übertragung von externen Sperranforderungen führte nicht nur zu Verlängerung der Antwortzeiten bzw. Sperrwartezeiten, sondern reduzierte auch die mittlere Anzahl rechenbereiter TA und somit die (effektive) CPU-Auslastung bzw. den Durchsatz. Die Verschlechterungen erhöhten sich in diesem Fall mit zunehmendem Bündelungsfaktor bzw. wachsendem BMAX.

Daneben ist natürlich das Bündeln der Nachrichten nur dann relativ erfolgsversprechend, wenn bereits ein hoher Kommunikations-Overhead vorliegt, also bei einer starken Kommunikationshäufigkeit bzw. teueren Kommunikationsprimitiven. Es stellte sich heraus, daß die Bündelung v.a. dann Verbesserungen im Leistungsverhalten bringen kann, wenn die CPUs zu mehr als etwa 10 Prozent durch Kommunikationsvorgänge belastet werden, so daß z.B. für die Messungen mit K=500 kaum ein Optimierungspotential vorlag. Ein erfolgreicher Einsatz der Bündelung war daher primär auf die Messungen mit K=5.000 und hoher CPU-Auslastung beschränkt, also v.a. bei P=16 (und zum Teil P=8) sowie fehlender FPA/DBTT-Synchronisierung bzw. weniger gravierenden Konflikten auf Datenseiten als z.B. bei DOA.

In diesen Fällen (z.B. bei DOD und MIX50) konnten bis zu 10 % bessere Durchsatzergebnisse durch das Bündeln von Nachrichten erzielt werden. Überraschenderweise ergaben sich dabei trotz der verzögerten Nachrichtenübertragung zum Teil sogar Antwortzeitverbesserungen. Denn bei einer hohen CPU-Auslastung verursachen v.a. Kommunikationsvorgänge, die höchste Priorität bei der CPU-Vergabe besitzen, meist lange CPU-Wartezeiten, die sich durch das Bündeln der Nachrichten stärker verringerten als die Zunahme der Kommunikationsverzögerungen. Dies ist natürlich wieder durch die vom PCL-Verfahren ermöglichte geringe Anzahl externer Sperranforderungen begünstigt.

Stellvertretend soll nun für DOD (K=5.000, ohne FPA/DBTT-Synchronisation) in Tab. 14.5 angegeben werden, welche Verbesserungen sich bei Parallelität 16 durch das Bündeln der Nachrichten erreichen ließen. Von den vielen untersuchten Konstellationen für B und BMAX beschränken wir uns lediglich auf die Einstellung B=2/BMAX=20 ms, für welche die besten Ergebnisse mit Bündelung erzielt wurden (z.B. bessere Werte als bei B/BMAX = 2/5, 2/10 oder 5/5). Zum Vergleich sind auch die Resultate ohne Nachrichtenbündelung (B=1) angegeben.

Die letzte Zeile der Tabelle zeigt an, wieviele Nachrichten im Mittel wegen der Bündelung zusammen übertragen wurden; dieser Wert liegt stets zwischen 1 und B. Für B=2 bedeutet z.B. der Wert 1.45, daß für 45 Prozent der Übertragungen der Blockungsfaktor erreicht wurde, also zwei Nachrichten zusammen übermittelt wurden. Die restlichen 55 % der Übertragungen wurden dagegen entweder

N/P B/BMAX	2/16		3/16		4/16	
	1/–	2/20	1/–	2/20	1/–	2/20
Durchsatz (BPS)	1561	1679	2152	2250	2672	2738
Antwortzeit pro BE (ms)	18.1	18.7	22.0	20.7	22.8	21.7
mittlere CPU-Ausl. (%)	97.2	98.9	99.3	98.0	98.4	89.0
davon Kommunikation	13.1	12.4	24.4	19.0	29.2	17.7
#Nachr. pro Übertr.	1	1.62	1	1.50	1	1.45

Tab. 14.5: Einfluß der Nachrichtenbündelung bei DOD

durch Ablauf der Verzögerung BMAX angestoßen (wobei jeweils nur eine Nachricht gesendet wurde) oder es handelte sich um eine Synchronisationsnachricht, bei der eine Seite mitverschickt wurde.

Tab. 14.5 zeigt, daß für P=16 durch das Bündeln von Nachrichten die Durchsatzwerte stets verbessert werden konnten, bei drei und vier Rechnern auch die Antwortzeiten. Dabei entstanden zwar deutlich höhere Verzögerungen zur Gewährung einer extern anzufordernden Sperre als bei fehlender Bündelung (von unter 8 ms auf über 20 ms), jedoch ließ sich die kommunikationsbedingte CPU-Auslastung stark reduzieren, v.a. bei drei und vier Rechnern. Für N=3 und 4 ergaben sich so auch eine geringere Gesamtauslastung der CPU und deutlich kürzere CPU-Wartezeiten, wodurch die Antwortzeitverbesserung ermöglicht wurde. Erstaunlicherweise wurden aber bei Anwendung der Bündelung im 2-Rechner-Fall die größten Durchsatzsteigerungen registriert (um 7.6 %), welche dann bei drei und vier Rechnern, trotz des stärker reduzierten Kommunikations-Overheads, immer geringer ausfielen (4.6 % bei drei und 2.5 % bei vier Rechnern). Dieses Verhalten ist offenbar umgekehrt zu den Ergebnissen mit K=500, bei denen mit zunehmendem N stets größere Durchsatzverbesserungen gegenüber den Werten für K=5.000 erreicht wurden, nämlich 16.5 % bei N=2 (und P=16), 20.4 % bei N=3 und sogar 30.3 % für N=4 (Abb. 14.9).

Ein Hauptgrund für diese Durchsatzentwicklung bei der Bündelung von Nachrichten ist, daß - wie die Tabelle zeigt - mit zunehmender Rechneranzahl immer weniger Nachrichten zusammen übertragen werden; bei N=2 lagen noch für 62 % der Übertragungen mehr als eine Nachricht vor, bei vier Rechnern nur noch für 45 %. Diese Entwicklung, die auch bei den anderen Lasten beobachtet wurde, liegt v.a. daran, daß die Anzahl der Übertragungsrichtungen quadratisch mit der Knotenanzahl zunimmt (2 Übertragungsrichtungen für N=2, 6 bei N=3 und 12 bei N=4). Das Nachrichtenaufkommen steigt zwar auch mit zunehmendem N, jedoch weitaus weniger stark, so daß die mittlere Anzahl von Nachrichten pro Übertragungsstrecke immer kleiner wird. Folglich wird das **Bündelungspotential bei wachsender Rechneranzahl immer geringer**. Allerdings ist hierbei zu beachten, daß für die einzelnen Verbindungen, je nach Last- und PCA-Verteilung, starke Unterschiede hinsichtlich der Nachrichtenhäufigkeiten auftreten können, wobei die Unterschiede i.a. auch mit der Rechneranzahl zunehmen (bei N=2 entfallen auf jeden Rechner und jede Verbindung in etwa die gleichen Kommunikationsbelastungen). So kann z.B. für drei und vier Rechner für einige Übertragungsrichtungen das Bündeln von Nachrichten sehr wirkungsvoll sein, während in anderen Fällen damit zumeist unnötige Verzögerungen verursacht werden. Hier wären z.B. für jede Übertragungsstrecke eigene Bündelungsparameter wünschenswert, die je nach Nachrichtenhäufigkeit dynamisch angepaßt werden. Darauf wurde jedoch in der Simulation aus Komplexitätsgründen verzichtet.

Ein weiterer Grund für die mit wachsendem N geringer werdende Durchsatzverbesserung mit Nachrichtenbündelung ist, daß bei drei und v.a. bei vier Rechnern die durch die Reduzierung des Kommunikations-Overheads frei werdenden CPU-Kapazitäten in geringerem Ausmaß zur TA-Verarbeitung genutzt werden konnten als bei zwei Rechnern. Dies liegt an der mit N stets größer werdenden Häufigkeit externer Sperranforderungen, so daß die TA öfter von den Übertragungsverzögerungen betroffen sind und weniger zur Durchsatzverbesserung beitragen können.

Trotz der im gezeigten Beispiel möglich gewordenen Ergebnissteigerungen durch die Anwendung einer Nachrichtenbündelung bleibt festzuhalten, daß in vielen Fällen, v.a. bei geringerer CPU-Auslastung oder weniger hohem Kommunikations-Overhead (z.B. bei 'billigen' Kommunikationsprimitiven), durch das Bündeln der Nachrichten Durchsatz- und Antwortzeitverschlechterungen verursacht werden. Selbst in den Fällen, in denen sich das Bündeln der Nachrichten anbietet, ist die Bestimmung geeigneter Parameterbesetzungen nicht immer einfach; außerdem reduziert sich das Optimierungspotential bei unidirektionalen Nachrichten mit zunehmender Rechneranzahl (*). Die Bündelung erlaubt daher gerade bei größerem N, wo oft ein hoher Kommunikations-Overhead den Durchsatz deutlich beeinträchtigt, keine spürbare Ergebnisverbesserungen; die Verfügbarkeit effizienter Kommunikationsprimitive wird so mit steigenden Durchsatzanforderungen immer dringlicher. Eine weitere Erkenntnis bestand darin, daß das Bündeln nicht notwendigerweise zu Antwortzeitverschlechterungen führen muß, da die Reduzierung des Kommunikations-Overheads zu starken Verkürzungen der CPU-Wartezeiten führen kann, wodurch kommunikationsbedingte Verzögerungen ausgeglichen werden können.

14.4 Zusammenfassende Bewertung der Simulationsresultate

Die Bewertung der Resultate muß bei Trace-getriebenen Simulationen natürlich unter Berücksichtigung der Kennzeichen und Eigenheiten der verwendeten TA-Lasten erfolgen. Die z.V. stehenden Referenz-Strings verkörpern zwar unterschiedliche und realitätsnahe TA-Profile, sie enthielten jedoch nur eine sehr geringe Anzahl von TA-Typen. Damit waren sie für den Einsatz in Mehrrechner-DBS, bei denen die Lastverteilung typischerweise über TA-Typen erfolgt, nur bedingt geeignet. Trotz der teilweise durchgeführten Verfeinerung von TA-Typen konnte nicht verhindert werden, daß (mit Ausnahme von DOA) in jeder Last ein dominierender TA-Typ verblieb, der rund die Hälfte aller DB-Referenzen umfaßt. Da für mehr als zwei Rechner dieser TA-Typ nicht mehr einem Prozessor allein zugeordnet werden konnte, war in diesen Fällen von vornherein ein deutlich höherer Kommunikationsbedarf zur Synchronisation zu erwarten. Daß die Anwendungen nicht für den Mehrrechner-Einsatz konzipiert wurden, zeigte sich auch darin, daß die Mehrzahl aller Referenzen auf einige wenige DB-Areas gerichtet ist. Das damit erschwerte Partitionierungsproblem konnte für PCL durch Wahl feinerer Fragmente (Seitenbereiche) zumindest teilweise entschärft werden.

Maßgeblichen Einfluß auf die Durchsatz- und Antwortzeitergebnisse hatten das Ausmaß an Sperrkonflikten, der zur Synchronisation anfallende Kommunikations-Overhead sowie das E/A-Verhalten, wobei diese Faktoren wiederum stark von der Lastverteilungsstrategie (in Koordination mit der PCA-Verteilung) bestimmt sind. Es stellte sich heraus, daß Grundvoraussetzung für akzeptable Leistungsmerkmale eine hinreichend geringe Konflikthäufigkeit bzw. kurze Sperrwartezeiten sind. Denn selbst ein sehr geringer Kommunikations- und E/A-Aufwand bleiben wirkungslos, wenn aufgrund eines zu hohen Konfliktpotentials die CPUs nicht ausgelastet werden können und lange Sperrwartezeiten die

---

* Dagegen dürfte eine Bündelung bei Broadcast-Nachrichten mit steigender Knotenanzahl immer wirkungsvoller (und zur Begrenzung potentieller Engpässe auch immer wichtiger) sein; dieser Aspekt konnte jedoch beim Primary-Copy-Verfahren wegen des Fehlens von Broadcast-Nachrichten nicht quantifiziert werden.

Antwortzeiten verschlechtern.

Diese Probleme waren bei den UDS-Lasten v.a. bei einer seitenorientierten Synchronisation auf FPA/DBTT-Seiten relevant, bei WSOD und v.a. DOA kam es jedoch auch auf Datenseiten zu vielen Konfliktsituationen. Die durch Konflikte auf FPA/DBTT-Seiten verursachten Engpässe konnten in der Simulation leicht durch Nichtsynchronisierung dieser Seiten behoben werden; in der Realität muß hier unbedingt auf Eintragssperren übergegangen werden (etwa wie in 10.5 skizziert). Auch für andere Seitentypen, insbesondere bei Indexstrukturen, Katalogseiten u.ä., ist eine eintragsorientierte Synchronisierung als unverzichtbar anzusehen, um die Konfliktrate hinreichend klein halten zu können. Die Ergebnisse für DOA schließlich demonstrierten die möglichen Konsequenzen eines High-Traffic-Elementes, das bereits im 1-Rechner-Fall eine vernünftige CPU-Auslastung verhinderte und die Abarbeitung eines hohen Lastanteils sequentialisierte. Wenn in solchen Fällen ein angepaßter Anwendungsentwurf nicht möglich ist, können nur Spezialprotokolle zur High-Traffic-Synchronisation (10.6) eine Beseitigung der Flaschenhälse bewirken.

Außer in den Fällen mit zu vielen Sperrkonflikten, zeigten die beim Primary-Copy-Sperrverfahren eingebrachten Konzepte deutlich ihre Wirksamkeit und führten auch bei mehr als zwei Rechnern vielfach zu guten bis sehr guten Durchsatz- und Antwortzeitwerten. Die Nutzung der PCA-Verteilung (in Kooperation mit der Routing-Strategie) sowie der Leseoptimierung erlaubten für alle TA-Lasten eine weitgehend lokale Synchronisierung sowie eine sehr geringe Kommunikationshäufigkeit. Dies ermöglichte v.a. bei billigen Kommunikationsprimitiven (und fehlender FPA/DBTT-Synchronisation) vielfach ein nahezu lineares Durchsatzwachstum mit teilweise besseren Antwortzeiten als im 1-Rechner-Fall. Die Charakteristika der TA-Lasten führten erwartungsgemäß dazu, daß mit zunehmender Rechneranzahl immer weniger Sperren aufgrund der PCA-Verteilung lokal vergeben werden können (dies gilt allerdings ab einer gewissen Rechneranzahl für alle Lasten, wenn nicht neue TA-Typen und DB-Bereiche hinzukommen). Hier zeigten sich dann, v.a. bei den Lasten mit geringerer Änderungshäufigkeit, zunehmend die Vorteile der Leseoptimierung, die oft das parallele Lesen eines Objektes in mehreren Rechnern ohne Kommunikation erlaubt. Die Leseoptimierung war damit hauptverantwortlich für die günstigen Ergebnisse bei drei und vier Rechnern und zeigte, daß sie in der Lage ist, die Abhängigkeiten des Protokolls von der Partitionierbarkeit der TA-Last bzw. der Lastverteilung spürbar zu verringern. Vor allem bei Verwendung kurzer Lesesperren muß die Leseoptimierung als unverzichtbar angesehen werden.

Mitverantwortlich für die guten Resultate und den geringen Kommunikationsaufwand war die integrierte Lösung des Veralterungsproblems, die keinerlei eigene Nachrichten erforderte. Da jeweils die meisten Änderungen im PCA-Rechner vorgenommen wurden, kam es nur zu relativ wenigen Pufferinvalidierungen und Seitenübertragungen, wobei letztere keinerlei Engpässe im Kommunikationssystem verursachten. Vielmehr konnten in vielen Fällen geänderte Seiten, die zuvor in einem Rechner noch nicht referenziert wurden und für die daher auch keine Pufferinvalidierung vorlag, wesentlich schneller zwischen den Rechnern übertragen als von Platte eingelesen werden. Pufferinvalidierungen führen also nur bei FORCE (bzw. Seitenaustausch über Platte) zu einer Erhöhung der E/A-Häufigkeit; bei NOFORCE mit direktem Austausch geänderter Seiten werden die wegen einer Pufferinvalidierung notwendigen Übertragungsverzögerungen vielfach mehr als wettgemacht, da auch andere Seiten schnell übermittelt werden, die ansonsten von den langsamen Platten einzulesen wären.

Besonders erfreulich ist, daß die Antwortzeiten sich im Mehrrechner-Fall trotz der notwendigen Kommunikationsvorgänge und den höheren Sperrverzögerungen meist nur wenig schlechter (v.a. bei geringer Parallelität zum Teil sogar besser) lagen als bei einem Rechner. Dies wurde möglich durch deutliche E/A-Einsparungen, die neben der insgesamt sich vergrößernden Pufferkapazität v.a. auf die Lastverteilung zurückzuführen ist, mit der unter Berücksichtigung der PCA-Verteilung eine höhere Lokalität als im 1-Rechner-Fall erreicht werden konnte. Dies bestätigte sich auch in den Simulationen, bei denen die TA wahlfrei auf die Rechner verteilt wurden und sich signifikant schlechtere Trefferraten ergaben.

Die Lastverteilung, für die in der Simulation ein statischer Ansatz unter Verwendung einer Routing-Tabelle eingesetzt wurde, stellte so einen leistungsbestimmenden Faktor dar. Die damit erreichbare, rechnerspezifische Lokalität ist nicht nur für das Ausmaß an E/A-Vorgängen und Pufferinvalidierungen ausschlaggebend, sondern beim Primary-Copy-Verfahren auch für den Anteil der Sperranforderungen, der wegen lokal vorliegender PCA ohne Kommunikation bearbeitet werden kann. So kam die Leseoptimierung zwar bei der wahlfreien TA-Aufteilung besonders stark zum Tragen, dennoch ergaben sich zum Teil mehr als doppelt so viele externe Sperranforderungen pro TA als bei Anwendung der Routing-Tabelle.

Die Simulationsläufe zeigten jedoch auch deutlich die Nachteile einer vollkommen statischen Lastverteilung, da es häufig zu stark unterschiedlichen Rechnerauslastungen kam, obwohl für jeden Knoten in etwa derselbe CPU-Bedarf zur reinen TA-Verarbeitung vorgesehen war. Bei Abarbeitung der Last kam es dann aber oft zu größeren Abweichungen bei den Trefferraten und bei der Häufigkeit externer Sperranforderungen und Sperrkonflikten, welche die Auslastungsschwankungen zur Folge hatten. Dies führte dann dazu, daß die Simulationen vor Abarbeitung der gesamten Last abgebrochen werden mußten, nämlich wenn einer der Rechner (i.a. der am besten genutzte) seinen Lastanteil abgearbeitet hatte. Das dahinterstehende Problem ist also das der (dynamischen) Last-Balancierung, das in dieser Arbeit nicht untersucht werden konnte. Mit einer solchen Balancierung sollten sich die Ergebnisse jedoch noch weiter verbessern lassen, da dann z.B. die CPUs besser (gleichmäßiger) genutzt werden können (höherer Durchsatz).

15. Quantitative Analyse weiterer Synchronisationsverfahren für DB-Sharing

In diesem Kapitel sollen auch für die fünf anderen Synchronisationsprotokolle, die im Rahmen des Simulationssystems implementiert wurden, einige wesentliche Simulationsergebnisse vorgestellt werden. Aus Platzgründen ist jedoch eine ähnlich ausführliche Darstellung wie für das Primary-Copy-Sperrverfahren nicht mehr möglich. So konzentrieren wir unsere Darstellung hier auch auf die Ergebnisse für die beiden Token-Ring-Verfahren, die in 15.1 mit dem Primary-Copy-Sperrverfahren verglichen werden. Für die Protokolle unter zentraler Kontrolle, die schon unter Verfügbarkeitsaspekten weniger interessant sind, werden in 15.2 die wichtigsten Beobachtungen lediglich zusammenfassend angegeben.

15.1 Simulationsergebnisse für die Token-Ring-Protokolle

Die Ergebnisse für die Token-Ring-Protokolle sollen für zwei TA-Lasten diskutiert werden, nämlich für TER und DOD. Mit TER (15.1.1) kann dabei das Leistungsverhalten der Verfahren für änderungsintensive und konfliktreiche Umgebungen untersucht werden, während DOD (15.1.2) eine konfliktarme Anwendung repräsentiert, die dem optimistischen Ansatz eher entsprechen dürfte. Nach der Diskussion der Simulationsergebnisse werden in 15.1.3 die wesentlichen Erkenntnisse zusammengefaßt.

Die Synchronisation auf FPA/DBTT-Seiten, die auch für die optimistischen Protokolle drastische Leistungseinbußen verursachte, wird hier nicht mehr betrachtet.

15.1.1 Ergebnisse bei TER

Abb. 15.1 und 15.2 zeigen die Durchsatz- bzw. Antwortzeitergebnisse bei TER (ohne FPA/DBTT-Synchronisation) für die beiden FOCC-Protokolle des Token-Ring-Ansatzes (TR-FOCC1 bzw. TR-FOCC2); zum Vergleich sind auch die für das Primary-Copy-Sperrverfahren erreichten Werte angegeben. Bei allen drei Verfahren wird Konsistenzebene 2 unterstellt, was für die beiden optimistischen Protokolle bedeutet, daß Lese-TA stets bei der ersten Ausführung erfolgreich zu Ende kommen. Für alle TA-Typen wurde Restart-Limit 2 eingestellt, so daß eine Änderungs-TA nach zwei Rücksetzungen in den Kill-Modus wechselte, wobei bei der pessimistischeren Variante TR-FOCC2 bekanntlich jeweils nur eine Kill-TA zu einem Zeitpunkt zugelassen wird (s. 13.2.5). Für die Token-Ring-Verfahren wurde hier keine künstliche Verzögerung des Tokens vorgesehen, so daß der Buck nach Durchführung einer Master-Phase (der Validierungen) sofort zum nächsten Knoten weitergeleitet wurde. Für den Vergleich mit dem Primary-Copy-Verfahren ist darauf hinzuweisen, daß bei diesem lediglich ein Systempuffer von 512 Seiten pro Rechner eingestellt war, während bei den optimistischen Protokollen für die Änderungen zusätzlich noch ein TA-Pufferbereich von 128 Seiten zur Verfügung stand (für den es bei TER wegen der Kürze der TA zu keinerlei Verdrängungen kam). Da die Primary-Copy-Ergebnisse auch so klar besser waren, wurde auf Vergleichsmessungen mit größerem Systempuffer (z.B. 600 Seiten) verzichtet.

Die Abbildungen zeigen, daß die Durchsatz- und Antwortzeitresultate der Token-Ring-Protokolle weit unter denen des Primary-Copy-Sperrverfahren liegen. Dabei nehmen die Unterschiede jeweils mit wachsender Parallelität zu, so daß v.a. bei Parallelität 8 und 16 zum Teil nicht einmal die Hälfte des Durchsatzes von PCL erreicht wird (N=2) und die Antwortzeiten oft mehr als doppelt so hoch ausfal-

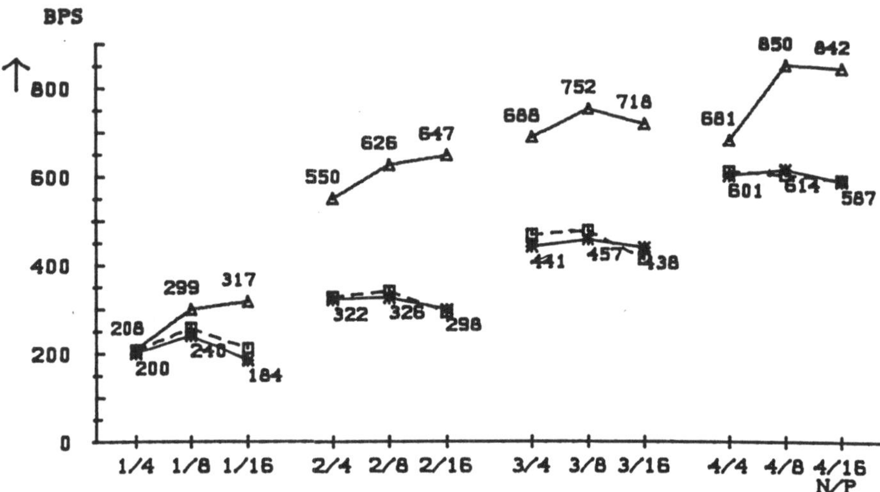

Abb. 15.1: Durchsatzergebnisse für TER (ohne FPA/DBTT-Synchronisation)

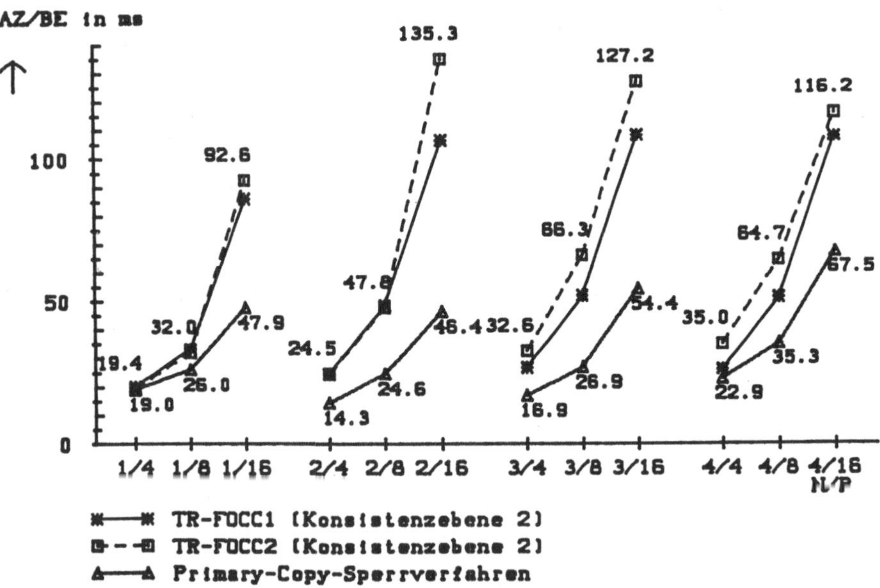

Abb. 15.2: Antwortzeitresultate für TER (ohne FPA/DBTT-Synchronisation)

len. Allerdings ist im Mehrrechner-Fall eine gewisse Abschwächung der Verschlechterungen mit steigender Rechneranzahl zu erkennen.

Die beiden Token-Ring-Protokolle zeigen bei TER ein sehr ähnliches Durchsatz- und Antwortzeitverhalten. Während sich die Antwortzeiten bei zunehmender Parallelität stark verschlechtern, kann dabei der Durchsatz für die optimistischen Protokolle kaum gesteigert werden. So liegen für alle drei untersuchten Parallelitätsgrade die Durchsatzwerte jeweils in der gleichen Größenordnung, der Bestwert ergibt sich für Parallelität 8. TR-FOCC2 verursacht im Mehrrechner-Fall i.a. noch schlechtere Antwortzeiten als TR-FOCC1, bedingt v.a. durch die Verzögerungen bis ein Kill-Kandidat als 'goldene' TA gestartet werden kann.

CPU-Auslastung

Diese Durchsatz- und Antwortzeitergebnisse sind natürlich maßgeblich durch das Ausmaß an Rücksetzungen bestimmt, im Mehrrechner-Fall zudem durch den zu bewältigenden Kommunikations-Overhead. Sehen wir uns zur Erklärung der Resultate zunächst an, wie sich die mittlere Rechnerauslastung zusammensetzt. Tab. 15.1 zeigt dies stellvertretend für TR-FOCC1 und Parallelität 8.

	N=1	N=2	N=3	N=4
Gesamtauslastung (%)	95.8	99.8	99.5	99.1
– TA-Verarbeitung				
a) erfolgreiche TA	64.8	44.1	41.1	41.5
b) gescheiterte TA	24.5	13.4	23.8	25.4
– E/A	5.9	3.7	3.2	3.1
– Validierung	0.6	0.6	0.9	1.1
– Kommunikation	–	38.0	30.5	28.0
a) Token/Buck	–	33.3	20.2	13.8
b) Broadcast-Meldungen	–	4.0	5.3	6.8
c) Page-Request/-Response	–	0.7	5.0	7.4

Tab. 15.1: Mittlere CPU-Auslastung bei TR-FOCC1 (TER, P=8)

Zunächst ist festzustellen, daß, wie erwartet, die optimistischen Protokolle stets eine sehr hohe CPU-Auslastung zuließen, da die TA nicht mehr durch Sperrkonflikte unterbrochen werden. E/A-bedingte Verzögerungen wirkten sich lediglich bei Parallelität 4 verstärkt auf die CPU-Auslastung aus, jedoch wurden auch dabei zum Teil mehr als 90 % CPU-Auslastung erreicht; bei Parallelität 16 betrug die CPU-Auslastung praktisch immer 100 %. Verzögerungen wegen des Wartens auf das Token bzw. wegen 'unsicherer' Änderungen führten hier somit i.a. zu keiner Reduzierung der CPU-Auslastung. Die hohen Rechnerauslastungen erklären auch die geringen Durchsatzschwankungen bei wechselndem Parallelitätsgrad. Denn die geringe Mehrauslastung der CPU mit steigendem P wird verstärkt durch die Zunahme an Rücksetzungen aufgebraucht, so daß bei Parallelität 16 meist die schlechtesten Durchsatzwerte vorkommen.

Bei der Zusammensetzung der CPU-Auslastung dominieren v.a. die Anteile zur TA-Verarbeitung sowie für N>1 zur Kommunikation, die daher in der Tabelle auch näher aufgegliedert sind. Die E/A-Belastungen dagegen nehmen (wie schon beim Primary-Copy-Sperrverfahren) mit wachsender Rechneranzahl ab; auch mit Zunahme der Rücksetzungen ergaben sich zum Teil verbesserte Trefferraten, offenbar da bei Wiederausführung einer TA die benötigten Seiten mit höherer Wahrscheinlichkeit bereits (noch) im Systempuffer vorliegen. Allerdings schlagen mit zunehmender Rechneranzahl immer mehr externe Seitenanforderungen zu Buche (s.u.). Sehr gering fielen auch die CPU-Kosten zur Validierung aus, die mit wachsender Rechneranzahl wegen der Zunahme externer Validierungsaufträge ansteigen. Selbst für Parallelität 16 blieb der CPU-Anteil zur Validierung stets unter 1.5 %, neben der effektiven Implementierung unter Verwendung von Hash-Tabellen (s. 13.2.5) auch dadurch begünstigt, daß Lese-TA bei den Validierungen nicht zu berücksichtigen sind (Konsistenzebene 2).

Der Durchsatz ist natürlich auch hier im wesentlichen durch den CPU-Anteil bestimmt, der zur Verarbeitung erfolgreicher TA genutzt werden konnte. Dieser Anteil wird für die optimistischen Protokolle v.a. durch das Ausmaß an TA-Rücksetzungen begrenzt sowie durch den Kommunikationsaufwand, der hier dazu führte, daß im Mehrrechner-Fall die effektive CPU-Nutzung um über 20 Prozentpunkte unter dem 1-Rechner-Wert lag. Die ohnehin schon relativ hohen CPU-Belastungen durch gescheiterte TA, welche im Mehrrechner-Fall mit steigendem N zunehmen, wären natürlich noch höher ausgefallen, wenn auch für Lese-TA ein Scheitern (wie bei Konsistenzebene 3 der Fall) möglich gewesen wäre. So aber stellten die Lese-TA den größten Durchsatzanteil, wenngleich nur etwa jede zweite TA keine Änderungen vornimmt.

Kommunikationsaufwand

Neben den durch die sehr häufigen Rücksetzungen der Änderungs-TA (s.u.) verursachten Durchsatzeinbußen wirkte sich v.a. der Kommunikations-Overhead leistungsmindernd aus, der bei zwei und drei Rechnern deutlich über dem beim Primary-Copy-Verfahren registrierten Aufwand liegt. Denn im Gegensatz zu PCL kommt es für die Token-Ring-Verfahren **mit wachsender Rechneranzahl** zu einem **Rückgang des Kommunikations-Overheads.** Da sich durch diese Einsparungen die Zunahme der CPU-Belastungen für vergebliche TA-Ausführungen weitgehend kompensieren ließen, konnte für zwei bis vier Rechner ein fast lineares Durchsatzwachstum erreicht werden, wenn auch auf einem völlig inakzeptablen Niveau. Die Folge davon war jedoch, daß sich die Verschlechterungen gegenüber dem Primary-Copy-Verfahren mit wachsendem N verringerten (Abb. 15.1).

Wie die Aufschlüsselung des Kommunikations-Overheads in Tab. 15.1 zeigt, wird dieses Verhalten v.a. durch die mit wachsendem N sich stark verringernden Kommunikationsbelastungen zum Senden und Empfangen der Bucks verursacht. Dies wiederum geht darauf zurück, daß die Token-Umlaufzeit mit wachsender Knotenzahl ständig zunimmt, da dann mehr Rechner den Buck empfangen und senden müssen und mehr Validierungen vorzunehmen sind. So stieg die durchschnittliche Zykluszeit von ca. 9.9 ms bei N=2 auf 22.6 ms für N=4, wobei der weitaus größte Zeitanteil für das Senden und Empfangen der Bucks benötigt wird. Dies ist natürlich dadurch verursacht, daß das Token hier nach Durchführung etwaiger Validierungen nicht verzögert, sondern sofort weitergeschickt wurde. Die schnellen Token-Umlaufzeiten führten jedoch dazu, daß bei zwei Rechnern im Mittel nur 0.28 Validierungen pro Umlauf und Knoten durchgeführt wurden, bei N=4 immerhin 1.22 (jeweils bei P=8). Dennoch ist klar, daß zur Reduzierung des Kommunikationsaufwandes eine **Verzögerung des Tokens** v.a. bei zwei und drei Rechnern **dringend notwendig** ist. Die Notwendigkeit einer solchen Verzögerung ist dabei unabhängig von den Kosten der Sende- und Empfangsoperationen. Denn bei billigen Kommunikationsprimitiven würden sich ohne Verzögerung noch schnellere Umlaufzeiten ergeben; die einzelnen Kommunikationsbelastungen sind dann zwar schneller zu befriedigen, jedoch erhöht sich deren Häufigkeit sehr stark. Da pro Umlauf dann noch weniger Validierungsaufträge anstehen, wird eine Umlaufzeitkontrolle eher noch dringlicher.

Im Gegensatz zu den Buck-Nachrichten, nehmen die Kommunikationsbelastungen für die Broadcast-Nachrichten sowie für Seitenanforderungen mit der Rechneranzahl ständig zu. Der Einfluß dieser Nachrichten war allerdings wegen der vielen Schreibzugriffe für TER auch am höchsten; sie verursachten bei vier Rechnern einen höheren Kommunikations-Overhead wie das Senden und Empfangen der Bucks. Die mit N anwachsenden Belastungen durch Broadcast-Nachrichten, welche nur für Änderungs-TA anfallen, ergeben sich daraus, daß sie jeweils von N-1 Rechnern empfangen und verarbeitet werden müssen; außerdem steigt mit N die Anzahl zu sendender Broadcast-Meldungen pro Zeiteinheit (höhere Validierungsfrequenz). Die Zunahme der Seitenanforderungen, deren Ausmaß natürlich auch vom Anteil der Änderungszugriffe abhängt, geht dagegen auf die mit wachsendem N geringer werdende Zugriffslokalität zurück. Dabei wirkte sich bei den Seitenanforderungen noch mildernd aus, daß Mehrfachanforderungen eines Rechners für die gleiche Seite erkannt und vermieden werden. Dennoch mußte bei drei und vier Rechnern für 4.4 % bzw. 6.7 % aller Zugriffe die Seite extern angefordert werden. Bei zwei Rechnern war dies nur für 0.6 % der Zugriffe erforderlich, bedingt durch die hohe

Zugriffslokalität, die in diesem Fall erreicht werden konnte (es wurde bekanntlich die gleiche Lastverteilung wie für PCL durchgeführt, s. 13.4). Bei drei und vier Rechnern dagegen mußten bei TER die dominierenden TA-Typen auf mehrere Rechner aufgeteilt werden, wodurch sich nicht nur deutlich mehr externe Seitenanforderungen ergaben, sondern auch die E/A-Häufigkeit im Vergleich zu N=2 nicht mehr wesentlich reduziert werden konnte. Dies belegt, daß die Lastverteilung zumindest in diesen Punkten auch für optimistische Protokolle von Wichtigkeit ist.

Die mit wachsendem N sich häufenden Seitenanforderungen führen dazu, daß die v.a. durch die vergrößerte Pufferkapazität und das TA-Routing ermöglichten E/A-Einsparungen zunehmend aufgebraucht werden. So ist zwar der reine Zeitbedarf (CPU-Belegung, Übertragung) zum expliziten Anfordern einer Seite für unsere Parameterbesetzungen immer noch rund fünfmal schneller als das Einlesen der Seite von Platte. Dafür ist aber (mitbedingt durch die relativ teueren Kommunikationsprimitive) der zum Seitenaustausch anfallende CPU-Aufwand um ein Vielfaches höher als zum Einlesen einer Seite (22.000 vs. 2.500 Instruktionen). Dies führte für TER bei drei und vier Rechnern dazu, daß die CPUs durch Page-Requests mehr belastet wurden als für die häufigeren E/A-Vorgänge (s. Tab. 15.1). Beim Primary-Copy-Verfahren verursachen Seitenübertragungen dagegen keine zusätzlichen CPU-Belastungen (da für sie keine eigenen Nachrichten anfallen), so daß die E/A-Einsparungen voll genutzt werden konnten. Beim Propagate-on-Demand-Ansatz sind durch den Seitenaustausch über das Kommunikationssystem also höchstens Antwortzeitverbesserungen möglich, allerdings auf Kosten einer höheren CPU-Belastung. Diese Kommunikationsbelastungen vermindern dann nicht nur den Durchsatz, sondern können indirekt (über die CPU-Wartezeiten) auch die Antwortzeiten beeinträchtigen.

Wiederholungsfaktor
Wenden wir uns jetzt genauer dem Rücksetzverhalten zu. Hierfür ist in Abb. 15.3 der Wiederholungsfaktor Q für TR-FOCC1 gezeigt, wobei neben dem Mittelwert auch der für Lese- und Änderungs-TA getrennt bestimmte Wert angezeigt ist. Für Lese-TA ergab sich dabei natürlich stets der Wert Q=1, da wegen Konsistenzebene 2 keine Rücksetzungen von Lesern vorkommen. Dies führte auch zu einer deutlichen Beeinflußung des mittleren Wiederholungsfaktors, der wesentlich unter dem der Update-TA liegt, für die es zu sehr hohen Rücksetzraten kam. Wie zu erwarten, steigt die Rücksetzhäufigkeit mit Zunahme der Parallelität in allen Fällen stark an, wobei für Änderungs-TA der Wiederholungsfaktor bei P=16 Werte zwischen 2 und 2.5 erreicht. Dies besagt, daß sehr viele Update-TA auf ihr Restart-Limit 2 stießen und mehr als zweimal ausgeführt werden mußten. Die angegebenen Wiederholungsfaktoren sind dabei v.a. im Mehrrechner-Fall sogar noch zu gering, da das Simulationsende meist durch vollständige Bearbeitung der Lese-TA ausgelöst wurde, während viele Änderungs-TA noch nicht erfolgreich zu Ende gekommen waren. Das gleiche traf auch für die TR-FOCC2-Variante zu, bei der die Q-Werte auch nicht viel besser ausfielen; hier lagen mit zunehmender Rechneranzahl und wachsender Parallelität immer mehr Kill-Kandidaten vor, die auf ihre Zulassung warteten. Trotzdem zeigen die angegebenen Werte bereits die Untauglichkeit der Token-Ring-Protokolle für Anwendungen mit höherer Änderungs- und Konflikthäufigkeit.

Der vorzeitige Simulationsabbruch ist auch einer der Gründe dafür, daß die Q-Werte beim Übergang vom zentralen Fall zu N=2 zum Teil (P=8,16) sogar zurückgingen. Dies ist daneben auch dadurch bedingt, daß mit Zunahme von N und P aufgrund der häufigeren Kill-TA immer mehr TA bereits in ihrer Lesephase abgebrochen wurden und nicht erst bei TA-Ende. Da bei einer frühzeitigen Zurücksetzung nicht die gesamte TA wiederholt werden muß, ergibt sich somit natürlich eine geringere

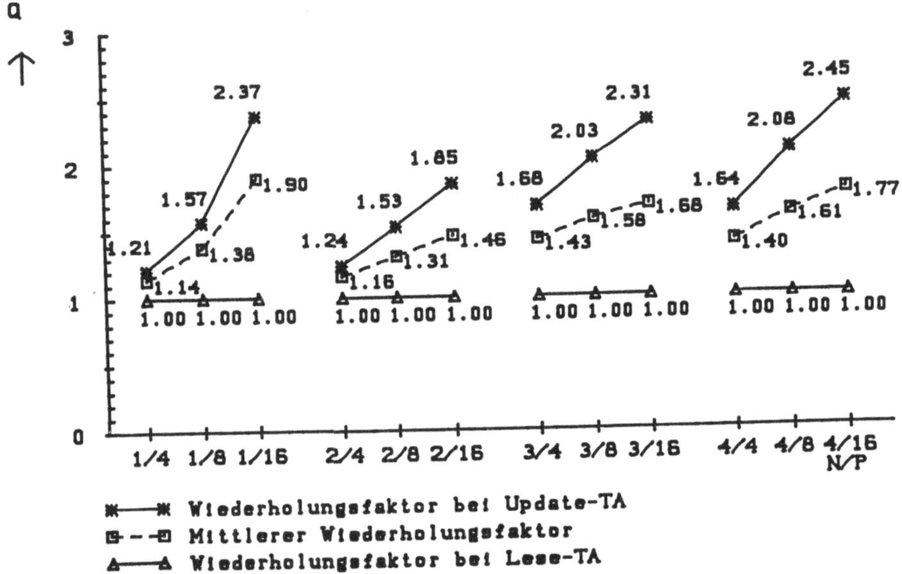

Abb. 15.3: Entwicklung des Wiederholungsfaktors (TER, TR-FOCC1)

Erhöhung des Wiederholungsfaktors. Als weitere Ursache für die relativ günstigen Q-Werte im Mehr-rechner-Fall kommt auch die Lastverteilung in Frage, die sich günstig auf die Rücksetzhäufigkeit aus-wirken kann. Vergleicht man nämlich z.B. die Anzahl von Rücksetzungen bei N=1/P=8 und N=2/P=4, wobei jeweils praktisch alle Update-TA erfolgreich bearbeitet werden konnten, so ergeben sich für TR-FOCC1 trotz gleicher Gesamtparallelität 329 Rücksetzungen im 1-Rechner-Fall (davon 122 bereits in der Lesephase), für N=2 dagegen nur 117 (18 in der Lesephase). Da die Routing-Strategie für die Token-Ring-Protokolle nicht variiert wurde, kann aus diesem Beispiel jedoch kein genereller Einfluß auf die Rücksetzraten abgeleitet werden.

Antwortzeitauswirkungen

Wie Abb. 15.4 zeigt, bewirken die hohen Rücksetzraten auch deutlich schlechtere Antwortzeiten für Update-TA im Vergleich zu Lese-TA, v.a. bei Parallelität 8 und 16. Dies ist in geringerem Umfang auch durch die Wartezeiten auf das Token (Validierung) sowie die notwendige Log-E/A bedingt. Während für Update-TA die Antwortzeiten mit zunehmender Rechneranzahl immer schlechter wer-den, ergibt sich für Leser nur beim Übergang von einem auf zwei Rechnern eine Verschlechterung, während bei drei und vier Rechnern sogar wieder leichte Antwortzeitverbesserungen (gegenüber N=2) auftreten. Dies geht v.a. auf die CPU-Wartezeiten zurück, welche wegen der hohen Rechneraus-lastung v.a. für Lese-TA die Antwortzeiten weitgehend bestimmen. Diese Wartezeiten sind im Mehr-rechner-Fall wegen der starken Kommunikationsbelastungen, die höchste Priorität bei der CPU-Zutei-lung besitzen, höher als bei einem Rechner, nehmen jedoch bei zunehmender Rechneranzahl wieder etwas ab.

Zur genaueren Klärung des Antwortzeitverhaltens zeigt Abb. 15.5 die Aufschlüsselung der Bear-beitungszeiten für Update-TA. Bei allen Antwortzeitanteilen ist zu beachten, daß hierin auch der Zeitbedarf für die abgebrochenen TA-Ausführungen berücksichtigt ist, wodurch sich z.B. die Unter-schiede für die CPU-Belegungszeit pro Bearbeitungseinheit ergeben (unterstes Feld). Man erkennt,

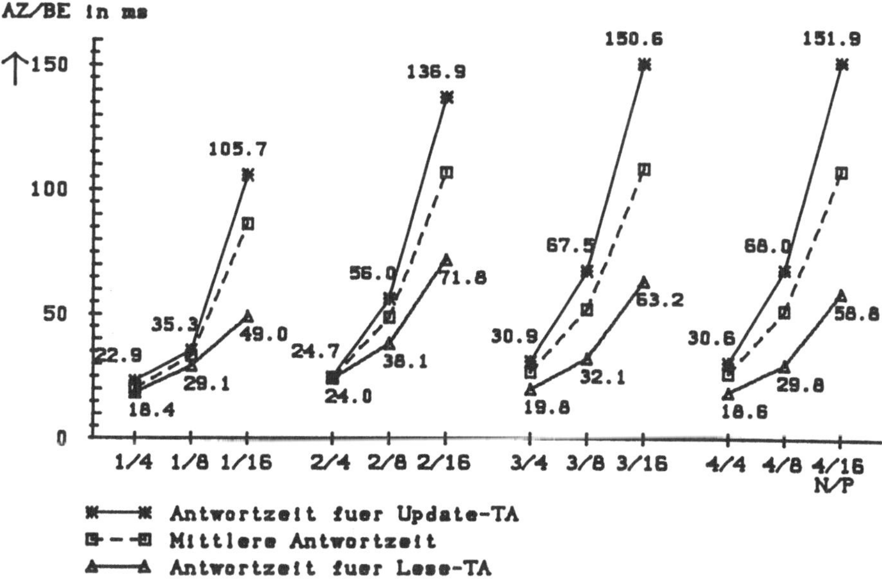

Abb. 15.4: Antwortzeiten von Lese und Änderungs-TA (TER, TR-FOCC1)

daß auch für die Änderungs-TA wegen der hohen CPU-Auslastung der überwiegende Antwortzeitanteil auf das Warten der CPU-Zuteilung entfällt, wobei dieser Anteil im Mehrrechner-Fall wegen der Kommunikationsvorgänge besonders hoch liegt. Einen vergleichsweise geringen Einfluß nehmen dagegen synchronisationsbedingte Verzögerungen (Validierung, Wartezeit bis zum Eintreffen des Tokens, Blockierung von eventuell zu ändernden Seiten) sowie Seitenanforderungen. Dieser Anteil ist im Mehrrechner-Fall v.a. durch die Wartezeit auf das Token bestimmt und vergrößert sich daher auch mit zunehmender Rechneranzahl. Da aber hier das Token schnellstmöglich zirkuliert, ergaben sich für die untersuchten Konfigurationen keine nennenswerten Antwortzeitverschlechterungen.

Einfluß einer Token-Verzögerung

Da nach obiger Analyse der v.a. bei zwei und drei Rechnern durch die schnellen Token-Umlaufzeiten verursachte hohe Kommunikations-Overhead die schlechten Durchsatz- und Antwortzeitergebnisse maßgeblich mitverursacht hat, wurden die Simulationen zusätzlich mit unterschiedlichen Token-Verzögerungen durchgeführt. Die für eine Token-Verzögerung von 5, 10 und 20 ms pro Rechner bei TR-FOCC1 erreichten Durchsatzresultate sind in Abb. 15.7 dargestellt. Die Verzögerungszeit beinhaltet dabei nicht den Zeitbedarf zum Empfangen, Abarbeiten bzw. Senden des Bucks.

Die Durchsatzkurven zeigen für die verschiedenenen Verzögerungswerte offenbar ein etwas uneinheitliches Bild. Trotzdem ist zu erkennen, daß die **Durchsatzverbesserungen durch Verzögern der Bucks im Zwei-Rechner-Fall am größten** ausfallen, um **mit zunehmendem N immer kleiner** zu werden. Bei vier Rechnern können Verbesserungen nur noch bei Parallelität 16 erzielt werden. Trotz der Durchsatzsteigerungen werden die Primary-Copy-Ergebnisse keineswegs erreicht, da durch das Verzögern des Tokens zwar der Kommunikations-Overhead deutlich reduziert werden konnte (s.u.), nicht aber die Rücksetzhäufigkeit.

Zur Klärung des Durchsatzverhaltens zeigt Tab. 15.2 einige mit der Token-Verzögerung TV in

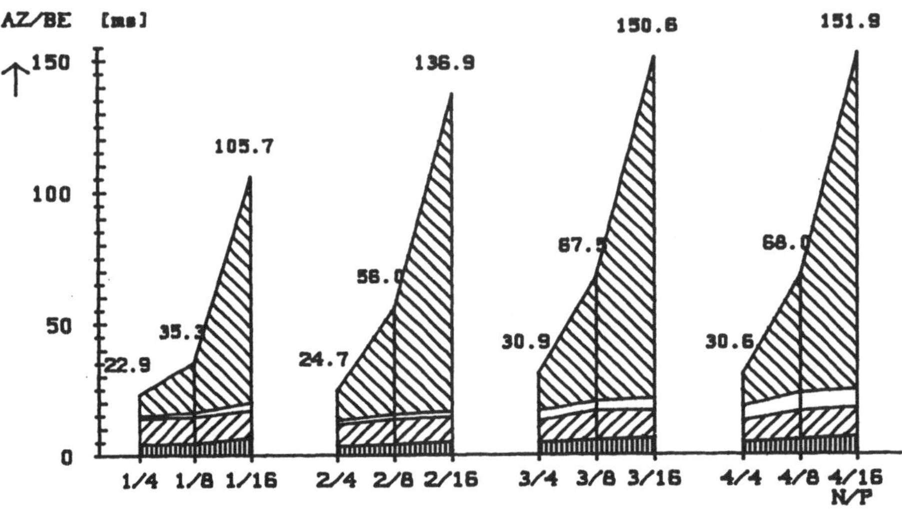

Abb. 15.5: Antwortzeitaufschlüsselung für Update-TA (TER, TR-FOCC1)

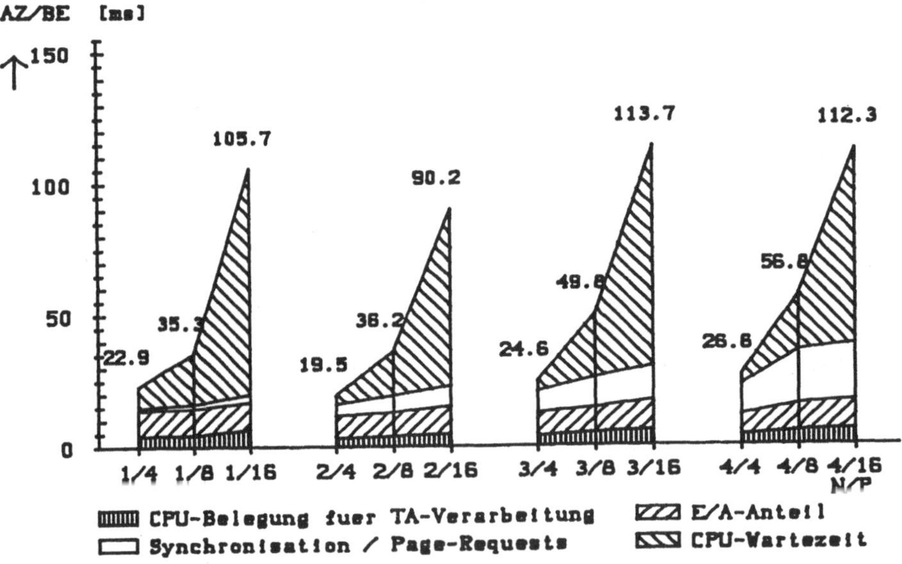

Abb. 15.6: Antwortzeitaufteilung für Update-TA (TER, TR-FOCC1, TV = 10 ms)

Zusammenhang stehende Simulationsergebnisse (für P=8 und TV = 0, 5 und 20 ms). Dies sind die mittlere Umlaufzeit des Tokens, die mittlere Anzahl von Validierungsaufträgen pro Umlauf, die durchschnittliche CPU-Gesamtauslastung sowie die kommunikationsbedingte CPU-Auslastung.

Die Tabelle verdeutlicht, daß die mit Erhöhung der Token-Verweilzeit einhergehende Verlängerung der Umlaufzeiten zu einer **erheblichen Reduzierung des Kommunikations-Overheads** führt. Die Einsparungen treten v.a. bei zwei Rechnern verstärkt auf, da hier der Token-bedingte Anteil an den Kommunikationsbelastungen am höchsten ist und - bei gleicher Token-Verzögerung - von allen Mehrrechner-Fällen die kürzesten Umlaufzeiten vorliegen. Dies führte dazu, daß die Durchsatzverbes-

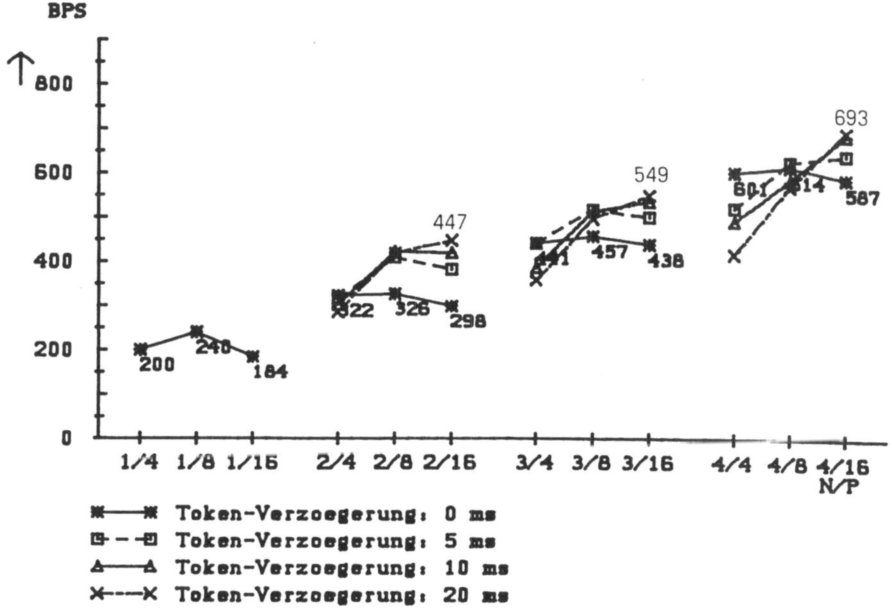

Abb. 15.7: Durchsatz in Abhängigkeit der Token-Verzögerung (TER, TR-FOCC1)

TV		N=2	N=3	N=4
0 ms	mittl. Token-Umlaufzeit #Validier. pro Umlauf CPU-Auslastung Gesamt " Kommunikation	9.9 ms 0.28 99.8 % 38.0 %	15.9 ms 0.64 99.5 % 30.5 %	22.6 ms 1.22 99.1 % 28.0 %
5 ms	mittl. Token-Umlaufzeit #Validier. pro Umlauf CPU-Auslastung Gesamt " Kommunikation	21.1 ms 0.72 95.6 % 20.4 %	33.2 ms 1.35 94.5 % 21.2 %	44.7 ms 2.30 91.8 % 21.6 %
20 ms	mittl. Token-Umlaufzeit #Validier. pro Umlauf CPU-Auslastung Gesamt " Kommunikation	53.7 ms 1.78 84.4 % 9.8 %	79.6 ms 2.99 83.1 % 13.8 %	105.0 ms 4.76 76.1 % 15.3 %

Tab. 15.2: Einfluß der Token-Verzögerung auf ausgewählte Meßgrößen (TER, TR-FOCC1, P=8)

serungen im Mehrrechner-Fall für N=2 besonders groß waren und mit zunehmender Rechneranzahl zurückgingen. Es fällt auch auf, daß bereits bei einer Token-Verzögerung von 5 ms (pro Rechner), v.a. aber bei 20 ms, der Kommunikations-Overhead mit zunehmender Rechneranzahl wieder zunimmt. Dies geht darauf zurück, daß mit wachsender Verzögerung die durch das zirkulierende Token verursachten Kommunikationsbelastungen immer geringer an dem Gesamtkommunikationsaufwand beteiligt sind. Stattdessen wird der Kommunikations-Overhead, insbesondere für drei und vier Rechner, zunehmend durch die Broadcast- und Page-Request-Nachrichten bestimmt, deren absolute Häufigkeit bei höherer TA-Rate auch steigt. Die Erhöhung der Token-Verzögerung bewirkt daneben, daß pro Umlauf immer mehr Validierungsaufträge anstehen, so daß sich durch die vermehrten Validierungen die Umlaufzeiten noch etwas erhöhen.

Die stark erhöhten Token-Umlaufzeiten führten jedoch auch zu einer deutlichen Zunahme der Wartezeit bis zum Eintreffen des Tokens. Dies betrifft alle Änderungs-TA, deren erfolgreiche Validierung nicht gesichert ist (also jede, außer der 'goldenen' TA bei TR-FOCC2); ihre Antwortzeiten verlängern sich pro Validierung im Mittel um etwa 1 1/2 Token-Umlaufzeiten. Wegen der Kürze und Häufigkeit der Update-TA bei TER verursachte die Erhöhung der Umlaufzeiten einen **Rückgang der CPU-Auslastung**, da immer mehr validierungsbereite Änderer auf das Eintreffen des Tokens warten; die durch Rückgang des Kommunikations-Overheads frei werdenden CPU-Kapazitäten konnten v.a. bei geringerer Parallelität nicht (P=4) oder nur teilweise (P=8) genutzt werden. So ergaben sich, wie Abb. 15.7 zeigt, für P=4 für jeden Verzögerungswert schlechtere Durchsatzergebnisse als ohne Token-Verzögerung, wobei die Einbußen mit Zunahme der Umlaufzeiten (also mit wachsender Token-Verzögerung als auch mit steigender Rechneranzahl) zunahmen. Erst für Parallelität 16 konnten die CPUs wieder hoch ausgelastet werden (97-100 %), so daß hier der deutliche Rückgang des Kommunikations-Overheads zu den größten Durchsatzsteigerungen führte. Für P=16 wurden daher auch mit zunehmender Token-Verzögerung immer bessere Durchsatzergebnisse erreicht, wodurch es zu den Kurvenüberschneidungen in Abb. 15.7 kam. Allerdings werden v.a. für Parallelität 16 die Durchsatzwerte mit wachsender Token-Verzögerung dadurch begünstigt, daß durch die zunehmenden Blockierungen der Update-TA bis zum Abbruch der Simulation der abgearbeitete Lastanteil immer mehr von Lese-TA bestimmt ist. Die tatsächlichen Durchsatzverbesserungen sind daher v.a. bei den Token-Verzögerungen von 10 und 20 ms etwas geringer einzustufen.

Die **Token-Verzögerung führte auch zu** einer **Verbesserung der** (hohen) **Antwortzeiten**, da diese zuvor weitgehend durch CPU-Wartezeiten bestimmt waren, welche sich durch den Rückgang der Kommunikationsbelastungen deutlich verringerten. Dies gilt v.a. für Lese-TA, bei denen es mit Zunahme der Token-Verzögerung wegen der sinkenden CPU-Wartezeiten zu einer stetigen Antwortzeitverkürzung kommt. Für Update-TA werden dagegen ab einem gewissen Verzögerungswert (hier meist 10 ms) die Verringerungen der CPU-Wartezeiten wieder durch die Zunahme der Token-Wartezeiten übertroffen, so daß sich bei weiter zunehmender Token-Verzögerung die Antwortzeiten wieder verschlechtern. Die Antwortzeiten von Lese-TA allein liegen zwar besser als beim Primary-Copy-Sperrverfahren, bei Berücksichtigung der Änderungs-TA ergeben sich jedoch schlechtere Werte.

Analog zu Abb. 15.5 zeigt Abb. 15.6 die Antwortzeitaufteilung für Update-TA bei einer Token-Verzögerung von 10 ms. Der Vergleich der beiden Abbildungen zeigt, daß die Antwortzeiten durch Verzögerung des Tokens wegen des Rückgangs der CPU-Wartezeiten deutlich verkürzt wurden. Dagegen ist für den Antwortzeitanteil zur Synchronisation (Token-Wartezeit, Validierung) bzw. für Page-Requests ein starker Anstieg zu verzeichnen, der mit wachsendem N immer mehr zunimmt. Die Verzögerungen nehmen dabei auch mit wachsendem P zu, da wegen der häufigeren Rücksetzungen eine TA immer öfter validieren muß, um zum Ende zu kommen.

15.1.2 Ergebnisse bei DOD

Die für DOD erzielten Durchsatz- und Antwortzeitresultate sind in Abb. 15.8 bzw. 15.9 dargestellt. Neben den Werten für das Primary-Copy-Verfahren und den beiden Token-Ring-Protokollen für Konsistenzebene 2, wurden für TR-FOCC1 die Simulationen zusätzlich noch mit Konsistenzebene 3 durchgeführt. In diesem Fall validieren sich Update-TA bekanntlich gegenüber allen laufenden TA und nicht nur gegenüber anderen Änderern. Für die Token-Ring-Protokolle wurde zunächst wieder auf eine künstliche Verzögerung des Tokens verzichtet (TV = 0). Die Ergebnisse für PCL liegen etwas über denen in Kap. 14 gezeigten, da zur Ermöglichung eines fairen Vergleichs mit den optimistischen Protokollen (512 Seiten Systempuffer, 128 Seiten TA-Pufferbereich) die Systempuffergröße pro Rechner von 512 auf 600 Seiten erhöht wurde.

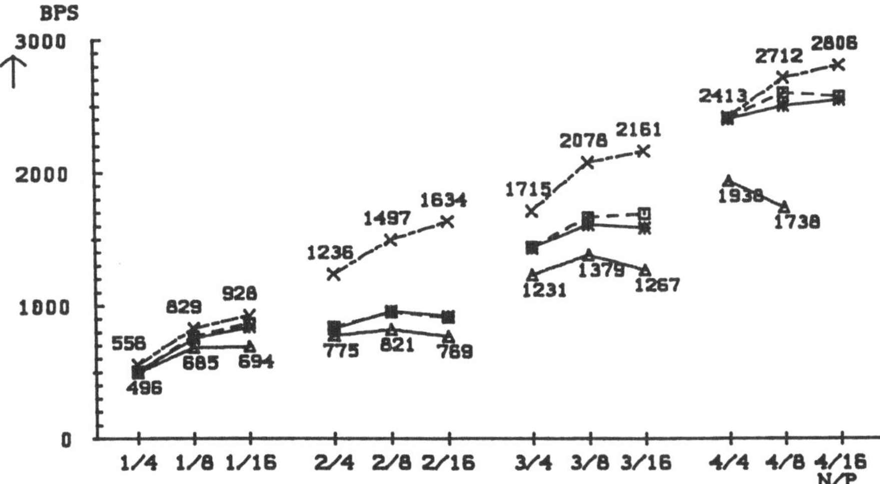

Abb. 15.8: Durchsatzresultate für DOD (ohne FPA/DBTT-Synchronisation)

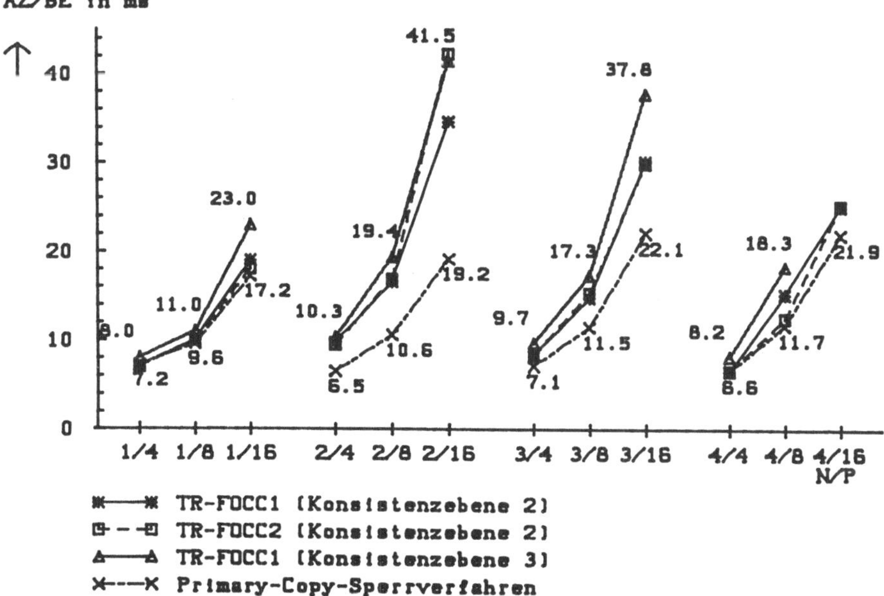

Abb. 15.9: Antwortzeitergebnisse für DOD (ohne FPA/DBTT-Synchronisation)

Man erkennt, daß auch für DOD, trotz der weit geringeren Anzahl von Schreibzugriffen als bei TER, das Primary-Copy-Sperrverfahren beim Durchsatz und bei den Antwortzeiten am besten abschneidet. Allerdings wird auch deutlich, daß v.a. die beiden Token-Ring-Verfahren für Konsistenzebene 2, die hier ebenfalls wieder relativ dicht beieinander liegen, im Mehrrechner-Fall mit steigendem N immer näher an die PCL-Werte herankommen und für vier Rechner kaum noch schlechter abschneiden. So werden für N=4 und Parallelität 4 praktisch die gleichen Durchsatzwerte erreicht (2400 BPS), jedoch ergibt sich bei P=16 noch ein Vorsprung von ca. 200 BPS für das Primary-Copy-Verfahren (2800 vs.

2600 BPS). Ähnlich eng liegen die Antwortzeitwerte bei vier Rechnern zusammen, wenngleich aufgrund einer unterschiedlichen Antwortzeitentwicklung. Bei den Token-Ring-Verfahren steigen die Antwortzeiten zunächst beim Übergang von einem auf zwei Rechner deutlich an, werden danach aber kontinuierlich besser. Für PCL dagegen nehmen die Antwortzeiten mit N leicht zu (aufgrund vermehrter, externer Sperranforderungen bzw. wachsenden Sperrwartezeiten).

Bei den beiden Token-Ring-Varianten zeigten sich erst bei höherer Parallelität nennenswerte Unterschiede. Dabei verursachte die pessimistischere Strategie TR-FOCC2 weniger Rücksetzungen und etwas bessere Durchsatzresultate, allerdings auf Kosten höherer Antwortzeiten für Änderungs-TA. Dies geht darauf zurück, daß mit wachsendem N und P immer mehr TA ihr Restart-Limit erreichten (das auch hier bei zwei lag) und die Kill-Kandidaten immer länger auf die Zulassung als 'goldene' TA warten mußten. Trotz der geringeren Rücksetzhäufigkeit kam es allerdings für TR-FOCC2 meist zu ähnlich hohen Q-Werten für Update-TA wie bei der aggressiveren TR-FOCC1-Alternative. Dies lag daran, daß bei TR-FOCC1 teilweise mehr als die Hälfte der Rücksetzungen bereits vor EOT erfolgte, während bei TR-FOCC2 wegen der weit geringeren Anzahl von Kill-TA die meisten (Abort-) TA erst während der Validierung scheiterten und vollständig wiederholt werden mußten.

Das mit zunehmendem N stetig besser werdende Durchsatz- und Antwortzeitverhalten der optimistischen Verfahren war zum Teil schon bei TER erkennbar und kommt hier wegen der geringeren Änderungs- und Konflikthäufigkeit noch deutlicher zum Vorschein. Primäre Ursache dafür ist der durch das Zirkulieren des ungebremsten Tokens eingeführte Kommunikations-Overhead, der hier, auch wegen der geringeren Rücksetzrate, noch stärker die Ergebnisse bestimmte. Wie Tab. 15.3, die analog zu Tab. 15.1 aufgebaut ist, zeigt, liegt die kommunikationsbedingte CPU-Auslastung für DOD bei zwei und drei Rechnern noch höher als schon bei TER, obwohl wegen der kleineren Anzahl von Update-TA bzw. der geringeren Änderungshäufigkeit weniger Kommunikations-Overhead durch Broadcast-Nachrichten und externe Seitenanforderungen anfällt. Dafür verursachte jedoch das kreisende Token höhere Kommunikationsbelastungen, da dessen Zykluszeit sich verkleinerte (auf 7.8 s bei N=2 und 17.0 s für N=4). Dies geschah, weil einerseits wegen der wesentlich längeren Update-TA (der TA-Anteil von Änderern ist mit 46.5 % auch bei DOD recht hoch) eine geringere Validierungsfrequenz als bei TER zu bewältigen war (pro Umlauf und Knoten im Durchschnitt nur noch 0.07 Validierungen bei N=2 und 0.39 bei N=4). Andererseits führten die selteneren Broadcast- und Page-Request-Nachrichten dazu, daß für das Senden und Empfangen der Bucks kürzere CPU-Wartezeiten entstanden (alle kommunikationsbedingten CPU-Anforderungen besitzen gleiche Priorität).

	N=1	N=2	N=3	N=4
Gesamtauslastung (%)	87.8	99.2	97.6	99.1
– TA-Verarbeitung				
a) erfolgreiche TA	71.0	45.3	51.2	59.2
b) gescheiterte TA	7.1	4.6	8.7	8.9
– E/A	9.4	4.6	4.9	3.6
– Validierung	0.2	0.3	0.6	0.7
– Kommunikation	–	44.4	32.2	26.7
a) Token/Buck	–	42.3	26.6	18.9
b) Broadcast-Meldungen	–	1.4	2.7	3.5
c) Page-Request/-Response	–	0.7	2.9	4.3

Tab. 15.3: Mittlere CPU-Auslastung bei TR-FOCC1 (DOD, P=8, Konsistenzebene 2)

Der extrem hohe Kommunikationsaufwand bei zwei Rechnern führte zu sehr hohen CPU-Wartezeiten zur TA-Verarbeitung und verursachte die schlechten Antwortzeiten, v.a. bei Parallelität 8 und 16. Ebenso konnte für N=2 der Durchsatz im Vergleich zu einem Rechner kaum gesteigert werden. Erst die mit wachsender Rechneranzahl verursachte Verlängerung der Token-Umlaufzeiten bewirkte einen deutlichen Rückgang der Kommunikationsbelastungen und schuf zunehmend CPU-Kapazitäten zur TA-Verarbeitung, die für DOD wegen des höheren Last-Anteils der Lese-TA v.a. bei Konsistenzebene 2 weitaus effektiver als bei TER genutzt werden konnten. Für vier Rechner wurde so in etwa der gleiche Kommunikations-Overhead wie für das Primary-Copy-Sperrverfahren erreicht; durch die häufigeren TA-Rücksetzungen ergab sich jedoch ein etwas geringerer Durchsatz für die Token-Ring-Protokolle.

Erwartungsgemäß ergaben sich für das **Konsistenzebene 3** unterstützende Token-Ring-Verfahren die schlechtesten Durchsatz- und Antwortzeitresultate, wobei die Verschlechterungen sich mit zunehmendem P und N vergrößern. Insbesondere bei vier Rechnern wurden extreme Rücksetzhäufigkeiten verzeichnet, obwohl auch hier bis zum Simulationsende noch viele, schon mehrfach gescheiterte TA nicht abgeschlossen werden konnten. So kam es für N=4 und P=8 zwar 'nur' zu einem Wiederholungsfaktor von 1.69, jedoch betrug der Q-Wert für Update-TA bei Simulationsende bereits 3.17 und für Lese-TA 1.41.

Auch für die Token-Ring-Verfahren mit Konsistenzebene 2 zeigten sich starke Nachteile für Update-TA, für die der Wiederholungsfaktor zum Teil Werte über 2 annahm und entsprechend schlechte Antwortzeiten verursachte. Für Lese-TA, die bis auf wenige Seitenanforderungen und kurzzeitige Wartezeiten wegen zu ändernder Seiten, praktisch ungehindert abliefen, ergaben sich bessere Antwortzeiten als für das Primary Copy-Sperrverfahren, bei dem Lese-TA langen Wartezeiten aufgrund von Schreibsperren unterworfen sein können. Da bei DOD Lese-TA, die zum Teil über 1000 Referenzen vornehmen, den weitaus größten Teil der Last auf sich vereinen, ergaben sich auch für den mittleren Wiederholungsfaktor geringe Werte von maximal 1.24, wodurch die bereits ohne Token-Verzögerung v.a. bei vier Rechnern relativ günstigen Ergebnisse ermöglicht wurden.

Einfluß einer Token-Verzögerung
Die Durchsatzauswirkungen einer Token-Verzögerung bei DOD sind für TR-FOCC1 in Abb. 15.10 dargestellt, wobei hier für die Token-Verzögerung TV 5, 20 und 50 ms eingestellt wurden. Im 4-Rechner-Fall wurden einige Meßwerte weggelassen, da sich mit zunehmender Token-Verzögerungen zu große Verzerrungen durch das vorzeitige Beenden der Simulation ergaben. In diesen Fällen wurden weniger als die Hälfte der Update-TA erfolgreich bearbeitet, wobei die verringerte Berücksichtigung der Änderer zum Teil dazu führte, daß trotz Zunahme der Parallelität eine geringere Rücksetzrate vorkam.

Man erkennt, daß durch die Token-Verzögerung bei DOD der Durchsatz in den meisten Fällen gesteigert werden konnte, wobei die relativen Verbesserungen höher als bei TER (Abb. 15.6) ausfallen. In Übereinstimmung mit den Beobachtungen bei TER nehmen auch hier die Durchsatzverbesserungen mit wachsender Parallelität zu und mit steigender Rechneranzahl ab. Denn die längeren Token-Wartezeiten, die sich mit wachsendem N erhöhen, führen v.a. bei niedriger Parallelität zu einer relativ geringen CPU-Nutzung. Zudem nahm der Kommunikationsaufwand bereits ohne Verzögern des Tokens mit Erhöhung der Rechneranzahl ab, so daß das Optimierungspotential mit Anstieg von N zunehmend kleiner wird. Aufgrund der geringeren Validierungsfrequenz als bei TER, kam es jedoch nur für 4 Rechner und P=4 durch die Token-Verzögerung zu einer Durchsatzverschlechterung. Mit wachsender Parallelität konnten die durch die Token-Verzögerung frei gewordenen CPU-Kapazitäten zunehmend besser genutzt werden, wobei sich die Durchsatzsteigerungen v.a. bei P=16 mit wachsendem TV-Wert vergrößerten. Für TV=50 ms ging z.B. die kommunikationsbedingte CPU-Auslastung

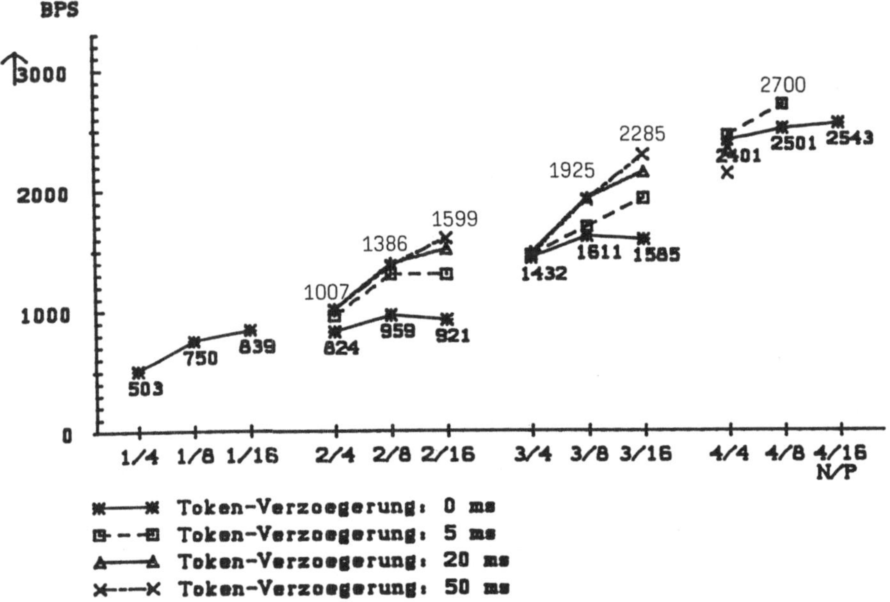

Abb. 15.10: Durchsatz in Abhängigkeit der Token-Verzögerung (DOD, TR-FOCC1)

auf ca. 5 % für zwei und 8.5 % für vier Rechner zurück. Diese im Vergleich zu PCL wesentlich geringeren Kommunikationsbelastungen führten dazu, daß trotz der Rücksetzungen die Durchsatzwerte des Primary-Copy-Sperrverfahren in den meisten Fällen nahezu erreicht wurden.

Der starke Rückgang des Kommunikations-Overheads bei Einsatz einer Token-Verzögerung verursachte bei DOD wegen der Dominanz der Lesezugriffe noch größere Antwortzeitverbesserungen als schon bei TER (erhebliche Verringerung der CPU-Wartezeiten). Die Antwortzeiten lagen dabei in vielen Fällen sogar besser (bis zu 10 %) als beim Primary-Copy-Sperrverfahren. Die Zunahme der Token-Wartezeiten wirkte sich für die im Vergleich zu TER wesentlich längeren Update-TA oft weniger auf die Antwortzeiten aus als die mit Erhöhung der Token-Verzögerung einhergehende Verringerung der CPU-Wartezeiten. Die Verkürzung der Antwortzeiten resultierte schließlich auch in einer leichten Abnahme der Konflikthäufigkeit und damit der Rücksetzrate.

15.1.3 Zusammenfassende Bewertung

In diesem Abschnitt wurde das Leistungsverhalten zweier optimistischer Token-Ring-Protokolle (FOCC) analysiert und mit dem Primary-Copy-Sperrverfahren verglichen. Die deutlichen Resultatsunterschiede für die beiden betrachteten TA-Lasten, die v.a. hinsichtlich der Änderungs- und Konflikthäufigkeit Unterschiede aufweisen, bestätigte die im Vergleich zu Sperrverfahren geringe Universalität des optimistischen Ansatzes. So konnten die Token-Ring-Verfahren lediglich bei der von Lesezugriffen dominierten TA-Last DOD in den Leistungsbereich des Primary-Copy-Sperrverfahrens vorstoßen. Dies war zudem im wesentlichen erst durch die Beschränkung auf Konsistenzebene 2, bei der Lese-TA stets in der ersten Ausführung erfolgreich zu Ende kommen (4.2.4, 10.3), möglich geworden (*). **Bei Lasten mit häufigeren Änderungen** (oder bei Konsistenzebene 3) können wegen einer **intolerierbar hohen Rücksetzrate** die Durchsatz- und Antwortzeitwerte des Primary-Copy-Verfahrens in keiner Weise erreicht werden.

Obwohl von beiden FOCC-Alternativen (TR-FOCC1 und TR-FOCC2) zyklische Restarts vermieden werden können, bieten sie bei höherer Konfliktwahrscheinlichkeit für gefährdete TA keine befriedigende Lösung. Bei TR-FOCC1 treiben mehrere gleichzeitig zugelassene Kill-TA durch gegenseitige Invalidierungen die Rücksetzhäufigkeiten immer mehr in die Höhe, während die TR-FOCC2-Alternative, bei der jeweils höchstens eine Kill-TA zugelassen wird, für einen hohen Lastanteil zu einer Sequentialisierung der TA-Verarbeitung führen kann. Die mit Zunahme der Rechneranzahl und Parallelität sich erhöhende Konfliktrate führt dann bei TR-FOCC2 zu einer steigenden Anzahl von Kill-Kandidaten, so daß sich die Zulassung als 'goldene' TA oft um mehrere TA-Ausführungen verzögert. Diese Effekte konnten in der Simulation v.a. im Mehrrechner-Fall wegen der vorzeitigen Beendigung nicht einmal vollkommen erfaßt werden, dennoch waren die Resultate auch so eindeutig. Die Rücksetzhäufigkeiten bei TER waren zudem noch dadurch begünstigt, daß in dieser Last nur sehr kurze TA vorliegen.

Um wenigstens für konfliktarme Anwendungen ein ausreichendes Leistungsverhalten zu ermöglichen, stellte sich die **Kontrolle der Token-Verweilzeiten** als **unabdingbar** heraus. Denn v.a. bei geringer Validierungshäufigkeit führt ein ungebremstes Token zu einem extrem hohen Kommunikations-Overhead, der umso höher ausfällt, je schneller die Umlaufzeiten sind. Daher ergeben sich z.B. gerade bei effizienten Kommunikationsoperationen oder bei geringer Rechneranzahl enorme Kommunikationsbelastungen. Da durch die häufigen Kommunikationsvorgänge auch die CPU-Wartezeiten stark zunehmen, ist eine Verzögerung des Tokens zur Verbesserung von Durchsatz und Antwortzeiten gleichermaßen von Bedeutung. Allerdings führt eine Verzögerung des Tokens wegen der Erhöhung der Wartezeiten für validierungsbereite TA v.a. bei niedrigerer Parallelität und höherer Rechneranzahl leicht zu einem Durchsatzrückgang, da dann die CPU oft nur in geringerem Maße effektiv genutzt werden kann. Außerdem wirken sich verlängerte Umlaufzeiten natürlich auch auf die Antwortzeiten für Update-TA aus, wenngleich hier (v.a. für längere TA) ein Kompensationseffekt durch die mit Rückgang der Kommunikationsbelastungen ermöglichte Verkürzung der CPU-Wartezeiten zu beobachten war.

Dies war auch einer der Gründe dafür, daß die den Token-Ring-Verfahren nachgesagten Probleme bezüglich der modularen Wachstumsfähigkeit bei den hier untersuchten Konfigurationen nicht bestätigt werden konnten (wesentlich trug dazu natürlich auch bei, daß die sich in der Mehrzahl befindlichen Lese-TA von den Token-Umlaufzeiten nicht direkt betroffen sind). Vielmehr zeigte sich, daß durch die Steuerung der Token-Verweilzeiten der Kommunikationsaufwand zur Synchronisation sehr klein gehalten werden kann, insbesondere wenn mit einem Buck mehrere Validierungsaufträge zugleich übertragen werden. V.a. für mehr als zwei Rechner konnte so der synchronisationsbedingte Kommunikationsaufwand unter den des Primary-Copy-Verfahren gebracht werden, für das in dieser Hinsicht eine größere Abhängigkeit zur Rechneranzahl und den Lastcharakteristika festzustellen ist. Probleme, die bei einer zu hohen Token-Verzögerung bzw. durch die serielle Validierung einer TA in mehreren Knoten entstehen können (9.1), traten wegen den relativ geringen TA-Raten (nur bis zu 110 TA/s bei TER) hier nicht auf. Auch der mit der Rechneranzahl quadratisch zunehmende Validierungsaufwand fiel hier kaum ins Gewicht, da einerseits wegen Konsistenzebene 2 Lese-TA bei der

---

* Die Simulationsergebnisse der optimistischen Verfahren für Konsistenzebene 2 spiegeln darüber hinaus den 'best case' wider, bei dem für Lese-TA keinerlei Wiederholbarkeit von Lesevorgängen zugesichert wird. Bei den Sperrverfahren mit kurzen Lesesperren ist dagegen wenigstens für die Dauer der Lesesperre (in der Simulation die Zeit zwischen Fix- und Unfix-Aufruf) 'cursor stability' gewährleistet.

Validierung unberücksichtigt bleiben konnten und zum anderen, da durch die effiziente Realisierung pro Validierung nur ein geringer CPU-Bedarf anfiel.

Nachteilig im Vergleich zum Primary-Copy-Sperrverfahren schlägt der Kommunikationsaufwand zur Behandlung des Veralterungsproblems bzw. zum Austausch geänderter Seiten zu Buche. Während bei PCL diese Aufgaben ohne zusätzliche Nachrichten gelöst werden, ergibt sich bei den Token-Ring-Protokollen, wie bei allen optimistischen Verfahren, ein **mit der Rechneranzahl steigender Kommunikationsbedarf für Seitenanforderungen und Broadcast-Nachrichten**. Dieser Mehraufwand liegt umso höher, je größer der Anteil von Änderungsoperationen bzw. Änderungs-TA ist. Im Gegensatz zu den asynchronen Broadcast-Meldungen, die nach dem EOT (Abort) der Update-TA verschickt werden, sind Seitenanforderungen synchrone Nachrichten, die direkt in die TA-Antwortzeiten eingehen. Diese Verzögerungen sind dabei zwar geringer als beim Einlesen der Seite von Platte, dafür fällt aber für die Kommunikationsvorgänge i.a. ein höherer CPU-Aufwand als für eine E/A an. Aus den Abhängigkeiten zur Rechneranzahl bzw. dem TA-Profil ergibt sich bei den optimistischen Protokollen für das Ausmaß an Seitenanforderungen (wie für die E/A-Häufigkeit) auch eine Abhängigkeit zur Lastverteilung. Hier konnten die Token-Ring-Verfahren von der für PCL erstellten Routing-Strategie profitieren, mit der eine möglichst hohe rechnerspezifische Lokalität angestrebt wird.

Exkurs

Die relativ guten Ergebnisse der FOCC-Protokolle für DOD waren, wie erwähnt, v.a. darauf zurückzuführen, daß Lese-TA bei Konsistenzebene 2 nahezu unsynchronisiert abgearbeitet wurden. Wegen der Änderungen in privaten Kopien konnten sie nämlich, bis auf kurzzeitige Verzögerungen für zu ändernde Seiten während der Validierungs- und Schreibphasen, stets auf die ungeänderte Seite zugreifen. Damit ergaben sich für Lese-TA trotz der Seitenanforderungen bessere Antwortzeiten als beim Primary-Copy-Sperrverfahren, bei dem auch bei der Leseoptimierung für Lese-TA externe Sperranforderungen sowie v.a. Sperrkonflikte mit Update-TA (lange X-Sperren) vorkommen, welche die Bearbeitungszeiten erhöhen. Eine schnelle Abwicklung der Lese-TA wirkt sich dann natürlich auch positiv auf den Durchsatz aus.

Aufgrund dieser Beobachtungen liegt es nahe, **bei Konsistenzebene 2 auch für das Primary-Copy-Sperrverfahren eine ähnliche Behandlung für Lese-TA wie bei** den **optimistischen Verfahren** zu unterstützen. Eine mögliche Realisierung sieht z.B. vor, daß sich Update-TA sowie Lese-TA, die Wert auf 'cursor stability' legen, wie bisher durch Setzen von langen X- und (kurzen) R-Sperren synchronisieren; alle Änderungen werden jedoch auf privaten Kopien vorgenommen. Lese-TA, die keinen Wert auf Wiederholbarkeit ihrer Zugriffe legen, greifen stets ohne Setzen von Sperren auf die ungeänderten Versionen zu, wobei es höchstens während dem Einbringen lokaler Änderungen ('Schreibphase') zu kurzzeitigen Verzögerungen kommt. Neben einem nahezu völligen Wegfall von Sperrwartezeiten, kommt es für diese Lese-TA auch zu Kommunikationseinsparungen, da keine Sperren angefordert werden. Die Bereitstellung der aktuellen Seite läßt sich ohne Mehraufwand verglichen mit dem bisherigen PCL-Protokoll erreichen: residiert nämlich die zu lesende Seite im lokalen Systempuffer und liegt ein Sperrkontrollblock mit X-POSSIBLE='false' (Leseautorisierung, s. 7.2) in der lokalen Sperrtabelle vor, dann ist die Aktualität der Seite gesichert. Bei fehlender Leseautorisierung wird das Objekt beim PCA-Rechner angefordert (diese Kommunikation wäre auch beim ursprünglichen PCL-Protokoll zur Anforderung der R-Sperre notwendig gewesen).

In der 'Schreibphase' einer Update-TA werden zunächst die Änderungen gesichert und anschließend in den lokalen Systempuffer eingebracht. Nur für diese kurze Zeit wird die Schreibmenge für lokale

Lese-TA blockiert. Danach werden die Änderungen mit Freigabe der Schreibsperren an den PCA-Rechner gesendet. Wegen der Zeitverzögerung zwischen dem Log-Vorgang, mit dem der Erfolg der Update-TA feststeht, und dem Eintreffen der Änderungen beim PCA-Rechner, ist es möglich, daß der PCA-Rechner einer Lese-TA eine minimal veraltete Objektversion anbietet. Dies war auch bei den optimistischen Verfahren wegen des Sendens der Broadcast-Nachricht nach dem EOT der Update-TA möglich und sollte für die betroffenen Lese-TA akzeptabel sein (geringere Konsistenzanforderung). Insgesamt lassen sich mit der skizzierten Vorgehensweise auch beim Primary-Copy-Sperrverfahren für Konsistenzebene 2 **Lese-TA weitgehend unsynchronisiert** bearbeiten, wobei noch weniger Seitenanforderungen als beim optimistischen Ansatz zu erwarten sind, wenn der eigene Rechner die PCA für die meisten Zugriffe besitzt. Durch die **Reduzierung der Konflikt- und Kommunikationshäufigkeit** können so auch für das Primary-Copy-Verfahren Durchsatz und Antwortzeiten weiter verbessert werden. Die bisherigen Konzepte, wie Nutzung der PCA-Verteilung, Leseoptimierung oder integrierte Behandlung des Veralterungsproblems, werden natürlich weiterhin effektiv eingesetzt.

15.2 Beurteilung der Synchronisationsverfahren unter zentraler Kontrolle

Für die drei implementierten Synchronisationsprotokolle unter zentraler Kontrolle (13.2.5) sollen die wichtigsten Erkenntnisse hier nur zusammenfassend vorgetragen werden. Mehr ins Detail gehende Angaben sind in /Sch88/ zu finden.

Ein genereller Nachteil der Verfahren sind die durch den zentralen Knoten eingeführten Verfügbarkeitsprobleme, die i.a. nur durch aufwendige Zusatzmaßnahmen im Normalbetrieb zufriedenstellend gelöst werden können. Weiterhin muß i.a. für die zentrale Synchronisierung neben den N Verarbeitungsrechnern ein zusätzlicher Rechner bereitgestellt werden, um eine möglichst schnelle Beantwortung der zeitkritischen Synchronisationsanfragen (Validierungs- bzw. Lock-Requests) zu garantieren. Da dann beim Ergebnisvergleich mit den anderen Protokollen bei N Knoten für die zentralen Verfahren ein Verarbeitungsrechner weniger zur Verfügung steht, ergaben sich bereits dadurch deutlich schlechtere Resultate als z.B. beim Primary-Copy-Sperrverfahren. Aber auch bei gleicher Anzahl der Verarbeitungsrechner wurden die PCL-Resultate meist nicht erreicht.
Für die weitere Diskussion werden die drei Verfahren getrennt behandelt.

BOCC+ mit zentraler Validierung und Preclaiming (ZV-BOCC+)

Dieses optimistische Protokoll schnitt von den drei Verfahren unter zentraler Kontrolle eindeutig am besten ab; verglichen mit den Token-Ring-Verfahren ergaben sich bei gleicher Anzahl der Verarbeitungsrechner auch bessere Ergebnisse. In diesem Fall konnten für konfliktärmere Lasten auch die Primary-Copy-Ergebnisse erreicht bzw. leicht übertroffen werden.

Das Verfahren profitierte ebenfalls stark davon, daß bei Konsistenzebene 2 Lese-TA bei der Validierung nicht zu berücksichtigen sind, so daß nur für Update-TA ein Validierungs-Auftrag bei EOT zum zentralen Validierungsknoten zu schicken war. In Übereinstimmung mit den Berechnungen aus 9.4 ergab sich auch ein geringerer Kommunikations-Overhead als bei den Token-Ring-Verfahren, bei denen v.a. bei fehlendem Buck-Delay das Token vielfach zirkuliert, obwohl keine Validierungsaufträge vorliegen. Die Kommunikationsbelastungen für Seitenanforderungen sowie die Broadcast-Meldungen entsprachen in etwa dem der Token-Ring-Verfahren, fielen aber auch nur bei höherer Änderungsfrequenz und mehr als zwei Rechnern ins Gewicht, zumal hier das Senden der Broadcast-Nachrichten durch den zentralen Knoten vorgenommen wird (9.1).

Neben dem geringeren Kommunikations-Overhead fiel **gegenüber** den **Token-Ring-Verfahren** v.a. eine signifikante **Verringerung der Rücksetzhäufigkeit** bzw. des Wiederholungsfaktors positiv ins Gewicht. Dies ergab sich aus der verwendeten Preclaiming-Strategie für gescheiterte Update-TA, die in der Simulation dazu führte, daß die zweite Ausführung einer zunächst gescheiterten TA stets erfolgreich verlief (da bei der zweiten TA-Bearbeitung die gleichen Objekte referenziert werden). Da zudem Lese-TA immer erfolgreich zu Ende kommen, überstieg der Wiederholungsfaktor nie den Wert 1.4, wenngleich zum Teil über 70 % der Erstvalidierungen scheiterten. Bedingt durch die Rücksetzungen bzw. durch (Sperr-) Wartezeiten während der Preclaiming-Phase ergaben sich auch bei ZV-BOCC+ für Änderungs-TA erheblich höhere Antwortzeiten als für Lese-TA. Jedoch blieben beim Preclaiming die Verzögerungen für eine 1-mal gescheiterte Update-TA stets unter denen für eine RL-mal (RL = Restart Limit) zurückgesetzte Änderungs-TA bei TR-FOCC2 zur Zulassung als goldene TA. Der Grund liegt darin, daß ein gleichzeitiges Preclaiming mehrerer TA möglich ist, solange disjunkte Objektmengen betroffen sind, während bei TR-FOCC2 jeweils nur eine Kill-TA zugelassen wird. Allerdings wäre prinzipiell auch bei dem Token-Ring-Verfahren eine Verfeinerung dahingehend möglich, daß Kill-Kandidaten ein Preclaiming durchführen und bei disjunkter Objektmenge gleichzeitig zugelassen werden.

Im Gegensatz zu den Token-Ring-Verfahren (ohne Verzögerung) und in Übereinstimmung mit PCL ergab sich für ZV-BOCC+ **mit zunehmender Rechneranzahl** (und Parallelität) ein stetig **steigender Kommunikationsaufwand**, bedingt durch die Zunahme an Validierungsanforderungen sowie der Broadcast-Meldungen und Page-Requests. Dennoch war der zentrale Knoten auch bei vier Verarbeitungsrechnern nicht über 30 Prozent ausgelastet, wobei dort der Validierungsaufwand weit unter den Kommunikationsbelastungen blieb. Verglichen mit dem Primary-Copy-Sperrverfahren ergaben sich für TER mehr synchrone Nachrichten pro TA, da einerseits wegen des hohen Anteils von Update-TA relativ viele Validierungsanforderungen anfielen und andererseits (v.a. für mehr als zwei Verarbeitungsrechner) vergleichsweise viele Seitenanforderungen vorkamen, die bei PCL bekanntlich vermieden werden. Bei Lasten mit geringerer Änderungshäufigkeit ergaben sich zwar oft weniger kommunikationsbedingte Unterbrechungen als durch die Sperranforderungen bei PCL, dieser Vorteil wurde jedoch v.a. für Update-TA durch die Rücksetzungen wieder weitgehend aufgebraucht.

Zentraler Lock-Manger mit Sole-Interest-Konzept und Leseoptimierung

Dieses Protokoll schnitt von den Verfahren unter zentraler Kontrolle am schlechtesten ab und konnte die Ergebnisse des Primary-Copy-Sperrverfahrens, auch wenn der Zusatzaufwand für den zentralen Sperrknoten unberücksichtigt bleibt, in keiner Weise erreichen. Ein Grund war die weit höhere Anzahl externer Sperranforderungen (Sole-Interest-Konzept), außerdem wurde - wie bei den optimistischen Verfahren - für die Lösung des Veralterungsproblems ein Propagate-on-Demand-Ansatz verwendet mit Broadcast-Meldungen der Update-TA und explizitem Anfordern von Seiten bei anderen Rechnern. Ohne Leseoptimierung wären die Ergebnisse völlig indiskutabel ausgefallen.

Ein besonders hoher Anteil externer Sperranforderungen ergab sich für TER, da hier wegen der hohen Konflikthäufigkeit ein häufiger Entzug von Sole-Interest (bzw. Leseautorisierungen) zu verzeichnen war und die Leseoptimierung nur wenig zum Zuge kam. Folgende Aufstellung verdeutlicht die Sperranteile bei 2 bis 4 Verarbeitungsrechnern, die bei TER wegen Sole-Interest oder der Leseoptimierung lokal behandelbar waren bzw. global angefordert wurden. Die Angabe in Klammer weist den Sperranteil aus, der bei PCL nicht lokal synchronisiert werden konnte.

	N=2	N=3	N=4
Lokale Sperrvergabe:			
Sole-Interest	63.5 %	33.6 %	23.6 %
Leseoptimierung	1.3 %	15.7 %	16.2 %
Externe Sperrgewährung:	35.0 (2.5) %	50.6 (13.2) %	60.1 (24.0) %

Wegen der Synchronisierung auf Blockebene, mußte bei dem ZLM-Ansatz für den ersten Seitenzugriff pro Rechner in jedem Fall die Sperre extern angefordert werden, wodurch für TER auch schon bei zwei Rechnern ein relativ hoher Anteil globaler Anforderungen entsteht. Allerdings hätte eine Unterstützung von Sole-Interest auf Area-Ebene wahrscheinlich in den meisten Fällen auch keine nennenswerten Verbesserungen erbracht, da nur selten ein Rechner für längere Zeit allein auf einer Area operierte. Bei TER wurden sogar auf Blockebene bis zu 35 % der Sole-Interest-Zuweisungen (und bis zu über 50 % der Leseautorisierungen) wieder entzogen, ein Zusatzaufwand der die Einsparungen deutlich relativiert und der beim Primary-Copy-Sperrverfahren vermieden wird. Allerdings konnten bei den anderen Lasten wegen der Leseoptimierung (und der kurzen Lesesperren) auch beim ZLM-Ansatz bei MIX50 bis zu 93 % (N=2), bei DOD bis zu 90 % und sonst bis zu 80 % der Sperren lokal behandelt werden. Dennoch ergab sich meist eine **mehr als doppelt so hohe Anzahl externer Sperranforderungen** pro TA **als bei dem Primary-Copy-Sperrverfahren**.

Die relativ häufigen Sperranfragen an den ZLM bewirkten auch eine wesentlich höhere Auslastung des zentralen Knotens als bei dem BOCC+-Ansatz mit zentraler Validierung. So wurde für das zentrale Sperrprotokoll, trotz des wesentlich niedrigeren Durchsatzes, der zentrale Knoten bis zu über 80 % ausgelastet.

Integriertes Protokoll

Mit der Kombination der beiden zuvor besprochenen Protokolle, bei der eine TA entweder optimistisch oder pessimistisch synchronisiert werden kann, ergaben sich trotz der gesteigerten Verfahrenskomplexität nur in den wenigsten Fällen bessere Ergebnisse als mit dem ZV-BOCC+-Ansatz. Ein Grund für das **enttäuschende Abschneiden** des Verfahrens bestand darin, daß das ZV-BOCC+-Protokoll wegen der Preclaiming-Strategie de facto bereits einer Kombination aus optimistischem und pessimistischem Ansatz entspricht und so zyklische Restarts (zumindest in der Simulation) schon vermieden werden. Eine pessimistische Synchronisation gemäß dem ZLM-Verfahren ist daher im wesentlichen nur noch für (lange) Änderungs-TA von Interesse, für die mit der optimistischen Synchronisierung ein (einmaliges) Scheitern sehr wahrscheinlich ist.

Als nachteilig stellte sich auch heraus, daß die TA-Typen der Referenz-Strings zumeist sowohl Lese- als auch Änderungs-TA enthalten. So traf die Synchronisierung eines TA-Typs gemäß dem ZLM-Ansatz oft viele Lese-TA, die mit der optimistischen Methode wesentlich effektiver bearbeitet werden (keine Sperrkonflikte, keine externen Sperranforderungen). Auch war es für optimistisch synchronisierte Änderungs-TA i.a. schwierig, durch eine pessimistische Synchronisierung gegenüber Sole-Interest-Objekten ihr Rücksetzrisiko zu vermindern, da hierzu die TA natürlich auf einem Rechner ablaufen muß, dem pessimistisch synchronisierte TA-Typen zugewiesen sind. Dieser Aspekt wurde bei der vorgenommenen Lastverteilung, die ja für das PCL-Verfahren bestimmt wurde, jedoch nicht berücksichtigt. Außerdem kann bei lokal teilweiser pessimistischer Synchronisation nur dann ein Objekt bei der Validierung unberücksichtigt bleiben, wenn das Sole-Interest auch zum Validierungszeitpunkt noch vorliegt.

V Resümee und Ausblick

Die vorliegende Arbeit widmete sich schwerpunktmäßig der konzeptionellen Entwicklung sowie der quantitativen Bewertung von Synchronisationstechniken für DB-Sharing-Systeme. Ausgangspunkt der Untersuchung war eine Klassifizierung von Mehrrechner-Datenbanksystemen sowie ihre qualitative Beurteilung hinsichtlich der Tauglichkeit zur Realisierung von TA-Systemen hoher Leistungsfähigkeit. Zur Erfüllung der hohen Anforderungen an solche Systeme - sehr hohe TA-Raten, kurze Antwortzeiten, hohe Verfügbarkeit, modulare Wachstumsfähigkeit sowie einfache Handhabbarkeit - kommen im wesentlichen zwei allgemeine Mehrrechner-Architekturen, DB-Sharing und DB-Distribution, in Betracht. Durch die fehlende Notwendigkeit einer (statischen) Datenverteilung ergibt sich für **DB-Sharing-Systeme**, die als natürliche Weiterentwicklung zentralisierter DBS aufgefaßt werden können, eine **hohe Flexibilität**, die hinsichtlich der genannten Anforderungen deutliche Vorteile gegenüber dem DB-Distribution-Ansatz verspricht (2.2). Allerdings zeigte sich, daß die Nutzung des größeren Leistungspotentials für wichtige Systemfunktionen, insbesondere der Synchronisation, der Lastkontrolle, der Systempufferverwaltung sowie für Logging und Recovery, komplexere Lösungen als bei DB-Distribution verlangt. Ein Hauptgrund für die **höhere Komplexität** besteht in den **engeren wechselseitigen Verflechtungen der einzelnen Komponenten**, welche in Kap. 6 herausgearbeitet und zusammengestellt wurden, die bei dem Entwurf geeigneter Realisierungskonzepte von vorneherein zu berücksichtigen sind.

Bei DB-Sharing übt die Synchronisation der Zugriffe zur gemeinsamen Datenbank einen leistungsbestimmenden Einfluß aus. Neben einem möglichst geringen Ausmaß an Blockierungen und Rücksetzungen gilt es v.a., den **Kommunikationsaufwand zur Synchronisation weitestgehend einzugrenzen**, um die hohen Leistungsanforderungen erfüllen zu können. Besonders wichtig ist die Minimierung synchroner Nachrichten, da diese die Antwortzeiten unmittelbar beeinträchtigen. Dazu ist auch eine enge Abstimmung mit anderen Systemfunktionen zu berücksichtigen, insbesondere mit der Systempufferverwaltung und der Lastkontrolle. So ist zur Begrenzung des Kommunikations-Overheads eine in das Synchronisationsprotokoll **integrierte Lösung für** das durch die DB-Sharing-Architektur eingeführte **Veralterungsproblem** (Pufferinvalidierung) eine zentrale Anforderung. Weiterhin sollte das Synchronisationsverfahren imstande sein, in Kooperation mit der Strategie zur Lastaufteilung, **Lokalität** im Referenzverhalten **zur Minimierung von Nachrichten nutzen** zu können. Daneben ist zur Unterstützung einer hohen Verfügbarkeit eine Zusammenarbeit mit der Recovery-Komponente vorzusehen, damit auch nach einem Rechnerausfall eine korrekte Fortführung der Synchronisation gewährleistet ist.

Die Entwicklung neuer Synchronisationstechniken für DB-Sharing basierte auf den Erfahrungen und Methoden zur Synchronisation in zentralisierten und verteilten Datenbanksystemen (bzw. DB-Distribution-Systemen), für die in Teil II die wichtigsten Konzepte (zusammen mit neuen Verbesserungsvorschlägen) vorgestellt wurden. Unter Berücksichtigung der genannten Anforderungen wurde dann in Teil III ein breites Lösungsspektrum zur Synchronisation bei DB-Sharing untersucht, wobei auch bereits vorgeschlagene bzw. in existierenden DB-Sharing-Systemen implementierte Protokolle berücksichtigt wurden. Unsere Überlegungen konzentrierten sich auf Software-Lösungen zur Synchronisation, da eine Hardware-Realisierung ('lock engine') in der Regel nur eine unterstützende Funktion ermöglicht sowie Änderungen in der Maschinenarchitektur verlangt (10.4). Die betrachteten Protokolle lassen sich grob in Sperrverfahren, optimistische Ansätze und deren Kombinationen unterteilen, die jeweils unter zentraler oder verteilter Kontrolle realisiert werden können.

Bei den eigenen Vorschlägen wurde neben dem eigentlichen Synchronisationskonzept die integrierte Lösung des Veralterungsproblems stets gleichberechtigt mitentwickelt; ebenso berücksichtigt wurde die Zusammenarbeit mit der Lastkontrolle sowie der Recovery-Komponente. Bezüglich des Veralterungsproblems wurde stets der kompliziertere Fall einer **NOFORCE-Ausschreibstrategie** unterstellt, da FORCE v.a. bei loser Rechnerkopplung einen für Hochleistungs-TA-Systeme inakzeptablen E/A-Aufwand verursacht. Der NOFORCE-Ansatz, der auch eine erhebliche Erschwerung der (REDO-) Recovery mit sich bringt, verlangt zur Lösung des Pufferinvalidierungsproblems nicht nur die Erkennung veralteter Objekte, sondern auch einen Austausch geänderter Daten sowie eine Ausschreibkoordinierung zwischen den Rechnern. Der **Austausch der Änderungen** sollte dabei aus Leistungsgründen nicht über Platte, sondern direkt **über** das bei DB-Sharing üblicherweise sehr schnelle **Kommunikationssystem bzw. über** einen **globalen Systempuffer** (nahe Kopplung, s. 10.4) erfolgen. Ein genereller Nachteil des Veralterungsproblems, unabhängig von der verwendeten Ausschreibstrategie, ist, daß durch die Replikation von Seiten in den Systempuffern eine Synchronisation von Änderungszugriffen auf Satz- oder Eintragsebene im Vergleich zu zentralisierten DBS oder DB-Distribution erheblich verkompliziert wird. Daher wurde bei den entwickelten Protokollen in der Regel auch eine Synchronisation auf Seitenebene vorausgesetzt; in 10.5 wurden jedoch auch Lösungsansätze zur Synchronisierung auf feineren Granulaten angegeben.

Die zur Synchronisation und der Behandlung des Veralterungsproblems vorgeschlagenen Lösungskonzepte wurden bereits in Kap. 11 zusammengefaßt und (qualitativ) miteinander verglichen, einige wesentliche Aspekte seien jedoch noch einmal wiederholt. Bezüglich des Kommunikationsaufwandes zur Synchronisation schneiden die optimistischen Verfahren i.a. am besten ab, da bei ihnen nur zur Durchführung der Validierung eine synchrone Nachricht anfällt. Bei Konsistenzebene 2 bzw. bei einem FOCC-Ansatz ergibt sich bei den optimistischen Protokollen diese Unterbrechung zudem nur für Änderungs-TA. Bei Sperrverfahren dagegen erfordert die Begrenzung der Synchronisationsnachrichten v.a. eine Kooperation mit der Lastkontrolle (Nutzung von Lokalität), wodurch eine größere Abhängigkeit zu den Lastcharakteristika ('Partitionierbarkeit' der Last) bzw. zur Güte der Routing-Strategie entsteht. So kann z.B. durch Verwendung einer PCA-Verteilung oder eines Sole-Interest-Konzepts (ggf. auf mehreren Hierarchieebenen) rechnerspezifische Lokalität zur Reduzierung externer Sperranforderungen und -freigaben genutzt werden. Als eine wesentliche Verbesserung für Sperrverfahren muß die sogenannte **Leseoptimierung** gelten, die eine weitgehend lokale Synchronisierung von Lesezugriffen unterstützt (Leseautorisierung) und neben der Reduzierung der Sperrnachrichten auch die Abhängigkeit der Sperrverfahren zur Erreichbarkeit einer hohen rechnerspezifischen Lokalität verringert. Ein wesentlicher Mechanismus sowohl beim Sole-Interest-Konzept als auch bei der Leseoptimierung ist, daß die jeweiligen Autorisierungen zur lokalen Sperrbehandlung über das Ende der aktuellen TA hinaus gehalten werden (retentiveness, Haltesperreneffekt), um sie auch für nachfolgende TA-Bearbeitungen nutzen zu können.

Zur Behandlung des Veralterungsproblems ergeben sich klare Vorteile für Sperrverfahren. Denn da bei ihnen vor jedem Objektzugriff eine Sperre anzufordern ist, können durch geeignete Erweiterungen der globalen Sperrinformationen (Invalidierungsvektoren, Änderungszeitstempel u.ä.) veraltete Seiten stets ohne zusätzliche Kommunikationsvorgänge erkannt und der Zugriff auf sie verhindert werden. Bei optimistischen Verfahren dagegen wird oft erst in der Validierungsphase der Zugriff auf ein invalidiertes Objekt, der eine Rücksetzung nach sich zieht, entdeckt. Hier ist es zur Begrenzung der Rücksetzquote erforderlich, daß Update-TA eine (asynchrone) Broadcast-Nachricht nach ihrer Validierung verschicken, um mitzuteilen, welche Seiten geändert wurden. Eine allgemein einsetzbare Strategie zum Austausch geänderter Seiten bei NOFORCE ist der sogenannte **Propagate-on-Demand-Ansatz**, bei dem die Seiten bei dem Rechner angefordert werden, der die letzte Änderung vorgenommen hat. Die Information, wo eine Änderung anzufordern ist, muß bei optimistischen Verfahren repliziert in allen Knoten gehalten werden, während diese Angaben bei Sperrverfahren lediglich beim zuständigen Sperrverwalter zu speichern sind. Allerdings verursacht die Propagate-on-Demand-Strategie bei Sperrverfahren auch eine aufwendige Ausschreibkoordinierung, während dieses Problem bei Inkaufnahme der Broadcast-Nachrichten (wie bei optimistischen Protokollen notwendig) entfällt. Denn da bei einem Broadcast-Ansatz, der jedoch einen hohen und mit wachsender Rechneranzahl steigenden Kommunikationsaufwand verursacht, jeder Rechner über alle Änderungen informiert wird, können damit veraltete Seiten sofort entdeckt und ihr Ausschreiben umgangen werden.

Von den untersuchten Protokollen ist das **Primary-Copy-Sperrverfahren** als **der geeignetste Ansatz zur Synchronisation in DB-Sharing-Systemen** anzusehen. Damit ist allerdings nicht die schon in /ReSh84/ skizzierte Basisvariante gemeint, sondern das in dieser Arbeit entwickelte Protokoll, bei dem neben der Nutzung einer PCA-Verteilung auch eine Leseoptimierung sowie eine integrierte Lösung des Veralterungsproblems bei NOFORCE eingesetzt wird. Im Rahmen eines in Kap. 7 ausführlich dargestellten Gesamtkonzeptes wurde gezeigt, daß mit diesem Vefahren auch nach einem Rechnerausfall verlorengegangene Sperrtabellen einfach rekonstruiert werden können, wobei die dazu erforderlichen Informationen nahezu keinen zusätzlichen Aufwand im Normalbetrieb erfordern. Die zur Durchführung der REDO-Recovery vorgestellte Methode macht das explizite und aufwendige Führen einer globalen Log-Datei, etwa durch Mischen sämtlicher lokalen Log-Daten, überflüssig. Die Recovery-Überlegungen zeigten, daß der Primary-Copy-Ansatz schon unter Verfügbarkeitsaspekten Synchronisationsprotokollen unter zentraler Kontrolle vorzuziehen ist.

Ein Hauptvorteil des Primary-Copy-Verfahrens besteht darin, daß eine wesentlich effektivere Kooperation mit der Lastkontrolle (Routing-Strategie) und damit größere Kommunikationseinsparungen möglich sind als etwa mit Sperrverfahren, die ein Sole-Interest-Konzept einsetzen. Dabei bleibt trotz der Partitionierung der Synchronisationsverantwortlichkeiten die Flexibilität der DB-Sharing-Architektur voll erhalten, da die (logische) PCA-Zuordnung auf nahezu beliebig feiner Ebene möglich ist und bei Änderungen im Lastverhalten oder in der Rechneranzahl einfach angepaßt werden kann. Ein großer Pluspunkt des Protokolls ist auch, daß die Nachteile des Propagate-on-Demand-Ansatzes (aufwendige Ausschreibkoordinierung, explizite Seitenanforderungen) umgangen werden können, indem alle Änderungen dem PCA-Rechner zugeschickt werden. Damit **kann** das **Veralterungsproblem vollkommen ohne zusätzliche Nachrichten gelöst** werden; insbesondere entfallen die zusätzlichen TA-Unterbrechungen zum Anfordern geänderter Objekte. Da üblicherweise die meisten Zugriffe (Änderungen) im PCA-Rechner durchgeführt werden, läßt sich auch das Ausmaß an Seitenübertragungen, welche generell in Verbindung mit ohnehin zu sendenden Sperrnachrichten vorgenommen werden, in zu bewältigendem Umfang halten. Ein Vorteil gegenüber optimistischen Protokollen, die wegen der Gefahr einer hohen Rücksetzquote auf konfliktärmere Anwendungen beschränkt sind, ist die größere Universalität, die sich auch darin zeigt, daß sich für das Primary-Copy-Verfahren noch am ehesten eine Synchronisation auf Eintragsebene (10.5) sowie eine Spezialbehandlung für High-Traffic-Objekte (10.6) erreichen läßt. Eine Kombination aus optimistischem und pessimistischem Protokoll (wie für das Primary-Copy-Verfahren z.B. in 9.2.3.2 vorgeschlagen) verspricht zwar die Vorteile beider Ansätze zu vereinen, jedoch ergeben sich bei der Integration der Konzepte Reibungsverluste (z.B. bezüglich der Behandlung des Veralterungsproblems) sowie eine stark zunehmende Komplexität.

Zur quantitativen Bewertung des Primary-Copy-Protokolls sowie fünf weiterer Synchronisationsverfahren für DB-Sharing wurde ein **detailliertes Simulationssystem** entwickelt, wobei zur Last- und DB-Modellierung sechs empirische Lasten aus realen DB/DC-Anwendungen verwendet werden konnten. Der Genauigkeitsgrad und Realitätsbezug der mit diesem System gewonnenen Resultate wird von bisher bekanntgewordenen Leistungsanalysen für Mehrrechner-DBS wohl kaum erreicht. Neben den Protokollen zur Synchronisation sowie der integrierten Behandlung des Veralterungsproblems (bei NOFORCE) wurden auch die Systempufferverwaltung sowie die Logging-Komponente vollständig implementiert, so daß hierzu keine vereinfachenden Modellbildungen erforderlich waren. Die TA werden über eine sogenannte Routing-Tabelle auf die Verarbeitungsrechner, deren Anzahl beliebig einstellbar ist, verteilt, wobei neben einer möglichst gleichmäßigen Auslastung eine hohe rechnerspezifische Lokalität im Referenzverhalten angestrebt wird. Durch die genaue Berücksichtigung von CPU-Anforderungen, E/A- und Kommunikationsvorgängen können nicht nur protokollspezifische Meßwerte erfaßt (Häufigkeit von externen Sperranforderungen, Invalidierungen etc.), sondern auch absolute Durchsatz- und Antwortzeitwerte bestimmt und für den Verfahrensvergleich verwendet werden.

Die Simulationsergebnisse bestätigten die Überlegenheit des Primary-Copy-Ansatzes im Vergleich zu den anderen Protokollen. So wurden z.B. bei dem Primary-Copy-Verfahren weit weniger externe Sperranforderungen notwendig als bei einem zentralen Sperrprotokoll mit Sole-Interest-Konzept; die optimistischen Protokolle erreichten nur bei Lasten mit geringerer Änderungshäufigkeit ähnlich gute Ergebnisse, fielen ansonsten jedoch wegen vieler Rücksetzungen deutlich ab. Dabei kam den optimistischen Verfahren (Token-Ring bzw. zentrale Validierung) noch die Beschränkung auf Konsistenzebene 2 zugute, da bei ihnen Lese-TA dann nicht zurückgesetzt werden. Für Änderungs-TA ergaben sich durch die Validierungen und Rücksetzungen jedoch deutlich schlechtere Antwortzeiten als für Leser. Die bei den optimistischen Lasten zur Behandlung des Veralterungsproblems anfallenden Broadcast-Nachrichten und Seitenanforderungen verursachen v.a. bei höherer Änderungsfrequenz mit zunehmender Rechneranzahl immer größere Leistungseinbußen. Von den optimistischen Protokollen schnitt das zentrale Validierungsschema mit BOCC+ und Preclaiming für gescheiterte TA am besten ab, wobei auch das zentrale Sperrverfahren mit Sole-Interest-Konzept (und Leseoptimierung) übertroffen wurde. Für die untersuchten Token-Ring-Verfahren stellte sich eine Verzögerung des Tokens zur Begrenzung des Kommunikationsaufwandes als unabdingbar heraus.

Bei dem Primary-Copy-Sperrverfahren führte die Nutzung der PCA-Verteilung sowie der Leseoptimierung dazu, daß für die betrachteten Konfigurationen der weitaus größte Teil der Sperranforderungen (meist über 90 %) lokal gewährt werden konnte. Obwohl aufgrund dominierender TA-Typen diese bei mehr als zwei Rechnern nicht mehr einem Knoten allein zugeordnet werden konnten, ließ sich dank der Leseoptimierung in vielen Fällen dennoch ein nahezu lineares Durchsatzwachstum erzielen. Es konnte so gezeigt werden, daß die Leseoptimierung v.a. bei Lasten mit hohem Leseanteil die Abhängigkeiten des Protokolls zur Partitionierbarkeit der TA-Last zu verringern vermag. Eine solch verbesserte Synchronisierung von Lesezugriffen ist insbesondere bei kurzen Lesesperren (Konsistenzebene 2) als unverzichtbar anzusehen, da sonst mit einem Vielfachen an externen Sperrgewährungen gerechnet werden muß. Neben einer geringen Nachrichtenhäufigkeit sind zur Begrenzung des Kommunikations-Overheads jedoch auch effiziente Sende- und Empfangsprimitive von großer Wichtigkeit. Denn eine Bündelung der Nachrichten allein ist kein Allheilmittel; sie ist oft nur schwer zu steuern und kann trotz Verringerung des Kommunikationsaufwandes zu Durchsatz- und Antwortzeiteinbußen führen. Für unidirektionale Nachrichten wie Sperranforderungen verringert sich (beim Primary-Copy-Verfahren) zudem mit zunehmender Rechneranzahl das Bündelungspotential und damit die (immer dringlicher werdenden) Einsparmöglichkeiten (s. 14.3).

Positiv auf das Leistungsverhalten wirkte sich auch die integrierte Lösung des Veralterungsproblems aus, welche zusätzliche Nachrichten zur Erkennung invalidierter Seiten, zum Austausch von Änderungen oder zur Ausschreibkoordinierung gänzlich vermeidet. Die Übertragung geänderter Seiten zwischen den Rechnern führte zu keinerlei Engpässen im Kommunikationssystem. Vielmehr konnten dadurch zuvor noch nicht berührte Seiten oft wesentlich schneller in einem Rechner zur Verfügung gestellt werden als durch ein Einlesen von Platte möglich gewesen wäre. Das Ausmaß an invalidierten Seiten, auf die nach der Invalidierung erneut zugegriffen werden sollte, war äußerst gering (< 2 % aller Zugriffe), da bei der eingesetzten Lösung nur für solche Seiten Invalidierungen möglich sind, zu denen nicht der eigene Rechner die PCA hält.

Die Simulationen zeigten, daß die **Strategie zur Lastverteilung Durchsatz- und Antwortzeitergebnisse bei DB-Sharing maßgeblich beeinflußt,** und zwar bei allen Synchronisationsprotokollen. Denn sie beeinflußt (v.a. bei Sperrverfahren) nicht nur die Häufigkeit von Synchronisationsnachrichten, sondern auch das Ausmaß an E/A-Vorgängen und Pufferinvalidierungen. So konnte in den Simulationen mit der eingesetzten Routing-Strategie bei DB-Sharing eine höhere rechnerspezifische Lokalität als im 1-Rechner-Fall erzielt werden, wodurch sich die Trefferraten im Systempuffer (auch bedingt durch die global größere Pufferkapazität) signifikant verbessern ließen. Diese E/A-Einsparungen konnten dann kommunikationsbedingte Verzögerungen (bzw. höhere Sperrwartezeiten) zumindest teilweise kompensieren, wodurch die **Antwortzeiten bei DB-Sharing meist nicht viel höher als im zentralen Fall** lagen.

Primäre Voraussetzung für hohe TA-Raten und kurze Antwortzeiten ist auch bei Sperrverfahren eine **hinreichend geringe Konflikthäufigkeit.** So führte eine seitenorientierte Synchronisierung auf Hot-Spot- bzw. High-Traffic-Objekten auch bei sehr geringem Kommunikationsaufkommen bei einigen Lasten zu einem völlig inakzeptablen Leistungsverhalten. High-Traffic-Felder sollten daher möglichst bereits durch einen angepaßten Anwendungs- bzw. DB-Entwurf umgangen werden; ist dies nicht möglich, helfen nur noch Spezialprotokolle wie der Escrow-Ansatz (10.6), welche sich die Semantik höherer Operationen zunutze machen. **Für Indexstrukturen, Kataloginhalte und ähnliche Verwaltungsdaten** ist eine **Eintragssynchronisierung,** z.B. wie in 10.5 für das Primary-Copy-Verfahren vorgeschlagen, eine **Minimalanforderung.** Selbst dann kann die Konfliktrate, etwa bei langen Schreibsperren, noch zu hoch sein; da die Änderungen auf diesen Objekten i.a. nicht reihenfolgeunabhängig sind, muß u.U. auch bei DB-Sharing auf Spezialprotokolle übergegangen werden (wie schon für zentralisierte DBS vorgeschlagen), die z.B. mit kurzen Schreibsperren auskommen.

Weitere Maßnahmen zur Eingrenzung der Konflikthäufigkeit sind der Einsatz eines Mehrversionen-Konzeptes, wofür in 10.2 mögliche Realisierungsformen vorgeschlagen wurden, oder die Beschränkung auf Konsistenzebene 2; in beiden Fällen können Lese-TA (weitgehend) von der Synchronisation befreit werden. Besonders vielversprechend ist dabei, wegen des geringeren Aufwandes, die **Beschränkung auf Konsistenzebene 2,** wobei **Änderungen möglichst auf privaten Objektkopien** durchgeführt werden sollten. Damit können dann nicht nur für optimistische Verfahren, sondern z.B. auch beim Primary-Copy-Ansatz (s. 15.1.3) Lesezugriffe parallel zu Änderungen durchgeführt werden, und für Lese-TA ergibt sich sowohl ein (nahezu) völliger Wegfall von Sperrwartezeiten als auch ein geringerer Kommunikationsaufwand. Die Lastverteilung kann ebenfalls die Konflikthäufigkeit positiv beeinflußen, indem 'ähnliche' TA möglichst demselben Rechner zugeordnet werden, so daß vorwiegend lokale Konflikte, die schneller aufgelöst werden können, auftreten. Daneben empfiehlt sich, soweit möglich, nur eine bestimmte Obergrenze gleichzeitiger Aktivierungen desselben oder ähnlicher TA-Typen zuzulassen.

Die Forderung nach **modularer Wachstumsfähigkeit** ist vielfach nur für eine begrenzte Rechneranzahl (oft <= 10) einzuhalten. Denn die Hinzunahme eines Rechners, bei gleichbleibender Lastzusammensetzung und DB-Größe, führt ab einer gewissen Knotenanzahl i.a. zur einer Verringerung der rechnerspezifischen Lokalität, insbesondere bei Vorliegen von dominierenden TA-Typen/DB-Bereichen bzw. bei geringer Lokalität innerhalb der TA-Typen. Dies bewirkt dann z.B. beim Primary-Copy-Sperrverfahren trotz der Leseoptimierung eine Zunahme externer Sperranforderungen, ebenso steigen i.a. die Konflikthäufigkeiten/Sperrwartezeiten sowie das Ausmaß an Pufferinvalidierungen und Seitenübertragungen mit wachsender Rechneranzahl. Diese Probleme werden nur dann abgeschwächt, wenn sich nicht nur die zu bewältigenden TA-Raten erhöhen, sondern auch neue TA-Typen und/oder DB-Bereiche hinzukommen ('scalable databases' /Sto86/). Die Partitionierbarkeit einer TA-Last kann natürlich auch durch einen abgestimmten Anwendungs- und DB-Entwurf positiv beeinflußt werden, mit der Verwendung möglichst zugeschnittener TA-Typen und Vermeidung von Hot-Spot-Bereichen.

Bei den vorgestellten Konzepten für DB-Sharing standen die Synchronisation sowie die Behandlung des Veralterungsproblems im Mittelpunkt. So wurde zwar auch jeweils das Zusammenspiel mit der **Lastkontrolle** sowie der **Recovery** berücksichtigt, jedoch sind zur Realisierung eines Hochleistungs-DBS für diese beiden Komponenten sicher **noch ausgereiftere Lösungsansätze zu entwickeln.** Bei der Lastkontrolle, die für DB-Sharing sowohl auf lokaler (rechnerspezifischer) als auch systemweiter Ebene durchzuführen ist, handelt es sich um ein Forschungsgebiet, das im DB-Kontext erst in jüngster Zeit verstärkt Interesse erlangt hat und in dem noch viele Probleme ungelöst sind. In den Simulationen wurde eine vergleichsweise einfache, statische Routing-Strategie angewendet, die davon ausging, daß in jedem Rechner in etwa die gleiche Kommunikations-, E/A- und Konflikthäufigkeit vorliegt. Da dies aber meist nicht der Fall war, kam es oft zu größeren Schwankungen bei der Rechnerauslastung und entsprechenden Leistungsnachteilen. Zur Verbesserung gilt es hier v.a. möglichst dynamische Strategien zur Lastaufteilung zu entwerfen, welche die aktuelle Lastsituation berücksichtigen und dennoch keinen prohibitiv hohen Aufwand verursachen. Bei den Recovery-Überlegungen wurde i.d.R. ein Logging auf Seitenebene unterstellt; hier ist u.a. zu untersuchen, welche Änderungen oder Optimierungen bei Eintrags-Logging erforderlich bzw. möglich werden. Außer für die Behandlung von Rechner- und Plattenausfällen sind bei DB-Sharing auch neue Recovery-Konzepte für (globale) Checkpoint-Verfahren zur Begrenzung des REDO-Aufwandes erforderlich; untersuchenswert ist daneben, wie mit dem DB-Sharing-Ansatz eine schnelle Katastrophen-Recovery realisiert werden könnte.

VI Literatur

Verwendete Abkürzungen:

TODS = ACM Transactions on Database Systems

TOCS = ACM Transactions on Computer Systems

TOSE = IEEE Transactions on Software Engineering

CACM = Communications of the ACM

IFE = Informatik - Forschung und Entwicklung

IT   = Informationstechnik - Computer, Systeme, Anwendungen

VLDB = International Conference on Very Large Data Base Systems

SIGMOD = ACM SIGMOD Int. Conf. on Management of Data

DCS = Int. Conf. on Distributed Computing Systems

PODS = ACM SIGACT-SIGMOD Symp. on Principles of Database Systems

SOSP = ACM SIGOPS Symp. on Operating Systems Principles

SRDSDB = IEEE Symp. on Reliability in Distributed Software and Database Systems

SIGMETRICS = ACM SIGMETRICS Conf. on Measurement and Modeling of Computer Systems

BTW = GI-Fachtagung über Datenbanken in Büro, Technik und Wissenschaft

LNCS = Lecture Notes in Computer Sciences

IFB = Informatik Fachberichte

IB   = Interner Bericht

FB   = Fachbereich

/ABGS87/   D. Agrawal, A.J. Bernstein, P. Gupta, S. Sengupta: *Distributed Optimistic Concurrency Control With Reduced Rollback.* Distributed Computing 2 (1), 1987, 45-59

/AbLi80/   M. Abida, B. Lindsay: *Database Snapshots.* Proc. 6th VLDB 1980, 86-91

/ACL85/   R. Agrawal, M.J. Carey, M. Livny: *Models for Studying Concurrency Control Performance: Alternatives and Implications.* Proc. SIGMOD, 1985, 108-121

/AgCa85/   R. Agrawal, M.J. Carey: *The Performance of Concurrency Control and Recovery Algorithms for Transaction-Oriented Database Systems.* IEEE Database Engineering 8 (2), 1985, 58-67

/AgDe85a/   R. Agrawal, D.J. DeWitt: *Recovery Architectures for Multiprocessor Database Machines.* Proc. SIGMOD, 1985, 131-145

/AgDe85b/   R. Agrawal, D.J. DeWitt: *Integrated Concurrency Control and Recovery Mechanisms: Design and Performance Evaluation.* TODS 10 (4), 1985, 529-564

/Agh83/   H. Aghili et al.: *A Prototype for a Highly Available Database System.* IBM Research Report RJ 3755, San Jose, 1983

/Agh86/   H. Aghili et al.: *Highly Available Communication.* IBM Research Report RJ 5068, IBM Almaden Research Center, San Jose, 1986

/Agr85/   R. Agrawal: *A Parallel Logging Algorithm for Multiprocessor Database Machines.* Proc. 4th Int. Workshop on Database Machines, Springer 1985, 256-276

/AIM86/   *AIM/SRCF Functions and Facilities.* Facom OS Techn. Manual 78SP4900E, Fujitsu Limited, 1986

/AlDa76/   P.A. Alsberg, J.D. Day: *A Principle of Resilient Sharing of Distributed Resources.* Proc. 2nd Int. Conf. on Software Engineering, 1976, 562-570

/Amb85/   V. Ambadar: *Data Base Machines.* Proc. 18th Annual Hawaii Int. Conf. on System Sciences, 1985, 352-372

/Amm85/   A.C. Amman et al.: *Design of a Memory Resident DBMS.* Proc. IEEE Spring CompCon, 1985, 54-57

/Anon85/   Anon et al.: *A Measure of Transaction Processing Power.* Datamation, April 1985, 112-118

/APS84/   R. Augustin, U. Prädel, H.A. Scholten: *Leistungsanalyse von Concurrency-Control-Algorithmen in Datenbanksystemen: Ein Überblick.* Bericht 17/1984, Univ. Dortmund, FB Informatik, 1984

/ArBa86/   J. Archibald, J.-L. Baer: *Cache Coherence Protocols: Evaluation using a Multiprocessor Simulation Model.* TOCS 4 (4), 1986, 273-298

/Ari83/   I. Arifin: *Empirische Untersuchungen von Sperrprotokollen für Datenbanksysteme.* Diplomarbeit, FB Informatik, Univ. Kaiserslautern, 1983

/ASP84/   R. Augustin, H.A. Scholten, U. Prädel: *Modelling Database Concurrency Control Algorithms using a General Purpose Performance Evaluation Tool.* Proc. Performance 84, North-Holland 1984, 69-85

/Bad79/   D.Z. Badal: *Correctness of Concurrency Control and Implications in Distributed Databases.* Proc. IEEE COMPSAC, 1979, 588-593

/BaMc84/   D.Z. Badal, W. McElyea: *A Robust Adaptive Concurrency Control for Distributed Databases.* Proc. IEEE INFOCOM, 1984, 382-391

/Bar78/   J.F. Bartlett: *A 'Non Stop' Operating System.* Proc. 11th Hawaii Int. Conf. on System Sciences, 1978, 103-117

/Bar81/   J.F. Bartlett: *A NonStop Kernel.* Tandem TR 81.4, 1981

/Bay76/   R. Bayer: *Integrity, Concurrency, and Recovery in Databases.* Proc. ECI Conf., LNCS 44, Springer 1976, 79-106

/Bay83/   R. Bayer: *Database System Design for High Performance.* Proc. IFIP 9th World Computer Congress, North-Holland 1983, 147-155

/Bay86/   R. Bayer: *Consistency of Transactions and Random Batch.* TODS 11 (4), 1986, 397-404

/BBG83/   A. Borg, J. Baumbach, S. Glazer: *A Message System Supporting Fault Tolerance.* Proc. 9th SOSP, 1983, 90-99

/BBG86/   C. Beeri, P.A. Bernstein, N. Goodman: *A Model for Concurrency in Nested Transactions Systems.* Technical Report TR-CS-86-1, Dept. of Computer Science, Hebrew Univ. Jerusalem, 1986

/BCFP87/   C. Boksenbaum, M. Cart, J. Ferrie, J.-F. Pons: *Concurrent Certification by Intervals of Timestamps in Distributed Database Systems.* TOSE 13 (4), 1987, 409-419

/BeGo81/   P.A. Bernstein, N. Goodman: *Concurrency Control in Distributed Database Systems.* ACM Computing Surveys 13 (2), 1981, 185-221

/BeGo82/   P.A. Bernstein, N. Goodman: *A Sophisticate's Introduction to Distributed Database Concurrency Control.* Proc. 8th VLDB, 1982, 62-76

/BeGo83/   P.A. Bernstein, N. Goodman: *Multiversion Concurrency Control - Theory and Algorithms.* TODS 8 (4), 1983, 465-483

/BEHR80/   R. Bayer, K. Elhardt, H. Heller, A. Reiser: *Distributed Concurrency Control in Database Systems.* Proc. 6th VLDB, 1980, 275-284

/BEHR82/   R. Bayer, K. Elhardt, H. Heller, A. Reiser: *Dynamic Timestamp Allocation for Transactions in Database Systems.* Proc. 2nd Int. Conf. on Distributed Database Systems, North-Holland 1982, 9-20

/BEKK84/   R. Bayer, K. Elhardt, W. Kießling, D. Killar: *Verteilte Datenbanksysteme - Eine Übersicht über den heutigen Entwicklungsstand.* Informatik Spektrum 7 (1), 1984, 1-19

/Ber86/   P.A. Bernstein: *Sequoia - A Fault-Tolerant Tightly-Coupled Computer for Transaction Processing.* IEEE Database Engineering 9 (1), 1986, 17-23

/BGH83/   P.A. Bernstein, N. Goodman, V. Hadzilacos: *Recovery Algorithms for Database Systems.* Proc. IFIP 9th World Computer Congress, North-Holland 1983, 799-807

/BGH86/   J. Bartlett, J. Gray, B. Horst: *Fault Tolerance in Tandem Computer Systems.* Tandem Technical Report TR 86.2, 1986

/BGL83/   P.A. Bernstein, N. Goodman, M. Lai: *Analyzing Concurrency Control Algorithms When User and System Operations Differ.* TOSE 9 (3), 1983, 233-239

/Bha82/   B. Bhargava: *Resiliency Features of the Optimistic Concurrency Control Approach for Distributed Database Systems.* Proc. 2nd SRDSDB, 1982, 19-32

/BHG87/   P.A. Bernstein, V. Hadzilacos, N. Goodman: *Concurrency Control and Recovery in Database Systems.* Addison Wesley 1987

/BHR80/   R. Bayer, H. Heller, A. Reiser: *Parallelism and Recovery in Database Systems.* TODS 5 (2), 1980, 139-156

/BiDe86/   P. Bitar, A.M. Despain: *Multiprocessor Cache Synchronization - Issues, Innovations, Evolution.* Proc. 13th Annual Int. Symp. on Comp. Architecture, 1986, 424-433

/BKK85/   F. Bancilhon, W. Kim, H.F. Korth: *A Model of CAD Transactions.* Proc. 11th VLDB, 1985, 25-33

/BLDN87/   G. v. Bültzingsloewen, R.-P. Liedtke, K. Dittrich, M. Nollau: *Ein Echtzeitdatenbank-Server im Automatisierungsnetz - Anforderungen und Lösungsansätze auf Multi-Computer-Basis.* Proc. 2. BTW, IFB 136, Springer 1987, 460-464

/BoGo84/   H. Boral, I. Gold: *Towards a Self-Adapting Centralized Concurrency Control Algorithm.* Proc. SIGMOD, 1984, 18-32

/Boh85/   V. Bohn: *Simulative Bewertung eines DB-Distribution-Systems.* Diplomarbeit, FB Informatik, Univ. Kaiserslautern, 1985

/Bor81/   A. Borr: *Transaction Monitoring in ENCOMPASS: Reliable Distributed Transaction Processing.* Proc. 7th VLDB, 1983, 155-165

/Bor84/   A. Borr: *Robustness to Crash in a Distributed Database: A Non-Shared-Memory Multi-Processor Approach.* Proc. 10th VLDB, 1984, 445-453

/BoRe85/   H. Boral, S. Redfield: *Database Machine Morphology.* Proc. 11th VLDB, 1985, 59-71

/Bur85/   M. Burman: *Aspects of a High-Volume Production Online Banking System.* Proc. IEEE Spring CompCon, 1985, 244-248

/Cai87/   J. Cai: *Simulation and Evaluation of Distributed Database Systems.* Proc. 4. GI/ITG-Fachtagung über Messung, Modellierung und Bewertung von Rechensystemen, IFB 154, Springer 1987, 313-326

/CaLu86/   M.J. Carey, H. Lu: *Load Balancing in a Locally Distributed Database System.* Proc. SIGMOD, 1986, 108-119

/CaMu86/   M.J. Carey, W.A. Muhanna: *The Performance of Multiversion Concurrency Control Algorithms.* TOCS 4 (4), 1986, 338-378

/Car83/   M.J. Carey: *Granularity Hierarchies in Concurrency Control.* Proc. 2nd PODS, 1983, 156-165

/Car87/   M.J. Carey: *Improving the Performance of an Optimistic Concurrency Control Algorithm through Timestamps and Versions.* TOSE 13 (6), 1987, 746-751

/CaSt84/   M.J. Carey, M.R. Stonebraker: *The Performance of Concurrency Control Algorithms for Database Management Systems.* Proc. 10th VLDB, 1984, 107-118

/CDH85/   A. Chan, U. Dayal, M. Hsu: *Providing Database Management Capabilities for Mission Critical Applications.* Proc. Int. Workshop on High Performance Transaction Systems, Asilomar, 1985

/CDY86/   D.W. Cornell, D.M. Dias, P.S. Yu: *On Multi-System Coupling through Function Request Shipping.* TOSE 12 (10), 1986, 1006-1017

/CeOw82/   S. Ceri, S. Owicki: *On the Use of Optimistic Methods for Concurrency Control in Distributed Databases.* Proc. 6th Berkeley Workshop on Distr. Data Management and Computer Networks, 1982, 117-129

/CePe84/   S. Ceri, G. Pelagatti: *Distributed Databases, Principles and Systems.* Mc Graw-Hill 1984

/Cha82/   A. Chan et al.: *The Implementation of an Integrated Concurrency Control and Recovery Scheme.* Proc. SIGMOD, 1982, 184-191

/Che86/   D.R. Cheriton: *Problem-Oriented Shared Memory: A Decentralized Approach to Distributed System Design.* Proc. 6th DCS, 1986, 190-197

/ChGr85/   A. Chan, R. Gray: *Implementing Distributed Read-Only Transactions.* TOSE 11 (2), 1985, 205-212

/Chr87/   H.-P. Christmann: *Ein Algorithmus zur Systempufferverwaltung und Synchronisation in einem lose gekoppelten Mehrrechner-Datenbanksystem.* Proc. GI/NTG-Tagung Kommunikation in Verteilten Systemen, IFB 130, Springer 1987, 412-425

/CKS86/   G. Copeland, R. Krishnamurthy, M. Smith: *Recovery Using Safe RAM.* Technical Report, Microelectronics and Computer Technology Corp., Austin, Texas, 1986

/CLP87/   J.L. Carroll, D.E. Long, J. Paris: *Block-Level Consistency of Replicated Files.* Proc. 7th DCS, 1987, 146-153

/CLSW84/   J.M. Cheng, C.R. Loosley, A. Shibamiya, P.S. Worthington: *IBM Database 2 Performance: Design, Implementation, and Tuning.* IBM Systems Journal 23 (2), 1984, 189-210

/CoGa85/   R. Cordon, H. Garcia-Molina: *The Performance of a Concurrency Control Mechanism That Exploits Semantic Knowledge.* Proc. 5th DCS, 1985, 350-358

/Dad81/   P. Dadam: *Synchronisation in verteilten Datenbanken: Ein Überblick.* Informatik Spektrum 4, 1981, 175-184 und 261-270

/DaPö87/   P. Dadam, E. Pörtner: *Synchronisation paralleler Operationen auf Index-Bäumen.* Manuskript, IBM Wiss. Zentrum Heidelberg, 1987

/DeW84/   D.J. DeWitt et al.: *Implementation Techniques for Main Memory Database Systems.* Proc. SIGMOD, 1984, 1-8

/DGS85/   S.B. Davidson, H. Garcia-Molina, D. Skeen: *Consistency in Partitioned Networks*. ACM Computing Surveys 17 (3), 1985, 341-370

/DIRY87/   D.M. Dias, B.R. Iyer, J.T. Robinson, P.S. Yu: *Design and Analysis of Integrated Concurrency-Coherency Controls*. Proc. 13th VLDB, 1987, 463-471

/DIY86/   D.M. Dias, B.R. Iyer, P.S. Yu: *On Coupling Many Small Systems for Transaction Processing*. Proc. IEEE 13th Annual Int. Symp. on Computer Architecture, 1986, 104-110

/Dre81/   I. Dreschers: *Empirische Untersuchung des Seitenreferenzverhaltens eines CODASYL-Datenbanksystems*. Diplomarbeit, FB Informatik, TH Darmstadt, 1981

/DYB87/   D.M. Dias, P.S. Yu, B.T. Bennett: *On Centralized versus Geographically Distributed Database Systems*. Proc. 7th DCS, 1987, 64-71

/EfHä84/   W. Effelsberg, T. Härder: *Principles of Database Buffer Management*. TODS 9 (4), 1984, 560-595

/EGLT76/   K.P. Eswaran, J.N. Gray, R.A. Lorie, I.L. Traiger: *The Notions of Consistency and Predicate Locks in a Database System*. CACM 19 (11), 1976, 624-633

/Eic87/   M. Eich: *A Classification and Comparision of Main Memory Database Recovery Techniques*. Proc. IEEE 3rd Int. Conf. on Data Engineering, 1987, 332-339

/EiJa86/   M.H. Eich, A. James: *Design of a MMDB DBM*. Technical Report TR86-CSE-23, Southern Methodist Univ., Dept. of Comp. Science and Engineering, Dallas, Texas, 1986

/ElBa84/   K. Elhardt, R. Bayer: *A Database Cache for High Performance and Fast Restart in Database Systems*. TODS 9 (4), 1984, 503-525

/Ele86/   *Tandem Makes a Good Thing Better*. In: Electronics, April 14, 1986, 34-38

/Elm86/   A.K. Elmagarmid: *A Survey of Distributed Deadlock Detection Algorithms*. ACM SIGMOD Record 15 (3), 1986, 37-45

/FrRo85/   P. Franaszek, J.T. Robinson: *Limitations of Concurrency in Transaction Processing*. TODS 10 (1), 1985, 1-28

/GaKi85/   D. Gawlick, D. Kinkade: *Varieties of Concurrency Control in IMS/VS Fast Path*. IEEE Database Engineering 8 (2), 1985, 3-10

/Gar83/   H. Garcia-Molina: *Using Semantic Knowledge for Transaction Processing in a Distributed Database*. TODS 8 (2), 1983, 186-213

/Gar86/   H. Garcia-Molina: *The Future of Data Replication*. Proc. 5th SRDSDB, 1986, 13-19

/GaTs84/   G.A. Galatanos, W. Tsai: *Performance Evaluation of Database Update Synchronization on Ethernet Environments*. Proc. 4th DCS, 1984, 503-512

/Gaw85a/   D. Gawlick: *Processing 'Hot Spots' in High Performance Systems*. Proc. IEEE Spring CompCon, 1985, 249-251

/Gaw85b/   D. Gawlick: *High Availability with Large Transaction Systems*. Proc. Int. Workshop on High Performance Transaction Systems, 1985

/GaWi82/   H. Garcia-Molina, G. Wiederhold: *Read-Only Transactions in a Distributed Database*. TODS 7 (2), 1982, 209-234

/Ger83/   E. Gerstner: *Empirische Untersuchungen optimistischer Synchronisationsverfahren in Datenbanksystemen*. Diplomarbeit, FB Informatik, Univ. Kaiserslautern, 1983

/GhMa85/   F.F. Ghertal, S. Mamrat: *An Optimistic Concurrency Control Mechanism for an Object Based Distributed System*. Proc. 5th DCS, 1985, 236-245

/GHOK81/   J. Gray, P. Homan, R. Obermarck, H. Korth: *A Straw Man Analysis of Probability of Waiting and Deadlock*. IBM Research Report RJ 3066, San Jose, 1981

/Gif79/   D.K. Gifford: *Weighted Voting for Replicated Data*. Proc. 7th SOSP, 1979, 150-162

/GiSp84/   D. Gifford, A. Spector: *The TWA Reservation System*. CACM 27 (7), 1984, 650-665

/GlLu84/   V.D. Gligor, G.L. Luckenbaugh: *Interconnecting Heterogeneous Database Management Systems*. IEEE Computer, Jan. 1984, 33-43

/GlPo86/   V. Gligor, R. Popescu-Zeletin: *Transaction Management in Distributed Heterogeneous Database Management Systems*. Information Systems 11 (4), 1986, 287-297

/GLPT76/   J.N. Gray, R.A. Lorie, G.R. Putzolu, I. Traiger: *Granularity of Locks and Degrees of Consistency in a Shared Data Base*. Proc. IFIP Working Conf. on Modelling in Data Base Management Systems, North-Holland 1976, 365-394

/GLV84/   H. Garcia-Molina, R.J. Lipton, J. Valdes: *A Massive Memory Machine*. IEEE Trans. on Computers 33 (5), 1984, 391-399

/Gra78/   J. Gray: *Notes on Data Base Operating Systems*. In: 'Operating Systems - An Advanced Course', LNCS 60, Springer 1978, 393-481

/Gra80/ J. Gray: *A Transactional Model.* In: LNCS 85, Springer 1980, 282-298

/Gra81/ J. Gray: *The Transaction Concept: Virtues and Limitations.* Proc. 7th VLDB, 1981, 144-154

/Gra85/ J. Gray et al.: *One Thousand Transactions per Second.* Proc. IEEE Spring CompCon, 1985, 96-101

/Gra86a/ J. Gray: *Why Do Computers Stop and What Can Be Done About It.* Proc. 5th SRDSDB, 1986, 3-12

/Gra86b/ J. Gray: *An Approach to Decentralized Data Management Systems.* TOSE 12 (6), 1986, 684-692

/GrAn85/ J. Gray, M. Anderton: *Distributed Databases - Four Case Studies.* Tandem Technical Report TR 85.5, 1985

/GSH85/ I. Gold, O. Shmueli, M. Hofri: *The Private Workspace Model Feasibility and Applications to 2PL Performance Improvements.* Proc. 11th VLDB, 1985, 192-208

/Hab86/ F. Haberhauer: *Simulation eines Shared Database Systems mit Primary Copy Synchronisation anhand von Datenbankobjekt-Referenzstrings.* Diplomarbeit Nr. 424, Institut für Informatik, Univ. Stuttgart, 1986

/Hag86/ R.B. Hagman: *A Crash Recovery Scheme for a Memory-Resident Database System.* IEEE Trans. on Computers 35 (9), 1986, 839-843

/HäMe86a/ T. Härder, K. Meyer-Wegener: *Transaktionssysteme und TP-Monitore - Eine Systematik ihrer Aufgabenstellung und Implementierung.* IFE 1 (1), 1986, 3-25

/HäMe86b/ T. Härder, K. Meyer-Wegener: *Die Zusammenarbeit von TP-Monitoren und Datenbanksystemen in DB/DC-Systemen.* IFE 1 (3), 1986, 101-122

/HäPe84/ T. Härder, P. Peinl: *Evaluating Multiple Server DBMS in General Purpose Operating Systems Environments.* Proc. 10th VLDB, 1984, 129-140

/HäPe87/ T. Härder, E. Petry: *Evaluation of a Multiple Version Scheme for Concurrency Control.* Information Systems 12 (1), 1987, 83-98

/Här78/ T. Härder: *Implementierung von Datenbanksystemen.* Carl Hanser 1978

/Här79/ T. Härder: *Leistungsanalyse von Datenbanksystemen.* Angewandte Informatik 4/79, 141-150

/Här84/ T. Härder: *Observations on Optimistic Concurrency Control.* Information Systems 9 (2), 1984, 111-120

/Här86/ T. Härder: *DB-Sharing vs. DB-Distribution - die Frage nach dem Systemkonzept zukünftiger DB/DC-Systeme.* Proc. 9. NTG/GI-Tagung über Architektur und Betrieb von Rechensystemen, NTG-Fachberichte 92, VDE 1986, 151-165

/Här87a/ T. Härder: *Handling Hot Spot Data in DB-Sharing Systems.* IBM Research Report RJ 5523, IBM Almaden Research Center, San Jose, 1987

/Här87b/ T. Härder: *Fehlertoleranz-Aspekte in Transaktionssystemen.* Proc. 3. Int. Tagung über Fehlertolerierende Rechensysteme, IFB 147, Springer 1987, 324-335

/Här87c/ T. Härder: *On Selected Performance Issues of Database Systems.* Proc. 4. GI/ITG-Fachtagung über Messung, Modellierung und Bewertung von Rechensystemen, IFB 154, Springer 1987, 294-312

/HäRa85/ T. Härder, E. Rahm: *Quantitative Analyse eines Synchronisationsalgorithmus für DB-Sharing.* Proc. 3. GI/NTG-Fachtagung über Messung, Modellierung und Bewertung von Rechensystemen, IFB 110, Springer 1985, 186-201

/HäRa86/ T. Härder, E. Rahm: *Mehrrechner-Datenbanksysteme für Transaktionssysteme hoher Leistungsfähigkeit.* IT 28 (4), 1986, 214-225

/HäRa87/ T. Härder, E. Rahm: *Hochleistungsdatenbanksysteme - Vergleich und Bewertung aktueller Architekturen und ihrer Implementierung.* IT 29 (3), 1987, 127-140

/HäRe80/ T. Härder, A. Reuter: *Abhängigkeiten von Systemkomponenten in Datenbanksystemen.* Proc. 10. GI-Jahrestagung, IFB 33, Springer 1980, 243-257

/HäRe83a/ T. Härder, A. Reuter: *Concepts for Implementing a Centralized Database Management System.* Proc. Int. Computing Symposium ICS, Teubner 1983, 28-59

/HäRe83b/ T. Härder, A. Reuter: *Principles of Transaction-Oriented Database Recovery.* ACM Computing Surveys 15 (4), 1983, 287-317

/HäRe85/ T. Härder, A. Reuter: *Architektur von Datenbanksystemen für Non-Standard-Anwendungen.* Proc. BTW, IFB 94, Springer 1985, 253-286

/HäRo87a/ T. Härder, K. Rothermel: *Concepts for Transaction Recovery in Nested Transactions.* Proc. SIGMOD, 1987, 239-248

/HäRo87b/ T. Härder, K. Rothermel: *Concurrency Control Issues in Nested Transactions.* IBM Research Report RJ 5534, IBM Almaden Research Center, 1987

/Häu85/   F. Häussermann: *Verteilte Transaktionsverarbeitung und verteilte Datenhaltung - eine Übersicht und Lösungen*. Elektron. Rechenanlagen 27 (1), 1985, 15-22

/HeGo87/   G. Hermann, G. Gopal: *The Case for Orderly Sharing*. Proc. 2nd Int. Workshop on High Performance Transaction Systems, 1987

/Hel85a/   P. Helland: *Transaction Monitoring Facility (TMF)*. IEEE Database Engineering 8 (2), 1985, 11-18

/Hel85b/   P. Helland: *High Transaction Rates in a Distributed System*. Proc. Int. Workshop on High Performance Transaction Systems, Asilomar, 1985

/Hen83/   G. Hendrie: *A Hardware Solution to Part Failures Totally Insulates Programs*. Electronics, Jan. 27, 1983, 103-105

/Her87a/   M. Herlihy: *Optimistic Concurrency Control for Abstract Data Types*. ACM Operating Systems Review 21 (2), 1987, 33-44

/Her87b/   M. Herlihy: *Extending Multiversion Time-Stamping Protocols to Exploit Type Information*. IEEE Trans. on. Computers, 36 (4), 1987, 443-448

/HHMM87/   T. Härder, C. Hübel, K. Meyer-Wegener, B. Mitschang: *Coupling Engineering Workstations to a Database Server*. Proc. Conf. on Data and Knowledge Systems for Engineering and Manufacturing, 1987, 30-39

/HMMS87/   T. Härder, K. Meyer-Wegener, B. Mitschang, A. Sikeler: *PRIMA - A DBMS Prototype Supporting Engineering Applications*. Proc. 13th VLDB, 1987, 433-442

/HoCh85/   R.W. Horst, T.C.K. Chou: *An Architecture for High-Volume Transaction Processing*. Proc. IEEE Comp. Architecture, 1985, 240-245

/HPR85a/   T. Härder, P. Peinl, A. Reuter: *Performance Analysis of Synchronization and Recovery Schemes*. IEEE Database Engineering 8 (2), 1985, 50-57

/HPR85b/   T. Härder, P. Peinl, A. Reuter: *Optimistic Concurrency Control in a Shared Database Environment*. Manuskript, FB Informatik, Univ. Kaiserslautern/Stuttgart, 1985

/Hsi83/   D.K. Hsiao (Hrsg.): *Advanced Database Machine Architectures*. Prentice Hall 1983

/IMS81/   *Administering IMS/VS Systems that Share Data*. In: IMS/VS V1, System Administration Guide, Release 2, SH20-9178-1, 1981, 357-390

/Inm86/   W. Inmon: *A New Measure of Software Speed Narrows DBMS Buyer's Choice*. Computerworld, Sep. 8, 1986, 77-81

/IsMa80/   S.S. Isloor, T.A. Marsland: *The Deadlock Problem: An Overview*. IEEE Computer, Sep. 1980, 58-72

/IYD84/   B.R. Iyer, P.S. Yu, L. Donatiello: *Comparative Analysis of Fault-Tolerant Architectures for Multiprocessors*. IBM Research Report RC 10876, Yorktown Heights, 1984

/IYD85/   B.R. Iyer, P.S. Yu, L. Donatiello: *Analysis of Fault-Tolerant Multiprocessor Architectures for Lock Engine Design*. IBM Research Report RC 11314, Yorktown Heights, 1985

/Jon83/   S. E. Jones: *The Synapse Approach to High System and Database Availability*. IEEE Database Engineering 6 (2), 1983, 29-34

/Kas83/   P.S. Kastner: *A Fault-Tolerant Transaction Processing Environment*. IEEE Database Engineering 6 (2), 1983, 20-28

/Kee82/   W.N. Keene: *Data Sharing Overview*. In: IMS/VS V1, DBRC and Data Sharing User's Guide, Release 2, G320-5911-0, 1982

/Kel85/   U. Kelter: *Parallele Transaktionen in Datenbanksystemen*. Bibliographisches Institut, Reihe Informatik 51, 1985

/KiLa83/   W. Kiessling, G. Landherr: *A Quantitative Comparision of Lockprotocols for Centralized Databases*. Proc. 9th VLDB, 1983, 120-130

/Kim84/   W. Kim: *Highly Available Systems for Database Applications*. ACM Computing Surveys 16 (1), 1984, 71-98

/KiPf85/   W. Kiessling, H. Pfeiffer: *A Comprehensive Analysis of Concurrency Control Performance for Centralized Databases*. Proc. 4th Int. Workshop on Database Machines, Springer 1985, 277-299

/KLMP84/   W. Kim, R. Lorie, D. McNabb, W. Plouffe: *A Transaction Mechanism for Engineering Design Databases*. Proc. 10th VLDB, 1984, 355-362

/KLS86/   N.P. Kronenberg, H.M. Levy, W.D. Strecker: *VAX clusters: A Closely Coupled Distributed System*. TOCS 4 (2), 1986, 130-146

/KlSt86/   K. Kleissner, M. Stumptner: *Performance of Concurrency Control Algorithms in Distributed Databases with Tight Coupling of Multi-Processors at Each Node*. Proc. 6th DCS, 1986, 80-87

/Koh81/   W.H. Kohler: *A Survey of Techniques for Synchronization and Recovery in Decentralized Computer Systems*. ACM Computing Surveys 13 (2), 1981, 149-183

/KoJe86/   W.H. Kohler, B.P. Jenq: *Performance Evaluation of Integrated Concurrency Control and Recovery Algorithms using a Distributed Transaction Processing Testbed.* Proc. 6th DCS, 1986, 130-139

/Kor83/   H. F. Korth: *Locking Primitives in a Database System.* Journal of the ACM 30 (1), 1983, 55-79

/KuRo81/   H.T. Kung, J.T. Robinson: *On Optimistic Methods for Concurrency Control.* TODS 6 (2), 1981, 213-226

/LaKe82/   A.M. Law, W.D. Kelton: *Simulation Modeling and Analysis.* Mc Graw-Hill 1982

/Lam78/   L. Lamport: *Time, Clocks, and the Ordering of Events in a Distributed System.* CACM 21 (7), 1978, 558-565

/Lau82/   G. Lausen: *Concurrency Control in Database Systems: A Step Towards the Integration of Optimistic Methods and Locking.* Proc. ACM Annual Conf., 1982, 64-68

/LaWi84/   M. Lai, K. Wilkinson: *Distributed Transaction Management in JASMIN.* Proc. 10th VLDB, 1984, 466-470

/LeCa86/   T.J. Lehman, M.J. Carey: *Query Processing in Main Memory Database Management Systems.* Proc. SIGMOD, 1986, 239-250

/LeCa87/   T.J. Lehman, M.J. Carey: *A Recovery Algorithm for a High-Performance Memory-Resident Database System.* Proc. SIGMOD, 1987, 104-117

/LeRo85/   M.D.P. Leland, W.D. Roome: *The Silicon Database Machine.* Proc. 4th Int. Workshop on Database Machines, Springer 1985, 169-189

/Lie86/   C. Liebelt: *Dynamische Optimierung in einem Shared Database Management System mit Primary Copy Synchronisation.* Diplomarbeit Nr. 423, Institut für Informatik, Univ. Stuttgart, 1986

/LiNo83/   W.K. Lin, J. Nolte: *Basic Timestamp, Multiple Version Timestamp, and Two-Phase Locking.* Proc. 9th VLDB, 1983, 109-119

/Lin85/   B. Lindsay: *A Retrospective of R* A Distributed Database Management System.* IBM Research Report RJ 4859, San Jose, 1985

/LoSc87/   P.C. Lockemann, J.W. Schmidt (Hrsg.): *Datenbank-Handbuch.* Reihe Informatik-Handbücher, Springer 1987

/Luc86/   M. Luczak: *Implementierung und quantitative Analyse des Primary-Copy-Sperrverfahrens für DB-Sharing.* Diplomarbeit, FB Informatik, Univ. Kaiserslautern, 1986

/Lyn83/   N.A. Lynch: *Multilevel Atomicity - A New Correctness Criterion for Database Concurrency Control.* TODS 8 (4), 1983, 484-502

/Mal84/   F.J. Malabarba: *Review of Available Database Machine Technology.* Proc. Trends and Applications: Making Database Work, 1984, 14-17

/Man86/   T. Manzke: *Erstellung und Filterung von Referenzstrings für UDS/UTM-Anwendungen.* Diplomarbeit, FB Informatik, Univ. Kaiserslautern, 1986

/MeNa82/   D.A. Menasce, T. Nakanishi: *Optimistic versus Pessimistic Concurrency Control Mechanisms in Database Management Systems.* Information Systems 7 (1), 1982, 13-27

/Met86/   L. Mett: *Empirische Untersuchungen eines Mehrrechner-Datenbanksystems unter Verwendung eines hierarchischen Sperrkonzeptes.* Diplomarbeit, FB Informatik, Univ. Kaiserslautern, 1986

/Mey86/   K. Meyer-Wegener: *Transaktionssysteme - eine Untersuchung des Funktionsumfangs, der Realisierungsmöglichkeiten und des Leistungsverhaltens.* Dissertation, FB Informatik, Univ. Kaiserslautern, 1986

/Mey87/   K. Meyer-Wegener: *Transaktionssysteme - verteilte Verarbeitung und verteilte Datenhaltung.* IT 29 (3), 1987, 120-126

/MGG86/   J.E.B. Moss, N.D. Griffeth, M.H. Graham: *Abstraction in Recovery Management.* Proc. SIGMOD, 1986, 72-83

/MKM84/   S. Muro, T. Kameda, T. Minoura: *Multi-Version Concurrency Control Scheme for a Database System.* Journal of Comp. and System Sciences 29, 1984, 207-224

/MLC87/   J.E. Moss, B. Leban, P.K. Chrysanthis: *Finer Grained Concurrency for the Database Cache.* Proc. IEEE 3rd Int. Conf. on Data Engineering, 1987, 96-103

/MLO86/   C. Mohan, B. Lindsay, R. Obermarck: *Transaction Management in the R* Distributed Database Management System.* TODS 11 (4), 1986, 378-396

/Moh80/   C. Mohan: *Distributed Data Base Management: Some Thoughts and Analyses.* Proc. ACM Annual Conf., 1980, 399-410

/Moh84/   C. Mohan: *Recent and Future Trends in Distributed Data Base Management.* Proc. New York Univ. Symp. on New Directions for Database Systems, 1984.

/Mos82/   J.E.B. Moss: *Nested Transactions and Reliable Distributed Computing.* Proc. 2nd SRDSDB, 1982, 33-39

/Mos85/   J.E.B. Moss: *Nested Transactions: An Approach to Reliable Distributed Computing.* MIT Press 1985

/MoWo85/   R.J.T. Morris, W.S. Wong: *Performance Analysis of Locking and Optimistic Concurrency Control Algorithms.* Performance Evaluation 5 (2), 1985, 105-118

/MuSt82/   T.E. Murray, J.P. Strickland: *IMS/VS Data Sharing Enhancements.* IBM Techn. Discl. Bulletin 25 (7B), 1982, 3715-3717

/Neh87/   J. Nehmer: *Einführung in die Thematik.* IT 29 (6), Themenheft 'Verteilte Systeme', 1987, 377-378

/NeIn85/   E. Nestle, A. Inselberg: *The Synapse N+1 System: Architectural Characteristics and Performance Data of a Tightly-Coupled Multiprocessor System.* Proc. IEEE Comp. Architecture, 1985, 233-239

/New79/   G. Newton: *Deadlock Prevention, Detection and Resolution: An Annotated Bibliography.* ACM Operating Systems Review 13 (2), 1979, 33-44

/Nik87/   C.N. Nikolaou et al.: *Issues in the Design of a Highly Available Multiple Processor Network Attachment.* IBM Research Report RC 12594, Yorktown Heights, 1987

/NoAn87/   J.D. Noe, A. Andreassian: *Effectiveness of Replication in Distributed Computer Networks.* Proc. 7th DCS, 1987, 508-513

/Obe82/   R. Obermarck: *Deadlock Detection for All Resource Classes.* TODS 7 (2), 1982, 187-208

/OKS83/   R.A. Olson, B. Kumar, L.E. Shar: *Messages and Multiprocessing in the ELXI System 6400.* Proc. IEEE Spring CompCon, 1983, 21-24

/Ols85/   R. Olson: *Parallel Processing in a Message-Based Operating System.* IEEE Software, July 1985, 39-49

/ONe86/   P.E. O'Neil: *The Escrow Transactional Method.* TODS 11 (4),1986, 405-430

/Ong84/   K.S. Ong: *Synapse Approach to Database Recovery.* Proc. 3rd PODS, 1984, 79-85

/PaKa84/   C.H. Papadimitriou, P.C. Kanellakis: *On Concurrency Control by Multiple Versions.* TODS 9 (1), 1984, 89-99

/Pap86/   C. Papadimitriou: *The Theory of Database Concurrency Control.* Computer Science Press 1986

/Pei86/   P. Peinl: *Synchronisation in zentralisierten Datenbanksystemen - Algorithmen, Realisierungsmöglichkeiten und quantitative Bewertung.* Dissertation, FB Informatik, Univ. Kaiserslautern, 1986

/PeRe83/   P. Peinl, A. Reuter: *Empirical Comparison of Database Concurrency Control Schemes.* Proc. 9th VLDB, 1983, 97-108

/Pet84/   E. Petry: *Simulation und Analyse eines impliziten Versionenkonzepts für Datenbanksysteme.* Diplomarbeit, FB Informatik, Univ. Kaiserslautern, 1984

/Pet88/   G. Petry: *Quantitative Analyse eines verteilten optimistischen Synchronisationsprotokolls für DB-Sharing.* Diplomarbeit (in Vorbereitung), FB Informatik, Univ. Kaiserslautern, 1988

/PSU82/   U. Prädel, G. Schlageter, R. Unland: *Einige Verbesserungen optimistischer Synchronisationsverfahren.* Proc. 12. GI-Jahrestagung, IFB 57, Springer 1982, 684-698

/PSU86/   U. Prädel, G. Schlageter, R. Unland: *Redesign of Optimistic Methods: Improving Performance and Applicability.* Proc. IEEE 2nd Int. Conf. on Data Engineering, 1986, 466-473

/PuBe86/   K.H. Pun, G.G. Belford: *Optimal Granularity and Degree of Multiprogramming in a Distributed Database System.* Proc. IEEE 2nd Int. Conf. on Data Engineering, 1986, 13-20

/Rah84/   E. Rahm: *Quantitative Analyse eines Synchronisationsprotokolls für Mehrrechner-Datenbanksysteme.* Diplomarbeit, FB Informatik, Univ. Kaiserslautern, 1984

/Rah85a/   E. Rahm: *Weitergehende quantitative Untersuchungen eines Sperrverfahrens für DB-Sharing.* Technischer Bericht, FB Informatik, Univ. Kaiserslautern, 1985

/Rah85b/   E. Rahm: *Analyse von logischen Seitenreferenzstrings zur optimierten Lastkontrolle bei Simulationen von Mehrrechner-Datenbanksystemen.* Technischer Bericht, FB Informatik, Univ. Kaiserslautern, 1985

/Rah86a/   E. Rahm: *Buffer Invalidation Problem in DB-Sharing Systems.* IB 154/86, FB Informatik, Univ. Kaiserslautern, 1986

/Rah86b/   E. Rahm: *Nah gekoppelte Rechnerarchitekturen für ein DB-Sharing-System.* Proc. 9. NTG/GI-Fachtagung über Architektur und Betrieb von Rechensystemen, NTG-Fachberichte 92, VDE 1986, 166-180

/Rah86c/   E. Rahm: *DB-Sharing - eine Realisierungsform zukünftiger Hochleistungs-Datenbanksysteme.* Proc. 1. SAVE-Tagung, 1986, 271-286

/Rah86d/   E. Rahm: *Algorithmen zur effizienten Lastkontrolle in Mehrrechner-Datenbanksystemen.* Angewandte Informatik 4/86, 161-169

/Rah86e/   E. Rahm: *Concurrency Control in DB-Sharing Systems*. Proc. 16. GI-Jahrestagung, IFB 126, Springer 1986, 617-632

/Rah86f/   E. Rahm: *Primary Copy Synchronization for DB-Sharing*. Information Systems 11 (4), 1986, 275-286

/Rah87a/   E. Rahm: *Performance Analysis of Primary Copy Synchronization in Database Sharing Systems*. IB 165/87, FB Informatik, Univ. Kaiserslautern, 1987

/Rah87b/   E. Rahm: *Optimistische Synchronisationsverfahren in Datenbanksystemen: Ein Überblick*. IB 166/87, FB Informatik, Univ. Kaiserslautern, 1987

/Rah87c/   E. Rahm: *Integrated Solutions to Concurrency Control and Buffer Invalidation in Database Sharing Systems*. Proc. 2nd IEEE Int. Conf. on Computers and Applications, 1987, 410-417

/Rah87d/   E. Rahm: *A Reliable and Efficient Synchronization Protocol for Database Sharing Systems*. Proc. 3. Int. Tagung über Fehlertolerierende Rechensysteme, IFB 147, Springer 1987, 336-347

/Rah87e/   E. Rahm: *Design of Optimistic Methods for Concurrency Control in Database Sharing Systems*. Proc. 7th DCS, 1987, 154-161

/Rah88/   E. Rahm: *Optimistische Synchronisationskonzepte in zentralisierten und verteilten Datenbanksystemen*. IT 30 (1), 1988, 28-47

/Ree78/   D.P. Reed: *Naming and Synchronization in a Decentralized Computer System*. PhD Thesis, M.I.T. Dept. of Electrical Engineering, 1978

/ReSh84/   A. Reuter, K. Shoens: *Synchronization in a Data Sharing Environment*. Technischer Bericht, IBM San Jose Research Lab., 1984

/Reu81/   A. Reuter: *Fehlerbehandlung in Datenbanksystemen*. Carl Hanser 1981

/Reu82/   A. Reuter: *Concurrency on High-Traffic Data Elements*. Proc. 1st PODS, 1982, 83-93

/Reu83/   A. Reuter: *Schnelle Recovery-Algorithmen für Datenbanksysteme*. IB 69/83, FB Informatik, Univ. Kaiserslautern, 1983

/Reu84/   A. Reuter: *Performance Analysis of Recovery Techniques*. TODS 9 (4), 1984, 526-559

/Reu85a/   A. Reuter: *Database Sharing*. Informatik Spektrum (Das aktuelle Schlagwort) 8 (4), 1985, 225-226

/Reu85b/   A. Reuter: *The Transaction Pipeline Processor*. Proc. Int. Workshop on High Performance Transaction Systems, Asilomar, 1985

/Reu86a/   A. Reuter: *Load Control and Load Balancing in a Shared Database Management System*. Proc. IEEE 2nd Int. Conf. on Data Engineering, 1986, 188-197

/Reu86b/   A. Reuter: *Mehrprozessor-Datenbanksysteme - Ein Überblick über die wichtigsten Entwurfsprobleme*. Proc. 9. NTG/GI-Tagung über Architektur und Betrieb von Rechensystemen, NTG-Fachberichte 92, VDE 1986, 141-150

/Reu87/   A. Reuter: *PROSPECT: Ein System zur effizienten Bearbeitung komplexer Transaktionen durch Parallelverarbeitung*. Proc. 2. BTW, IFB 136, Springer 1987, 475-480

/RiSt77/   D.R. Ries, M. Stonebraker: *Effects of Locking Granularity in a Database Management System*. TODS 2 (3), 1977, 233-246

/RiSt79/   D.R. Ries, M. Stonebraker: *Locking Granularity Revisited*. TODS 4 (2), 1979, 210-227

/Rob85/   J.T. Robinson: *A Fast General-Purpose Hardware Synchronization Mechanism*. Proc. SIGMOD, 1985, 122-130

/RSL78/   D.J. Rosenkrantz, R.E. Stearns, P.M. Lewis: *System Level Concurrency Control for Distributed Database Systems*. TODS 3 (2), 1978, 178-198

/RyTh85/   I.K. Ryu, A. Thomasian: *Analysis of Database Performance with Dynamic Locking*. IBM Research Report RC 11428, Yorktown Heights, 1985

/RyTh86/   I.K. Ryu, A. Thomasian: *Performance Analysis of Dynamic Locking with the No-Waiting Policy*. IBM Research Report RC 11929, Yorktown Heights, 1986

/San86/   J. Sanguinetti: *Performance of a Message-Based Multiprocessor*. IEEE Computer, Sep. 1986, 47-55

/SaWi85/   D. Sacca, G. Wiederhold: *Database Partitioning in a Cluster of Processors*. TODS 10 (1), 1985, 29-56

/Sch81/   G. Schlageter: *Optimistic Methods for Concurrency Control in Distributed Database Systems*. Proc. 7th VLDB, 1981, 125-130

/Sch82/   G. Schlageter: *Problems of Optimistic Concurrency Control in Distributed Database Systems*. ACM SIGMOD Record 12 (3), 1982, 62-66

/Sch83/   H.-J. Schneider (Hrsg.): *Lexikon der Informatik und Datenverarbeitung*. Oldenbourg 1983

/Sch88/   P. Scheug: *Entwicklung und simulative Bewertung von Synchronisationsverfahren für DB-Sharing unter zentraler Kontrolle*. Diplomarbeit, FB Informatik, Univ. Kaiserslautern, 1988

/ShSp84/	P.M. Schwarz, A.Z. Spector: *Synchronizing Shared Abstract Types.* TOCS 2 (3), 1984, 223-250
/Sek84/	A. Sekino et al.: *The DCS - A New Approach to Multisystem Data Sharing.* Proc. National Computer Conf., 1984, 59-68
/Sel80/	P.G. Selinger: *Replicated Data.* In: 'Distributed Data Bases', Cambridge Univ. Press 1980, 223-231
/Ser84/	O. Serlin: *Fault-Tolerant Systems in Commercial Applications.* IEEE Computer, Aug. 1984, 19-30
/Ser85/	O. Serlin: *Fault Tolerant Blues.* Datamation, March 1985, 82ff
/Sev83/	K.C. Sevcik: *Comparision of Concurrency Control Methods Using Analytic Models.* Proc. IFIP 9th World Computer Congress, North-Holland 1983, 847-858
/SGA87/	K. Salem, H. Garcia-Molina, R. Alonso: *Altruistic Locking: A Strategy for Coping with Long Lived Transactions.* Proc. 2nd Int. Workshop on High Performance Transaction Systems, Asilomar, 1987
/ShLi86/	A.P. Sheth, M.T. Liu: *Integrating Locking and Optimistic Concurrency Control in Distributed Database* Systems. Proc. 6th DCS, 1986, 89-99
/Sho85/	K. Shoens et al.: *The AMOEBA Project.* Proc. IEEE Spring CompCon, 1985, 102-105
/Sho86/	K. Shoens: *Data Sharing vs. Partitioning for Capacity and Availability.* IEEE Database Engineering 9 (1), 1986, 10-16
/Siw77/	J.E. Siwiec: *A High-Performance DB/DC-System.* IBM Systems Journal 16 (2), 1977, 169-195
/SNM85/	M.K. Sinha, P.D. Nanadikar, S.L. Mehndiratta: *Timestamp Based Certification Schemes for Transactions in Distributed Database Systems.* Proc. SIGMOD, 1985, 402-411
/Son87/	S.H. Son: *Synchronization of Replicated Data in Distributed Systems.* Information Systems 12 (2), 1987, 191-202
/Sto79/	M. Stonebraker: *Concurrency Control and Consistency of Multiple Copies in Distributed INGRES.* TOSE 5 (3), 1979, 188-194
/Sto80/	M. Stonebraker: *The Argument Against CODASYL.* In: 'Distributed Data Bases', Cambridge Univ. Press 1980, 361-370
/Sto86/	M. Stonebraker: *The Case for Shared Nothing.* IEEE Database Engineering 9 (1), 1986, 4-9
/Str85/	R. Strong: *Problems in Fault-Tolerant Distributed Systems.* Proc. IEEE Spring CompCon, 1985, 300-306
/StRo81/	R.E. Stearns, D.J. Rosenkrantz: *Distributed Database Concurrency Controls using Before-Values.* Proc. SIGMOD, 1981, 74-83
/SUW82/	J.P. Strickland, P.P. Uhrowczik, V.L. Watts: *IMS/VS: An Evolving System.* IBM Systems Journal 21 (4), 1982, 490-510
/Tan87/	The Tandem Database Group: *NonStop SQL, A Distributed, High-Performance, High-Availability Implementation of SQL.* Tandem Technical Report 87.4, 1987
/TaSu84/	Y.C. Tay, R. Suri: *Choice and Performance in Locking for Databases.* Proc. 10th VLDB, 1984, 119-128
/Tay87/	Y.C. Tay: *Locking Performance in Centralized Databases.* Perspectives in Computing, Vol. 14, Academic Press 1987
/TCB83/	C. Thanos, C. Carlesi, E. Bertino: *Performance Evaluation of Two-Phase-Locking Algorithms in a System for Distributed Databases.* Proc. 3rd SRDSDB, 1983, 57-69
/TGGL82/	I.L. Traiger, J. Gray, C.A. Galtieri, B.G. Lindsay: *Transactions and Consistency in Distributed Database Systems.* TODS 7 (3), 1982, 323-342
/TGS84/	Y.C. Tay, N. Goodman, R. Suri: *Performance Evaluation of Locking in Databases: A Survey.* Techn. Report TR 17-84, Harvard Univ., Cambridge, Massachussetts, 1984
/TGS85/	Y.C. Tay, N. Goodman, R. Suri: *Locking Performance in Centralized Databases.* TODS 10 (4), 1985, 415-462
/Tho79/	R.H. Thomas: *A Majority Consensus Approach to Concurrency Control for Multiple Copies Data Bases.* TODS 4 (2), 1979, 180-209
/ThRy85/	A. Thomasian, I.K. Ryu: *Analysis of Some Optimistic Concurrency Control Schemes Based on Certification.* Proc. SIGMETRICS, 1985, 192-203
/Tra83/	I. Traiger: *Trends in Systems Aspects of Database Management.* Proc. 2nd Int. Conf. on Databases (ICOD-2), 1983, 1-20
/UDS82/	*Universelles Datenbanksystem UDS V3.2, Entwerfen und Definieren.* Manual-Nr.: U929-J-Z55-1, Siemens AG, München, 1982
/Unl85/	R. Unland: *Optimistische Synchronisationsverfahren und ihre Leistungsfähigkeit im Vergleich zu Sperrverfahren.* Dissertation, FB Mathematik und Informatik, Fernuniversität Hagen, 1985

/Unt84/   K. Unterauer: *Überarbeitung des Log-Verfahrens bei UDS (DB-Cache, DSA)*. UDS-Leistungsbeschreibung, Siemens AG, München, 1984

/UPS83/   R. Unland, U. Prädel, G. Schlageter: *Design Alternatives for Optimistic Concurrency Control Schemes*. Proc. 2nd Int. Conf. on Databases (ICOD-2), 1983, 288-297

/Vig87/   D. Viguers: *IMS/VS Version 2 Release 2 Fast Path Benchmark (ONEKAY)*. Proc. 2nd Int. Workshop on High Performance Transaction Systems, Asilomar, 1987

/ViRa85/   K. Vidyasankar, V.V. Raghavan: *Highly Flexible Integration of the Locking and the Optimistic Approaches of Concurrency Control*. Proc. IEEE COMPSAC, 1985, 489-494

/Vor87/   F. Vormittag: *Simulation eines Token-Ring-basierten optimistischen Synchronisationsverfahrens in einem DB-Sharing-System*. Diplomarbeit Nr. 499, Institut für Informatik, Univ. Stuttgart, 1987

/Wal83/   B. Walter: *Using Redundancy for Implementing Low-Cost Read-Only Transactions in a Distributed Database System*. Institut für Informatik, Univ. Stuttgart, 1983

/Wal84/   B. Walter: *Nested Transactions With Multiple Commit Points: An Approach to the Structuring of Advanced Database Applications*. Proc. 10th VLDB, 1984, 161-171

/WaMo85/   Y. Wang, R. Morris: *Load Sharing in Distributed Systems*. IEEE Trans. on Computers 34 (3), 1985, 204-217

/Wei86a/   G. Weikum: *A Theoretical Foundation of Multi-Level Concurrency Control*. Proc. 5th PODS, 1986, 31-42

/Wei86b/   G. Weikum: *Pros and Cons of Operating System Transactions for Data Base Systems*. Proc. Fall Joint Comp. Conf., 1986, 1219-1225

/Wei87/   G. Weikum: *Enhancing Concurrency in Layered Systems*. Proc. 2nd Int. Workshop on High Performance Transaction Systems, Asilomar, 1987

/Weih87/   W.E. Weihl: *Distributed Version Management for Read-Only Actions*. TOSE 13 (1), 1987, 55-64

/WeSc84/   G. Weikum, H.J. Schek: *Architectural Issues of Transaction Management in Multi-Layered Systems*. Proc. 10th VLDB, 1984, 454-465

/WIH83/   J.C. West, M.A. Isman, S.G. Hannaford: *PERPOS Fault-Tolerant Transaction Processing*. Proc. 3rd SRDSDB, 1983, 189-194

/Wil80/   P. Wilms: *Qualitative and Quantitative Comparision of Update Algorithms in Distributed Database*. Proc. Distributed Databases, North-Holland 1980, 275-294

/WiLa84/   W.K. Wilkinson, M. Lai: *Managing Replicate Data in JASMIN*. Proc. 4th SRDSDB, 1984, 54-60

/YBL86/   P.S. Yu, S. Balsamo, Y. Lee: *Dynamic Load Sharing in Distributed Database Environments*. Proc. Fall Joint Comp. Conf., 1986, 675-683

/YCDI87/   P.S. Yu, D.W. Cornell, D.M. Dias, B.R. Iyer: *Analysis of Affinity Based Routing in Multi-System Data Sharing*. Performance Evaluation 7 (2), 1987, 87-109

/YCDT86/   P.S. Yu, D.W. Cornell, D.M. Dias, A. Thomasian: *On Coupling Partitioned Data Systems*. Proc. 6th DCS, 1986, 148-157

/YIL86/   P.S. Yu, B.R. Iyer, Y. Lee: *Transaction Recovery in Distributed DB/DC-Systems: A Progressive Approach*. Proc. 5th SRDSDB, 1986, 207-214

/Yu85a/   P.S. Yu et al.: *Modelling of Centralized Concurrency Control in a Multi-System Environment*. Proc. SIGMETRICS, 1985, 183-191

/Yu85b/   P.S. Yu et al.: *Distributed Concurrency Control Analysis for Data Sharing*. Proc. 16th Comp. Measurement Group Conf., 1985, 13-20

/YuCh84/   C.T. Yu, C.C. Chang: *Distributed Query Processing*. ACM Computing Surveys 16 (4), 1984, 399-433

/YYF85/   W.C. Yen, D.W.L. Yen, K. Fu: *Data Coherence Problem in a Multicache System*. IEEE Trans. on Computers 34 (1), 1985, 56-65

/Zöb83/   D.D. Zöbel: *The Deadlock Problem: A Classifying Bibliography*. ACM SIGOPS Operating Systems Review 17 (2), 1983, 6-15